Le Routard
Louisiane et les villes du Sud

Directeur de collection et auteur
Philippe GLOAGUEN

Cofondateurs
Philippe GLOAGUEN
et Michel DUVAL

Rédacteur en chef
Pierre JOSSE

Rédacteurs en chef adjoints
Amanda KERAVEL
et Benoît LUCCHINI

Directrice de la coordination
Florence CHARMETANT

Directrice administrative
Bénédicte GLOAGUEN

Direction éditoriale
Catherine JULHE

Rédaction
Isabelle AL SUBAIHI
Mathilde de BOISGROLLIER
Thierry BROUARD
Marie BURIN des ROZIERS
Véronique de CHARDON
Gavin's CLEMENTE-RUÏZ
Fiona DEBRABANDER
Anne-Caroline DUMAS
Géraldine LEMAUF-BEAUVOIS
Olivier PAGE
Alain PALLIER
Anne POINSOT
André PONCELET

Administration
Carole BORDES
Solenne DESCHAMPS

2013/2014

hachette

Remarque importante aux hôteliers et restaurateurs

Les enquêteurs du *Routard* travaillent dans le plus strict anonymat. Aucune réduction, aucun avantage quelconque, aucune rétribution n'est jamais demandé en contrepartie. Face aux aigrefins, la loi autorise les hôteliers et restaurateurs à porter plainte.

Avis aux lecteurs

Le *Routard*, ce n'est pas comme le bon vin, il vieillit mal. On ne veut pas pousser à la consommation, mais évitez de partir avec une édition ancienne. Les modifications sont souvent importantes.
Les réductions accordées à nos lecteurs ne sont jamais demandées par nos rédacteurs afin de préserver leur anonymat. Les hôteliers et restaurateurs sont sollicités par une société de mailing, totalement indépendante de la rédaction, qui reste donc libre de ses choix. De même pour les autocollants et plaques émaillées.

routard.com, le voyage à portée de clics !

✓ Rejoignez la plus grande communauté francophone de voyageurs : plus de **2 millions** de visiteurs !

✓ Échangez avec les routarnautes : forums, photos, avis sur les hôtels...

✓ Retrouvez aussi toutes les informations actualisées pour choisir et préparer vos voyages : plus de 200 fiches pays, une centaine de dossiers pratiques et un magazine en ligne pour découvrir tous les secrets de votre destination.

✓ Enfin, comparez les offres pour organiser et réserver votre voyage au meilleur prix.

Pictogrammes du *Routard*

Établissements

- Hôtel, Auberge, chambres d'hôtes
- Camping
- Restaurant
- Brunch
- Boulangerie, sandwicherie
- Glacier
- Café, salon de thé
- Café, bar
- Bar musical
- Club, boîte de nuit
- Salle de spectacle
- Office de tourisme
- Poste
- Boutique, magasin, marché
- Accès internet

Sites

- Plage
- Site de plongée
- Piste cyclable, parcours à vélo

Transports

- Aéroport
- Gare ferroviaire
- Gare routière, arrêt de bus
- Station de métro
- Station de tramway
- Parking
- Taxi
- Taxi collectif
- Bateau
- Bateau fluvial

Attraits et équipements

- Présente un intérêt touristique
- Recommandé pour les enfants
- Adapté aux personnes handicapées
- Ordinateur à disposition
- Connexion wifi
- Inscrit au Patrimoine mondial de l'Unesco

Mille excuses, on ne peut plus répondre individuellement aux centaines de CV reçus chaque année.

Le *Routard* est imprimé sur un papier issu de forêts gérées.

I.S.B.N. 978-2-01-245581-8

TABLE DES MATIÈRES

COMMENT Y ALLER ?

LOUISIANE UTILE

HOMMES, CULTURE, ENVIRONNEMENT

LA LOUISIANE

LA RÉGION DES PLANTATIONS

VERS LE NORD, LES VILLES HISTORIQUES

LE PAYS CAJUN ET LES BAYOUS

LES VILLES DU SUD

Nous avons divisé les États-Unis en plusieurs titres. En effet, la très grande majorité d'entre vous ne parcourt pas tout le pays. Et ces contrées sont tellement riches culturellement qu'elles nécessitent 6 ou 7 guides à elles seules. Rassemblés en un seul volume, nos ouvrages atteindraient 1 500, voire 2 000 pages. Ils seraient alors intransportables et coûteraient... 3 fois plus cher ! Nous souhaitons conserver un format pratique à un prix économique, tout en vous fournissant le maximum d'informations sur des régions qui méritent d'être développées. Voilà !

La rédaction

NOUVEAU ET IMPORTANT : DERNIÈRE MINUTE

Sauf exception, le *Routard* bénéficie d'une parution annuelle à date fixe. Entre deux dates, des événements fortuits (formalités, taux de change, catastrophes naturelles, conditions d'accès aux sites, fermetures inopinées...) peuvent modifier vos projets de voyage. Pour éviter les déconvenues, nous vous recommandons de consulter la rubrique « Guide » par pays de notre site • ***routard.com*** • et plus particulièrement les dernières ***Actus voyageurs***.

Remerciements

- Jean-Marie Douau, représentant du Tennessee et du Mississippi à Paris.
- Jonathan Lyons, du Memphis Convention & Visitors Bureau.
- Jenny Steuber, du Nashville Convention & Visitors Bureau.
- Express Conseil, bureau de représentation de la Louisiane à Paris.
- Paul Nevski, du *Monde Créole* à La Nouvelle-Orléans.
- Valérie Ferrière, de l'ambassade des États-Unis à Paris.
- Et Camille Dine.

Nous tenons à remercier tout particulièrement Loup-Maëlle Besançon, Thierry Bessou, Gérard Bouchu, François Chauvin, Grégory Dalex, Stéphanie Déro, Fabrice Doumergue, Cédric Fischer, Carole Fouque, Michelle Georget, David Giason, Claude Hervé-Bazin, Emmanuel Juste, Dimitri Lefèvre, Sacha Lenormand, Fabrice de Lestang, Romain Meynier, Éric Milet, Pierre Mitrano, Jean-Sébastien Petitdemange, Thomas Rivallain, Dominique Roland et Solange Vivier pour leur collaboration régulière.

Et pour cette nouvelle collection, nous remercions aussi:

Emmanuelle Bauquis
Jean-Jacques Bordier-Chêne
Michèle Boucher
Lisa Buchter
Stéphanie Condis
Agnès Debiage
Laurie Decaillon
Jérôme Denoix
Tovi et Ahmet Diler
Clélie Dudon
Sophie Duval
Clara Favini
Alain Fisch
Mathilde Fonteneau
Adrien et Clément Gloaguen
Xavier Haudiquet
Bernard Hilaire
Sébastien Jauffret
Anaïs Kerdraon
Jacques Lemoine
Béatrice Macé de Lepinay
Jacques Muller
Caroline Ollion
Nicolas et Benjamin Pallier
Martine Partrat
Odile Paugam et Didier Jehanno
Prakit Saiporn
Jean-Luc et Antigone Schilling
Camille Veillard

Direction: Nathalie Pujo
Contrôle de gestion: Héloïse Morel d'Arleux et Virginie Laurent-Arnaud
Secrétariat: Catherine Maîtrepierre
Direction éditoriale: Catherine Julhe
Édition: Matthieu Devaux, Géraldine Péron, Olga Krokhina, Gia-Quy Tran, Julie Dupré, Pauline Fiot, Julien Hunter, Camille Loiseau, Emmanuelle Michon, Marion Sergent et Clémence Toublanc
Préparation-lecture: Brigitte De Vaulx
Cartographie: Frédéric Clémençon et Aurélie Huot
Fabrication: Nathalie Lautout et Audrey Detournay
Relations presse France: COM'PROD, Fred Papet. ☎ 01-70-69-04-69.
• *info@comprod.fr* •
Direction marketing: Muriel Widmaier, Adrien de Bizemont, Lydie Firmin et Laure Illand
Contacts partenariats: André Magniez (EMD). • *andremagniez@gmail.com* •
Édition des partenariats: Élise Ernest
Informatique éditoriale: Lionel Barth
Couverture: Clément Gloaguen et Seenk
Maquette intérieure : le-bureau-des-affaires-graphiques.com, Thibault Reumaux et npeg.fr
Relations presse: Martine Levens (Belgique) et Maureen Browne (Suisse)
Régie publicitaire: Florence Brunel-Jars

NOS NOUVEAUTÉS

NOS MEILLEURS SITES POUR OBSERVER LES OISEAUX EN FRANCE (octobre 2012)

Pour répondre à l'attente des amoureux de la nature et de ceux qui souhaitent mieux connaître les oiseaux, *Le Routard*, en partenariat avec la Ligue de protection des oiseaux, a sélectionné dans toute la France plus de 70 sites pour approcher et observer les voyageurs du ciel. À travers différents milieux (forêt, parc, étang, montagne...), c'est l'occasion de prendre conscience de la richesse et de la diversité du monde des oiseaux et de la nécessité de le protéger. Pour vous aider à les identifier, vous trouverez des planches en couleurs, des conseils et des informations surprenantes sur nos amis à plumes, sans oublier les hébergements et restos à proximité. Que vous soyez *bird watcher* occasionnel ou ornithologue averti, ce guide vous prend sous son aile.

DUBLIN (novembre 2012)

Dublin, une ville grise tout en couleurs. Autant dire une ville qui en surprend plus d'un avec ses contrastes inattendus. On passe, tout d'un coup, d'un Dublin aristocratique à un Dublin populaire. Quant à la gastronomie, bonne nouvelle, l'offre a progressé de manière spectaculaire ces dernières années et les Irlandais ont redécouvert les vertus de leurs produits naturels. Sans oublier, bien sûr, les pubs : il y en a... jusqu'à plus soif. Côté culture, la ville s'enorgueillit de posséder plusieurs musées nationaux qui, non seulement sont gratuits, mais renferment des collections somptueuses ; sans parler du prestigieux Trinity College, avec des pièces rares comme le fameux livre de Kells. Ville à l'empreinte littéraire également, labellisée Cité de la littérature par l'Unesco. À découvrir d'urgence.

??? LES QUESTIONS QU'ON SE POSE LE PLUS SOUVENT

Quels sont les papiers indispensables pour se rendre aux États-Unis ?
Passeport biométrique ou électronique valide, ou passeport individuel à lecture optique valide et émis avant le 26 octobre 2005, même pour les enfants, ainsi qu'un billet A/R et une autorisation de voyage à remplir sur Internet (14 $). Visa nécessaire pour un séjour de plus de 3 mois.

Quel est le décalage horaire ?
Pour la Louisiane et le Tennessee, 7h. Pour la Géorgie et la Caroline du Sud, 6h. Quand il est 12h en France, il est 5h à La Nouvelle-Orléans, Memphis et Nashville, et 6h à Atlanta, Savannah et Charleston.

Quelle est la meilleure saison pour y aller ?
Le printemps et l'automne à partir d'octobre. Éviter l'été, très chaud et humide en Louisiane (les prix chutent, ce n'est pas pour rien !).

La vie est-elle chère ?
Assez chère dans l'ensemble, mais raisonnable par rapport au reste du pays. Aux prix affichés, n'oubliez pas d'ajouter les taxes (5-15 % selon le type d'achat) et le service (min 15-20 % !).

Comment se loger au meilleur prix ?
Le motel de bord de route reste la solution la moins chère, d'autant qu'une famille de 4 personnes peut dormir dans la même chambre pour le même prix.

Comment se déplacer ?
En voiture, bien sûr. Le carburant est encore bon marché, et les voitures de location sont bien plus confortables qu'en France. Un GPS rendra de grands services.

Peut-on y aller avec des enfants ?
L'Amérique est une destination familiale par excellence, et les États du Sud n'échappent pas à la règle (à condition d'éviter l'été). Cela dit, la musique qui règne un peu partout et le contexte historique du Vieux Sud intéresseront plus les ados que les jeunes enfants.

Y a-t-il des problèmes d'insécurité ?
Certains quartiers de La Nouvelle-Orléans, de Savannah et de Charleston sont dangereux surtout à la nuit tombée, mais il suffit de respecter quelques consignes de bon sens, valables pour la plupart des grandes villes.

Y a-t-il encore des Indiens en Louisiane ?
Même s'ils ne sont pas reconnus en tant que nation et mal connus des Américains car peu nombreux, les Houmas résident dans la région du même nom. Ils parlent souvent le français.

Peut-on vraiment voir des alligators en liberté ?
Oui, les balades sur les bayous permettent d'en observer en toute sécurité, et ce à 30 km de La Nouvelle-Orléans.

Où peut-on écouter du jazz, de la country ou du blues ?
La Nouvelle-Orléans est bien sûr le berceau du jazz, Nashville le temple sacré de la country et Memphis celui du blues. Tous les soirs, d'excellents groupes se produisent pour pas cher dans des clubs de réputation mondiale.

Mange-t-on bien dans cette région ?
Le sud des États-Unis revendique une vraie tradition culinaire : spécialités cajuns en Louisiane héritées des cuisines française, espagnole et antillaise, barbecue et poulet frit dans le Tennessee, et cuisine gastronomique réputée du côté de Charleston.

Que rapporter ?
Des CD de musique, des épices, des sauces barbecue...

LES COUPS DE CŒUR DU ROUTARD

- À La Nouvelle-Orléans, errer dans le French Quarter, porté par l'atmosphère, si éloignée du reste du pays......... p. 171
- Passer une soirée inoubliable au Preservation Hall, la boîte de jazz mythique de la ville. Continuer sur Frenchmen Street, où se produisent les meilleures formations musicales.................. p. 166
- Découvrir le Garden District, superbe quartier résidentiel de La Nouvelle-Orléans, aux demeures coloniales entourées de chênes séculaires....... p. 182
- Se glisser dans la peau de Scarlett O'Hara, en faisant craquer le plancher des vastes demeures des plantations... p. 190
- Dans les environs de Henderson, explorer l'Atchafalaya Basin, avec ses crocos, ses tortues et ses cyprès.............. p. 264
- Savourer une soirée dansante à Breaux Bridge (l'ex-*Mulate's*), véritable institution, où toutes les stars du blues, du jazz et du rock ont défilé.......... p. 261
- Passer une nuit dans un *B&B* tenu par des Cajuns, à Houma par exemple : accueil chaleureux en français et immersion dans la culture des bayous !......... p. 302
- Découvrir les sites du *Jean Lafitte National Historical Park,* à Eunice, Lafayette, Thibodaux, La Nouvelle-Orléans et ses environs. Incontournable pour se familiariser avec l'histoire, la culture et la vie des Cajuns d'hier et d'aujourd'hui.. pp. 143, 190, 256, 277, 311
- Passer un samedi soir au show live du Liberty Theater de Eunice, au « rendez-vous des Cajuns »........................ p. 279
- Explorer à pied ou en canoë les *State Parks* de Louisiane, en plein cœur d'une nature exubérante. Nos préférés : Chicot State Park et Louisiana State Arboretum près d'Opelousas, Lake Fausse Pointe State Park près de Saint Martinville...................................... pp. 275, 276, 285
- À Nashville, visiter le *Country Music Hall of Fame* et plonger dans les racines de ce style musical, puis écumer les fameux *honky tonks* de Broadway en passant de la country au *bluegrass* et du *bluegrass* au *hillbilly.* Assister à un concert aux mythiques Grand Ole Opry ou Ryman Auditorium, avant de craquer pour une affiche chez *l'imprimerie historique Hatch Show Print.* Et admirer les toilettes Art déco de l'hôtel *Hermitage,* les plus belles d'Amérique !.............. pp. 396, 397, 398, 400, 401
- À Memphis, visiter le Sun Studio où Elvis fit ses débuts et où le rock est né. Faire la tournée des clubs de Beale Street mercredi soir pour la *bike night* (rendez-vous des motards). Le dimanche, assister à une messe gospel conduite par le révérend... Al Green, le chanteur de soul des 70's ! Se remémorer le long combat des Noirs pour leurs droits devant le balcon du Lorraine Motel, où Martin Luther King fut assassiné. Découvrir le petit quartier bohème de Cooper-Young. Et dévorer les meilleurs *BBQ ribs* du monde !... pp. 417, 422, 426, 430, 431, 437
- À Atlanta, admirer l'architecture du High Museum of Art, signée Renzo Piano. Et assister à une messe gospel le dimanche matin à Auburn. . pp. 338, 341
- Croiser les fantômes du passé dans les squares de Savannah, et, au lever ou au coucher du soleil, se promener le long de Jones Street, considérée comme la plus belle rue du pays................ pp. 355, 357
- À Charleston, admirer les demeures coloniales autour de Battery Park.. p. 376

ITINÉRAIRES CONSEILLÉS

1 SEMAINE

- La Nouvelle-Orléans : 4 jours.
- La route des plantations : 1 jour.
- Saint Martinville : 1 jour.
- Houma (avec une excursion sur les bayous) : 1 jour.

10 JOURS

- La Nouvelle-Orléans : 4 jours.
- La route des plantations : 1 jour.
- Saint Francisville : 1 jour.
- Lafayette, capitale du pays cajun, et ses environs (Breaux Bridge, lac Martin, Henderson et l'Atchafalaya Basin) : 2 jours.
- Saint Martinville : 1 jour.
- Houma (avec une excursion sur les bayous) : 1 jour.

2 SEMAINES

- La Nouvelle-Orléans : 4 jours.
- La route des plantations : 1 jour.
- Saint Francisville : 1 jour.
- Natchez : 2 jours, de préférence pendant les *Pilgrimages* car toutes les maisons de la ville sont alors ouvertes (deux sessions de 15 jours environ, à cheval sur mars-avril et septembre-octobre).
- Natchitoches : 1 jour.
- Lafayette, capitale du pays cajun, et ses environs (Breaux Bridge, lac Martin, Henderson et l'Atchafalaya Basin) : 3 jours.
- Saint Martinville : 1 jour.
- Houma (avec une excursion sur les bayous) : 1 jour.

DANS LES AUTRES VILLES DU SUD

- 2 jours suffisent pour découvrir Atlanta.
- Pour les fans d'Elvis et de blues et les amateurs de musique country : 3 jours à Memphis et 2 jours à Nashville.
- Pour les nostalgiques du Vieux Sud : 2 jours à Savannah et 3 jours à Charleston.

À NE PAS MANQUER SI VOUS ÊTES PLUTÔT...

- ***Branché musique :*** le trio Nouvelle-Orléans, Memphis et Nashville s'impose, en passant par la Highway 61, rebaptisée Route du Blues.

– ***En famille :*** balade en bateau dans les bayous, visite d'une ou deux plantations, l'aquarium et le *World of Coca-Cola* à Atlanta, les bars historiques de Nashville qui distillent de la live country même en journée (et sont alors ouverts aux mineurs), le *Country Music Hall of Fame* à Nashville, le *Rock'n' Soul Museum* à Memphis et *Graceland* bien sûr.
– ***Féru d'histoire :*** la visite guidée du Vieux Carré de La Nouvelle-Orléans avec *Le Monde Créole*, le *National WW2 Museum* aussi à La Nouvelle-Orléans et le *National Civil Rights Museum* de Memphis.
– ***Amateur de whisky :*** la distillerie *Jack Daniel's* à Lynchburg (sud de Nashville).

COMMENT Y ALLER ?

LES LIGNES RÉGULIÈRES

Compagnie française

▲ AIR FRANCE

Rens et résas : ☎ 36-54 (0,34 €/mn ; tlj 6h30-22h), sur • airfrance.fr •, dans les agences Air France (fermées dim) et dans ttes les agences de voyages.

➢ Air France dessert Atlanta avec 2 vols directs/j. au départ de l'aéroport Roissy-Charles-de-Gaulle. Air France dessert, en partage de codes avec d'autres compagnies aériennes, de nombreuses destinations en Louisiane et dans les États du Sud, parmi lesquelles La Nouvelle-Orléans, Memphis, Charleston (vols non directs)...

Air France propose toute l'année une gamme de tarifs accessibles à tous. Pour les moins de 25 ans, Air France offre des tarifs spécifiques, ainsi qu'une carte de fidélité *(Flying Blue Jeune)* gratuite et valable sur l'ensemble des compagnies membres de *Skyteam.* Cette carte permet de cumuler des *miles.*

Sur Internet, possibilité de consulter les meilleurs tarifs du moment directement sur la page d'accueil, rubrique « Nos meilleures offres ».

Compagnies américaines

▲ AMERICAN AIRLINES

Rens et résas : ☎ 0826-460-950 (0,15 €/min service en français tlj sf w-e 8h-17h30 ; en anglais en sem jusqu'à 20h et le w-e 9h30-18h) ; • aa.com •

Comptoir billetterie à l'aéroport Paris-Charles-de-Gaulle, terminal 2A.

➢ American Airlines propose, au départ de Paris-Roissy, 2 vols/j., sans escale, sur New York, ainsi que 1 vol/j. sans escale sur les villes suivantes : Boston (liaisons saisonnières), Chicago, Dallas/Fort Worth et Miami. Aux États-Unis, correspondance vers quelque 200 destinations domestiques, dont La Nouvelle-Orléans, Atlanta, Memphis, Nashville, Charleston...

▲ DELTA AIR LINES

– Paris : 2, rue Robert-Esnault-Pelterie, 75007. ☎ 0892-702-609 (0,34 €/mn lun-ven 8h-20h, w-e et j. fériés 9h-17h30) • delta.com • Ⓜ Invalides. Lun-ven 10h15-13h, 14h-18h.

➢ Delta Air Lines propose des vols quotidiens vers Boston, New York, Atlanta, Cincinnati, Chicago, Washington, Los Angeles, Philadelphie, San Francisco, Miami, Houston, Detroit et Seattle. En Louisiane, la compagnie relie La Nouvelle-Orléans, Baton Rouge, Lafayette, Shreveport et Monroe, via Atlanta et Detroit. Dessert également Memphis, Nashville, Savannah et Charleston via Atlanta.

▲ UNITED AIRLINES

Résas par tél tlj 8h-16h : ☎ 01-71-23-03-35 ; ou sur Internet : • united.fr •

➢ Au départ de Paris CDG, la compagnie dessert tlj La Nouvelle-Orléans, Memphis, Nashville, Atlanta, Savannah et Charleston en vols non directs.

▲ US AIRWAYS

Rens et résas : ☎ 0810-63-22-22 (n° Azur) sem 8h-21h, w-e 9h-17h. • usairways.com •

➢ 1 vol/j. pour La Nouvelle-Orléans via Philadelphie ou Charlotte. Au départ de Paris, plus de 225 destinations au total sur tous les États-Unis, le Canada et les Caraïbes.

LES ORGANISMES DE VOYAGES

– Ne pas croire que les vols à tarif réduit sont tous au même prix pour une même destination à une même époque : loin de là. On a déjà vu, dans un même avion partagé par deux organismes, des passagers qui avaient payé 40 % plus cher que les autres. De plus, une agence bon marché ne l'est pas forcément toute l'année (elle peut n'être compétitive qu'à certaines dates bien précises). Donc, contactez tous les organismes et jugez vous-même.
– Les organismes cités sont classés par ordre alphabétique, pour éviter les jalousies et les grincements de dents.

En France

▲ AVENTURIA

• aventuria.com • Brochure sur demande par tél ou sur Internet.
– Lyon : agence et siège au 42, rue de l'Université, 69002. ☎ 04-78-69-35-06.
– Paris Raspail : 213, bd Raspail, 75014. ☎ 01-44-10-50-50.
– Paris Opéra : 20, rue des Pyramides, 75001. ☎ 01-44-50-58-40.
– Bordeaux : 9, rue Ravez, 33000. ☎ 05-56-90-90-22.
– Lille : 21, rue des Ponts-de-Comines, 59800. ☎ 03-20-06-33-77.
– Marseille : 2, rue Edmond-Rostand, 13006. ☎ 04-96-10-24-70.
– Nantes : 2, allée de l'Erdre, cours des 50-Otages, 44000. ☎ 02-40-35-10-12.
– Strasbourg : 13 A, bd du Président-Wilson, 67000. ☎ 03-88-22-08-09.

Spécialiste des États-Unis, ce tour-opérateur original fabrique entièrement ses programmes et les distribue exclusivement dans ses propres agences. Avec l'aide de conseillers en voyage expérimentés, vous construirez votre itinéraire idéal et vous personnaliserez totalement votre voyage grâce à leur sélection d'étapes de charme et de modules variés d'escapades. Découverte individuelle à votre rythme, hébergements authentiques en hôtels ou étapes de charme... tout est à la carte !

▲ BACK ROADS

– Paris : 14, pl. Denfert-Rochereau, 75014. ☎ 01-43-22-65-65. • backroads.fr • Ⓜ ou RER B : Denfert-Rochereau. Lun-ven 10h-19h ; sam 10h-18h.

Depuis 1975, Jacques Klein et son équipe sillonnent les routes américaines, ce qui fait d'eux de grands connaisseurs des États-Unis, de New York à l'Alaska en passant par le Far West. Pour cette raison, ils ne vendent leurs produits qu'en direct. Ils vous feront partager leurs expériences et vous conseilleront sur les circuits les plus adaptés à vos centres d'intérêt. Spécialistes des autotours, qu'ils programment eux-mêmes, ils ont également le grand avantage de disposer de contingents de chambres dans les parcs nationaux ou à proximité immédiate. Dans leur brochure, ils offrent également un grand choix d'activités, du séjour en ranch aux expéditions à VTT, en passant par le trekking ou le rafting.
De plus, Back Roads représente deux centraux de réservation américains lui permettant d'offrir des tarifs très compétitifs pour la réservation. D'abord, *Amerotel* : des hôtels sur tout le territoire, des *Hilton* aux *YMCA*. Ensuite, *Car Discount* : un courtier en location de voitures.

▲ BOURSE DES VOLS / BOURSE DES VOYAGES

• bdv.fr • ou par tél, au ☎ 01-42-61-66-61, lun-sam 9h-20h.

Agence de voyages en ligne, BDV.fr propose une vaste sélection de vols secs, séjours et circuits à réserver en ligne ou par téléphone. Pour bénéficier des meilleurs tarifs aériens, même à la dernière minute, le service de Bourse des Vols référence en temps réel un large panel de vols réguliers, charters et dégriffés au départ de Paris et de nombreuses villes de province. Bourse des Voyages propose des promotions toute l'année sur une large sélection de destinations (séjours, circuits...).

▲ COMPAGNIE DES ÉTATS-UNIS & DU CANADA

– Paris : 5, av. de l'Opéra, 75001. ☎ 0892-234-430 (0,34 €/mn).

Ⓜ Palais-Royal-Musée-du-Louvre ou Pyramides. Lun-ven 9h-19h ; sam 10h-19h.
• compagniesdumonde.com •
Compagnie des États-Unis & du Canada est depuis 15 ans la plus importante compagnie du groupe Compagnie du Monde. Dans son concept store parisien, venez découvrir la palette de voyages sur mesure proposés sur tout le continent américain, une galerie d'art contemporain exposant des artistes américains, et un salon de café offrant diverses variétés en provenance directe des meilleures plantations, pour un avant-goût de votre voyage.
D'un côté, la Compagnie propose des vols négociés sur les États-Unis et le Canada. De l'autre, de nombreuses formules de voyages sur mesure : du camping aux circuits les plus luxueux en passant par la mythique route 66 en Harley-Davidson ou en voiture.
Pour ce voyagiste, la meilleure façon de respecter et de découvrir le monde est de le faire à travers le « Beau ». C'est pourquoi la Compagnie s'est aussi spécialisée dans les séjours tournés vers l'art, incluant la visite des grands musées, des expositions du moment et des balades architecturales. Elle propose de nombreux séjours à New York, Miami, Philadelphie, Boston, Chicago, Las Vegas, et toutes les grandes villes de l'Ouest. Sans oublier, chaque année, deux forfaits de 7 jours pour les réveillons de Noël et du Jour de l'an à New York.
Compagnie des États-Unis & du Canada fait partie du groupe Compagnies du Monde, comme Compagnie d'Amérique Latine & des Caraïbes, Compagnie des Indes & de l'Extrême Orient, Compagnie des plages, Compagnie de la Polynésie, et Compagnie de l'Afrique australe & de l'océan Indien.
Une envie de croisière, consultez le site le plus complet *• monde-et-croisieres.com •*

▲ COMPTOIR DES ÉTATS-UNIS ET DES BAHAMAS

• comptoir.fr •
– Paris : 6, rue Saint-Victor, 75005. ☎ 0892-238-438 (0,34 €/mn). Ⓜ Cardinal-Lemoine. Lun-ven 9h30-18h30 ; sam 10h-18h30.
– Toulouse : 43, rue Peyrolières, 31000. ☎ 0892-238-438 (0,34 €/mn). Ⓜ Esquirol. Lun-sam 9h30-18h30.
– Lyon : 10, quai Tilsitt, 69002. ☎ 0892-230-465. Ⓜ Bellecour. Lun-sam 9h30-18h30.
– Marseille : 12, rue Breteuil, 13001. ☎ 0892-236-636. Ⓜ Estrangin. Lun-sam 9h30-18h30.
Pour votre voyage aux États-Unis, Comptoir vous propose des séjours citadins de New York à San Francisco, une grande variété d'autotours à travers l'Ouest américain... et toujours le soleil et la mer aux Bahamas ou en Floride. Quelles que soient vos envies, une équipe de spécialistes vous aide à créer votre voyage sur mesure.
21 Comptoirs, plus de 60 destinations, des idées de voyages à l'infini. Comptoir des Voyages s'impose depuis 20 ans comme une référence incontournable pour les voyages sur mesure, accessible à tous les budgets. Depuis 2003, Comptoir est membre de l'association ATR (Agir pour un tourisme responsable), certification remise par l'association AFAQ AFNOR.

▲ ÉQUINOXIALES

☎ 01-77-48-81-00. • equinoxiales.fr •
25 ans d'expérience et une passion inépuisable sont les clés de l'expertise d'Équinoxiales pour les voyages sur mesure au long cours à prix low cost, assortis des meilleurs conseils. Un simple appel, un simple mail et les conseillers Équinoxiales sont à l'écoute des candidats au voyage pour créer ensemble, au meilleur prix, le périple qui leur convient.

▲ EXPERIMENT

– Paris : 89, rue de Turbigo, 75003. ☎ 01-44-54-58-00. • experiment-france.org • Ⓜ Temple ou République. Lun-ven 9h-18h.
Partager en toute amitié la vie quotidienne d'une famille, c'est ce que vous propose l'association Experiment. Cette formule de séjour en immersion totale chez l'habitant à la carte existe dans une douzaine de pays à travers le monde (Amériques, Europe, Asie). Aux États-Unis,

Experiment offre également la possibilité de suivre des cours intensifs d'anglais sur 3 campus pendant une durée de 2 semaines à 9 mois. Les cours d'anglais avec hébergement chez l'habitant existent également en Irlande, en Grande-Bretagne, à Malte, au Canada, en Australie, en Afrique du Sud et en Nouvelle-Zélande. Experiment propose aussi des cours d'espagnol, de brésilien, d'allemand, d'italien, d'arabe, de russe, de chinois et de japonais dans les pays où la langue choisie est parlée. Ces différentes formules s'adressent aux adultes et adolescents. Aux États-Unis, sont également proposés des stages en entreprise et des programmes de bénévolat. Service *Départs à l'étranger* : *☎ 01-44-54-58-00.*
Pour les 18-26 ans, Experiment organise des séjours au pair aux États-Unis (billet A/R offert, rémunération de 195 $ par semaine, formulaire DS 2019, etc.). Service *Au Pair* : *☎ 01-44-54-58-09.*

▲ NOUVELLES FRONTIÈRES

– Rens et résas dans tte la France : ☎ 0825-000-747 (0,15 €/mn). • nouvelles-frontieres.fr •
Les brochures Nouvelles Frontières sont disponibles gratuitement dans les 300 agences du réseau, par téléphone et sur Internet. Vols sur Corsair International, la compagnie de Nouvelles Frontières au départ de Paris et de province, et sur toutes les compagnies aériennes régulières, ainsi que de nombreuses autres formules : circuits, aventure ou organisés ; séjours en hôtels, en hôtels-clubs et en résidences ; week-ends, formules à la carte...

▲ USA CONSEIL

Devis et brochures sur demande, réception sur rdv, agence Paris XVIe. Rens : ☎ 01-45-46-51-75. • usaconseil.com • ou • canadaconseil.com •
Spécialiste des voyages en Amérique du Nord, USA Conseil s'adresse particulièrement aux familles ainsi qu'à toutes les personnes désireuses de visiter et de découvrir les États-Unis et le Canada en maintenant un bon rapport qualité-prix. USA Conseil propose une gamme complète de prestations adaptées à chaque demande et en rapport avec le budget de chacun : vols, voitures, hôtels, motels, bungalows, circuits individuels et accompagnés, itinéraires adaptés aux familles, excursions, motor homes, motos, bureau d'assistance téléphonique francophone tout l'été avec numéro vert USA et Canada. Sur demande en ligne, par téléphone, mail ou fax, USA Conseil adresse un devis gratuit et détaillé pour tout projet de voyage.

▲ VACANCES FABULEUSES

– Paris : 54-56, av. Bosquet, 75007. ☎ 0820-300-382. • vacancesfabuleuses.fr • Ⓜ École-Militaire. Lun-ven 10h-18h.
– Et dans toutes les agences de voyages.
Vacances Fabuleuses, c'est « l'Amérique à la carte ». Ce spécialiste de l'Amérique du Nord (États-Unis, Canada et Bahamas) vous propose de la découvrir de l'intérieur, avec un large choix de formules allant de la location de voitures aux formules sportives en passant par des circuits individuels de 6 à 21 jours.
Le transport est assuré sur compagnies régulières, le tout proposé par une équipe de spécialistes.

▲ VACANCES USA

– Paris : 4, rue Gomboust (angle 31, av. de l'Opéra), 75001. ☎ 01-40-15-15-15. • cercledesvacances.com • Ⓜ Pyramides. Lun-ven 8h30-20h ; sam 10h-18h30. Vacances USA est une marque de la société Le Cercle des vacances.
Voyagiste spécialiste des USA, Vacances USA propose des voyages à travers tous les États du pays, des destinations phares et incontournables à celles plus insolites, pour tous les types de budgets, pour les individuels comme pour les groupes, grâce à des conseillers-voyages ayant vécu sur place. Découverte, culture, parcs nationaux et aventure, plusieurs formules sont proposées dans leur brochure et sur leur site internet. Au programme : vols sur toutes les compagnies régulières, circuits accompagnés, week-end, voyages à la carte, circuits aventure, hébergements variés, location de voitures à prix très attractifs...

▲ VOYAGES-SNCF.COM

Voyages-sncf.com, acteur majeur du tourisme français qui recense neuf millions de visiteurs par mois, propose d'acheter en ligne des billets de train, d'avion, des chambres d'hôtel, des locations de voitures, de vacances et des séjours clés en main ou Alacarte®, ainsi que des spectacles, des excursions et des visites de musées. Un large choix et des prix avantageux sont offerts toute l'année, pour tous types de voyages dans le monde entier : SNCF, 180 compagnies aériennes, 84 000 hôtels référencés et les principaux loueurs de voitures.

Le site *• voyages-sncf.com •*, permet d'accéder tous les jours, 24h/24, à plusieurs services : envoi gratuit des billets à domicile, Alerte Résa pour être informé de l'ouverture des réservations et profiter du plus grand choix, calendrier des meilleurs prix (TTC), mais aussi des offres de dernière minute et des promotions...

Pratique : *• voyages-sncf.mobi •*, le site mobile pour réserver, s'informer et profiter des bons plans n'importe où et à n'importe quel moment.

Et grâce à l'ÉcoComparateur, en exclusivité sur *• voyages-sncf.com •*, possibilité de comparer le prix, le temps de trajet et l'indice de pollution pour un même trajet en train, en avion et en voiture.

▲ VOYAGEURS AUX ÉTATS-UNIS, AU CANADA ET AUX BAHAMAS

Le spécialiste du voyage en individuel sur mesure. Rens : ☎ 01-42-86-16-30. • voyageursdumonde.com •

– Paris : La Cité des Voyageurs, 55, rue Sainte-Anne, 75002. ☎ 01-42-86-16-00. Ⓜ Opéra ou Pyramides. Lun-sam 9h30-19h.

– Également des agences à Bordeaux, Caen, Grenoble, Lille, Lyon, Marseille, Montpellier, Nantes, Nice, Rennes, Rouen, Strasbourg et Toulouse.

Parce que chaque voyageur est différent, que chacun a ses rêves et ses idées pour les réaliser, Voyageurs du Monde conçoit, depuis plus de 30 ans, des projets sur mesure. Les séjours proposés à travers 120 destinations sont des suggestions élaborées par leurs 180 conseillers voyageurs. Spécialistes de leur pays, ils vous aideront à personnaliser les voyages présentés à travers une trentaine de brochures d'un nouveau type et sur le site internet, où vous pourrez également découvrir leurs hébergements exclusifs et consulter votre espace personnalisé.

Chacune des 15 Cités des Voyageurs est une invitation au voyage : librairies spécialisées, accessoires de voyage, expositions-ventes d'artisanat et conférences. Depuis 2008, Voyageurs du Monde est membre de l'association ATR (Agir pour un tourisme responsable) certification remise par l'association AFAQ AFNOR.

▲ WEST FOREVER

– Wolfisheim : 4, impasse Joffre, 67202. ☎ 03-88-68-89-00. • westforever.fr • Lun-ven 9h-12h30, 14h-18h (17h ven).

West Forever est le spécialiste français du voyage en Harley-Davidson. Il propose des séjours et des circuits aux États-Unis (Route 66, Floride, Rocheuses, Grand Ouest, etc.), mais aussi en Australie, en Afrique du Sud et en Europe (Provence, Route des Alpes etc.). Agence de voyages officielle Harley-Davidson, West Forever propose une large gamme de tarifs pour un savoir-faire dédié tout entier à la moto. Si vous désirez voyager par vous-même, West Forever pourra vous concocter un voyage à la carte, sans accompagnement, grâce à sa formule « Easy Ride ».

Comment aller à Roissy et à Orly ?

Bon à savoir :

– Le ***pass Navigo*** est valable pour Roissy-Rail (RER B, zones 1-5) et Orly-Rail (RER C, zones 1-4).

– Le ***billet Orly-Rail*** permet d'accéder sans supplément aux réseaux métro et RER.

À Roissy-Charles-de-Gaulle 1, 2 et 3

Attention : si vous partez de Roissy, pensez à vérifier de quelle aérogare votre avion décolle car la durée du trajet peut considérablement varier en fonction de cette donnée.

En transports collectifs

☐ **Les cars Air France :** *☎ 0892-350-820 (0,34 €/mn). • lescarsairfrance.com • Paiement par CB possible à bord.*
Le site internet diffuse les informations essentielles sur le réseau (lignes, horaires, tarifs...) permettant de connaître en temps réel des infos sur le trafic afin de mieux planifier son départ. Il propose également une boutique en ligne, qui permet d'acheter et d'imprimer les billets électroniques pour accéder aux bus.
➢ *Paris-Roissy :* départ pl. de l'Étoile (1, av. Carnot), avec un arrêt pl. de la Porte-Maillot (bd Gouvion-Saint-Cyr). Départs ttes les 20-30 mn, 6h-22h. Durée du trajet : 35-50 mn env. Tarifs : 15 € l'aller simple, 24 € l'A/R ; réduc enfants 2-11 ans.
Autre départ depuis la gare Montparnasse (arrêt rue du Commandant-Mouchotte, face à l'hôtel *Pullman*), ttes les 30 mn, 6h-21h30, avec un arrêt gare de Lyon (20 bis, bd Diderot). Tarifs : 16,50 € l'aller simple, 27 € l'A/R ; réduc enfants 2-11 ans.
➢ *Roissy-Paris :* les cars *Air France* desservent la pl. de la Porte-Maillot, avec un arrêt bd Gouvion-Saint-Cyr, et se rendent ensuite au terminus de l'av. Carnot. Départs ttes les 20-30 mn, 6h-23h des terminaux 2A et 2C (porte C2), 2E et 2F (niveau « Arrivées », porte 3 de la galerie), 2B et 2D (porte B1), et du terminal 1 (porte 34, niveau « Arrivées »).
À destination de la gare de Lyon et de la gare Montparnasse, départs ttes les 30 mn, 6h-21h30 des mêmes terminaux. Durée du trajet : 45 mn env.

☐ **Roissybus :** *☎ 32-46 (0,34 €/mn). • ratp.fr •* Départs de la pl. de l'Opéra (angle rues Scribe et Auber) ttes les 15 mn (20 mn à partir de 20h), 5h45-23h. Durée du trajet : 60 mn. De Roissy, départs 6h-23h des terminaux 1, 2A, 2B, 2C, 2D et 2F, et à la sortie du hall d'arrivée du terminal 3. Tarif : 10 €.

☐ **Bus RATP n° 351 :** de la pl. de la Nation, 5h35-20h20. Solution la moins chère mais la plus lente. Compter 3 tickets ou 5,70 € et 1h40 de trajet. Ou ***bus n° 350,*** de la gare de l'Est (1h15 de trajet). Arrivée Roissypôle-gare RER.

☐ **RER ligne B + navette :** *☎ 32-46 (0,34 €/mn).* Départ ttes les 15 mn (4h55-0h20) depuis la gare du Nord et à partir de 5h26 depuis Châtelet. À Roissy-Charles-de-Gaulle, descendre à la station (il y en a 2) qui dessert le bon terminal. De là, prendre la navette adéquate. Compter 50 mn de la gare du Nord à l'aéroport (navette comprise). Tarif : 10,90 €.

Si vous venez du nord, de l'ouest ou du sud de la France en train, vous pouvez rejoindre les aéroports de Roissy sans passer par Paris, la gare SNCF Paris-Charles de Gaulle étant reliée aux réseaux TGV.

En taxi

Compter au moins 50 € du centre de Paris en tarif de jour.

En voiture

Chaque terminal a son propre parking. Compter 34 € par tranche de 24h. Également des parkings longue durée (PR et PX), plus éloignés des terminaux, qui proposent des tarifs plus avantageux (forfait 24h 25 €, forfait 7 j. pour 151 €). Possibilité de réserver sa place de parking via le site *• aeroportsdeparis.fr •* Stationnement au parking Vacances (longue durée) dans le P3 Résa (terminaux 1 et 3) situé à 2 mn du terminal 3 à pied ou le PAB (terminal 2). Formules de stationnement 1-30 j. (120-205 €) pour le P3 Résa. De 2 à 5 j. dans le PAB 13 € par tranche de 12h et de 6 à 14 j. 24 € par tranche de 24h. Réservation sur Internet uniquement. Les P1, PAB et PEF accueillent les deux-roues : 15 € pour 24h.

Comment se déplacer entre Roissy-Charles-de-Gaulle 1, 2 et 3 ?

Les rames du CDG-VAL font le lien entre les 3 terminaux en 8 mn. Fonctionne tlj, 24h/24. Gratuit. Accessible aux personnes à mobilité réduite. Départ ttes les 4 mn, et ttes les 20 mn, minuit-4h. Desserte gratuite vers certains hôtels, parkings, gares RER et gares TGV. *Infos au : ☎ 39-50.*

À Orly-Sud et Orly-Ouest

En transports collectifs

Les cars Air France : *☎ 0892-350-820 (0,34 €/mn). • lescarsairfrance.com • Tarifs : 11,50 € l'aller simple, 18,50 € l'A/R ; enfants 2-11 ans : 5,50 €. Paiement par CB possible dans le bus.*

➢ *Paris-Orly :* départs de l'Étoile, 1, av. Carnot, ttes les 30 mn 5h-22h40. Arrêts au terminal des Invalides, rue Esnault-Pelterie (Ⓜ Invalides), gare Montparnasse (rue du Commandant-Mouchotte, face à l'hôtel *Pullman* ; Ⓜ Montparnasse-Bienvenüe, sortie Gare SNCF) et porte d'Orléans (arrêt facultatif uniquement dans le sens Orly-Paris).

➢ *Orly-Paris :* départs ttes les 20 mn, 6h-23h40 d'Orly-Sud, porte L, et d'Orly-Ouest, porte H, niveau « Arrivées ».

RER C + navette : *☎ 01-60-11-46-20. • parisparletrain.fr •* Prendre le RER C jusqu'à Pont-de-Rungis (un RER ttes les 15-30 mn). Compter 25 mn depuis la gare d'Austerlitz. Ensuite, navette pdt 15-20 mn pour Orly-Sud et Orly-Ouest. Compter 6,45 €. Très recommandé les jours où l'on piétine sur l'autoroute du Sud (w-e et jours de grands départs) : on ne sera jamais en retard. Pour le retour, départs de la navette ttes les 15 mn depuis la porte G à Orly-Ouest (5h40-23h14) et la porte F à Orly-Sud (4h45-0h55).

Bus RATP Orlybus : *☎ 08-92-68-77-14 (0,34 €/mn). • ratp.fr •*

➢ *Paris-Orly :* départs ttes les 15-20 mn de la pl. Denfert-Rochereau. Compter 20-30 mn pour rejoindre Orly (Ouest ou Sud). Orlybus fonctionne tlj 5h35-23h, jusqu'à minuit ven, sam et veilles de fêtes dans le sens Paris-Orly ; et tlj 6h-23h20, jusqu'à 0h20 ven, sam et veilles de fêtes dans le sens Orly-Paris.

➢ *Orly-Paris :* départ d'Orly-Sud, porte H, quai 4, ou d'Orly-Ouest, porte J, niveau « Arrivées ». Compter 7 € l'aller simple.

Orlyval : *☎ 32-46 (0,34 €/mn). • ratp.fr •* Compter 10,90 € l'aller simple entre Orly et Paris. Ce métro automatique est facilement accessible à partir de n'importe quel point de la capitale ou de la région parisienne (RER, stations de métro, gare SNCF). La jonction se fait à Antony (ligne B du RER) sans aucune attente. Permet d'aller d'Orly à Châtelet et vice versa en 40 mn env, sans se soucier de la densité de la circulation automobile.

➢ *Paris-Orly :* départs pour Orly-Sud et Ouest ttes les 6-8 mn, 6h-22h15.

➢ *Orly-Paris :* départ d'Orly-Sud, porte K, zone livraison des bagages, ou d'Orly-Ouest, porte W, niveau 1.

En taxi

Compter au moins 35 € en tarif de jour du centre de Paris, selon circulation et importance des bagages.

En voiture

À proximité d'Orly-Ouest, parkings P0 et P2. À proximité d'Orly-Sud, P1, P2 et P3 (à 50 m du terminal, accessible par tapis roulant). Compter 28,50 € pour 24h de stationnement. Les parkings P0 et P2, à proximité immédiate des terminaux, proposent un forfait « week-end » intéressant, valable du ven 0h01 au lun 23h59 (45 €). Forfaits disponibles aussi pour les P4, P5 et P7 : 15,50 € pour 24h et 1 € par j. supplémentaire au-delà de 8 j. (45 j. de stationnement max). Il existe pour le P7 des forfaits Vacances 1 à 30 j. (15-130 €).
Les P4, P7 (en extérieur) et P5 (couvert) sont des parkings longue durée, plus excentrés, reliés par navettes gratuites aux terminaux. *Rens : ☎ 01-49-75-56-50.* Comme à Roissy, possibilité de réserver en ligne sa place de parking (P0 et P7) sur *• aeroportsdeparis.fr •* Les frais de résa (en sus du parking) sont de 8 € pour 1 j., de 12 € pour 2-3 j. et de 20 € pour 4-10 j. de stationnement pour le P0. Les parkings P0-P2 à Orly-Ouest, et P1-P3 à Orly-Sud accueillent les deux-roues : 6,20 € pour 24h.

Liaisons entre Orly et Roissy-Charles-de-Gaulle

Les cars Air France : *☎ 0892-350-820 (0,34 €/mn). • lescarsairfrance.*

com • Départs de Roissy-Charles-de-Gaulle depuis les terminaux 1 (porte 32), 2A et 2C, 2B et 2D, 2E et 2F (galerie de liaison entre les terminaux 2E et 2F) vers Orly 5h55-22h30. Départs d'Orly-Sud (porte K) et d'Orly-Ouest (porte H) vers Roissy-Charles-de-Gaulle 6h30 (7h le w-e)-22h30. Ttes les 30-45 mn (dans les 2 sens). Durée du trajet : 50 mn env. Tarif : 19,50 € ; réduc.

RER B + Orlyval : *☎ 32-46 (0,34 €/mn).* Depuis Roissy, navette puis RER B jusqu'à Antony et enfin Orlyval entre Antony et Orly, 6h-22h15. Tarif : 19,50 €.

– ***En taxi :*** compter 50-55 € en journée.

EN BELGIQUE

▲ AIRSTOP

Pour ttes les adresses Airstop, un seul numéro de téléphone : ☎ 070-233-188. • airstop.be • Lun-ven 9h-18h30 ; sam 10h-17h.
– Bruxelles : bd E.-Jacquemain, 76, 1000.
– Anvers : Jezusstraat, 16, 2000.
– Bruges : Dweersstraat, 2, 8000.
– Gand : Maria Hendrikaplein, 65, 9000.
– Louvain : Tiensestraat, 5, 3000.
Airstop offre une large gamme de prestations, du vol sec au séjour tout compris à travers le monde.

▲ CONNECTIONS

Rens et résas : ☎ 070-233-313 (lun-ven 9h-19h ; sam 10h-17h). • connections.be •
Fort d'une expérience de plus de 20 ans dans le domaine du voyage, Connections dispose d'un réseau de 30 *travel shops,* dont un à Brussels Airport. Connections propose des vols dans le monde entier à des tarifs avantageux, et des voyages destinés à des voyageurs désireux de découvrir la planète de façon autonome et de vivre des expériences uniques. Connections propose une gamme complète de produits : vols, hébergements, location de voitures, autotours, vacances sportives, excursions, assurances « protections »...

▲ GLOBE-TROTTERS

– Bruxelles : rue Victor-Hugo, 179 (coin av. E.-Plasky), 1030. ☎ 02-732-90-70. • globe-trotters.be • Lun-ven 9h30-13h30, 15h-18h ; sam 10h-13h.
En travaillant avec des prestataires exclusifs, cette agence permet de composer chaque voyage selon ses critères : de l'auberge de jeunesse au *lodge* de luxe isolé, du *B & B* à l'hôtel de charme, de l'autotour au circuit accompagné, d'une descente de fleuve en pirogue à un circuit à vélo... Motoneige, héliski, multiactivités estivales ou hivernales, équitation... Spécialiste du Québec, du Canada, des États-Unis, Globe-Trotters propose aussi des formules dans le Sud-Est asiatique et en Afrique. Assurances voyages. Cartes d'auberges de jeunesse *(IYHF).* Location de voitures, motor homes et motos.

▲ NOUVELLES FRONTIÈRES

• nouvelles-frontieres.be •
– Nombreuses agences dans le pays, dont à Bruxelles, Charleroi, Liège, Mons, Namur, Waterloo, Wavre, et au Luxembourg.
Voir texte dans la partie « En France ».

▲ SERVICE VOYAGES ULB

• servicevoyages.be • 22 agences, dont 11 à Bruxelles.
– Bruxelles : campus ULB, av. Paul-Héger, 22, CP 166, 1000. ☎ 02-650-40-20
– Bruxelles : rue Abbé-de-l'Épée, 1, Woluwe, 1200. ☎ 02-742-28-80.
– Bruxelles : hôpital universitaire Érasme, route de Lennik, 808, 1070. ☎ 02-555-38-63.
– Bruxelles : chaussée d'Alsemberg, 815, 1180. ☎ 02-332-29-60.
– Ciney : rue du Centre, 46, 5590. ☎ 083-216-711.
– Marche (Luxembourg) : 11, av. de France, 6900. ☎ 084-31-40-33.
– Wepion : chaussée de Dinant, 1137, 5100. ☎ 081-46-14-37.
Service Voyages ULB, c'est le voyage à l'université. Billets d'avion sur vols charters et sur compagnies régulières à des prix compétitifs.

▲ TAXISTOP

Pour ttes les adresses Taxistop : ☎ 070-222-292. • taxistop.be •
– Bruxelles : rue Théresienne, 7a, 1000.
– Gent : Maria Hendrikaplein, 65, 9000.
– Ottignies : bd Martin, 27, 1340.

Taxistop propose un système de covoiturage, ainsi que d'autres services comme l'échange de maisons ou le gardiennage.

▲ VOYAGEURS DU MONDE
– Bruxelles : chaussée de Charleroi, 23, 1060. ☎ 0-900-44-500 (0,45 €/mn). • *voyageursdumonde.com* •
Le spécialiste du voyage en individuel sur mesure.
Voir texte dans la partie « En France ».

EN SUISSE

▲ STA TRAVEL
☎ 058-450-49-49. • *statravel.ch* •
– Fribourg : rue de Lausanne, 24, 1701. ☎ 058-450-49-80.
– Genève : rue de Rive, 10, 1204. ☎ 058-450-48-00.
– Genève : rue Vignier, 3, 1205. ☎ 058-450-48-30.
– Lausanne : bd de Grancy, 20, 1006. ☎ 058-450-48-50.
– Lausanne : à l'université, Anthropole, 1015. ☎ 058-450-49-20.
Agences spécialisées notamment dans les voyages pour jeunes et étudiants. 150 bureaux STA et plus de 700 agents du même groupe répartis dans le monde entier sont là pour donner un coup de main *(Travel Help)*.
STA propose des voyages avantageux : vols secs *(Blue Ticket)*, hôtels, écoles de langues, *work & travel*, circuits d'aventure, voitures de location, etc. Délivre la carte internationale d'étudiant et la carte Jeune.
STA est membre du fonds de garantie de la branche suisse du voyage ; les montants versés par les clients pour les voyages forfaitaires sont assurés.

▲ TUI – NOUVELLES FRONTIÈRES
– Genève : rue Chantepoulet, 25, 1201. ☎ 022-716-15-70.
– Lausanne : bd de Grancy, 19,1006. ☎ 021-616-88-91.
Voir texte dans la partie « En France ».

AU QUÉBEC

▲ EXOTIK TOURS
Rens sur • *exotiktours.com* • *ou auprès de votre agence de voyages.*
Exotik Tours offre une importante programmation en été comme en hiver sur la Méditerranée et l'Europe. Ses circuits estivaux se partagent notamment entre la France, l'Autriche, la Grèce, la Turquie, l'Italie, la Croatie, le Maroc, la Tunisie, la République tchèque, la Russie, la Thaïlande, le Vietnam, la Chine... L'hiver, des séjours sont proposés dans le Bassin méditerranéen et en Asie (Thaïlande et Bali). Durant cette saison, on peut également opter pour des combinés plage + circuit. Dans la rubrique « Grands voyages », le voyagiste suggère des périples en petits groupes ou en individuel. Au choix : l'Amérique du Sud, le Pacifique sud, l'Afrique (Afrique du Sud, Kenya, Tanzanie), l'Inde et le Népal. Le voyagiste a par ailleurs créé une nouvelle division : Carte Postale Tours (circuits en autocar au Canada et aux États-Unis).

▲ INTAIR VACANCES
Intair Vacances propose un vaste choix de prestations à la carte incluant vol, hébergement et location de voitures en Europe, aux États-Unis ainsi qu'aux Antilles et au Mexique. Également au menu, des courts ou longs séjours en Espagne (Costa del Sol) et en France (hôtels et appartements sur la Côte d'Azur et en région), ainsi qu'un choix d'achat-rachat en France et dans la péninsule Ibérique.

▲ TOURS CHANTECLERC
• *tourschanteclerc.com* •
Tours Chanteclerc est un tour-opérateur qui publie différentes brochures de voyages : Europe, Amérique du Nord, Amérique du Sud, Asie et Pacifique sud, Afrique et le Bassin méditerranéen en circuits ou en séjours. Il s'adresse aux voyageurs indépendants qui réservent un billet d'avion, un hébergement (dans toute l'Europe), des excursions ou une location de voiture. Également spécialiste de Paris, le TO offre une vaste sélection d'hôtels et d'appartements dans la Ville Lumière.

▲ TOURSMAISON
Spécialiste des vacances sur mesure, ce voyagiste sélectionne plusieurs « Évasions soleil » (plus de 600 hôtels ou appartements dans quelque 45 destinations), offre l'Europe à la carte toute l'année (plus de 17 pays) et une vaste

sélection de compagnies de croisières (11 compagnies au choix). Toursmaison concocte par ailleurs des forfaits escapades à la carte aux États-Unis et au Canada. Au choix : transport aérien, hébergement (variété d'hôtels de toutes catégories ; appartements dans le sud de la France ; maisons de location et condos en Floride), location de voitures pratiquement partout dans le monde. Des billets pour le train, les attractions, les excursions et les spectacles peuvent également être achetés avant le départ.

▲ VACANCES AIR CANADA

● *vacancesaircanada.com* ●

Vacances Air Canada propose des forfaits loisirs (golf, croisières, voyages d'aventure, ski et excursions diverses) flexibles vers les destinations les plus populaires des Antilles, de l'Amérique centrale et du Sud, de l'Asie, de l'Europe et des États-Unis. Vaste sélection de forfaits incluant vol aller-retour et hébergement. Également des forfaits vol + hôtel ou vol + voiture.

▲ VOYAGES CAMPUS / TRAVEL CUTS

● *voyagescampus.com* ●

Voyages Campus / Travel Cuts est un réseau national d'agences de voyages spécialisées pour les étudiants et les voyageurs qui disposent de petits budgets. Le réseau existe depuis 40 ans et compte plus de 50 agences dont 6 au Québec. Voyages Campus propose des produits exclusifs comme l'assurance « Bon Voyage », le programme de Vacances-Travail (SWAP), la carte d'étudiant internationale (ISIC) et plus. Ils peuvent vous aider à planifier votre séjour autant à l'étranger qu'au Canada et même au Québec.

UNITAID

UNITAID a été créé pour lutter contre le VIH/sida, le paludisme et la tuberculose, principales maladies meurtrières dans les pays en développement. UNITAID intervient dans 94 pays en facilitant l'accès aux médicaments et aux diagnostics, en en baissant les prix, dans les pays en développement. Le financement d'UNITAID provient principalement d'une contribution de solidarité sur les billets d'avion mise en place par six pays membres dont la France. En France, la taxe est de 1 € sur les vols intérieurs et de 4 € sur les vols internationaux (ce qui représente le traitement d'un enfant séropositif pour 1 an). Depuis 2006, UNITAID a réuni plus d'un milliard de dollars. Les financements d'UNITAID ont permis à près d'un million de personnes atteintes du VIH/sida de bénéficier d'un traitement et de délivrer plus de 19 millions de traitements contre le paludisme. Moins de 5 % des fonds sont utilisés pour le fonctionnement du programme, 95 % étant utilisés directement pour les médicaments et les tests. Pour en savoir plus : ● *unitaid.eu* ●

LOUISIANE UTILE

Pour la carte générale de la Louisiane, se reporter au cahier couleur.

ABC DE LA LOUISIANE

- *Superficie :* 125 674 km² (environ le quart de la France).
- *Population :* 4,6 millions d'habitants.
- *Capitale :* Baton Rouge (230 000 habitants).
- *Villes principales :* La Nouvelle-Orléans, Lafayette, Shreveport, Natchitoches, Alexandria.
- *Gouverneur de la Louisiane :* Bobby Jindal, Indo-Américain et membre du parti républicain, en poste depuis 2008.
- *Langues :* l'anglais (américain) est la langue officielle, le français est la 2e langue la plus parlée.

AVANT LE DÉPART

Adresses utiles

En France

Office de tourisme – USA (c/o Visit USA Committee) : ☎ 0899-702-470 (1,35 € l'appel, puis 0,34 €/mn). • office-tourisme-usa.com • *Fermé au public, mais rens sur le site internet et par téléphone.* Bureau d'information privé, représentant certains États, mais aussi des sociétés (chaînes d'hôtels, loueurs de voitures...) et des services.

Office de tourisme de La Nouvelle-Orléans et de la Louisiane – Express Conseil : ☎ 01-44-77-88-05 (lun-jeu 9h-18h ; ven 9h-17h). • louisiane-tourisme.fr • Ce bureau ne reçoit pas le public, mais peut envoyer de la documentation gratuite sur demande (via le site internet par exemple). Bonnes infos.

Association France-Louisiane franco-américanie : *17, av. Reille, 75014 Paris.* ☎ 01-45-88-02-10. • flfa.fr • Ⓜ *Glacière ou RER B : Cité-Universitaire. Lun-ven 14h-18h.* Cette association, créée en 1977, a pour objectif de resserrer les liens entre les francophones des États-Unis. Elle possède un important centre de documentation sur la Louisiane et sur les Franco-Américains (un millier d'ouvrages) et peut fournir toutes sortes de documentations touristiques très détaillées et de bons conseils.

Ambassade des États-Unis, section consulaire : *2, av. Gabriel, 75008 Paris.* ☎ 01-43-12-22-22. Ⓜ *Concorde. Rens sur les visas :* • french.france.usembassy.gov •, *puis cliquer sur « Visas ». Rens per-*

sonnalisés pour les demandes de visas (14,50 € l'appel) : ☎ 0810-26-46-26 (8h-17h).
– Le visa n'est pas obligatoire pour les Français pour un séjour de moins de 90 jours (voir « Formalités d'entrée »).

En Belgique

■ ***Visit USA Marketing & Promotion Bureau :*** *PO Box 10001, Berchem 2600. • visitusa.org •* Bureau d'information privé, qui pallie l'absence d'office de tourisme. Les demandes de renseignements peuvent être communiquées par courrier ou Internet. Participation aux frais de 10 € pour l'envoi de documentation ou brochures.
■ ***Ambassade des États-Unis :*** *bd du Régent, 27, Bruxelles 1000. ☎ 02-811-4000. • french.belgium.usembassy.gov • Lun-ven 9h-18h.*
– Le visa n'est pas obligatoire pour les Belges pour un séjour de moins de 90 jours (voir « Formalités d'entrée »).

En Suisse

■ ***Ambassade des États-Unis :*** *Sulgeneckstrasse, 19, 3007 Berne. ☎ 031-357-70-11. • bern.usembassy.gov • Lun-ven 9h-12h30, 13h30-17h30.*
– Le visa n'est pas obligatoire pour les Suisses pour un séjour de moins de 90 jours (voir « Formalités d'entrée » plus loin).

Au Québec

■ ***Consulat général des États-Unis :*** *1155, rue Saint-Alexandre, Montréal. Adresse postale : 315, pl. d'Youville, case postale 500, Montréal (Québec) H2Y 0A4. ☎ 514-398-9695 (serveur vocal). • french.montreal.usconsulate.gov •*
■ ***Consulat général des États-Unis :*** *2, rue de la Terrasse-Dufferin (derrière le château Frontenac), Québec. Adresse postale : CP 939, G1R-4T9 Québec. ☎ 418-692-2095 (serveur vocal). • french.quebec.usconsulate.gov/content/index.asp • Lun-ven 9h-16h.*
– Le visa n'est pas obligatoire pour les Canadiens pour un séjour de moins de 180 jours (voir « Formalités d'entrée »).

Formalités d'entrée

– ***ATTENTION :*** les mesures de sécurité concernant les formalités d'entrée sur le sol américain n'ont cessé de se renforcer depuis le 11 septembre 2001. ***Avant d'entreprendre votre voyage, consultez impérativement le site de l'ambassade des États-Unis,*** très détaillé et constamment remis à jour, pour vous tenir au courant des toutes dernières mesures : *• french.france.usembassy.gov •*, rubrique « Visas ».
– ***Passeport biométrique ou électronique en cours de validité, ou passeport individuel à lecture optique (modèle Delphine en cours de validité et émis avant le 26 octobre 2005).*** Si votre passeport a été délivré, renouvelé ou prolongé entre le 26 octobre 2005 et le 26 octobre 2006, consultez le site internet de l'ambassade des États-Unis pour vérifier ses caractéristiques (un visa peut être nécessaire dans certains cas). Les enfants de tous âges doivent impérativement posséder leur propre passeport. ***Depuis 2009,*** les voyageurs (y compris les enfants) doivent aussi être en possession d'une ***autorisation électronique de voyage ESTA,*** à remplir obligatoirement en ligne sur leur site internet *(• https://esta.cbp.dhs.gov •)* avant d'embarquer pour les États-Unis, que ce soit par voie maritime ou aérienne. ***Précisions importantes :*** la demande d'autorisation de voyage ne peut être faite à moins de 72h du départ, faites-la donc le plus tôt possible. C'est payant (14 $) et la réponse est généralement immédiate. Méfiez-vous des sites clandestins d'ESTA qui sont, eux, plus chers... Lors de la demande en ligne, c'est le numéro officiel du passeport à 9 caractères qui doit être inscrit. Quant aux femmes mariées, elles doivent de préférence se faire enregistrer sous leur nom complet (nom de jeune fille et d'épouse). L'ESTA est valable 2 ans à priori.
Enfin, tous les voyageurs se rendant aux

États-Unis doivent être en mesure de présenter un ***billet d'avion aller-retour*** ou un billet attestant le projet de quitter les États-Unis, et se soumettre au rituel des empreintes digitales et de la photo lors du passage de l'immigration.

– ***Le visa*** n'est pas nécessaire pour les Français qui se rendent aux États-Unis pour tourisme (lire plus haut). Cependant, votre séjour ne doit pas dépasser 90 jours et n'est pas prolongeable.

ATTENTION : le visa reste indispensable pour les diplomates, les étudiants poursuivant un programme d'études, les stagiaires, les jeunes filles/garçons au pair, les journalistes en mission et autres catégories professionnelles.

– Le visa n'est pas obligatoire pour les ***Belges*** et les ***Suisses*** pour un séjour de tourisme de moins de 90 jours, sous certaines conditions (grosso modo les mêmes que pour les Français).

Quant aux ***Canadiens,*** ils doivent être eux aussi munis, désormais, d'un passeport valide.

Avant tout voyage, il est **impératif de vérifier ces formalités** via les sites internet des ambassades (voir plus haut).

– Si vous allez ***aux États-Unis en passant par le Mexique ou le Canada,*** il n'est pas nécessaire d'avoir un visa (mais une taxe de 6 $, payable en espèces, vous sera demandée).

– Pas de ***vaccination*** obligatoire (lire la rubrique « Santé » plus loin).

– ***Pour conduire sur le sol américain : le permis de conduire national suffit*** mais le ***permis international*** peut être parfois exigé même si c'est rare. Par prudence, mieux vaut s'en faire délivrer un par la préfecture (gratuit).

– ***Interdiction d'emporter des denrées périssables non stérilisées*** (charcuterie, fromage, biscuits...) ***et des végétaux.*** Seules les conserves sont tolérées et une bouteille d'alcool par personne est autorisée (le tout en soute). N'essayez pas de frauder, et déclarez ce que vous importez : en général, les douaniers sont moins suspicieux si vous dites honnêtement que vous avez des denrées alimentaires. Sinon, vous risquez le contrôle aux rayons X, l'ouverture des valises et les chiens renifleurs.

– ***Aucun objet coupant n'est autorisé en cabine.*** Même les ciseaux à bout rond des enfants seront confisqués !

– ***Les liquides, gels, crèmes, pâtes dentifrice sont restreints en cabine*** (sauf aliments pour bébés). Ils doivent être conditionnés dans des flacons ou tubes de 100 ml maximum et placés dans une pochette plastique transparente (type sac de congélation).

– ***Évitez de verrouiller vos valises*** de soute, sous peine de retrouver leurs serrures forcées par les services de sécurité qui les fouillent régulièrement. Il existe des cadenas et des bagages agréés *TSA,* qui permettent à la *Transportation Security Administration* de les ouvrir sans les endommager.

– Vous aurez à remplir une ***déclaration de douane*** par famille. Ce document est généralement distribué dans l'avion. Gardez sur vous ***l'adresse de votre premier hébergement ;*** celle-ci vous sera demandée dans les papiers à remplir.

> Pensez à scanner passeport, visa, carte de paiement, billet d'avion et *voucher* d'hôtel. Ensuite, adressez-les-vous par e-mail, en pièce jointe. En cas de perte ou de vol, rien de plus facile pour les récupérer dans un cybercafé. Les démarches administratives seront bien plus rapides.

Assurances voyage

■ ***Routard Assurance*** *(c/o AVI International) : 106, rue La Boétie, 75008 Paris. ☎ 01-44-63-51-00. • avi-international.com • Ⓜ Saint-Philippe-du-Roule ou Franklin-D.-Roosevelt.* Depuis 1995, *Routard Assurance,* en collaboration avec *AVI International,* spécialiste de l'assurance voyage, propose aux routards un tarif à la semaine qui inclut une assurance bagages de 2 000 € dont 300 € pour les appareils photo. Pour les séjours longs (2 mois à 1 an), il existe le contrat *Marco Polo.* Ces 2 contrats sont également disponibles à un prix forfaitaire pour les familles en courts et longs séjours. Les seniors ont aussi leur contrat *Routard Assistance Senior. Routard Assurance* est aussi disponible en version « light » (durée adaptée aux week-ends et courts séjours en Europe). Vous trouverez un bulletin de souscription dans les dernières pages de chaque guide.

■ ***AVA :*** *25, rue de Maubeuge, 75009 Paris.* ☎ *01-53-20-44-20.* ● *ava.fr* ● Ⓜ *Cadet.* Un autre courtier fiable pour ceux qui souhaitent s'assurer en cas de décès, invalidité ou accident lors d'un voyage à l'étranger mais surtout pour bénéficier d'une assistance rapatriement, perte de bagages et annulation. Attention, franchises pour leurs contrats d'assurance voyage.

■ ***Pixel Assur :*** *18, rue des Plantes, 78600 Maisons-Laffitte.* ☎ *01-39-62-28-63.* ● *pixel-assur.com* ● *RER A : Maisons-Laffitte.* Assurance de matériel photo et vidéo tous risques dans le monde entier. Devis basé sur le prix d'achat de votre matériel. Avantage : garantie à l'année.

Carte d'adhésion internationale aux auberges de jeunesse (carte FUAJ)

Cette carte, valable dans plus de 90 pays, vous ouvre les portes des 4 000 auberges de jeunesse du réseau *Hostelling International* réparties dans le monde entier. Les périodes d'ouverture varient selon les pays et les AJ. À noter, la carte est souvent obligatoire pour séjourner en auberge de jeunesse, donc nous vous conseillons de vous la procurer avant votre départ. Adhérer en France vous reviendra moins cher qu'à l'étranger.

Vous pouvez adhérer

– En ligne, avec un paiement sécurisé, sur le site ● *fuaj.org* ●

– Dans toutes les auberges de jeunesse, points d'informations et de réservations en France.

– Auprès de l'antenne nationale : *27, rue Pajol, 75018 Paris.* ☎ *01-44-89-87-27.* ● *fuaj.org* ● Ⓜ *Marx-Dormoy ou La Chapelle. Horaires d'ouverture du point accueil sur le site internet, rubrique « Nous contacter ».*

– Par correspondance, en envoyant la photocopie d'une pièce d'identité et un chèque à l'ordre de la FUAJ du montant correspondant à l'adhésion plus 2 € de plus pour les frais d'envoi. Vous recevrez votre carte sous 15 jours.

Les tarifs de l'adhésion 2013

– Carte internationale FUAJ - de 26 ans : 7 €.

Pour les mineurs, une autorisation parentale et la carte d'identité du parent tuteur sont nécessaires pour l'inscription.

– Carte internationale FUAJ + de 26 ans : 11 €.

– Carte internationale FUAJ Famille : 20 €.

Seules les familles ayant un ou plusieurs enfants de moins de 16 ans peuvent bénéficier de la carte Famille sur présentation du livret de famille. Les enfants de plus de 16 ans devront acquérir une carte individuelle.

– La carte donne également droit à des réductions sur les transports, les musées et les attractions touristiques dans plus de 90 pays. Ces avantages varient d'un pays à l'autre, ce qui n'empêche pas de la présenter à chaque occasion. Liste de ces réductions disponible sur ● *hihostels.com* ● et pour les réductions en France sur ● *fuaj.org* ●

En Belgique

La carte d'adhésion est obligatoire. Son prix varie selon l'âge : entre 3 et 15 ans, 3 € ; entre 16 et 25 ans, 9 € ; après 25 ans, 15 €.

Renseignements et inscriptions

■ ***À Bruxelles :*** *LAJ, rue de la Sablonnière, 28, 1000.* ☎ *02-219-56-76.* ● *info@laj.be* ● *laj.be* ●

■ ***À Anvers :*** *Vlaamse Jeugdherbergcentrale (VJH), Van Stralenstraat, 40, B 2060 Antwerpen.* ☎ *03-232-72-18.*

• *info@vjh.be* • *vjh.be* •
– Votre carte de membre vous permet d'obtenir de 3 à 20 € de réduction sur votre première nuit dans les réseaux LAJ, VJH et CAJL (Luxembourg), ainsi que des réductions auprès de nombreux partenaires en Belgique.

En Suisse (SJH)

Le prix de la carte dépend de l'âge : 22 Fs pour les moins de 18 ans, 33 Fs pour les adultes et 44 Fs pour une famille avec des enfants de moins de 18 ans.

Renseignements et inscriptions

■ ***Schweizer Jugendherbergen (SJH), service des membres :*** *Schaffhauserstr. 14, 8006 Zurich.* ☎ *41-44-360-14-14.* • *booking@youthhostel.ch* • et • *contact@youthhostel.ch* • *youthhostel.ch* •

Au Canada

La carte coûte 35 $Ca pour une durée de 16 à 28 mois et 175 $Ca pour une validité à vie. Gratuit pour les enfants de moins de 18 ans qui accompagnent leurs parents.
■ ***Auberges de jeunesse du Saint-Laurent / St Laurent Youth Hostels :***
– ***À Montréal :*** *3514, av. Lacombe, Montréal (Québec) H3T 1M1.* ☎ *(514) 731-10-15. Sans frais (au Canada) :* ☎ *1-800-663-5777.*
■ ***Canadian Hostelling Association :*** *205 Catherine Street, bureau 400, Ottawa, Ontario, Canada K2P 1C3.* ☎ *(613) 237-78-84.* • *info@hihostels.ca* • *hihostels.ca* •
– Il n'y a pas de limite d'âge pour séjourner en AJ. Il faut simplement être adhérent.
– La FUAJ offre à ses adhérents la possibilité de réserver en ligne grâce à son système de réservation international • *hihostels.com* • jusqu'à 12 mois à l'avance, dans plus de 1 600 auberges de jeunesse dans le monde. Et si vous prévoyez un séjour itinérant, vous pouvez réserver plusieurs auberges en une seule fois.
Ce système permet d'obtenir toutes les informations utiles sur les auberges reliées au système, de vérifier les disponibilités, de réserver et de payer en ligne.

ARGENT, BANQUES, CHANGE

La monnaie américaine

Mi-2012, 1 $ valait 0,80 € environ.
– ***Les pièces :*** 1 cent *(penny)*, 5 cents *(nickel)*, 10 cents (*dime*, plus petite que la pièce de 5 cents), 25 cents *(quarter)* et 1 dollar, cette dernière ayant du mal à s'imposer face au billet que les Américains préfèrent. Avis aux numismates, les *quarters* font l'objet de séries spéciales.
– ***Les billets :*** sur chaque billet, le visage d'un président des États-Unis : 1 $ (Washington), 5 $ (Lincoln), 10 $ (Hamilton, secrétaire du Trésor et non président), 20 $ (Jackson), 50 $ (Grant), 100 $ (Franklin). Il existe aussi un billet de 2 $ (bicentenaire de l'indépendance, avec l'effigie de Jefferson), assez rare et que les collectionneurs s'arrachent.
En argot, un dollar se dit souvent *a buck*. L'origine de ce mot remonte au temps des trappeurs, lorsqu'ils échangeaient leurs peaux de daims *(bucks)* contre des dollars.

Les banques

Les banques sont généralement ouvertes en semaine de 9h à 15h ou 17h, et parfois le samedi matin.

Argent liquide, change et chèques de voyage

– Le plus simple est d'***emporter quelques dollars changés en Europe et de retirer le reste sur place***, avec une ***carte de paiement.*** Il y a partout des ***distributeurs automatiques*** de billets (appelés *ATM* – pour *Automated Teller Machine* – ou *cash machine*), jusque dans certaines petites épiceries ! Cela dit, évitez absolument de retirer de faibles sommes à tout bout de champ car une commission fixe de 3 $ est prélevée sur place pour chaque transaction (souvent plus élevée dans les petits distributeurs situés dans les boutiques ou les hôtels, car on paie le service) sans compter celle appliquée aussi par votre banque. N'oubliez pas non plus qu'il y a un seuil maximal de retrait par semaine, fixé par votre banque (pensez à relever le plafond, même temporairement).

– ***Utilisez de préférence les distributeurs attenants à une agence bancaire.*** En cas de pépin (carte avalée, erreur de numéro...), vous aurez un interlocuteur dans l'agence, du moins pendant les heures ouvrables.

– Pour ceux qui ne disposeraient pas de carte de paiement, avoir presque tout son argent sous forme de ***chèques de voyage*** est plus sécurisant, car on peut se les faire remplacer en cas de perte ou de vol. Très pratique : la plupart des grands magasins, restaurants et boutiques les acceptent sur simple présentation du passeport et rendent la monnaie dessus. Inutile d'aller dans une banque ou un bureau de change pour les convertir en liquide.

– Enfin, en dernier ressort, si vous devez quand même ***changer de l'argent*** (ou des *travellers*), c'est dans les agences *American Express* et les petits bureaux de change que ça se passe. Évitez ceux des aéroports, car c'est là généralement que la commission est la plus élevée ou le taux le plus défavorable...

Les cartes de paiement

Aux États-Unis, ça s'appelle *plastic money,* ou *plastic* tout court. ***C'est le moyen le plus simple de payer.*** De plus, l'opération se fait à un meilleur taux que si vous achetiez des dollars dans une banque ou un bureau de change. Certes, à chaque achat, un petit pourcentage (de l'ordre de 1 à 2 %) sera prélevé par votre banque mais il n'y a évidemment pas de double commission (celle prélevée sur place en cas de retrait d'argent liquide). De plus, les paiements par carte évitent la banqueroute en cas de plafond de retrait déjà atteint ou pas relevé avant le départ ! Pensez seulement à avoir votre passeport avec vous, il vous sera souvent demandé pour tout achat par carte (pas dans les restos par contre). Les cartes les plus répandues sont la *MasterCard,* la *Visa* et bien sûr l'*American Express.* N'oubliez pas qu'aux États-Unis, une carte de paiement est un outil quasiment indispensable, ne serait-ce que pour louer une voiture ou réserver une chambre d'hôtel (même si vous avez tout réglé avant le départ par l'intermédiaire d'une agence, on prendra quasi systématiquement l'empreinte de votre carte). Précaution au cas où vous auriez l'idée saugrenue de partir sans payer les prestations supplémentaires, qu'on appelle en anglais les *incidentals* (parking, petit déj, téléphone, minibar...).

Les Américains paient tout en carte, même 5 $, les commerces n'imposant généralement pas de montant minimal, sauf les petites épiceries isolées dans des trous perdus. Dans certains magasins genre supermarchés ou drugstores, dès que vous présenterez une carte de paiement, on vous posera systématiquement la question fatidique : ***« Debit or credit ? »*** Si vous n'avez pas de compte aux États-Unis, la réponse est « *Credit* » (même si vous avez une carte *Visa* ou *MasterCard*). De plus en plus de commerces sont munis d'écrans de paiement sur lesquels vous signez au moyen d'un stylo électronique. Même pas besoin d'entrer son code secret.

– ***En cas de perte ou vol :*** quelle que soit la carte que vous possédez, chaque banque gère elle-même le processus d'opposition et le numéro de téléphone correspondant ! Avant de partir, notez donc bien le numéro d'opposition propre à votre banque en France (il figure souvent sur votre contrat, au dos des tickets de retrait ou à côté des distributeurs de billets), ainsi que le numéro à 16 chiffres de votre carte. Bien entendu, conservez ces informations en lieu sûr, et séparément de votre carte. Par ailleurs, l'assistance médicale se limite aux 90 premiers jours du voyage, et l'assistance véhicule aux cartes haut de gamme (renseignez-vous auprès de votre banque).

N'oubliez pas non plus de vérifier la date d'expiration de votre carte bancaire !

– **Carte Bleue Visa :** *assistance médicale incluse ; numéro d'urgence (Europ Assistance) : ☎ (00-33) 1-41-85-85-85. ● visa-europe.fr ● Pour faire opposition, contactez le numéro communiqué par votre banque.*

– **Carte MasterCard :** *assistance médicale incluse ; numéro d'urgence : ☎ (00-33) 1-45-16-65-65. ● mastercardfrance.com ● En cas de perte ou vol, composez le numéro communiqué par votre banque pour faire opposition.*

– **Carte American Express :** *téléphoner en cas de pépin au ☎ (00-33) 1-47-77-72-00, 24h/24. ● americanexpress.fr ●*

– Pour toutes les cartes émises par **La Banque postale,** composez le *☎ 0825-809-803 (0,15 €/mn) depuis la France métropolitaine ou les DOM, et le ☎ (00-33) 5-55-42-51-96 depuis les TOM ou l'étranger.*

– Également un numéro d'appel valable ***quelle que soit votre carte de paiement pour faire opposition :*** *☎ 0892-705-705 (serveur vocal à 0,34 €/mn). Ne fonctionne ni en PCV ni depuis l'étranger.*

Dépannage d'urgence

En cas de ***besoin urgent d'argent liquide*** (perte ou vol de billets, chèques de voyage, carte de paiement), vous pouvez être dépanné en quelques minutes grâce au système *Western Union Money Transfer.* *● westernunion.com ●*

– *Aux États-Unis : ☎ 1-800-325-6000.*

– *En France :* demandez à quelqu'un de déposer de l'argent à votre attention dans l'un des bureaux *Western Union.* Les correspondants en France sont *La Banque postale (fermée sam ap-m et dim ; ☎ 0825-00-98-98 ; 0,15 €/mn)* et la *Société financière de paiements (SFDP ; lun-sam 9h-19h ; ☎ 0825-825-842 ; 0,15 €/mn).* L'argent vous est transféré en 10-15 mn aux États-Unis. Avec le décalage horaire, il faut que l'agence soit ouverte de l'autre côté de l'Atlantique, mais certaines restent ouvertes la nuit. La commission, assez élevée, est payée par l'expéditeur. Possibilité d'effectuer un transfert en ligne 24h/24 par carte de paiement (*Visa* ou *MasterCard* émise en France).

ACHATS

Attention : les prix affichés sont hors taxes (ajouter 5 à 10 %).

Ayez toujours votre passeport (ID en anglais) sur vous car on vous le demandera quasi à tous les coups si vous réglez par carte de paiement.

Certains achats restant très intéressants aux États-Unis (même avec un taux de change parfois moins favorable pour nous), voici quelques idées d'articles à rapporter dans vos bagages.

– ***Les CD de musique :*** cajun, jazz, blues, country... On vous indique des boutiques spécialisées à New Orleans, Memphis et Nashville. Un choix énorme et souvent de très bonnes affaires parmi les CD d'occase. Pensez aussi aux vieux ***vinyls*** des labels mythiques (*Sun* et *Stax,* par exemple), qui feront des souvenirs originaux, et aux reproductions d'***affiches de concert*** (celles de *Hatch Show Print* à Nashville sont uniques).

– ***Les épices*** (les mélanges cajuns *Tony Chacheres* sont incontournables), la ***sauce BBQ*** et ***Tabasco,*** sans oublier le ***bourbon...***

UN BILLET PLUS VERT QUE VERT

Nul besoin de décimer des forêts pour fabriquer les dollars. Contrairement aux apparences, le célèbre billet vert n'est pas fabriqué à base de papier mais de tissu ! Eh oui, il est composé de 75 % de coton et 25 % de lin. Avant la Première Guerre mondiale, des fibres de soie entraient dans sa composition, et depuis 1991, un fil de polyester renforce le billet.

– ***Les produits dérivés :*** vous noterez bien vite cette pratique typiquement américaine. Pas une auberge de jeunesse qui ne vende un tee-shirt à son effigie, pas un resto, un coffee-shop ou un bar qui n'en fasse de même, sans oublier la fabrication en série du joli *mug* maison... De petits souvenirs sympas quand on a particulièrement aimé un lieu ou une adresse.

– ***Les jeans,*** bien sûr. Les modèles *Levi's* coûtent bien moins cher qu'en France (facilement moitié prix), même si vous les achetez dans les *Levi's Store* officiels. Attention toutefois, il n'est pas toujours facile de retrouver aux États-Unis un modèle repéré en France (hormis les classiques *501* et *Boot Cut*), car les numéros de référence ne sont pas les mêmes qu'en Europe et les tailles changent pour quasiment chaque modèle.

– ***Le prêt-à-porter décontracté,*** particulièrement les T-shirts (choix incroyable) et autres sweats à capuche *(hoodies),* les baskets *(sneakers),* notamment les Converse. Quelques marques pas trop chères et « jeunes », que l'on retrouve à peu près dans tous les *malls : American Eagle Outfitters, Aeropostale, Old Navy* (la gamme la moins chère de la maison *Gap*), *Urban Outfitters...* Plus chic mais coloré et sympa dans un style un peu vintage : *J. Crew,* la marque fétiche de Michelle Obama. Et aussi *Anthropologie,* très hippie chic. Quant à *Abercrombie* et *Hollister,* dont nos ados sont fous, guettez dans leurs magasins les sections *clearance* (fins de série), qui valent vraiment le coup. Les vêtements pour enfants sont également intéressants, à condition de n'avoir rien contre les couleurs flashy car les Américains en sont fans.

– ***Les chaussures et vêtements de sport et de loisirs*** (yoga notamment).

– ***Les produits de beauté (cosmétiques, maquillage),*** genre *L'Oréal, Maybelline* ou *Neutrogena,* coûtent moitié moins cher qu'en France. On les trouve dans les grands drugstores type *Walgreens, Duane Reade, CVS* ou *Rite Aid.* Les grandes marques américaines comme *Clinique* sont également plus intéressantes aux USA.

– ***Les iPod, iPhone*** et ***iPad*** (Apple offre en prime la garantie internationale sur tous ses produits, sans frais supplémentaires).

– Pour ceux qui achètent régulièrement en ligne des films et des musiques provenant des États-Unis, il peut être intéressant de rapporter des ***cartes prépayées iTunes,*** qui permettent, une fois en France, de faire des achats sans taux de change.

– *ATTENTION,* si vous devez acheter des ***appareils électroniques,*** assurez-vous qu'ils peuvent fonctionner correctement en France (tension et fréquence, notamment). La plupart des consoles de jeux vidéo achetées aux États-Unis ne sont pas compatibles ; même si le vendeur vous affirme le contraire, le système électronique est différent. Bon à savoir, les *Nintendo DS, les PSP et les PS3,* elles, sont compatibles (consoles et jeux, mais attention à la langue !). Quant aux TV et lecteurs DVD, ils répondent à la norme américaine NTSC, incompatible avec notre procédé Secam. D'une façon générale, vous devrez aussi vous procurer l'adaptateur et le convertisseur électriques qui conviennent (voir « Électricité »). Sachez enfin que si, au retour, vous ne déclarez pas ces achats auprès du service des douanes, vous risquez de payer de fortes amendes (idem pour les appareils photo et caméra).

Acheter moins cher

D'une manière générale, profitez absolument des ***soldes*** *(sales)* pour faire vos emplettes. Toutes les occasions sont bonnes pour attirer le consommateur ! Du coup, les ***malls*** (ces grands centres commerciaux typiquement américains qui regroupent pléthore de magasins de chaîne) et même les petites boutiques organisent des opérations spéciales les week-ends et jours fériés, pour la Saint-Valentin... En janvier, les réductions atteignent des sommets, surtout lorsque les commerçants font une remise supplémentaire sur le prix déjà

soldé à partir d'un certain montant d'achats. C'est le moment de renouveler sa garde-robe !
Très bon plan : les ***factory outlets,*** d'énormes centres commerciaux situés à la périphérie des villes et signalés par des panneaux publicitaires le long des *interstates* (autoroutes). Les Américains y passent volontiers un après-midi en famille. Ces *outlets* regroupent les magasins d'usines de grandes marques américaines de vêtements et chaussures : *Ralph Lauren, Timberland, Converse, Reebok, Nike, Gap, Levi's, Tommy Hillfiger, Brooks Brothers, OshKosh* (pour les petits)... Les articles sont souvent écoulés toute l'année à des prix défiant toute concurrence (parfois jusqu'à 75 % de réduction en période de soldes !) et proviennent souvent du stock des collections précédentes. Ils peuvent parfois présenter des défauts (mention *irregular* sur l'étiquette). En tout cas, une virée dans ces complexes bien léchés est aussi une riche expérience sociologique !

BUDGET

Très important : ***les prix affichés (dans les restaurants, hôtels, boutiques...) s'entendent toujours SANS LA TAXE,*** qui varie de 6 à 13 % dans l'hôtellerie et entre 5 et 10 % dans les autres secteurs (restauration, magasins...). Seuls les musées échappent à cette règle.

La voiture de location et ce qui va avec

La voiture demeure le moyen de transport le plus pratique dans cette région, et certainement le plus rentable (même en couple) en considérant le temps gagné. L'essence est encore assez bon marché malgré les récentes hausses de prix : autour de 4 $ le *gallon* (3,8 l) d'essence sans plomb *(unleaded).*

Le logement

Nous indiquons les tarifs pour deux personnes, en haute saison principalement. Exception faite naturellement pour les AJ (prix par personne) et les campings (prix par emplacement). Tous les tarifs sont généralement mentionnés hors taxes, il faut donc toujours ajouter de 6 à 13 % !
Voici des fourchettes indicatives (valables pour l'ensemble du guide, sauf Charleston, où c'est plus cher).
- ***Très bon marché :*** moins de 20 $ (lit d'une personne dans les AJ, ou emplacement d'une tente dans les campings).
- ***Bon marché :*** de 20 à 60 $.
- ***Prix moyens :*** de 60 à 100 $.
- ***Chic :*** de 100 à 200 $.
- ***Plus chic :*** de 200 à 300 $.
- ***Très chic :*** plus de 300 $.

Bonne nouvelle, le petit déj continental (donc très succinct) est de plus en plus souvent inclus dans le prix de la chambre. Si ce n'est pas le cas, compter de 7 à 12 $ de plus pour le prendre à l'extérieur. Quant au parking, il n'est compris que dans les motels. Ailleurs, compter de 8 à 25 $ pour 24h (jusqu'à 35 $ à La Nouvelle-Orléans). Les prix indiqués sont souvent négociables, en fonction du taux de remplissage.

Les restos

Ici, les prix sont ceux d'***un plat à la carte le soir*** (c'est souvent moins cher le midi). Un plat suffit généralement, vu la taille des portions américaines. On peut aussi

partager sans problème. ***Ne pas oublier d'ajouter la taxe et le pourboire*** (voir rubrique « Taxes et pourboires ») : donc 25 % en plus...
- ***Bon marché :*** de 5 à 10 $.
- ***Prix moyens :*** de 10 à 20 $.
- ***Chic :*** de 20 à 30 $.
- ***Très chic :*** plus de 30 $.

Les loisirs

En Louisiane, une entrée dans un musée ou un site historique vaut toujours moins de 10 $, une excursion en bateau dans les bayous autour de 20 $ par personne. À La Nouvelle-Orléans, vos oreilles vous en voudront toute leur vie si vous ne les emmenez pas faire le tour des boîtes de jazz. Comptez de 10 à 30 $ la soirée pour les clubs les plus prestigieux, mais seulement 5 $ pour des bars moins chic offrant des concerts de très bonne qualité. Dans le reste de la Louisiane, les concerts de musique cajun sont souvent gratuits, profitez-en.

CLIMAT

Le climat du sud-est des États-Unis est presque subtropical, avec des étés chauds et très humides, et des hivers relativement doux et secs. La période idéale pour visiter cette région est le printemps ou l'automne. En été, il peut faire horriblement chaud et humide, surtout à La Nouvelle-Orléans, ce qui rend les balades en ville peu agréables (mais les prix bien plus bas).
Les cyclones peuvent parfois sévir, surtout vers la fin de l'été et le début de l'automne. Katrina (fin août 2005), probablement le plus dévastateur de l'histoire des cyclones aux États-Unis, est encore dans toutes les mémoires...
- ***Infos sur la météo :*** • *weather.com* • et la chaîne TV *Weather Channel,* que l'on capte dans tous les hôtels. Utiles pour bien préparer ses itinéraires en voiture ou à pied.

Tableau d'équivalences des températures

Celsius	Fahrenheit	Celsius	Fahrenheit
40	104	16	60,8
38	100,4	14	57,2
37	98,6	12	53,6
36	96,2	10	50
34	93,2	8	46,4
32	89,6	6	42,8
30	86	4	39,2
28	82,4	2	35,6
26	78,8	0	32
24	75,2	- 2	28,4
22	71,6	- 4	24,8
20	68	- 6	21,2
18	64,4	- 8	17,6

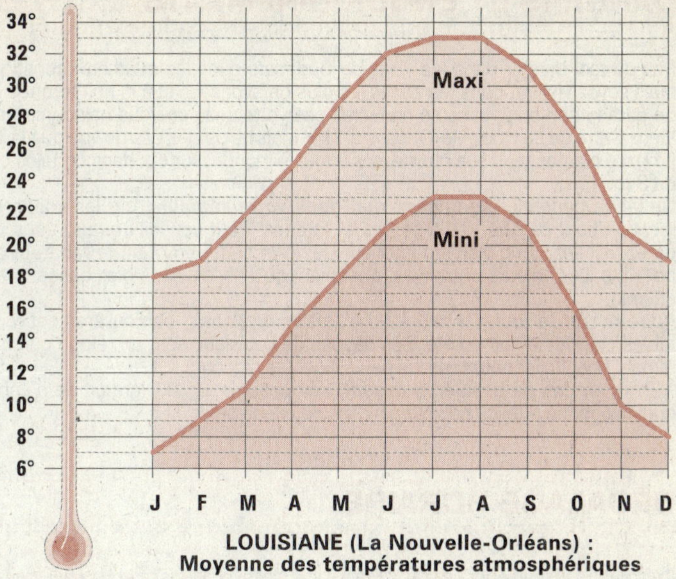

LOUISIANE (La Nouvelle-Orléans) :
Moyenne des températures atmosphériques

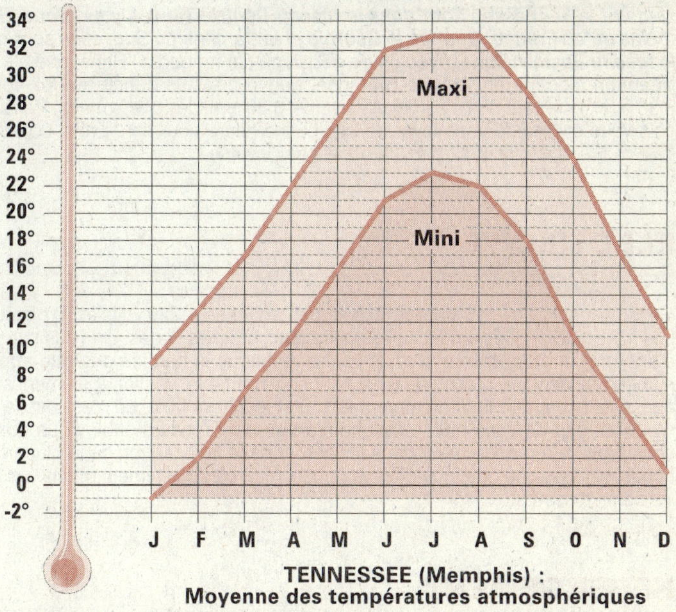

TENNESSEE (Memphis) :
Moyenne des températures atmosphériques

DANGERS ET ENQUIQUINEMENTS

Pas de réel danger dans les villes du Sud, *safe* dans les quartiers touristiques, mais soyez vigilant dans les zones les plus défavorisées et à la nuit tombée. Pas de parano non plus, vous ne risquerez pas votre peau en vous baladant dans le Vieux Carré de La Nouvelle-Orléans à 14h ! Mais ne perdez pas de vue que la Terre promise n'a pas tenu ses promesses à tout le monde, surtout dans certains coins du Sud.

De façon générale, ***ne laissez rien dans votre véhicule,*** car les voitures de location sont parfois vite repérées et forcées. Petit conseil : quand vous vous garez, laissez donc visible l'intérieur de votre coffre en ôtant le rabat, si c'est possible. Les voleurs potentiels, observant qu'il n'y a rien à voler, passeront leur chemin.

Autre nuisance (qui n'a rien à voir) : les ***moustiques,*** particulièrement redoutables, surtout le soir en été. Les bayous de Louisiane sont un refuge particulièrement hospitalier pour tous les petits insectes piqueurs.

– Enfin, ***en cas de problème urgent,*** composer le ☎ 911 (gratuit de n'importe quel téléphone public ; pas besoin d'introduire de pièce).

DÉCALAGE HORAIRE

Il y a quatre fuseaux horaires aux États-Unis (six avec l'Alaska et Hawaii). ***La Louisiane et le Tennessee sont dans le fuseau Central Time, il y est donc 7h de moins qu'en France. Quant à la Géorgie et la Caroline du Sud, elles sont dans le fuseau Eastern Time, avec 6h de décalage*** par rapport à l'Hexagone.

Attention, comme en Grande-Bretagne, quand on vous donne rendez-vous à 8.30 p.m., cela veut dire à 20h30. À l'inverse, 8.30 a.m. désigne le matin. Pensez-y, cela vous évitera de vous lever de très bonne heure pour rien. Enfin, notez que 12 a.m., c'est minuit et 12 p.m., 12h... et pas l'inverse.

ÉLECTRICITÉ

Généralement : 110-115 volts et 60 périodes (en France : 220 volts et 50 périodes). Les fiches électriques américaines sont à deux broches plates. On vous conseille d'apporter un ***adaptateur*** si vous voulez recharger la batterie de votre appareil numérique, de votre ordi ou de votre téléphone portable. Vérifiez également si vos appareils acceptent indifféremment le 110 et le 220 volts. Si ce n'est pas le cas, n'oubliez pas de vous munir d'un ***convertisseur.*** En cas d'oubli, vous pourrez vous procurer un adaptateur dans les aéroports, à la réception de la plupart des hôtels, ou dans une boutique d'électronique, mais c'est nettement moins vrai pour les convertisseurs.

HÉBERGEMENT

De tout et à tous les prix, du camping à l'hôtel historique de luxe en passant par l'auberge de jeunesse, le *B & B,* le *boutique hotel* et, bien sûr, l'incontournable

motel en bordure d'autoroute. Un bon plan consiste à récupérer des coupons de réduction pour les hôtels et motels dans certains journaux distribués gratuitement en ville (dans les *Visitor Centers,* les restos, etc.).

Dans les endroits touristiques, il est ***fortement conseillé de réserver*** son hôtel le plus longtemps possible à l'avance. Le plus simple est de le faire via le site internet des établissements ou bien par téléphone. On vous demandera systématiquement votre numéro de carte de paiement. Attention, si vous n'annulez pas votre réservation au moins 1 ou 2 jours à l'avance, vous serez débité de la totalité. Dans les *B & B,* le délai est souvent plus long.

Important à savoir, comme un peu partout aux États-Unis, ***les prix varient beaucoup selon le remplissage, et donc, en gros, selon la saison touristique.***

Les auberges de jeunesse

Il n'y a plus que des ***auberges privées*** dans la zone géographique couverte par ce guide.

Si les lits en dortoir individuel sont abordables et aux tarifs nationaux (environ 20-30 $), les chambres, en revanche, sont pratiquement au même prix que celles des petits hôtels ou motels moyens (50 à 60 $ environ, voire plus selon la saison). On bénéficie cependant d'un environnement pour routards, d'infos en tout genre, et surtout les services ne coûtent pas cher : accès Internet et wifi (souvent gratuit), laverie libre-service, navettes diverses, TV, billard (souvent).

Les draps *(linen)* sont souvent inclus, et la plupart des auberges disposent d'une cuisine bien équipée et d'une salle commune. Aucune limite d'âge pour y séjourner.

Les campings

Il existe deux types de campings.

– ***Les campings nationaux ou d'État*** (***national*** ou ***state campgrounds***) sont les moins chers (environ 30-50 $), et on paie généralement pour l'emplacement (ou par véhicule), jusqu'à six personnes. En prime, les *campgrounds* sont la plupart du temps situés dans les meilleurs endroits, en pleine nature. Dans certains sites non équipés, il arrive encore que ce soit gratuit, mais c'est de plus en plus rare. On les trouve partout dans les National Parks, National Monuments, National Recreation Areas, National Forests et State Parks. Dans ces *campgrounds* les moins fréquentés, il faut déposer une enveloppe contenant le prix de la nuit dans une urne en notant sur l'enveloppe vos nom et adresse, le numéro minéralogique de la voiture et celui du camping retenu. N'essayez pas d'en profiter, car les rangers veillent et l'amende est alors salée. L'espace entre l'emplacement de chaque tente est le plus souvent très grand. Mais ce n'est pas une raison pour faire du bruit le soir, car beaucoup de parcs imposent des *quiet hours* dès 22h. Il y a toujours des toilettes et des lavabos, mais pas nécessairement de douches ni d'électricité. Arrivez tôt le matin pour réserver votre emplacement dans les parcs, ou, mieux, réservez à l'avance quand c'est possible (on peut le faire jusqu'à 5 mois à l'avance), car en été la demande peut être forte. Dans certains parcs, il n'est pas possible d'obtenir une réservation. Dans ce cas, le premier arrivé est le premier servi *(first come, first served!)*. Pensez aussi à faire vos courses dans un supermarché avant d'arriver. Les boutiques sont rares ou alors plus chères et moins bien fournies.

– ***Réservations pour camper dans les parcs nationaux ou d'État :***

– *sur Internet :* • recreation.gov • C'est le plus pratique. Fonctionne de 10h à 22h (minuit mars-oct), heure de la côte Est (6h de moins par rapport à la France) ;

– *par téléphone :* ☎ 1-877-226-7652 depuis les USA ou (518) 885-3639 depuis la France. Vous donnez votre numéro de carte de paiement et sa date d'expiration au téléphone. Un numéro de résa vous est donné, à ne pas perdre puisque ce sera votre sésame une fois arrivé au parc.

– ***Les campings privés*** sont globalement moins bien situés, car dans un environnement moins sauvage. En revanche, ils offrent souvent plus de commodités : sanitaires complets, électricité, machines à laver, boutique avec produits de première nécessité, ainsi que des tables de pique-nique et des grilles pour vos barbecues (si vous prévoyez d'emporter un brûleur, adoptez un modèle récent de la marque *Camping Gaz* ; on trouve assez facilement les recharges sur place). Dans certains, il y a même une piscine et des bungalows en bois *(cabins)* ou des mobile homes à louer au même prix qu'une chambre dans un petit hôtel.

Bien sûr, ils sont aussi plus chers que les campings nationaux ou d'État. Il y a aussi des chaînes de camping telles que *KOA (Kampgrounds of America)*, qui édite une brochure (disponible dans tous ses campings) avec toutes les adresses et leur emplacement précis sur une carte routière. Elle propose également une carte d'abonnement *(Value Kard Rewards)* qui coûte environ 25 $ et donne droit à 10 % de réduc.

■ ***KOA*** *(Kampgrounds of America) :* ☎ 1-888-562-0000. • koa.com •

■ Utiles, le *Woodall's Campground Directory* (• woodalls.com •) ou le *Trailer Life* (• trailerlifedirectory.com •), qui recensent les campings du pays.

Les motels

Ce nom provient de la contraction de *motor* (moteur, donc voiture) et *hotel*. Logique, puisqu'ils sont conçus pour que l'on puisse se garer directement devant sa chambre ! C'est le type d'établissement le plus répandu aux États-Unis. Un motel, c'est donc un hôtel au bord d'un axe routier... plus ou moins fréquenté, généralement un bâtiment bas autour d'une vaste cour qui fait office de parking. Plutôt anonymes, ils proposent des chambres à la déco très standardisée, avec salle de bains, clim et TV. Ils sont souvent très propres, mais parfois aussi un peu vieillots, voire vétustes. La plupart sont ouverts 24h/24. Les tarifs varient le plus souvent selon le type de chambre et surtout le nombre de lits (*single bed :* lit pour 2, ou *two beds :* 2 lits doubles) et leur taille (*queen size, king size,* etc.). Généralement intéressant pour les familles, qui peuvent occuper une chambre avec deux grands lits pour un prix avantageux (en général, les enfants de moins de 17 ans ne paient pas s'ils sont dans la chambre des parents). Le parking est gratuit, bien sûr (c'est le principe !). Pas la peine d'arriver avant 15h pour le *check-in,* la chambre n'est généralement pas disponible ou pas encore nettoyée. En revanche, le départ (*check-out*) se fait vers 11h-midi au grand maximum, ne l'oubliez pas non plus sous peine de payer un supplément !

– ***Les motels de chaîne :*** *Comfort Inn, Days Inn, Holiday Inn et Holiday Inn Express, Hampton Inn, Best Western, Travelodge* et *Howard Johnson* sont les chaînes de moyenne gamme les plus répandues. Le confort et la propreté y sont très satisfaisants. On recommande aussi des chaînes de motels plus économiques, au confort simple mais à la propreté sans faille et à la réputation sans histoires, comme *Econo-Lodge, Motel 6* (où le wifi est parfois payant, mais pas cher) ou *Super 8 Motel.*

Quelques infos valables pour les hôtels et les motels, en vrac

– Sauf exception (précisée), les prix que nous indiquons s'entendent sans la ***taxe*** de l'État (de 10 à 15 %). Et ils ***varient selon le remplissage,*** donc la saison. Un même hôtel vous coûtera par exemple deux fois moins cher l'été que l'hiver !

– ***Mieux vaut réserver à l'avance.***

– Notez que dès votre arrivée, ***on prendra l'empreinte de votre carte de paiement,*** pour les *incidentals* comme ils disent, à savoir les éventuels frais de téléphone (beaucoup plus élevés que d'une cabine, lire plus loin), minibar, *pay TV,* etc.

– La plupart des hôtels proposent des chambres équipées de ***TV*** (le plus souvent écran plat avec le câble), ***clim*** et ***sanitaires complets.*** Si tel n'est pas le cas, nous le précisons dans le commentaire. Ils sont de plus en plus nombreux à inclure aussi cafetière, micro-ondes et frigo. Wifi quasiment partout, avec en plus un ordi à disposition des clients qui n'ont pas de *laptop* (ordinateur portable) ou *d'iPad.*

– ***De plus en plus d'hôtels proposent le petit déj,*** inclus dans le prix de la nuitée. Il s'agit généralement d'un petit déj continental léger servi dans le *lobby,* avec thé, café et un choix de muffins, *bagels, donuts* ou gaufres en libre-service. Pas très folichon. Mais il arrive parfois que ce soit un buffet plus varié, avec céréales, fruits et même des œufs. Un peu plus souvent, néanmoins, l'hôtel propose aux clients du café, du thé et des muffins dans le *lobby.* Si le petit déj n'est pas compris, allez plutôt le prendre à l'extérieur, d'autant que les restos dédiés à cela ne manquent pas aux USA : en dehors de nos adresses « Spécial petit déjeuner », bien sûr, on trouve des *diners* (restos traditionnels américains) ou des *coffee shops* un peu partout.

– Cela peut surprendre dans ce pays, mais la plupart des hôtels et motels proposent encore des ***chambres fumeurs.*** Bien le demander au départ car l'amende de 250 $ pour non respect de la consigne « *no smoking* » sera automatiquement débitée sur votre carte de crédit en cas d'infraction !

– Faites attention au ***check-out time,*** heure au-delà de laquelle vous devez payer une nuit supplémentaire. C'est généralement 12h, parfois 11h. Le *check-out* des *B & B* est presque toujours plus tôt. En demandant gentiment, il est fréquent de réussir à se faire accorder 1 ou 2h de plus.

– ***Téléphoner des hôtels*** coûte très, très cher. Si vous ne voulez pas plomber votre facture de téléphone portable, la solution la plus économique consiste à acheter plutôt une carte téléphonique prépayée (lire plus loin la rubrique « Téléphone et télécommunications ») que vous utiliserez depuis le téléphone de votre chambre d'hôtel. Une taxe d'environ 1 $ par appel vous sera parfois prélevée (même si la communication n'a pas abouti, mieux vaut le savoir !), mais ce n'est rien à côté du montant que vous auriez dû payer sans carte.

Lexique de l'hébergement américain
- *Double :* chambre double avec lit d'environ 1,40 m de large.
- *Queen :* double avec lit d'environ 1,50 m de large.
- *King :* double avec lit d'environ 2 m de large.
- *Two double beds :* chambre avec 2 lits d'environ 1,40 m pouvant loger 4 personnes.
- *Deluxe :* chambre un peu plus spacieuse en général (ou avec vue).
- *Dorm bed :* lit en dortoir.
- *Bunk beds :* lits superposés.
- *Dorm with bathroom ensuite :* dortoir avec salle de bains attenante.
- *Private room with shared bath :* chambre double avec salle de bains partagée.
- *Private room with private bath :* chambre double avec salle de bains privée.
- *Efficiency :* avec cuisine (ou kitchenette) équipée.

■ ***Réservation d'hôtels :*** *contacter* **Hotels.com**, ☎ *1-800-246-8357 (depuis les États-Unis) ou 01-57-32-43-17 (depuis la France). • hotels.com • Ouv 24h/24.* Propose souvent de bonnes réductions. Consultez aussi *• priceline.com •*, un site où les chambres d'hôtel sont mises aux enchères.

Les *Bed & Breakfast* et autres *guesthouses*

Assez répandus dans le Sud. Ces établissements occupent pour la plupart de belles demeures anciennes souvent en bois, et parfois classées Monuments historiques. Ils proposent en général une dizaine de chambres, toutes différentes et meublées avec goût, souvent dans le style victorien. Le petit déj et le parking sont en principe compris. Les plus grandes maisons ont une piscine, les plus petites un jacuzzi. L'ambiance y est vraiment sympa, et puis c'est un bon moyen pour faire connaissance avec des Américains ou nos fameux cousins cajuns. Les proprios prêtent souvent des bicyclettes. Bien entendu, la qualité a un prix, et ces adresses appartiennent souvent aux catégories « Plus chic » à « Très chic ». Bon à savoir, il arrive que dans certaines adresses, les enfants de moins de 10 ans ne soient pas les bienvenus (pour préserver le calme des – vieux – hôtes...).

L'échange d'appartements

Une formule de vacances originale et très pratiquée outre-Atlantique. Il s'agit d'échanger son propre logement (que l'on soit proprio ou locataire) contre celui d'un adhérent du même organisme dans le pays de leur choix, pendant la période des vacances. Cette formule offre l'avantage de passer des vacances aux États-Unis à moindres frais et intéressera en particulier les jeunes couples avec enfants. Voici deux agences qui ont fait leurs preuves :

■ ***Intervac :*** *230, bd Voltaire, 75011 Paris.* ☎ *05-46-66-52-76. • intervac-homeexchange.com •* Ⓜ *Rue-des-Boulets. Adhésion annuelle avec diffusion d'annonce sur Internet : 95 €.*

■ ***Homelink International :*** *19, cours des Arts-et-Métiers, 13100 Aix-en-Provence.* ☎ *04-42-27-14-14 ou 01-44-61-03-23. • homelink.fr • Même type de prestations pour 125 €.*

La location d'appartements ou de maisons

De plus en plus prisée par les Américains, cette formule est particulièrement intéressante pour les familles. On peut louer à la journée, à la semaine, ou au mois. Voici les sites les plus complets :

■ ***Airbnb :*** *• airbnb.com • Possibilité de chercher par ville, dates, et nombre de voyageurs. Le site est également traduit en français, et les prix peuvent être convertis en euros.*

■ ***VRBO :*** *• vrbo.com • Les critères de recherche sont plus détaillés, et le choix de résidences à louer plus important.*

LANGUE

Voici un lexique de base pour vous débrouiller dans les situations de tous les jours. Si vous souhaitez quelque chose de plus complet, pensez à notre ***Guide de conversation du routard*** en anglais. Voir aussi la rubrique « Langue cajun » plus loin.

Vocabulaire anglais de base utilisé aux États-Unis

Oui	*Yes*
Non	*No*
D'accord	*Okay*
Politesse	
S'il vous plaît	*Please*
Merci (beaucoup)	*Thank you (very much)*
Bonjour !	*Hello! (Hi!)*
Au revoir	*Good bye/Bye/Bye Bye*
À plus tard, à bientôt	*See you (later)*
Pardon	*Sorry/Excuse me*
Expressions courantes	
Parlez-vous français ?	*Do you speak French?*
Je ne comprends pas	*I don't understand*
Pouvez-vous répéter ?	*Can you repeat, please?*
Combien ça coûte ?	*How much is it?*
Vie pratique	
Bureau de poste	*Post office*
Office de tourisme	*Visitor center*
Banque	*Bank*
Médecin	*Doctor/Physician*
Hôpital	*Hospital*
Supermarché	*Supermarket*
Transports	
Billet – Aller simple	*Ticket – One way ticket*
Aller-retour	*Round trip ticket*
Aéroport	*Airport*
Gare	*Train station*
Gare routière	*Bus station*
À quelle heure est le prochain bus/train pour... ?	*At what time is the next bus/train to...?*
À l'hôtel et au restaurant	
J'ai réservé	*I have a reservation*
C'est combien par nuit ?	*How much is it per night?*
Petit déjeuner	*Breakfast*
Déjeuner	*Lunch*
Dîner	*Dinner*
L'addition, s'il vous plaît	*The check, please*
Le pourboire	*The tip/gratuity*

Les chiffres, les nombres

1	*one*
2	*two*
3	*three*
4	*four*
5	*five*
6	*six*
7	*seven*
8	*eight*
9	*nine*
10	*ten*
20	*twenty*
50	*fifty*
100	*one hundred*

LIVRES DE ROUTE

Certains titres mentionnés dans cette liste peuvent être momentanément épuisés. Vous pourrez toutefois les trouver d'occasion sur • *chapitre.com* • ou sur • *amazon.com* •

– ***Un grand pas vers le bon Dieu,*** de Jean Vautrin ; roman ; LGF, « Le Livre de Poche », 1991. Par la plume du lauréat du Goncourt, vous plongerez dans la culture cajun. Une incursion dans la vie d'une famille de 1893 à 1920 pour mieux appréhender la langue, les expressions et les chansons. Passionnant.

– Situés le plus souvent en Louisiane, entre La Nouvelle-Orléans, l'estuaire du Mississippi et les bayous du pays cajun, les romans de James Lee Burke (Rivages/Noir) mêlent suspens et action. ***Dixie City*** (2000 ; le surnom de « Niou Olinss »), ***Black Cherry Blues*** (1993), ***Prisonniers du ciel*** (1991), d'un livre à l'autre on retrouve Dave Robicheaux, un Cajun plein d'humour et de philosophie, « qui agit comme un penseur et pense comme un homme d'action ». Son dernier roman, ***La Nuit la plus longue*** (2011), emmène son enquêteur à La Nouvelle-Orléans en pleine période post-Katrina.

– Les livres de Maurice Denuzière : après des années de journalisme au *Monde,* Maurice Denuzière prit un congé sabbatique pour découvrir la Louisiane en 1977. Fondée sur une observation rigoureuse des lieux et des gens, nourrie d'une documentation abondante, ***Louisiane,*** saga historique dans le genre *Autant en emporte le vent,* raconte la destinée agitée d'une grande famille de planteurs, de l'âge d'or des plantations jusqu'à la guerre de Sécession. Mais comme un volume ne suffisait pas pour narrer toute l'histoire, d'autres suivirent, dans la même veine : ***Les Trois Chênes*** (2006, Fayard), ***L'Adieu au Sud*** (2008, Fayard), ***Bagatelle*** (2006, Fayard), ***Fausse Rivière*** (2004, Fayard), ainsi que des livres d'histoire : ***La Louisiane : du coton au pétrole*** (1990, Denoël), ***Je te nomme Louisiane*** (2003, Fayard).

– ***Autant en emporte le vent*** (1936), de Margaret Mitchell, éd. Gallimard, « Folio ». Un roman mythique, presque autant vendu que la Bible aux États-Unis. Le Prix Pulitzer de 1937 nous fait partager les désillusions de Scarlett O'Hara, issue d'une riche famille de planteurs de coton en Géorgie, dans le sud des États-Unis. Au cinéma, cette histoire d'amour impossible, sur fond de guerre de Sécession et d'esclavage, va passionner la Terre entière et consacrer pour la première fois une artiste noire (Hattie McDaniel), en lui attribuant l'Oscar du meilleur second rôle féminin. Belle revanche quand on sait qu'elle ne put assister à la première du film à cause des lois raciales en vigueur à Atlanta en 1939...

– ***Beloved*** (1987), de Toni Morrisson, éd. 10/18. Le roman débute dans une maison hantée par le fantôme d'un enfant assassiné par sa mère, une « négresse » en fuite, pour qu'il ne vive pas en esclavage. Dans cette maison, 18 ans ont passé depuis le drame, jusqu'au jour où arrive une femme mystérieuse, Beloved. Toni Morrisson a reçu le prix Nobel de littérature en 1993, et *Beloved* le prix Pulitzer.

– ***Minuit dans le jardin du Bien et du Mal*** (1996), de John Berendt, éd. Pocket. Journaliste new-yorkais réputé (il a été rédacteur en chef du *New York Magazine*), John Berendt a enquêté sur une affaire criminelle qui a défrayé la chronique à Savannah, ville de Géorgie réputée « coincée ». Il en a rapporté un récit qui a passionné l'Amérique : le livre s'est maintenu pendant 3 ans en tête des best-sellers, alors que l'adaptation cinématographique de Clint Eastwood a été un bide. La base du récit est l'assassinat par un antiquaire de son amant, mais le livre dépasse largement ce seul fait divers, l'auteur brossant une savoureuse galerie de portraits de personnages plus originaux les uns que les autres.

– ***Absalon, Absalon*** (1936), de William Faulkner, éd. Gallimard. Le sud des USA n'a pas seulement donné naissance à des héritiers de Margaret Mitchell ! Faulkner fait partie de cette lignée qui reprend le thème de la colonisation et de l'esclavage, mais en les abordant de façon violente et ironique. Ce roman est intéressant car il forme le contrepoids idéal à *Autant en emporte le vent,* les deux étant parus la même année, et racontant les histoires de familles du sud des États-Unis avant, pendant et après la guerre de Sécession.

– ***Un tramway nommé Désir*** (1947), de Tennesse Williams, éd. 10/18. Cette pièce de théâtre, pour laquelle Tennesse Williams a reçu le prix Pulitzer, a pour décor le quartier français de La Nouvelle-Orléans (Elysian Fields exactement). Elle raconte l'histoire de Stanley, un ouvrier polonais un peu brut, et de sa femme Stella, qui voient arriver chez eux la sœur de cette dernière, Blanche Du Bois. L'intrusion de cette femme dans la vie de Stanley va le pousser à percer à jour ses secrets... Si vous êtes plutôt du genre à préférer les images aux mots, regardez l'excellent film qu'Elia Kazan en a tiré, avec Marlon Brando et Vivien Leigh (la fameuse Scarlett O'Hara).

– ***Ne tirez pas sur l'oiseau moqueur*** (1960), de Harper Lee, éd. Livre de Poche. Seul et unique ouvrage de cette auteure originaire d'Alabama, qui raconte le sud des États-Unis et la vie quotidienne de ses habitants vus par une petite fille, Scout. Son père, avocat, est commis d'office pour défendre un jeune homme noir accusé de viol sur une femme blanche. *To kill a mockingbird* a rencontré un succès immédiat et a été couronné, moins de 1 an après sa parution, par le prix Pulitzer. C'est une des œuvres les plus importantes de la littérature américaine, intelligente et belle.

– ***Passée Blanche*** (2008), de Paul Nevski, éd. Yvelinédition. De l'âge d'or des plantations jusqu'à La Nouvelle-Orléans post-Katrina, ce roman est un voyage dans le temps, dans le monde occulté de l'élite noire esclavagiste et dans l'énigme d'une étrange maison hantée du centre-ville. Cette histoire, tel un chant vaudou, fait écho à une quête spirituelle qui transporte le lecteur au cœur des mystères de la Louisiane, bien au-delà des clichés.

– ***Triksta*** (2005), de Nik Cohn, éd. Points. Nick Rock, journaliste et écrivain britannique, délaisse ici son rock et sa techno habituels pour une immersion violente et réussie dans le monde du rap de La Nouvelle-Orléans d'avant Katrina. À travers l'histoire de musiciens noirs (racontée par un Blanc), l'auteur nous livre ici un magnifique portrait de cette ville qui, à l'image du pays tout entier, oscille entre la vie et la mort, l'espoir et le désespoir.

– ***L'Enfer, le silence*** (2010), 4e tome de Blacksad, de Juan Diaz Canales, illustrations de Juanjo Guarnido, éd. Dargaud. Après trois tomes à New York et en Californie, Blacksad, le détective privé félin revient pour se plonger dans le milieu du jazz et des drogues de La Nouvelle-Orléans post-Katrina. Sur fond de rites vaudous et de Mardi gras, Blacksad part à la recherche d'un musicien héroïnomane disparu...

– ***La Couleur des sentiments*** (2009), de Kathryn Stockett, éd. Jacqueline Chambon. En 1962, à Jackson (Mississippi), les lois raciales font rage. Les *desperate* *housewives* de l'époque, riches et blanches, mènent leur petite vie tranquille, assistées par leurs bonnes noires si dévouées. Ce sont elles qui font tout : le ménage, les courses, la cuisine et même l'éducation des enfants. Débarque alors Skeeter, une jeune blanche de bonne famille fraîchement diplômée et bien décidée à changer les choses. Avec l'aide de deux domestiques au caractère bien trempé, elle se lance en cachette dans le recueil de leurs témoignages bouleversants. Ce premier roman, inspiré de l'histoire de Kathryn Stockett (qui vit toujours à Atlanta), a reçu un succès critique et public phénoménal. Dommage, son adaptation cinématographique n'est pas à la hauteur du livre.

– ***Chroniques de Ford County*** (2010), de John Grisham, éd. Robert Laffont. Premier recueil de nouvelles de cet habitué du polar. Au cœur du Mississippi où il a vécu la plus grande partie de sa vie, Grisham nous emmène tour à tour à la rencontre d'avocats et de truands, de retraités et de *losers,* de Noirs et de Blancs, toujours avec rythme et humour.

– Et pour les enfants, ***Les Aventures de Tom Sawyer*** (1876), de Mark Twain, éd. Hachette Jeunesse. Un classique indémodable. Tom Sawyer, jeune héros élevé par sa tante depuis la mort de sa mère, vit dans la Louisiane d'avant la guerre civile. Comme beaucoup d'enfants, il n'aime pas l'école, et préfère jouer avec ses amis, Huck et Joe, sur les berges du Mississippi, rêver d'aventures, de pirates et de filles. Témoins d'un meurtre commis par Joe l'Indien, Tom et Huck partent à sa recherche.

MESURES

Même s'ils ont coupé le cordon avec la vieille Angleterre, même s'ils roulent à droite, pour ce qui est des unités de mesure, les Américains ont conservé un système « rustique ». Après les Fahrenheit (voir « Climat ») et le voltage électrique (voir « Électricité »), une autre différence à assimiler. On a essayé de limiter les dégâts en vous donnant les mesures : bon courage pour les calculs !

Longueur
1 yard = 0,914 m
1 foot = 30,48 cm
1 inch = 2,54 cm
0,625 mile = 1 km
ou 1 mile = 1,6 km
1,09 yard = 1 m
3,28 feet = 1 m
0,39 inch = 1 cm

Poids
1 pound = 0,4536 kg
1 ounce (oz) = 28,35 g

Capacité
1 gallon = 3,785 l
1 quart = 0,946 l
1 pint = 0,473 l

PARCS NATIONAUX OU D'ÉTAT

Les parcs nationaux ou d'État *(National or State Parks)* et les monuments nationaux *(National Monuments)* sont des endroits rigoureusement protégés. En réalité, pas de grandes différences entre eux. Les premiers sont créés après un vote du Congrès ou une décision du gouverneur de l'État, les seconds le sont par simple décret signé par le président des États-Unis. Ils sont gérés par la même administration, et des réglementations très strictes les préservent de toute dégradation d'origine humaine (50 $ d'amende si vous ramassez du bois mort). Pourtant, les Américains ont réussi à y intégrer toutes les commodités possibles en matière de logement champêtre : il est possible d'y passer la nuit dans une cabane améliorée (bains, douche, kitchenette, TV...), sous une tente ou dans une caravane. Pour dormir dans un parc en saison, il est bon de réserver longtemps à l'avance ou de s'y prendre très tôt le matin (lorsque la réservation n'est pas possible).

Dans tous les parcs naturels, il existe un ou plusieurs *Visitor Centers.* Allez-y en arrivant pour glaner le plus d'infos. C'est souvent aussi le point de départ des visites. Certains sont même de véritables petits musées.
– ***Sites internet des parcs nationaux américains :*** pour toutes infos utiles, tarifs d'entrée, etc. : • *nps.gov* •, puis cliquer sur la carte des États-Unis. Pour réserver un hébergement dans tous les parcs nationaux : • *recreation.gov* • Et pour des infos encore plus précises sur les parcs d'État de la Louisiane : • *crt.state.la.us/parks* •

Interagency Annual Pass

Ce sésame vendu à l'entrée de chaque parc donne accès pendant 1 an à tous les parcs et monuments nationaux des États-Unis (nombre d'entrées illimité). Il coûte 80 $ pour une voiture, le titulaire du *pass* et trois accompagnateurs maximum (les moins de 16 ans ne comptent pas). Ne vaut le coup que si vous prévoyez de visiter d'autres parcs ailleurs aux USA.
– Rens : ☎ 1-888-275-8747 ou • store.usgs.gov/pass • (achat du pass en ligne).

POSTE

Les ***bureaux de poste*** sont pour la plupart ouverts du lundi au vendredi de 8h à 17h et le samedi matin.
– ***Les timbres*** *(stamps)* s'achètent aussi aux guichets UPS ainsi que chez certains vendeurs de cartes postales, drugstores et marchands de souvenirs.
– Compter ***un peu plus de 1 $ pour l'envoi d'une lettre ou d'une carte postale en France.***

SANTÉ

La sécurité sanitaire est excellente aux États-Unis mais extrêmement chère, même pour les Américains. Pas de consultation médicale à moins de 150 $! Pour les médicaments, multiplier par deux au moins les prix français. D'où l'importance de souscrire, avant le départ, une ***assurance voyage intégrale*** avec assistance-rapatriement (voir la rubrique « Assurances voyage » dans « Avant le départ »).

Les médicaments et consultations

Prévoyez une bonne pharmacie de base, avec éventuellement un antibiotique à large spectre prescrit par votre généraliste (au cas où), à fortiori si vous voyagez avec des enfants. Sur place, si vous souffrez de petits bobos courants ou facilement identifiables (rhume, maux de gorge...), vous pouvez pratiquer en premier lieu l'automédication, comme le font les Américains. S'il vous manque quelque chose, sachez que de nombreux médicaments, délivrés uniquement sur ordonnance en France, sont vendus en libre-service aux États-Unis, dans les drugstores type *Duane Reade, CVS, Rite Aid* ou *Walgreens* (certains sont ouverts 24h/24). Si vous cherchez du Doliprane, le nom déposé le plus répandu est Tylenol (le paracétamol se dit *acetaminophen* là-bas).
Évidemment, si cela vous semble grave ou s'il s'agit d'enfants, un avis médical s'impose. Vous trouverez les coordonnées des médecins dans les Pages jaunes *(• yellowpages.com •)* à « *Clinics* » ou « *Physicians and Surgeons* ». Attention, on le répète : les consultations privées sont chères (de 150 à 200 $ chez un généraliste...).
– Voir aussi la rubrique « Urgences » plus loin.

Les maladies

Pas de panique à la lecture des lignes suivantes, qui n'ont pour but que d'améliorer les conditions de votre voyage, en aucun cas de vous angoisser sur ses risques potentiels.
La virose à West Nile, avec pour redoutable complication l'encéphalite, est implantée aux États-Unis depuis 1999. Elle est transmise par les piqûres de ***moustiques,*** très communs et partout répandus. Depuis 2003, l'épidémie se calme, mais elle peut reprendre à tout moment sa virulence du début. Quoi qu'il en soit, dès le mois de mai et jusqu'au début de l'hiver, il convient d'éviter les piqûres de moustiques dans l'ensemble du pays : répulsifs cutanés à 30-50 % de DEET, imprégnation des vêtements, voire moustiquaires imprégnées.
Même si tous les moustiques ne sont pas vecteurs de maladies, ils gâchent parfois un peu le voyage ! Si vous allez dans des zones « à risques », comme les bayous en Louisiane, pensez à emporter dans vos bagages des produits antimoustiques efficaces (par exemple *Insect Ecran),* car ils sont beaucoup plus chers là-bas. On en trouve en pharmacie ou en parapharmacie ou via le site • *sante-voyages.com* • qui propose la vente en ligne de produits et matériel utiles pour voyageurs parfois assez difficiles à trouver : infos complètes toutes destinations, boutique en ligne en paiement sécurisé, expéditions par Colissimo Expert Chronopost. ☎ *01-45-86-41-91 (lun-ven 14h-19h).*

Les vaccins

Aucun vaccin exigé sur le sol américain (sauf situations particulières, scolaires et universitaires en particulier), mais, comme partout, soyez à jour de vos vaccinations « universelles » : tétanos, polio, diphtérie, coqueluche (DTCP) et hépatite B.

Les *bedbugs*

Les punaises de lit ont défrayé la chronique ces derniers temps, mais il semblerait que les services sanitaires de l'État aient pris le problème en main. Ces petits insectes, qui se reproduisent à vitesse grand V et peuvent vivre des mois sans se nourrir, se planquent dans les matelas, les plinthes, les encadrements de portes, etc. Le souci, c'est qu'elles aiment la chaleur humaine, et leurs piqûres provoquent des démangeaisons aiguës et persistantes. De nombreux hébergements (même parfois haut de gamme !) ont été touchés, mais ils font en général le nécessaire tout de suite pour s'en débarrasser. Donc, pas de panique, d'autant que ces petites bestioles ne véhiculent aucune maladie. Si vous avez des doutes sur un hôtel ou un lieu, • *bedbugregistry.com* • traque les *bedbugs* dans tous les États-Unis.

SITES INTERNET

• ***routard.com*** • Rejoignez la plus grande communauté francophone de voyageurs ! Échangez avec les « routarnautes » : forums, photos, avis d'hôtels, etc. Retrouvez aussi toutes les informations actualisées pour choisir et préparer vos voyages : plus de 200 fiches pays, une centaine de dossiers pratiques et un magazine en ligne pour découvrir tous les secrets de votre destination. Enfin, comparez les offres pour organiser et réserver votre voyage au meilleur prix. Routard.com, le voyage à portée de clic !

Sur la Louisiane, le pays cajun et l'Acadie

• ***neworleanscvb.com*** • Le site de l'office de tourisme de La Nouvelle-Orléans, très complet.
• ***lastateparks.com*** • Pour toutes informations sur les parcs nationaux et les sites historiques de Louisiane (en anglais).
• ***louisianatravel.com*** • Site hyper complet sur la Louisiane. On peut y faire des recherches très pointues.
• ***collections.ic.gc.ca/acadian/intro*** • Un site remarquable pour ses infos précises et synthétiques sur l'histoire et la culture d'Acadie. Nombreuses illustrations. En anglais et en français.
• ***radiolouisiane.com*** • La voix de l'Amérique française, comme son slogan l'indique. Logiquement, le site est en français.
• ***louisianasoundtrack.com*** • Tout nouveau site lancé par l'office de tourisme de Louisiane afin de promouvoir le tourisme via les fleurons de la musique locale, tous styles confondus (jazz, blues, cajun, zydeco et country). Présentation des styles, dates des concerts et festivals, interviews radio et, surtout, sélection des meilleurs morceaux à écouter librement.
• ***flfa.fr*** • Site très complet de l'association franco-américaine France-Louisiane sur la Louisiane et les Acadiens (voir « Avant le départ. Adresses utiles » au début du chapitre « Louisiane utile »). De l'historique aux recettes de cuisine en passant par les légendes, la danse et la musique, ce site est un fourre-tout de la culture de la région. Petit plus : dico des mots acadiens.
• ***forray.com/louisiana*** • Site perso sur la Louisiane, qui vaut le coup pour ses belles photos, ses liens et son forum. En français et anglais.
• ***alligator.com*** • Un site en anglais consacré non aux reptiles, mais au blues. Eh oui, Alligator Radio, la radio du blues !
• ***mardigras.com*** • Un site coloré entièrement dédié au mythique Mardi gras de La Nouvelle-Orléans. Nombreuses photos, rubriques pratiques...
• ***nojazzfest.com*** • Toute la programmation de Jazzfest à New Orleans, les artistes, le plan du site, etc.
• ***neworleansonline.com*** • Pour trouver tous les événements ayant lieu à La Nouvelle-Orléans : expositions, visites, festivals ou concerts.

Sur les autres villes du Sud

• ***route-du-blues.net*** • Site perso en français conçu par un passionné du blues : complet, avec cartes, photos, l'itinéraire de « la route du blues » et des liens intéressants.
• ***elvis.com*** • Pour les fans d'Elvis, c'est le site officiel en anglais où l'on peut découvrir « l'Elvisologie » tout en réécoutant ses plus grands titres (*medley* et extraits).

TABAC

Comme chez nous depuis plus récemment, une sévère loi antitabac sévit un peu partout aux États-Unis. D'une manière générale, il est interdit de fumer dans les lieux publics (bus, magasins, cinémas, théâtres, musées, hôtels, restos, gares, aéroports, etc.). À La Nouvelle-Orléans, qui tient décidément à marquer sa différence par rapport au reste des États-Unis, la réglementation n'est pas aussi stricte. Ici, on mange gras et on le revendique, on boit dans les rues et on fume dans les bars et même dans certains restos ! Et personne ne vous dit rien, c'est ainsi. Pour les irréductibles, les cigarettes s'achètent dans les stations-service, les supermarchés, les drugstores type *CVS, Rite Aid, Walgreens* ou *Duane Reade* et les boutiques d'alcool *(liquor stores).*

TAXES ET POURBOIRES

D'abord, les taxes...

Dans tous les États-Unis, les prix affichés dans les magasins, les hôtels, les restos, etc. s'entendent SANS TAXE. Celle-ci s'ajoute au moment de payer, et varie selon l'État, le comté, la ville et le type d'achat. Dans les hôtels, elle oscille entre 10 et 15 % ; pour tout ce qui est restos, vêtements, voitures de location... elle varie entre 5 et 10 %. Les commerçants, les restaurateurs et les hôteliers l'ajoutent donc à la caisse. Seuls les produits alimentaires vendus en magasin ne sont pas soumis à la taxe (en fait, cela dépend des États). De même, quelques autres secteurs, il est vrai peu nombreux, en sont exonérés.

Achats hors taxes

« Trop d'impôt tue l'impôt ! » L'État de Louisiane est convaincu, en bon libéral, de cet aphorisme emprunté à Lafer (un économiste américain). Le *Louisiana Tax Free Shopping (LTFS)* rembourse ainsi aux visiteurs étrangers le montant de la taxe sur la valeur ajoutée de l'État de Louisiane sur tous les objets achetés dans l'un de ses magasins membres (il en existe plus de 1 100). Les biens achetés doivent quitter la Louisiane avec le visiteur. Au moment de payer, montrez votre passeport et demandez un formulaire de détaxe. Le permis de conduire suffit pour les Canadiens.

Par la suite, le plus pratique est de se rendre – au moment de votre départ – au *Louisiana Tax Refund Center* de l'aéroport international Louis-Armstrong de La Nouvelle-Orléans (face à American Airlines). *Lun-ven 8h30-16h30 ; w-e 9h-13h. Infos : ☎ 504-467-0723.* ● *louisianataxfree.com* ● Il vous faudra alors présenter factures, passeport et billet d'avion pour obtenir le remboursement de la TVA en espèces, ou par chèque si le montant est supérieur à 500 $. Rapide et efficace. En Louisiane, non seulement ils ont du pétrole, mais en plus, ils ont des idées...

... puis les pourboires (*tips* ou *gratuities*)

Dans les restos, les serveurs ayant un salaire fixe ridicule, la majeure partie de leurs revenus provient des pourboires. Voilà tout le génie de l'Amérique : laisser aux clients, selon leur degré de satisfaction, le soin de payer le salaire des serveurs, pour les motiver. Et ça marche. Certes, on peut râler contre cette sorte de double taxe (taxe d'État + salaire du serveur, ce qui alourdit sérieusement le prix affiché), surtout au pays du libéralisme. Mais le fait est qu'il est plutôt très rare d'être mal servi. Le sourire est même de rigueur et on prend de vos nouvelles plutôt 2 fois qu'une. On aurait même tendance à en faire un peu trop... pour obtenir un bon pourboire ! ***Le tip est donc une institution à laquelle vous ne devez pas déroger*** (dans les fast-foods et endroits self-service, vous pouvez ne laisser qu'un ou deux dollars). Un oubli vous fera passer pour le plouc total. Les Français possèdent la réputation d'être particulièrement radins et de laisser plutôt moins de 10 % que les 15-20 % attendus.

L'ORIGINE DU *TIP*

Au XVIIIe s, le patron d'un café outre-Manche eut l'idée de disposer sur son comptoir un pot portant l'inscription To Insure Promptness (littéralement, « Pour assurer la promptitude »). Les clients pressés y glissaient quelques pièces pour être servis plus vite. Les initiales formèrent le mot tip, *devenu un incontournable du savoir-vivre américain.*

Pour savoir quel pourboire donner, il suffit de doubler la taxe ajoutée au montant de la note, ce qui représente, selon l'État, environ 15-17 % (et donc un pourboire honnête). Si vous réglez une note de resto par carte de paiement, n'oubliez pas de remplir vous-même la case « *Gratuity* » qui figure sur l'addition, sinon le serveur peut s'en charger lui-même... au risque que vous ne vous en aperceviez qu'à votre retour, en épluchant votre relevé de compte bancaire (au fait, aux USA *1* s'écrit *l*, sans barre horizontale, donc attention à ce que votre *1* ne soit pas pris pour un *7* sur votre facturette !). Il arrive aussi – c'est très rare dans cette région des États-Unis – que le service soit ajouté d'office au total, après la taxe. Soyez vigilant pour ne pas le payer une seconde fois. Cela se passe surtout avec les *parties* (groupes) de six ou plus ; et dans ce cas, le service est généralement facturé un peu plus cher (on frise les 20 %).

Dans les bars, le barman, qui n'est pas mieux payé qu'un serveur de resto, s'attend à ce que vous lui laissiez un petit quelque chose, par exemple 1 $ par bière, même prise au comptoir...

Concernant les ***taxis*** : il est coutume de laisser un *tip* de 10 à 15 % en plus de la somme au compteur. Là, gare aux jurons d'un chauffeur mécontent ; il ne se gênera pas pour vous faire remarquer vertement votre oubli.

Enfin, ***prévoir des billets de 1 $*** pour tous les petits boulots de service où le pourboire est légion (bagagiste dans un hôtel un peu chic, par exemple).

TÉLÉPHONE ET TÉLÉCOMMUNICATIONS

Téléphone

- ***États-Unis → France :*** 011 + 33 + numéro du correspondant à 9 chiffres (sans le 0).
- ***France → États-Unis :*** 00 + 1 + indicatif régional à 3 chiffres + numéro du correspondant.

Tuyaux

- ***Le réseau téléphonique :*** les numéros de téléphone américains à 7 chiffres sont précédés d'un *area code* (indicatif régional). Exemple : 504 pour La Nouvelle-Orléans. Pour appeler d'une région à une autre, il faut composer le 1, puis l'*area code* et enfin le numéro de téléphone à 7 chiffres. Pour passer les communications locales, c'est variable d'une région à une autre, mais il faut de plus en plus composer cet *area code,* même à l'intérieur d'une même zone téléphonique, sans le 1 devant, suivi des 7 chiffres du numéro de téléphone.
- ***Tous les numéros de téléphone commençant par 1-800, 1-888, 1-877, 1-866 ou 1-855 sont gratuits*** (compagnies aériennes, chaînes d'hôtels, location de voitures...). On appelle ça les *toll free numbers* : nous les indiquons dans le texte, ça vous fera faire des économies, que ce soit pour vos réservations d'hôtels ou vos demandes de renseignements (la plupart des *Visitor Centers* en ont un).
- ***Les numéros gratuits sont parfois payants depuis les hôtels*** et ne fonctionnent pas quand on appelle de l'étranger. En revanche, on peut quand même obtenir la communication (payante), en remplaçant 800 par 880, 888 par 881, et 877 par 882. Ceux des petites compagnies fonctionnent parfois uniquement à l'intérieur d'un État.
- ***Certains numéros sont composés de mots,*** chaque touche de téléphone correspond à un chiffre et à trois lettres, celles qu'on utilise pour écrire un SMS. Ce qui permet de retenir facilement un numéro (exemple : pour contacter les chemins de fer ☎ 1-800-USA-RAIL, ça équivaut à 1-800-872-7245 pour contacter les chemins de fer Amtrak).

Les règles de base pour téléphoner des États-Unis

Si vous ne voulez pas alourdir votre note de portable, le plus économique pour téléphoner aux States ou à l'étranger est d'appeler depuis un poste fixe avec une ***carte téléphonique prépayée*** *(prepaid phone card).* Attention, ça ne marche pas si vous appelez d'un téléphone portable ! Ces cartes, qui disposent chacune d'un code « secret », sont vendues dans les supermarchés, drugstores *(Duane Reade, CVS, Rite Aid, Walgreens...).* Plusieurs montants possibles : 5, 10 $... Pour la connexion, il vous faudra d'abord composer un numéro gratuit indiqué sur la carte, qui commence par 1-800. Ensuite, laissez-vous guider par la voix enregistrée, pour composer d'abord votre code secret puis le numéro que vous souhaitez joindre (pour la France : 011-33 + le numéro de votre correspondant à 9 chiffres, sans le 0 initial). Pour 5 $, vous pouvez téléphoner plus de 3h en continu vers la France si vous appelez un poste fixe (les unités défilent bien plus vite en appelant des portables) ! En revanche, plus vous passez de coups de fil différents, plus la carte se vide rapidement car il y a des frais supplémentaires pour les appels courts, la « maintenance »... En principe, en pressant les touches *4, vous entendrez les instructions en français.

En revanche, ***évitez absolument de téléphoner depuis les hôtels*** (sauf avec une carte prépayée, bien sûr), qui pratiquent presque toujours des tarifs rédhibitoires. Sachez enfin que dans certains d'entre eux, on peut aussi vous facturer une communication téléphonique même si l'appel n'a pas abouti ! Il suffit parfois de laisser quatre ou cinq coups dans le vide pour que le compteur tourne. Dans le même ordre d'idée, il arrive souvent que les hôtels (sauf les petits motels) fassent payer les communications locales, qui sont normalement gratuites... Pour éviter les surprises, renseignez-vous avant de décrocher votre combiné.

HALLOD ?

Le premier central téléphonique du monde est monté à Budapest par un ingénieur nommé Puskas, collègue de Thomas Edison. Pour tester la ligne, il crie « Hallod », ce qui en hongrois signifie « Tu m'entends ? ». Depuis, « Hallod » est devenu « Allô » pour une grande partie du monde.

Le téléphone portable en voyage

Le routard qui ne veut pas perdre le contact avec sa tribu peut utiliser son propre téléphone portable aux USA (à condition qu'il soit au moins tribande) avec l'option « Monde ». Mais gare à la note salée en rentrant chez vous ! On conseille donc d'acheter à l'arrivée une carte SIM locale prépayée chez l'un des nombreux opérateurs locaux (*Virgin Mobile, AT & T* ou *T Mobile,* par exemple), représentés dans les boutiques de téléphonie mobile des principales villes du pays et souvent à l'aéroport. On vous attribue alors un numéro de téléphone local et un petit crédit de communication. Avant de signer le contrat et de payer, essayez donc, si possible, la carte SIM du vendeur dans votre téléphone – préalablement débloqué – afin de vérifier si celui-ci est compatible. Sinon, vous avez aussi la possibilité d'acheter un portable de base (à partir de 10 $) dans lequel vous pourrez activer la carte SIM. Ensuite, les cartes permettant de recharger votre crédit de communication s'achètent dans ces mêmes boutiques, ou en supermarchés, stations-service, drugstores, etc. Vous pouvez aussi recharger votre crédit en ligne ou par téléphone. C'est toujours plus pratique d'avoir un portable pour trouver son chemin vers un *B & B* paumé, réserver un hôtel, un resto ou une visite guidée, et bien moins cher que si vous appeliez avec votre carte SIM personnelle.

– ***En cas de perte ou de vol de votre téléphone :*** suspendre aussitôt sa ligne permet d'éviter de douloureuses surprises au retour du voyage ! Voici les numéros des quatre opérateurs français, accessibles depuis la France et l'étranger.

– ***SFR :*** *depuis la France, ☎ 1023 ; depuis l'étranger, 📱 + 33-6-1000-1900.*

– **Bouygues Télécom :** *depuis la France comme depuis l'étranger, ☎ 0-800-29-1000 (remplacer le 0 initial par « + 33 » depuis l'étranger).*
– **Orange :** *depuis la France comme depuis l'étranger, 📱 + 33-6-07-62-64-64.*
– **Free :** *depuis la France, ☎ 3244 ; depuis l'étranger, ☎ + 33-1-78-56-95-60.*
Vous pouvez aussi demander la suspension depuis le site internet de votre opérateur.

Internet

Il y a ***peu de cafés Internet*** (même dans les grandes villes), en raison du fort taux d'équipement informatique des foyers américains... et des hôtels. Car, évidemment, ***de nombreux lieux sont équipés wifi*** (hôtels, cafés, bars, restos...). Pour ceux qui n'auraient ni smartphone ni iPad ni ordinateur portable *(laptop)*, on trouve aussi des accès Internet dans de nombreux hôtels (souvent gratuitement mais pas toujours) ainsi qu'en libre-service... Il s'agit de bornes qui fonctionnent soit comme des distributeurs (la machine avale les billets ou la carte de paiement), soit avec des codes à entrer après avoir payé à la caisse pour la durée souhaitée. Bon plan si vous êtes fauché : les *Apple Stores,* où la connexion est gratuite sur tous les ordinateurs de démonstration, à condition de ne pas squatter des heures. Sinon, il y a aussi les bibliothèques publiques *(public libraries)* qui disposent toutes d'un accès Internet gratuit (généralement limité à 30 mn de connexion par personne et par jour), mais il arrive qu'il soit nécessaire de prendre sa carte de bibli (tout dépend de la commune et de sa politique).
Une sélection de sites internet à consulter avant le départ est détaillée plus haut, à la rubrique « Sites internet ».

D'ARPANET À INTERNET

Le réseau Internet est né aux États-Unis dans les années 1960, en pleine guerre Froide. Il s'appelait alors Arpanet et était destiné à relier les militaires, avant de s'étendre aux centres de recherche et aux universités. La grande nouveauté de ce réseau était de répartir le stockage des mémoires sur tout le territoire au lieu de les concentrer sur un seul lieu. Ensuite, c'est l'invention du World Wide Web, au début des années 1990, qui a révolutionné ce réseau en le rendant multimédia (image et son) et accessible au grand public.

TRANSPORTS

L'avion

Les compagnies desservant l'intérieur des États-Unis sont nombreuses, et les retards de vol presque banals tant le trafic est dense. Attention également, dans le cas d'une correspondance effectuée sur le sol américain en provenance de l'Europe, aux délais de passage à la police des frontières : ça peut vous faire rater une correspondance ! Prévoyez très large donc. À bord, le service est réduit à sa plus simple expression sur les lignes régulières américaines, et la plupart des prestations sont payantes (boissons, repas, écouteurs...). Les bagages enregistrés sont aussi payants sur presque toutes les lignes intérieures ! Alors prenez un grand sac (pas plus de 20 kg) plutôt que trois petits si vous devez beaucoup voyager dans le pays. Le premier bagage reste encore gratuit sur les vols transatlantiques et les correspondances.
On conseille d'arriver bien en avance pour l'embarquement, à cause des mesures de sécurité depuis le *11 Septembre.*

Distances en miles	Baton Rouge (Louisiane)	Charleston (Caroline du S.)	Grand Isle (Louisiane)	Houma (Louisiane)	Lafayette (Louisiane)	Lake Charles (Louisiane)	Memphis (Tennessee)	Nashville (Tennessee)	Natchez (Louisiane)	Natchitoches (Louisiane)	New Iberia (Louisiane)	New Orleans (Louisiane)	Opelousas (Louisiane)	St. Francisville (Louisiane)	Savannah (Géorgie)	Thibodaux (Louisiane)
Atlanta (Géorgie)	525	323	574	521	580	655	388	249	616	606	593	468	598	539	248	530
Baton Rouge (Louisiane)		843	160	86	55	126	383	589	171	181	69	81	58	32	700	71
Charleston (Caroline du S.)	843		858	840	899	969	711	550	940	929	916	787	916	863	108	849
Chattanooga (Tennessee)	546	438	595	542	601	671	316	134	619	608	614	492	618	554	366	554
Grand Isle (Louisiane)	160	858		68	173	249	474	637	308	318	152	110	196	191	749	82
Houma (Louisiane)	86	840	68		102	178	422	585	237	248	83	57	125	117	696	16
Lafayette (Louisiane)	55	899	173	102		76	438	643	136	147	24	135	24	75	754	103
Lake Charles (Louisiane)	126	969	249	178	76		459	713	128	121	99	206	95	146	825	178
Memphis (Tennessee)	383	711	474	422	438	459		212	376	369	460	365	455	378	636	416
Montgomery (Alabama)	366	435	415	363	420	491	333	282	482	472	444	310	439	397	335	372
Nashville (Tennessee)	589	550	637	585	643	713	212		646	641	657	532	669	585	495	594
Natchez (Louisiane)	171	940	308	237	136	128	376	646		7	159	266	115	140	816	239
Natchitoches (Louisiane)	181	929	318	248	147	121	369	641	7		170	276	125	152	826	249
New Iberia (Louisiane)	69	916	152	83	24	99	460	657	159	170		134	46	97	773	85
New Orleans (Louisiane)	81	787	110	57	135	206	365	532	266	276	134		153	111	643	66
Opelousas (Louisiane)	58	916	196	125	24	95	455	669	115	125	46	153		54	773	127
Raleigh (Caroline du N.)	938	280	984	932	992	1 064	748	537	1 024	1 013	1 005	878	1 012	945	324	935
St. Francisville (Louisiane)	32	863	191	117	75	146	378	585	140	152	97	111	54		731	101
Saint Louis (Missouri)	665	856	756	704	720	790	284	308	692	687	742	677	749	661	800	697
Savannah (Géorgie)	700	108	749	696	754	825	636	495	816	826	773	643	773	731		705
Thibodaux (Louisiane)	71	849	82	16	103	178	416	594	239	249	85	66	127	101	705	
Washington DC	1 147	534	1 197	1 143	1 201	1 272	882	571	1 219	1 212	1 214	1 090	1 220	1 154	577	1 152

Les compagnies aériennes

■ ***Air France :*** *☎ 1-800-237-2747 ou ☎ 36-54 (en France). • airfrance.fr •*
■ ***American Airlines :*** *☎ 1-800-433-7300. • aa.com •*
■ ***Delta Air Lines :*** *☎ 1-800-221-1212 (vols domestiques), 1-800-241-4141 (vols internationaux) ou 0892-702-609 (depuis la France). • delta.com •*
■ ***United*** *et* ***Continental Airlines :*** *☎ 1-800-864-8331, 1-800-537-3444 (en français) ou ☎ 01-71-23-03-35 (depuis la France). • united.com •*
■ ***US Airways :*** *☎ 1-800-428-4322 ou 0810-632-222 (depuis la France). • usairways.com •*

La voiture

C'est la formule idéale pour circuler, d'autant que l'essence est plutôt bon marché. La voiture est même indispensable pour visiter la Louisiane, ainsi que Nashville, Memphis et Atlanta, qui sont des villes très étendues (l'option GPS peut d'ailleurs s'avérer rentable). En revanche, vous pouvez vous en passer dans le centre de La Nouvelle-Orléans, ainsi qu'à Savannah et Charleston.

Conduire une voiture automatique

Il n'y a pratiquement que cela aux États-Unis. Voici la signification des différentes commandes internes :
P : Parking (à enclencher lorsque vous stationnez, mais à ne pas utiliser comme frein à main).
R : Reverse (marche arrière).
N : Neutral (point mort).
D : Drive (position de conduite que vous utiliserez quasiment tout le temps).
1, 2 et *3 ou I et L :* vous sélectionnez votre propre rapport de boîte (bien utile en montagne ou dans certaines côtes, mais ça consomme plus d'essence).
Pour oublier vos vieux réflexes, calez votre pied gauche dans le coin gauche et ne l'en bougez plus jusqu'à la fin de votre périple. On se sert uniquement du pied droit pour accélérer ou freiner. Et un conseil : lorsque vous passez de la position « P » à une autre, appuyez toujours sur le frein, sinon vous risquez de faire un bond ! D'ailleurs, la plupart des véhicules refusent de quitter le point « P » tant que vous n'avez pas posé le pied sur le frein, non mais ! Autre astuce : les voitures américaines sont souvent équipées d'un ***cruise control,*** dispositif qui maintient votre vitesse, quel que soit le profil de la route, tant que vous n'appuyez pas sur le frein ou l'accélérateur. Très pratique sur les longues autoroutes américaines mais ingérable (et inutile) en ville.

Les règles de conduite

Certaines agences de location de voitures distribuent des fiches avec les règles de conduites spécifiques à l'État dans lequel on loue le véhicule.
– ***La signalisation :*** les panneaux indiquant le nom des rues que l'on croise sont généralement accrochés aux feux ou aux poteaux des carrefours, ce qui permet de les localiser un peu à l'avance.
– ***Les feux tricolores :*** ils sont situés après le carrefour et non avant comme chez nous. Si vous stoppez au niveau du feu, vous serez donc en plein carrefour. Pas d'inquiétude, après une ou deux incartades, on stresse tellement qu'on prend vite le réflexe !
– ***La priorité à droite :*** elle ne s'impose que si deux voitures arrivent en même temps à un croisement et que celui-ci n'a ni feux ni panneaux, ce qui est assez rare. La voiture de droite a alors la priorité.
– ***Tourner à gauche avec une voiture en face :*** contrairement à la circulation dans certains pays, dont la France, un tournant à gauche, à un croisement, se fait au plus court. Autrement dit, vous passerez l'un devant l'autre, au lieu de tourner autour d'un rond-point imaginaire situé au centre de l'intersection. Attention : si

une pancarte indique « *No left turn* » ou « *No U turn* » (en toutes lettres ou dessiné), vous devrez attendre la prochaine intersection pour vous engager à gauche ou faire demi-tour ; ou alors, tourner à droite et revenir sur vos pas en contournant le pâté de maisons.

– ***Tourner à droite à une intersection :*** à condition d'être sur la voie de droite, vous pouvez généralement tourner à droite au feu rouge après avoir observé un temps d'arrêt et vous être assuré que la voie est libre, d'abord au niveau des piétons puis des véhicules. Bien entendu, on ne le fait surtout pas si une pancarte indique « *No red turn* ».

– ***Clignotants :*** facultatifs au regard de la plupart des conducteurs américains, tant pour tourner que pour doubler... Ne vous laissez pas surprendre !

– ***Une fois sur l'autoroute :*** gare aux erreurs de direction, qui se paient cher... en kilomètres, notamment sur les routes à péage. Il n'est pas rare de devoir faire 10, 20, voire 30 km sans pouvoir faire demi-tour.

– Ne quittez pas vos rétros des yeux, les Américains ***doublent indifféremment par la gauche comme par la droite,*** et ne se rabattent pas systématiquement. Le conducteur le plus lent de tout l'État peut très bien squatter la file de gauche indéfiniment...

– ***Sur les routes nationales et les autoroutes,*** les voies perpendiculaires (ou venant de la droite) ont soit un *STOP,* soit un *YIELD* (« Cédez le passage »), et la priorité de droite n'a pas cours.

– ***Les ronds-points (ou giratoires) :*** plutôt rares, ils donnent la priorité aux voitures qui sont déjà engagées dans le giratoire.

– ***Les stops :*** s'il y a plusieurs stops, le premier qui s'est arrêté est le premier à repartir. Le *4-way stop,* qui est un carrefour avec un stop à tous les coins de rue, est assez fréquent aux États-Unis mais totalement inédit chez nous. S'il y a une voiture à chaque stop, bien retenir l'ordre d'arrivée !

– ***Le système du « car pool » :*** sur certains grands axes, pour faciliter la circulation et encourager le covoiturage, il existe une voie dénommée *car pool* (ou *HOV* pour *High Occupancy Vehicle*), réservée aux usagers qui roulent à deux ou plus par voiture. Il y a bien sûr beaucoup moins de monde que sur les autres voies. Très utile aux heures de pointe ; parfois, la règle ne s'applique qu'à certaines périodes de la journée. Bien sûr, ne les emprunter d'aucune façon si vous êtes seul à bord, sous peine d'amende.

– ***La limitation de vitesse :*** elle est fixée par les États. Maximum 55 ou 60 mph (88-96 km/h) sur de nombreuses routes. Mais sur les autoroutes *(interstates),* elle peut atteindre 65 mph (104 km/h), voire 70 mph (113 km/h). En ville : 15 à 45 mph (24 à 72 km/h) selon l'endroit et l'importance de la voie. Attention, les radars sont nombreux et la police, très vigilante, aime beaucoup faire mugir ses sirènes.

– ***Le stationnement :*** faites toujours très attention où vous garez votre voiture, sous peine de voir votre pare-brise couvert de PV. Pour cela, lisez avant tout les ***panneaux*** au coin de la rue, ce sont eux, surtout, qui régulent le stationnement des véhicules (encore plus que la couleur du marquage sur le trottoir). Ceux indiquant « *No parking* » signalent bien sûr un stationnement interdit. ***Ne vous arrêtez JAMAIS*** devant un arrêt d'autobus, ni devant une arrivée d'eau pour l'incendie *(fire hydrant),* ni s'il y a un panneau « *Tow away* » qui signifie « Enlèvement ». On vous enlèvera la voiture en quelques minutes, et la fourrière, couplée à l'amende, est très chère (plus de 200 $).

– ***Les parcmètres et parkings :*** la présence de parcmètres ne veut pas forcément dire qu'on peut se garer tout le temps ; là encore, vérifiez bien les panneaux, qui parfois limitent la période où il est autorisé de stationner à certaines heures ou certains jours. Si le parcmètre ou l'horodateur est hors service, ne pensez pas non plus faire une bonne affaire : vous devez alors vous garer devant une machine qui fonctionne ! Prévoyez aussi de la monnaie, sinon vous devrez payer par carte de paiement ou vous garer dans l'un des nombreux parkings à la journée qui pullulent dans les villes. Ces derniers affichent souvent un tarif qui paraît raisonnable au premier abord mais lorsque vous êtes à 2 doigts d'y entrer, vous y voyez soudain plus clair : en général, le tarif est valable pour 15 ou 20 mn ! La liste n'est pas exhaustive, et vous découvrirez encore plein de surprises par vous-même. Globalement, sachez enfin que l'Américain est généralement civique et qu'il ne lui viendrait pas à l'idée de bloquer la circulation en se garant en double file pour acheter son journal. Que ceux qui se reconnaissent lèvent le doigt...

– ***Les bus scolaires à l'arrêt :*** très important, lorsqu'un *school bus* (on ne peut pas les louper, ils sont toujours jaunes) s'arrête et qu'il met ses feux clignotants rouges, l'arrêt est obligatoire dans les deux sens, pour laisser traverser les enfants qui en descendent. Si on le suit (pas de bol), ne surtout pas le doubler. Tant que les feux clignotants sont orange, le bus ne fait que signaler qu'il va s'arrêter. À l'arrêt, un petit panneau triangulaire est parfois automatiquement déployé, sur la gauche du véhicule, pour vous intimer l'arrêt. C'est l'une des infractions les plus gravement sanctionnées aux États-Unis.

– ***Le respect dû aux piétons :*** vous verrez souvent le panneau ou l'inscription au sol « Xing ». Ce n'est pas du chinois, sauf si on ne comprend pas que cela signifie *cross-ing*, soit un passage piéton... Ici, le respect des passages protégés n'est pas un vain mot, et le piéton a VRAIMENT la priorité. Dès qu'un piéton fait mine de s'engager sur la chaussée pour la traverser, tout le monde s'arrête. La voiture n'est pas, comme chez nous, un engin de course mais un outil pratique de la vie moderne. On roule pépère, on respecte l'autre et on est tolérant. Faites donc de même. D'autre part, sachez que traverser hors des clous ou au feu vert peut être passible d'une amende dans certains États ! Il y a même un terme pour ça : le *jaywalking...*

– ***Les PV :*** si vous avez un PV *(ticket)* avec une voiture de location, mieux vaut le payer sur place et non une fois rentré chez vous. Car lorsque vous signez le contrat de location, vous donnez implicitement l'autorisation au loueur de régler les contraventions pour vous (avec majoration). La solution la plus simple consiste à payer en se rendant directement à la *Court House* locale. Autre possibilité : le règlement par carte de paiement. Au dos du PV, un numéro de téléphone et un site internet vous permettent de le faire. Votre compte est ensuite débité par la police.

L'essence

Bonne nouvelle, elle est moins chère que chez nous (environ 4 $ pour 1 gallon, soit 3,8 l environ). La plupart des voitures roulent à l'essence sans plomb *(unleaded)*, dont il existe plusieurs qualités. La moins chère, la *regular unleaded 87,* convient parfaitement pour les voitures de location.

Dans les stations-service *(gas stations)*, il faut généralement aller payer à la caisse ou y déposer sa carte de paiement avant de se servir car le règlement automatique à la pompe n'est, le plus souvent, possible qu'avec une carte de paiement américaine (code à 5 chiffres requis). Cependant, de plus en plus de stations sont équipées de pompes automatiques qui n'exigent pas que l'on tape son code, du coup on peut les utiliser avec des cartes européennes. La plupart des *gas stations* offrent une grande variété de services : des w-c à disposition, du café, un comptoir fast-food et des rayons chargés de produits de première nécessité. Elles vendent aussi des cartes très précises de la localité et de l'État où l'on se trouve.

Circuler et s'orienter

Un conseil : à moins d'avoir pris l'option GPS (supplément non négligeable, mais grand confort une fois sur la route !), munissez-vous d'une bonne carte routière (voir ci-après).

On distingue les *freeways* (larges autoroutes aux abords des grandes villes), les *interstates,* qui relient les États entre eux (elles sont désignées par 2 chiffres), et les routes secondaires (désignées par 3 chiffres). Elles sont signalisées de manières différentes et faciles à repérer. Simplement, ouvrez bien l'œil et sachez vers quel point cardinal vous allez car les noms des villes ne sont pas toujours indiqués. Sur

les *interstates,* le numéro de la sortie correspond au mile sur lequel elle se trouve. Ainsi, la sortie après la 189 peut très bien être la 214.
Si vous rencontrez des *turnpikes,* sachez que ce sont des tronçons d'autoroutes payants. Les grands ponts et beaucoup de tunnels majeurs sont aussi souvent payants.
La signalisation routière utilise peu de symboles, contrairement à celle de l'Europe. Impératif de bien connaître l'anglais, surtout pour les stationnements.

Les cartes routières

Inutile d'en acheter en France avant le départ. Presque toutes les stations-service vous en vendent une large gamme à des prix tournant autour de 5-7 $ (notamment la collection *Rand McNally*). Les cartes des agences de location de voitures, un peu sommaires mais gratuites, peuvent également dépanner, au même titre que celles des offices de tourisme. Lorsqu'on traverse la frontière d'un État, il y a très souvent un *Visitor Center* où il est possible d'obtenir gratuitement des cartes routières de l'État dans lequel on entre.
– Pour les voyageurs au long cours, se procurer le *Road Atlas* de Rand McNally : une page par État, très bien fait. Indique les parcs nationaux et les campings. L'*Atlas* de l'American Automobile Association *(Triple A)* n'est pas mal non plus.

Les voitures de location

La location depuis la France

■ **Auto Escape :** ☎ *0820-150-300 (nº gratuit).* ● *autoescape.com* ● Vous trouverez également les services d'Auto Escape sur ● *routard.com* ● L'agence Auto Escape réserve auprès des loueurs de véhicules de gros volumes d'affaires, ce qui garantit des tarifs très compétitifs. Il est recommandé de réserver à l'avance. *Auto Escape* offre 5 % de remise sur la location de voitures aux lecteurs du *Routard* pour toute réservation par Internet avec le code de réduction « GDR13 ». Important : tarif spécial pour les conducteurs de moins de 25 ans.
■ **BSP Auto :** ☎ *01-43-46-20-74.* ● *bsp-auto.com* ● Les prix proposés sont attractifs et comprennent le kilométrage illimité et l'assurance tous risques sans franchise (LDW). *BSP Auto* vous propose exclusivement les grandes compagnies de location sur place, vous assurant un très bon niveau de service. Les plus : vous ne payez votre location que 5 jours avant le départ + réduction spéciale aux lecteurs de ce guide avec le code « routard ».
■ Et aussi : **Hertz** *(☎ 0825-030-040, 0,15 €/mn ; ● hertz.com ●),* **Avis** *(☎ 0820-050-505 ou 0821-230-760, 0,12 €/mn ; ● avis.fr ●),* **Europcar** *(☎ 0825-358-358, 0,15 €/mn ; ● europcar.fr ●)* et **Budget** *(☎ 0825-003-564, 0,15 €/mn ; ● budget.fr ●).*

La location aux États-Unis

– Les prix peuvent varier, il est important de faire son marché et de comparer les tarifs proposés par les différentes compagnies de location avant de se décider. Les taxes, qui varient de 4 à 20 %, sont rarement incluses dans les *vouchers* des agences ; quant aux assurances, ça dépend des compagnies, d'où l'intérêt de bien se renseigner. Les voitures de location les moins chères sont les *economy* et les *compact* (catégorie A) avec deux ou quatre portes. Très bien jusqu'à trois personnes. Ensuite viennent les *mid-size, standard-size* et *full-size.* De façon générale, les voitures sont plus spacieuses et confortables qu'en Europe, à catégorie égale. Le kilométrage est généralement illimité.

Quelques règles générales

– Il est difficile, voire impossible, de louer une voiture si l'on a ***moins de 21 ans,*** voire 25 ans pour les grandes compagnies. Dans le meilleur des cas, les moins de

25 ans devront parfois prendre une assurance « Jeunes conducteurs » qui coûte près de 25 $ par jour.
– Avoir absolument une ***carte de paiement*** (*MasterCard* et *Visa* sont acceptées partout). Très rares sont les compagnies qui acceptent le liquide ; de plus, elles exigent alors une importante caution. Avec les cartes prestige comme *MasterCard Gold* ou *Visa Premier,* vous bénéficiez d'une assurance qui couvre en partie les vols et dégradations.
– Le ***permis national*** est en principe suffisant, mais renseignez-vous quand même au préalable : certaines compagnies, à certains endroits, peuvent exiger un ***permis international.***
– Attention, il arrive fréquemment que les loueurs vous incitent à prendre une ***catégorie supérieure*** à celle que vous avez réservée, « pour votre confort personnel », mais le supplément vous sera bien facturé ! Méfiance donc, et lisez bien la facture avant de partir avec votre véhicule.
– Seules les ***grandes compagnies*** sont représentées dans les aéroports. Les moins chères se trouvent en ville (les taxes y sont moins élevées), mais, si vous arrivez en avion, elles peuvent vous livrer le véhicule.
– Les ***tarifs les moins chers*** sont à la semaine. Si vous louez pour plus de 2 semaines, n'hésitez pas à demander une ristourne, ça peut marcher. Il existe aussi des réductions week-end *(week-end fares),* du vendredi midi au lundi midi. De même, si vous réservez à l'avance, vous paierez moins cher qu'en vous y prenant le jour même.
– Chez de nombreuses compagnies, on peut rendre le véhicule dans un endroit différent de celui où on l'a pris *(one-way rental),* mais il faudra payer un ***drop off charge*** *(frais d'abandon),* qui peut être plus ou moins important.
– Les véhicules disposent tous de la ***clim*** – indispensable l'été, surtout dans le Sud –, même si ça consomme plus d'essence et si, paradoxalement, ça participe au réchauffement climatique.
– Si possible (car certaines agences l'imposent), évitez l'option qui permet de rendre la voiture ***avec le réservoir vide.*** Ce plein d'essence est évidemment facturé, et plus cher que si vous le faites vous-même. De plus, comme il est très périlleux de ramener la voiture juste avant de tomber en panne d'essence, il en reste évidemment toujours un peu dans le réservoir, ce qui bien sûr profite à la compagnie.

Les assurances

Elles sont nombreuses, et on s'emmêle rapidement les pinceaux. La plupart du temps, les véhicules possèdent une assurance minimum obligatoire, comprise dans le tarif proposé. Au-delà, tout est bon pour essayer de vous vendre le maximum d'options, qui ont vite fait de revenir plus cher que la voiture elle-même. Renseignez-vous bien aussi sur les franchises, qui varient d'une compagnie à l'autre. Avec une carte de paiement haut de gamme *(MasterCard Gold, Visa Premier...),* il est moins utile de prendre l'assurance *CDW* ou *LDW,* car ces cartes remboursent tous frais dus aux dégâts qui peuvent être occasionnés au véhicule. En revanche, elles ne couvrent pas nécessairement le manque à gagner lié à l'indisponibilité du véhicule pendant le temps de réparation, ni la perte de valeur de revente de celui-ci (après un accident, par exemple). Bref, là encore, renseignez-vous bien.
– ***LDW (Loss Damage Waiver) ou CDW (Collision Damage Waiver) :*** c'est l'assurance tous risques avec suppression de franchise, pour tout dommage occasionné au véhicule *(CDW)* ou pour dommages et perte d'accessoires *(LDW).* Elle est obligatoire avec certaines compagnies. Son coût : autour de 20 $ par jour. Elle couvre donc le véhicule pour tous les dégâts (vol, incendie, accrochages, accidents...), même si vous êtes en tort (hors état d'ivresse), mais pas les dégâts occasionnés aux tiers si vous êtes responsable.
– ***LIS ou SLI (Liability Insurance Supplement) :*** c'est une assurance supplémentaire qui augmente le plafond de la garantie civile en cas de dommages corporels aux tiers, si vous êtes responsable de l'accident. Aucune carte de paiement ne

l'inclut dans ses services. Il faut savoir qu'aux États-Unis, si vous renversez quelqu'un et que cette personne est hospitalisée pour 6 mois, votre responsabilité peut être engagée bien au-delà de la garantie civile de base prévue par le loueur. Il est donc important d'avoir une couverture en béton. Attention : si vous roulez en état d'ivresse, cette assurance ne fonctionne pas.

– ***PAI (Personal Accident Insurance) :*** assure le conducteur et les passagers pour les frais médicaux liés à un accident. Inutile si vous avez par ailleurs souscrit une assurance personnelle incluant les accidents de voiture. La *PAI* ferait alors double emploi.

– ***PEP (Personal Effect Protection) :*** elle couvre les effets personnels volés dans la voiture. À notre avis, cette assurance est inutile. Il suffit de faire attention et de ne jamais rien laisser de valeur à l'intérieur. À cet égard, une loi interdit aux loueurs de matérialiser la voiture de location avec des macarons et autocollants. C'était du pain béni pour les voleurs qui repéraient ainsi les véhicules à « visiter ».

Enfin, sachez que certaines compagnies, telle *Alamo,* proposent une petite assurance complémentaire (encore !) couvrant tous les petits services de dépannage : remplacement de la clé en cas de perte, ouverture du véhicule s'il est malencontreusement fermé de l'intérieur, remplacement d'un pneu crevé, enlèvement du véhicule s'il est immobilisé, dépannage en cas de panne d'essence, etc. Encore un moyen de vous prélever autour de 7 $ par jour.

Les « petites » compagnies

Moins représentées en dehors des États-Unis que les grandes compagnies internationales de location, elles n'en demeurent pas moins bien implantées sur le sol américain et proposent des tarifs souvent très intéressants. Inconvénients : les voitures sont parfois un peu moins neuves, et il n'est pas toujours possible de louer le véhicule à un endroit et de le rendre à un autre. En voici quelques-unes avec leur numéro *toll free* (gratuit). Pour les appeler de France, voir la rubrique « Téléphone et télécommunications » plus haut.

■ ***Thrifty Rent-a-Car :*** ☎ *1-800-THRIFTY (847-4389).* • *thrifty.com* •

■ ***Payless Rent-a-Car :*** ☎ *1-800-729-5377.* • *paylesscar.com* •

■ ***Dollar Rent-a-Car :*** ☎ *1-800-800-4000.* • *dollar.com* •

Les grandes compagnies

Implantées partout, elles proposent des véhicules quasi neufs et, en cas de pépin mécanique, le représentant local de la compagnie vous changera aussitôt la voiture. De toutes, c'est probablement *Alamo* qui offre les tarifs les plus compétitifs. Possibilité de louer le véhicule dans une ville et de le laisser dans une autre (supplément à payer). Si vous le rendez dans un autre État, les frais seront d'autant plus élevés.

Voici quelques-unes d'entre elles, avec leur numéro de téléphone gratuit :

■ ***Alamo :*** ☎ *1-877-222-9075.* • *alamo.com* •

■ ***Hertz :*** ☎ *1-800-654-3131.* • *hertz.com* •

■ ***Avis :*** ☎ *1-800-331-1212.* • *avis.com* •

■ ***National :*** ☎ *1-800-222-9058.* • *nationalcar.com* •

■ ***Budget :*** ☎ *1-800-527-0700.* • *budget.com* •

Le mieux est de réserver à l'avance par Internet, c'est souvent mois cher que si on le fait sur place, surtout si c'est la veille ou le jour même.

La location d'un camping-car (ou *RV* ou motor home)

Voyager en *RV* (prononcer « harviii ») est une expérience unique pour les enfants. Comparés à nos camping-cars, les *RV* américains sont le plus souvent énormes ! Cela dit, c'est assez lent et surtout très cher, même à 4 ou 6 personnes (à partir

de 1 200 $ la semaine en haute saison, kilométrage en plus) comparativement à un séjour voiture + motels. D'autant qu'au prix de la location s'ajoute évidemment l'essence (de 12 à 45 l aux 100 km selon les modèles !), et l'emplacement dans les campings puisqu'il est interdit de passer la nuit en dehors des *campgrounds.* Compter 10 à 25 $ la place seule, sans compter le *hook-up* payant dans les terrains aménagés (branchements eau et électricité dont vous aurez besoin pour l'AC ou le chauffage *full hook-up* avec la vidange en plus), payant dans les terrains aménagés. Même dans la journée, il est interdit de se garer n'importe où ; dans certaines grandes villes, on vous met en fourrière sur l'heure. Les parkings des hypermarchés ou des magasins sont parfois autorisés, à condition évidemment d'éviter tout déballage et de laisser les lieux propres.
Un permis classique suffit pour conduire ce genre de véhicule, encore faut-il évidemment se sentir capable de le faire ! Si vous êtes intéressé, mieux vaut louer le véhicule depuis Paris car, en haute saison, il est parfois difficile d'en trouver sur place.

■ ***El Monte RV :*** *rens et résas sur • elmonterv.com •* Une compagnie qui existe depuis 1970, aujourd'hui implantée aux quatre coins des États-Unis. 2 types de véhicules (tous de moins de 2 ans) : la classe C avec un couchage supplémentaire au-dessus du pare-brise et la A destinée plutôt aux familles, avec davantage d'espace. Certains camping-cars disposent même d'une TV et d'un lecteur CD. Numéro d'assistance gratuit en cas de pépin ou simplement de question : ☎ *1-888-337-2214.*

■ ***Cruise America RV Rental & Sales :*** *11 W Hampton Ave, Mesa, AZ 85210.* ☎ *480-464-7300 ou 1-800-671-8042. • cruiseamerica.com • La location du véhicule ne comprend pas le kilométrage : forfait 700 miles (environ 1 150 km) environ 250 $, assurances incluses.* Loue des motor homes *(RV)* et *trailers* (caravanes) dans tout le pays, depuis les aéroports ou les diverses agences en ville. Loue également des *RV* équipés pour les personnes handicapées.

– Pour toute info complémentaire : *• motorhomerentals.com •*, un site internet complet sur les locations de motor homes aux États-Unis. Présentation des différents types de véhicules, liens vers les principaux loueurs par régions, infos touristiques sur chaque destination...

L'auto-stop *(hitchhiking)*

De moins en moins pratiqué. En tout cas, le stop est interdit sur les autoroutes et déconseillé sur les routes principales. Aux États-Unis, c'est louche de ne pas avoir de voiture et, depuis le 11 septembre 2001, les Américains se méfient encore plus de tout. Ne soyez donc pas étonné que les clients ne se bousculent pas pour vous offrir un brin de conduite...

La moto

Il existe quelques loueurs de motos – essentiellement de grosses Harley Davidson – dans cette partie des États-Unis. Si vous avez décidé d'accomplir tout votre périple à moto façon *Easy Rider,* mieux vaut la louer depuis la France. Sinon, possibilité de location sur place à la journée, histoire de prendre un bon bol d'air ! Là encore, il faut avoir 21 ans au minimum et une carte de paiement. On déconseille de venir avec sa propre moto ou même d'en acheter une sur place, qu'il faudra revendre à la fin du voyage ; trop de tracasseries administratives, d'assurance...

Le bus

Si le réseau des bus *Greyhound* couvre la quasi-totalité du pays, ces derniers ne desservent que quelques villes de Louisiane et du Sud. Informations : ☎ *1-800-231-2222. • greyhound.com •*

Les bus *Greyhound* ont, à tort, mauvaise réputation dans cette Amérique où la voiture et l'avion priment. Ils sont en effet considérés comme le moyen de transport des pauvres, à éviter dès qu'on a les moyens de voyager autrement. C'est vrai que se pointer dans une station de bus le soir est la meilleure façon d'être confronté à l'Amérique profonde, avec tous ses laissés-pour-compte du rêve américain. On déconseille d'ailleurs de passer la nuit dans les gares routières, souvent situées dans des quartiers sensibles (et excentrés). Cela dit, on peut tout à fait parcourir le pays de long en large sans danger et faire des rencontres qui pimentent le voyage. Le problème en Louisiane et dans le Sud, c'est qu'une fois arrivé à destination, les villes sont souvent étendues et dépourvues de transports en commun pour rejoindre le centre, votre hébergement, un éventuel loueur de voitures... Si la solution la moins galère demeure donc de louer une voiture dès votre arrivée à l'aéroport, que les fanas du voyage en bus ne décrochent pas pour autant ! Nous les renseignons ci-après sur les généralités des déplacements en bus *Greyhound* aux États-Unis, sans oublier les infos de nos rubriques « Arriver – Quitter » à chaque ville présentée dans ce guide.

Les billets

Ils s'achètent dans toutes les gares routières et agences *Greyhound,* par Internet et par téléphone *(☎ 1-800-231-2222 ou 214-849-8100 de l'étranger).* Consulter leur site internet pour les offres spéciales et les billets à prix réduits achetés à l'avance. Attention, pas de place numérotée sur les billets ; donc, si vous ne voulez pas être obligé d'attendre le prochain bus, prévoyez au moins 1h d'avance, surtout si vous avez des bagages à mettre en soute : il vous faudra alors passer au guichet pour faire imprimer un *baggage tag,* et il y a souvent la queue !

Les forfaits

Intéressants seulement si vous comptez sillonner les États-Unis. Une cinquantaine de petites compagnies de bus accepte les forfaits *Greyhound* sur tout le territoire américain.

– *Greyhound* propose les forfaits ***Discovery Pass,*** avec plusieurs durées possibles : 7, 15, 30 ou 60 jours. Plus la durée est longue, plus le prix est intéressant (environ 255 $ pour 7 jours et 565 $ pour 2 mois). Ces forfaits sont également valables pour le Canada et certaines villes du nord du Mexique. Ils peuvent désormais être achetés seulement 2h avant la première utilisation. Distance illimitée et consignes des bagages incluses. Pour effectuer un trajet avec *Greyhound,* faire valider le *pass* au comptoir avec une pièce d'identité et demander un billet. Pour utiliser le *Discovery Pass* sur une autre compagnie partenaire de *Greyhound* (et qui a également passé un accord avec la compagnie nationale), il est également nécessaire de se présenter au guichet pour y recevoir un billet.

– ***Se procurer les forfaits Discovery Pass :*** sur place ou achat en ligne sur le site ● *discoverypass.com* ●

Les bagages en bus

Pour vos bagages en soute, retirez des *baggage tags* au guichet et mettez-vous dans la file d'attente pour votre destination avec vos bagages. Au moment de monter dans le bus, laissez-les le long du véhicule, un employé les placera dans la soute. En règle générale, c'est à vous de récupérer vos bagages à l'arrivée ou dans une station où vous changez de bus. Dans ce dernier cas, prenez vos bagages et mettez-vous dans la file d'attente pour votre nouveau bus à l'intérieur de la station. C'est aussi simple que ça... Sinon, le personnel se charge de tous les bagages non transférés par les voyageurs eux-mêmes, mais là, attention, il y a parfois des pertes ou plutôt des égarements ; vous vous trouvez à Atlanta et vos bagages se dirigent vers La Nouvelle-Orléans, ou, au mieux, ils arriveront dans le bus qui vant ! Cela arrive un peu trop fréquemment. Nous vous conseillons de prendre vos bagages avec vous chaque fois que c'est possible et de les mettre dans les filets... À l'arrivée, un truc pour éviter de payer la consigne, dans les grandes villes : ne récupérez pas vos bagages dès la sortie du bus, ils seront gardés gratuitement au guichet bagages. Attention, les consignes automatiques *Greyhound* sont vidées au bout de 24h, et les bagages mis dans un bureau fermé la nuit et le week-end. Si vous avez besoin de laisser vos affaires plus de 24h, mettez-les directement en consigne au guichet bagages (forfait journalier pas très cher). Là encore, notez les heures d'ouverture ! Une précision : quand vous achetez votre sac à dos, même de marque américaine, il ne faut pas qu'il dépasse 82 cm de long pour qu'il puisse entrer dans les consignes automatiques. Pour les routards chargés : la limite de poids des bagages en soute (deux autorisés, plus deux bagages à main) est de 22,7 kg (50 livres) par bagage et la longueur totale (longueur + largeur + hauteur) ne doit pas dépasser 157,5 cm (62 *inches*).

Le confort des bus

Outre leur rapidité, ces bus offrent un certain confort : ils sont non-fumeurs, avec w-c à bord et AC, ce qui veut dire qu'il peut y faire très frais. Prévoyez un pull, surtout si vous avez l'intention de dormir.
Ces bus sont particulièrement intéressants de nuit car ils permettent de couvrir des distances importantes tout en économisant une nuit d'hôtel ! Mais les sièges ne s'inclinent que faiblement. Si vous avez de grandes jambes, préférez les sièges côté couloir. En principe, quand un bus est plein dans les grandes stations, un second prend le restant des voyageurs. C'est moins évident dans les petites stations. Même si cela apparaît plus intéressant de voyager dans le second bus à moitié vide (pour s'étendre), sachez que parfois, dès qu'il y a de la place dans le premier, on transfère les voyageurs et, en pleine nuit, ce n'est pas marrant ! Ne vous mettez pas à l'avant (on est gêné par la portière ; mais si vous voulez admirer le paysage, c'est toutefois la meilleure place), ni à l'arrière (*because* les relents des w-c, et la banquette du fond ne s'abaisse pas). Enfin, sachez que *Greyhound* propose un service d'aide pour les personnes handicapées, à condition d'appeler 48h à l'avance *(☎ 1-800-752-4841).*

En vrac

– Faites attention aux diverses formes de trajet : ***express, non-stop, local...*** Comparez simplement l'heure de départ et l'heure d'arrivée, vous saurez ainsi quel est le plus rapide.
– En ***période de fêtes,*** les bus sont souvent pris d'assaut par tous ceux qui ne prennent pas l'avion (et ils sont nombreux !). Donc, arrivez impérativement à la station en avance et ne vous attendez pas à ce que votre bus parte à l'heure prévue.
– Les ***arrêts en route*** ne sont pas mentionnés sur les billets (seuls ceux avec changement de bus sont indiqués). Un conseil : respectez impérativement le temps donné par le chauffeur pour la pause. Ce dernier repartira en effet à l'heure annoncée, sans états d'âme pour ceux qui ne seront pas remontés dans le bus. Outre le risque de rester coincé sur une aire de repos au milieu de nulle part en attendant le prochain bus (qui peut arriver quelques heures plus tard), vos affaires continueront à faire le voyage sans vous... En descendant lors d'une pause, relevez aussi le numéro du bus pour bien remonter dans le même, d'autres bus pour la même destination pouvant arriver entre-temps. Lors d'un arrêt prolongé dans une station, le chauffeur vous donnera un *reboarding pass* qui vous permettra de remonter dans le bus avant les nouveaux passagers pour conserver votre place ou en choisir une meilleure qui se serait libérée. Attention, pour vous inviter à remonter dans le bus, le chauffeur fera une annonce dans le terminal en évoquant le numéro du *reboarding pass* (et non pas le numéro du bus ou la destination !).
– Pour les ***voyages longue distance,*** apportez de quoi grignoter. Sinon, profitez de l'occasion si le bus fait une pause dans une aire avec un fast-food, car la nour-

riture vendue dans les snacks des stations *Greyhound* est en général immonde. Si vous croyiez que jamais ça ne vous arriverait de prier pour que le bus s'arrête dans un *McDo*...

Les bus urbains

– Ils sont rares dans les villes de Louisiane et du Sud, et pas toujours pratiques compte tenu de leur étendue. Décidément, la voiture est ici reine !
– Quand un service de bus urbain existe, les abonnements à la journée ou pour plusieurs jours sont très rapidement rentabilisés.
– Pensez toujours à demander un *transfer.* Pour un petit supplément généralement, ils permettent, à l'intérieur d'un même trajet, de changer de ligne sans être obligé de racheter un autre billet.
– *Attention :* les chauffeurs de bus rendent rarement la monnaie. Avoir de la monnaie sur soi et payer le compte juste.

Le train

Aux États-Unis, le train est très confortable mais ne couvre pas l'ensemble du territoire, et demeure plus cher que le bus. En général, reconnaissons-le, voyager en train n'est pas franchement pratique, d'autant plus en Louisiane et dans le Sud où la voiture s'impose...
Ainsi, pour ceux que « l'appel du rail pousse au train », la ligne *Amtrak Sunset Limited* reliant New Orleans à Los Angeles (Californie) traverse la Louisiane en desservant Schriever (Houma/Thibodaux), New Iberia, Lafayette et Lake Charles. On compte ainsi trois trains par semaine dans chaque sens, qui s'arrêtent rapidement dans de petites gares sans guichet ni aucun service. Vers l'ouest, ces trains desservent également Houston et San Antonio (Texas), Tucson (Arizona)... *Infos :* ☎ *1-800-872-7245.* ● *amtrak.com* ● (site accessible en français).
Pour les longues distances, ***Amtrak*** propose une série de *Rail Passes* valables sur tout ou une partie (Ouest, Est, Nord-Est) du territoire américain, permettant de faire un nombre de trajets prédéterminés (8, 12 ou 18) sur une période de 15, 30 ou 45 jours (respectivement). Compter 430-830 $ (215-415 $ pour les 2-15 ans) environ selon la saison et la durée.
On peut se procurer billets et forfaits en France auprès de n'importe quelle agence de voyages.

URGENCES

– ***Pour une urgence (médicale ou autre), téléphonez au*** ☎ *911 (numéro national gratuit).* Si vous ne parlez pas l'anglais, précisez-le à l'opérateur *(« I don't speak English, I am French »)* qui vous mettra en relation, selon votre problème, avec le service adéquat (la police, les pompiers ou les ambulances).

BOISSONS

Les boissons non alcoolisées *(soft drinks)*

– ***L'eau glacée :*** dans les restaurants, la coutume est de servir d'emblée un verre d'eau glacée à tout consommateur. Quand on dit glacée, ce n'est pas un euphémisme, donc n'hésitez pas à demander sans glaçons *(no ice, please)* ou avec peu de glaçons *(with little ice)*. Les Américains sont des adeptes de l'eau du robinet *(tap water)* et consomment très peu d'eau minérale dans les restos. D'ailleurs, une fois vide, votre verre sera immédiatement rempli à nouveau (et avec le sourire !).

> **COCARICO !**
>
> *C'est un Corse, Angelo Mariani, qui est un peu à l'origine de l'invention du Coca-Cola. Commercialisé dès 1863, son vin à base de feuilles de coca connut un succès phénoménal jusqu'à son interdiction en 1910. Il faut dire que, même s'il fut adoubé par le pape Léon XIII, le Red Bull de l'époque contenait tout de même 6 mg de cocaïne... Un américain futé, Pemberton, s'inspira de la recette en y ajoutant de la noix de kola du Ghana puis en y supprimant l'alcool, pour cause de prohibition dans la ville d'Atlanta. Ainsi naquit en 1885 le Coca-Cola, qui ne contient aujourd'hui plus de cocaïne mais toujours des feuilles de coca, pour le goût.*

– ***Thé et café :*** le ***café américain*** de base *(regular* ou *American coffee)* est plus proche du café très allongé (pour ne pas dire du jus de chaussette) que du *ristretto* italien. Il faut dire que les Américains en sirotent à longueur de journée, y compris dans leur voiture ou dans la rue grâce à ces tasses thermos que vous verrez partout, d'où l'intérêt qu'il ne soit pas trop fort. Si vous voulez un café noir, précisez bien *black coffee,* sinon on vous le sert souvent avec du lait. La grande mode depuis quelques années (surtout dans les grandes villes), ce sont les cafés d'inspiration italienne : le ***caffè latte*** (double *espresso* avec lait chaud), le ***macchiato*** (un expresso avec juste une mousse de lait et un petit topping de poudre de cacao) et le ***cappuccino*** (le plus allongé de lait). Dans de nombreux restos, *diners* et cafèts (en particulier pour le petit déj), on peut redemander le café de base autant de fois qu'on le désire *(free refill).* Cela ne s'applique pas au café de fin de repas ni surtout aux cafés spéciaux (*espresso,* cappuccino et consorts).

Les amateurs de ***thé*** ne seront pas toujours à la fête. Dans les *diners* et autres cafèts populaires, c'est encore (trop) souvent le sachet de *Lipton Yellow* qui règne en maître... Avec parfois l'option thé vert ***(green tea)*** ou ***herbal tea*** (attention, c'est plutôt de l'infusion), mais pas toujours.

– ***Cocas et sodas :*** le *Coca Cola* (on dit *Coke* aux États-Unis) a été inventé à Atlanta, et les Américains consomment des sodas sucrés à longueur de journée. D'ailleurs, dans de nombreux restaurants de chaîne, fast-foods, *coffee shops* et autres petits restos, les sodas *(fountain drinks)* sont souvent à volonté. Soit on se

sert soi-même « à la pompe », soit on demande un *free refill.* Autre habitude de plus en plus en vogue : les *energy drinks,* ces boissons à base de caféine, parfois de guarana et, en ce qui concerne le *Red Bull* (la boisson la plus vendue au monde devant le *Coca* et autres *Pepsi*), de taurine, une molécule longtemps interdite en France (et toujours déconseillée par les autorités sanitaires...). Ces boissons énergisantes ont souvent un goût chimique assez... improbable.
– ***L'iced tea :*** la boisson du Sud par excellence ! Mais attention, rien à voir avec les thés glacés aromatisés et sucrés vendus en France, *l'iced tea* est simplement du thé basique mais glacé. Très rafraîchissant dans la touffeur de l'été. En général, on vous le proposera *sweetened* (sucré et en général trop) ou *unsweetened* (pas sucré du tout). Pas étonnant alors de voir les Américains ajouter trois sachets de sucre pour adoucir un peu la chose.
– ***Root beer :*** ce sinistre breuvage au goût de chewing-gum médicamenteux est très apprécié par les *kids* américains mais n'a rien à voir avec de la bière. La marque la plus courante est la *A & W*.
– ***Cream sodas :*** encore une expérience culturelle à ne pas manquer ! Il s'agit d'un soda (en général du *Coke,* mais aussi limonade ou *root beer*) mélangé à de la glace à la vanille. Hyper sucré et... euh, un retour en enfance assuré.
– ***Les smoothies :*** ce sont des cocktails de fruits mixés et mélangés à du yaourt, du lait, du soja ou de la glace, voire des céréales. Frais et sains. Existent aussi avec des légumes, ou même du jus d'herbe. La chaîne *Jamba Juice* s'en est fait une spécialité, mais il y en a d'autres.

Les alcools

Le rapport des Américains à l'alcool n'est pas aussi simple que chez nous. La société, conservatrice et puritaine, autorise la vente des armes à feu mais réglemente de manière stricte tout ce qui touche aux plaisirs « tabous » (sexe, marijuana, alcool). L'héritage de la prohibition et, bien sûr, les lobbies religieux n'y sont pas pour rien. ***N'oubliez pas vos papiers (ID, prononcer « aïdii ») car de nombreux bistrots, bars et boîtes de nuit les exigent à l'entrée.*** Enfin, dans certains *counties* (comtés), il est même impossible d'acheter de l'alcool le dimanche dans les supermarchés, voire tous les jours dans les *dry counties.*
– ***Âge minimum :*** le *drinking age* est de 21 ans, sans dérogation possible. On ne vous servira pas d'alcool si vous n'êtes pas majeur ou si vous ne pouvez pas prouver que vous avez 21 ans. Il vous faudra donc impérativement votre passeport.
– ***Vente et consommation surveillées :*** dans la plupart des États, il est strictement interdit de boire de l'alcool dans la rue. Vous serez surpris par le nombre de gens cachant leur canette de bière dans un sachet en papier ou dans une housse en néoprène censée conserver la fraîcheur. Cela dit, en Louisiane, ce n'est pas aussi strict et vous verrez des gens boire dans la rue (surtout à La Nouvelle-Orléans), tant que ce n'est pas dans des récipients en verre. Donc si vous voulez, comme tout le monde, siroter votre cocktail dans la rue, demandez *a go cup* (un gobelet en plastique) et personne ne vous dira rien. Les bières s'achètent dans les supermarchés et épiceries, mais le vin et les autres boissons alcoolisées ne se trouvent que dans les *liquor stores.* N'oubliez pas que la vente d'alcool est en principe interdite dans les réserves indiennes. Les horaires de fermeture des boîtes sont aussi fixés par décret dans chaque État : ça peut être très tôt (à 2h, tout le monde remballe) ou pas du tout...
– ***Les bières :*** vous aurez l'embarras du choix, mais on ne saurait trop vous recommander de privilégier les microbrasseries *(microbreweries)* qui ont fleuri partout ces 10 dernières années. Grande variété de *pale ale, lagers,* bières ambrées, blondes, plus rarement des *stouts,* filtrées ou pas, et portant des noms parfois rigolos ou même historiques. Bref, c'est l'occasion de goûter de nouveaux parfums et de nouvelles saveurs pour tous les amateurs de bière. Attention en repartant, cependant... Faites comme les Américains et choisissez un *designated driver* qui ne se sera pas torché le museau ! Pour info, une bière pression se dit *draft beer.*

– ***Les vins :*** les *vins californiens* enchanteront la curiosité des amateurs. Les progrès des vignerons sont considérables depuis quelques années (ils sont nombreux à avoir appris le métier en Europe, en France notamment, et pendant plusieurs vendanges), et certains crus n'ont plus à rougir de la comparaison. On pense notamment aux vins d'exception de grands domaines comme Beringer ou Mondavi. Cela dit, la plupart des *wineries* vinifient des vins souvent charmeurs, faciles à apprécier mais généralement sans complexité... Seule véritable ombre au tableau, les crus, même les moins élaborés, sont proposés à des prix toujours très élevés (goûter au célèbre *Opus One* relève même du fantasme !). Quant aux vins français ou italiens, très bien représentés également sur les cartes des restos, ils sont encore plus chers. Reste l'option du vin au verre, mais compter facilement 8 $ en moyenne). Attention, ***certains restos n'ont pas la licence d'alcool,*** et appliquent le principe du *Bring Your Own Bottle* **(BYOB).** Ce qui signifie que vous avez le droit d'apporter votre propre bouteille de vin ou de bière, par exemple. Une pratique qui a le mérite d'alléger considérablement l'addition !

– ***Les cocktails :*** depuis quelques années, on assiste aux États-Unis à une renaissance des cocktails (souvent appelés *Cocktails Martini* ou *Martinis* tout court, ce qui n'a rien à voir avec l'apéritif du même nom en France). Parmi les plus connus : le *Manhattan* (vermouth rouge et bourbon), le *Cocktail Martini* (gin et vermouth avec glaçons et olive verte) et le *Cosmopolitan* ou *Cosmo* (vodka, Cointreau ou triple-sec, jus d'airelle et citron vert). Mais si vous êtes à La Nouvelle-Orléans, il vous faudra absolument goûter aux classiques de la *Crescent City* : le *Sazerac,* un des plus vieux cocktails connus (whisky, sucre, dérivé d'absinthe, Peychaud's Bitters et zeste de citron), le *Ramos Gin Fizz* (gin, citron vert, sucre, lait, blanc d'œuf battu et fleur d'oranger), le *Vieux-Carré* (whisky, cognac, vermouth, Bénédictine et Angostura) et le *Hurricane* (mélange de rhum et jus de fruit genre cerise). Sinon, les cocktails latinos sont aussi très à la mode. La *margarita* (tequila, Cointreau, jus de citron vert et glace pilée) est un classique, de même que le *mojito* (rhum, citron vert, sucre, eau gazeuse et feuilles de menthe), le *daiquiri* (rhum, citron vert et sucre de canne, comme le ti-punch antillais) et le *Cuba Libre* (rhum-Coca). Enfin, il y a aussi les cocktails réservés à l'heure du brunch, comme le *Bloody Mary* (vodka, jus de tomate, jus de citron, sauce *Worcestershire,* Tabasco, sel, poivre), la *margarita,* servie glacée *(frozen)* et le *Mimosa* (champagne, jus d'orange et Cointreau ou triple-sec).

– ***Le bourbon*** (prononcer « beur'beun ») *:* impossible de passer sous silence ce whisky

LE PREMIER COCKTAIL AMÉRICAIN

Comme le Coca-Cola à Atlanta, le cocktail est né dans l'arrière-boutique d'un pharmacien créole de La Nouvelle-Orléans, au milieu du XIXe s. Antoine Amédée Peychaud, qui aimait bien jouer au barman avec ses amis, avait créé un bitter qu'il mélangeait avec du cognac (entre autres) et servait dans un coquetier. De fil en aiguille, les Américains ayant du mal avec la prononciation, le coquetier devint cocktail. La fameuse boisson, baptisée Sazerac, existe toujours. C'est même LE cocktail de La Nouvelle-Orléans.

LE BOURBON EST-IL UN WHISKY ?

Oui, bien qu'on utilise un mélange de céréales (et pas seulement de l'orge), dont au moins 51 % de maïs (faut bien écouler l'énorme production américaine). De plus, à la différence des Écossais ou des Irlandais, les Américains le font vieillir dans des fûts de chêne neufs noircis à la fumée. Le goût du bois est donc plus prononcé que dans le whisky, avec une note de caramel.

américain *(whiskey)* dont la production est fournie pour une bonne moitié par le Kentucky (et le reste par le Tennessee). Cette région s'appelait autrefois le Bourbon County, nom choisi en l'honneur de la famille royale française. C'est ainsi que depuis 1790 (en pleine Révolution française !), le célèbre whisky américain porte le nom de bourbon. Pas étonnant non plus que la capitale du bourbon s'appelle... Paris !

– ***Happy hours :*** beaucoup de bars attirent les foules après le travail, en semaine, généralement entre 16h et 19h, en leur proposant moitié prix sur certains alcools, notamment les bières.

CINÉMA

Films

– ***Autant en emporte le vent*** (*Gone with the Wind* ; 1939), de Victor Fleming. Les déboires sentimentaux de la belle Scarlett O'Hara avec le cynique Rhett Buttler sur fond de guerre de Sécession et d'incendie d'Atlanta font indiscutablement partie de la culture populaire. Un classique, évidemment ! À noter pour les inconditionnels que la propriété de Tara a été entièrement créée en décor de cinéma à Hollywood.

– ***Un tramway nommé Désir*** (*A Streetcar Named Desire* ; 1951), du regretté Elia Kazan, tiré de la pièce de Tennessee Williams. À la mort de son mari, Blanche Dubois (Vivien Leigh) part s'installer à La Nouvelle-Orléans dans l'appartement miteux de sa sœur, mariée avec Stanley, un ouvrier d'origine polonaise un peu rustre (Marlon Brando). Mais rapidement elle déchante, car elle n'apprécie guère les manières de son beau-frère, tout en étant attirée malgré elle par sa sensualité animale...

– ***Nashville*** (1975), film choral de Robert Altman. Avec Ned Beatty, Keith Carradine et bien d'autres. Un superbe film musical, suivant, le temps d'un été des années 1970, la trajectoire d'une vingtaine de musiciens, de mélomanes et de politiques, vers Nashville, la capitale de la country. Comme toujours chez Altman, ce film traite de l'Amérique dans sa totalité, du monde du show business et même de la politique. Superbe, drôle et, évidemment, une bande-son mémorable !

– ***La Petite*** (*Pretty Baby* ; 1977), de Louis Malle. Avec la très jeune Brooke Shields, Susan Sarandon, Keith Carradine. Dans un bordel de La Nouvelle-Orléans, en 1917, Violett vit avec sa mère en toute liberté. À l'âge de la puberté, sa virginité est mise aux enchères et Violett commence à avoir un certain succès.

– ***Louisiane*** (1984), de Philippe de Broca. Avec Margot Kidder, Ian Charlesen. Saga d'une famille louisianaise de 1830 à la fin de la guerre de Sécession adaptée d'un roman de Denuzière (voir plus haut la rubrique « Livres de route » dans « Louisiane utile »).

– ***La Couleur pourpre*** (*The Color Purple* ; 1985), de Steven Spielberg, tiré du best-seller d'Alice Walker. Le destin de deux sœurs noires au début du XXe s, Celie (Whoopi Goldberg) et Nettie, avec pour cadre la Louisiane profonde. Au fil des années longues et difficiles, Celie endure les pires vexations et subit l'humeur violente et intolérante de son maître (Danny Glover).

– ***Colère en Louisiane*** (*A Gathering of Old Men* ; 1987), de l'Allemand Volker Schlöndorff. Avec Louis Gosset Jr, Richard Widmark et Holly Hunter. Dans les années 1970, un jeu favori des Blancs était la chasse aux Noirs. Malheureusement pour les Blancs, une des proies se rebelle et tue un fils d'une riche et puissante famille. Mais Dieu descend dans la mêlée via un ange gardien, interprété par Holly Hunter.

– ***Un été en Louisiane*** (*The Man in the Moon* ; 1991), de Robert Mulligan. Avec Reese Witherspoon, Sam Waterston, Emily Warfield, Tess Harper. Dans les années 1950, une mère et son fils retournent en Louisiane et s'installent dans une ferme. La jeune voisine tombe amoureuse du jeune loup, qui préfère la grande sœur de cette dernière. Un très beau film d'amour entre adolescents, sur fond de bayous. Par le réalisateur d'*Un été 42.*

– ***Forrest Gump*** (1994), de Robert Zemeckis. Où Tom Hanks, tel le Candide de Voltaire, depuis le banc d'un parc à Savannah, remonte le fil de son existence, qui a traversé de façon désopilante les grands événements de l'histoire de son pays durant la seconde moitié du XXe s. La B.O. est une superbe anthologie de la musique pop de cette époque.

– ***Angel Heart*** (1996), d'Alan Parker. Avec Mickey Rourke et Robert De Niro. En 1955, une enquête entraîne un détective privé, Harry Angel, dans les milieux *voodoo* de New York et New Orleans. Une reconstitution très controversée des rituels sataniques supposés subsister dans l'Amérique d'après guerre.

– ***Minuit dans le jardin du Bien et du Mal*** (*Midnight in the Garden of Good & Evil* ; 1997), de Clint Eastwood. Film culte pour certains, malgré son échec commercial, adapté du best-seller éponyme de John Berendt et s'inspirant d'un fait divers survenu en 1981, qui a ébranlé la ville de Savannah. Plus qu'un film, ou qu'une simple adaptation, c'est la représentation d'un état d'esprit, celui de la Géorgie et du Sud profonds.

– ***Walk the Line*** (2006), de James Mangold. Avec Joaquin Phoenix et Reese Witherspoon. Derrière ce titre d'une superbe chanson de Johnny Cash se cache un très beau *biopic,* genre américain par excellence. De ses débuts difficiles dans l'Arkansas à son sommet dans le Tennessee et le Mississippi, nous voilà confrontés au parcours de l'icône de la country. Entre addictions diverses et amours tumultueuses avec June Carter, sont distillés de superbes moments musicaux, interprétés par les acteurs *themselves.* Ils furent d'ailleurs récompensés de multiples fois : oscar, Golden Globe et Bafta pour la « blonde » (sa revanche ?), Golden Globe (seulement) pour monsieur.

– ***Katrina*** (*When the Levees Broke* ; 2006), de Spike Lee. Ce documentaire-réquisitoire sur Katrina revient, 1 an après la catastrophe, sur ses causes, les controverses et le scandale politique que la gestion de l'ouragan a suscité. Images, interviews et documents qui font comprendre que, plus que l'ouragan, c'est l'injustice des administrations politiques qui marque encore les esprits.

– ***Dans la brume électrique*** (2008), de Bertrand Tavernier. Adapté du thriller de James Lee Burke, avec Tommy Lee Jones. Alors qu'il enquête sur un tueur en série de jeunes filles, le policier cajun Dave Robicheaux fait la connaissance d'Elrod Sykes, un acteur d'Hollywood qui prétend avoir découvert dans un bayou le cadavre en décomposition d'un homme noir, enchaîné à un arbre. Une nouvelle enquête commence, qui mettra Robicheaux sur la piste de sa propre famille... La guerre de Sécession n'est pas tout à fait terminée en Nouvelle-Ibérie, où le sentiment de culpabilité est encore très vif.

– ***L'Étrange histoire de Benjamin Button*** (*The Curious Case of B. Button* ; 2009), de David Fincher. Avec Brad Pitt et Cate Blanchett. Librement adaptée de la nouvelle éponyme de F. Scott Fitzgerald, cette étonnante histoire se déroule à La Nouvelle-Orléans. Alors qu'au dehors le cyclone Katrina balaie la ville, Daisy Williams raconte à sa fille, sur son lit de mort, l'histoire de Benjamin, dont le cycle est inversé : né vieillard, il rajeunit tout au long de sa vie.

– ***Bad Lieutenant, Escale à La Nouvelle-Orléans*** (*Bad Lieutenant : Port of Call New Orleans ;* 2009), de Werner Herzog. Avec Nicolas Cage, dément comme toujours, et Eva Mendes. Librement inspiré du *Bad Lieutenant* d'Abel Ferrara. Bienvenue dans une Nouvelle-Orléans post-Katrina, moite, chaude et hallucinogène ! Terence McDonagh, inspecteur accro aux médocs et à la drogue (tout comme sa compagne, une belle prostituée), enquête sur le meurtre d'une famille de Sénégalais. Un beau film noir, sombre mais pas dénué d'humour ni d'ironie.

– ***La Princesse et la Grenouille*** (*The Princess and the Frog* ; 2009), de John Musker et Ron Clements. Ce dessin animé, dont l'action se déroule à La Nouvelle-Orléans dans les années 1920, signe le retour aux sources des studios Disney avec la traditionnelle animation 2D dessinée à la main. Du classique donc, mais en apparence seulement car l'héroïne, Tiana, est afro-américaine. Une princesse noire, une grande première chez Mickey, avec la voix d'Oprah Winfrey en prime ! Une reconstitution jazzy de New Orleans qui a le mérite de redynamiser l'image de la Louisiane, durement touchée par l'ouragan Katrina.

– ***Mud*** (2012), de Jeff Nichols. Avec Matthew McConaughey, Tye Sheridan et Reese Witherspoon. Lors d'une balade sur le Mississippi, deux jeunes ados se lient d'amitié avec Mud, un fugitif réfugié sur une petite île sauvage. Peu à peu, ils apprennent à le découvrir, échappant ainsi à leur quotidien marqué par les tensions familiales. Un conte dans la pure tradition américaine, rappelant Mark Twain. Très bien reçu au Festival de Cannes 2012.

– ***Les Bêtes du Sud sauvage*** (*Beasts of the Southern Wild* ; 2012), premier long métrage de Benh Zeitlin, adapté de *Juicy and Delicious* (pièce de Lucy Alibar), Caméra d'or à Cannes et Prix du jury à Sundance en 2012. Hushpuppy, une petite fille de 6 ans, vit seule avec son père dans le bayou de la Louisiane. Son père malade, elle se lance dans une véritable quête initiatique à la recherche de sa mère, face à une nature de plus en plus menaçante.

– Citons également ***Miller's Crossing*** (1990) et ***O'Brother*** (2000), des toujours excellents frères Cohen (excellente B.O. !), ***Welcome to the Rileys*** (2010), de Jake Scott, ***Two Gates of Sleep*** (2011), d'Alistair Banks Griffin, etc.

IMMERSION TOTALE

Si les décors sont si réalistes dans La Princesse et la Grenouille, c'est sans doute grâce au directeur de la section animation de Disney (le cofondateur de Pixar), qui a créé une reproduction fidèle de La Nouvelle-Orléans pour les plus de 300 créateurs du film. Pendant plus de 3 ans, ils ont travaillé dans une reconstitution du quartier français, se sont bercés de jazz dans un club rien que pour eux et gavés de spécialités cajuns. Rien de tel pour nourrir la créativité de ses employés !

Série TV

– ***Treme*** (2010 – aujourd'hui), créée par David Simon, à qui l'on doit également l'excellente série, désormais culte, « Sur écoute » (dont l'action se déroule à Baltimore), produite par HBO. Géniale immersion dans le quartier du Treme de New Orleans, son quotidien, ses restos et ses bars, 3 mois seulement après le passage de Katrina. On suit donc la vie de géniaux musiciens de jazz, de chefs indiens Mardi Gras, de cuisiniers, d'ouvriers, de prisonniers et de chômeurs, tentant de se reconstruire. Après la survie, tout simplement la vie, et les problèmes de criminalité et d'amour qui vont avec dans une ville comme la *Crescent City.* Subtil, entêtant, tour à tour drôle et bouleversant. Casting impeccable (parmi les connus, un John Goodman enragé) et bande-son incroyable pour une véritable réussite ! Pour ne rien gâcher, les réalisateurs ont eu la bonne idée de filmer sur les lieux réels et non en studio. À voir avant, pendant ou après votre voyage.

CRÉOLES ET AFRO-AMÉRICAINS

Avant de désigner une cuisine ou un style de musique, le mot « créole » désignait une population à la définition complexe, dont la caractéristique principale était qu'elle était née sur le sol louisianais. Le mot lui-même vient du portugais *criollo.* Un ou une créole est une personne née aux colonies, de parents français, espagnols, allemands ou africains, parlant le français et pratiquant la religion catholique. Ce qui regroupe de fait pas mal de monde. On peut donc être blanc, noir, café au lait avec un peu ou beaucoup de lait, « passé-blanc » et être créole. Par voie de conséquence, ce n'est pas un terme qui fait allusion à la couleur, mais à la culture et au mode de vie. Cet élément est absolument primordial pour la compréhension de ce groupe humain particulièrement disparate.

La société créole de Louisiane s'organisait autour de la notion de classe sociale et se divisait grosso modo en quatre groupes : une population fortunée blanche et esclavagiste, des gens de couleur libres *(free men of color)* – souvent très à l'aise financièrement et possédant eux-mêmes des esclaves –, les pauvres Blancs fraîchement immigrés et enfin les esclaves noirs, démunis de tout. Comme on peut le constater, la couleur de peau était un élément déterminant dans l'appartenance à l'une ou l'autre des classes (hormis les gens de couleur libres, mais ils étaient très minoritaires). En effet, l'esclavage ne concernait que les gens de couleur, à la différence de ses anciennes formes historiques, par exemple pendant l'Antiquité gréco-romaine. Malgré leur peu de choses en commun, ces groupes humains appartenaient tous au monde créole.

Les gens de couleur libres, qui formaient une classe sociale à part entière, quoique peu nombreuse, étaient le fruit d'unions mixtes, qui étaient mieux tolérées à l'époque des colonies françaises et espagnoles que dans les colonies anglaises de la côte Est (voir plus loin « Le bal des quarteronnes ou le mélange des genres »). Ils fournissaient la meilleure réponse à la croyance raciste légitimant l'esclavage selon laquelle les « Négros » ne pouvaient pas se suffire à eux-mêmes. Ils étaient complètement intégrés dans la société, vivaient dans leur propre maison dans les villes et pratiquaient librement leur métier, même s'ils gardaient le plus souvent un lien de subordination avec leur ancien maître qui les avait émancipés. Mais ils avaient, au fil des décennies, acquis une relative respectabilité, et des distinctions de classes sont apparues entre les gens de couleur riches qui possédaient leurs propres esclaves et les autres. La Cour suprême a même jugé qu'il y avait autant de différences entre un Noir libre et un esclave qu'entre un Blanc et un esclave ! Cependant, les sudistes les craignaient, dans une certaine mesure, car ils les croyaient capables de fomenter une insurrection. C'est pourquoi le législateur a voulu rendre l'accès à ce privilège plus difficile, par exemple en soumettant l'émancipation d'un esclave au parrainage par un Blanc et à une reconnaissance officielle par l'État. On leur délivrait un certificat pour preuve de leur nouvelle liberté, qu'il devait porter sur eux pendant leurs déplacements.

Créoles et Anglo-Américains

En Louisiane, on avait coutume d'opposer les créoles aux Anglo-Américains qui arrivèrent après 1803 (rachat de la Louisiane par les États-Unis). La société anglo-américaine, anglophone et protestante, s'était établie non pas autour du concept de classe sociale mais de la race, donc de la couleur. Il s'agit là d'un changement de philosophie radicale et une approche de l'humain totalement différente par rapport à celle des Français. On imagine facilement pourquoi créoles et Anglo-Américains eurent du mal à cohabiter, à s'entendre, les créoles reprochant aux Américains de faire étalage de leur richesse, leur agressivité en affaires, leur manque de culture, et les Américains méprisant les créoles pour leur goût exagéré pour les plaisirs, leur soi-disant paresse, leur arrogance et leur manque d'ouverture d'esprit ! Déjà en gestation, les prémices de la grande faille culturelle qui sépare le Vieux et le Nouveau Monde.

Le bal des quarteronnes ou le mélange des genres

Mais avant d'aller plus loin, il est impossible de parler des créoles sans se pencher sur le cas des gens de couleur libres et des fameux bals des quarteronnes qui faisaient fureur en Louisiane.

Bien avant 1810, période pendant laquelle des Noirs libres de Haïti trouvèrent refuge en Louisiane, il y avait ici une importante communauté de couleur, libre, avec son fameux bal des quarteronnes. Au cours de ce bal, des jeunes femmes libres de couleur (ou fraîchement émancipées) étaient secrètement présentées à de jeunes Blancs, fils de familles, cherchant à prendre maîtresse. Les mères des jeunes élues veillaient à ce que la « transaction » se déroule dans les règles de l'art et assistaient aux rendez-vous secrets, supervisés par l'Église catholique et l'ordre des Ursulines qui « facilitaient » l'accord alors passé entre le jeune Blanc et la famille de couleur (voir plus loin le couvent des Ursulines dans la rubrique « À voir » de La Nouvelle-Orléans, « Le Vieux Carré »). L'homme devenait alors responsable de sa maîtresse qu'il installait dans une maison de maître, lui procurant train de vie, esclaves... Prisonnière de sa liberté, elle asservissait ainsi parfois à son tour ses pairs d'origine.

Le « plaçage »

Ces unions non légales mais largement pratiquées dans la Louisiane coloniale s'apparentaient au concubinage et portaient le nom de « plaçage ». Il faut dire que l'accès à ces bals était interdit aux femmes blanches qui, masquées, essayaient cependant de s'infiltrer dans ces cercles fermés pour prendre fiancés ou maris en flagrant délit d'adultère !
Bien qu'étant communément appelées quarteronnes, les jeunes femmes participant à ces mystérieux bals ne répondaient cependant pas toutes à la définition (un quart de sang noir, grand-père et père blancs). Certaines avaient un huitième de sang noir (arrière-grand-père, grand-père et père blancs), elles étaient alors des octavonnes. La réalité était que toute jeune fille d'ascendance africaine et aux traits plutôt européens était, dès l'âge de 15 ans, une sérieuse candidate pour devenir « placée », ce qui représentait une respectabilité accrue par rapport à sa situation antérieure et une ascension sociale évidente. Les enfants issus de ces unions devenaient souvent des membres extrêmement éminents de la société, en tant que journalistes, ingénieurs comme le célèbre Norbert Rilleux... cousin du non moins célèbre peintre impressionniste français Edgar Degas. Bref, être « placée » était une manière comme une autre de s'en sortir.

L'américanisation en bonne marche

Dès 1803, la définition changea quelque peu. Une américanisation forcenée se mit en place, et de nombreux créoles blancs, séduits par le modernisme américain et craignant d'être laissés de côté par cette société en mutation, ajustèrent leur mode de vie et adoptèrent progressivement l'*American way of life* (en reniant au passage la langue française). Ceux qui continuèrent à se définir comme créoles furent les personnes de couleur à la peau claire, descendant souvent de ces fameux gens de couleur libres d'avant la guerre de Sécession, qui d'ailleurs pouvaient facilement passer pour blancs. Majoritairement, ces personnes à la peau très claire ont des liens de sang avec les vieilles familles blanches, établies en Louisiane depuis le début des colonisations.

Une définition mal acceptée

Le mot « créole » fait encore aujourd'hui l'objet d'une importante controverse. Avec le temps, une simplification abusive s'est installée dans les esprits, désignant en bloc les créoles comme les descendants d'Africains, par opposition aux Cajuns, considérés en bloc comme issus des Acadiens d'origine européenne. Très peu de Blancs en Louisiane se présenteront à vous en tant que créoles, dans la crainte d'un sous-entendu d'une ascendance africaine. Actuellement, un trente-deuxième de sang noir fait basculer l'état civil dans le registre *colored.* La société rétrograde du Vieux Sud, depuis toujours ségrégationniste et souvent raciste, n'a jamais aimé ses Noirs, surtout depuis qu'ils sont libres. Les cicatrices de la guerre civile, ici plus qu'ailleurs, sont loin d'être refermées.

Quant aux personnes de couleur qui se disent créoles, leur statut reste ambigu et fait resurgir une histoire que la majorité des Noirs a toujours du mal à admettre. En effet, les Noirs, en grande majorité descendants d'esclaves baptistes, n'ont rien de commun avec ces créoles de couleur catholiques, dont les ancêtres directs étaient souvent esclavagistes eux-mêmes. C'est compliqué, hein ? Ces réalités touchent pourtant au cœur même de l'histoire des hommes qui ont fait cette Louisiane. C'est sans doute l'une des parties les plus délicates et les plus douloureuses du passé louisianais.

Encore aujourd'hui subsiste un gouffre entre ces Noirs-là, les créoles de tous horizons et les Américains : origines multiples, identités culturelles antagonistes, objectifs opposés. Les communautés vivent encore très séparées.

CUISINE

Dire que l'Américain moyen mange mal et trop est à la fois vrai et très simpliste. Certes, aucune hygiène alimentaire n'est apprise à l'école ou à la maison, même les tout petits enfants consomment quotidiennement frites, hot dogs, bacon et saucisses... et seule la quantité importe. D'ailleurs, pour quelques *cents* de plus, on est souvent tenté de prendre le menu « extra-large » (la taille du menu ou celle du pantalon ?). Mais cela ne veut pas dire qu'il n'y a pas de cuisine américaine. Dès qu'on s'intéresse à un État en particulier, on s'aperçoit des différences culinaires et même des antagonismes entre régions.

Cuisine créole en Louisiane, ***viandes grillées et barbecue*** dans les États du Sud, en sauce et avec beaucoup de légumes dans le Tennessee et la Géorgie, ***savoureux poissons*** en Caroline du Sud... On trouve vraiment de tout et pour tous les budgets, du *Southern fried chicken* et du *po-boy* vendu au coin de la rue aux tables gastronomiques, en passant par les cabanes à *seafood* et les *BBQ joints.* En tout cas, « bouffer » (c'est le mot) reste l'un des péchés mignons de nombreux Américains, d'ailleurs ils n'arrêtent pas de grignoter et de boire toute la journée : bretzels, burgers, sodas, café...

À ce sujet, vous serez frappé par le nombre d'obèses. Plus d'un tiers des Américains le sont (et les 2/3 en surpoids...), mais dans les États du centre-sud-est, les chiffres sont encore plus alarmants. En grande partie responsable de cette situation sanitaire catastrophique, l'industrie agro-alimentaire et le lobby des producteurs de maïs, qui arrosent tous les aliments industriels de leur sirop. Même le *Coca-Cola* américain contient du sirop de maïs en lieu et place du sucre (mais pas celui vendu dans le reste du monde) ! Et on le sait, aux États-Unis les lobbies sont puissants. Quand certains États ont voulu rendre obligatoire les légumes dans les cantines scolaires, des agro-industriels ont réussi à faire entrer la pizza dans cette catégorie, arguant qu'elle contient de la tomate... Comme toujours, ce sont les catégorie sociales les plus défavorisées qui sont les plus touchées par ***l'obésité***. La malbouffe coûte moins cher et, dans les quartiers pauvres des grandes villes, on trouve plus facilement un fast-food qu'un supermarché...

En réaction à cette situation se développe depuis quelques années la mode du *eating healthy* (« mangeons sain ») et des aliments ***bio (organic),*** que l'on retrouve à toutes les sauces, c'est le cas de le dire : ketchup bio, beurre de cacahuètes bio, mayo bio...

Attention au service *(gratuity)* : parfois ajouté d'office sur l'addition, mais le plus souvent non, donc bien vérifier avant de payer. S'il n'est pas compris, il est d'usage de rajouter 15 % (et même plutôt 18 %) car les serveurs car les serveurs ont un salaire fixe très faible et leur principale rémunération provient du pourboire. C'est comme ça...
Les plats sont généralement bien plus copieux que chez nous (souvent pantagruéliques). Aucun problème pour commander une entrée seulement ou un plat pour deux, à partager *(to share)*. Idem pour le breakfast.
La plupart des restos sont ouverts midi et soir, avec une petite interruption entre les deux services (de 11h-12h à 15h-16h, puis de 17h à 23h environ).
Certains servent le brunch le week-end et parfois aussi le petit déjeuner en semaine.
Certains restaurants n'ont pas la licence d'alcool, n'oubliez donc pas d'apporter éventuellement votre « boutanche » (*BYOB ;* voir plus haut « Boissons ») !

Le breakfast

Ce n'est pas Supertramp qui nous contredira : le breakfast *in America* est l'un des plus copieux que l'on connaisse. Pour les Américains, c'est souvent un vrai repas, abondant et varié (qui inclut du salé) et qu'ils prennent souvent dehors. Un peu partout, vous trouverez des restos qui servent le petit déj (certains ne font que ça), des cafétérias, des *dinners* (restos populaires avec long comptoir et tables en formica, à prononcer « daï'neur »), des *coffee shops...*
La carte est souvent longue comme le bras avec, au choix : ***pancakes*** (crêpes épaisses arrosées de sirop d'érable et accompagnées parfois de fruits frais, de bacon grillé, etc.), pain perdu que l'on appelle ici ***French toast*** et puis, bien sûr, des œufs ***(eggs),*** servis brouillés *(scrambled),* en omelette (*omelette* aussi en anglais) ou frits *(fried).* Sur le plat, l'œuf peut être ordinaire *(sunny side up)* ou retourné et cuit des deux côtés *(over)* comme une crêpe. Dans ce cas, pour éviter que le jaune ne soit trop cuit, demandez-le *over easy* (légèrement) et non *over medium.* Les œufs peuvent également être pochés *(poached),* mollets *(soft boiled)* ou durs *(hard boiled).* Ils sont généralement proposés avec du jambon grillé *(ham),* du bacon ou des saucisses, des pommes de terre sautées avec des oignons ***(homefries)*** ou bien des frites ***(French fries),*** plus encore des ***grits*** (une spécialité du Sud héritée des Indiens, entre le porridge et la polenta) et enfin des toasts beurrés ; on vous demandera probablement si vous préférez du pain de mie blanc *(white),* complet *(brown)* ou entre les deux *(wheat).* Dans le Sud, les toasts sont remplacés par les *biscuits* servis avec du *gravy* (sorte de béchamel liquide) ou tout simplement du beurre. Mon tout arrosé de ketchup (en option). Mais le fin du fin, ce sont les ***eggs Benedict*** : pochés, posés sur un petit pain toasté et nappés de sauce hollandaise, avec le plus souvent du jambon grillé ou du saumon fumé, mais on en trouve moult déclinaisons.
Dans un registre plus « continental », il faut absolument goûter aux ***bagels.*** Inventés en Pologne au XVIIe s, ces petits pains en forme d'anneau, à la mie compacte (moelleux à l'intérieur, croustillant dehors), ont suivi les émigrés juifs jusqu'à New York pour devenir un *breakfast food* incontournable. Servis traditionnellement grillés *(toasted)* puis tartinés de *cream cheese* (souvent du *Philadelphia*) ou de beurre et confiture, ils existent en différentes versions : nature *(plain),* avec des raisins secs et de la cannelle *(cinnamon-raisin),* des graines de sésame ou de pavot, de l'oignon, multigrains, etc. Nos préférés : les *everything,* avec, comme leur nom l'indique, un peu de tout dedans.

Ne pas confondre les bagels avec les ***donuts*** (beignets ronds, troués aussi au milieu), dont les Américains, Homer Simpson en tête, sont très friands. On allait oublier les ***muffins,*** aux myrtilles, à la framboise, à la banane, etc., moelleux et délicieux, qu'on trouve surtout dans les *coffee shops*. Et les **Granola,** mélange de céréales croustillantes (genre muesli) servies avec du yaourt, des fruits, etc.

LA PETITE HISTOIRE DES KELLOGG'S CORN FLAKES

John H. Kellogg était directeur d'un sanatorium dans le Michigan. Très religieux, il prônait une alimentation végétarienne soi-disant efficace contre les pulsions sexuelles. Sa découverte eut lieu par hasard, en 1894, en faisant griller des flocons de maïs trop bouillis.

Dernière chose, dans les formules petits déj ou bien les brunchs, la boisson chaude est rarement incluse, le jus de fruit non plus. Mais si vous demandez un café *regular,* il sera en principe servi à volonté.

Le brunch

Une tradition du week-end incontournable chez les Américains. Le dimanche, et parfois aussi le samedi, de 10h-11h à 15h-16h en général, de nombreux restos et même des bars servent le brunch, c'est-à-dire des plats à mi-chemin entre le breakfast et le lunch, à accompagner d'une boisson chaude, parfois d'une coupe de champagne (du mousseux assez souvent) ou d'un cocktail genre *Bloody Mary* ou *Mimosa*. Depuis quelques années, les gastro-brunchs ont le vent en poupe aux États-Unis : produits de qualité et recettes élaborées, souvent inspirées des classiques américains mais revisitées avec légèreté et créativité.

Le lunch et le *dinner*

Dans la plupart des restos (on ne parle pas de fast-foods, mais bien de vrais restos), le lunch est généralement servi de 11h à 14h30. Puis les portes se ferment pour rouvrir vers 17h pour le *dinner*. Hormis dans les grandes villes, on dîne tôt ; rien de plus normal que de se rendre au restaurant à partir de 17h30-18h. D'ailleurs, passé 21h-21h30 en semaine, vous aurez le plus grand mal à mettre les pieds sous une table. Les chaînes de restauration font bien sûr exception.

– ***La carte n'est pas la même le midi et le soir.*** Au déjeuner, elle est souvent plus réduite et moins chère, avec principalement des salades, sandwichs, soupes, pizzas et autres burgers. Le soir, en revanche, les plats sont plus élaborés et les prix plus élevés. Mieux vaut donc bien manger le midi et se contenter d'un repas plus léger le soir. Ou alors, si, à cause du décalage horaire, vous avez faim en fin d'après-midi, profitez des tarifs ***early bird*** (spécial couche-tôt) : pour étendre leurs heures de service et faire plus de profit, certains restaurants ouvrent dès 17h ou 17h30 et proposent, pendant 1h ou un peu plus, des prix spéciaux pouvant atteindre - 30 % sur une gamme de plats.

– ***Les today's specials*** (ou *specials* tout court ou encore *specials of the day*) : ce sont les incontournables suggestions du jour, servies en fait plutôt le soir, que les serveurs vous encouragent à choisir. Attention, contrairement à nos « plats du jour », les *specials* sont souvent plus chers que le reste de la carte, et le prix n'est pas toujours clairement indiqué.

– ***Les salad bars :*** dans les supermarchés, il y a souvent une section avec tout un choix de crudités, de salades composées (à accompagner de nombreuses sauces), plats cuisinés de toutes sortes, y compris des plats asiatiques ou mexicains, parfois des sushis, des desserts, des fruits frais, etc., à consommer sur place ou à emporter. Idéal pour les végétariens. Il suffit de remplir une barquette et de passer à la caisse : on paie au poids (env 8-10 $ le *pound,* soit 454 g) et on assaisonne à sa façon. La chaîne de supermarchés bio *Whole Foods Market* propose à notre avis les plus beaux *salad bars.*

– ***Les food courts :*** très courants aux États-Unis, ce sont des espaces type cafétéria regroupant des stands de cuisines différentes : asiatique, mexicaine, italienne, mais aussi barbecue, bars à jus de fruits et *smoothies,* etc. On navigue d'un comptoir à l'autre pour se concocter un menu sur mesure, à manger sur place ou à emporter. On trouve des *food courts* dans les aéroports, les centres commerciaux mais aussi en plein centre-ville. Une formule pas chère, pratique, rapide mais pas d'une grande finesse...

– Certains restos proposent des formules buffets appelées ***all you can eat*** (ou ***ACE,*** c'est-à-dire « tout ce que vous pouvez manger »). Pour une poignée de dollars, vous pouvez vous en mettre plein la lampe. Une bonne manière de goûter à tout. L'abondance est garantie, la qualité un peu moins.

– La plupart des bars proposent des ***happy hours*** (généralement de 16h à 19h en semaine). La nourriture est souvent proposée à prix réduits si l'on a consommé une boisson. L'idée des *happy hours,* c'est donc de boire et de grignoter avant le dîner, ce qui explique que, souvent, un restaurant soit adjacent au bar.

– Lire aussi la rubrique « Savoir-vivre et coutumes » plus loin.

Lexique anglais-français spécial resto

For here or to go? : sur place ou à emporter ?

Appetizers : entrées.

Entrees (à prononcer presque à la française) : plats de résistance.

Are you done? : vous avez terminé ?

No, I'm still working on it : non, je n'ai pas fini (de manger).

The check, please : l'addition, s'il vous plaît.

La cuisine américaine en général

– ***Le hamburger*** *(ou burger)* **:** ce dernier n'a pas aux États-Unis la détestable image qu'il a chez nous – bien au contraire, c'est le plat national ! –, même si les chaînes de fast-food les plus populaires (*McDo* et consorts) proposent des viandes vraiment bas de gamme. Ce n'est bien sûr pas là qu'il faut le goûter pour l'apprécier, mais plutôt dans les vrais restos, qui servent des viandes fraîches, *juicy,* tendres et moelleuses (on vous en demande la cuisson), prises entre deux tranches de bon pain. Attention, les frites (***fries*** ou ***French fries***) ne sont pas toujours servies avec, il faut parfois les commander en plus.

LE HAMBURGER N'EST PAS AMÉRICAIN !

Fin d'un mythe, le hamburger est né en Allemagne, à Hambourg, comme son nom l'indique. À la fin du XIXe s, les immigrés allemands de la région de Hambourg affluaient en masse vers le pays de l'Oncle Sam. Le hamburger désignait alors le bifteck haché qu'on leur servait à bord des transatlantiques. C'est donc grâce aux immigrants que le hamburger a fait son apparition au Nouveau Monde, avant d'être récupéré par les frères McDonald qui le placèrent entre deux tranches de pain et le proposèrent en self-service !

– ***La viande de bœuf :*** de premier ordre mais chère. Détail intéressant : la tendreté de la viande américaine provient aussi de sa découpe (perpendiculaire aux fibres du muscle), différente de celle des bouchers français. D'où la difficulté de traduire les différents morceaux que l'on retrouve sur les cartes des restos américains. Parmi nos préférés figurent le ***filet mignon*** (rien à voir avec un filet mignon de porc, c'est un pavé dans le filet), le ***sirloin steak*** (faux-filet), le ***ribeye*** (entrecôte) et le célèbre ***T-bone,*** c'est-à-dire la double entrecôte avec l'os en T. Enfin, le très tendre ***prime rib*** (côte de bœuf) a aussi ses adeptes (à ne pas confondre avec les *spare ribs,* du travers de porc). Si vous aimez la viande cuite à point, demandez-la *medium* ou *medium rare,* « saignante » se disant *rare* (et non *bloody*...). Mais selon les endroits, il est parfois encore difficile d'obtenir de la viande vraiment saignante ! Si au contraire vous préférez votre steak bien cuit, demandez-le *well done.*

– ***Les salades :*** les Américains sont les champions des salades composées. Toujours fraîches, appétissantes et copieuses, elles constituent un repas sain et équilibré pour peu qu'elles ne soient pas noyées sous la sauce. La star est la ***Caesar salad,*** à base de romaine, parmesan râpé, croûtons et d'une sauce crémeuse aux anchois et à l'ail. En version *deluxe,* elle s'accompagne de poulet ou de grosses crevettes *(shrimp).*

– ***Les sauces (dressings) :*** impossible d'évoquer les salades sans le cortège de sauces qui va avec. Les plus populaires sont la ***Ranch,*** relevée d'ail et de poivre, la ***Blue cheese,*** au bleu, la ***Honey Mustard*** (vinaigrette moutardée mais douce), la ***Thousand Island,*** de couleur rosée (un peu l'équivalent de notre « sauce cocktail »), et la ***Caesar,*** au parmesan et à l'ail, qui accompagne la *Caesar salad* et la ***Balsamic*** (vinaigre du même nom et huile d'olive). Pour ceux qui font attention à leur ligne, toutes ces sauces existent en version allégée *(light).* Vous voilà paré pour répondre à la rituelle question que l'on vous posera si vous commandez une salade : « *What kind of dressing would you like ?* »

– ***Les sandwichs :*** le sandwich que nous connaissons en Europe s'appelle en américain *cold sandwich.* À ne pas confondre avec les *hot sandwiches,* qui sont de véritables repas chauds servis avec frites (ou chips ou *potato salad*) dans les restaurants, donc plus chers. On trouve aussi des ***wraps,*** sandwichs roulés dans une tortilla.

Quant au ***hot dog*** alors ? Ce nom étrange (« chien chaud ») proviendrait de la ressemblance entre les *frankfurters* et une autre importation des immigrants allemands arrivés à la fin du XIXe s aux États-Unis : le chien teckel ou basset, dont le corps allongé évoque une saucisse.

SANDWICH ET SANS REPROCHES

Le « sandwich » tire son nom du Britannique John Montagu, 4e comte de Sandwich. On ne sait si son cuisinier lui inventa ce nouveau type de repas parce que ce grand Amiral du roi passait ses journées à son bureau ou parce que ce joueur invétéré ne voulait pas quitter la table de jeux, ni tacher les cartes de gras. En tout cas, les Américains lui doivent beaucoup : il fut jugé responsable de la défaite anglaise pendant la guerre d'Indépendance et son invention est désormais servie dans tous les restos du pays.

– ***Les glaces (et dérivés) :*** les Américains ont l'habitude de les agrémenter de toutes sortes de garnitures ***(toppings),*** solides ou liquides : *M & M's,* noix, céréales, cacahuètes, caramel, *hot fudge* (chocolat chaud et fondu)... Outre la glace classique, il existe aussi le ***frozen yogurt*** (yaourt glacé), un peu plus léger en matières grasses tout en ayant une texture onctueuse. Et puis on trouve bien sûr de délicieux ***shakes*** mixés avec de grandes louchées de glace à la vanille, à la banane ou à la fraise, et des *malts* (avec de la poudre de malt dedans). Enfin, les ***smoothies*** (cocktails de fruits mélangés à du yaourt, du lait ou de la glace, un délice) remportent un gros succès.

– ***Les pâtisseries :*** certains les trouvent alléchantes, d'autres écœurantes rien qu'à les regarder... À notre humble avis, elles sont excellentes lorsqu'elles sont réussies. Les desserts traditionnels sont les ***cheesecake*** (gâteau au fromage blanc parfois agrémenté de fruits, de chocolat, etc.), ***carrot cake*** (gâteau aux carottes et aux noix, sucré et épicé, nappé d'un glaçage blanc crémeux) ; mais aussi les ***chocolate*** ou ***fudge cake, pumpkin pie*** (célèbre tarte au potiron, typique de la période de Halloween), sans oublier les ***cupcakes*** (petits gâteaux ronds genre génoise, nappés d'un glaçage au beurre sucré et parfois coloré), muffins et cookies.

Les spécialités du Sud

– ***Le barbecue ou BBQ :*** Memphis, Tennessee, revendique le statut de capitale mondiale du barbecue. Avec une centaine de restos dédiés à ça et un championnat international de BBQ qui chaque année attire les foules, difficile de le contester ! D'ailleurs la ville a une odeur très caractéristique, partout vous sentirez des effluves de bois fumé, de viandes grillées. Sachez-le, le barbecue se mange avec les doigts et de préférence dans de petits bouibouis (les *BBQ joints*). C'est là qu'il est le meilleur paraît-il ! Pour en savoir plus sur les *ribs* et autres *pulled pork sandwich,* voir l'intro « Où manger ? » de Memphis.
– ***Le fried chicken :*** la spécialité officielle de Nashville, mais on en sert un peu partout dans les États du Sud. Ne soyez pas étonné si on vous demande de choisir entre *dark meat* (pilon, haut de cuisse) ou *white meat* (blanc et aile).
– ***Le Meat-and-three :*** c'est le repas traditionnel du Sud, souvent bien roboratif, composé de viande grillée ou frite (*fried chicken, pork chops*) ou bien de poisson (*catfish* le plus souvent, frit lui aussi) avec 3 accompagnements, légumes ou féculents.
– ***Les fried green tomatoes :*** les fameux beignets de tomates vertes. Et dans le même genre, les ***fried pickles :*** gros cornichons aigre-doux passés dans une pâte à beignet et frits, savoureux à l'apéro avec une bière.
– ***La pecan pie*** (tarte aux noix de pécan) et le ***cobbler,*** gâteau moelleux aux fruits compotés, servi tiède.

La cuisine cajun

Autrefois, les Cajuns disaient : « On peut manger tout ce qui ne nous mangera pas le premier. » Certains gourmets hésiteront certainement à suivre les recommandations d'une bonne cuisinière cajun, mais elle saura toujours parfaitement transformer un alligator, un rat musqué et même un tatou en plat délicieux. Les Cajuns sont fiers, et à juste titre, de posséder une véritable tradition culinaire : une synthèse des traditions gastronomiques française, espagnole, antillaise, adaptée aux produits de base des bayous : riz, coquillages, poissons, crustacés (crevettes, crabes, écrevisses). Autour des fourneaux, il y avait un consensus entre le maître et les esclaves. Ainsi, l'interdiction faite aux esclaves de lire était levée dès qu'il s'agissait de consulter des livres de cuisine...
– ***Le po-boy*** (ou *poor boy*) ***:*** la spécialité de la Louisiane la plus connue et la moins chère. D'ailleurs, son nom souligne que c'était la nourriture des « pauvres gars ». C'est en fait un sandwich dans du pain genre baguette. Vous pouvez le choisir au poisson, aux écrevisses, aux huîtres, à la viande... Si vous le demandez *dressed,* on vous le servira assaisonné avec mayo, rondelle de tomate et *pickle.* Il constitue un repas à lui tout seul.
– ***Les soupes :*** la grande spécialité régionale est le ***gumbo,*** soupe épaisse genre ragoût à base de légumes (céleri, poivrons, oignons et parfois encore *okra,* une plante africaine), crevettes, crabe et épices. En hiver, l'andouille et le poulet remplacent souvent crabes et crevettes. Le tout est servi sur du riz blanc.
– ***Le jambalaya :*** une autre des grandes spécialités louisianaises, sorte de paella créole. Le riz est accommodé de ce qu'on a sous la main : jambon, poulet, saucisses, porc frais, crevettes, crabe...
– ***Les huîtres*** (*oysters*) ***:*** plus grosses que chez nous et aussi abondantes que les différentes façons de les cuisiner. Les recettes les plus connues étant *Bienville*

(au four avec champignons, ail, oignons...) ou *Rockefeller* (farcies d'épinards et d'épices et gratinées). Si vous les voulez nature, demandez les *on the half shell,* mais elles ne seront jamais servies vivantes ! En tout cas, elles sont plus grosses qu'en France et presque pas salées.

– ***Les crustacés :*** la véritable attraction de Louisiane. Parmi les nombreux restaurants de *seafood,* ceux tenus par les Cajuns sont les plus cotés. Ils connaissent plusieurs recettes pour préparer les ***crabes, crevettes*** *(shrimps)* et ***écrevisses*** *(crawfish)* qui abondent dans les eaux du delta : en bisque, à l'étouffée, le plus souvent frits (quel gâchis !), etc. La meilleure préparation : au court-bouillon *(boiled),* avec une sauce *Rémoulade.* On vous apporte généralement un plateau de 1 kg (voire plus !) de ces braves bêtes, épicées à souhait. *À savoir* : les ***chevrettes*** sont des crevettes provenant d'une baie (en l'occurrence le golfe du Mexique). Goûter à l'étonnant *soft-shell crab* : petit crabe capturé au moment où il change de coquille, la nouvelle n'étant pas complètement formée ; on fait frire et voilà.

– ***Le poisson :*** les eaux des bayous et celles du golfe du Mexique fournissent de nombreuses espèces, dont l'omniprésent ***catfish*** (qui n'a rien à voir avec notre poisson-chat, c'est en fait de la barbue), que les Louisianais savent préparer de nombreuses façons (farci au crabe, par exemple). Comme pour les crustacés, essayez de les commander autrement que *fried* (panés et frits), ce qui n'est pas toujours facile, on vous l'accorde, mais plutôt *boiled.*

– ***La viande :*** beaucoup de ***porc,*** préparé en ***andouille,*** en fromage de tête, en ***ponce*** (estomac de porc farci de viande et de patates douces) ou en ***boudin blanc*** (le noir étant interdit par le service de santé américain).

– ***Les desserts et sucreries :*** un séjour en Louisiane ne serait pas complet sans (au moins une) dégustation de ***beignets.*** Servis chauds, saupoudrés de sucre, ils s'accompagnent de café au lait (de la chicorée, en fait). Les Cajuns sont aussi de grands amateurs de ***bread pudding,*** genre de pain perdu arrosé de rhum et truffé de raisins de Corinthe. Goûtez enfin au ***Banana Foster,*** banane flambée au rhum servie avec de la glace vanille.

Les restaurants de chaîne

Disséminées dans tous les États-Unis et essentiellement implantées en périphérie des villes, ces chaînes de restos ont toujours beaucoup de succès auprès des Américains. Côté fast-foods, difficile d'échapper aux *McDo, Burger King* et *Wendy's.* D'ailleurs, si à l'occasion vous passez chez *BK,* demandez à changer les frites de votre menu par des *onion rings,* des rondelles d'oignon frit, pas moins grasses mais très bonnes. Sinon, on peut essayer les *Denny's* (familial ; on y sert à table de traditionnels et copieux burgers), *Applebee's,* les *Country Kitchen, Jack in the Box* (les sandwichs grillés au poulet sont pas mal), *Subway* pour des sandwichs frais et bien garnis (pain pas terrible, dommage), *The Original Pancake House* pour le petit déj et autres *Dunkin' Donuts* pour les petits creux. Et surtout, si vous passez à côté d'un *Village Inn,* n'hésitez pas : non pas tant pour les *skillets* (poêlées) en tout genre que pour les tartes aux fruits, excellentes. La *French Silk,* toute de chocolat, est un vrai rêve de *chocoholics* ! Côté buffets, notre préférence va sans hésiter à *Shoney's* et *Ryan's.* Originaire du Tennessee, *Cracker Barrel* propose une cuisine saine et roborative dans un cadre qui rappelle *La Petite Maison dans la prairie.* Et pour les amateurs de *seafood* : *Bonefish Grill.*

DROITS DE L'HOMME

Les Droits de l'homme auront pris une place importante dans le débat des présidentielles de 2012, même si à l'heure où sont écrites ces lignes bien malin peut se targuer d'émettre le moindre pronostic sur l'issue de la bataille. *« ¡ Si, se puede ! » :* si Barack Obama est réélu, il le devra certainement au vote latino. Sa décision en juin 2012 de suspendre l'expulsion de quelque 800 000 jeunes migrants illégaux a été très favorablement accueillie au sein de cette importante communauté. Son adversaire à la présidentielle, Mitt Romney, tient un discours totalement antagoniste pour courtiser la frange la plus radicale des Républicains. La Cour suprême semble quant à elle avoir tranché sur ce point, en dénonçant les éléments clés d'une loi de l'Arizona extrêmement sévère à l'encontre des migrants, renforçant ainsi la position de l'administration Obama. L'honorable institution, gardienne de la Constitution américaine, avait déjà pris une décision en faveur du président, en validant l'intégralité de *Medicaid,* sa fameuse réforme de santé. Une loi qui permet l'élargissement de la couverture maladie des plus pauvres à 16 millions d'Américains, et qui, bien que très modeste dans son ambition par rapport au projet initial, est là encore fortement critiquée par le camp républicain. La mort d'Oussama Ben Laden en mai 2011, à l'issue d'un raid des forces spéciales au Pakistan, a mis fin à une traque de près de 10 ans, et a précipité la fin de l'intervention américaine en Afghanistan, une des promesses du candidat Obama en 2008. Mais un autre de ses engagements n'aura pas été tenu. Si le *waterboarding* (simulation de noyade) et les autres formes de torture sont désormais (officiellement) proscrites, le camp de Guantanamo n'a pas fermé. 10 ans après son ouverture, 171 présumés terroristes y sont toujours détenus. Néanmoins, l'ère Bush semble révolue, et le programme de transferts secrets (« restitutions ») de détenus suspectés de terrorisme mis en place par la CIA a été définitivement abandonné, même si l'impunité des principaux responsables américains des crimes commis par le passé demeure – seuls quelques subalternes ont été jugés pour les faits commis à Abu Ghraib, par exemple. De nombreuses plaintes pour torture, très sérieuses et étayées, s'accumulent pourtant, y compris à l'étranger, et visent désormais directement George W. Bush ou son ancien secrétaire à la Défense Donald Rumsfeld. Barack Obama n'est d'ailleurs pas à l'abri des critiques des défenseurs des Droits de l'homme, et beaucoup dénoncent notamment la pratique des assassinats ciblés dans le monde (Yémen, Pakistan...), à l'aide de drones téléguidés à partir du territoire américain. La peine de mort est par ailleurs toujours d'actualité dans certains États (dont la Louisiane, le Tennessee, la Géorgie et la Caroline du Sud) – 43 personnes ont été exécutées en 2011, dont 4 en Géorgie et 1 en Caroline du Sud –, même si les abolitionnistes remportent des victoires symboliques. Enfin, Amnesty International dénonce toujours l'utilisation du *Taser* (pistolet électrique) par les forces de police américaines, soupçonné d'avoir provoqué la mort de 43 personnes pour cette même année.

Pour en savoir plus, n'hésitez pas à contacter :

■ ***Fédération internationale des Droits de l'homme :*** *17, passage de la Main-d'Or, 75011 Paris. ☎ 01-43-55-25-18. • fidh.org • Ⓜ Ledru-Rollin.*

■ ***Amnesty international*** *(section française) :* *76, bd de la Villette, 75940 Paris Cedex 19. ☎ 01-53-38-65-65. • amnesty.fr • Ⓜ Belleville ou Colonel-Fabien.*

N'oublions pas qu'en France aussi, les organisations de défense des Droits de l'homme continuent de se battre contre les discriminations, le racisme et en faveur de l'intégration des plus démunis.

ÉCONOMIE

L'économie américaine s'appuie sur la dalle de granit du libéralisme absolu, un crédo qui tient en quelques principes simples : voir les choses en grand, laisser faire les lois du marché, ne jamais contrarier la liberté des financiers, travailler sans relâche, être à la pointe de l'innovation technologique (Steve Jobs, fondateur d'*Apple,* en restera un des plus beaux exemples, en témoigne l'émotion collective à sa mort, le 5 octobre 2011), payer le moins possible d'impôts (les particuliers comme les entreprises semblent s'accorder sur ce point !)... Avec un minimum d'intervention des autorités politiques... sauf quand ça va mal.

Dans ce registre, l'économie de la Louisiane a toujours été en dents de scie. D'abord parce qu'elle est en partie liée à l'activité du port de La Nouvelle-Orléans. Le premier port d'Amérique du Nord a subi ces 20 dernières années une modernisation radicale visant à augmenter sa capacité de transiter sucre, textiles et acier. Une technologie de pointe doublée d'une informatisation des données a permis de créer ce que les Louisianais appellent, non sans fierté, l'*Industrial Canal*. De la capitale administrative Baton Rouge jusqu'au golfe, le complexe portuaire assure les échanges vers l'Amérique du Sud et l'Europe. Avec ses cinq ports et le Mississippi (1re voie de navigation intérieure du pays), la Louisiane occupe un rôle majeur dans l'économie américaine en faisant transiter la moitié des exportations de céréales, ainsi qu'une part importante de celles de produits chimiques et de charbon. Malgré de nombreux efforts et le développement de l'industrie pétrochimique, le taux de chômage reste élevé (7,1 % en avril 2012). On constate aussi une fuite des « cerveaux » vers Atlanta ou Houston, qui offrent des emplois mieux qualifiés. Aussi, l'État de Louisiane et ses voisins comptent parmi les plus pauvres des États-Unis. Très exactement le 46e sur 50 (48e pour le Tennessee), d'après un classement des États selon le revenu moyen par habitant ainsi que les taux de pauvreté et de chômage en 2011. Quant au Mississippi, c'est bien simple, c'est l'État le plus pauvre. Et cela empire d'année en année.

Le boom économique des années 1980 entraîné par l'exploitation des ressources pétrolières aura été de courte durée : en 1981, 502 puits de pétrole étaient en activité ; 5 ans plus tard, il n'en restait que 92, les ressources s'étant simplement épuisées et les bénéfices maladroitement réinvestis. Le résultat fut immédiat : on assista à des suppressions d'emplois, à la fermeture des usines et au départ des populations.

La Louisiane reste quand même un État foncièrement attaché au pétrole. C'est le 2e raffineur du pays (activités dans le Golfe du Mexique incluses), la 1re place étant durablement occupée par son voisin texan. Et les dégâts causés par la marée noire de 2010 au large de ses côtes n'ont apparemment rien changé. Les personnalités politiques ont beau fustiger le groupe britannique *BP* et ce qu'ils considèrent comme une réglementation laxiste, il est quasiment impossible d'entendre une seule voix réclamant la fin des forages en mer, ni même leur diminution. Mieux (ou pire ?), les gouvernants de Louisiane ont accepté de nouveaux projets de forage en échange d'une taxe plus élevée.

Par ailleurs, l'interdiction du gouvernement de délivrer des permis de prospection pétrolière en mer pendant les 6 mois suivant la marée noire, et la recrudescence de procès à l'encontre des compagnies pétrolières ont fait monter de plusieurs crans l'angoisse de la population. Quelque 30 000 emplois étaient menacés au moment où des dizaines de milliers de pêcheurs étaient déjà au chômage forcé (la Louisiane fournit 40 % de sa pêche aux États-Unis). Le moratoire sur le forage en mer proposé par Barack Obama a tout simplement été refusé par le gouverneur. Trop pénalisant pour l'économie de l'État ! C'est dire la dépendance de l'État à l'économie du brut... L'exploitation pétrolière et toutes les industries liées (l'extraction, le raffinage et les gazoducs) génèrent plus de 70 milliards de dollars par an pour la Louisiane et procurent un emploi à 310 000 habitants de l'État.

Cette même industrie pétrochimique avait su se relancer après Katrina en 2005. La tempête avait causé des dommages estimés à 125 milliards de dollars et les pertes d'emploi à 215 000. À peine remise, la Louisiane est à nouveau fragilisée. Reste l'activité touristique, l'une des plus rentables de l'État après la pétrochimie, l'agriculture et l'industrie forestière, mais également le système carcéral, devenu en Louisiane une véritable industrie lucrative (le secteur pèse plus de 180 millions de dollars !). Avec 40 000 détenus, soit 1 adulte sur 86, la Louisiane compte le plus grand nombre de personnes emprisonnées (les infractions liées à la drogue ou au vol y sont, en effet, beaucoup plus souvent suivies d'une peine de prison que dans le reste du pays). Dans les années 1990, en raison d'une surpopulation carcérale, et faute de moyens, l'État a décidé de construire de nouvelles prisons et de faire appel à des entrepreneurs privés et des shérifs locaux en leur assurant un retour sur investissement. Chose promise, chose due : les prisonniers sont devenus de véritables marchandises, baladés d'une prison locale à une autre, générant des bénéfices qui permettent aux shérifs d'assurer leur activité principale de maintien de l'ordre. Ils peuvent alors équiper leurs adjoints d'armes et de voitures dernier cri, pour ensuite procéder à de nouvelles arrestations. Et, évidemment, les dépenses carcérales se font au détriment du budget destiné à l'éducation et à la santé, qui, eux, permettraient sans doute de réduire le taux d'incarcération de l'État et donc de ses revenus... Un véritable cercle vicieux !

ÉCREVISSES

Ça fait bien longtemps que l'on déguste l'écrevisse en Louisiane, les Indiens en appréciaient déjà la chair. Naturellement abondante dans les *swamps*, elle ne sera produite industriellement qu'à partir des années 1940, surtout dans l'Atchafalaya Basin. Mais l'irrégulière fluctuation des eaux en rend la production imprévisible, alors que la demande ne cesse de croître.

Dans les années 1960, on s'aperçoit qu'il est possible de développer la culture de ces jolies bestioles dans des espaces humides destinés au départ à d'autres usages, notamment à la culture du riz. Le contrôle de plus en plus précis de la montée des eaux permet de rationaliser la culture. La production d'écrevisses en eau douce ne fera que s'amplifier. Ainsi, la Louisiane réalise 90 % de toute la production américaine. Plus de 1 500 éleveurs le font industriellement (c'est-à-dire gèrent les flux d'eau et la récolte) tandis que 800 se contentent de les ramasser en milieu naturel. La Louisiane détient d'ailleurs le monopole de la récolte « naturelle » des écrevisses. Ce sont souvent des cultivateurs ou des pêcheurs qui font ça en guise de *second job*.

En fait, si l'on possède un terrain humide et bien irrigué, il n'y a rien de plus facile que de produire des écrevisses. La première année, vous en lâchez une poignée ; l'année d'après, vous en avez une colonie. Dans les champs de riz, elles se nourrissent toutes seules et font des petits toutes seules. À croire qu'elles n'ont que ça à faire ! Dans les espaces conçus pour l'élevage, on fait également pousser du riz rien que pour elles, ainsi qu'une plante qui s'adapte bien à l'eau sans la dénaturer et que les écrevisses adorent. Bref, le rêve. Évidemment, au moment de la récolte, il faut en laisser quelques centaines dans le bassin ; sinon, l'année d'après risque d'être creuse. L'écrevisse croît entre 90 et 120 jours. Elle est à son top au printemps et jusqu'au tout début de l'été.

HOMARD À BOUT

Selon une belle légende cajun, les homards auraient suivi les Acadiens quand ils quittèrent la Nouvelle-Écosse en longeant la côte Est. Mais ce long voyage les épuisait tellement que leur taille diminuait au fur et à mesure de leur avancée. Une fois arrivés dans les bayous de Louisiane, les milliers de homards se seraient transformés en... écrevisses !

Les écrevisses sont capturées dans des sortes de nasses. À notre avis, elles sont très bonnes bouillies dans un court-bouillon épicé. Servies sur un plateau au *pound* (souvent deux ou quatre), pour quelques petits dollars, c'est un régal sans égal. Au restaurant, on vous demandera quel assaisonnement vous préférez : *mild, regular* ou *hot.* Faites-nous confiance, le moins épicé *(mild)* suffit et il ne gâche pas le bon goût de la chair. Et dire qu'en France, on n'en trouve pratiquement plus. Profitez-en, les amis, gavez-vous d'écrevisses !

ENVIRONNEMENT

Alors que l'administration Bush n'avait que très peu d'affinités avec l'écologie, celle de Barack Obama s'est emparé du sujet. À Copenhague en 2009, lors du Sommet mondial pour l'environnement, le Président américain a plaidé pour un accord entre les pays. Si aucun accord commun n'a été signé, les États-Unis, plus gros pollueurs de la planète avec la Chine, ont annoncé des objectifs chiffrés de réduction des émissions de gaz à effet de serre : 17 % en moins d'ici 2020. Simple effet d'annonce ? Les catastrophes écologiques qui se sont enchaînées en Louisiane n'ont pas laissé l'opinion américaine indifférente. La hausse des prix de l'essence, la sécheresse historique qui sévit et les inondations causées par la crue du Mississippi dans le centre du pays en 2008 puis en mai 2011 (les plus importantes depuis 70 ans), menaçant les digues du fleuve, ont aussi été des « déclics ». Les gouvernants l'ont bien compris.

Le paysage de la Louisiane est d'ailleurs indissociable du Mississippi. Par ses ramifications naturelles ou créées par l'homme, ses lacs et ses bayous, le fleuve offre un système élaboré de voies fluviales.

Il y a d'abord les lacs dits lagunaires, aux eaux salées ou saumâtres, qui longent la côte. Le plus grand est le lac Pontchartrain dont la rive sud baigne La Nouvelle-Orléans. Il offrait, jusque dans les années 1960, des plages très appréciées des plaisanciers et des pêcheurs. Malheureusement, des problèmes d'environnement empêchent depuis 30 ans toute baignade. Des efforts sont aujourd'hui menés pour assainir la situation, mais les catastrophes liées au passage du cyclone Katrina (voir dans « La Nouvelle-Orléans » la rubrique consacrée) et de la marée noire 5 ans plus tard ont évidemment changé la donne (se reporter plus loin à la rubrique « Marée noire »).

La seconde catégorie de lacs regroupe des étendues façonnées au cours des siècles par les accidents de terrain et la fantaisie des eaux, souvent reliées par des bayous. Leurs eaux sont réputées fraîches et poissonneuses, refuge de centaines de sortes de poissons et crustacés. Leur paysage, formé par les fameux cyprès avec leur mousse espagnole pendant des branches, reste un spectacle pour l'œil. Cependant, l'écosystème y est menacé : des millions de litres de pétrole brut se sont déversés à la suite de la marée noire. Une catastrophe qui s'inscrit dans la continuité d'une politique de laissez-faire. Depuis les années 1960, le percement de canaux (16 000 km creusés par les compagnies pétrolières) et l'assèchement de certaines zones afin de les rendre constructibles ont accru le niveau de pollution générale, entraîné la disparition de nombreux marécages qui servaient jusque-là de zones tampons entre les ouragans et les terres habitées, et mis en danger l'équilibre entre flore et faune. Au début des années 1980, l'accélération de l'exploitation des ressources naturelles (pétrole) et l'implantation de zones d'habitation le long des canaux dans des secteurs jugés inhabitables n'ont fait qu'amplifier le mouvement. La rupture des digues de certains canaux lors de la montée des eaux à l'été 2005, implantées en dépit de toute cohérence géologique sur des sols bas et meubles, fut pour certains spécialistes, au-delà de toute tragédie humaine, comme une réponse du berger à la bergère.

Si, pendant longtemps, le Mississippi permettait le transport du coton et de la canne à sucre, il dessert maintenant les industries pétrochimiques implantées dans les années 1970 et 1980. En effet, la fameuse River Road, surnommée *The Cancer Alley,* qui relie La Nouvelle-Orléans à Baton Rouge, n'est plus une succession de majestueuses maisons de planteurs : les 11 raffineries de pétrole, les 2 centrales nucléaires et les industries métallurgiques les ont remplacées, redéfinissant ainsi le paysage pour longtemps. Outre les problèmes d'aspect social et médical, des répercussions peuvent se faire sentir sur le tourisme, qui reste un des piliers de l'économie de la Louisiane.

Comment se laisser charmer par une élégante plantation entourée de chênes ancestraux quand planent au-dessus de lourds nuages chargés de dioxyde de carbone et que, de part et d'autre, surgissent des champs de canne à sucre, des usines d'un autre temps crachant leurs déchets dans la campagne ? C'est le dilemme des gouvernants : développer les industries tout en préservant une nature et les traces d'un riche passé, sources évidentes d'un tourisme rémunérateur.

ESCLAVAGE ET CODE NOIR

En 1719, la Compagnie des Indes importe en Louisiane des esclaves du Sénégal. Dès 1724, la population noire est si importante que le gouvernement français fait passer un certain nombre de lois réunies sous le nom de Code noir, dont le but était de définir et délimiter les droits et les devoirs des maîtres, de leurs esclaves, mais aussi des gens de couleur libres. Impossible de passer ici en revue tous les articles de cet étrange code qui cherchait à mettre un cadre propre à la situation d'esclave. Il faut tout d'abord rappeler que si l'esclavage est reconnu à peu près par tout le monde comme une ignominie et une décadence, à l'époque il était perçu comme parfaitement naturel et même indispensable pour passer de la vie sauvage à la vie civilisée, comme cela fut le cas dans le développement des civilisations grecque et romaine pendant l'Antiquité. Les maîtres le justifiaient par le fait qu'ils procuraient sécurité, cadre de vie structuré à une population qui, selon eux, était parfaitement incapable de se prendre en charge ; une action charitable, en quelque sorte.
Aussi hypocrite et désuet fut-il (on voit mal un esclave porter plainte contre son maître pour mauvais traitement !), le Code noir possédait donc des articles quelque peu déroutants quant à ses « bonnes intentions » envers cette population.

Droits et devoirs

L'esclave était considéré comme un bien meuble, dont le maître pouvait disposer comme bon lui semblait, ce qui impliquait un droit de vie et de mort. Cette définition simple de l'esclavage n'est pas pour autant simpliste, car elle sous-tend l'esprit du Code noir et des relations entre le maître et son esclave. Plus précisément, les minutes de certains jugements impliquant des esclaves montrent que les juges leur conféraient le statut juridique de personne lorsqu'ils étaient condamnés pour un crime ou un délit et qu'ils étaient considérés comme un bien le reste du temps (permettant aussi de le vendre ou de le louer à un tiers). Les esclaves étaient dépourvus des droits du citoyen, et tout privilège était accordé à la libre appréciation de leur maître, le statut d'esclave étant la condition naturelle de tout Afro-Américain. Entre autres, les esclaves n'avaient pas le droit de vote et ne pouvaient pas témoigner contre un Blanc lors d'un procès. Cependant, les propriétaires se devaient d'assurer le baptême à tous. Ainsi, ils devenaient catholiques (le souci du salut des âmes, fussent-elles noires, à défaut du respect des corps !). Ces mêmes esclaves ne travaillaient pas les jours fériés ni le dimanche, en respect des traditions religieuses. Ils se réunissaient alors sur Congo Square, à La Nouvelle-Orléans, pour danser au rythme des percussions. C'est le site actuel du parc Louis-Armstrong, sur North Rampart Street. Autre droit qui peut paraître bizarre : le port des armes était admis pour les hommes (chasse et pêche). De même, il était officiellement interdit de séparer les membres d'une même famille avant que les enfants n'aient 13 ans. Ainsi ce fameux Code noir possédait une certaine flexibilité et assurait un meilleur traitement des esclaves que partout ailleurs dans le Sud.

L'arrivée du Code américain

Quand la Louisiane tomba dans l'escarcelle américaine, le Code noir fut aboli pour être remplacé par le Code américain, déjà en vigueur partout ailleurs. Bien plus

sévère, bien plus répressif. Les esclaves ne tardèrent pas à faire les frais de ce nouveau code.
Dès 1803, la population noire, de plus en plus asservie, de moins en moins respectée, se mit à résister avec une vigueur nouvelle à l'autorité des Blancs. Le nombre d'esclaves augmenta très vite à partir de la fin du XVIIIe s, lorsque les colons abandonnèrent les cultures de tabac et d'indigo pour le coton, plus rentable. De plus, les actes de violence envers les Blancs n'étaient pas rares, et ces derniers craignaient les insurrections. D'ailleurs, les réglementations successives alternaient sévérité et laxisme entre les dispositions répressives censées réduire le danger d'une insurrection (par exemple en limitant le nombre de gens de couleur libres au sein d'un même État car, selon les Blancs, certains pouvaient devenir des leaders insurrectionnels) et les dispositions proesclavagistes pour répondre à la forte demande des plantations de coton, l'économie étant totalement fondée sur le travail des esclaves. Les punitions devinrent fréquentes, les tentatives de fuite aussi. Dans la presse de l'époque, on offrait ainsi des récompenses à quiconque ramenait vivant l'esclave en fuite. Un « marron » était un esclave qui s'était échappé, avait récidivé et était finalement capturé. Les « marrons » subissaient alors le fouet, souvent sous les yeux de leur famille impuissante.
Plus généralement, la société de l'époque, dominée par les riches planteurs blancs dont le paternalisme était teinté d'une certaine cruauté, était très coercitive. Les relations sociales étaient fondées sur une violente domination : les esclaves recevaient leur ration quotidienne de coups de fouet, les enfants étaient fouettés par leurs parents, les élèves par leur maître et les femmes par leur mari.
Quant au prix des esclaves, les tarifs variaient en fonction de différents critères : pour les hommes, leur force physique, leur âge, leur savoir-faire ; pour les femmes, la beauté était une valeur sûre (rappelons que les maîtres les transformaient souvent en maîtresses).
Les jeunes esclaves (des deux sexes) dont on remarquait l'habileté ou l'intelligence faisaient l'objet de soins particuliers et étaient mieux soignés par leurs maîtres. Ainsi, il était fréquent qu'un maître loue un esclave doué, qui avait fait ses preuves dans un domaine particulier, à une famille amie ayant besoin d'un service. De cette façon, le maître rentrait dans ses frais et rentabilisait un prix d'achat de base élevé.

Les esclaves : une société de classes

Le cliché de l'esclave inculte et paresseux, tel que certains films le montrent, est loin d'une réalité bien plus complexe. Au-delà d'un statut commun et d'une législation commune, les esclaves étaient répartis en trois classes selon leur fonction dans la société de l'époque. La plus haute était représentée par les domestiques qui travaillaient dans la maison du maître pour le servir au quotidien (nourrice, cuisinier, cocher, jardinier, etc.). Ils étaient appelés à n'importe quelle heure du jour ou de la nuit par le maître grâce à un système de cloches, que l'on voit en visitant certaines maisons de planteurs.
Ensuite, les esclaves « de la ville » formaient la deuxième catégorie. Ils avaient un métier qu'ils exerçaient pour le compte de leur maître. Par la transmission d'un savoir-faire de génération en génération, certains esclaves devenaient guérisseurs, charpentiers, forgerons, savaient calculer et lire, tout en conservant leur spiritualité venant du plus profond de l'Afrique. Sans pour autant être émancipés, ils étaient libres de leurs déplacements en ville, sociabilisaient entre eux et avec les domestiques des plantations. Certains d'entre eux (comme les charpentiers) travaillaient aussi dans les plantations pour construire des granges, des silos et des cabanes d'esclaves.
Enfin, tout en bas, les esclaves travaillant dans les plantations de coton formaient la catégorie la plus nombreuse. Par exemple, au milieu du XIXe s, la moitié des esclaves de la ville de Natchez travaillait dans les champs de coton. Ils étaient aussi les plus exclus car ils restaient dans leur plantation et avaient peu de contacts avec les autres esclaves.

Une vie toujours plus dure

La répression et la dureté des traitements ne firent qu'empirer avec le temps. Un exemple, un seul : en 1811, une trentaine d'esclaves en fuite (hommes, femmes et enfants) furent décapités publiquement à La Nouvelle-Orléans. Ce ne fut pas tout. Les autorités américaines installèrent des piquets sur le bord du Mississippi, sur lesquels furent plantées les têtes des victimes. Le but était bien sûr de décourager les rébellions à venir. Cette tragédie ne fit qu'intensifier une tension raciale qui ne vit un début d'apaisement qu'avec l'abolition de l'esclavage après la guerre de Sécession (1861-1865). Et encore, si la loi donnait alors des droits aux Noirs en termes de liberté, il fallut bien des décennies pour faire évoluer la mentalité blanche du Sud.

La journée « normale » d'une jeune esclave

Voici la journée type d'une esclave domestique travaillant dans la maison du maître : le lever dans les quartiers d'esclaves se faisait vers 3h. Après un rapide petit déjeuner (soupe et viande), elle se rendait au poulailler pour recueillir les œufs, puis allait traire les vaches. On procédait à l'allumage des torches, bougies, cheminées pour le reste de la journée, ceci dans les cuisines et dans la maison principale. La préparation du petit déjeuner pour les maîtres était l'étape suivante. L'esclave avait ensuite pour tâche de réveiller les maîtres et leurs enfants. Responsable de l'allaitement des enfants blancs et noirs, elle était encore chargée de les laver et de les habiller. La maîtresse de plantation commençait son inspection des tâches jusque-là accomplies.

L'esclave retournait alors aux cuisines pour préparer le déjeuner (souvent léger en Louisiane à cause de la chaleur). Après avoir servi les maîtres, le reste de la population d'esclaves se rendait aux cuisines pour venir chercher les rations de nourriture. Vers 15h, on fermait les cuisines, et l'esclave avait alors le devoir de se rendre à la rivière pour laver le linge et surveiller la baignade des enfants blancs et noirs. La fin de l'après-midi était dévolue à la couture, à la fabrication et réparation de paniers et chaises, ceci se déroulant sous les galeries bénéficiant à la fin de la journée d'une ombre et d'une brise rafraîchissantes.

L'esclave ensuite devait accompagner sa maîtresse et les enfants au cours de diverses visites dans les plantations voisines, les visites se faisant en fin de journée, quand la fraîcheur le permettait enfin.

Le début de la soirée était réservé au jardinage autour de la maison, suivi d'un rapport quotidien à l'esclave superviseur qui, à son tour, faisait un compte rendu des tâches accomplies au contremaître.

Puis venait la préparation des chambres des maîtres (ventilation adéquate, eau fraîche sur les tables de nuit). Suivie, avant le dîner, de la prière commune. Vers 21h, l'esclave rendait aux contremaîtres diverses clés (du cellier, des cuisines, caves...) et retournait dans les quartiers d'esclaves, pratiquement à la nuit, pour s'occuper des tâches domestiques : cuisiner pour sa propre famille, laver les vêtements... et profiter d'un petit brin de vie communautaire enfin permise sans la surveillance et la menace des contremaîtres.

Les infirmières et gardeuses d'enfants retournaient dans la maison des maîtres vers minuit pour, enfin, s'endormir sur une paillasse près du lit des enfants du maître, tout en ayant la tâche ultime de s'assurer de la propreté des pots de chambre et de la sécurité des enfants (maladie, cauchemars).

Les week-ends étaient généralement plus souples quant à l'emploi du temps, et les esclaves avaient l'autorisation de rendre visite à d'autres esclaves sur des plantations voisines, seul moment où la vie sociale, affective et communautaire pouvait enfin trouver sa place, si limitée fût-elle.

FAUNE

La vedette du coin est bien sûr l'***alligator.*** Si, aujourd'hui, le voir se promener tranquillement partout dans les bayous – et parfois au bord des routes – apparaît comme une évidence, il y a quelques décennies, la bébête était en danger d'extinction. Car tout le monde pouvait le chasser tranquillement, ainsi que les loutres, ratons laveurs, belettes, rats musqués et autres ragondins. Puis la chasse en fut totalement interdite pendant une bonne dizaine d'années, car il était en péril.

Aujourd'hui, outre les élevages parfaitement légaux, la chasse est très contrôlée et nécessite un permis particulier. Elle n'est ouverte que 30 jours par an, à partir de la première semaine de septembre. La limite est fixée à 30 alligators, sans limite de taille. Il vaut mieux attraper les plus gros. Afin de respecter un certain équilibre écologique, le chasseur s'engage à chasser également toutes les autres espèces comme les ragondins ou ce genre de bestioles.

L'ALLIGATOR VA SAUVER DES VIES !

Les biologistes ont découvert que le sang d'alligator contenait des globules blancs redoutables, capables de combattre les virus et les bactéries (dont le méchant staphylocoque doré, résistant aux antibios classiques), sans avoir été auparavant en contact avec eux. Ce puissant système immunitaire leur permet de cicatriser rapidement après de violents combats. D'ici quelques années, on devrait voir apparaître sur le marché pharmaceutique une nouvelle classe d'antibiotiques : les alligacines. Une vraie révolution en perspective, notamment pour les crèmes sur les grands brûlés.

Comment chasse-t-on l'alligator ?

« Dis, Onc' Routard, raconte-nous comment on fait ! » Alors, voilà. L'alligator se chasse idéalement dans l'eau saumâtre ou l'eau douce, mais pas dans l'eau salée, ça les rend aveugles. Une fois que tu as choisi ton coin, tu t'enfonces en barque dans un bras du bayou et tu fixes une corde autour de la branche d'un arbre qui pend au-dessus de l'eau. Au bout de la branche, un gros hameçon. Au bout de l'hameçon, un beau morceau de poulet. Mais attention : si tu fais pendre l'hameçon trop près de l'eau, les poissons bouffent ton poulet. À moins que ce soit l'*alligator-turtle* qui s'en régale. Car avec son long cou, elle saute haut, la coquine. Bien doser la hauteur de l'hameçon par rapport au niveau de l'eau est une des qualités du bon chasseur de *gators*. Entre 50 cm et 1 m, tu es bon. Plus tu le places haut, plus les alligators seront gros... jusqu'à une certaine limite où tu ne chopes plus rien !

On peut évaluer précisément la taille d'une bestiole en mesurant la distance qui sépare le bout de son nez de son œil. Chaque pouce équivaut à un pied (33 cm). Le chasseur évaluera la peau entre 15 et 50 $ le pied (ça dépend de la peau et du cours de l'année), et la viande sera vendue aux restaurants. Le meilleur dans l'alligator, c'est la queue, ainsi que la partie située entre les pattes arrière, l'équivalent du filet : tendre, délicat et très peu nerveux.

Les mamans alligators pondent au printemps plusieurs dizaines d'œufs, dont parfois plus de la moitié seront dévorés par les loutres et ratons laveurs. C'est pourquoi, si vous vous promenez sur les bayous ou au bord de certains chemins longeant les marécages à cette époque, il faut être très prudent, même si les accidents sont particulièrement rares. Car la maman n'apprécie guère qu'on s'approche de son nid. Normal, après tout.

Ceux qui viendront en hiver en Louisiane pourront être un peu déçus, car l'alligator hiberne. Il est donc rarement visible entre novembre et mars. Les responsables de *swamp tours* ne le crient pas sur les toits, mais autant le savoir.

FÊTES ET JOURS FÉRIÉS

Jours fériés américains

Voici ceux valables pour l'ensemble du territoire. Presque toutes les boutiques sont fermées ces jours-là.
– ***New Year Day :*** 1er janvier.
– ***Martin Luther King Birthday :*** vers le 3e lundi de janvier, celui le plus près de son anniversaire, le 15 janvier. Un jour très important pour la communauté noire américaine.
– ***Presidents' Day :*** 3e lundi de février, pour honorer la naissance du président Washington, le 22 février 1732.
– ***Easter** (Pâques) **:*** les boutiques sont souvent fermées le dimanche, et certaines aussi le lundi.
– ***Memorial Day :*** dernier lundi de mai. En souvenir de tous les morts au combat. Correspond au début de la saison touristique.
– ***Independence Day :*** 4 juillet, fête nationale qui commémore l'adoption de la Déclaration d'indépendance en 1776.
– ***Labor Day :*** 1er lundi de septembre, la fête du Travail. Marque la fin de la saison touristique.
– ***Colombus Day :*** 2e lundi d'octobre, en souvenir de la « découverte » de l'Amérique par Christophe Colomb.
– ***Veterans Day :*** 11 novembre.
– ***Thanksgiving Day :*** 4e jeudi de novembre. Fête typiquement américaine commémorant le repas donné par les premiers immigrants (les pères pèlerins) en remerciement à Dieu et aux Indiens pour leur avoir permis de survivre à leur premier hiver dans le Nouveau Monde. Fête familiale et chômée par à peu près tout le monde.
– ***Christmas Day :*** 25 décembre.
– Impossible de clore une rubrique sur les fêtes sans évoquer celle d'***Halloween,*** la nuit du 31 octobre au 1er novembre. Cette tradition celte, importée par les Écossais et les Irlandais, est célébrée avec une grande ferveur aux États-Unis. Sorcières ébouriffées, fantômes et morts-vivants envahissent les rues, tandis que les enfants, déguisés eux aussi, font du porte-à-porte chez les voisins en demandant : « *Trick or treat ?* » (« Une farce ou un bonbon ? »), et repartent les poches pleines de bonbecs.

Les Cajuns et la fête

La Louisiane est le pays où il fait bon « laisser le temps rouler ». Les traditions sont empreintes d'une certaine joie de vivre, on y mange bien, on y danse beaucoup. À la moindre occasion, les Cajuns sortent les trois instruments traditionnels : le violon, l'accordéon et la guitare. Les mélodies rappellent celles d'une bourrée bretonne à laquelle se mélangent des rythmes noirs américains.
Vous aurez peut-être la chance de tomber sur l'un des nombreux festivals : le plus important se déroule à l'occasion des récoltes. Autre événement intéressant, la « grande boucherie », durant laquelle on tue le cochon, on mange le boudin, les gratons et on danse.
La musique a une grande importance dans la vie des Cajuns. Ici, le « fais-dodo » est roi. À l'origine, plusieurs familles se réunissaient le samedi soir et mettaient leurs enfants dans de grands lits. « Fais dodo, pendant que tes parents dansent toute la nuit », leur disaient-ils... Aujourd'hui, cette tradition est toujours bien

vivante, même si l'on n'amène plus les enfants au « fais-dodo ». Chaque samedi soir, les groupes cajuns jouent comme des fous et les danseurs se déchaînent. Une grande leçon de joie de vivre. Ce qui surprend le plus, c'est l'âge des danseurs, de 40 à... 90 ans. Et si vous êtes invité, il n'est pas évident que votre partenaire aux cheveux argentés craque avant vous. On raconte qu'il meurt autant de vieux sur les planches des « fais-dodo » que dans leur lit. On n'a pas vérifié, mais ce n'est pas impossible, vu l'énergie qu'ils y dépensent !
Voilà comment Paul Vann, un bon copain à nous de Louisiane, décrit les Cajuns pendant leurs loisirs : « Au contraire du *red neck* de l'Arkansas, puritain, sobre (parce qu'il vit dans un comté sec !) et conservateur, le Cajun cherchera toujours quelque chose à célébrer : un anniversaire, un mariage, un divorce, n'importe quoi, dès lors que c'est prétexte à boire, danser, se distraire... Le Cajun adore bâfrer. Durant ses loisirs, après le petit déj, il va commencer à réfléchir au déjeuner et, habituellement, s'envoyer un sandwich avec une bière. L'après-midi, il ira pêcher quelques crevettes et crabes, et y rencontrera quelques amis. Quand tout le monde sera rassasié et trop gai pour tenir une conversation, chacun rentrera chez soi. Le barbecue est traditionnel. Presque chaque week-end, le Cajun trouvera le moyen de participer à l'un d'eux. Avec ses amis, il descendra quelques *Budweiser* et ingurgitera plus de nourriture que qui que ce soit. Voilà comment le Cajun passe son temps libre lorsqu'il n'y a pas de festival en cours, comme celui de la canne à sucre, de la crevette, de l'écrevisse, le Yambilee, le Mardi gras... »
Tout cela pour vous dire que parmi leurs nombreux traits de caractère, les Cajuns sont de bons vivants. Tant mieux pour vous !

Quelques fêtes cajuns

– ***Mardi gras :*** le plus gros de la fête se situe au cours des deux semaines précédant le Mardi gras, mais les festivités commencent en fait dès l'Épiphanie (début janvier). Des défilés et de la musique partout. À La Nouvelle-Orléans surtout, mais aussi à Lake Charles.
– ***Festival de jazz :*** le dernier jour d'avril et les premiers jours de mai, à Lafayette. En même temps que celui de La Nouvelle-Orléans.
– ***Week-end le plus proche du 4 juillet :*** à Church Point, au nord-ouest de Lafayette, défilé de diligences, danses de rue, concours de cuisine.
– ***Week-end le plus proche du 4 juillet :*** à Charenton, au sud-est de New Iberia, fête des Indiens chitimachas. Danses tribales, musique indienne, produits d'artisanat.
– ***Week-end le plus proche du 14 juillet :*** à Kaplan, au sud-ouest de Lafayette, *Bastille Day,* le plus célèbre du pays cajun. Fête de rue avec un « fais-dodo », un rodéo et des orchestres cajuns.
– ***15 août :*** fête nationale cajun.
– ***3e week-end d'août :*** à Delcambre, au sud de Lafayette, festival de la crevette. Fête de rue avec un « fais-dodo », orchestres cajuns et bingo. Crevettes sauce piquante ou bouillies.
– ***Labor Day Week-end :*** à Morgan City, au sud-est de New Iberia, festival de la crevette et du pétrole. Bénédiction des bateaux, défilé de rue, danses et feu d'artifice.
– ***Dernier week-end d'août ou 1er week-end de septembre :*** à Loreauville, au nord-est de New Iberia, parade, cuisine cajun et « fais-dodo ».

GÉOGRAPHIE

L'État de la Louisiane s'étend sur une surface de 125 674 km² (près du quart de la France). Baton Rouge, fondée par les Français au XVIIIe s, en est la capitale. Le

visage qu'elle présente est surtout celui d'une ville industrielle : en témoigne une immense raffinerie de pétrole qui côtoie le port maritime.
Les plantations de canne à sucre qui entourent Baton Rouge et qui s'étendent vers La Nouvelle-Orléans le long de River Road forment une nature plus sauvage : ces bâtisses de bois ou de brique sont implantées dans une végétation de chênes ou de cyprès.
Le paysage du nord de la Louisiane, autour de Natchitoches, est moins attirant : des plaines agricoles et des sites industriels (principalement pétroliers). En revanche, plus au sud, autour d'Opelousas, Lafayette, New Iberia et Houma, c'est le pays cajun qui présente le plus d'attraits avec la région des bayous et la région des prairies. La première, concentrée autour de Lafayette et Grand Isle, est régie par les eaux. Ici, le paysage de la Louisiane est fidèle à son éternelle image de pays verdoyant et sauvage : alligators, écrevisses et nombreux cyprès. D'ailleurs, les marécages s'étendent à l'infini entre Baton Rouge et Lafayette. Les bras de fleuve et les lacs dessinent ainsi un gigantesque labyrinthe appelé l'Atchafalaya Basin. La région des prairies (au nord et à l'ouest de Lafayette) est, quant à elle, plus paisible. L'authentique Louisiane se trouve dans les villages bien plus pauvres.

Les bayous

Ces eaux peu profondes, à faible courant ou stagnantes, qu'on trouve essentiellement en Louisiane ou au sud du Mississippi, sont plutôt hostiles à la nature humaine. « Avec la carapace d'un *gator* (comprenez alligator), les palmes d'un canard et les ailes d'un héron, je m'en sortirais parfaitement », disait un vieux pêcheur cajun. Les ratons laveurs, lièvres, ibis, aigrettes, hérons, cormorans, tortues, crevettes, alligators (qui hibernent) et toutes sortes de poissons s'y trouvent pourtant bien. Et l'abondante littérature – contes, fictions, romans policiers – chante la magie et le mystère de ces lieux. En outre, ce « boyau » devenu « bayou » a largement contribué au développement économique de la Louisiane. Ses richesses naturelles (pêche, fourrure, pétrole, bois) et la diversité des cultures (riz, maïs, coton, sucre) font qu'aujourd'hui on estime qu'un acre (un petit demi-hectare) vaut entre 50 000 et 80 000 $. Alliant le rêve, le folklore, l'histoire, mariage de la terre, de l'eau, des hommes, des animaux et de la nature, on ne s'étonnera plus que la Louisiane se fasse appeler *« the Bayou State »*.
Une des grandes attractions de la Louisiane consiste à se balader sur ces fameux bayous. En fonction de la période, ils sont plus ou moins en eau. Les lieux les plus réputés et les plus faciles d'accès pour les touristes sont ceux où les tour-opérateurs ont des embarcadères, ça va de soi. Ainsi, dans les environs de La Nouvelle-Orléans, de Lafayette (à Henderson et sur le Lake Martin), mais aussi à Houma, il existe de nombreuses possibilités. Bien entendu, on peut explorer les bayous à partir de centaines d'autres endroits... encore faut-il avoir un bateau ou connaître quelqu'un qui en possède un !
Vous remarquerez sur la plupart des arbres des bayous une sorte de mousse aérienne accrochée aux branches. Elle s'agrippe à tous les arbres (sauf aux saules) en formant de longues chevelures. Les premiers colons la baptisèrent du nom de *Spanish moss*, « barbe espagnole », car ils la trouvaient semblable aux barbes des capucins espagnols. On l'employa peu à peu comme rembourrage de coussins, de selles, et on l'utilisait encore pour les matelas en 1950. Les Indiens houmas en faisaient des poupées pour les enfants.

Le Mississippi

En algonquin (langue amérindienne), *misi* signifie « grand » et *sipi* « eau ». Les Indiens l'appellent aussi « père des eaux ». On comprend pourquoi. C'est l'un des fleuves les plus puissants de la planète (son débit moyen est de 20 000 m^3/s) et

l'un des plus longs. Il charrie un volume impressionnant d'alluvions (400 millions de tonnes par an).
Avec le Missouri, affluent de la rive droite, il forme le troisième cours d'eau du monde (après le Nil et l'Amazone), tant pour sa longueur que pour la superficie de son bassin. Le Mississippi couvre les deux cinquièmes de la surface des États-Unis et six fois celle de la France ! Son histoire est intimement liée à celle de la Louisiane. En 1540, de nombreux peuples indiens étaient établis sur les rives du fleuve lorsque l'Espagnol Hernando de Soto découvrit les bouches de celui-ci. C'est en 1682 que le gouverneur du Québec, Cavelier de La Salle, descendit le cours d'eau jusqu'à la mer. Il annexa les régions découvertes et les nomma Louisiane, en l'honneur du roi Louis XIV.
Le delta du Mississippi commence à Baton Rouge. À certains endroits, la terre charriée par le fleuve s'accumule sur les berges, donnant naissance à des levées. En arrière, on trouve des lacs, des marais sillonnés de bras morts : les bayous. Car le Mississippi est capricieux. Parfois, il lui arrive de changer de cours, mais pour le moment, le lit principal s'offre un passage vers le sud-est et La Nouvelle-Orléans. C'est à 35 km de l'extrême pointe que le chenal se divise en trois branches, dont l'une, celle du sud-ouest, s'allonge vers le large depuis plus d'un siècle, à raison de 100 m par an. Les principaux affluents du Mississippi sont le Missouri, l'Ohio et l'Arkansas. À partir de Saint Louis, il coule dans une immense plaine alluviale et peut d'ailleurs connaître de fortes crues. Ainsi, en 1927, son niveau est monté de 14 m à Memphis. La superficie inondée a atteint 73 000 km^2, il y eut 200 morts. En 2008, de très violentes intempéries ont provoqué des crues terribles, particulièrement dans l'Iowa, mais aussi dans l'Indiana, le Wisconsin, l'Illinois et le Minnesota.
Né dans le Minnesota, à la frontière du Canada, le Mississippi se termine à une latitude quasi tropicale et fait ainsi le lien entre des mondes différents. Il a joué un rôle primordial lors de l'exploration puis de la mise en valeur des grandes plaines américaines, jusqu'au milieu du XIXe s. C'est pourquoi le fleuve est un repère important pour les Américains. Il y a les territoires à l'est du Mississippi et ceux qui se trouvent à l'ouest. Car les immigrants, dans leurs chariots bâchés légendaires, partaient généralement de Saint Louis à la conquête de l'Ouest. Aujourd'hui, il est encore fréquent d'entendre dire : « C'est la plus vieille maison à l'ouest du Mississippi », « le building le plus haut à l'ouest du Mississippi ». Et sa symbolique de frontière demeure présente dans les esprits.
Par la suite, la mise en place d'un réseau ferroviaire, dont les voies transversales orientées de l'est à l'ouest soulignent les nouvelles forces de l'économie américaine, a réduit l'importance du fleuve. Cependant, au XXe s, il a été largement utilisé pour la production électrique, l'irrigation et la navigation commerciale (le port de La Nouvelle-Orléans est dans les 10 premiers du monde). Pour lui permettre d'assumer toutes ses fonctions, il a fallu bétonner les rives, draguer le lit, optimiser le fleuve, etc., ce qui a porté atteinte à la vie sauvage. Par ailleurs, la pollution atteint à certains endroits des niveaux importants... Après les inondations de 2005, la solution retenue pour contenir le fleuve serait tout simplement de le ramener dans son lit originel tout en installant un vaste système d'écluses. Pharaonique, le projet a été adopté dans son principe en 2007 et pourrait demander 30, voire 40 ans de travaux !

HISTOIRE DES ÉTATS-UNIS

Le Nouveau Monde

Tout au bout de nos rêves d'enfant se trouve un pays dont on partage les clichés et les mythes avec le monde entier. Des habitants des bidonvilles d'Amérique latine aux intellectuels occidentaux en passant par les hommes d'affaires asiatiques et les apparatchiks de l'ex-Union soviétique, nous avons tous en nous « quelque chose de Tennessee » ! Certains s'élèvent contre un impérialisme culturel et/ou politique et en dénoncent les dangers. D'autres vont boire à ces sources qui leur inspirent des œuvres telles que *Paris-Texas*, tellement américaines qu'elles ne peuvent être qu'européennes !

Cette fascination assez extraordinaire que nous éprouvons pour ce pays ne peut être expliquée seulement par sa puissance industrielle ou son dollar... Peut-être avons-nous tous, imprimé dans notre subconscient, ce désir, ce rêve d'un nouveau monde...

Le détroit de Béring

Certains spécialistes placent les premières migrations en provenance d'Asie ***dès 50 000 av. J.-C.***, d'autres, plus nombreux, avancent les dates de 40 000, 30 000, 22 000 av. J.-C. Cette toute première vague d'immigration dura jusqu'au XIe ou Xe millénaire av. J.-C. Ces « pionniers » américains franchirent le détroit de Béring à une époque où les températures, plus froides, firent émerger ***un pont naturel entre Asie et Amérique***. Suivant la côte Ouest, le long des Rocheuses, ces petites troupes éparpillées d'hommes préhistoriques pénétrèrent peu à peu le nord et le sud du continent américain. La migration dura au moins 25 000 ans. La superficie de ce continent et les vastes étendues d'eau qui le séparent du reste du monde font que les Indiens, tant dans le Nord que dans le Sud, imaginèrent longtemps être seuls au monde.

COUP DE SOLEIL

D'une part, ils ne vivent pas en Inde, et en plus ils n'ont même pas la peau rouge ! Si les colons nommèrent les Indiens « Peaux-Rouges », ce n'est pas en raison de la couleur naturelle de leur peau (qui se rapproche finalement plus du jaune), mais à cause de la teinture rouge dont certains s'enduisaient parfois. D'ailleurs, vu la force du soleil dans les grandes plaines américaines, ce sont plutôt les colons européens qui devaient avoir la peau toute rouge...

Si, à l'arrivée des premiers colons, les Indiens furent une fois pour toutes catalogués « sauvages », notre ignorance à leur sujet aujourd'hui, quoique moins profonde, demeure impressionnante.

Contrairement à une certaine imagerie populaire, il n'y a jamais eu de « nation indienne », mais une multitude de tribus réparties sur l'ensemble du territoire nord-américain. Les estimations, très variables, font état ***de 1 million (peu probable) à 2 millions d'habitants avant la conquête occidentale***. Le continent était si vaste qu'on estime qu'il existait plus de mille langues indiennes, réparties en plusieurs grands groupes linguistiques, pour l'essentiel inintelligibles les uns pour les autres. Isolés, les Amérindiens n'ont jamais mesuré l'étendue de leur diversité, mais commerçaient cependant activement entre eux et jusqu'avec le Mexique voisin. Depuis l'arrivée des Blancs, ***plus de 300 langues ont disparu.***

Les modes de vie variaient très largement selon les milieux et les tribus. Certaines étaient sédentaires, comme les Pueblos (baptisés ainsi par les Espagnols parce qu'ils habitaient dans des villages), d'autres semi-nomades, mais la plupart vivaient de chasse, de pêche et de cueillette, se déplaçant au gré du gibier et des saisons.

La découverte

En 1003, Leif Eriksson (le fils d'Erik le Rouge), accompagné d'un équipage de 35 hommes, partit du sud du Groenland récemment colonisé pour explorer toute la côte atlantique de l'actuel Canada. D'autres expéditions suivirent, précédant des

tentatives de colonisation à Terre-Neuve, où l'on en a retrouvé des vestiges. Puis les Vikings rentrèrent chez eux, semble-t-il victimes des attaques indiennes. Cela se passait presque 500 ans avant que Christophe Colomb ne « découvre » l'Amérique ! À notre avis, son attaché de presse était plus efficace que celui des Vikings.
Colomb, lui, cherchait un raccourci pour les Indes. La plupart des hommes cultivés de son époque étant arrivés à la conclusion que la Terre était ronde, il y avait donc forcément une autre route vers les trésors de l'Orient que celle de Vasco de Gama – même si, paradoxalement, elle se trouvait à l'ouest. D'origine génoise, Colomb vivait au Portugal, et c'est donc vers le roi Jean du Portugal qu'il se tourna pour financer son expédition. Le roi Jean n'était pas intéressé, et finalement c'est grâce à un moine espagnol, Perez, confesseur de la reine Isabelle d'Espagne, que Colomb put l'approcher cette dernière et monter son expédition. Son bateau, la *Santa María,* ainsi que deux autres petites caravelles, la *Ninã* et la *Pinta,* partirent le 3 août 1492. La *Santa María,* lourde, peu maniable et lente, n'était pas le navire idéal pour ce genre d'expédition. Mais 2 mois plus tard, ***le 12 octobre 1492, Colomb débarquait, aux Bahamas*** sans doute, muni d'une lettre d'introduction… pour le Grand Khan de Chine !
Le roi François Ier envoya à son tour ***Jacques Cartier*** qui, lui, fit trois voyages entre 1534 et 1541. Cartier remonta le Saint-Laurent jusqu'au Mont-Royal où des rapides arrêtèrent son entreprise – lesquels rapides furent d'ailleurs nommés Lachine, puisque la Chine devait se trouver en amont ! Puis, en 1520, ***Ferdinand de Magellan*** découvrit le fameux détroit qui mène à l'océan Pacifique, à quelques encablures au nord du cap Horn. Ainsi, le malheur des Indiens et la colonisation de l'Amérique n'eurent pour origine que la volonté de trouver un accès alternatif vers l'Asie !

Les premières tentatives de colonisation

En 1513, Juan Ponce de León, parti à la recherche de la fontaine de jouvence, atteint la Floride, qu'il croit être une île. Le 7 mars 1524, le Florentin Giovanni da Verrazano, premier envoyé de François Ier, débarque au Nouveau Monde – depuis peu baptisé « Amérique » en l'honneur de l'explorateur et géographe ***Amerigo Vespucci*** – et promptement le rebaptise « Francesca » pour honorer sa patrie d'adoption et son maître. La Nouvelle-France (futur Canada) est née. De 1539 à 1543, Hernando de Soto découvre et explore des cours d'eau comme la Savannah, l'Alabama et le majestueux Mississippi, mais il est finalement vaincu par la jungle ; au même moment, Francisco Vasquez de Coronado part du Mexique, franchit le Río Grande et parcourt l'Arizona. La première tentative de christianisation par les moines de Santa Fe reçoit parallèlement le salaire du martyr chez les Indiens Pueblos. Petit à petit, le cœur n'y est plus. L'or, les richesses attendues qui pourraient dissiper les hésitations ne sont pas découverts, et les milliers de volontaires nécessaires à une véritable colonisation ne se manifestent pas. Et puis, finalement, pourquoi étendre encore un empire déjà si vaste, se dit la Couronne espagnole, bien installée aux Antilles, au Mexique et en Amérique centrale ?

L'arrivée des Anglais

Le premier Anglais, John Cabot, n'est pas un Anglais d'origine mais un Génois habitant la ville de Bristol. Lui aussi recherche, en 1497, un passage vers l'Orient, et navigue le long de la côte. Faute de trouver ce fameux passage, il laissera son nom à la postérité avec la pratique du… cabotage !
Trois quarts de siècle passent, l'Angleterre est plus prospère, les querelles religieuses s'apaisent, et Élisabeth Ire est sur le trône depuis 1558. L'heure américaine a sonné. Sir Humphrey Gilbert propose d'installer une colonie en Amérique qui

fournirait, le moment venu, les vivres aux marins en route pour la Chine. Élisabeth lui accorde une charte, mais la colonie ne se matérialise pas.
Une nouvelle charte est accordée, cette fois à son demi-frère sir Walter Raleigh. Il jette l'ancre près de l'île Roanoke et baptise la terre Virginia (Virginie) – le surnom de la reine Élisabeth. Mais après le premier hiver, les colons préfèrent rentrer en Angleterre. La seconde tentative a lieu un an plus tard : le 8 mai 1587, 120 colons débarquent. Un événement marque cette deuxième tentative : la naissance sur le sol du Nouveau Monde – d'après le carnet de bord du bateau, avant qu'il ne reprenne la mer – de la première Américaine, une petite fille nommée Virginia Dare (nom lourd de sous-entendus, *dare* signifiant en anglais « oser » !). Mais c'est encore un échec, tragique cette fois-ci, car, quand le bateau revient en 1590, les colons ont disparu sans laisser de traces.
Malgré ces échecs successifs, le virus du Nouveau Monde s'empare de l'Angleterre. ***La colonisation débute véritablement avec le successeur d'Élisabeth, Jacques Ier.***
Le 26 avril 1607, après 4 mois de traversée, 144 hommes et femmes remontent la rivière James dans trois navires et choisissent un lieu de mouillage qu'ils baptisent James-Town. C'est un aventurier-marchand de 27 ans, le capitaine ***John Smith***, qui a combattu en Europe et sait maintenir une discipline (essentielle pour ne pas sombrer dans le désespoir), qui dirige les colons. Il s'enfonce dans le pays, fait des relevés topographiques... John Smith est capturé par les Indiens, et il aura la vie sauve grâce à la fille du roi Powhatan, nommée Pocahontas. Il comprend, ayant vécu avec cette tribu, que les colons ne survivront que par la culture du « blé indien » : le maïs. À son retour parmi les siens, et sur son ordre, les colons (très réticents car ils voulaient bien chasser, chercher de l'or ou faire du troc avec les indigènes, mais pas se transformer en agriculteurs) cultivent le maïs à partir de grains offerts par les Indiens. Le maïs contribuera pour beaucoup à la culture américaine, toutes époques confondues.

La Nouvelle-Angleterre

En ***1620***, une nouvelle colonie est fondée par les pèlerins – *Pilgrim Fathers* ou Pères pèlerins – arrivés sur le ***Mayflower.*** Ces immigrants protestants transitent par la Hollande, fuyant les persécutions religieuses en Angleterre. Ils aspirent à un christianisme plus pur, sans les concessions dues selon eux aux séquelles du papisme que l'Église anglicane charrie dans son organisation et ses rites. Ce sont au total 100 hommes et femmes avec 31 enfants qui arrivent au cap Cod (cap de la Morue). Rien n'a préparé ces hommes et femmes à l'aventure américaine. Il faudrait pêcher, mais ils ne sont pas pêcheurs ; de plus, ils sont piètres chasseurs et se défendent difficilement contre les Indiens qu'ils jugent sauvages et dangereux. Plus grave encore, voulant atteindre la Virginie et sa douceur, les voilà en Nouvelle-Angleterre, une région éloignée, avec un climat rude et une terre ingrate. La moitié d'entre eux meurt le premier hiver. L'année suivante, ***les survivants célèbrent le tout premier Thanksgiving*** – une journée d'action de grâces et de remerciements – symbolisé par la dégustation d'une dinde sauvage. Ces immigrants ***austères et puritains*** incarnent encore dans l'Amérique d'aujourd'hui une certaine aristocratie, et nombreux sont ceux qui se réclament – ou voudraient bien se réclamer – d'un aïeul venu sur le *Mayflower* ! La ténacité, la volonté farouche et une implication religieuse proche de l'hystérie vont garantir le succès de cette nouvelle colonie qui compte déjà 20 000 âmes en 1660 ! Peu importe les excès des débuts, comme l'épisode de la chasse aux sorcières à Salem (1689-92), durant laquelle 150 personnes furent emprisonnées et une vingtaine pendues.

Les Français et le Nouveau Monde

C'est grâce à René Robert Cavelier de La Salle, un explorateur français né à Rouen en 1643, que la France, elle aussi, eut pendant une courte période une part du « gâteau » nord-américain. Après avoir obtenu une concession en amont de Montréal au Canada et appris plusieurs langues indiennes, il partit explorer les Grands Lacs, puis il descendit le Mississippi jusqu'au golfe du Mexique. Il prit possession de ces nouvelles contrées pour la France et tenta d'y implanter une colonie en ***1684***. En l'honneur du roi Louis XIV, cette terre prit le nom de ***Louisiane***. Cette nouvelle colonie s'avéra être une catastrophe financière, sous un climat très malsain. La Couronne française céda la concession à ***Antoine Crozat***, qui ne la trouva pas plus rentable et qui, à son tour, vendit ses parts à un Écossais que l'histoire de France a bien connu, puisqu'il s'agit de John Law, contrôleur général des Finances en France sous Louis XV, inventeur probable du crédit, du papier-monnaie... et de la banqueroute !

Grâce à l'aide de la *Banque générale* en France, il fonda en août 1717 la ***Compagnie de la Louisiane***. Le succès fut fulgurant mais de courte durée. Devant la montée spectaculaire des actions, beaucoup prirent peur, et un inévitable ***krach*** s'ensuivit, probablement le premier de l'histoire de la finance.

La ville de La Nouvelle-Orléans fut fondée en 1718 par Jean-Baptiste Le Moyne de Bienville. 500 premiers esclaves noirs furent déportés ici en 1718, et la ***culture du coton*** commença en 1740. Puis, par un traité secret, une partie de la Louisiane fut cédée aux Espagnols en 1762 et l'autre aux Britanniques ! Les 5 552 colons français de la Louisiane de l'époque ne goûtèrent guère ce tour de passe-passe, mais dans l'ensemble le règne dit « espagnol » fut calme et prospère. C'est d'ailleurs à cette période que les exilés d'Acadie, persécutés par les Anglais devenus maîtres de leur territoire, émigrèrent en Louisiane (lors d'un épisode appelé le « Grand Dérangement »). Après une nouvelle distribution des cartes politiques, la Louisiane espagnole redevint française en 1800. À peine le temps de dire ouf, et Napoléon – à court d'argent pour combattre l'ennemi héréditaire – revendit la colonie aux États-Unis le 30 avril 1803.

William Penn et les quakers

La plus sympathique implantation de l'homme blanc en Amérique fut sans conteste celle des quakers. Avec son principe de non-violence, son refus du pouvoir des Églises quel qu'il soit et son doute quant à la nécessité des prêtres en tant qu'intermédiaires entre l'homme et Dieu, le quaker est appelé à une liberté radicale, irrépressible puisqu'elle se fonde sur Dieu lui-même. George Fox, qui fut à l'origine de ces thèses révolutionnaires et subversives, naquit en 1624. « Songez qu'en vous il y a quelque chose de Dieu ; et ce quelque chose existant en chacun le rend digne du plus grand respect, qu'il soit croyant ou pas. » Pour mieux mesurer l'extravagance de cette déclaration de George Fox, il faut se souvenir qu'à cette époque l'Inquisition espagnole battait son plein. *Quakers* signifie « trembleurs » (devant Dieu), et ce surnom leur fut donné par moquerie, leur véritable appellation étant ***Society of Friends*** (« Société des amis »).

Hormis le célèbre paquet de céréales, c'est surtout le nom de William Penn qui vient immédiatement à l'esprit dès qu'on prononce le mot quaker (les deux sont d'ailleurs liés car l'emblème de la marque est effectivement un portrait de Penn, la compagnie – à sa fondation, en 1901 – ayant choisi ce créneau de marketing pour souligner la pureté de ses produits ! Cela dit, cette compagnie n'a jamais rien eu à voir avec la Société des amis, et un procès fut intenté contre eux en 1915 par les vrais quakers, sans succès d'ailleurs).

William Penn, né en 1645, est un fils de grande famille extrêmement aisée, possédant moult propriétés en Irlande et en Angleterre. À l'âge de 13 ans, il rencontre pour la première fois celui qui va marquer sa vie, Thomas Loe, quaker et très brillant prédicateur. Quittant rubans, plumes et dentelles, William ne conserve de sa tenue de gentilhomme que l'épée qu'il déposera aussi par la suite, soulignant ainsi publiquement son refus de la violence et son vœu d'égalité entre les hommes. À partir de 1668, ses vrais ennuis commencent ; il a alors 24 ans. De prisons (la Tour de Londres, entre autres) en persécutions, Penn publie rien moins que 140 livres et brochures et plus de 2 000 lettres et documents. *Sans croix, point de couronne,* publié en 1669, sera un classique de la littérature anglaise. À la mort de son père, Penn devient lord Shanagarry et se retrouve à la tête d'une fortune considérable. Il met aussitôt sa richesse au service de ses frères. Les quakers ont alors déjà tourné leurs regards vers le Nouveau Monde afin de fuir la persécution, mais les puritains de la Nouvelle-Angleterre ressentent la présence des quakers sur leur territoire comme une invasion intolérable. Des lois anti-quakers sont votées. En 1680, après avoir visité le Nouveau Monde, William Penn obtient du roi Charles II (en remboursement des sommes considérables que l'État devait à son père) le droit de fonder une nouvelle colonie sur un vaste territoire qui va devenir la Pennsylvanie (« forêt de Penn », une terre presque aussi grande que l'Angleterre). Les Indiens qui occupent cette nouvelle colonie se nomment Lenni Lenape (ou Delaware), parlent l'algonquin et sont des semi-nomades. Penn et les quakers établissent avec eux des relations d'amour fraternel, et le nom de leur capitale, Philadelphie, est choisi pour ce qu'il signifie en grec (« ville de la Fraternité »). Penn apprend leur langue ainsi que d'autres dialectes indiens. Dans sa maison de Pennsbury Park, il y a souvent une foule étrange : des Indiens par dizaines, parfois par centaines ! Le fait qu'ils soient peints et armés n'effraie personne. Ils règlent les questions d'intérêt commun avec Onas, c'est-à-dire avec Penn (*onas* veut dire « plume » en algonquin, *penn* signifiant « plume » en anglais). La non-violence étant l'une des pierres d'angle des principes quakers, les Indiens auraient pu massacrer toute la colonie en un clin d'œil. Mais tant que les principes quakers ont dominé, les deux communautés vécurent en parfaite harmonie.

La « Boston Tea Party » et l'indépendance

Dès 1763, une crise se dessine entre l'Angleterre et les nouvelles colonies, qui sont de plus en plus prospères. Le 16 décembre 1773, sur fond de montée nationaliste, l'adoption d'une série très impopulaire de taxes et de mesures par la Couronne déclenche la « Boston Tea Party ». Des colons, déguisés en Indiens, montent sur trois navires anglais amarrés dans le port de Boston et jettent par-dessus bord leur cargaison de thé.

Au-delà de la péripétie, l'événement fait date. Les armes font leur entrée en scène en 1775 et, ***le 4 juillet 1776, la déclaration d'Indépendance rédigée par Thomas Jefferson est votée par les 13 colonies.*** Le fondement de la Déclaration est la philosophie des droits naturels qui explique que Dieu a créé un ordre, dit naturel, et que, grâce à la raison dont il est doué, tout homme peut en découvrir les principes. De plus, tous les hommes sont libres et égaux devant ces lois. En 1778, les Français signent deux traités d'alliance avec les « rebelles » ; en 1779, l'Espagne entre en guerre contre l'Angleterre. Mais il faut attendre le 3 septembre 1783 pour la signature d'un traité de paix entre l'Angleterre et les États-Unis, conclu à Paris. Les États-Unis par la suite s'étendent, et les Indiens sont rejetés de plus en plus vers les terres désertiques de l'Ouest, tandis que la France vend la Louisiane et qu'un nouveau conflit se dessine : la guerre civile.

LE CRIME DU PREMIER AMÉRICAIN

En 1754, George Washington, alors officier de l'armée britannique, dut affronter une troupe française. L'officier en face, le seigneur de Jumonville, décida de parlementer et s'approcha des troupes anglaises avec le drapeau blanc. Sans respecter les règles militaires, George Washington ouvrit le feu, tuant l'officier français et neuf de ses soldats. Le premier président des États-Unis traînera ce crime toute sa vie.

L'esclavagisme et la guerre de Sécession

L'idée d'esclavagisme remonte à la nuit des temps, et même les Grecs les plus humanistes, durant l'âge d'or de leur civilisation, n'ont jamais douté du fait que l'humanité se divisait naturellement en deux catégories : les hommes qui devaient assumer les tâches lourdes et l'élite qui pouvait ainsi cultiver les arts, la littérature et la philosophie. L'aspect immoral de la vente d'un homme n'est pas la vraie raison du déclenchement de la guerre de Sécession, contrairement à une certaine imagerie populaire. ***Abraham Lincoln n'a que peu de sympathie pour la « cause noire »,*** la libération des esclaves ne s'inscrivant alors que dans le cadre du combat contre le Sud. Il déclare à ce sujet : « Mon objectif essentiel dans ce conflit est de sauver l'Union... Si je pouvais sauver l'Union sans libérer aucun esclave, je le ferais... » L'histoire a évidemment oublié cette phrase. D'ailleurs, il n'est pas si difficile pour les Nordistes de se déclarer contre l'esclavage (ils ne recensent que 18 esclaves contre 4 millions au Sud !).

Les Sudistes portent l'uniforme gris tandis que les Nordistes sont en bleu. Bien qu'ils soutiennent les Noirs, les Nordistes n'hésitent pas à massacrer les Indiens. Tout ça pour dire que les Bleus ne sont pas si blancs et les Gris pas vraiment noirs...

Pour être juste, ***cette guerre civile doit être présentée comme une guerre culturelle***, un affrontement entre deux types de société. L'une – celle du Sud –, aristocratique, fondée sur l'argent « facile », très latine dans ses racines françaises et espagnoles, est une société à l'identité forte, très attachée à sa terre. L'autre – celle du Nord –, laborieuse, austère, puritaine, extrêmement mobile, se déplace au gré des possibilités d'emploi, avec des rêves de grandeur nationale, mais dépourvue de ce sentiment d'appartenir profondément à « sa » terre.

Ce grave conflit est l'accident le plus douloureux qui émaille l'histoire de l'Amérique. Ses origines peuvent s'analyser rationnellement, mais son déclenchement relève de l'irrationnel.

Le détonateur est l'élection de Lincoln. ***Le conflit dure de 1861 à 1865, faisant en tout 630 000 morts et 400 000 blessés.*** C'est aussi la première guerre « moderne » – mettant aux prises des navires cuirassés, des fusils à répétition, des mitrailleuses et des ébauches de sous-marins. Mais plus que tout, cette lutte fratricide est le théâtre de scènes d'une rare violence. Deux profonds changements dans la société américaine sont issus de cette guerre civile : le premier est ***l'abolition de l'esclavage le 18 décembre 1865***, et le second la volonté de l'Union de représenter et de garantir désormais une forme de démocratie. Lincoln en sort grandi et devient un héros national. Son assassinat le 14 avril 1865 par ***John Wilkes Booth*** – un acteur qui veut par son geste venger le Sud – le « canonise » dans son rôle de « père de la nation américaine ».

Il reste que, presque 150 ans plus tard, les Noirs américains et les *Natives,* c'est-à-dire les Indiens, sont toujours partiellement en marge du grand rêve américain. La drogue, les ghettos, le manque d'éducation, la misère sont encore en partie leur lot, ce qui hante et culpabilise maintenant l'« autre Amérique ».

L'immigration massive

À travers tout le XIXe s et le début du XXe, le Nouveau Monde attire des immigrants en provenance du monde entier, mais principalement d'Europe. En 1790, on compte 4 millions d'habitants ; en 1860, ils sont 31 millions. Entre 1865 et 1914, la population triple encore pour atteindre 95 millions. Il y a autant de raisons historiques pour cette vaste immigration que de peuples et de pays concernés. Mais c'est toujours la persécution – religieuse ou politique – et la misère qui sont les facteurs principaux de cette immigration, qu'elle soit juive, russe, d'Europe centrale ou du Nord, italienne ou allemande. En 1973, quand le jeu des mariages interraciaux était moins prononcé, la mosaïque ethnique était la suivante : 88 % de Blancs, 10,5 % de Noirs et 1,5 % de *Natives* (Indiens autochtones) et d'Asiatiques.

Aujourd'hui, on peut encore trouver des « bastions », comme la *Bible Belt* – la Ceinture biblique – qui s'étend à travers le centre des États-Unis et est essentiellement germano-britannique de confession protestante, ou des minorités peu exogames qui « annexent » des quartiers précis dans les grandes métropoles. Mais, de plus en plus, ***l'arbre généalogique des Américains devient un kaléidoscope ethnique complexe, le fameux melting-pot***. Cependant, on observe une certaine radicalisation entre, d'un côté, les traditionalistes anglo-saxons des campagnes et, de l'autre, une Amérique moderne et multiculturelle, plus urbaine.

L'arrivée dans le club des Grands

Au lendemain de la guerre de 1914-1918, la suprématie de la Grande-Bretagne est en déclin, et les États-Unis comptent désormais sur l'échiquier mondial.

En 1919, l'alcool est prohibé par le 18e amendement à la Constitution. La fabrication, la vente et le transport des boissons alcoolisées sont interdits. La corruption est inévitable : règlements de compte, trafics d'alcool, insécurité, prostitution. La Prohibition fait mal au puritanisme américain. Roosevelt, dès son élection en 1933, fait abolir l'amendement, soucieux de donner un nouvel élan au pays. Les années 1920 sont celles des Années folles. Pendant que les intellectuels américains se produisent dans les bars parisiens, ***la spéculation boursière s'envole***, et l'Amérique danse sur une nouvelle musique qui va ouvrir la voie à une autre musique populaire : ***le jazz. Les femmes, grâce aux efforts de suffragettes, obtiennent le droit de vote.*** Mais cette grande euphorie se termine tragiquement en octobre 1929 avec le ***krach de Wall Street***. Le monde est choqué par les images d'hommes d'affaires ruinés sautant par les fenêtres des gratte-ciel, ou les concours de danse-marathon (les participants dansent jusqu'à épuisement pour une poignée de dollars), fait illustré par le film admirable *On achève bien les chevaux...*

ET IL Y EUT UN HIC ?

Sous la pression des pasteurs et des ligues anti-alcooliques, la Prohibition fut instaurée en 1919. Elle dura 13 ans, le temps de faire la fortune de la mafia. Elle assura aussi la prospérité des médecins : en 1920, 45 000 docteurs prescrivirent des millions de litres de whisky sur ordonnance, pour raison médicale.

Cette époque est aussi très noire pour les petits exploitants agricoles touchés par les tempêtes de poussière récurrentes du ***Dust Bowl,*** la première catastrophe écologique du siècle, provoquée par un excès de labours. Beaucoup doivent quitter leurs terres, émigrant vers l'eldorado californien. Steinbeck a laissé un témoignage poignant de leur réalité dans *Les Raisins de la colère.* L'auteur-compositeur-interprète Woody Guthrie aussi. Devenu clochard *(hobo)* par la force des circonstances, il passa la ***Grande Dépression*** à voyager clandestinement sur les longs et lents trains sillonnant les États-Unis en compagnie de sa guitare, narrant le quotidien des gens à cette période. Guthrie fut le père de la *folk song* et inspira le mouvement contestataire et le renouveau folk des années 1960 (il était, entre autres, l'idole de Dylan).

McCarthy et les listes noires

Sur fond de Seconde Guerre mondiale, le ***New Deal*** de Franklin D. Roosevelt et la nouvelle donne mondiale guérissent peu à peu l'économie des États-Unis, ouvrant une nouvelle ère de prospérité avec le retour de la paix. Les années 1950 sont aussi, cependant, celles de Joseph McCarthy et de ses listes noires. Le communisme, antithèse de l'esprit de libre entreprise et des valeurs fondamentales américaines, est honni et pourchassé à tout crin. L'Amérique craint d'autant plus le communisme que les intellectuels de l'époque sont fascinés par cette doctrine d'approche humaniste et généreuse. ***Les listes noires frappent essentiellement le milieu du cinéma*** et instaurent un climat de peur et de malveillance. Le grand Cecil B. Demille, entre autres, se révèle être un grand délateur, ainsi qu'Elia Kazan, l'auteur de *Sur les quais* et *Viva Zapata.* Des réalisateurs comme Jules Dassin, Joseph Losey ou John Berry décident d'émigrer en Europe. Symbole de cette période hystérique aux relents d'Inquisition, ***l'exécution en 1953 du couple Rosenberg***. Après un procès ne s'appuyant sur aucune preuve, ces deux anciens militants communistes seront condamnés à mort pour avoir soi-disant transmis des éléments du programme atomique américain à l'URSS.

LE SILENCE EST D'OR

Pour être élu en 1936, Franklin Roosevelt s'engagea dans une confrontation radiodiffusée avec son rival Alf Landon. Chacun des candidats disposait, à tour de rôle, d'un temps de parole de 10 mn. Autorisé à débuter, Roosevelt fit un discours de 3 mn, puis se tut pendant les 7 mn suivantes. Quand Landon prit la parole, la plupart des auditeurs avaient éteint leur poste...

La ségrégation

Les barrières de la ségrégation commencent officiellement à s'estomper dès 1953, date à laquelle la Cour suprême décide de mettre fin à la ségrégation au sein du système scolaire. Ce premier chamboulement n'empêche pas de nombreuses autres mesures discriminatoires de s'appliquer encore, notamment dans les États du Sud. ***Martin Luther King***, pasteur à Montgomery (Alabama), lance en 1955 le boycottage des autobus de cette ville sudiste, à la suite de l'arrestation d'une femme noire, ***Rosa Parks***, qui a refusé de céder sa place dans le bus à un passager blanc. L'écho des protestations obtient un retentissement international. ***Fin 1958, une nouvelle décision de la Cour suprême donne raison au mouvement antiségrégationniste***, interdisant toute discrimination dans les transports publics.

Le mouvement des Droits civiques, organisé autour de Martin Luther King, reste fidèle à la non-violence malgré la concurrence de groupes plus radicaux (comme les ***Black Panthers***). Un an après la marche historique sur Washington, le 28 août 1963, le prix Nobel de la paix décerné à Martin Luther King récompense à travers lui la cause de l'égalité des hommes. Une prise de conscience nationale prend forme. L'assassinat de Martin Luther King, le 4 avril 1968 à Memphis, n'arrête pas le mouvement.

Le mal de vivre

La ***beat generation*** apparaît autour de 1960. À sa tête, des écrivains tels que Jack Kerouac et des poètes comme Allen Ginsberg. Insurgée, éprise de liberté, détachée des biens matériels, la *beat generation* prend la route à la recherche d'un mode de vie alternatif. L'opulence de la société liée à un cortège d'injustices a créé un refus, chez les jeunes, du monde dit « adulte ». Pendant que les premiers *beatniks* rêvent de refaire un monde plus juste en écoutant les héritiers de Woody Guthrie (***Joan Baez et Bob Dylan***), le rock'n'roll a déjà pris ses marques. Il fait irruption dès 1956 dans la musique populaire avec ***Elvis Presley***.

Symbole d'une autre révolte, très différente de celle des *beatniks,* le rock'n'roll exprime certes un refus des valeurs institutionnelles, mais sans offrir de solutions, se contentant de condamner le monde adulte.

C'est ***James Dean***, dans *Rebel Without a Cause* (chez nous *La Fureur de vivre,* un beau contresens), qui exprime peut-être le mieux le malaise de l'ensemble de la

jeunesse. Jimmy Dean devient, après sa mort violente et prématurée, l'incarnation même du fantasme adolescent de « faire un beau cadavre » plutôt que de mal vieillir, c'est-à-dire le refus des compromis immoraux de la société.
Les années 1960 marquent aussi l'apparition de la ***musique noire*** enfin chantée par des Noirs dans ce qu'on peut appeler le « Top blanc ». Auparavant, il y avait des radios « noires » et des radios « blanches », et les succès « noirs » ne traversaient la frontière culturelle que quand des chanteurs blancs reprenaient à leur compte ces chansons. Presley doit d'ailleurs une partie de son succès au fait qu'il est un Blanc chantant avec une voix « noire ».

Contestation et renouveau

Les années 1960 sont presque partout dans le monde des années de contestation. Ce sont aussi des années pas très « clean » : affaire de la ***baie des Cochons*** à Cuba, début de la ***guerre du Vietnam*** sous John F. Kennedy, dont le mythe est aujourd'hui fort altéré (liens avec la mafia, solutions « radicales » envisagées au problème « Fidel Castro », etc.), mort suspecte de Marilyn Monroe (menaçait-elle la sécurité de l'État ?). ***L'assassinat du président Kennedy à Dallas, en 1963,*** marque vraiment la fin d'une vision saine de la politique pour un aperçu bien plus machiavélique du pouvoir.
Les beatniks laissent la place aux ***hippies***, et le refus du monde politique est concrétisé par le grand retour à la campagne afin de s'extraire d'une société dont les principes sont devenus trop contestables. Tout le monde rêve d'aller à San Francisco avec des fleurs plein les cheveux et, en attendant, les appelés brûlent leur convocation militaire pour le Vietnam.
L'échec américain dans la guerre du Vietnam est aussi l'un des corollaires de cette prise de conscience politique de la jeunesse. La soif de « pureté » et de grands sentiments a sa part dans la chute de Richard Nixon suite à l'affaire du ***Watergate***. Nixon n'a, en somme, que tenté de couvrir ses subordonnés dans une affaire de tables d'écoute – la plupart des hommes politiques français ont agi de même sans jamais avoir été inquiétés... Quelques années plus tard, retour des démocrates avec le président ***Jimmy Carter***. D'abord « faiseur de paix » (signature des accords de Camp David entre l'Egypte et Israël), ce dernier s'embourbe en fin de mandat dans l'affaire des otages de l'ambassade américaine de Téhéran. L'Amérique montre alors au monde le visage d'une nation victime de ses contradictions, affaiblie par sa propre opinion publique et en pleine récession économique.
Les années 1980 marquent un profond renouveau dans l'esprit américain. L'élection de l'acteur (***Ronald Reagan***) à la place du clown (Carter), comme le prônaient les slogans, redonne au pays l'image du profil cow-boy. La récession se résorbe et l'industrie est relancée. Mais de nouvelles lois fiscales élargissent le fossé entre les pauvres et les riches, c'est l'avènement de ***l'ultralibéralisme***. Plus présente que jamais, l'Amérique des perdants se décline en un nombre scandaleux de *homeless* (sans domicile fixe) abandonnés à eux-mêmes. L'« autre Amérique », en harmonie avec Reagan, se passionne pour l'aérobic et la santé. L'apparition du sida marque la fin des années de liberté sexuelle. Pour les ultrareligieux, l'épidémie est un nouveau pain bénit, brandi comme l'ultime châtiment divin envers une société qui s'est éloignée de ses valeurs traditionnelles.

Ordre mondial et désordre national

La chute du mur de Berlin et l'effondrement de l'URSS consacrent les États-Unis unique superpuissance. Bush père peut ainsi entraîner une vaste coalition dans la ***première guerre du Golfe*** en 1991. Mais pendant que les soldats américains libèrent le Koweït, les conditions de vie aux États-Unis continuent à se détériorer : chômage galopant, aides sociales supprimées, violence accrue, propagation des drogues dures et du sida, etc. Les ***émeutes de Los Angeles*** (et d'ailleurs)

révèlent aux Américains le fiasco total des républicains. Aux présidentielles de novembre 1992, le peuple américain, déçu, sanctionne Bush, l'un des rares à n'avoir fait qu'un mandat.
Le nouveau président, ***le démocrate Bill Clinton***, est à l'opposé de ses prédécesseurs : jeune, proche des petites gens, il incarne cette génération du Vietnam pacifiste, davantage soucieuse d'écologie et qui tend à donner plus de responsabilités aux femmes et aux représentants des minorités ethniques ; en un mot, il incarne une nouvelle manière de diriger.
Le bilan des 8 années de sa présidence se révèle toutefois contrasté : une croissance fantastique, une annihilation du déficit public, des créations d'emploi, mais aussi un échec de la politique de protection sociale. À l'extérieur, des interventions tous azimuts, en Bosnie, en Israël, en Irak, en Afrique... Clinton a été réélu en novembre 1996, ne faisant qu'une bouchée de son rival Bob Dole. Clinton, défenseur du monde, voilà l'image que l'opinion publique américaine aura retenu de ses deux mandats, en partie entachés (!) par le Monicagate.

Bush-Gore : coude à coude historique

L'élection présidentielle de novembre 2000 présente à priori peu d'intérêt. Entre le pâle Gore et le Texan George W. Bush, les Américains tergiversent longtemps. Les sondages annoncent un scrutin serré, sans se douter à quel point... Après un mois de péripéties politico-judiciaires sur la validité du scrutin en Floride, la polémique s'achève à la Cour suprême, qui intronise officiellement George W. Bush comme 43e président des États-Unis.

Mardi 11 septembre 2001 : l'acte de guerre

Le 11 septembre 2001 a marqué d'une pierre noire l'entrée dans le XXIe s. Ce matin-là, quatre avions détournés par des terroristes kamikazes sont transformés en bombes volantes. Deux s'écrasent sur les Twin Towers de New York, le troisième sur le Pentagone à Washington. Le dernier appareil, quant à lui, se crashe en Pennsylvanie, mais sa cible était peut-être la Maison-Blanche ou le Capitole. C'est la plus grosse attaque terroriste jamais commise contre un État : près de 3 000 morts et autant de blessés.
Pour la première fois depuis près de deux siècles (Pearl Harbor mis à part), ***les États-Unis sont victimes d'un acte de guerre sur leur propre sol.*** Acte hautement symbolique ; l'agresseur n'est pas un État mais une nébuleuse de fanatiques invisibles en guerre, au nom des valeurs les plus archaïques de l'islam.
L'ennemi public n° 1 des États-Unis, ***Oussama Ben Laden***, milliardaire intégriste musulman d'origine saoudienne et réfugié en Afghanistan sous la protection des talibans, est immédiatement désigné comme le principal suspect.
L'entourage ultraconservateur de George W. Bush en conçoit une nouvelle doctrine de politique étrangère américaine basée sur l'existence d'un ***« axe du Mal »*** ; désormais les « États voyous » (Corée du Nord, Iran, Irak) se retrouvent dans le collimateur des faucons de Washington.
Première cible : ***l'Afghanistan,*** avec l'objectif de traquer sans relâche les réseaux de Ben Laden et d'éliminer le régime des talibans qui lui ont donné refuge... Médiocre résultat.
Dans la foulée de la logique de la lutte contre le terrorisme, Bush demande au FBI et à la CIA de lui fournir des arguments pour s'attaquer à sa deuxième cible : l'Irak de Saddam Hussein, que la guerre de son papa, en 1991, n'a pas réussi à destituer.

Mais où sont donc passées les armes de destruction massive ?

Dès 2002, l'Amérique de Bush compte se débarrasser d'un tyran sanguinaire qui asservit son peuple depuis plus de 20 ans. Mais pour faire la guerre et recevoir

l'aval du Congrès et des alliés des États-Unis, il faut des motifs probants. Malgré l'embargo dont l'Irak est frappé depuis 12 ans, on s'emploie donc à démontrer que Saddam mitonne dans son arrière-cuisine quelques programmes de développement d'armes de destruction massive (nucléaire, chimique et biologique) et que, à coup sûr, il doit être de mèche avec Ben Laden. Quelques voix s'élèvent du côté des artistes ou des intellectuels (Sean Penn ou Norman Mailer) mettant en doute la légitimité d'une telle guerre mais se retrouvent vilipendées par les médias de Rupert Murdoch aux ordres du Pentagone.
Le principal soutien international de George W. Bush s'appelle ***Tony Blair***, le Premier ministre britannique. Les autres membres permanents du Conseil de sécurité, France, Russie et Chine, soutenus par d'ex-alliés traditionnels des États-Unis (Allemagne, Mexique, Canada), renâclent à partir en croisade, mettant en doute l'idée reçue que le programme militaire irakien présente un danger pour la communauté internationale. ***Bush & Cie décident alors de se passer de la légitimité internationale pour s'engager dans le conflit.***
En 19 jours, le régime de Saddam Hussein s'effondre. La « pacification » du pays démarre.
Mais les occupants ont du mal à se concilier la coopération des anciens cadres du régime qui ne sont plus payés. Les réseaux d'entraide chiites du sud du pays en font plus pour réorganiser la vie quotidienne que les administrateurs venus de Washington.
Si les pertes anglo-américaines sont restées légères pendant les combats, une résistance organisée commence à se manifester. Avec l'accumulation des GI's qui tombent sous les embuscades, les attentats-suicides et le coût pharaonique de la guerre, l'opinion commence – il était temps ! – à se poser des questions sur les raisons qui ont conduit au conflit et la présence toujours non prouvée des fameuses armes de destruction massive. Petit à petit se profile sournoisement ***le spectre de l'enlisement*** de l'armée (comme au Vietnam).
En décembre 2003, Saddam est finalement capturé. 3 ans plus tard, il est condamné à mort.

G. W. Bush II : *bis repetita...*

La campagne présidentielle de 2004 commence tôt, avec, côté républicain, le « ticket Bush-Cheney » reconduit et, chez les démocrates, ***John Kerry***, sénateur catholique du Massachusetts, brillant étudiant à Yale et ex-héros du Vietnam. Les républicains s'appuient sur un électorat très à droite, dont les patriotes traumatisés par le *Nine-Eleven,* convaincus que la « guerre contre le terrorisme » prime sur tout le reste. En mai, *Fahrenheit 9/11,* le brûlot de Michael Moore contre Bush & Cie, remporte la Palme d'or à Cannes. Un vrai missile de croisière lancé en pleine campagne électorale !
Pourtant, le 2 novembre, après quelques heures de flottement du côté de l'Ohio, Bush remporte l'élection, avec au total plus de 3,5 millions de voix d'avance. Presque un plébiscite comparé à 2000...
L'Amérique est coupée en deux. Côté pouvoir, le système des valeurs met la barre à droite, toute ! À l'unilatéralisme sans état d'âme à l'extérieur vient s'ajouter la prééminence des critères moraux et religieux sur l'emploi ou l'économie. On fait des coupes sombres dans les budgets fédéraux. ***La référence à Dieu émaille tous les discours,*** la Bible fait jeu égal avec les théories de l'évolution dans les programmes scolaires, des États remettent en cause le droit à l'avortement, les gays et les lesbiennes sont priés d'aller s'unir ailleurs et les retraités sont entraînés à placer leurs économies sur les actions des entreprises liées à la sécurité pour espérer survivre dignement. Sans parler de la couverture santé, dont 40 millions d'Américains doivent se passer.
Et la « Liberté » poursuit sa marche écrasante en Irak avec, il est vrai, des élections libres (et suivies par une large majorité de la population) mais qui ont du mal à

déboucher sur la constitution d'une équipe gouvernementale représentative. Avec l'exacerbation des clivages religieux (chiites et sunnites), le pays reste plongé dans le chaos. L'opération *Iraqi Freedom* aura au final causé des dizaines de milliers de morts, d'abord et surtout chez les Irakiens.

2008 : *« Yes we can ! »*

Le second mandat de George W. Bush s'achève dans un marasme sans précédent dans l'histoire américaine. ***L'enlisement en Irak et en Afghanistan est total et dès 2007 éclate la crise des* subprimes,** qui jette nombre d'Américains à la rue. La campagne électorale démarre tôt. Chez les républicains, John McCain, 72 ans, héros du Vietnam, s'impose rapidement. Côté démocrate, une primaire interminable oppose l'ex-First Lady, sénatrice de l'État de New York à un quasi-inconnu du grand public, ***Barack Obama***, sénateur de l'Illinois, diplômé de Harvard tout de même et qui a la particularité d'être un métis né à Hawaii d'un père kenyan et d'une Américaine du Kansas. Un choix inédit dans la politique américaine, entre une femme briguant l'investiture suprême et un homme assimilé aux minorités afro-américaines. Tout un symbole après l'esclavage et la ségrégation raciale. Après une âpre lutte, où la supposée expérience du pouvoir de l'ex-locataire de la Maison-Blanche affronte le besoin de changement prôné par l'ancien travailleur social des quartiers pauvres de Chicago, ***c'est Obama qui l'emporte, surfant sur une vague populaire qui rassemble autant les minorités ethniques que la classe moyenne blanche.*** En septembre, les sondages donnent Obama et McCain au coude à coude. Surviennent alors deux événements qui font pencher la balance en faveur du candidat démocrate. Pour attirer la partie la plus conservatrice de son électorat, McCain se dote d'une colistière inconnue, Sarah Palin, gouverneure du lointain État d'Alaska, chasseuse de caribous, anti-écologiste, anti-avortement, anti-minorités (mais pro-pétrole) et mère de famille nombreuse. Si au départ ce choix semble un joli coup de marketing politique, le pétard se révèle rapidement mouillé du fait des gaffes accumulées par la pittoresque candidate dont la capacité à succéder éventuellement à un président âgé est rapidement mise en doute. Mais le pire est à venir : une ***crise financière majeure*** éclate à la mi-septembre, qui entraîne l'économie mondiale vers une récession de longue durée et jette nombre d'Américains à la rue.

C'est dans ce contexte sinistre que s'achève la campagne. Les Américains veulent croire en un espoir de redressement et Barack Obama, avec son charisme et sa jeunesse, incarne clairement cette aspiration au renouveau. Favori des sondages, il l'emporte confortablement le 4 novembre 2008 avec près de 200 grands électeurs de plus que McCain. Jamais une élection présidentielle n'a suscité une telle mobilisation aux États-Unis : deux Américains sur trois ont voté. Et jamais une victoire électorale n'a autant passionné le monde entier.

POTUS ET BOUCHE COUSUE

Savez-vous qui est POTUS ? Un indice : à ce jour il a porté successivement quelque 44 prénoms, dont George, Abraham et Barack. Et oui, derrière cet acronyme se cache le President of The United States. Question subsidiaire : comment appelle-t-on la First Lady ? Et bien, FLOTUS, pardi !

2009-2011 : de la mauvaise passe au rebond ?

Dès les premiers jours de son investiture (janvier 2009), le 44e président des États-Unis est mis au pied du mur. ***L'héritage de la période Bush est particulièrement lourd à gérer.*** La question de ***la fermeture de la prison de Guantanamo*** est symbolique. Malgré la signature d'un décret ordonnant sa fermeture en début de mandat devant les caméras, la prison n'avait toujours pas fermé ses portes en 2012, le Congrès ayant voté entre-temps l'interdiction du transfert des détenus de Guantanamo sur le sol américain. Revers pour Barack Obama, alors contraint de changer son fusil d'épaule.

Les guerres extérieures horriblement coûteuses s'enlisent, même si ***les retraits d'Irak et d'Afghanistan sont désormais programmés.***

Mais c'est surtout au problème de ***la réforme du système de santé*** américain, un de ses principaux thèmes de campagne, que le 44ᵉ président des États-Unis a été confronté : son ambition de donner une couverture médicale aux 46 millions d'Américains qui en sont dépourvus représente un coût de plus de 900 milliards de dollars, financé notamment par l'abandon des réductions d'impôts accordées par l'administration Bush aux plus hauts revenus. À l'heure où le taux de chômage flirte avec les 8 % et où les plans sociaux sont nombreux, le coût de cette réforme a été d'autant moins facile à approuver que les Américains, irrémédiablement accrochés à l'individualisme au nom de leur sacro-sainte liberté, ont encore du mal avec l'idée d'une solidarité sociale. Obama, traité par ses opposants de « socialiste » (y compris dans son propre camp), s'est livré à une véritable guérilla pour faire adopter sa réforme en 2010, puis par la cour Suprême en 2012. Une victoire historique même si celle-ci a été en partie édulcorée afin de faciliter son passage, quasiment aux forceps !

La question environnementale, autre enjeu de la campagne, pose aussi problème : beaucoup de promesses ont été faites, notamment dans le domaine des énergies vertes et de la création de *green jobs,* mais le président est encore attendu au tournant. Mais sa bête noire en 2010, c'est sa gestion du fameux *oil spill* déclenché par l'explosion en avril d'une plate-forme pétrolière dans le golfe du Mexique, à 70 km des côtes de la Louisiane. ***La plus grande marée noire*** que les États-Unis aient jamais connue a fait l'objet d'une série de cafouillages sans précédent de la part de la société britannique *BP (British Petroleum)* qui, pendant des semaines, ne savait tout simplement pas comment arrêter les millions de litres de pétrole s'écoulant dans la mer. Excédé, Barack Obama a fustigé le consortium pour son incompétence, tout en se voyant reprocher la sienne propre par ses opposants, les autorités de Louisiane et une partie de ses habitants, réveillant ainsi l'idée selon laquelle le président était un de ces technocrates dont regorge le Parti démocrate.

En novembre 2010, les ***élections américaines de mi-mandat sont une gifle pour Barack Obama :*** les démocrates conservent la majorité au Sénat mais perdent la Chambre des représentants. Côté républicain, un nouveau mouvement, les ***Tea Parties,*** né dans la foulée de l'élection de Barack Obama, impose ses thèmes. Volontiers réactionnaires, ultraconservateurs, les *Tea Parties* se posent surtout comme des adversaires acharnés de l'État fédéral et de ses impôts.

Dans le même temps, la publication par ***WikiLeaks*** de 250 000 documents et télégrammes secrets concernant la diplomatie américaine provoque aussi des remous.

En 2011, lorsque les révolutions secouent plusieurs pays arabes, c'est la prudence qui l'emporte à la Maison-Blanche : soutien à la transition pacifique en Tunisie, négociation en coulisse concernant le départ d'Hosni Moubarak en Égypte, participation militaire en Libye mais en laissant le soin aux autres, et notamment à la France, de prendre la direction des opérations, condamnation de la Syrie face à la répression sanglante menée par le régime de Bachar Al-Assad.

Le 1ᵉʳ mai 2011, coup de théâtre ! Barack Obama annonce solennellement devant les télés qu'***Oussama Ben Laden, le cerveau présumé des attentats du 11 septembre 2001, a été abattu*** dans une maison d'Abbotabad, au Pakistan, par un commando des forces américaines. Après presque 10 ans de traque infructueuse, l'opération « Geronimo » lancée par le président *himself,* dans le plus grand secret, a eu raison de l'ennemi public n° 1 des États-Unis. Joie et surtout soulagement dominent dans le pays. Pour nombre d'Américains, l'affront est enfin lavé, la page traumatisante du 11 Septembre peut alors se tourner. C'est une victoire incontestable pour Barack Obama dont la cote de confiance connaît un rebond nécessaire. Un succès bienvenu pour un président-candidat à l'élection présidentielle de novembre 2012.

Un mormon candidat à la Maison-Blanche

Les Républicains se préparent à reconquérir la Maison-Blanche. Mais leurs primaires s'enlisent, un nom tarde à se détacher, alors que chaque candidat s'emploie à promettre toujours moins de dépenses (on parle même de supprimer le ministère de l'Éducation !), tous étant poussés sur leur droite par les *Tea Parties*. Finalement, ***Mitt Romney***, businessman mormon multimillionnaire (sa fortune est estimée à 200 millions de dollars) et ex-gouverneur du Massachusetts s'impose. Signe que les temps ont bien changé, celui que l'on jugeait trop conservateur en 2008 (il avait alors échoué aux primaires) apparaît désormais trop libéral aux yeux de certains... Pourtant, en ces temps de crise et de rejet du système financier, sa fortune – et sa religion – font désordre. Une fois de plus, l'Amérique est coupée en deux. D'autant que, quelques mois plus tôt, c'est le mouvement ***Occupy Wall Street*** qui faisait la une de l'actualité. Inspiré par les révolutions arabes et les occupations menées par les Indignés d'Espagne et d'ailleurs, ce mouvement contestataire est né dans la foulée d'une grève massive des fonctionnaires du Wisconsin s'opposant à une attaque en règle contre le droit syndical. Spontané, horizontal, ne se revendiquant d'aucun parti ou syndicat, *Occupy Wall Street* rassemble un panel hétéroclite de la population américaine autour d'une affirmation, ***« Nous sommes les 99 % »***, par opposition aux 1 % les plus riches supposés détenir tous les leviers du pouvoir.

Quelques dates

– ***35000 à 10000 av. J.-C. :*** premières migrations de populations d'origine asiatique à travers le détroit de Béring.
– ***2640 av. J.-C. :*** les astronomes chinois Hsi et Ho auraient descendu la côte américaine par le détroit de Béring.
– ***1000-1002 apr. J.-C. :*** Leif Erikson, fils du Viking Erik le Rouge, explore les côtes de Terre-Neuve et du Labrador, et atteint peut-être ce qui est aujourd'hui le nord-est des États-Unis.
– ***1492 :*** découverte de l'Amérique par Christophe Colomb.
– ***1524 :*** découverte de la baie de New York par Giovanni Da Verrazano.
– ***1607 :*** fondation de Jamestown (Virginie) par le capitaine John Smith.
– ***1619 :*** premiers esclaves noirs dans les plantations de Jamestown.
– ***1620 :*** le *Mayflower* débarque à Cape Cod avec 100 pèlerins qui fondent Plymouth (les pères pèlerins).
– ***1650 :*** légalisation de l'esclavage.
– ***1682 :*** un explorateur français, René Robert Cavelier, sieur de La Salle, occupe, au nom de la France, la vallée du Mississippi. Il lui donne le nom de Louisiane, en l'honneur de Louis XIV. Pendant une trentaine d'années, la France délaisse cette immense colonie marécageuse et sans ressource apparente.
– ***1717-1718 :*** fondation de La Nouvelle-Orléans.
– ***1762 :*** par le traité de Fontainebleau, Louis XV cède la Louisiane à l'Espagne.
– ***1776 :*** adoption de la Déclaration d'indépendance le 4 juillet.
– ***1784 :*** New York élu provisoirement capitale des États-Unis.
– ***1789 :*** George Washington désigné premier président des États-Unis.
– ***1790 :*** Philadelphie devient provisoirement capitale des États-Unis.

– ***1800 :*** Washington devient la capitale des États-Unis à la place de Philadelphie. L'Espagne restitue la Louisiane à Napoléon.
– ***1803 :*** Napoléon vend la Louisiane aux États-Unis pour 15 millions de dollars, ce qui correspond à 25 centimes de francs l'hectare ! Ce sera la plus grande vente foncière de tous les temps. C'était pour lui un moyen d'empêcher que ce vaste territoire tombe aux mains des Anglais.
– ***1812 :*** la Louisiane constitue un État à part entière.
– ***1831 :*** 2 millions d'esclaves aux États-Unis.
– ***1861 :*** guerre de Sécession. La Louisiane, refusant l'abolition de l'esclavage, fait sécession et se joint au gouvernement sudiste.
– ***1865 :*** la défaite des États sudistes et l'abolition de l'esclavage par Abraham Lincoln annoncent le déclin des grandes plantations.
– ***1886 :*** invention du *Coca-Cola* par J. Pemberton. La statue de la Liberté, d'Auguste Bartholdi, est offerte aux États-Unis pour symboliser l'amitié franco-américaine à New York.
– ***1916 :*** premier magasin d'alimentation libre-service à Memphis, Tennessee.
– ***1924 :*** l'*Indian Citizenship Act*, citoyenneté américaine des Indiens.
– ***1925 :*** Hoover est le premier président à utiliser la radio pour sa campagne électorale. Première diffusion sur les ondes du *Grand Ole Opry.*
– ***1929 :*** Krach de Wall Street le jeudi 24 octobre.
– ***1932 :*** New Deal instauré par Franklin D. Roosevelt pour remettre sur pied l'économie américaine.
– ***1936 :*** l'athlète noir américain Jesse Owens remporte quatre médailles d'or aux J.O. de Berlin.
– ***1937 :*** premier caddie testé dans un magasin d'Oklahoma City.
– ***1939 :*** *Autant en emporte le vent,* réalisé par Victor Fleming, Sam Wood et George Cukor.
– ***1941 :*** attaque japonaise à Pearl Harbor (Hawaii) le 7 décembre. Déclaration de guerre des États-Unis au Japon le lendemain. Déclaration de guerre de l'Allemagne et de l'Italie aux États-Unis le 11 décembre.
– ***1944 :*** débarquement allié en Normandie le 6 juin.
– ***1945 :*** bombes atomiques sur Hiroshima et Nagasaki les 6 et 9 août.
– ***1946 :*** début de la guerre froide. Winston Churchill parle du « rideau de fer ».
– ***1948 :*** premier fast-food, créé par deux frères, Maurice et Richard McDonald.
– ***1950 :*** début du maccarthysme, croisade anticommuniste par le sénateur McCarthy.
– ***1952 :*** *Rocket 88,* de Jackie Brenston's, considéré comme le premier morceau de rock 'n' roll.
– ***1955 :*** Elvis enregistre son premier tube au Sun Studio, *That's All Right Mama*.
– ***1958 :*** création du label de *soul music* Stax à Memphis.
– ***1963 :*** *Ich bin ein Berliner,* discours historique de Kennedy le 26 juin. Assassinat de John F. Kennedy à Dallas le 22 novembre.
– ***1964 :*** début de la guerre du Vietnam.
– ***1966 :*** fondation des *Black Panthers* à Oakland par des amis de Malcom X. *Black Power,* expression lancée par Stockeley Carmichael, prônant le retour des Noirs en Afrique.
– ***1968 :*** assassinat de Martin Luther King le 4 avril à Memphis. Le 5 juin, Bob Kennedy, frère de John, meurt lui aussi assassiné.
– ***1973 :*** élections des premiers maires noirs à Los Angeles, Atlanta et Detroit. Cessez-le-feu au Vietnam.
– ***1974 :*** la crise du Watergate entraîne la démission de Richard Nixon.
– ***1975 :*** légalisation partielle de l'avortement.
– ***1976 :*** rétablissement de la peine de mort (après sa suspension en 1972).
– ***1977 :*** mort d'Elvis Presley dans sa propriété de Graceland, à l'âge de 42 ans.
– ***1991 :*** du 17 janvier au 27 février, guerre du Golfe.

– ***1995 :*** le sénat du Mississippi ratifie enfin le 13e amendement de la constitution des États-Unis, mettant un terme à l'esclavage !
– ***1996 :*** J.O. à Atlanta. Réélection de Bill Clinton.
– ***1999 :*** tricentenaire de l'installation de la première colonie française en Louisiane.
– ***2001 :*** le 11 septembre, les États-Unis sont victimes de la plus grave attaque terroriste de l'histoire mondiale (3 000 morts). Début du conflit en Afghanistan pour renverser le régime taliban.
– ***2003 :*** guerre en Irak, suivie par l'occupation militaire du pays par la coalition formée par les États-Unis. En septembre, le pays rejoint l'Unesco, après 20 ans de désertion.
– ***2004 :*** Michael Moore reçoit la Palme d'or à Cannes pour son film-pamphlet contre l'Amérique de Bush, *Fahrenheit 9/11*. Réélection de George W. Bush.
– ***2005 :*** fin août, le cyclone Katrina, un des plus dévastateurs de l'histoire américaine, provoque une catastrophe humanitaire, écologique et économique sans précédent dans trois États : la Louisiane, le Mississippi et l'Alabama.
– ***2006 :*** la population américaine atteint la barre des 300 millions d'habitants. En novembre, condamnation à mort de Saddam Hussein.
– ***2007 :*** La Nouvelle-Orléans a pratiquement retrouvé son visage d'avant Katrina. L'État adopte un méga projet de réaménagement du Mississippi pour éviter de nouvelles inondations. Des dizaines d'années de travail en perspective et de milliards de dollars d'investissements. Le prix Nobel de la paix est décerné à l'ancien vice-Président Al Gore et au Groupe d'experts intergouvernemental sur l'évolution du climat, pour leur engagement dans la lutte contre les changements climatiques.
– ***2008 :*** fin août, le maire de La Nouvelle-Orléans, Ray Nagin, ordonne l'évacuation de la population à l'approche de l'ouragan Gustav, qui, après avoir dévasté Haïti, s'annonce comme la tempête du siècle. Heureusement, Gustav faiblit d'intensité pour se transformer en tempête tropicale en atteignant les côtes américaines. Les digues de La Nouvelle-Orléans résistent et les habitants sont autorisés à regagner leurs maisons plus tôt que prévu. La crise financière sans précédent qui frappe le système bancaire américain oblige une administration républicaine traditionnellement peu interventionniste à injecter 1 000 milliards de dollars dans l'économie, pour endiguer les faillites en cascade. Le démocrate Barack Obama succède à George W. Bush et devient ainsi le premier président noir à entrer à la Maison-Blanche.
– ***2009 :*** Barack Obama reçoit le prix Nobel de la paix « pour ses efforts extraordinaires en faveur du renforcement de la diplomatie et de la coopération internationales entre les peuples ».
– ***2010 :*** le 7 février, les *Saints* de La Nouvelle-Orléans remportent le *Super Bowl*, le prestigieux championnat national de football américain, face aux Colts d'Indianapolis. La veille, la ville avait élu son premier maire blanc depuis 1978, Mitch Landrieu, avocat et démocrate modéré issu d'une grande famille de personnalités politiques créoles. Barack Obama réussit à faire passer sa réforme du service de santé auprès du Congrès mais ne parvient pas à maîtriser la tragédie de l'année : une plate-forme pétrolière de la *British Petroleum* (BP) sombre au large de la Louisiane et provoque la plus grande marée noire que les États-Unis aient jamais connue.
– ***2011 :*** l'Alabama et cinq autres États du sud des États-Unis (Tennessee, Mississippi, Géorgie, Virginie et Kentucky) sont touchés par de très violentes tornades. Le bilan est lourd : plus de 300 morts et 2 000 blessés. Le 1er mai, Barack Obama annonce officiellement la mort du chef d'Al Qaida, Oussama Ben Laden, tué par les forces américaines lors d'une opération commando au Pakistan.
– ***2012 :*** en campagne électorale pour sa réélection face au Républicain Mitt Romney, Obama se rend en Afghanistan pour signer un accord stratégique prévoyant le retrait des troupes américaines d'ici 2014. Quelques jours plus tard, il se prononce en faveur du mariage homosexuel.

HISTOIRE DE LA LOUISIANE

En 1673, au nom du roi Louis XIV, Louis Joliet et le père Marquette flirtent avec le territoire inviolé de la future Louisiane. Il faut attendre 1682 et René Robert Cavelier, sieur de La Salle, explorateur français en mission dans les Grands Lacs, pour voir la région déflorée. Celui-ci descend le Mississippi, devient le premier Européen à parvenir jusqu'à l'embouchure du fleuve et baptise les nouvelles terres traversées « Louisiane » en l'honneur de son roi. La même année, il repart en France afin de préparer sa prochaine expédition avec le soutien de Sa Majesté. Mais son voyage le conduit par erreur au Texas, où il périt avant de rejoindre le delta du Mississippi.

La première colonie

Pierre Le Moyne d'Iberville poursuit l'action de son prédécesseur. Marin et explorateur, il atteint l'embouchure du Mississippi par le sud et décide d'y établir la première colonie française. On est le 2 mars 1699, jour de Mardi gras, et Iberville baptise tout naturellement son camp militaire *Le Point Mardi Gras.* Quelle imagination ! Les Français remontent ensuite le fleuve et fondent Baton Rouge. En 1702, l'explorateur devient le premier gouverneur de la Louisiane, mais ce n'est qu'en 1718, avec la fondation de La Nouvelle-Orléans, que la colonie française prend véritablement son essor. Les premiers immigrés sont rejoints en 1755 par les Acadiens, Français du Canada chassés par les Anglais. Ce sont les Cajuns, dont voici quelques mots d'histoire.

UNE CAMPAGNE DE DÉSINFORMATION

Pour peupler la Louisiane, on fit courir le bruit que le sol regorgeait d'or et de pierres précieuses. On oubliait les marais, les moustiques et les Indiens. Le roi offrait terres et animaux aux volontaires. En 1717, à son retour en France, le seigneur de Lamothe-Cadillac, gouverneur de Louisiane, fut enfermé à la Bastille, de crainte qu'il ne dise la vérité.

Les persécutés d'Acadie

Afin de bien saisir d'où viennent ces Cajuns et qui ils sont, il faut revenir en arrière, au début du XVIIe s, et surtout se projeter plus au nord, au Canada, en Nouvelle-France, qui deviendra sous les Anglais Nova Scotia.
Car les Acadiens (le terme « Cajun » viendra bien plus tard) constituent un peuple sans nation, une population sans État. Lorsque Richelieu envoie des colons français au début du XVIIe s pour peupler ce vaste territoire, il est seulement occupé par des coupeurs de bois, des trappeurs et des chasseurs. Une centaine de familles s'installent alors, afin de donner un peu plus de sens à la colonie naissante.
Le territoire sur lequel elles bâtissent leur avenir se nomme La Cadie, qui deviendra rapidement l'Acadie. Il s'étend sur la Nouvelle-Écosse actuelle, le Nouveau-Brunswick et une partie du Maine. La colonie s'organise autour de Port-Royal, un petit fort. On est courageux à la tâche, et les terres rendent bien. Rien ne manque. Les colons s'adaptent rapidement, et les naissances sont nombreuses. Bref, la vie est plutôt belle. Tout le XVIIe s peut d'ailleurs être considéré comme le véritable âge d'or pour ces pauvres paysans français qui quittèrent sans regret leur Poitou natal. C'est cette période, précisément, qui engendrera la nostalgie future, celle de l'Acadie Terre promise, possédée puis retirée. L'Acadie ressemble en effet étrangement à l'Arcadie, contrée montagneuse et bienheureuse de la Grèce antique, située dans le Péloponnèse. Le symbole de ce paradis mythique prendra d'autant plus d'importance qu'il échappera à cette population.

Plus le territoire occupé par les Acadiens s'étend et leurs richesses aussi, plus les Anglais veillent et commencent à faire pression sur ce peuple par trop entreprenant, catholique de surcroît. Car la motivation des Anglais n'est pas seulement politique, elle est aussi fondée sur la jalousie et la rancœur. La réussite des Acadiens est trop arrogante. Ainsi les troupes anglaises prennent Port-Royal en 1710 et, 3 ans plus tard, le traité d'Utrecht fait passer l'Acadie entre leurs mains. Elle devient et demeurera Nova Scotia. Les Acadiens parviennent à arracher un statut de « Français neutres ». La tolérance affichée envers ces colons se mue rapidement en méfiance lorsque la maison de Hanovre remplace les Stuarts à la tête du royaume d'Angleterre. Puis la méfiance devient répression. On leur demande de faire allégeance au roi George II, de jurer fidélité absolue à la Couronne et de renoncer à leur religion. Certains acceptent, beaucoup refusent. Les choses ne feront que s'envenimer quand une nouvelle guerre franco-anglaise est déclarée en 1744, ayant pour objectif de faire passer l'ensemble de la Nouvelle-Écosse sous contrôle anglais.

Le « Grand Dérangement »

Sous ce nom presque sympathique se cache l'une des grandes opérations d'éradication ethnique organisée par un État. Le commandant Charles Lawrence sera le maître d'œuvre de cette odieuse entreprise entamée en 1755 : terres confisquées, bétail volé, maisons brûlées et familles séparées. Il s'agit en fait d'une véritable persécution organisée. Les populations acadiennes seront dispersées dans 13 colonies américaines, afin d'éclater leur unité. On embarque tout le monde en vrac sur des navires vétustes, surchargés. Les villages sont anéantis pour éviter tout retour. Ce Grand Dérangement grave rapidement une lourde cicatrice au cœur des Acadiens, loin d'être refermée aujourd'hui. C'est sans doute aussi le véritable acte fondateur du mythe de l'Acadie, le paradis perdu. Cette errance durera trois décennies et forgera à jamais le caractère de ce peuple.
Sur les 13 000 Acadiens, on estime que près de 10 000 furent expulsés, et que la moitié périrent durant la déportation. Les régions d'« accueil » reçoivent ces « nouveaux » de manière inégale. En Virginie, on tente de les renvoyer ; en Nouvelle-Angleterre, on les enferme. Certains s'embarquent pour Saint-Pierre-et-Miquelon. Sur le territoire américain, les Indiens seront pratiquement les seuls à les accueillir comme des frères. Il faut dire qu'eux-mêmes sont en délicatesse (euphémisme) avec les Tuniques rouges. En 1763, la France perd administrativement le Canada, la Nouvelle-France n'existe plus. Les derniers Acadiens sont autorisés à regagner leur pays d'origine. Belle-Île-en-Mer et le Poitou voient revenir ces colons du bout du monde. Certains repartiront d'ailleurs bien vite.

L'arrivée des Cajuns en Louisiane

Le delta du Mississippi, et donc la Louisiane (nous y voilà enfin !), est une autre région d'« échouage » de ces réfugiés qui tentent de chercher une terre de salut. Étrangers sur une terre étrange.
C'est en 1785 que débarquent à La Nouvelle-Orléans sept bateaux bourrés à craquer des derniers réfugiés (près de 1 500). La Nouvelle-Orléans n'a pas peur des têtes nouvelles, puisqu'il y a déjà ici des Indiens, des créoles, des esclaves noirs, des gens de couleur libres, des colons français évidemment, ainsi que quelques Acadiens qui avaient fui plus tôt que les autres. Métissage, méli-mélo de peaux et de chairs, La Nouvelle-Orléans est à cette période une terre de brassage, de mélanges. Ces petits nouveaux seront plutôt correctement accueillis par le gouvernement espagnol. On leur donne même quelques provisions pour démarrer. Ils s'installent là où ils le peuvent, là où il reste quelques lopins de terre pas trop ingrate à cultiver, si possible non loin de l'eau mais dans les régions inhabitées, c'est-à-dire les plus inhospitalières, comme les bayous. Bien plus pauvres que les

autres fermiers, ils sont souvent un peu méprisés, de la même façon que les Noirs, enfin peut-être pas autant.
Le bayou Teche, le bayou Lafourche et tout l'Atchafalaya Basin seront leurs zones de regroupement. La terre n'est pas aussi bonne qu'en Acadie (rappelez-vous le paradis perdu), mais ils n'ont pas vraiment le choix, et ce n'est pas la peine de trop se faire remarquer. Ils retroussent leurs manches et s'adaptent à nouveau. Ils vivent sans heurts avec les différentes communautés mais, comme toutes les minorités menacées, ils se replient sur eux-mêmes pour recréer une société idéale. Ce sont les Africains de la « traite », implantés dans cette région depuis pratiquement un demi-siècle qui, progressivement, par une déformation linguistique, oublieront le « a », transformant ainsi le mot « Acadien » en « Cadien », puis en « Cajun ». La greffe prend.
Au tournant du XIXe s, les Acadiens d'Acadie sont devenus les Cajuns de Louisiane. C'est une minorité comme une autre, ni plus ni moins. Mais après la pluie vient le beau temps. Après les années terribles, il est temps de profiter un peu de la vie. Ainsi, avec l'amélioration des conditions de vie, on a à nouveau envie de faire la fête. Les familles se réunissent sous la véranda le samedi soir et on se met à chanter, à boire un coup, puis à danser. Les célèbres « fais-dodo » (fêtes en musique) renaissent. Leur culture se mêle à celles des autres groupes humains, notamment à celle des Noirs. Ces deux cultures ayant en commun la musique et le sens de la fête.
Les Cajuns ne seront jamais riches. Au mieux, ceux qui réussiront en affaires posséderont quelques esclaves, jamais plus d'une poignée. Cette relative pauvreté est encore apparente aujourd'hui quand on visite le cœur du pays cajun, c'est-à-dire la région située entre Ville-Plate au nord, Kaplan au sud, Eunice à l'ouest et New Iberia à l'est. On y voit encore quelques maigres vaches paître ce qu'elles trouvent sur des champs minuscules. Pour subvenir à leurs besoins, les Cajuns cultivent un peu de riz ou de canne à sucre et pêchent les grosses crevettes dans l'estuaire. Ils vivent dans de petites maisonnettes en bois vieillottes. On est bien loin du rêve américain !

Et la France dans tout ça ?

Fort d'être un État français, la Louisiane de la fin du XVIIe s, dans les premiers temps, se réclame de la culture hexagonale. Mais le ver est dans le fruit, et les valeurs traditionnelles héritées du Vieux Continent sont progressivement abandonnées. La production littéraire ainsi que la pratique de la langue française s'étiolent au profit d'une culture très américaine et fière de l'être. Napoléon ne vendit-il pas ce vaste territoire aux Américains en 1803 (qui, du coup, doubla la surface des États-Unis d'alors) ? La France n'avait-elle pas laissé tomber les Cajuns ?
Même s'ils continuent d'être fiers de leur culture, les Cajuns hésitent à employer le français, par timidité, un peu par manque de confiance aussi. Et puis, les interlocuteurs sont limités. Le rouleau compresseur américain est en marche. Pourtant, en 1847, le poète Longfellow écrit l'histoire d'Evangeline, qui retrace la tragédie des Acadiens, sous couvert d'un romantisme échevelé. C'est un succès incroyable. Mais de moins en moins de Cajuns parlent le français, et l'idée de s'exprimer dans une langue qu'ils ne maîtrisent plus parfaitement, n'existant que sous la forme orale, devient de plus en plus saugrenue.
Une ère de sauvegarde de la langue française apparaît bien timidement à la fin du XIXe s. Des initiatives telles que la « Renaissance louisianaise » ou l'« Athénée louisianais », en 1876, proposent aux écrivains une sorte de plaidoyer pour une littérature franco-louisianaise. Cependant, faute de combattants, le mouvement disparaîtra avec le nouveau siècle. Les préoccupations des habitants sont ailleurs.

La perte d'identité

Le véritable coup de grâce sera donné en 1916, avec l'interdiction de l'usage du français dans les écoles louisianaises. C'est l'heure de la honte. Tout élève surpris à s'exprimer en français est puni. On soutient que c'est la langue des pauvres et qu'elle ne permet pas de trouver du travail. La culture française est bannie, et l'assimilation linguistique anglaise forcée. Dans les années 1950, la radio et la TV achèvent de faire pénétrer l'anglais en milieu rural. Les Texans, quant à eux, n'embauchèrent les Cajuns pour exploiter le pétrole de Louisiane qu'à la condition qu'ils parlent l'anglais.

Le début d'une renaissance

Il faudra attendre 1955 et Dudley Leblanc, un sacré personnage, pour que la culture cajun renaisse de ses cendres. Ce riche négociant, devenu député à la Chambre des représentants de Louisiane, a l'idée de célébrer le bicentenaire du début du Grand Dérangement. De ce jour, le mot « cajun » ne sera plus synonyme de honte mais de fierté. Il retrouve un sens, une histoire et surtout un avenir.
En 1968, sous l'impulsion d'un ancien membre du Congrès, M. Demongeaux, d'origine cajun, un organisme est créé pour la promotion du français de Louisiane, le Codofil. Avec l'aide de plusieurs pays francophones, cet organisme met sur pied un ambitieux programme scolaire qui permet à bon nombre d'écoliers de suivre des cours de français grâce à la création de nombreuses écoles bilingues. Ce n'est pas vraiment le pur cajun, et la tradition linguistique ne se perpétue pas tout à fait, mais la direction est montrée. Certains vieux Cajuns, qui parlaient le français dans leur enfance, retournent à l'école pour retrouver l'écho de leur passé, enfoui au fond d'eux-mêmes. Sur environ 900 000 Cajuns que compte la communauté, seulement 10 % parleraient le français, sans compter qu'ils ne sont plus très jeunes et que dans moins de 20 ans...

Le rôle de la chanson

La chanson et la musique cajuns sont certainement les éléments clés du renouveau. Zachary Richard est depuis bien longtemps la tête de pont, la figure de proue, l'emblème de ce légitime combat pour la préservation et le développement de la culture cajun. Il a bien compris que le renouveau de cette culture passera par le plaisir. Plaisir de s'amuser, de chanter, de danser et de manger. Ainsi, tous les 15 août, jour de la fête de tous les Acadiens, il chante sa chanson *Réveil* sur la survie de la nation acadienne et termine par cette phrase : « Lâcher Jamais ! » Tout n'est pas encore gagné, mais aujourd'hui on est cajun avant d'être américain. Belle renaissance.
Si la culture n'est plus aujourd'hui en danger de mort, sur le plan géographique, il n'existe plus que trois principales régions acadiennes : la première au Canada (Nouveau-Brunswick et Nouvelle-Écosse), la deuxième en Louisiane et la troisième à Belle-Île-en-Mer (France) où s'en retournèrent quelques familles au XVIIIe s. Cette grande famille éclatée possède malgré tout trois symboles importants : un drapeau (tricolore avec une étoile jaune dans le bleu), une fête nationale (l'Assomption, le 15 août) et un hymne (l'*Ave Maris Stella*).

INDIENS HOUMAS : LES OUBLIÉS DE LA LOUISIANE

Dès les années 1540, divers explorateurs, dont l'Espagnol Hernando de Soto, avaient descendu et remonté le Mississippi, exploré les rives et leurs environs. À sa mort, ses hommes étendirent leurs recherches, parcourant les territoires allant de la Louisiane jusqu'à la Floride. Ce n'est cependant qu'en 1699, l'année où la Louisiane passa officiellement sous le contrôle de la Compagnie des Indes, que furent localisés et reconnus, pour la première fois, les Indiens houmas (sur le site actuel de la ville de Houma). Il s'agissait à l'origine d'une tribu sédentaire,

vivant de l'agriculture sur des terres fertiles et élevées (pour éviter les crues). Ils allaient à la chasse une fois par an, généralement à l'automne, et leur mode de vie était différent des autres tribus nomades, chasseurs de métier et facilement belliqueux.
Selon les notes des explorateurs de l'époque comme René Robert Cavelier de La Salle (vers les années 1670), les terres occupées par ces présumés Indiens houmas étaient séparées de celles des Bayogoulas par un fameux « bâton rouge », site actuel de la capitale administrative de la Louisiane portant le même nom ! Car il existait une rivalité entre les différentes tribus.

POURQUOI LE SCALP ?

Les Indiens croyaient dur comme fer que l'âme des personnes se trouvait au sommet de leur crâne puisque les cheveux continuaient de pousser après la mort. Selon eux, les Esprits prenaient les corps par la chevelure pour les tirer au ciel. Quand on scalpait un ennemi, on s'appropriait sa force et on l'empêchait de goûter au repos éternel. Pas étonnant qu'aujourd'hui encore, les Indiens portent les cheveux longs.

Les Anglais, toujours les Anglais... puis les Américains

C'était l'époque où la France, montrant de plus en plus d'ambition à élargir son entreprise de colonisation du Nouveau Monde, sortait d'une guerre avec l'Angleterre (1697), qui elle-même avait des vues sur la vallée du Mississippi. Les conflits entre les deux pays, qui avaient commencé en Europe, trouvaient donc un nouveau terrain de jeu pour s'exprimer dans la vallée du Mississippi.
Les différentes tribus indiennes installées dans ces régions furent contraintes de prendre part au conflit franco-anglais, et chacun choisit son camp : les Natchez, guerriers et belliqueux de nature, s'allièrent aux Anglais ; les Houmas, plus pacifistes, se retrouvèrent alliés des colons français aux côtés desquels ils vécurent, apprenant ainsi leur langue (voilà pourquoi de nombreux Houmas parlent aujourd'hui un excellent français, dont ils se sentent plus proches que de l'anglais). Les Français, inclusifs de nature, se mirent très vite à considérer les Indiens houmas comme faisant partie des leurs.
Parallèlement, les Anglais, qui au contraire n'avaient jamais considéré les Indiens natchez comme de vrais alliés, leur avaient pourtant donné pour mission de chasser les Houmas francophiles de leur terre d'origine. Ces Indiens-là se virent ainsi expulsés de leur terre par les Natchez (sous le contrôle des Anglais) et refoulés plus au sud, dans la région actuelle de Burnside. Recommençant leur vie sur des terres nouvelles, les Houmas réussirent à maintenir leur cohésion et connurent une réelle prospérité jusqu'en 1803, année du rachat de la Louisiane par les États-Unis. Le président Jefferson ordonna, dès son accès au pouvoir, de faire procéder à un recensement de la population. Il en résulta que les terres – jugées fertiles – où les Houmas prospéraient furent tout simplement réclamées par le gouvernement américain qui se les appropria arbitrairement, sans faire cas des populations installées. À nouveau, les Houmas furent expulsés et refoulés toujours plus loin, vers le sud de la Louisiane, en direction des marécages où, bien sûr, il devenait de plus en plus difficile de vivre de l'agriculture.

Pendant la déportation, l'humiliation continue

Suite à cette nouvelle déportation, en 1830, une chef indienne houma du nom de Rosalie Courteaux prit la décision d'acquérir des terres sur lesquelles son peuple pourrait vivre en paix, sans la menace d'être contraint de fuir à nouveau ou, pire, d'être envoyé de force dans des camps et réserves de l'Oklahoma. À cette époque, parquer les populations indiennes dans des réserves était le seul moyen légal et reconnu par le gouvernement américain de leur donner un statut officiel. Pour échapper à ce sort, les Houmas choisirent, une fois vivant sur les terres, d'adopter un profil bas et de ne plus revendiquer leur appartenance au peuple indien. Espérant trouver ainsi sécurité et paix, ils perdirent en même temps statut officiel, légalité et reconnaissance de leur identité. Exclus des états civils, ils devinrent marginalisés par la société américaine qui, aujourd'hui encore, n'a pas reconnu leurs droits. À noter également que les Indiens ne furent jamais réduits à l'esclavage. Leur culture si peu rationnelle (pour un esprit européen, évidemment) n'en faisait pas de « bons esclaves ». Bref, selon les planteurs, il n'y avait rien à en tirer ! Tout au long du XIXe s, ils survécurent comme par miracle à ces rejets et déportations successives en vivant de la pêche et du commerce des peaux et de la fourrure. Mais, en 1880, des compagnies agressives, désirant le monopole du commerce du cuir, profitèrent de l'expérience des Houmas, mais aussi de leur ignorance de l'anglais et du monde des affaires, pour s'emparer de ce marché. Ainsi réduits à l'état de simples employés sous-payés, ils furent l'objet d'une scandaleuse exploitation. Ces compagnies firent fortune dès l'aube du XXe s, et les Houmas virent à nouveau leur situation économique régresser.

XXe s, toujours plus abandonnés

L'histoire se répétant, dans les années 1920, des compagnies de pétrole cette fois revendiquèrent les terres peu fertiles mais au sous-sol prometteur sur lesquelles les Houmas survivaient avec difficulté. La tribu, encore une fois sacrifiée, fut délogée sans pouvoir trouver le moindre appui gouvernemental.
Parallèlement, les enfants houmas, interdits de séjour dans les écoles blanches et noires, ne recevaient pas d'éducation. Il fallut attendre 1930 pour que le gouverneur démagogue Huey Long crée trois écoles (soit six classes... !) dans le sud de la Louisiane pour tenter de scolariser les enfants d'une population houma comptant au total... 18 000 personnes !
En 1964 enfin, les *civil rights* ouvrirent les portes des écoles aux enfants houmas, qui connurent alors des problèmes d'intégration et de racisme. Aujourd'hui encore, de nombreux Houmas, toujours francophones, n'ont jamais été scolarisés et sont toujours absents des états civils, la société américaine leur refusant la légalité de leur statut. Kirby Verret, leader et représentant des Houmas, a créé en 1979 la Nation-Unie des Houmas. Son but est de favoriser l'intégration de son peuple à la société moderne, tout en préservant sa différence, entre autres sa francophonie. Comme beaucoup commencent à le réaliser, la francophonie n'est pas le monopole des Acadiens en Louisiane. Les Houmas, au passé douloureux et au présent plus qu'incertain, continuent la lutte... en français.
Ceux qui veulent en savoir plus sur la communauté houma pourront prendre contact avec Roy A. Parfait, responsable de *The Dulac Community Center* à Dulac, bourgade au sud de Houma, *PO Box 137, Old Bridge Rd, Dulac, LA 70353.* ☎ *(504) 563-7483 ou 2506.*

LANGUE CAJUN

Bouchée moelleuse d'une population aussi douce que son parler, le cajun se déguste avec les oreilles, comme un dessert, sucré mais pas trop. C'est, pour un Français, une joyeuse fantaisie, relevant plus du folklore ou du vieux parler que d'un usage quotidien. Le Français a tort. C'est beaucoup plus que ça. On y retrouve le « françois » de Rabelais, adapté à la manière locale. Le cajun s'est enrichi des langues voisines par une suite de déformations, pour se moderniser. Si vous souhaitez entendre cette langue si particulière, plongez donc au cœur du pays cajun. À Lafayette, bien sûr, mais aussi à Houma et à Saint Martinville.

Il y a tout d'abord l'accent évidemment, mais il y a aussi la syntaxe, qui fait céder le carcan de notre langue française, qui desserre ce corset et s'enhardit de joyeuses libertés. Et puis il y a le vocabulaire, qui souvent prend à contre-pied les Français de France et provoque de marrants petits malentendus, mais résonnera avec une étonnante familiarité aux oreilles des Wallons ou des Québécois. C'est ainsi que crevette se dit « chevrette », sécher « chesser », crocodile « cocodrie », voiture « char ».

Voici quelques expressions, mots et bons mots que vous entendrez peut-être :

– *À la bord du jour :* l'aurore.
– *À la brun :* à la tombée du jour, le crépuscule.
– *Aller se graisser les jarrets :* aller danser.
– *Andouille :* saucisse épicée.
– *Asteure :* maintenant.
– *Avalasse :* averse.
– *Avé :* avec.
– *Barbe espagnole :* mousse aérienne qui envahit les arbres des bayous.
– *Bayou :* méandre d'une rivière occupé par un lac, bras mort d'un delta.
– *Boucane :* fumée.
– *Boudin :* une sorte de saucisse fourrée de riz épicé.
– *Branloire :* sorte de balançoire.
– *Ça va :* OK, on peut le faire.
– *Le cabri est dans le maïs :* se dit par exemple quand un écolier se retrouve dans une classe avec uniquement des filles.
– *Cacatoir :* les toilettes !
– *Catin :* une poupée.
– *Chaoui :* terme indien désignant un *racoon* (raton laveur).
– *Char :* voiture.
– *Chère, cher :* utilisé pour désigner un ami.
– *Chevrettes :* crevettes.
– *Cipre :* cyprès.
– *Cocodrie :* alligator (ou crocodile).
– *Coonass* (prononcez « counasse » et non « connasse ») *:* mot argot qui désigne un Cajun.
– *Cous rouges :* les *red necks,* les *Nanglais* du Nord.
– *Dégoûter :* changer d'avis.
– *Espérer :* attendre.
– *Fais-dodo :* un lieu de danse où l'on emmenait les enfants. Pendant que les grands dansaient, on disait « fais dodo » aux enfants pour qu'ils trouvent le sommeil malgré la musique.
– *Fromille :* fourmi.
– *Giraumont :* citrouille.
– *Graine à voler :* lotus.
– *Gratons :* peau de porc frite, qu'on mange froide. On les trouve aussi dans la région lyonnaise.
– *Grouiller :* marcher.
– *Il est pas balance :* il n'a pas toute sa tête.
– *Iou, iousque :* où.
– *Jongler :* penser.
– *Lâche pas la patate :* ne lâche pas le morceau. C'est aussi une danse cajun où les couples doivent tenir une patate entre leurs têtes sans la faire tomber.
– *Laisse les bons temps rouler :* profite du temps présent. Toute la joie de vivre de la Louisiane est contenue dans cette expression.
– *Magasiner :* faire ses courses.
– *Maringouins :* moustiques.
– *Mouiller :* pleuvoir.
– *Les Nanglais :* les Anglais.

– *Nutria :* un ragondin.
– *Ouaouaron :* grenouille.
– *Pagogie :* nénuphar.
– *Paré :* prêt.
– *Pas de tracas :* ne vous en faites pas.
– *Pirogue :* canoë.
– *Souhaiter :* espérer.
– *T* ou *Tee :* réduction de « p'tit ». Un p'tit enfant, un T (prononcez « ti »).
– *Tac-tac :* pop-corn.
– *Tambour :* poisson qu'on trouve dans les eaux du sud de la Louisiane.
– *Terrebonne :* c'est le nom de la paroisse qui a pour chef-lieu Houma. Nul doute qu'ici, tout doit pousser facilement.
– *Traiteur :* guérisseur. Les croyances populaires étant très fortes, le guérisseur, qui traitait les maladies par des traitements médicinaux et des prières, se substituait jadis au médecin dans les campagnes cajuns. Comme il pensait avoir reçu un don de Dieu, il ne se faisait pas payer pour ses services.
– *Une femme bien installée :* femme aux formes généreuses.
– *Y'all :* raccourci de « *for you all* », équivalent de « vous tous ».

MARÉE NOIRE

Le 30 avril 2010, la Louisiane est touchée par la pire marée noire de l'histoire des États-Unis et, selon Obama, la « pire catastrophe écologique des États-Unis ». Dix jours plus tôt explosait un puits de pétrole de l'entreprise *British Petroleum* dans le golfe du Mexique. Quelque 784 millions de litres d'hydrocarbures s'échappent et 11 personnes décèdent. La plate-forme *Deepwater Horizon* coule, le puits commence à fuir. Des nappes de pétrole atteignant 24 000 km^2 se propagent alors dans le golfe du Mexique, dérivant vers les côtes de la Louisiane, du Texas et de la Floride. L'écoulement est enfin contenu à la mi-juillet grâce à la mise en place d'un couvercle sur la fuite. Le puits est cimenté. Et début septembre, il est sécurisé. Cinq ans après Katrina, la Louisiane n'avait définitivement pas besoin d'une nouvelle catastrophe. La Louisiane est à nouveau touchée, mais pas coulée.

LA LOUISIANE S'ENFONCE !

Après avoir subi la plus grande catastrophe écologique de l'histoire, la Louisiane souffre de la montée des mers. Ce territoire, entre terre et mer, perd la surface d'un terrain de football toutes les 38 mn. Au début du siècle, l'océan était à 80 km de La Nouvelle-Orléans. Ce n'est plus le cas aujourd'hui.

Les conséquences sont immédiates. D'abord économiques, l'industrie de la pêche et du tourisme représentant 2,4 milliards de dollars annuels : les quelque 4 000 producteurs et les pêcheurs sont privés de travail, les proprios de restos de *seafood* contraints de s'approvisionner ailleurs. L'environnement est lui aussi menacé par ce que l'on appelle désormais *THE Oil Spill.* Les marais sont des lieux uniques de reproduction pour les poissons, crabes, crevettes et autres huîtres. Et les eaux du golfe du Mexique sont parmi les plus riches en poissons et fruits de mer dans le monde. Quels seront les effets des particules de pétrole et des dispersants chimiques utilisés par *BP* après la fuite sur la chaîne alimentaire des organismes ? Elles sont encore floues, mais des mutations génétiques ont été avérées (crevettes sans yeux, crabes à la carapace trouée...) et certains animaux pourraient même disparaître (le taux de mortalité des tortues et des dauphins a très fortement augmenté). Et les coraux, dont la troisième plus grande barrière au monde se situe non loin de là, en Floride, pourraient être étouffés par ces particules et détruits... Par ailleurs, des centaines de pélicans bruns, mascotte officielle de la Louisiane, sont morts,

englués dans le pétrole et incapables d'en sortir. Et 2 ans après, les eaux, marais et plages de Louisiane contiennent toujours une quantité importante de pétrole.
Après de multiples déplacements en Louisiane afin d'évaluer les opérations (ce que n'avait pas daigné faire George W. Bush pour Katrina), Barack Obama déclare l'état de « catastrophe nationale ». Puis il instaure une commission présidentielle pour enquêter sur la marée noire. Les quelques mesures prises ont dû lui sembler suffisantes et, surtout, les profits économiques passent avant la protection de l'environnement puisque, dès fin 2011, les forages dans le golfe du Mexique avaient repris et 300 licences d'exploitation en zones côtières et eaux profondes avaient été données...
Pourtant, si certaines victimes ont été indemnisées, ce n'est pas le cas de toutes, ce qui laisse planer un sentiment d'injustice croissant. Les règles d'indemnisation ne sont en effet pas claires et il est facile de les contourner. Plus de 14 milliards de dollars ont été engagés par *BP* pour le nettoyage du golfe du Mexique. Un fonds de 20 milliards de dollars est également créé pour indemniser les victimes. En avril 2012, le groupe britannique conclut avec plus de 100 000 plaignants un accord à l'amiable de 7,8 milliards de dollars, puisant dans ce fonds pour réparer leurs pertes économiques et les dommages sanitaires directement liés. Cet accord a permis à *BP* d'éviter une note qui, selon la loi fédérale américaine prévoyant une amende de 1 100 $ par baril de pétrole déversé en mer, aurait pu atteindre entre 18 et 40 millions de dollars ! Et surtout, il laisse présager la possibilité d'autres accords à l'amiable avec les toujours très nombreux plaignants, parmi lesquels on compte le ministère de la Justice, des États, des agences fédérales, des collectivités locales mais également des sous-traitants de *BP, Halliburton* et *Transocean.* Chacun renvoie la responsabilité de la catastrophe sur l'autre puisque *BP* réclame également 20 milliards de dollars au premier pour du ciment défectueux, et a porté plainte contre le deuxième pour une plate-forme de forage inadaptée. La bataille judiciaire continue donc.

MÉDIAS

Votre TV en français : TV5MONDE

TV5MONDE est reçue partout dans le monde par câble, satellite et sur Internet. Voyage assuré au pays de la francophonie avec films, fictions, divertissements, sport, informations internationales et documentaires.
En voyage ou au retour, restez connecté ! Le site internet • *tv5monde.com* • et sa déclinaison mobile • *m.tv5monde.com* • offrent de nombreux services pratiques et permettent de prolonger ses vacances à travers des blogs et des visites multimédia.
Demandez à votre hôtel sur quel canal vous pouvez recevoir TV5MONDE et n'hésitez pas à faire vos remarques sur le site • *tv5monde.com/contact* •

La télévision

La TV est largement répandue sur le sol américain puisqu'elle est présente dans 99 % des foyers. Il existe cinq réseaux nationaux : ABC, CBS, NBC, FOX et PBS (chaîne publique financée par l'État et les particuliers, sans pub, proposant les meilleures émissions mais pas pour autant les plus regardées). On trouve aussi dans chaque État une multitude de chaînes locales ou régionales. À ces réseaux vient s'ajouter le câble. On y trouve des chaînes spécialisées diffusant 24h/24 des informations (par exemple CNN, plutôt démocrate, et FOX, clairement républicaine), des émissions pour les enfants, de la météo, des films (HBO, l'équivalent de notre Canal +), du sport, de la musique, du télé-achat, des programmes religieux, etc. Le moins agréable voire insupportable, c'est l'omniprésence de la pub à la TV : 18 mn et 30 s en moyenne par heure de diffusion !

La presse écrite

Les quotidiens sont de véritables institutions aux États-Unis. Les Américains lisent énormément les journaux. À l'échelle nationale, les plus importants sont : le *New York Times* (journal progressiste et de qualité, plus de 1 million d'exemplaires vendus chaque jour, près de 1,5 millions le dimanche), le *Washington Post* et le *Los Angeles Times* (inspiration politique plutôt libérale). Également le *Wall Street Journal* (sérieux et conservateur) et le *USA Today* (le seul quotidien national, très grand public et de qualité médiocre) ; vous serez surpris du tarif ridicule de ces journaux : environ 50 cents en semaine (l'édition du dimanche est toujours plus chère). On trouve encore les différents journaux locaux concentrés sur les faits divers et les manifestations culturelles. Il y a aussi les *tabloïds* (appelés ainsi à cause de leur format) : *Daily News* et compagnie, souvent gratuits et sans contenu de fond ; on se contente des nouvelles locales, et le reste de l'actualité n'est traité que sous forme de dépêches. Côté hebdos, citons *Time* (plutôt libéral) et *Newsweek* (plus centriste). Tous ces journaux et magazines sont largement diffusés dans tous les États-Unis.
Les journaux s'achètent dans des distributeurs automatiques dans la rue. Vous glissez la somme demandée, et une petite porte s'ouvre pour vous laisser prendre votre quotidien.
Curieusement, la presse étrangère en général et française en particulier est difficile à trouver, même à La Nouvelle-Orléans.

La radio

Il y en a pléthore, toutes différentes. Nombreuses radios locales, essentiellement musicales (rock, country et du hip-hop autour des grandes villes). On les retrouve sur la bande FM. Les stations de radio portent des noms en quatre lettres, commençant soit par W (celles situées à l'est du Mississippi), soit par K (à l'ouest). Le réseau public américain, le *NPR (National Public Radio)*, propose des programmes d'une qualité supérieure.

Liberté de la presse

L'arrivée de Barack Obama au pouvoir a suscité beaucoup d'optimisme, après huit années de mandat de George W. Bush marquées par une grave régression des libertés publiques au nom de la « sécurité nationale ». Ces espoirs ont été rapidement déçus.
36 États et le District of Columbia disposent actuellement d'une législation propre garantissant aux journalistes, à des degrés divers, la protection de leurs sources ; or celle-ci demeure absente au niveau fédéral.
Toujours au nom de la « sécurité nationale », un revirement a présidé à l'entrée en application du *Freedom of Information Act* sur l'accès des citoyens à l'information publique. Une directive prometteuse du ministre de la Justice disposait que la rétention d'informations par les administrations devait rester exceptionnelle. En mars 2009, au grand dam des associations de défense des libertés publiques et malgré une injonction de la justice fédérale, la Maison-Blanche a décidé d'interdire la diffusion des photos de sévices infligés par l'armée américaine à des prisonniers en Irak et en Afghanistan. Si certains de ces clichés ont circulé rapidement sur la Toile, la CIA a confirmé, en avril 2010, avoir procédé dès 2005 à la destruction du maximum de preuves (images et vidéos) d'actes de torture commis dans ses prisons secrètes et à Guantanamo.

Le journaliste James Risen, du quotidien *The New York Times,* s'est vu notifier, en mai 2011, une citation à comparaître lors du procès d'un agent de la CIA, accusé d'avoir transmis des informations confidentielles à plusieurs journalistes. Dans le document reçu par le journaliste, le ministère fédéral de la Justice affirme que Risen est un témoin et qu'il doit révéler ses informations et ses sources devant un jury. En cas de refus, il risque la prison pour « outrage à la Cour ».
L'obsession sécuritaire affecte tout autant le domaine d'Internet. Les récents projets de loi relatifs à la cyber-sécurité – en particulier le *Cyber Intelligence Sharing and Protection Act of 2011 (CISPA)* – passés entre les mains du Congrès posent de graves entorses au principe de protection de la vie privée.
L'émergence du mouvement *Occupy,* né de la crise financière, et la répression dont il a fait l'objet, ont également eu d'importantes répercussions sur la liberté d'informer. De septembre 2011 à avril 2012, près de 80 journalistes – ou citoyens journalistes souvent issus du mouvement – ont subi des arrestations parfois musclées, assorties d'inculpations aussi absurdes que la « conduite désordonnée », la « réunion illégale » ou le « défaut d'accréditation ». Dans de nombreux cas, ces charges ont été heureusement abandonnées.
Une autre affaire, qui a beaucoup mobilisé l'opinion internationale, a connu au bout de 30 ans un dénouement encourageant. Ancien journaliste de radio et militant des *Black Panthers,* Mumia Abu-Jamal avait été condamné à mort en 1982 pour l'assassinat, dont il a toujours nié être l'auteur, du policier Daniel Faulkner. De graves irrégularités avaient entaché la conduite de son procès. Après un interminable ping-pong judiciaire entre la justice de l'État de Pennsylvanie et la Cour suprême, le procureur de Philadelphie Seth Williams a finalement renoncé, en décembre 2011, à réclamer la peine capitale contre le journaliste. Après 30 ans passés dans le couloir de la mort, Mumia Abu-Jamal a pris ses nouveaux quartiers dans une prison de droit commun, offrant des conditions de séjour moins inhumaines. L'enjeu d'une éventuelle libération reste d'actualité, l'affaire n'étant toujours pas rejugée sur le fond.
Ce texte a été réalisé en collaboration avec ***Reporters sans frontières.*** Pour plus d'informations sur les atteintes aux libertés de la presse, n'hésitez pas à les contacter.

■ ***Reporters sans frontières :*** *47, rue Vivienne, 75002 Paris. ☎ 01-44-83-84-84. • rsf.org • Ⓜ Grands-Boulevards ou Bourse.*

MUSIQUE

Cajun et zydeco

Lors du Grand Dérangement, les Cajuns ne purent emporter avec eux les instruments dont ils jouaient au Canada. Seuls quelques violons survécurent au voyage. En dépit du manque d'accessoires, la musique subsista grâce aux chants traditionnels, aux berceuses, aux cantiques religieux chantés a cappella, et grâce aussi aux bals organisés chez des particuliers.
Avec le temps, la musique cajun s'est enrichie de diverses cultures musicales : allemande, anglo-saxonne, espagnole, amérindienne, noire... Elle leur a notamment emprunté l'improvisation vocale et les percussions. Les Acadiens composèrent des chants embellis par ces différentes influences, relatant leur nouveau cadre de vie, leurs pérégrinations, voire leurs amours déçues ou perdues.
Le violon était donc le seul et unique instrument. Mais, quelques années plus tard, le triangle et la guimbarde se mêlèrent à la ronde. Puis ce fut le tour de l'accordéon, qui vola la vedette au violon grâce à sa sonorité et à sa solidité. Grâce aux échanges culturels et principalement aux influences africaines, on mixa chants et instruments dans presque tous les styles de musique cajun (ballades, rondes, *two-steps,* contredanses...). Par la suite, les réunions de salon

furent abandonnées, et on construisit des salles municipales spécialement conçues pour les fêtes et les banquets.

Le premier enregistrement de musique cajun (Joseph Falcon et sa femme) ne fut réalisé qu'en 1928. La voix nasillarde des chanteurs peut paraître étrange, mais cela tient au fait qu'autrefois, il n'y avait pas de micro et que les interprètes devaient s'époumoner pour faire passer leurs voix au-dessus de l'accordéon, des autres instruments et des danseurs.

Après la Seconde Guerre mondiale, le Cajun apprivoisa plusieurs styles (dont le rock'n roll) tout en conservant ses racines : jazz et blues. Tout cela fit apparaître la musique zydeco au début des années 1950.

Le zydeco est une musique créole inspirée de l'harmonie cajun et très fortement du rhythm'n'blues, de la country et même de la soul. On recense principalement deux styles de zydeco : celui de la campagne et celui de la ville. Le premier est joué *unplugged*, le second *plugged*, c'est-à-dire aidé par la fée Électricité. On y trouve, pour l'un, du violon, de l'accordéon, de la guitare, du triangle et de la batterie (de temps en temps) ; et pour l'autre, on oublie le violon qu'on remplace par des cuivres et du piano. Clifton Chénier incarnait à lui seul cette musique, relayée à présent par de nombreux jeunes talents.

Quelques variantes du zydeco : zydeco-rap, zydeco-reggae, zydeco-rock.

LA FIN DES ZARICO

Le mot « zydeco » vient en fait de « zarico ». Les Noirs, trop pauvres à une époque pour manger de la viande salée avec leurs habituels haricots, avaient naturellement ajouté ce refrain à leurs chansons « z'haricots, pas salés ». D'ailleurs, les Américains prononcent pour la plupart zydeco « zarico ».

Le jazz

Voir « *Jazz Story* » au début du chapitre « La Nouvelle-Orléans ».

Le blues et la country

Voir les introductions de « Memphis » et « Nashville », à la fin du guide.

– Pour plus d'infos consulter ● *louisianesoundtrack.com* ● (voir plus haut « Sites internet »).

PERSONNAGES

Musique

– ***Louis Armstrong*** *(1901-1971)* **:** trompettiste et chanteur, le surnommé Satchmo ou Pops a fait danser et rêver toute La Nouvelle-Orléans sur des rythmes jazzy et bluesy. Il s'abandonne à des improvisations qui donnent le vertige, son swing est puissant. Son talent et sa voix ont profondément marqué toute l'histoire du jazz. Et comme si cela ne suffisait pas, il tourna également plusieurs films !

– ***Sydney Bechet*** *(1891 ou 1897 selon les sources-1959)* **:** clarinettiste dès l'âge de 6 ans, c'est en tant que saxophoniste qu'il devient l'une des figures emblématiques du style Nouvelle-Orléans, alors qu'il n'a même pas appris à lire la musique ! Bechet joue avec les plus grands noms, traverse l'Atlantique maintes fois et sillonne l'Europe. En 1949, il s'installe en France pour y rester jusqu'à sa mort.

– ***James Brown*** *(1928 ou 1933-2006)* **:** né en Caroline du Sud, le « *Godfather of Soul* » a toujours été très secret quant à sa date de naissance, située entre 1928 et 1933. Éduqué dans et par la rue, James est un *bad boy.* Il intègre le groupe de gospel *Starlighters* (futurs *Famous Flames*) en 1952 et débute une carrière solo qui explosera en 1964 avec les hits *I got you (I feel good)* et l'énorme *Sex Machine*. Vraie bête de scène mais trop instable, il enchaînera les séjours à l'ombre et les cures de désintox, repoussant une mort qui viendra malgré tout le happer, un jour de Noël, sous la forme d'une pneumonie.

– ***Johnny Cash*** *(1932-2003)* **:** et dire que ses parents ne lui avaient même pas attribué de prénom ! Celui qui commençait tous ses concerts par le célèbre « *Hello, I'm Johnny Cash* » est sans conteste l'un des plus grands noms de la country américaine. Compositeur prolifique, il enregistre plus de 60 albums durant sa carrière, et s'engage dans des tournées frénétiques, qui le rendront notamment accro aux amphétamines. Surnommé l'« homme en noir », Mr Cash se forge une image romanesque de prisonnier qui contraste avec le style « country » traditionnel : mis à plusieurs reprises en garde à vue (notamment pour possession de drogues obtenues sur ordonnance), il s'engage auprès des personnes incarcérées et enchaîne les concerts pour détenus. Sa femme, June Carter, le soutient dans son combat contre la drogue et l'épaule tout au long de sa carrière. Il s'éteint quelques mois après elle, après un ultime concert à l'hôpital de Nashville.

MILLION DOLLAR QUARTET

Sam Phillips, le génial producteur des studios Sun de Memphis, a permis à bien des musiciens de vivre l'American Dream. C'est aussi un fin stratège qui a su flairer le bon coup lorsque, en présence de son nouveau poulain Johnny Cash, il fait venir Carl Perkins (accompagné au piano par le jeune Jerry Lee Lewis) pour un enregistrement, et reçoit la visite impromptue d'Elvis, qu'il avait fait connaître quelques années plus tôt. En retrait, Sam Phillips laisse les quatre stars improviser un bœuf, micros en alerte. Au total, près de 47 titres sont enregistrés. La presse évalue cet enregistrement à un million de dollars, mais il ne fut commercialisé qu'après la mort d'Elvis.

– ***Ray Charles*** *(1930-2004)* **:** chanteur, pianiste, saxophoniste, Ray Charles reste un personnage charismatique aux lunettes noires masquant une cécité contractée à l'âge de 6 ans. Inspiré à ses débuts par le blues californien, il crée, dans les années 1950, un style musical alliant jazz, blues et gospel : la *soul music*. Sa fameuse chanson *Georgia on my Mind* est depuis 1979 l'hymne de l'État de Géorgie. Sa disparition laisse un vide dans le monde de la musique afro-américaine. Pour comprendre son parcours exceptionnel, on peut voir le film *Ray* sans déplaisir aucun.

– ***Fats Domino*** *(né en 1928 à La Nouvelle-Orléans)* **:** né dans le berceau du jazz, Antoine Dominique Domino de son vrai nom est l'un des pionniers du rock'n'roll. Le chanteur-pianiste a influencé les plus grands, d'Elvis à Ray Charles. Son physique potelé, son sourire éclatant et sa voix enrouée forment son style unique tiré des racines créoles de Nolinss. C'est l'un des premiers musiciens à avoir rassemblé Blancs et Noirs. Fin août 2005, à l'approche de Katrina, il refuse de quitter son manoir situé dans le quartier populaire du *Lower Ninth Ward*... La police est tout de même venue le chercher.

– ***Aretha Franklin*** *(née en 1942 à Memphis)* **:** surnommée « Lady Soul », Aretha Franklin demeure l'une des plus grandes interprètes du soul et du gospel modernes. Il faut dire qu'une voix qui s'échelonne sur quatre octaves, ça aide ! C'est avec l'album *Amazing Grace* qu'elle atteint le zénith de sa carrière dans les années 1970.

– ***Dizzie Gillespie*** *(1917-1993)* **:** né en Caroline du Sud. Quelle vie ! En plus d'avoir joué avec les plus grands noms du jazz (Charlie Parker, Thelonious Monk, John Coltrane...), d'avoir initié Miles Davis au be-bop et lancé les bases du jazz afro-cubain, l'homme aux joues de crapaud (il les avait gonflées à bloc lorsqu'il jouait de la trompette) a également baigné dans la politique, se retirant de la course aux présidentielles de 1964 en faveur de Lyndon B. Johnson ! S'il avait été élu, il aurait

– selon ses dires – rebaptisé la Maison-Blanche « *The Blues House* » et placé Miles Davis à la tête de la CIA !

– ***B.B. King*** *(1925)* **:** cet incontournable roi du blues commence sa carrière à Memphis, où il alterne un petit job de DJ pour WDIA, la première radio noire, et un travail à la chaîne en usine. Le soir, il fait la tournée des bars de Beale Street avec sa guitare qu'il surnomme Lucille (du nom d'une demoiselle qui provoqua l'incendie d'un bar où il jouait, et d'où il tira ladite guitare in extremis). Il élabore un blues singulier, où s'enchevêtrent guitare et voix pour créer des tonalités chaudes qui le font rapidement remarquer lorsqu'il diffuse à la radio ses propres interludes. Il abrège alors son surnom de D.J. « Beale Street Blues Boy » en B.B. Le succès est immédiat. B.B King possède également une poignée de restos et salles de concert à son nom dans plusieurs grandes villes des États-Unis, où, paraît-il, on peut encore croiser le grand bonhomme de temps à autres.

– ***Jerry Lee Lewis*** *(né en 1935 à Ferriday, Louisiane)* **:** une figure phare du rock'n roll de la fin des années 1950 (jusqu'aux années 1970). Après avoir hésité entre la musique et la religion, il chevauche son piano (aussi bien avec les coudes qu'avec les pieds !) pour des rythmes décapants directement inspirés du boogie-woogie. Attaché à un esprit de liberté, il connut des moments d'errance, et sa vie émaillée de scandales bouscula quelque peu l'Amérique puritaine.

– ***Jessye Norman*** *(née en 1945 à Augusta, Géorgie)* **:** cantatrice afro-américaine qui aime la France. Avec sa voix de soprano, la diva envoûte des milliers de spectateurs lors du défilé commémorant le bicentenaire de la Révolution française en chantant *La Marseillaise* sur les Champs-Élysées, enveloppée dans un drapeau tricolore créé par Jean-Paul Goude. Elle se produit aussi pour les 60 ans de la reine Elizabeth et pour l'investiture de Clinton en 1997. Opéra, mais aussi *spirituals* et jazz, sa voix impressionnante et sa personnalité de diva l'ont fait surnommer *Just Enormous* par ses fans...

– ***Professor Longhair*** *(1918-1980)* **:** né à Bogalusa (Louisiane), d'abord danseur et gigolo, c'est à La Nouvelle-Orléans qu'il devient un chanteur et pianiste de blues reconnu, au sein du groupe *Professor Longhair and The Four Hairs* (les cinq membres étaient très chevelus !). On lui doit, entre autres, *Mardi Gras in New Orleans,* enregistré en 1949, puis *Tipitina* (qui a donné son nom à la boîte de nuit de New Orleans) et *Big Chief,* morceaux influencés par les rythmes afro-cubains. Dans les années 1960, son addiction aux jeux prend le dessus, mais il parvient à revenir à la musique en 1971, au Festival de Jazz de Montreux, avant d'être invité sur le *Queen Mary* par Paul McCartney, rien que ça ! Il meurt d'un infarctus en 1980.

– ***Carl Perkins*** *(1932-1998)* **:** issu de la campagne profonde du Tennessee, Carl Perkins se forge un style original, marqué par des influences éclectiques qui vont des tubes country diffusés sur les radios locales au blues afro qu'il découvre en travaillant dans les plantations. En 1956, il met sur le devant de la scène un nouveau genre, le rockabilly, avec son hit *Blue Suede Shoes,* qui s'impose comme meilleure vente à la fois dans le R'n'B, la pop et la country avant d'être reprise l'année d'après par Elvis ! Sa carrière est émaillée de phases sombres (mort subite de son manager, problèmes d'alcoolisme), mais ce géant du rock *old school* maintient son influence jusqu'à sa mort, collaborant avec les plus grands musiciens du XXe s (Johnny Cash, Paul McCartney, Jerry Lee Lewis).

– ***Elvis Presley*** *(1935-1977)* **:** né à Tupelo (Mississippi), il vécut à Memphis. Un nom mythique, l'idole de toute une génération ou *The King,* tout simplement. Un titre, en 1954, *That's All Right* (qu'il enregistra pour sa mère), et voilà le premier coup de tonnerre ! Très vite, ce jeune sex-symbol à la voix chaude et sensuelle, ce crooner ténébreux fait rêver, pleurer des dizaines de milliers d'adolescentes, déclenche des hystéries, tandis qu'il inquiète une Amérique bien-pensante. Plus rien ne sera comme avant. Le rock'n roll s'est imposé !

– ***Little Richard*** *(1932)* **:** issu d'une famille très pieuse, il est rejeté pour ses goûts – extravagants – pour le chant et les hommes. Malgré cela, c'est l'un des premiers rockers noirs à trouver grâce aux yeux du public blanc des États-Unis. Son look

> **IT'S GOOD TO BE A KING**
>
> *Un des rêves d'Elvis était d'obtenir le badge du Bureau des Narcotiques, qui lui donnerait l'autorisation de porter une arme dans tout le pays. Sa demande, pour le moins bizarre, fut aussitôt refusée par la direction du Bureau. Furieux, Presley écrira à Nixon qui lui remettra lui-même l'insigne.*

et son charisme sur scène en ont fait une source d'inspiration pour des générations d'artistes. Son premier grand succès est un pur hasard : convié à une séance d'enregistrement à La Nouvelle-Orléans, il est surpris en train de fredonner une chanson obscène qu'il a lui-même composée. L'air enjoué séduit pourtant le producteur, qui fait réécrire les paroles, mais conserve le titre : *Tutti Frutti*. En 1958, au sommet de sa gloire, il renonce à sa carrière et devient adventiste. Cette phase mystique ne dure qu'un temps, et on le retrouve aux côtés des Rolling Stones et des Beatles en 1962, reparti pour une carrière de plus de 30 ans ! Il vit d'ailleurs toujours à Nashville.

– ***Justin Timberlake*** *(né en 1981, à Memphis)* **:** il a fait ses débuts dans un *boys band* avant de devenir le prince de la pop aux multiples Grammy Awards et aux 16 millions d'albums vendus de par le monde. Acteur à ses heures (*The Social Network*, sur l'histoire de Facebook), c'est aussi un grand fan de golf. Il a d'ailleurs racheté récemment le green de sa jeunesse à Millington (environs de Memphis) pour en faire le tout premier golf écolo des États-Unis. Si c'est pas de la balle !

– ***Hank Williams*** *(1923-1953)* **:** ce père de la country music a connu une carrière endiablée. À 14 ans, le jeune Hiram, déjà accro au whisky, troque son nom pour un pseudo plus « country » et joue de la guitare sur les trottoirs de Montgomery. Tenace, il convainc les studios de radio WSFA de lui confier les micros et le *« singing kid »*, très populaire, est engagé pour deux émissions hebdomadaires, payées 8 $ chacune. À 16 ans, Hank a déjà créé son groupe, les Drifting Cowboys, et promeut un genre de country enjoué, le Honky Tonkin', nom donné à l'un de ses albums emblématiques. Énigmatique, il se donne à partir des 50's un second surnom, « Luke the Drifter », pour enregistrer des morceaux moralistes et à connotation religieuse, en totale contradiction avec les messages de ses plus grands succès. Abandonné tour à tour par ses producteurs, ses musiciens et sa femme à cause d'un alcoolisme coriace, Hank Williams meurt mystérieusement à l'arrière d'une voiture, dopé pour le concert qu'il devait donner le soir même.

Littérature

– ***Truman Capote*** *(1924-1984)* **:** né à La Nouvelle-Orléans. Sans conteste l'un des auteurs phares du XXᵉ s. Un premier roman publié à 24 ans, *Les Domaines hantés*, suivi entre autres de *Petit déjeuner chez Tiffany* (1958) et surtout *De sang-froid* (1965), livre culte retraçant la longue enquête sur le meurtre d'une famille de fermiers dans le Kansas (5 ans d'écriture !). Capote devient le chef de file du nouveau journalisme, poussant le récit dans les ultimes retranchements de la description et de la précision. Réputé pour son goût des mondanités et ses relations frivoles, il côtoie le tout New York avant de s'éteindre, rongé par l'alcool.

– ***William Faulkner*** *(1897-1962)* **:** romancier venu à la littérature par un dépit amoureux combiné à une terrible frustration de n'avoir pu participer à la Première Guerre mondiale (à cause de l'armistice !). Auteur de *Le Bruit et la Fureur* (1929), *Pylône* (1935), *Absolon, Absolon !* (1936), il est considéré comme l'un des plus grands écrivains de son temps. Ses livres peignent le portrait d'une Amérique du Sud rurale, traumatisée par la guerre de Sécession qu'elle a elle-même provoquée. Un anti-*Autant en emporte le vent*, en quelque sorte !

– ***Margaret Mitchell*** *(1900-1949)* **:** née à Atlanta dans une famille sudiste. Son unique roman, *Autant en emporte le vent*, écrit en 3 ans de travail ininterrompu, devient un best-seller mondial ! Elle remporte le prix Pulitzer 1937. À sa mort (accidentelle), tous ses papiers personnels sont détruits, comme elle le souhaitait. Mais un manuscrit, écrit à l'âge de 16 ans et confié à un ami, a été retrouvé et publié en 1995. Il raconte une histoire d'amour sur une île du Pacifique sud.

– ***Scarlett O'Hara et Rhett Butler* :** nés en 1936, dans le roman *Autant en emporte le vent,* qui fut adapté au cinéma en 1939 par Victor Fleming. D'ailleurs, le tournage commença sans le personnage principal ! Beaucoup d'actrices étaient pressenties pour incarner Scarlett, telles que Bette Davis ou encore Lana Turner. Finalement, ce fut la britannique Vivien Leigh qui joua le rôle aux côtés de Clark Gable, au grand dam du public qui lui reprochait de ne pouvoir incarner ce personnage trop « américain » ! Elle remporta pourtant l'Oscar de la meilleure actrice pour sa performance.

Histoire, politique, société

– ***Abraham Lincoln*** *(1809-1865)* **:** homme du Nord, membre du parti républicain, Lincoln est anti-esclavagiste. Son élection à la présidence des États-Unis en 1860 est perçue comme une provocation par les États du Sud ; la Caroline du Sud fait sécession. Un mois après, 10 autres États emboîtent le pas. C'est la guerre. En 1862, Abraham Lincoln émancipe les esclaves. Réélu en 1864, il est assassiné par un esclavagiste pur et dur.

– ***Martin Luther King*** *(1929-1968)* **:** celui qui, un jour, « fit un rêve », incarne la lutte pacifiste pour la reconnaissance et l'intégration du peuple noir. Depuis 1986, le lundi le plus proche du 15 janvier commémore sa naissance. Voir aussi les chapitres sur la ville d'Atlanta, où il naquit, et celle de Memphis, où il fut assassiné.

– ***Helen Keller*** *(1880-1968)* **:** née en Alabama, Helen Keller est sourde, muette et aveugle. Grâce à la détermination et aux méthodes révolutionnaires d'une jeune institutrice spécialisée, la petite fille sort de son isolement et révèle une intelligence hors du commun. Elle apprend à écrire, lire, parler et décroche un diplôme au Radcliffe College (la branche féminine de Harvard). Helen Keller devient écrivain et donne des conférences partout dans le monde. Elle est longtemps restée la femme la plus célèbre des États-Unis. Son destin extraordinaire a inspiré le scénario du film *Miracle en Alabama* (1962) d'Arthur Penn et le livre pour enfants *L'Histoire d'Helen Keller* de Lorena A. Hickok.

Cinéma

– ***Brad Pitt*** *(né en 1963)* **:** né dans l'Oklahoma, l'acteur s'est forgé plus qu'un nom d'écran à La Nouvelle-Orléans. Après Katrina, il se mobilise et crée une fondation, *Make It Right Project,* qui prévoit la reconstruction du *Lower Ninth Ward,* le quartier dévasté par le cyclone. Dans la mouvance d'un Sean Penn, ce leader charismatique de l'Amérique engagée a même été plébiscité par les habitants pour se présenter aux élections municipales de 2010. Ce que Brad Pitt a poliment refusé.

– ***Julia Roberts*** *(né en 1967 à Atlanta, en Géorgie)* **:** l'actrice envisageait à l'origine de devenir vétérinaire ou journaliste... C'est son frère, acteur lui-même, qui l'entraîna devant la caméra et à l'Actor's Studio. Son premier rôle important, Julia l'obtient en 1988 pour un film au drôle de nom : *Mystic Pizza* ! Première reconnaissance de la profession en 1989 pour *Potins de femmes,* qui lui vaut d'être nominée aux Oscars et récompensée par un Golden Globe. L'Oscar, elle ne l'aura pas non plus pour son grand succès populaire dans *Pretty Woman* (1990), mais le décrochera, enfin, en 2000 pour *Erin Brockovich.*

– ***John Goodman*** *(né en 1952)* **:** né à Saint Louis, dans le Missouri, il est pourtant un Néo-Orléanais de cœur ! Depuis Katrina et la marée noire, il est d'ailleurs apparu dans plusieurs spots publicitaires à vocation caritative. Favori des frères Cohen, cet acteur au physique imposant fut particulièrement mémorable dans *Barton Fink* (1991), mais également dans *Arizona Junior* (1987), *The Big Lebowski* (1998) et *O'Brother* (2000). Plus récemment, on a pu le voir, au choix, muet dans

The Artist (2011) ou tonitruant dans la série « Treme » (depuis 2010). Cette voix grave, on peut également l'entendre en écoutant les Blues Brothers, avec lesquels il a ponctuellement joué jusqu'à ce que des problèmes de santé le contraignent à arrêter en 2001.

– ***Wendell Pierce*** *(né en 1962, à La Nouvelle-Orléans)* **:** cet acteur et producteur s'est fait connaître grâce à la série culte « *Sur écoute* » (*The Wire,* 2002-2008), suivie de *Treme* (2010-aujourd'hui), dans laquelle il interprète un tromboniste talentueux, à la nonchalance contagieuse. Impliqué dans la vie communautaire, il a lancé en 2012, avec l'aide de deux investisseurs, une chaîne de supermarchés, *Sterling Farms,* pour pallier le manque de produits frais et équilibrés qui frappe de nombreux quartiers défavorisés de La Nouvelle-Orléans. Reste à voir si cette honorable initiative pérennisera.

PLANTATIONS

Lors de votre séjour en Louisiane, une fois La Nouvelle-Orléans explorée, votre destination incontournable sera celle des plantations, témoins et vestiges d'un passé qui allie gloire et splendeur, esclavage et combat pour l'émancipation. Bien que beaucoup aient disparu (incendiées lors de la guerre de Sécession, détruites et balayées par les crues intempestives du Mississippi ou tout simplement laissées à l'abandon par des familles désargentées), quelques-unes sont encore bien présentes. Elles sont soit résidences privées (non ouvertes au public, mais vous aurez alors le plaisir de les découvrir par surprise en sillonnant les routes tranquilles de la campagne louisianaise), soit au contraire ouvertes à la visite. Dans ce cas, derrière de majestueux portails et à l'ombre de gigantesques chênes dont les lourdes branches ploient sous la mousse espagnole, vous découvrirez de mystérieuses et élégantes demeures qui donnent une idée des fortunes réalisées par les planteurs au XIXe s.

Avant tout, et contrairement à ce qu'on vous a peut-être dit, toutes les plantations ne se ressemblent pas ! D'où notre conseil d'en visiter plusieurs, au moins trois, et de ne pas s'en tenir à une seule sous prétexte que toutes les autres sont sur le même modèle.

Une étonnante diversité

Au-delà du fait de voir de jolies bicoques, la visite des plantations se révèle intéressante, voire surprenante, de par le regard qu'elles nous permettent de porter sur le système social de l'époque, sur le mode de vie de la bourgeoisie et l'attitude des personnages rapidement enrichis, loin des clichés romanesques hollywoodiens à la *Autant en emporte le vent.*

Sur le plan architectural, on découvre une incroyable diversité des styles. Selon qu'elles ont été construites avant ou après le rachat de la Louisiane par les États-Unis (1803), selon les personnalités et l'origine des familles qui les dirigeaient, ou encore selon la manière dont elles ont été conservées ou restaurées, les demeures sont très différentes. Ces vastes domaines sont avant tout le reflet d'une cohabitation et d'un mélange des cultures française, espagnole, sénégalaise et indienne.

COMME UNE MOUSSE ESPAGNOLE

Personne ne sait plus au juste pourquoi on l'appelle « espagnole », mais vous verrez souvent ces longs fils végétaux (gris ou noir selon la saison) suspendus aux branches des chênes verts. Il ne s'agit pas d'un parasite puisque cette mousse ne prend rien de l'arbre, se nourrissant uniquement d'eau et de soleil. Plus étonnant, elle appartient à la famille de... l'ananas. On l'utilisait pour rembourrer des fauteuils et des matelas mais aussi comme bousillage, c'est-à-dire comme isolant pour la construction de maisons.

Nulle part ailleurs dans le sud des États-Unis on ne retrouvera une telle diversité et une telle expression architecturale.

De la maison coloniale au *Greek revival*

Les premiers colons français et espagnols avaient établi leurs plantations proches de villages indiens, le long du Mississippi, sur les terres les plus hautes et les plus fertiles. L'architecture coloniale à cette époque était fortement imprégnée des techniques et du savoir-faire africains, pour la simple raison que ces demeures étaient construites en bois par des esclaves qui avaient apporté avec eux leurs traditions. En Afrique tout comme en Louisiane, il était de bon sens de construire sa cave surélevée et d'habiter au 1er étage pour s'assurer d'une meilleure ventilation et s'abriter des crues. On retrouvera également un système de galeries extérieures créant des courants d'air rafraîchissants et faisant office de paravents, pour procurer aux appartements un peu d'ombre. L'architecture était directement liée aux conditions climatiques.
Après 1803, quand les Anglo-Américains arrivent, la mode change, et on fait venir des architectes d'Angleterre. On se met à construire des bâtisses majestueuses dans le style *néo-Renaissance grecque (Greek revival)* et typiquement victoriennes. On transforme les vieilles maisons coloniales en rajoutant un large et pompeux fronton triangulaire, soutenu par des colonnes façon temple grec, et plein d'autres ornements caractéristiques de l'Antiquité. Ils ont bien souvent en commun la lourdeur, doublée d'un manque cruel d'imagination. Dans un genre voisin, le *néo-gothique (Gothic revival)* couvre les édifices de clochetons et de pignons de toutes sortes. C'est plutôt joli. Le *style fédéral* est plus dépouillé, la façade est simple et le toit décoré d'une balustrade. Typiquement, la plantation de la période anglo-américaine possède un large hall d'entrée central, et le rez-de-chaussée devient un lieu d'habitation et de réception, et non plus une cave comme autrefois. Assez proche, le *style géorgien* reprend l'idée des colonnes mais agrémente la bâtisse d'un péristyle.
Sur le devant des plantations, on trouvait communément la ou les maisons des contremaîtres blancs, les quartiers d'esclaves étant construits sur l'arrière des propriétés. La plupart des cases des quartiers d'esclaves ont été détruites aujourd'hui, seules quelques très rares plantations les ont conservées à ce jour.
La canne à sucre, le tabac et l'indigo étaient et sont toujours typiquement les cultures prédominantes dans le sud de la Louisiane. Le coton se trouve de préférence dans le centre ou le nord de l'État. Chaque plantation avait accès au Mississippi pour pouvoir charger ou décharger les diverses marchandises, le fleuve constituant le moyen de transport le plus sûr à l'époque. Le trafic y était pourtant intense, source d'encombrements fréquents et d'accidents quelquefois mortels. Bref, une véritable autoroute.
Cependant, dès les années 1850, le chemin de fer fait son apparition, et on se met à acheminer les récoltes par le train, à l'arrière des plantations où chaque exploitation possédait sa propre gare. On gagne ainsi en temps et en efficacité. Notons au passage que dans ces petites gares – dont certaines subsistent, enfouies aujourd'hui sous une végétation tropicale reprenant ses droits –, on trouvait la salle d'attente réservée aux maîtres et aux Blancs, séparée de celles réservées aux esclaves, animaux ou marchandises.
Durant près de deux siècles, certaines familles établirent ainsi des fortunes, créant une sorte d'aristocratie. On considère les années 1830 comme étant les plus prospères et correspondant à un véritable boom économique. C'est à cette époque également que, grâce à une modernisation des techniques dues à l'industrialisation, la rentabilité s'amplifie. Cependant, après la guerre de Sécession, l'âge d'or des plantations touche vite à sa fin quand l'esclavage est aboli, que la main-d'œuvre se disperse... et qu'elle cesse d'être gratuite. Les anciens esclaves se voient alors accorder cases et lopins de terre. Le nouveau système économique, la crise politique et le changement de société sonnent le glas de ce système.

Du déclin à la ruine

Les bords du Mississippi changent alors très vite, les industries dans les années 1930 contribuent à modifier le paysage à tout jamais, et beaucoup de ces grandes demeures tombent en ruine. Celles qui restent valent le détour, car elles font ressurgir un mode de vie, un système économique et des valeurs qui appartiennent heureusement au passé mais qui expliquent une partie du présent de la Louisiane actuelle.

POPULATION

Le boom pétrolier de 1974 à 1981 entraîne une hausse de l'immigration, puis une augmentation générale de la population de 16 % dans l'État de la Louisiane. Le mouvement s'infléchit la décennie suivante, récession économique oblige. Ainsi, en 1990, la population de la Louisiane atteint 4,5 millions d'habitants. Cette augmentation profite surtout aux villes de Baton Rouge (2e ville de l'État avec 600 000 habitants, agglomération comprise), Lafayette et Houma-Thibodaux. Cela s'explique principalement par leur développement économique. Mais depuis plusieurs années, on observe une tendance générale inverse dans tout le pays : un mouvement migratoire se déplace de la ville vers sa proche banlieue (les *suburbs*), à la recherche d'une qualité de vie meilleure.
La population louisianaise, estimée en 2011 à près de 4,7 millions d'habitants, est composée de multiples communautés. L'État affiche la population noire la plus forte, après celle du Mississippi, avec 32 % soit 1,4 million de Noirs (plus de 300 000 d'entre eux habitent alors La Nouvelle-Orléans). On compte également 400 000 Cajuns (les Acadiens ou les anciens Français du Canada), 2 millions de créoles (blancs et de couleur) et plusieurs milliers d'Anglo-Saxons (les *red necks* ou *Yankees,* disent les créoles blancs et les Cajuns). Parmi eux, 140 000 personnes parlent le français ou le comprennent. C'est la deuxième langue la plus parlée en Louisiane, après l'anglais bien sûr, mais devant l'espagnol. Jusqu'en 2005, en effet, les minorités hispaniques, mais aussi asiatiques ou indiennes, sont restées sous-représentées par rapport au reste des États-Unis. Les conséquences démographiques de Katrina, qui a attiré de nombreux émigrants d'Amérique centrale, sont en train de modifier cette hiérarchie linguistique, au moins pour l'espagnol.

RELIGIONS ET CROYANCES

Pour comprendre l'importance de la religion aux États-Unis, il faut la replacer dans son contexte historique. ***Tout a commencé avec l'implantation des premières colonies pour qui l'Amérique du Nord représentait un nouveau monde – au sens littéral du terme – et dans lequel elles allaient enfin pouvoir pratiquer leur religion sans être persécutées.*** En effet, les conséquences de la réforme protestante au début du XVIe s s'étaient traduites par une mise au ban, voire une persécution, des non-conformistes, et c'est en partie pour fuir la vindicte des autorités que les candidats à l'émigration optèrent pour le grand voyage. L'Amérique leur offrait le meilleur espoir de survie à long terme et de réalisation de leurs objectifs religieux. C'est donc dans cet état d'esprit que débarquèrent les premiers colons du *Mayflower* en 1620.
L'Amérique du Nord devint donc un refuge pour nombre de communautés persécutées dans l'Ancien Monde. ***Le Massachusetts accueillit des puritains et des calvinistes.*** La ***Virginie,*** identifiée à l'origine avec la nouvelle Église d'Angleterre, reçut par la suite ***baptistes et calvinistes. Le Maryland devient terre des catholiques. L'État de New York et la Pennsylvanie accueillirent William Penn et ses quakers, ainsi que des luthériens et divers protestants allemands***

(les amish d'aujourd'hui). Au nord, les comtés français limitrophes de l'actuel Québec s'établirent sous influence catholique, tandis que les États du Sud virent s'implanter les Églises évangélique ou baptiste. Évidemment, le pays grandit, et, sous l'influence de nouveaux flux d'émigrants, le paysage religieux se modifia. ***Au XIXe s, l'arrivée massive d'Irlandais augmenta considérablement le poids de la communauté catholique ;*** tendance qui s'accentua avec l'arrivée d'Espagnols, d'Italiens, de Grecs et de Polonais. En provenance d'Europe de l'Est, une partie de la diaspora juive débarqua à son tour. Quand bien même les premiers musulmans (ancêtres des métis Melungeons) seraient arrivés dès le XVIe s, ***ce n'est qu'au milieu des années 1960 que la communauté musulmane s'étoffa,*** grâce notamment à l'afflux de « cerveaux » en provenance du Pakistan, d'Inde, du Bengladesh, du Liban ou de Syrie. Parallèlement aux obédiences conventionnelles se développèrent de ***nombreuses sectes et Églises dissidentes*** permettant à chaque Américain d'embrasser le corpus dogmatique le plus proche de ses aspirations. Dans son analyse de la société américaine, Tocqueville précise que cette pluralité de l'offre religieuse a sans doute permis à l'Amérique de ne jamais tomber dans l'opposition entre le spirituel et le politique.

Si l'Amérique ne s'est pas dotée dès le départ d'une religion d'État, c'est en partie en raison du grand nombre de sectes protestantes qui gouvernaient les idées de l'époque, et dont aucune d'entre elles n'était prédominante. La devise nationale des USA, *E pluribus Unum* (« de plusieurs, un »), en est l'expression même. C'est en ***Virginie,*** où l'Église anglicane était la religion établie, que s'est jouée ***la bataille décisive de la séparation de l'Église et de l'État.*** Cette victoire occupe une place fondamentale dans l'histoire des États-Unis. À la ratification du ***premier amendement de la constitution américaine en 1791,*** soit 15 ans après la Déclaration d'indépendance, les privilèges de toutes les Églises anglicanes (à l'exception de celles du Maryland) avaient été abolis. Il fallut attendre 1833 pour le Massachusetts. En protégeant le libre exercice de la religion tout en interdisant l'établissement d'une religion officielle, le premier amendement de la constitution américaine fait des États-Unis le pays le plus religieux de la planète. Georges Washington affirmait : « Chaque pas qui nous fait avancer dans la voie de l'indépendance nationale semble porter la marque de l'intervention providentielle. » ***Ce sentiment d'être investi d'une mission divine,*** en partie dû au puritanisme enraciné dans le calvinisme, et qui plus tard trouva une résonance particulière en s'opposant à l'athéisme du bloc soviétique, n'a jamais cessé d'émailler les discours politiques des présidents américains. Il n'y a rien d'étonnant, donc, à ce que Bush, protestant méthodiste, ait appelé à une croisade contre « l'axe du Mal » au lendemain du *September Eleven.*

Aujourd'hui, ***les Américains continuent d'accorder un rôle essentiel à la religion dans la vie sociale et politique de leur pays.*** Depuis l'école où les élèves prêtent serment au drapeau « sous les auspices de Dieu » aux serments du président sur la Bible, la religion s'immisce dans tous les aspects de la vie civile. Sans compter les grands sujets de société comme l'avortement ou encore l'homosexualité, directement influencés par le poids religieux. Pour preuve, la déclaration d'Obama sur son avis personnel concernant le mariage homosexuel qui a fait bien des remous dans l'opinion américaine en 2012. Les émissions de radio et de télévision sont aujourd'hui une composante majeure de l'outil religieux. L'explosion de l'offre et l'accessibilité aux programmes (câble, Internet, téléphonie mobile) permettent aux sectes, même mineures, ou aux petites Églises évangéliques, souvent moins hiérarchisées, d'occuper les ondes. De ce fait, ***l'individu est en prise directe et quasi permanente avec le contenu religieux.*** À titre d'exemple, chaque semaine, le nombre d'Américains célébrant un office religieux est supérieur à celui assistant à une rencontre sportive.

Une grande majorité d'Américains sont affiliés à une paroisse, et le choix de résidence est le plus souvent assujetti à l'emplacement d'un lieu de culte. Il n'y a qu'à se balader dans une ville américaine pour voir combien les habitants sont fiers d'appartenir à leur paroisse. La religion est même devenue un véritable catalyseur au service du développement urbain. À Los Angeles, la cathédrale *Notre-Dame-des-Anges* dépasse de beaucoup le simple lieu de culte dans la mesure où elle sert de support à toute une politique fédérale, notamment en ce qui concerne les programmes éducatifs, et d'assistance aux plus démunis. ***Le phénomène des megachurches*** est un exemple probant de l'instrumentalisation de la religion au service des idéaux libéraux. Dans son étude de la société américaine au début du XXe s, Max Weber, l'un des fondateurs de la sociologie moderne, soulignait déjà le rapport étroit entre l'éthique protestante et le capitalisme. Ces ***établissements conceptuels du « tout religieux »*** dépassent largement le cadre du simple édifice religieux dans la mesure où l'on y trouve des garderies, des bibliothèques, des salles de spectacle et même des terrains de sport. Ces équipements, où tout a été pensé pour le confort intellectuel du croyant, incitent les familles à venir y passer leur temps libre.

Les États-Unis forment un ***véritable patchwork de religions.*** Sur les 84 % d'Américains qui se déclaraient croyants en 2007, on comptait environ 51 % de protestants, 24 % de catholiques, 1,7 % de juifs et de mormons, 0,7 % de bouddhistes et autant de Témoins de Jéhovah et 0,6 % de musulmans. Mais cette répartition n'est pas constante. Les experts s'accordent à dire que chaque année, environ 60 000 hispaniques, à l'origine catholiques, quittent leur religion pour embrasser ***une Église évangélique, comme le pentecôtisme*** par exemple. Il est vrai que ces Églises ont connu une croissance importante depuis les années 1970, grâce au développement des médias et notamment de la télévision, sur laquelle elles sont très présentes. À titre d'exemple, *Hour of Power,* l'émission présentée jusqu'en 2012 par Robert Schuller, célèbre télévangéliste californien, vue tous les dimanches par plus de 20 millions de personnes. À noter également qu'actuellement, ***c'est la religion musulmane qui croît le plus rapidement aux États-Unis.*** Depuis la création de la Fédération des associations islamiques en 1950, le nombre de mosquées sur le territoire américain est passé de 150 à plus de 2 000.

SAVOIR-VIVRE ET COUTUMES

Difficile de décrire les règles de savoir-vivre à adopter dans un pays auquel on reproche souvent de ne pas en avoir. Pourtant, le pays de la peine de mort et de l'injustice sociale sait souvent faire preuve d'un savoir-vivre étonnant dans les situations de tous les jours. Les Américains sont dans l'ensemble puritains. Ils adorent les fêtes patronales où l'émotion à trois francs six sous déborde de partout, mais ils s'indignent peu de savoir que les enfants Bengladesh fabriquent leurs Nike ou que l'embargo contre Cuba fait des ravages dans la population. La compassion est ici à géométrie très variable, comme partout certainement mais peut-être un peu plus qu'ailleurs. Les Américains ne sont pas à une contradiction près. Ils sont en majorité contre les lois visant à restreindre la liberté de port d'arme, mais s'interrogent quand leurs enfants sont assassinés à la sortie du lycée. Ils se goinfrent de pop-corn et de crème glacée pour mieux s'inscrire à des programmes ultra-coûteux de régime. Peuple difficile à saisir, dont les excès sont légion mais pour lequel le civisme reste une réalité quotidienne. Tombez en panne et vous vous émerveillerez de toute l'aide que l'on vous propose... Ouvrez une carte dans la rue et on viendra vous aider à vous diriger. Impensable chez nous.

Voici quelques conseils et indications en vrac, pour vous montrer que cette civilisation de pionniers, où la force a de tout temps été la seule loi qui prévalait, sait faire preuve, dans la vie de tous les jours, d'une étrange gentillesse qui fait parfois passer les Français pour de curieux rustres.

– À la ville comme dans les campagnes, ***on se dit facilement bonjour*** dans la rue, même si on ne se connaît pas. Vous ne couperez pas non plus au « *How are you* *doing today? »* (« Comment ça va aujourd'hui ? »), l'entrée en matière des serveurs ou commerçants que vous ne connaissez ni d'Ève ni d'Adam mais auxquels vous répondrez avec un grand sourire *« Fine, thanks, and you ? »* (« Bien, et vous ? »).

– ***Les files d'attente*** dans les lieux publics ne sont pas un vain mot. Pas question de gruger quelques places à la poste ou au cinéma. Le petit rigolo qui triche est vite remis en place. C'est l'occasion d'apprendre la patience.

– ***Le code de la route*** est davantage respecté que chez nous. L'automobile est majoritairement considérée comme un moyen de locomotion, pas comme un engin de course (même si les jeunes n'échappent pas à la tentation). Lorsque deux files se regroupent sur une seule, chacun passe à tour de rôle : simple et efficace. Les distances de sécurité sont la plupart du temps une réalité. Et puis vous ne verrez jamais une voiture stationnée sur le trottoir. Non tant par peur des représailles policières, mais tout simplement parce que ça empêche les piétons de passer ! Ne vous avisez pas de transgresser ce genre de règles, ça vous coûterait cher. De même, si quelqu'un est devant un passage piéton, les voitures s'arrêtent automatiquement pour le laisser passer. En revanche, au feu vert pour les piétons, il vaut mieux se presser pour traverser car il passe rapidement au vert en faveur des autos. Et encore faut-il souvent appuyer sur un bouton poussoir pour que le petit bonhomme daigne (finalement) passer au vert.

– ***Les crottes de chien :*** voilà encore un sujet sur lequel on pourrait prendre de la graine. Ce qui apparaît comme un geste simple, civique et évident aux États-Unis a décidément du mal à se mettre en place en France.

– ***Les Américains se font très rarement la bise.*** Quand on se connaît peu on se dit *« Hi ! »* (prononcer « haïe »), qui signifie « Salut, bonjour ». Quand on est proche et qu'on ne s'est pas vus depuis un moment, c'est l'accolade (le *hug*) qui prévaut. Il s'agit de s'enlacer en se tapant dans le dos, gentiment quand il s'agit de femmes, avec de grandes bourrades quand il s'agit d'hommes. Si vous approchez pour la première fois un Américain en lui faisant la bise, ça risque de surprendre (voire choquer) votre interlocuteur. Cela dit, la *French attitude* est plutôt bien vue... Le meilleur moyen de saluer quelqu'un est quand même de lui serrer la main, pratique très courante, même chez les ados.

– En arrivant ***dans un restaurant, on ne s'installe pas à n'importe quelle table,*** sauf si l'écriteau *« Please seat yourself »* vous invite à le faire. On attend donc d'être placé.

– Dans les restos et les cafés, ***ne vous attendez pas à un service à l'européenne,*** du genre nappe, petite cuillère pour le café, couvert à poisson, etc. Ici, c'est l'efficacité et le rendement qui priment. Ne pas s'étonner de se faire servir un *espresso* dans une grande tasse ou d'avoir l'addition avant la fin du repas. Pour s'assurer que tout tourne à la bonne vitesse, certains serveurs n'hésiteront pas à vous rendre visite très (trop) souvent, toujours avec le sourire !

– ***Les petits restes :*** si, dans un restaurant, vous avez du mal à terminer ce que vous avez commandé (ça arrive souvent là-bas), n'ayez pas de scrupules à demander une barquette pour emporter les restes de vos plats ; d'ailleurs, tout le monde le fait. Jadis, on disait pudiquement : « C'est pour mon chien », et il était alors question de *doggy bag.* Aujourd'hui, n'hésitez pas à demander : *« Would you wrap this up for me, please ? »* (« Pouvez-vous m'emballer cela, s'il vous plaît ? »), ou plus simplement *« Would you give me a box, please ? »* (« Pourriez-vous me donner une boîte, s'il vous plaît ? »).

– ***La climatisation :*** les Américains ont la manie de pousser la clim à fond dans la plupart des lieux publics (restos, par exemple). Aux beaux jours, ayez donc toujours un petit pull sur vous pour éviter les chocs thermiques permanents. Malheureusement, ils ont aussi tendance à laisser la clim allumée dans les chambres d'hôtels... même s'il n'y a pas de client à l'intérieur.

– Au sujet des ***w-c publics*** *(restrooms)* : ils sont presque toujours gratuits et bien tenus. Vous en trouverez dans chaque *Visitor Center,* les stations de bus, dans les stations-service, les grands centres commerciaux et grands magasins ou dans les halls des hôtels et les cafétérias. Demandez, on ne vous dira jamais non, à moins qu'une pancarte précise « *Customers only* ».

– ***Dans les petits campings de certains parcs nationaux, le paiement se fait par un système d'enveloppe.*** On met la somme demandée dans l'enveloppe, que l'on glisse dans la boîte. Le *ranger on duty* viendra le lendemain ramasser les enveloppes et contrôler que tout le monde a payé. Ce système tend toutefois à se raréfier. On trouve le même principe dans de nombreux parkings publics.

– ***Dans le même ordre d'idées, pour acheter votre journal, il existe des distributeurs automatiques.*** Il suffit de glisser la somme demandée, et une petite porte s'ouvre pour vous laisser prendre votre quotidien. On pourrait parfaitement en prendre deux, trois ou dix à la fois tout en n'en payant qu'un seul, mais personne ne le fait. L'honnêteté prévaut.

– ***Le rapport à l'argent*** des Américains a souvent tendance à énerver les étrangers, surtout lorsqu'ils font un voyage culturel. Leur guide insistera plus facilement sur le prix de tel tableau, de telle fabuleuse construction plutôt que d'en évoquer les valeurs esthétiques. De même, l'insistance permanente des serveurs dans les restaurants ou des vendeurs à vouloir faire consommer ou dépenser toujours plus est irritante à la longue. Il faut faire marcher la machine économique, et tout est super organisé pour cela.

– Les Américains sont des individualistes forcenés, mais ***ils sont prêteurs.*** Ils n'hésiteront pas, après avoir fait un peu votre connaissance, à vous prêter leur voiture et à vous laisser les clés de leur maison. Ça étonne toujours un peu, mais on s'habitue rapidement à cet état d'esprit.

– ***Le patriotisme :*** le drapeau et l'hymne national sont les liens fédérateurs essentiels des différents peuples qui constituent le peuple américain. Afficher (souvent avec fierté) son appartenance à la nation est un geste évident pour un grand nombre d'Américains. Cela peut étonner plus d'un Européen. Depuis les attentats du 11 septembre 2001, la bannière étoilée a tendance à se multiplier en tout lieu. Et les messages d'encouragement aux *boys* en Irak pullulent aussi. Plus surprenant encore : les églises qui carillonnent l'hymne national !

LA MAIN SUR LE CŒUR

Naguère, les Américains avaient coutume de saluer leur drapeau en tendant le bras droit, en souvenir des légions romaines. Malheureusement, ce geste ressemblait trop au salut nazi. En 1942, le président Roosevelt décida de remplacer ce geste par la main sur le cœur.

– ***Il ne sert à rien de s'énerver et encore moins de hurler*** dès que quelque chose ne se déroule pas comme on le voudrait. Une attitude malheureusement bien française mais totalement décalée aux États-Unis. Le fait d'élever la voix vous fera passer pour un fou, et vous risquez d'être traité comme tel. On vous conseille plutôt de garder votre sang-froid, surtout si vous vous adressez à un policier, cela va sans dire.

– ***Les malentendus culturels :*** les Américains, joyeux drilles, aiment les contacts et sont d'un abord facile. Cet élan immédiat peut laisser croire qu'ils se font de nouveaux amis dans la minute. Mais le premier contact passé, l'analyse de cette situation fait dire aux Français que les Américains sont superficiels, légers, inconsistants. À l'inverse, les Américains nous trouveraient froids et distants. Au final, ce qui ressort le plus souvent de l'aventure américaine, c'est la gentillesse, les rencontres et la serviabilité des gens.

VOODOO (OU VAUDOU)

La pratique du *voodoo* était chose courante au sein de la population noire en Louisiane, spécialement dans la seconde partie du XIXᵉ s. Il s'agissait d'un culte animiste que les esclaves avaient apporté depuis la côte ouest de l'Afrique. Les adeptes du vaudou croient en des forces de la nature et toutes sortes de divinités cachées dans un monde surnaturel et dont il faut s'attirer la bienveillance. Le meilleur moyen, c'est encore de leur demander directement. D'où les cultes et les pratiques, étranges aux yeux des non-initiés, dont l'objectif est d'entrer en contact avec ce monde surnaturel. Qui dit étranges dit inquiétants : importés dans le Nouveau Monde en même temps que les esclaves africains, les rituels vaudous eurent vite fait d'être accusés par la « bien-pensance » catholique de satanisme, de sorcellerie, voire de cannibalisme. Bref, de toutes sortes de ces friponnes turpitudes insinuées par le diable dans l'âme de pauvres humains sans défense pour les détourner du droit chemin. Contraints d'adopter la religion catholique, les esclaves continuèrent bien sûr de pratiquer leur culte dans la clandestinité. Le trait d'union qui en résulta devint le *voodoo,* renforcé par l'arrivée, dès les années 1810, d'une population haïtienne fortement imprégnée par ces croyances et rituels.

Marie Laveau, la grande prêtresse

Née en 1794 d'un père blanc et d'une mère moitié indienne, moitié africaine, Marie Laveau, la plus célèbre prêtresse *voodoo* du sud des États-Unis, conduisait des rituels dans le jardin de sa maison du 1020 de la rue Saint Ann, dans le Vieux Carré de La Nouvelle-Orléans (encore visible aujourd'hui). Au cours de ces réunions, on dansait nu et on buvait du rhum et du sang d'animaux sacrifiés, le tout menant à des orgies, selon certains – mais on exagère tellement ! La bonne société anglo-américaine, puritaine en diable (c'est le cas de le dire), en était profondément choquée.
Néanmoins, Marie Laveau se taillait une solide réputation de guide spirituel en vendant gris-gris et potions aux Noirs bien sûr, mais aussi beaucoup aux Blancs. Parallèlement, fine manipulatrice, femme d'affaires et opportuniste, elle s'introduisait dans l'intimité des politiciens et des grandes familles de l'époque. Liaisons extraconjugales, coucheries en tout genre, petits scandales du microcosme bourgeois... tout était exploité, étouffé par ses soins, cela étant bien sûr secrètement et largement monnayé ! Il faut dire qu'elle était aussi coiffeuse. Rien de tel, on le sait, pour récolter les derniers cancans ! Sa fortune et sa notoriété grandissant, elle devint plus tard la tenancière de la « maison blanche » (pas celle de Washington, rassurez-vous !), située juste en dehors du Vieux Carré, où elle organisait des rencontres clandestines entre hommes blancs et noirs avec de jeunes mulâtresses. En effet, les choses étant ce qu'elles étaient en Louisiane, les hommes de la bonne société cherchaient à se marier avec toujours plus blanc que soi mais à coucher avec toujours plus noir que soi.
Quelques décennies plus tard, Storyville, le célèbre quartier des maisons closes, devint également le lieu de résidence de nombreuses prêtresses (dont la célèbre Lulu White) menant de front à leur tour, suivant ainsi l'exemple de leur aînée Marie Laveau, les activités répondant aux besoins de la chair comme à ceux de l'esprit !

Marie la revenante

Une amusante légende d'immortalité entoure le personnage de Marie Laveau. Officiellement décédée en 1881, elle apparut à de nombreuses reprises dans divers rituels jusqu'en... 1918 ! Des témoignages décrivent en effet une belle femme à la peau couleur de banane, portant des anneaux d'or aux oreilles. L'explication est en fait assez simple : il y a bien eu au moins deux, voire trois Marie Laveau. La première avait cédé ses pouvoirs à sa fille (d'où la ressemblance et la méprise), qui probablement, à son tour, fit de même quand sonna l'âge de la retraite. Tout cela reste un mystère encore aujourd'hui. Seul fait avéré en tout cas : la tombe de Marie se trouve dans le cimetière Saint-Louis nº 1, le long de Basin Street (ne pas s'y rendre seul en raison de problèmes de sécurité, voir le texte qui lui est consacré dans « La Nouvelle-Orléans »). C'est même la deuxième tombe la plus visitée aux États-Unis : après Elvis mais avant Marilyn !

Déclin et renouveau

Dès l'aube du XXe s, la pratique du *voodoo* connut un certain déclin. L'américanisation forcenée de la Louisiane, le désir d'intégration et de normalisation d'une partie de la population poussèrent beaucoup de personnes à tourner le dos à ces traditions qui avaient pourtant cours depuis deux siècles. Bizarrement, furent lentement introduits dans les pratiques des éléments venant de l'époque médiévale en Europe et de sa mythologie (sorcellerie, magie, croyance aux miracles, récitation de prières). Toujours est-il que la fascination persiste, comme en témoigne la présence de nombreuses boutiques du Vieux Carré qui allient vaudou, magie et satanisme, mais dont le but est bien plus commercial que spirituel !
Bien qu'inspirant toujours une certaine crainte dans la population américaine, le *voodoo* doit être aujourd'hui considéré comme une religion qui allie l'utilisation de l'eau bénite à des croyances afro-haïtiennes. Une sorte de syncrétisme capable d'englober les croyances des uns et des autres. Les pratiques du *voodoo* existent encore aujourd'hui. En milieu rural et retiré, elles restent certes isolées mais plus authentiques et relèvent de croyances transmises de génération en génération.

LA LOUISIANE

La Louisiane tient une place à part dans le cœur des Français. Elle réveille les fantasmes de ces premiers explorateurs qui partirent pour des lendemains meilleurs. Elle évoque la lointaine, mais ô combien omniprésente, parenté entre les Français de France et ces Acadiens devenus Cadiens puis Cajuns, qui durent résister en milieu hostile pour se faire une place au soleil du Grand Sud. Minorité parmi les minorités, on comprend que plus tard, des liens se tissèrent presque naturellement entre ces Français et certains esclaves noirs – qui, comme eux, n'avaient pas choisi d'être là – et avec les Indiens houmas qui, comme eux, furent pourchassés.

La Louisiane, c'est une partie de l'histoire de la France, tout simplement. Une histoire que tout le monde, curieusement, cherche à effacer, à occulter ou à réécrire. Les Américains tout d'abord, qui n'ont guère brillé sur ce coup-là ; les Anglais ensuite, premiers responsables de l'éradication ethnique des Acadiens de la Nouvelle-France (actuellement Nova Scotia) ; les Français enfin, qui ne font même pas allusion dans les livres scolaires d'histoire à ce tragique épisode.

Le Français qui débarque en Louisiane se sent un peu chez lui, comme happé par d'impalpables vibrations qui le mettent vite à l'aise. Car, à priori, ce relief plat et marécageux, où l'eau ne se résigne jamais tout à fait à laisser place à la terre et où la terre ne parvient jamais totalement à prendre le dessus, présente un intérêt limité. Et pourtant, là encore, on éprouve pour cette région une sorte d'attraction irrésistible, une mystérieuse tendresse. La Louisiane incarne un certain mythe de l'Amérique. Une Amérique dont rêvent les Français. Ils la rencontreront bien plus à Lafayette, à Houma ou encore dans les villages comme Saint Martinville qu'à La Nouvelle-Orléans, même si cette dernière en est une bonne introduction.

La sensibilité particulière que nous éprouvons pour cette contrée, ce lointain lien historique, ce fragile cordon linguistique se ravive dès qu'un Cajun nous accueille avec ce savoureux parler, cette diction unique qu'il faut encourager, car si notre français n'est pas en danger, le leur l'est.

Bien avant les dentelles de fer délicatement forgé du Vieux Carré, avant le son d'une trompette qui swingue, avant l'image des gros alligators et des lumières diaphanes entre les cyprès géants, le souvenir qui sans doute restera le plus gravé dans votre mémoire sera celui de l'accueil dans une famille cajun, ressemblant plus à des retrouvailles qu'à un premier contact. Cette chaleur immédiate est peut-être une manière de combler les deux siècles passés, de retisser d'un coup les fils d'une histoire chaotique.

LA NOUVELLE-ORLÉANS (NEW ORLEANS)

Autour de 355 000 hab. actuellement (455 000 hab. avant Katrina)

▸ Pour les plans de La Nouvelle-Orléans, se reporter au cahier couleur.

En débarquant à La Nouvelle-Orléans, on a la tête pleine d'airs de jazz, d'impressions de joie de vivre, d'images de rocking-chairs sur les terrasses des vieilles maisons aux balcons de fer ouvragé... et même, l'été, d'ouragans terribles. Il y a tout ça. Et aussi mille autres subtilités par lesquelles se laisser surprendre. Le jazz se répand au cœur du French Quarter, autour de la fameuse Bourbon Street, avec ses clubs de légende. Mais disséminés dans la ville, une vingtaine de lieux distillent chaque soir la bonne parole du jazz, racontant les joies et les peines d'une population malmenée – encore récemment – par l'histoire et par la nature. Le caractère créole est partout sensible, à commencer dans la sensualité des natifs, toujours prêts à faire la fête – la ville ne s'est-elle pas autoproclamée la *Big Easy* pour célébrer son caractère nonchalant ? Créole, surtout, la cuisine relevée qui se démarque nettement de l'environnement yankee. Ici, on privilégie le *gumbo* au melting-pot anglo-saxon : au lieu de fondre les ingrédients sociaux dans un ensemble uniformisé, on préfère préserver à chaque composante sa saveur particulière, sa différence. Et ça fait du bien dans un pays souvent trop policé.
Des influences multiples ont forgé le profil physique et humain de New Orleans. Le French Quarter et ses rues de Chartres, Toulouse et autres Dauphine ou Burgundy perpétuent les traces d'une période française pas si lointaine et finalement assez courte – de 1699 à 1762. Mais l'influence la plus durable, au sein même du Vieux Carré, a été imprimée par les Espagnols, à qui l'on doit ces façades si caractéristiques. Avec la montée des populations hispaniques, sensible en Louisiane comme dans tout le sud des États-Unis, la ville réhabilite peu à peu cet héritage-là aussi.

PREMIÈRES IMPRESSIONS

On pourrait, de prime abord, être un peu déçu par New Orleans (ici, on prononce « Nolinss » et non « Niou Olinnss », mais on dit aussi « Nola » tout simplement). Rien de plus banal que ces faubourgs plats et interminables, rythmés seulement par les centres commerciaux et les marchands de voitures. C'est que le berceau du jazz cache dans un écrin très ordinaire une véritable perle architecturale, un bijou étonnant, mis en valeur par une atmosphère qui, même si elle semble parfois trop exploitée, reste absolument unique aux États-Unis : le *French Quarter* (le quartier français), appelé aussi *Vieux Carré,* ce qui n'est pas vraiment la traduction, mais chacun s'en accommode. Deuxième erreur, il ne s'agit pas d'un carré mais d'un rectangle. Là encore, tout le monde s'en fout. Si l'on voulait être exact, on appellerait le coin *The Spanish Rectangle,* « le rectangle espagnol » (ce qu'on est pinailleur !). Mais les visiteurs s'en moquent, car le soir tard, quand ils l'explorent, ils sont souvent un peu ronds !
Comme San Francisco et Boston, La Nouvelle-Orléans est une ville exceptionnelle aux États-Unis, exceptionnelle par ses différences et sa fierté à les conserver. C'est ce qui accroche immédiatement le visiteur européen et qui déroute... les Américains eux-mêmes. Ceux-ci se plaisent d'ailleurs à dire que si l'on ne connaît des États-Unis que La Nouvelle-Orléans, c'est qu'on ne connaît pas les États-Unis. C'est une ville à part, pas plus américaine qu'européenne ou créole. Le Vieux Carré s'explore à pied, et le reste de la ville en tramway *(streetcar),* ainsi

découvre-t-on ses charmes à petites lampées, jour et nuit. Car elle possède un point commun avec Las Vegas, elle dort très peu...

« REVENEZ À LA NOUVELLE-ORLÉANS ! »

C'est le cri du cœur poussé par les habitants de la ville ! La population qui a pu revenir après Katrina s'est réinstallée. Les premiers ont été les amateurs de jazz, dès 2006, bien décidés à faire entendre que La Nouvelle-Orléans n'avait rien de la ville morte dont on avait vu l'image après la catastrophe. Le buzz a fait son travail, et les touristes américains ont emboîté le pas aux mélomanes dès 2007. Mais beaucoup d'Européens se demandent encore dans quel état est la ville. Bref, le voyage en vaut-il encore la peine ?

À cette dernière interrogation, on répond : « Oui, mille fois oui ! » Les images apocalyptiques de Katrina ne doivent pas faire oublier que seuls quelques quartiers d'habitations, aussi vastes soient-ils, ont été touchés et qu'ils sont situés hors des centres touristiques. L'ouragan n'a pas épargné grand monde, mais l'inondation n'a pas noyé la ville entière ! Quant à la marée noire de 2010, rappelons qu'elle n'a pas atteint La Nouvelle-Orléans.

Certes, Katrina est un terrible drame humain, sociologique et économique. Loin de nous l'idée de minimiser les conséquences de la tragédie, ni à court ni à moyen terme, sur le devenir de la Cité du Croissant. Mais du fait que la totalité des quartiers que visitent les touristes ait été épargnée par la montée des eaux (lire le texte que l'on consacre à ce sujet plus loin), La Nouvelle-Orléans est très rapidement redevenue une ville en état de marche, visitable, souriante et prête à vous accueillir les bras grands ouverts.

Les hôtels embauchent à tour de bras, les restos vous attendent avec des brassées d'écrevisses, les clubs de jazz ont fait briller leurs cuivres et les gens sont aussi chaleureux qu'auparavant. Bref, la *Big Easy* attend de refaire le plein de touristes pour reprendre du poil de la bête et que les premiers signes de renaissance se confirment sur le long terme.

En visitant La Nouvelle-Orléans actuellement, on gagne sur trois tableaux : tout est facile d'accès (vu le nombre encore relativement faible de touristes), les tarifs sont plutôt attractifs en dehors des périodes chaudes (Mardi gras, Jazz Fest et Essence Music Festival) et enfin, et surtout, vous participez concrètement au renouveau de la cité qui, à bien des égards, se sent si proche de la France. Si les touristes ne reviennent pas, pour le coup, la ville ne sera sans doute jamais plus la même. Et on sera tous les premiers à la pleurer !

Pour sauvegarder ce mode de vie particulier, loin de l'ennui et de la standardisation que connaissent d'autres villes d'Amérique, afin que subsiste la richesse de cette cité qui a donné naissance au jazz et à l'art de flâner, « Nolinss » a besoin de ses touristes !

HISTOIRE DE LA NOUVELLE-ORLÉANS

Le rôle du Mississippi

La ville s'est développée entre le Mississippi, le lac Pontchartrain et les marécages environnants. *The Crescent City* doit son surnom au fait qu'elle se love dans un méandre paresseux du grand fleuve, en forme de croissant. Les Indiens s'étaient établis sur le site actuel de la ville, car le sol y était plus élevé qu'ailleurs, avec des digues naturelles empêchant les inondations. Cependant, La Nouvelle-Orléans étant pratiquement construite sur l'eau, son niveau par rapport au fleuve descend de trois pouces (7,6 cm) par siècle ! Elle se retrouve donc aujourd'hui comme une nouvelle Amsterdam, sous le niveau des eaux, mais « la solidarité des Hollandais en moins », comme le regrettent les habitants. Un système de digues et de portes monumentales a bien été construit, renforcé par plusieurs pompes gigantesques et automatiques, installées pour évacuer l'eau en cas de précipitations abondantes. Des études avaient calculé qu'en l'an 2300, il faudrait un masque et un tuba pour visiter la ville. On ne croyait pas si bien dire... Katrina et ses conséquences ont montré qu'il ne faut pas faire trop confiance aux études. De nouvelles installations ont été imaginées, très ambitieuses, qui en principe devraient résister à d'autres catastrophes. Les premiers travaux ont débuté au printemps 2007.

La période française (1682-1762)

Venus du Canada par les Grands Lacs et descendant le long du Mississippi, divers explorateurs français s'étaient intéressés à la Louisiane et, dès 1682, la France s'attribue officiellement un territoire gigantesque (mais encore inexploré) dont les limites vont des Grands Lacs jusqu'au golfe du Mexique (en fait, quasiment la surface de l'Europe moins l'Angleterre !). Pierre et Jean-Baptiste Lemoyne, puis John Law un peu plus tard, établissent la nouvelle colonie qui passe sous le contrôle de la Compagnie des Indes en 1699. La Nouvelle-Orléans est rapidement fondée par Bienville en 1718 et devient la capitale de la Louisiane dès 1722 (avant d'être remplacée par Baton Rouge en 1880). C'est alors une cité aux habitations sommaires en bois, aux rues étroites non pavées, où se croisent Européens fuyant un passé douteux, pirates, gens de couleur libres venant des Caraïbes, prostituées et Indiens. Tout ce petit monde vit sous la tutelle bienveillante du régent de France, le duc d'Orléans, en l'honneur de qui la ville avait été baptisée.

L'époque espagnole (1762-1803)

Bien que passant sous domination espagnole en 1762, la ville reste française dans ses traditions. La Nouvelle-Orléans va pourtant changer de visage. À deux reprises (1788 et 1794), des incendies ravagent la ville, et on se met à construire à l'espagnole des maisons en brique avec des jardins privés qui séparent les cuisines des habitations (afin de limiter les risques d'incendie), des sortes de courettes-patios et d'élégants balcons ciselés aux formes végétales. La plupart des Américains qui viennent à La Nouvelle-Orléans sans jamais être venus en France pensent que ce quartier est typiquement *Frenchy.* Quelle erreur !... Mais que ce soient les Français ou les Espagnols, les habitants prennent soin de bâtir les habitations sur les parties les plus hautes par rapport au niveau du fleuve et du lac, étant régulièrement témoins de soudaines montées des eaux. Le bon sens tenait alors lieu de géomètre et d'architecte tout à la fois.

L'américanisation commence en 1803

Les Espagnols rétrocèdent le territoire de la Louisiane à Napoléon qui, faute d'avoir les moyens de l'administrer (et de le défendre militairement), préfère affaiblir son ennemi héréditaire, l'Angleterre, en le vendant à la jeune nation des États-Unis en 1803. À cette époque, La Nouvelle-Orléans constitue quand même le premier port du continent nord-américain. Aussitôt, des néo-Anglo-Américains se mettent à affluer et commencent à s'installer dans le faubourg Sainte-Marie (aujourd'hui, à l'ouest de Canal Street par rapport au Vieux Carré). Créoles d'origines française, espagnole et américaine vivent alors dans des mondes pratiquement cloisonnés. Canal Street devient le no man's land qui sépare les communautés. D'un côté, le Vieux

NAPO LIBÉRÉ ?

Nicholas Girod, maire de La Nouvelle-Orléans et sympathisant bonapartiste, conçut le projet de libérer l'empereur de Sainte-Hélène. Girod avait même fait agrandir sa maison située au 500 Chartres St (aujourd'hui reconvertie en café-resto) pour l'accueillir. On embaucha le pirate Jacques Lafitte pour l'opération. Patatras ! Napoléon mourut avant.

Carré, créole en diable, même en étant de tradition catholique, considéré comme un lieu de débauche et de dépravation (un endroit chouette, quoi !), et de l'autre côté, plus à l'ouest, la partie anglo-américaine, protestante, moderne et proprette. Inutile de dire que les sages citoyens de l'ouest s'aventurent le moins possible de l'autre côté. Les premières années sont dominées par la confusion, due à la rapide et intense transformation de la ville. On construit n'importe où, on assèche vaille que vaille les terres marécageuses et basses – donc inondables. On estime alors que le renforcement des « levées » pourrait suffire à contenir d'éventuels débordements ! Bref, la ville explose.

À cette époque débarque également à La Nouvelle-Orléans une population de planteurs blancs et d'affranchis noirs venus d'Hispaniola (Haïti et Saint-Domingue), libérés à la suite de la révolte d'esclaves menée avec succès par Toussaint Louverture.

Le XIXe s des richesses

À partir de 1820, La Nouvelle-Orléans connaît un boom économique et une période de paix. C'est l'âge d'or des bateaux à vapeur, des plantations de coton et de canne à sucre. La richesse afflue, les banques s'implantent. Des familles anglo-américaines, mais également d'anciennes familles installées depuis longtemps, érigent des fortunes. La Nouvelle-Orléans devient la plus grande ville du sud des États-Unis et représente la plus importante plaque tournante mondiale de l'industrie du coton. Dès 1849, la baronne Pontalba transforme le Vieux Carré en construisant des appartements qui portent son nom et redonnent ainsi du panache à la place d'Armes, aujourd'hui Jackson Square, cœur historique du French Quarter. Ce Vieux Carré essaie de rattraper l'évolution rapide des autres secteurs de la ville qui s'étendent sans cesse. Mais patatras, la guerre de Sécession éclate en 1861 et frappe durement la cité, qui est occupée de 1862 à 1876. C'est le déclin des plantations, les pressions pour l'abolition de l'esclavage, la mise au ban du Mississippi, bref, la fin de l'âge d'or. Le fleuve s'endort, la ville s'assoupit. Les nordistes, jaloux des avantages de leurs rivaux du Sud, parviennent à leurs fins : les esclaves sont libérés, donc toute l'économie flanche. Plus tard, le jazz naît dans les nombreux bordels qui fleurissent à Storyville, le quartier de la prostitution. Le début du XXe s voit la naissance de Louis Armstrong. C'est une époque riche pour la musique mais confuse pour tout le monde. Le pays est en mutation, mais le Sud s'accroche à un mode de vie révolu.

Lente résurrection

La renaissance sera pénible, freinée par des conflits et des tensions raciales importantes. En 1917, le port de La Nouvelle-Orléans est massivement utilisé pour l'acheminement de l'armée américaine et de son charroi vers l'Europe. Mais les autorités fédérales exigent de la ville qu'elle rase les bouges de Storyville pour ne pas détourner de leur devoir les jeunes soldats, venus du Middle West puritain parfaire leur préparation dans des camps d'entraînement tout proches. Les professionnelles et leurs clients se délocalisent alors dans le French Quarter. Il faut attendre 1936 pour que le Vieux Carré, laissé à l'abandon jusque-là, connaisse une véritable renaissance grâce à la fondation du « Vieux Carré Commission », qui en fait un site classé Monument historique. Il était temps.

Modernisation

Dans les années 1930, la ville en pleine mutation attire aussi les travailleurs du pétrole dont les derricks hérissent le sud du pays. La Louisiane contient en effet 10 % des réserves pétrolières des États-Unis, ce qui n'en fait pas pour autant une région riche, puisque l'État fédéral récolte la majorité des bénéfices. En 1942, après l'entrée en guerre des États-Unis, les rives du lac Pontchartrain sont aménagées

en base militaire. Tout cela sera rasé en 1960 pour ériger le campus de l'université. Ces années-là sont aussi, socialement, le début de l'intégration des enfants noirs dans les écoles, jusque-là réservées aux Blancs. C'est l'explosion immobilière. De nouveau, on construit n'importe où et n'importe comment, sans se soucier des questions de zones inondables, de stabilité des sols, etc. Ce sont certains de ces quartiers qui paieront le prix fort lors des inondations qui suivirent le passage de Katrina. Les banlieues n'en finissent pas de s'étendre. Les problèmes de délinquance commencent à se multiplier, les classes sociales défavorisées faisant les frais de la pauvreté des années de restrictions. Des ghettos « naturels » se forment aux portes de la ville. Si les lois raciales ont changé, ce n'est pas le cas des mentalités. Les classes moyennes blanches fuient les quartiers qui deviennent trop « noirs » et s'installent dans des secteurs nouvellement construits... et vulnérables aux inondations. La Nouvelle-Orléans devient paradoxalement l'une des villes les plus dangereuses du pays mais aussi l'une des plus touristiques, où débarquent chaque semaine des milliers de congressistes.
La richesse retrouvée, les tensions raciales semblent diminuer malgré tout ces dernières années (voir plus loin « La Nouvelle-Orléans, ville dangereuse ? »). La ville, juste avant Katrina, vivait majoritairement de son tourisme, en cultivant ses propres valeurs : l'insouciance, le soleil... et le jazz, sous le regard du reste de l'Amérique qui ne l'a jamais vraiment aimée. C'est qu'ici, on ne cultive pas l'hypocrisie chère au reste du pays : on rit, on s'amuse et on boit ouvertement, sans fausse pudeur. Du coup, Noirs et Blancs viennent aussi à New Orleans pour des cures périodiques de déblocage, histoire de « laisser le bon temps rouler ! ».

KATRINA FRAPPE LA NOUVELLE-ORLÉANS

Fin août 2005, après avoir effleuré le sud de la Floride, ***l'ouragan Katrina*** s'incurve sur le golfe du Mexique en direction des côtes de Louisiane. Plus de 80 % des habitants de New Orleans quittent alors la ville. Lorsque Katrina, classé en catégorie 5 (sur une échelle de 1 à 5), infléchit sa route vers le Mississippi, on pousse un soupir de soulagement dans la *Crescent City.*
Les habitants des quartiers pauvres qui ne sont pas partis, en grande majorité des Afro-Américains mais aussi des Blancs de condition très modeste, sont confinés sous la coupole du Superdome ou sont simplement restés dans leur maison de bois. Au total, ***ils sont 100 000 à ne pas avoir quitté la ville.*** Mais le pire est à venir...
Les digues censées protéger la ville basse d'un débordement du lac Pontchartrain, trop faiblement ancrées dans le sol, cèdent sur 60 m de longueur, et les eaux du lac se déversent lentement mais sûrement dans les bas quartiers de la ville. ***Lakeview*** et le ***Lower 9th Ward*** sont les plus touchés. Le premier est entièrement noyé, mais la structure des maisons résiste tant bien que mal. Le second est totalement ravagé. Les maisons de bois se disloquent ou se détachent de leur socle et glissent au fond du jardin. C'est l'apocalypse. Ceux qui s'y trouvent encore et n'ont aucun accès au toit sont noyés dans leurs greniers. Rapidement, ***l'électricité est coupée*** et la ville plongée dans les ténèbres. Le *French Quarter,* bâti au-dessus du niveau des eaux, n'est pas touché par Katrina mais par des ***bandes de pillards armés*** venus des quartiers pauvres. Privée de moyens de communication, la police est rapidement débordée.
Le 30 août, une zone grande comme la moitié de la France a été touchée par l'ouragan. Faute de moyens locaux suffisants, il faut faire appel à l'aide fédérale. Et c'est à ce stade que les ratés se multiplient. La ***lourdeur administrative*** de la FEMA, agence fédérale de gestion des situations de crise réorganisée sous Bush, ***freine l'organisation des secours de base*** : l'approvisionnement en eau et en vivres, la situation sanitaire, l'évacuation des malades des hôpitaux, la sécurité face aux pillards... Il faudra plus d'une semaine pour que l'administration fédérale se décide à envoyer l'armée pour ***évacuer les réfugiés vers le Texas*** voisin et

3 semaines pour pomper les eaux grâce à du matériel venu d'Europe. On recensera finalement ***1 836 morts***, dont ***plus de la moitié à La Nouvelle-Orléans.***
Les ***promesses faites par George Bush*** en septembre 2005 ont été suivies de ***peu d'effets.*** Si la plupart des particuliers ont été indemnisés pour la perte de leur maison, ce n'est pas le cas des infrastructures publiques et commerciales, et les crédits débloqués par l'administration fédérale ne sont attribués qu'au compte-gouttes. Washington ne fait-elle pas traîner l'affaire afin d'empêcher les Noirs de revenir ? Certains parlent de nettoyage ethnique. Exagéré ? Peut-être... En tout cas, une chose est sûre, la ***population noire, qui était avant de 67 %, a énormément diminué...***
Un constat semble s'imposer : le pays le plus puissant du monde semble prêt, sans états d'âme, à ***abandonner un de ses plus beaux joyaux.*** Simple dédain ou véritable calcul politique ? Sans doute un peu de l'un et beaucoup de l'autre.
Pourtant, même si la ville a perdu plus de la moitié de ses habitants, on a assisté tout au long de l'année 2006 à l'arrivée en masse de ***milliers de travailleurs mexicains et guatémaltèques,*** bon marché et sans papiers, ayant curieusement passé la frontière sans problème. Le constat est indéniable, la ville connaît et va connaître une ***importante mutation*** dans les années qui viennent.

Se reconstruire

Thank God, le Vieux Carré a miraculeusement été épargné par les inondations et les dégâts y ont été finalement limités. Malgré l'ampleur de la tragédie, ***la vie a repris son cours,*** les habitants ayant à cœur de rendre à La Nouvelle-Orléans l'atmosphère de fête qui en a fait la renommée. Mais la ***population noire n'est toujours pas entièrement revenue*** et pour cause : la plupart des logements sociaux ont été fermés après Katrina, fermeture vue par beaucoup comme une manière de se débarrasser des Noirs. Les ***tensions raciales*** ont d'ailleurs connu une véritable recrudescence. Quant à la reconstruction du ***Lower 9th Ward,*** l'un des quartiers les plus pauvres de la ville, elle se fait très difficilement et lentement. La nature semble avoir repris le dessus sur l'homme. Et l'homme est à blâmer puisque ce processus ne s'est pas fait en un jour. Le maire de l'époque, Ray Nagin, n'ayant pas les moyens de reconstruire la ville dans sa totalité, a fait un choix, le « ***laisser-faire*** », laissant cette tâche aux seules organisations locales. Et le résultat est bien là. Il n'y a plus ni police, ni école, ni supermarché, ni hôpital. Le ***vide est saisissant,*** d'immenses parcelles sont désormais englouties par des plantes improbables et habitées par des bestioles en tout genre... Le quartier est devenu une ***véritable décharge,*** chacun vient y abandonner ses gravats, animaux malvenus et déchets ménagers.
En 2010, le ***populaire démocrate Landrieu, nouvellement élu,*** a finalement attribué un ***budget fédéral et local à la reconstruction du quartier,*** près de 130 millions dollars pour la reconstruction des rues, écoles et un nouveau centre communautaire. Depuis septembre 2011, un groupe de 12 personnes, habitants du quartier ou anciens délinquants, est chargé de déblayer le terrain. Mais la tâche est difficile car Katrina a créé un véritable monstre de végétation, instable mais durable... Depuis 2007, Brad Pitt se mobilise également pour la reconstruction du secteur. Son projet, le ***Make It Right Foundation,*** prévoyait l'édification de 150 maisons, aussi design qu'écologiques, construites sur pilotis pour éviter les risques d'inondation et vendues 150 000 $. Malheureusement, les fonds manquent et, en juillet 2012, seulement 86 ont été livrées.
Malgré tout, Katrina semble avoir enclenché un mouvement de ***reconstruction de la ville bien plus profond.*** L'État a pris le contrôle des écoles les moins performantes, le FBI et le ministère de la Justice collaborent pour réformer la police très critiquée de la ville, le maire s'attaque à la corruption qui frappe les marchés publics et à la ***criminalité des jeunes...*** Parallèlement, la société civile s'organise et, récemment, la start-up néo-orléanaise *Neighborland* – le pays des voisins – a lancé un site ouvert à tous *(● neighborland.com ●),* afin de rassembler les idées

des locaux pour améliorer la vie de leur quartier. Les premiers mots sont donnés : « I want » ; à chacun de compléter : plus de moyens pour recycler, des supermarchés dans les quartiers isolés, une ligne de tramway passant par le centre-ville, etc. Dans ce contexte, les idées ne manquent pas ! Reste à trouver les moyens...

JAZZ STORY

C'était à la fin du XIXe s. Peut-être un peu avant... Personne ne sait au juste quand ça a commencé. En réalité, « ça s'est fait comme ça, sans y penser : tout d'un coup, le jazz était là et tout le monde était content ! ».

Chaque population entretenait son folklore et ses traditions. Ainsi, du temps des plantations déjà, les esclaves avaient le droit à une journée de libre, le dimanche. Quelle générosité de la part des colons ! Bref... ils avaient donc pris l'habitude de venir se retrouver à Congo Square (dans l'actuel Armstrong Square) pour danser et chanter, accompagnés de leurs instruments. Une exclusivité dans le monde de l'esclavage, les autres États interdisant à leurs sous-fifres d'en posséder. Plus tard, le sous-prolétariat noir se rendait également le week-end sous les frondaisons de Congo Square (dans l'Armstrong Square) pour y invoquer, au rythme extatique des tambours, les sortilèges de l'Afrique ancestrale et les divinités vaudoues.

Depuis des lustres, experts et spécialistes débattent ad libitum sur les multiples étymologies du mot « jazz ». Les Louisianais s'accrochent bien sûr à celle qui raconte que l'un des orchestres de rue se nommait « Razzy Dazzy Jazzy Band ». Il rencontra un tel succès que, dès 1915, cette musique négro-américaine fut connue sous le nom américain de « jazz ».

UNE ORIGINE BIEN CULOTTÉE

Savez-vous quelle est l'origine du terme « jazz » ? Un jour, un ivrogne enthousiaste s'écria pour encourager les musiciens : « Jass it up! » En gros : « Vas-y, chauffe ! », avec une certaine connotation sexuelle. Sur les affiches, on découvrit le nom « Stein's Dixie Jass Band ». Mais comme les gamins s'amusaient à arracher les « j », transformant « jass » en « ass » (cul), le mot évolua en « jazz ».

Des chants libérateurs

Dans les autres États, on leur avait très vite interdit l'usage du tam-tam ou du tambour, qui auraient pu allumer en eux la flamme de la révolte ; on avait aussi imposé la religion monothéiste des maîtres, et la seule musique autorisée aux esclaves jusqu'en 1803 était la liturgie catholique. Pourtant, des lamentations et des chants destinés à soutenir la cadence dans le travail naquirent le blues, réminiscence de mélopées modales africaines, modifiées par l'influence de la musique européenne, et aussi le *negro spiritual,* le *gospel song,* qui n'est autre qu'un cantique rythmé à la gloire du Sauveur, très vite identifié au Libérateur. On ne lui demandait pas le paradis, mais plutôt la libération, la fin de l'oppression sur terre. Mais en Louisiane, c'était bien différent, la liberté donnée aux esclaves le dimanche a permis l'émer-

LE SAX, CADEAU DE L'ARMÉE FRANÇAISE

L'arrivée du saxophone provoqua une véritable révolution dans le jazz. Peu de gens savent que ce célèbre instrument (inventé par le Belge Adolphe Sax) débarqua à La Nouvelle-Orléans grâce à... l'armée française, qui y fit escale après son échec dans les luttes contre les révolutionnaires mexicains (1866). Avant de connaître la gloire grâce au jazz, le saxophone était, en effet, utilisé par les fanfares militaires.

gence de la musique afro-américaine. Alors qu'on chantait le blues dans le Mississippi, La Nouvelle-Orléans a engendré un autre style musical, plus entraînant et optimiste, le jazz. L'étymologie des deux termes est d'ailleurs très significatif de leurs différences : le mot *blues,* comme chacun sait, vient de l'expression *« blue devils »* qui signifie « les idées noires », tandis que *jazz* était un mot familier pour dire « sexe ». Et n'allez pas nous dire que ça, c'est triste !

Il n'est pas étonnant alors que lors des enterrements traditionnels à La Nouvelle-Orléans, si l'on pleure en accompagnant le défunt au cimetière, en revanche, au retour, on rit et on danse, car on sait que, là-haut, il sera bien plus heureux que dans ce bas monde.

Peu à peu, la musique est descendue dans la rue. Toute occasion était bonne pour que les musiciens enfilent leurs uniformes de parade : les fêtes religieuses, les commémorations patriotiques, les cérémonies militaires, les campagnes électorales, les communions, les mariages et les enterrements. Une marche poignante accompagnait le mort jusqu'à sa dernière demeure. La musique, naturellement, présidait aux festivités baroques du Mardi gras, mais aussi aux processions des innombrables sociétés secrètes, dont les membres défilaient crânement à visage découvert !

Certains jours, cliques et orphéons se bousculaient dans les rues. Ils en profitaient pour se livrer à des joutes musicales tonitruantes. Le principe était simple : était déclaré vainqueur celui qui parvenait, à force de s'époumoner, à couvrir la voix de l'autre ! Nul doute que ces athlétiques performances aient été à l'origine de l'exceptionnelle puissance du jazz louisianais.

Le jazz, musique de bordel...

Jouer dans la rue ne faisait vivre personne ; à l'église encore moins, où les musiciens jouaient, bien sûr, bénévolement. En revanche, les bordels prirent l'habitude d'embaucher des orchestres de jazz (et de les payer !). Rappelez-vous le film de Louis Malle, *La Petite,* tourné dans l'un des trois bordels qui ont résisté aux pelleteuses. Il se trouve au 1208 Bienville Street. Désaffecté, bien sûr. C'est donc à Storyville, quartier des maisons closes, que le jazz est devenu un style musical à part entière.

Près de la gare, qui n'existe plus depuis 1954, se tenait un cabaret très célèbre : *Anderson's Annex.* Salle de jazz au rez-de-chaussée et bordel à l'étage. Un certain *Louis Armstrong* y jouait tous les soirs pour quelques malheureux dollars, lorsqu'il fut découvert par un imprésario de Chicago. Armstrong habitait à l'intersection de Loyola et Perdido, dans ce qui est aujourd'hui le *business district.* Sa maison a disparu avec tout Storyville bien sûr, pour laisser la place aux grands hôtels internationaux. L'*Holiday Inn* s'est quand même fendu d'un hommage au patrimoine du quartier en peignant une clarinette géante sur sa façade. Au niveau du parking de cet hôtel, on découvre également une série de fresques pas trop mal faites sur l'histoire du jazz dans la ville.

Au début du XXe s, le musicien le plus réputé de la ville basse – « Downtown », là où triomphait le jazz naissant – était le cornettiste *Buddy Bolden.* Ses admirateurs l'avaient sacré roi des musiciens. La couronne passa ensuite à *Joe Oliver,* qui devait lui-même

LE DIXIELAND, PETIT NOM DE LA NOUVELLE-ORLÉANS

On l'identifie dès les premières notes : le Dixieland est LE style musical de New Orleans. Le mot tire son origine tout simplement du billet de 10 $. Lorsque, au début du XXe s, les autochtones ne parlaient encore que le français, les billets portaient sur une face « Ten » et sur l'autre « Dix ». Prononcé par les anglophones, cela donnait « Dixie ». New Orleans avait trouvé son petit nom : Dixieland.

la céder, vers 1925, à *Louis Armstrong.* Mais à cette époque, le jazz avait quitté La Nouvelle-Orléans pour Chicago, avant d'aller s'installer à New York. Dès 1917, Storyville avait été fermé par décision de l'amirauté et détruit par les pelleteuses.

... puis musique de stars

Avec les années 1930, la liste des vedettes, des publics conquis et des chefs-d'œuvre s'allonge. Triomphent alors *Billie Holiday* et *Ella Fitzgerald,* du côté des grandes chanteuses ; en face, *Count Basie, Chick Webb, Lester Young, Thomas Fats Waller* et, bien sûr, pour maintenir la tradition d'un jazz blanc, le swing de *Benny Goodman.* La fusion de tous ces rythmes, connue sous le nom de « boogie-woogie », fait fureur d'un bout à l'autre d'un monde pourtant déchiré par la guerre. Vers 1940, le public se prend d'un véritable engouement pour tout ce qui touche à la préhistoire du jazz. C'est le *revival.* Ce retour aux sources est accompagné d'un raz-de-marée en direction de la Cité du Croissant.
Et c'est à nouveau le bonheur sur les bords du « *Old Father* », le calme Mississippi. Depuis lors, La Nouvelle-Orléans n'a plus cessé de vivre au rythme du jazz.
Nourri avant tout par l'improvisation et le dialogue entre musiciens, le jazz est vraiment une musique de l'instant. À moins d'être retranscrite en direct, elle est d'une certaine manière faussée. Le meilleur enregistrement ne remplacera jamais l'écoute directe ; il lui manquera forcément la tension, le contact, l'atmosphère, l'humour... d'où l'importance de votre séjour à La Nouvelle-Orléans pour fréquenter les boîtes de jazz.

Pour ce chapitre, on avoue que les connaissances d'Alain Gerber et de Jean-Christophe Averty nous ont bien aidés.

MARDI GRAS

Impossible de visiter La Nouvelle-Orléans sans entendre parler au moins une fois de Mardi gras, l'événement de l'année. Aussi réputé que celui de Venise ou de Rio de Janeiro, le carnaval de La Nouvelle-Orléans a établi des traditions bien particulières...
Les origines du carnaval (du latin *carnelevare* signifiant « enlever la viande ») remontent à l'Antiquité. La veille du Carême, les Romains lançaient de la farine (symbole de la vie) dans les champs pour remercier les dieux d'avoir survécu aux hivers rudes.
Le premier Mardi gras en Louisiane, le 3 mars 1699, fut en fait une cérémonie organisée en l'honneur de l'explorateur René Robert Cavelier, qui avait donné l'appellation de « Pointe de Mardi gras » à une bande de terre située dans le delta du Mississippi, à une centaine de kilomètres au sud de la future Nouvelle-Orléans. Mais, très vite, cette cérémonie se transforma au fil des années en carnaval et fut célébrée avec force agitation dans la ville entière. À tel point que Charles Trudeau, arpenteur général de son état, se plaint dans une lettre de 1798 de ne pouvoir « accéder à des documents, car la ville est en plein chaos carnavalesque ». Malheureusement pour lui, le duc d'Orléans et ses deux frères en exil sont en visite en ville et, en leur honneur, l'archevêque a même suspendu le Carême. Lors de la signature de la vente de la Louisiane, l'un des rares articles respectés par l'Amérique sera précisément le droit des créoles à célébrer le carnaval. Il faudra plus d'un demi-siècle pour que les « Américains » participent enfin à la fête.
Au début du XIXe s, les festivités étaient très agitées et copieusement arrosées... au point d'inciter les autorités à envisager d'interdire à nouveau les réjouissances carnavalesques. En 1857, six jeunes venus de Mobile organisèrent une vraie parade le soir du Mardi gras. Ce fut un tel succès que la tradition du défilé s'instaura définitivement, grâce notamment à la *Mistick Krewe of Comus,* qui sera la première confrérie organisée du carnaval et reste une des plus puissantes (voir plus loin « Une organisation complexe »).

La fête avant la fête !

Entre le 6 janvier et le jour J, une centaine de bals et des dizaines de parades se déroulent dans la ville. Le mardi même, des participants déguisés défilent toute la journée dans les rues sur des chars décorés, suivis de *marching bands* (des fanfares, quoi !), portant des colliers représentant les couleurs du carnaval : l'or symbolisant le pouvoir, le vert la foi et le violet la justice. On retrouve d'ailleurs ces couleurs partout en ville à cette période. Lors des parades, chaque char est décoré et animé par une *krewe,* c'est-à-dire une équipe de bénévoles qui investissent beaucoup de temps et d'argent pour être prêts à l'aube du grand jour. Eh oui, car avoir une place sur un char est un tel honneur qu'il faut payer sa place très cher ! Chaque année, un programme du carnaval est mis en vente dans les supermarchés et pharmacies comme *Walgreen's,* présentant la liste des réjouissances.

Une organisation complexe

Sous le caractère bon enfant et décontracté des festivités se cache une organisation complexe, où intrigues, cachotteries et quête de pouvoir s'agitent en coulisses. La plupart des défilés et des bals du carnaval de La Nouvelle-Orléans sont commandités par des entités organisées, appelées *krewe* (confréries). Au XIXe s, les membres de ces confréries étaient anonymes, ce qui ajoutait au mystère. Au début, il s'agissait uniquement de groupes d'hommes blancs. Aujourd'hui, on trouve également, et même principalement des *krewe* composés d'Afro-Américains, de femmes et d'enfants. Des rois et des reines président aux défilés et aux bals, mais le pouvoir véritable des confréries repose entre les mains du capitaine, qui supervise tous les événements.

La plus ancienne confrérie de La Nouvelle-Orléans, toujours très présente, reste la *Mistick Krewe of Comus.* Elle s'est organisée dans le plus grand secret, ce qui a contribué à amplifier l'atmosphère de mystère et à maintenir l'effet de surprise que les organisateurs du carnaval essaient de conserver. Des messages codés, publiés dans les journaux de La Nouvelle-Orléans et portant la seule mention « MKC », informaient les membres de la tenue d'une réunion. Une société secrète composée uniquement d'hommes s'est ainsi créée, et la confrérie n'a jamais révélé l'identité de celui qui personnifie *Comus* dans aucun de ses défilés ni de ses bals. Les adhérents formaient le *Pickwick Club,* auquel on pouvait dire appartenir, et qui servait de façade à la confrérie *Mistick Krewe.*

À ses débuts, en 1857, lors de son premier défilé de nuit à La Nouvelle-Orléans, les lampadaires au gaz de la ville n'étant pas suffisants pour les aspirations théâtrales de la confrérie, elle adopta la tradition du défilé aux flambeaux, constitués de simples lanternes de papier contenant une bougie et tenues au bout d'une perche par des hommes d'origine africaine. Ces porte-flambeaux sont toujours présents lors des principaux défilés nocturnes. Aujourd'hui, parce qu'elle ne veut pas révéler l'identité de ses membres, *Comus* a été interdite de défilé par la loi (transparence oblige). En revanche, elle tient toujours le bal le plus huppé de la ville, où le roi de la nuit rencontre le roi du jour avant que le rideau ne tombe à minuit.

Affichant la devise « *Pro Bono Publico* » (« Pour le bien public »), la confrérie *Rex* est la troisième des grandes confréries du carnaval, après *Comus* et *Twelfth Night Revelers,* à ouvrir le carnaval le 6 janvier. Cette confrérie a réussi à faire accepter ses monarques comme roi et reine du carnaval, et son défilé de jour comme l'événement principal du Mardi gras.

La confrérie *Rex* a fait son apparition en 1872 dans une cascade de revendications qui exigeaient des entreprises et des bureaux gouvernementaux qu'ils ferment leurs portes à 13h la journée du Mardi gras. Le défilé – qui ne comprenait aucun char – commençait dans le milieu de l'après-midi. Personnifiant Richard III, le roi Lewis J. Salomon traversait les foules monté sur son cheval. À la suite du défilé de la confrérie *Rex,* 300 à 400 personnes marchaient, déguisées en roi ou en paysan, en démon ou en saint, en Indien ou en Nègre, en femme de bonne et de mauvaise vie, en clown et en arlequin, en oiseau, en bête et en poisson, et jetaient de la farine sur les spectateurs.

Seins contre colliers !

Aujourd'hui, lors des parades, la farine a été remplacée par les *beads* (des colliers multicolores et gobelets en plastique, pièces de monnaie en toc et autres breloques) que des hommes masqués lancent au public venu admirer leurs chars. Dans le French Quarter, cette tradition va même beaucoup plus loin, puisque les *beads* font l'objet d'un trafic bien spécial : *« The more beads you get, the more tits you can see ! ».* Les hommes marchandent leurs *beads* avec les femmes pour qu'elles dévoilent une partie (voire l'intégralité) de leur poitrine ! Tout ça dans une ambiance très festive, on vous rassure. Il n'est d'ailleurs pas rare de voir ce genre de marchandage en dehors de Mardi gras sur Bourbon Street.
Autre coutume : le *King Cake,* sorte de galette des rois. Ce beignet géant recouvert de sucre glacé est décoré aux trois couleurs symboliques de Mardi gras (or, vert et violet). Pour la petite histoire, la veille de leur jeûne, les Romains élisaient un roi pour 1 an, puis ce dernier était offert en sacrifice aux dieux. Pour y mettre fin, l'Église remplaça cette tradition par un gâteau contenant un petit pois. Le chanceux qui le trouvait dans sa part devenait roi pour 1 semaine. Aujourd'hui, le petit pois a été remplacé par un bébé en plastique.
Le carnaval se termine de façon impérative le mardi à minuit pile.
Pour se faire une idée de la somptuosité des costumes du Mardi gras, ne manquez pas d'aller au *musée du Presbytère (plan couleur centre I, C1),* mais aussi de pousser la porte du resto *Arnaud's* (813 Bienville Street) pour monter à l'étage où sont exposées en vitrine quelques magnifiques parures d'antan.

LA NOUVELLE-ORLÉANS, VILLE DANGEREUSE ?

Avant Katrina, plus de la moitié de la population était d'origine afro-américaine. Normal, les champs de canne étaient de grands dévoreurs de main-d'œuvre. N'oublions pas également que nous sommes dans un État du Sud, et, si l'esclavage a été aboli depuis longtemps, la discrimination raciale ne l'a été officiellement que récemment. Au-delà du folklore du Black-sympa-plein-de-talent qui souffle dans une trompette, on est frappé par la pauvreté et l'omniprésence de laissés-pour-compte.
Ainsi, la ville a longtemps souffert d'un niveau élevé de criminalité. Jusqu'au milieu des années 1990 où, comme à New York, la tendance a commencé à s'inverser. L'effet Katrina a ensuite été radical ! Le départ d'une bonne partie de la population pauvre afro-américaine a fait soudainement chuter la courbe de la criminalité. Ce n'est pas pour autant que La Nouvelle-Orléans est une ville totalement sûre.
Avec ou sans les bandes qui sévissent dans certains quartiers, quelques conseils de prudence, fondés sur le bon sens, devraient suffire à éviter les problèmes. Les trois quarts de ces précautions d'usage sont d'ailleurs valables pour la plupart des grandes villes du monde. Ne tirez pas de conclusions alarmistes de ce que vous allez lire, la ville est loin d'être un coupe-gorge. Mais, si la délinquance n'est plus aussi virulente qu'avant, la prudence est tout de même de rigueur.
– Le conseil de base est de ne pas se promener seul(e) dans certains quartiers à pied sans savoir précisément où vous allez, à part dans le Vieux Carré où il y a du monde partout dans la journée. Le soir, évitez de vous engager dans les rues peu ou pas éclairées, même à deux ou trois.
– De manière générale, si vous devez vous déplacer le soir dans des secteurs à l'écart du Vieux Carré, faites-le en voiture ou en taxi, pas à pied. Ne pas oublier qu'aux États-Unis, contrairement à l'Europe, un quartier change complètement

de type de population d'un bloc à l'autre, simplement en traversant une rue. Chez nous, les changements sont plus graduels.

– De jour comme de nuit, évitez les quartiers à risques, notamment le nord de *Canal Street* et *North Rampart Street* (c'est la limite supérieure du Vieux Carré). Puisqu'on y est, pour être complet, éviter de visiter seul les *cimetières Saint-Louis n° 1* et *n° 2* : juste entre les deux, il y a une grande cité très pauvre.

– Ne prenez sur vous que la somme nécessaire à vos dépenses de la journée. Même dans le Vieux Carré, faites toujours attention à vos affaires. Comme partout, il y a de très fins pickpockets dont la dextérité n'a d'égale que l'audace. L'ambiance est souvent tellement sympa dans la rue qu'on baisse facilement la garde.

– Dernière porte ouverte à enfoncer : n'achetez jamais de drogue (même de l'herbe), c'est un coup à se faire poignarder, flinguer, voler ou encore arrêter par la police qui ne plaisante absolument pas avec ces choses-là (surtout s'il s'agit d'étrangers).

– Pour finir en beauté, il est bon de savoir qu'en août 1997, le parlement de Louisiane a voté une loi tolérant le meurtre (sous certaines conditions, bien entendu). Si quelqu'un surprend une personne dans sa maison ou avec l'intention de lui piquer sa voiture, il est en droit de lui tirer dessus et de le tuer (le port d'arme est légal dans cet État). Attention à la confusion de voiture, soyez sûr de votre bien. En gros, c'est la peine de mort sans jugement...

– Sachez encore que les flics de la ville ont une réputation de durs. Ne faites pas les malins quand on vous demande vos papiers en voiture. On n'est pas en France.

– En résumé : la musique n'adoucit pas toujours les mœurs...

Arriver – Quitter

➢ ***En voiture :*** il y a de fortes chances que vous arriviez par l'I 10 E ou W (selon que vous venez de l'est ou de l'ouest). Si vous vous rendez dans le Vieux Carré, lorsque vous commencez à voir le Downtown, surveillez la sortie « Vieux Carré Exit ». Vous arriverez à hauteur de Canal St. Autre solution : contourner par l'est en suivant l'I 10 jusqu'à la sortie « Esplanade ». Essayez de vous munir d'un plan auparavant.

Pour quitter la ville, depuis le centre, récupérer l'I 10, W ou E en fonction de votre destination.

Greyhound *(plan couleur général B2) : dans l'Union Passenger Terminal, 1001 Loyola Ave, au croisement avec l'I 10 (à côté du Superdome).* ☎ *1-800-231-2222 et 504-524-7571.* • *greyhound.com* • *Ouv 5h15-21h25.* Liaisons régulières en bus pour Baton Rouge (6 bus/j. ; durée 1h45), Lafayette (6 bus/j. ; durée 3h15), Jackson (1 bus/j. ; durée 5h30), Atlanta (3 bus/j. ; durée 11h), Chicago (3-5 bus/j. ; durée 24h), Memphis (2 bus/j. ; durée 11h), Houston (4 bus/j. ; durée 8h)...

Amtrak *(plan couleur général B2) : aussi dans l'Union Passenger Terminal.* ☎ *504-528-1610. Ouv 5h-22h.* • *amtrak.com* • Trains pour New Iberia (durée : 3h), Lafayette (3h30), Lake Charles (5h), Slidell (1h). 3 grandes lignes de trains inter-États passent par New Orleans : le *City of New Orleans,* quotidien (Chicago – Memphis – Jackson – New Orleans), le *Crescent,* quotidien (New York – Philadelphia – Atlanta – New Orleans) et le *Sunset Limited,* 3 liaisons/sem (Los Angeles – San Antonio – New Orleans).

Arrivée à l'aéroport

✈ ***Aéroport international Louis-Armstrong*** *(plan couleur d'ensemble) : à env 16 miles à l'ouest du centre.* ☎ *504-303-7500.* • *flymsy.com* •

i ***Visitor Center :*** *petit comptoir touristique situé au début du terminal C (Concourse C), dans le hall principal du 2nd floor.* ☎ *504-303-7792. Tlj 5h-21h.* Infos générales sur la ville en anglais. On y trouve un plan de New Orleans et quelques brochures.

■ ***Travelex Bank :*** *pas loin du* Visitor

Center *(voir ci-avant). Ouv 8h-18h (8h-16h sam ; 9h-15h dim).* Le seul lieu où l'on peut faire du change dans l'aéroport. À côté, un distributeur *ATM* pour retirer du cash. ***Attention :*** n'attendez pas d'être en ville pour changer de l'argent. Plus aucune banque ne propose le change à La Nouvelle-Orléans. En revanche, il y a des distributeurs *(ATM)* partout.

Bus

➢ ***Pour New Orleans :*** prendre le *Jefferson Transit,* la ligne *E2 Airport,* qui se prend au *2nd floor* (1er étage) du hall principal, devant l'entrée nº 7, pas très loin de la sortie face au *Visitor Center* (arrêt peu visible). Ce bus va jusqu'à Tulane et Carrollton Ave les jours de semaine jusqu'à 18h56. De là, pour le French Quarter, prendre le bus nº 39 ou le nº 16, sinon un taxi. Le w-e et le soir, le bus s'arrête à la limite Jefferson Parish et N.O. Tlj 5h-21h30. En moyenne, 1-2 bus/h selon moments de la journée (ttes les heures slt le dim). Durée du trajet aéroport/centre-ville : 30-40 mn env (selon circulation). Compter 1,50-2 $.

➢ ***Du centre-ville vers l'aéroport :*** le bus *E2 Airport* se prend à l'angle de Tulane Ave et Carrollton Ave. Même tarif que pour l'aller. Bien se renseigner auparavant des heures de passage. *☎ 504-818-1077. • jeffersontransit.org •*

Minivans Airport Shuttle

Ces navettes blanches fonctionnent du premier au dernier vol de la journée, ttes les 15-30 mn env. S'arrêtent à ts les principaux hôtels de La Nouvelle-Orléans. Chercher les comptoirs *Airport Shuttle* aux sorties de bagages 3, 6 et 12 de chaque terminal (au *Lower Level*). Env 20 $ l'aller (38 $ l'A/R), donc intéressant slt quand on est seul (à deux, mieux vaut prendre un taxi). Pour le retour, réserver sa place par tél ou sur Internet au moins 1 j. à l'avance : *☎ 504-522-3500 et 1-866-596-2699. • airportshuttleneworleans.com •*

Taxis

Ils stationnent juste à la sortie de la livraison des bagages, côté aéroport international. Prix fixe : 33 $ pour 1 ou 2 personnes, puis 14 $ par personne supplémentaire. Ces prix s'entendent pour Downtown et le French Quarter mais ne comprennent pas le pourboire.

En voiture

➢ ***Jusqu'à New Orleans (Vieux Carré) :*** compter 30 mn max (sf en cas de circulation intense). Prendre l'autoroute I 10 E ; au bout de 12 miles env, prendre la sortie « Vieux Carré Exit ». Se munir d'un plan auparavant.

Location de voitures

Les principales compagnies sont représentées à l'aéroport, au niveau du « Baggage Claim ». Ensuite, service de navettes pour vous rendre de l'aéroport à l'agence de la compagnie. Certaines compagnies peuvent vous donner un itinéraire informatisé pour regagner votre hôtel, mais dans tous les cas, demandez bien la route exacte pour rejoindre le centre de La Nouvelle-Orléans.
Toutes les compagnies sont situées sur la Highway 61, qui rejoint l'Interstate 10 ou mène directement en ville (il suffit de la prendre dans la bonne direction !). ***Hertz :*** *☎ 504-468-3675 ou 504-568-1645 ou 1-800-654-3131.* ***Alamo :*** *☎ 504-469-0532 ou 1-800-328-8017. • alamo.com •* ***Budget :*** *☎ 1-800-527-0700 et 504-565-5600.* ***Dollar :*** *☎ 504-467-2286 ou 1-800-800-4000.* ***Avis :*** *☎ 1-800-331-1212 et 504-523-4318.*

Adresses utiles

Infos touristiques

ℹ ***New Orleans CVB Information Center*** *(plan couleur centre I, C1,* ***1****) : 529 Saint Ann St (sur Jackson Sq). ☎ 504-568-5661. • neworleanscvb.com • Tlj 9h-17h.* Nombreuses brochures sur la ville et toute la région, notamment les plantations. Prendre aussi les brochures publicitaires bourrées de coupons de réduction. C'est l'office principal et le plus central, où de charmantes retraitées bénévoles feront le maximum pour vous aider (et parfois vous souhaiter la bienvenue en français).

New Orleans CVB *(plan couleur centre II, B1,* **2***) : 2020 Saint Charles Ave. ☎ 504-566-5011 ou 1-800-672-6124. Dans le Garden District. Lun-ven 8h30-17h.* Ce n'est pas l'office principal, mais c'est une adresse pratique si vous êtes dans le secteur. On y trouve brochures et dépliants et un ordi en libre-service avec accès Internet.

À la même adresse se trouve le ***New Orleans Multicultural Tourism Network*** *(plan couleur centre II, B1,* **2***) : ☎ 504-523-5652 ou 1-800-725-5652. • soulofneworleans.com • Tlj 9h-17h.* Bureau d'information centré sur les activités afro-américaines de La Nouvelle-Orléans (expositions, conférences, concerts, etc.).

Jean Lafitte National Historical Park *(plan couleur centre I, C2,* **10***) : 419 Decatur St. ☎ 504-589-2636 et 2133. Tlj 9h-17h. Gratuit.* Infos sur la culture créole, les parcs nationaux, les sites historiques et les réserves naturelles proches de La Nouvelle-Orléans ou de la Louisiane. Multimédia plaisant avec un petit film bien fait sur l'histoire du Mississippi. Organise tous les matins à 9h30 une visite architecturale et historique de la ville de 1h (gratuite, sur le principe *first come first served*, donc arriver à 9h).

Poste, téléphone, Internet

✉ ***Post Office*** *(plan couleur centre I, C2) : 701 Loyola Ave, entre le Superdome et le Union Passenger Terminal. Lun-ven 7h-19h ; sam 8h-17h. Fermé dim.*

✉ ***Royal Mail*** *(plan couleur centre I, C1) : 828 Royal St. Lun-ven 9h-17h ; sam 10h-16h.* Magasin avec service postal (timbres, envois de colis).

✉ ***Postal Emporium*** *(plan couleur centre I, C1) : 1000 Bourbon St (et Philip St). ☎ 504-525-6651. Lun-ven 9h-18h ; sam 10h-15h. Fermé dim.* Papeterie (beau choix de cartes postales de La Nouvelle-Orléans) et service postal pour lettres et colis.

@ ***Internet Café*** *(plan couleur centre I, C1,* **4***) : 717 Toulouse St. ☎ 504-522-2020. Tlj 10h-22h.* Le seul vrai café Internet du French Quarter, avec une dizaine d'ordinateurs à disposition.

@ ***New Orleans Public Library*** *(plan couleur centre I, C2,* **6***) : 219 Loyola Ave. ☎ 504-596-2570 ou 504-529-READ. • nutrias.org • Lun-sam 10h-18h (17h ven-sam). Fermé dim.* À l'intérieur de la bibliothèque publique, accès Internet gratuit pour une heure quotidienne (passeport obligatoire). Pas de possibilité d'envoyer des e-mails...

@ ***Krystal*** *(plan couleur centre I, C2,* **5***) : 103 Bourbon St.* Un unique poste dans une cafétéria ouverte 24h/24.

Transports

Voir aussi la rubrique suivante, « Transports ».

■ ***Union Passenger Terminal*** *(plan couleur général B2) : angle de Loyola Ave avec I 10. À 7 blocs à l'ouest du French Quarter. Ouv 5h-22h.* C'est la plate-forme de *Amtrak* (les trains) et de *Greyhound* (les bus).

Consulats

■ ***Consulat de France*** *(plan couleur centre I, C2,* **3***) : 1340 Poydras St, suite 1710 (17e étage). ☎ 504-569-2870. N° d'urgence 24h/24 : ☎ 504-905-5562. • consulfrance-nouvelleorleans.org • Tlj sf w-e 9h30-12h30, l'ap-m sur rdv.* Le consulat peut, en cas de difficultés financières, vous indiquer la meilleure solution pour que des proches vous fassent parvenir de l'argent, ou encore vous assister juridiquement en cas de problème grave.

■ ***Consulat de Suisse*** *: 1620 8th St. ☎ 504-897-6510.*

■ ***Consulat de Belgique*** *: Adams and Reese LLP, 4500 One Shell Square. ☎ 504-585-0151. • roland.vandenweghe@arlaw.com •* Pour les visas, contacter le consulat à Atlanta.

■ ***Consulat du Canada*** *: 210 Baronne St, suite 1108. ☎ 504-561-1191.*

Banques, change

Des centaines de distributeurs d'argent acceptent les cartes *Visa* et *Master-*

LA NOUVELLE-ORLÉANS

Card partout dans le Vieux Carré et dans Downtown, y compris dans de nombreux bars et boutiques. Attention tout de même, certains distributeurs *ATM* prennent jusqu'à 3 $ de commission. Opérer par petits retraits risque de coûter cher.

Remarque : plus aucune banque ne fait le change. Prenez vos dispositions à l'aéroport si vous arrivez par avion (il y a un seul changeur). Sinon, changez votre argent avant votre arrivée en ville.

Médias

Infos sur la ville : plusieurs magazines et journaux indispensables pour organiser vos soirées :

– ***Where Magazine :*** mensuel culturel gratuit. On le trouve dans les bars, les hôtels, les boutiques touristiques, etc. • *wheretraveler.com* •

– ***Times Picayune :*** autrefois le quotidien de La Nouvelle-Orléans, il ne paraît désormais que 3 fois par semaine. Tous les vendredis, section « Lagniappe », supplément culturel annonçant tous les concerts, expos et films en cours. • *nola.com* •

– ***Gambit Weekly :*** journal hebdomadaire très bien fait et complet. On le trouve dans les *coffee shops* et dans le *lobby* de certains hôtels. • *bestofneworleans.com* •

– ***OffBeat :*** mensuel gratuit spécialisé en musique. Détail des concerts et événements musicaux du moment. • *offbeat.com* •

Santé, urgences

■ ***Numéro d'urgence santé :*** *☎ 911.*

■ ***Walgreens Pharmacy*** *(plan couleur centre I, C2,* ***7****) :* *900 Canal St. ☎ 504-568-1271. Tlj 7h-minuit.* Pharmacie la mieux fournie de la ville. *3 autres* ***Walgreens*** *au cœur du French Quarter : 619 Decatur St, angle Wilkinson ; ☎ 504-525-7263 ; tlj 8h-22h ; 134 Royal St, angle Iberville ; ☎ 504-525-2180 ; tlj 7h-22h ; et 1801 Saint Charles Ave ; ☎ 504-561-8458 ; 24h/24.*

■ ***Tulane University Medical Center*** *(plan couleur centre I, C2) :* *1415 Tulane Ave, dans l'hôpital. ☎ 504-988-5800 ou 988-5263 ou 988-5800. Dans le Central Business District, tt près du French Quarter.* Service d'urgences.

■ ***Touro Infirmary :*** *1401 Foucher St (entre Prytania et Coliseum). ☎ 504-897-7011 ou 8250. Service d'urgences : ☎ 504-897-8008. Lun-ven 7h-17h. Dans le Garden District.*

■ ***Police*** *(plan couleur centre I, C2,* ***8****) :* *334 Royal St (entre Bienville et Conti). ☎ 504-658-6080. N° d'urgence : ☎ 504-821-2222. Également 501 N Tempart St, angle de Saint Louis et Basin St (plan couleur centre I, C1, 8). ☎ 504-658-6010.*

Loisirs

■ ***Alliance française*** *(plan couleur centre II, B1,* ***9****) :* *1519 Jackson Ave, entre Saint Charles et Prytania. ☎ 504-568-0770. • af-neworleans.org • Lun-ven 9h-12h30, 13h30-17h.* Dispositif minimal, plutôt étonnant pour une ville dont on glorifie les origines françaises.

Livres, journaux et magazines

■ ***La Librairie d'Arcadie*** *(plan couleur centre I, C1,* ***15****) :* *714 Orleans Ave. ☎ 504-523-4138. Lun-sam 9h30 (10h30 lun)-17h30.* Tenue par Russell Desmond, notre meilleur copain de La Nouvelle-Orléans, qui parle très bien le français. Sous des piles de livres d'occasion, on découvre des trésors sur la Louisiane et le pays cajun. Les fouineurs sont souvent récompensés. Nombreux livres en français, notamment de poche. Si vous en avez, Russell vous les reprendra. Les amoureux de littérature américaine apprendront avec joie que Faulkner et Tennessee Williams habitèrent à 20 m d'ici... presque l'un en face de l'autre ! Idéal pour compléter votre stock de livres de route. Compter entre 3 et 5 $ le bouquin d'occase. Propose également les échanges (deux bouquins apportés, un repris). Pour les curieux qui veulent en savoir plus sur la Louisiane et le parler cajun, ou l'ouragan Katrina qui a généré une abondante littérature, Russell dispose aussi d'une série de références de livres que vous pourrez trouver à New Orleans ou en France.

Russell est lui-même un observateur très curieux de la ville et du quartier. Un véritable office de tourisme à lui tout seul. Bref, une petite adresse qu'on adore...

– ***Journaux et magazines français :*** on ne comprend pas ! Avec le nombre d'initiatives intelligentes prises en Louisiane pour redorer le blason du parler cajun et de la langue française en général, on n'arrive pas à imaginer pourquoi il est si difficile de trouver des journaux en français en ville.

Laveries

■ ***The Clothes Spin*** *(plan couleur centre I, C1,* ***12****) : 840 N Rampart St. ☎ 504-522-1336. Tlj 8h-22h (20h ven-sam).* Les photos de bluesmen au-dessus des machines à laver rappellent qu'ici même furent lancées les carrières de Fats Domino et Jerry Lee Lewis (c'est un ancien studio d'enregistrement).

■ ***Schiro's Laundromat*** *(hors plan couleur centre I par D1,* ***11****) : 2483 Royal St. ☎ 504-945-4425. Tlj sf dim 9h-21h.* Dans une maison de 1899, une de nos chouettes adresses de Marigny qui fait à la fois *guesthouse,* resto, épicerie et laverie (voir aux chapitres concernés) !

■ ***Igor's Checkpoint Charlie*** *(plan couleur centre I, D1,* ***115****) : 501 Esplanade Ave. ☎ 504-949-7012 et 281-4847 (pour les concerts). Ouv 24h/24 ;* happy hours *16h-19h.* Encore un bistrot qui fait laverie ou une laverie qui fait troquet, histoire d'être bien rincé ! Voir cette fois « Où boire un verre ?... ».

Visites guidées

■ ***Le Monde Créole :*** *☎ 504-568-1801 ou 504-286-0786. • creolwrld@aol.com • mondecreole.com • Visite guidée 24 $/pers ; gratuit jusqu'à 10 ans. Réduc de 2 $ sur présentation de ce guide.* Fondée par le Franco-Américain Paul Nevsky, cette compagnie très sérieuse a, depuis de nombreuses années, fait ses preuves dans le domaine des visites guidées en français. L'association en propose cinq (que l'on détaille dans le texte dans chacun des quartiers correspondants), bien documentées, ludiques et passionnantes : la plus ancienne, « Le Monde Créole, l'histoire d'une dynastie », mais également la « Visite des Maisons Gallier et Beauregard-Keyes : Les mystères de La Nouvelle-Orléans d'autrefois », la « Visite du quartier de Treme : le Paris noir de La Nouvelle-Orléans », la « Visite du quartier du Garden District » et la « Visite du musée Rosette Rochon ».

Transports

Transports publics en ville

Tout le French Quarter se fait évidemment à pied, ainsi que les rives du Mississippi. Pour explorer les autres quartiers, le moyen le plus facile et de loin le plus agréable est le ***streetcar,*** c'est-à-dire le tramway. D'ailleurs, si vous devez séjourner quelques jours à La Nouvelle-Orléans, ***passez-vous de voiture !*** Vous ferez des économies et vous vous épargnerez de sérieux problèmes de parking (cher). En choisissant judicieusement votre lieu de résidence, un véhicule est parfaitement inutile. Après quelques jours en ville, on peut en louer un, explorer les quartiers périphériques, puis partir visiter les plantations.

Tarif unique pour tout le réseau de *streetcars* et bus : 1,25 $ le trajet (avoir l'appoint). Si vous avez besoin de changer de ligne, demandez au chauffeur un transfert *(a switch ;* 0,25 $*).* Il existe aussi, sous le doux nom de *Jazzy Pass,* un système de forfaits de 1, 3 et 31 j. valables sur l'ensemble des *streetcars* et des bus de la ville. Compter 3 $ pour le *pass* 1 j. 9 $ pour 3 j. et 55 $ pour 1 mois. On se les procure dans les drugstores *Walgreens,* certains hôtels, supermarchés et banques, et, pour le *pass* 1 j. uniquement, à bord des *streetcars* et bus. Renseignements : *• norta.com •*

– ***Saint Charles Streetcar :*** *24h/24 (slt 1 ttes les 30 mn minuit-3h30).* Cette ligne mythique datant du XIXe s est la colonne vertébrale de la ville et suit la courbe du fleuve vers l'ouest. Elle démarre au niveau de Canal Street et Carondelet (en bordure ouest du French Quarter ; *plan couleur centre I*) et emprunte Saint Charles Avenue jusqu'à Carrollton Avenue en traversant plusieurs quartiers où nous proposons quelques adresses : le Central Business District (Downtown), le Garden District et le quartier de l'université. Grâce à ce tramway, on peut vraiment se passer de la voiture pour explorer ces secteurs. Par ailleurs, quand on loge pas loin de Saint Charles Avenue mais assez éloigné du Vieux Carré, ça évite les gros problèmes de stationnement dans le centre historique. Hyper pratique et pas cher mais pas forcément très rapide.

– ***River-Front Streetcar :*** *tlj 7h-22h30 (départ ttes les 20 mn, et 40 mn après 19h).* Il s'agit d'une petite ligne de tram assez touristique qui longe la rive du Mississippi sur environ 2 miles depuis le Convention Centre jusqu'au French Market. Pratique pour économiser vos jambes fatiguées.

– ***Canal Streetcar – Cemeteries :*** *tlj 5h-3h (départ ttes les 15-30 mn ; toutes les 90 mn après minuit).* Cette ligne démarre au tout début de Canal Street, à l'angle de Riverfront, et se dirige vers les grands cimetières de la ville. Si vous êtes là pour le *Jazz Fest,* c'est la ligne qui conduit sur le site.

– ***Canal Streetcar – City Park/ Museums :*** *tlj 7h-1h15 (départ ttes les 40 mn ; ttes les 75-90 mn après 19h).* Même itinéraire que la ligne précédente, jusqu'à l'intersection avec Carollton, où elle bifurque pour se diriger vers le City Park et le New Orleans Museum of Art.

– ***Esplanade Line (bus n° 91) :*** *tlj 5h-minuit.* Ligne de bus qui parcourt Jackson Avenue, Baronne et Rampart Streets, puis Esplanade Avenue jusqu'au City Park.

■ ***Taxis : United Cabs Company,*** *☎ 504-522-9771 ou 504-524-9606.* • *unitedcabs.com* • En ville, prise en charge de 3,50 $ et 2 $ par mile parcouru. Plus cher et plus difficile à trouver au moment du Mardi gras et pendant le *Jazz Fest.*

■ ***Fourrière*** *(plan couleur centre I, C1,* ***13****) : Claiborne Auto Pound, 400 N Claiborne, angle Conti (sous les bretelles d'autoroute). ☎ 504-565-7450.* Celle-ci gère les environs de Canal Street. Compter 150 $ de frais, donc évitez de vous garer n'importe où, car leur système d'enlèvement est ultra-rapide : à peine le temps d'aller acheter son journal, et hop, y'a plus de voiture ! Évitez de vous garer plus de 2h à certains endroits, et surtout le jour du nettoyage des rues (bien lire les panneaux rouges sur fond blanc). C'est parfois écrit en tout petit. Enlèvement assuré.

Location de vélos, tandems et autres

■ ***Bicycle Michael's*** *(plan couleur centre I, D1,* ***14****) : 622 Frenchmen St. ☎ 504-945-9505.* • *bicyclemichaels.com* • *Tlj 10h-19h (17h dim). Fermé mer, mais loc possible en appelant avt. Tarifs : 35 $/j. et 25 $ la demi-journée. Autres formules intéressantes pour des durées plus longues. Antivol gratuit, casque payant (5 $/j.). Également loc de tandems et de vrais vélos professionnels de course ou de terrain sur résas.* Le patron (Michael) a habité plusieurs années à Paris et parle bien le français. Si vous avez des lacunes en anglais, demandez-le.

Location de voitures

Voir plus haut « Arrivée à l'aéroport ».

Où dormir ?

CAMPING

⛺ ***New Orleans West KOA :*** *à* ***River Ridge,*** *11129 Jefferson Hwy. ☎ 504-467-1792 ou 1-800-562-5110 (résas).* • *koa.com/campgrounds/new-orleans/* • *À 12 miles à l'ouest du centre-ville. Prendre l'I 10 en direction de Baton Rouge ; sortir sur Williams Blvd (sortie 223 A, LA 49) puis rouler 2,5 miles au sud jusqu'à Jefferson Hwy (LA 48, 3rd St) et tourner à gauche. Emplacement env 30 $.* 📶 Le camping le plus proche de La Nouvelle-Orléans. Installations modernes (remises à neuf), équipement *up to date,* et même une piscine *(ouv de mi-*

avr à mi-oct). Shuttle pour la ville. Bref, le parfait camping à l'américaine, prix (élevé) compris.

LOCATION D'APPARTEMENTS

■ ***Maison à louer :*** *résas possibles par téléphone ou mail auprès de Paul, un Franco-Américain vivant moitié à Paris moitié à La Nouvelle-Orléans. ☎ 01-42-72-00-79 (numéro à Paris). • creolwrld@aol.com • Prix identiques tte l'année, variant en fonction du nombre de pers. Env 110 $ la nuit pour 1-2 pers, 150 $ pour 3-4 pers, 190 $ pour 5-6 pers. Tarifs dégressifs à la sem.* Une excellente affaire toute l'année, et particulièrement durant Mardi gras et *Jazz Fest,* car les tarifs n'augmentent pas, ce qui est pour ainsi dire unique ! Situé en lisière du French Quarter, dans le quartier Marigny, sur Burgundy Street, une bien jolie maison de charme du début du XIXe s, classée et cachée derrière un rideau d'arbres. L'ensemble se compose de 4 pièces (2 chambres plus canapé-lit), parfaitement équipées, au calme et à proximité de nombre de restos et clubs de jazz.

■ ***Chez Marie-Françoise :*** *727 Ursulines St. ☎ 504-523-2723. • mfcrouch@bellsouth.net • Env 90-130 $ (hors Jazz Fest et Mardi gras).* Marie-Françoise, prof de français à la retraite, propose 3 charmants petits deux-pièces, dans le Vieux Carré (Ursulines St pour être précis), agréables, idéalement situés et bien équipés (salle de bains et cuisine).

■ ***French Quarter Bed & Breakfast :*** *1132 Ursulines St. ☎ 504-525-3390. 📱 504-722-4387. • fqcondo.com/elmo • elmofq@mailbug.com • Env 100-150 $.* Elmo Bergeron propose 5 ou 6 petits logements charmants et bien situés dans le Vieux Carré. Un bon plan.

HÔTELS

La liste complète des ***hébergements*** de la ville est disponible sur *• neworleanscvb.com •* Certains proposent un parking gratuit (rarement dans le French Quarter). Faites-vous-le préciser à la réservation. Si vous êtes en voiture, cet élément est important.

Il n'existe malheureusement pas de possibilités d'hébergement bon marché dans le Vieux Carré. On a eu beau chercher, on n'a pas trouvé...

Comme souvent aux États-Unis, ***les prix font du yo-yo*** selon la période de l'année, le taux d'occupation, le nombre de nuitées, la motivation de l'employé de service ou la vôtre. Entre les périodes de grosse affluence et la saison la plus creuse, le prix de la chambre peut varier du simple au triple, voire davantage. Grosso modo, vous trouverez les prix les plus bas en juillet-août (quand la chaleur est accablante), à une exception toutefois : les 3 jours autour du 6 juillet, pendant *Essence Music Festival,* qui sont tarifés au moins aussi chers que *Mardi gras* (en février) ou *Jazz Fest* (fin avril-début mai). À noter que pendant ces ***grands événements,*** les hôteliers imposent non seulement des prix faramineux mais aussi un nombre de nuitées minimum (jusqu'à 5 jours pour Mardi gras). Les prix que nous vous indiquons dans le texte reflètent donc ce grand écart.

Bon à savoir aussi, à partir d'une certaine heure, le pragmatisme de l'hôtelier américain (et c'est une qualité) l'amène à préférer vendre une chambre à moitié prix que pas du tout. De toute manière, on peut toujours discuter.

Dans le quartier Marigny, en lisière du French Quarter, le *Bed & Breakfast* est très tendance. Ce n'est pas la solution la plus économique, mais c'est certainement la plus agréable pour entrer dans la vie locale. Dans Marigny, on vous accueillera dans la famille, alors que les *guesthouses* de Bourbon Street ou de Chartres Street côté Vieux Carré sont plus fonctionnelles.

Auberges de jeunesse

🏠 ***India House*** *(plan couleur général B1,* ***33****) :* *124 S Lopez St. ☎ 504-821-1904 et 504-324-4365. • indiahousehostel.com • Prendre le tramway de Canal St (ou le bus). Remonter Canal St jusqu'au n° 3200 et tourner à gauche. De l'aéroport, le shuttle bus vous y dépose sur demande. Accueil 24h/24. Lit en dortoir (mixte ou non) 20 $. Chambres doubles 45 $, 55 $ avec sdb privée ;*

familiale (jusqu'à 4 pers) 70 $. Petit déj complet 5 $. Repas sur demande. 3 maisons composent cette AJ un peu excentrée mais à l'ambiance vraiment (baba) cool et colorée. Ici, on ne loue pas une chambre, on revient, comme après un long voyage, retrouver d'autres routards juste arrivés de l'autre bout du monde et prêts à y retourner tout à l'heure. Une grosse centaine de lits, répartis en dortoirs de 4 à 12 personnes et en chambres pour 2 à 4. Le tout bien tenu, même si certaines chambrettes sont mieux que d'autres, donc essayer quand même d'en voir plusieurs avant de choisir. Parties communes extra, surtout la grande cour avec piscine, transats et cuisine extérieure (en plus de celle à l'intérieur) pour les barbecues et les soirées écrevisses. Laverie et *lockers* à la réception. Un excellent rapport qualité-convivialité-prix.

Marquette House New Orleans International Hostel *(plan couleur centre II, B1,* ***30****) : 2249 Carondelet St ; à proximité de Jackson Ave, dans le Garden District. ☎ 504-523-3014. Assez loin du centre mais très facile d'accès en tramway (arrêt : Jackson Ave). Accueil 7h-12h, 17h-22h. Résa nécessaire pdt* Jazz Fest *et Mardi gras. Lits en dortoir 20-25 $/pers selon la taille. Doubles avec bains à partir de 60 $, et petit appartement pour au moins 4 pers avec kitchenette (frigo, micro-ondes, cafetière) à partir de 80 $ (20 $/pers supplémentaire). Petit parking gratuit.* Maison typique de la période coloniale, en bois, avec plusieurs maisonnettes les unes à côté des autres, organisées en dortoirs de 4 à 14 personnes (non mixtes). Au total, environ 150 lits dans cette sorte de baraquement défraîchi, mal entretenu et apparemment peuplé de *bedbugs*. Contrairement à *India House,* aucune ambiance d'AJ et parties communes vraiment peu accueillantes. Pour les chambres doubles, préférer la grande maison de brique en face, avec balcon à l'étage, plus sympa et avec un vrai jardin sur le côté. Cuisine à dispo, mais pas de laverie. Coffres de sécurité (payants) et possibilité de rester à l'AJ dans la journée. En dépannage uniquement.

Dans le French Quarter et le quartier Marigny

Prix moyens

Lions Inn B and B *(plan couleur centre I, D1,* ***55****) : 2517 Chartres St (entre Spain et Saint Roch). ☎ 504-945-2339 ou 1-800-485-6846. • lionsinn.com • Doubles avec sdb privée à partir de 110 $, 90 $ avec sanitaires communs, également 1 minuscule chambrette pour 1 pers 50 $; petit déj continental inclus. Durant les festivals, 4-5 nuits min sont requises et les prix augmentent de 50 %.* Une de nos meilleures *guesthouses* du quartier Marigny, impeccablement tenue et située à 15 mn à pied à tout casser du French Quarter (prêt de vélos sur demande). Floyd et Stuart ont mis un soin tout british à la décoration de la dizaine de chambres de ce petit coin de paradis, où l'on se sent très vite chez soi. Les moins chères partagent une salle de bains, mais toutes disposent de frigo et micro-ondes. Parmi nos préférées : la n° 1, au style Art déco, donnant sur le *courtyard* avec jacuzzi et joli petit bout de piscine ; la A, avec une vraie cuisine ; et la C, sous les combles, idéale pour les familles avec ses 2 grands lits. Également 2 apparts à louer à côté, dont un pouvant accueillir jusqu'à 8 personnes ! Et puis, tiens, tous les jours en fin d'après-midi, *cheese and wine* offerts à tous les clients. Un excellent rapport qualité-convivialité-prix.

New Orleans Guest House *(hors plan couleur centre I par C1,* ***37****) : 1118 Ursulines St. ☎ 504-566-1177 ou 1-800-562-1177. • NOGHsleep@aol.com • Situé juste au nord de N Rampart, dans le Tremé (dans un coin résidentiel), un chouia à l'extérieur du French Quarter. Chambres 80-150 $ selon confort et période, bon petit déj et parking compris.* Cette immanquable *guesthouse* rose malabar sait attirer les clients, au-delà de sa couleur, pour ses prix raisonnables, sa proximité du centre, sans compter le charme de la maison elle-même et la qualité de l'accueil, très personnalisé.

Chambres de tailles variables, toutes équipées confortablement. Très agréable courette sur l'arrière, avec beaucoup de plantes et d'arbres tropicaux, mais aussi une belle terrasse, toute rose elle aussi, pour prendre le petit déjeuner. Dans le *lobby,* ne manquez pas l'originale collection de poupées de rubans datant des années 1930, la fierté du maître de maison. Accueil à la mesure du charme de la maison.

The Burgundy Bed and Breakfast *(plan couleur général D1,* ***34****) : 2513 Burgundy St (et Saint Roch). ☎ 504-942-1463 et 800-970-2153. 504-261-9477. • theburgundy.com • Doubles 80-100 $.* Les amateurs de lieux chaleureux et de sereine vie de quartier seront comblés dans cette charmante demeure de 1898. Chambres simples au mobilier sobre, quelques touches de bric et de broc, mais le tout super bien tenu et non fumeurs. Également une cuisine équipée et une table commune pour l'excellent petit déj. *Courtyard* et spa. Bon accueil de Carl et excellentes infos sur le secteur.

Balcony Guesthouse *(plan couleur centre I, D1,* ***42****) : 2483 Royal St (angle Saint Roch). ☎ 504-945-4425. • balconyguesthouse.com • Doubles avec douche 80-150 $, suites un peu plus chères. Petit déj inclus.* Un vrai plan routard que cette nouvelle petite *guesthouse,* posée au coin d'un carrefour typique du quartier « caraïbobo » de Marigny (idéal pour s'insérer dans un quartier resté nature). Les 6 chambres, pas trop grandes, sobrement meublées avec parquet et mobilier de style asiatique, sont situées à l'étage, juste au-dessus du resto-épicerie-laverie (voir *Schiro's Community Café & Bar* dans « Où manger » ?). Pratique, non ? Les nos 1 et 3 ont un accès direct au balcon d'angle et la *Master Suite* dispose d'un coin-cuisine-salle à manger et d'une chambre indépendante. Petits plus : vrai petit déj américain inclus et cocktail de bienvenue offert !

Saint Peter House *(plan couleur centre I, C1,* ***39****) : 1005 Saint Peter St. ☎ 504-524-9232 ou 1-800-535-7815. • stpeterhouse.com • Chambres dès 60 $ en été, 80 $ en période normale et jusqu'à 300 $ pour Mardi gras, petit déj continental inclus.* Une des adresses abordables du French Quarter que cet ensemble de bâtiments à galerie construit au début du XVIIIe s et classé Monument historique. Plusieurs types de chambres, toutes carrelées au sol mais de tailles différentes, la plupart avec des petits détails personnalisés : jolie tête de lit, mur en brique... Certaines (côté Burgundy Street) donnent directement sur la rue et sur le beau balcon ciselé. Ne pas hésiter à en voir plusieurs, car elles ont toutes leurs avantages et leurs inconvénients. Possibilité de parking payant à proximité. Une adresse peut-être un peu vieillotte mais à l'emplacement idéal. Accueil gentil comme tout.

Hotel Villa Convento *(plan couleur centre I, C1,* ***44****) : 616 Ursulines Ave. ☎ 504-522-1793. • villaconvento.com • Doubles 70-125 $ en moyenne, et jusqu'à 180 $ pour Mardi gras ou Jazz Fest.* Un petit hôtel qui vaut surtout le coup pour sa situation, au cœur du French Quarter, et ses prix étudiés. En tout, 25 chambres simplettes mais confortables, toutes différentes (avec une préférence pour celles situées au dernier étage), dans une belle maison de 1830 en brique, aux balcons et piliers en fonte typiques de La Nouvelle-Orléans. Les moins chères n'ont pas de vue. *Courtyard* de style créole pour le petit déj. Accueil soigné. Pour le petit déj, une de nos bonnes adresses, *Le Croissant d'Or,* est en face !

Nine-O-Five Royal Hotel *(plan couleur centre I, C1,* ***40****) : 905 Royal St. ☎ 504-523-0219. • 905royalhotel.com • Selon confort et saison, doubles 75-165 $, suites pour 4 120-285 $; 2-3 nuits min.* Belle maison de charme abritant une dizaine de chambres et 3 suites confortables et meublées d'ancien : cheminées et papier peint à motifs damassés. Bains, frigo et kitchenette dans toutes (rétro aussi, en accord avec le reste...), clim et TV. Possède le gros avantage d'être au cœur de la rue Royale (une des plus belles du French Quarter), en pleine animation.

Elysian Guest House *(hors plan couleur centre I par D1,* ***35****) : 1008 Elysian Fields Ave (presque au niveau de N Rampart). ☎ 504-324-4311. • elysianguesthouse.com • À quelques* *blocs du French Quarter, à l'entrée du quartier Marigny (attention, pas d'enseigne visible !). Selon période, doubles 100-130 $, suites 150-180 $; 2 nuits min (5 en période de festival).* Maisonnette jaune pimpante, abritant 5 chambres de tailles et conforts différents, toutes avec kitchenette. Aménagement modeste, voire de bric et de broc, mais plutôt bien tenu néanmoins. La *Garden Suite* est en fait un petit appartement, avec salon équipé de convertible, chambre et grande cuisine équipée, le tout donnant sur la verdure du jardinet.

Chic

Marigny Manor House *(hors plan couleur centre I par D1,* ***36****) : 2125 N Rampart (entre Frenchmen et Elysian Fields). ☎ 504-943-7826 et 1-800-247-7599. • marignymanorhouse.com • À la frontière entre le French Quarter et Marigny. Doubles 170-300 $ selon confort et période, petit déj inclus. 2 nuits min ; 4 durant les special events. Petit parking gratuit.* Une grande maison coloniale, très néoclassique, pour une *guesthouse* bien située à l'entrée de Marigny. Imposante façade à colonnes. 4 chambres seulement, désignées par la couleur dominante de leur déco ou leur situation. La *Red* et la *Green,* avec lit d'époque et d'adorables salles de bains à l'ancienne, sont les plus majestueuses, mais la *Balcony* et la *Courtyard,* en apparence plus fonctionnelles, ont l'avantage d'être communicantes pour les familles. AC, frigo, micro-ondes et cafetière dans toutes. Confort et charme assurés (à l'image de l'élégant salon et de la salle à manger attenante), et accueil délicat des hôtes.

The Frenchmen Hotel *(plan couleur centre I, D1,* ***38****) : 417 Frenchmen St. ☎ 504-948-2166 ou 1-800-831-1781. • frenchmenhotel.com • Doubles 90-200 $, voire plus pdt Jazz Fest et le carnaval. Petit déj inclus. Parking 15 $.* Demeure coloniale de couleur rose et bleu, avec balcon en fonte et cour intérieure de brique, petite piscine et jacuzzi. Beaux tableaux et meubles sculptés. Les chambres, coquettes et décorées dans l'esprit des maisons historiques d'avant la guerre civile, sont disposées le long d'un passage ou sur l'arrière de la maison principale. Petit déj copieux avec viennoiseries, servi dans une belle salle à manger (rose encore !) sous le portrait de Napoléon. Une adresse hospitalière, un poil fatiguée mais non sans charme.

Olivier House Hotel *(plan couleur centre I, C1,* ***31****) : 828 Toulouse St. ☎ 504-525-8456 ou 1-866-525-9748. • olivierhouse.com • Doubles en moyenne 135-165 $ pour les plus petites, 175-275 $ pour les plus spacieuses avec kitchenette (plus cher pour Mardi gras et Jazz Fest). Possibilité de parking gratuit à proximité (penser à réserver).* Difficile de ne pas remarquer ce superbe ensemble de 3 maisons créoles datant de 1838, avec sa couleur terracotta et ses balcons typiques de New Orleans, ancienne demeure d'une riche propriétaire de plantation. Une quarantaine de chambres de tailles différentes, pleines de personnalité et de charme bohème, dont certaines vraiment originales comme la *Garden Suite,* aménagée dans un patio, et *The Cottage,* dans une adorable maisonnette de 1812. Également des apparts pour les familles, avec salon, coin-cuisine-salle à manger, 2 chambres, 2 salles de bains et un balcon-terrasse. Petite piscine dans une des courettes. Une adresse non conventionnelle, impeccablement située au cœur du French Quarter et doublée d'un accueil fort sympathique.

Andrew Jackson Hotel *(plan couleur centre I, C1,* ***53****) : 919 Royal St. ☎ 504-561-5881 ou 1-800-654-0224. • frenchquarterinns.com • Chambres 110-130 $, 200-230 $ pour les plus grandes. Petit déj simple inclus.* Coquette demeure jaune aux volets bleus, au balcon en dentelles de fer forgé, formant un U sur l'arrière et autour duquel s'organisent une vingtaine de chambres confortables (clim et ventilo, TV cablée, Internet rapide, etc.). Les n°s 201 et 202 (les plus belles mais aussi les plus onéreuses) ont un balcon donnant sur la rue Royale avec une vue fantastique. Petit patio avec fontaine. Pas de piscine, mais possibilité de se baigner dans celle de l'hôtel *Saint-Pierre,* à deux blocs de là.

Hotel de la Monnaie *(plan couleur centre I, D1,* ***50****) : 405 Esplanade Ave. ☎ 504-947-0009. • hoteldelamonnaie.com • Selon période, 145-230 $ pour 2 ou 4 pers et 190-275 $ pour 6. Parking 20 $.* Dans cette imposante et vaste bâtisse de pierre blanche, une cinquantaine d'appartements chic et douillets, équipés d'un salon cosy, tous avec TV, cuisine et bain bouillonnant. 1 ou 2 chambres par appartement (plus un canapé), la 2e chambre étant toute petite et sans fenêtre, mais son aménagement la rend acceptable. Petite piscine dans le *courtyard*. Très tranquille, vraiment confortable et impeccablement tenu, et surtout, prix attractifs pour les petits groupes d'amis, compte tenu du standing et de la proximité immédiate du French Quarter. En fait, aucun autre hôtel ne propose un tel deal.

Plus chic

Petite précision : toutes les adresses des catégories « Plus chic » et « Très chic » sont situées dans le French Quarter.

Cornstalk Hotel *(plan couleur centre I, C1,* ***45****) : 915 Royal St. ☎ 504-523-1515 ou 1-800-759-6112. • cornstalkhotel.com • Doubles 120-300 $ selon confort et période, petit déj inclus.* On dirait une folie de la Belle Époque que cette somptueuse demeure datant de 1816 avec colonnades, tour crénelée sur le flanc gauche et grilles ouvragées en épis de maïs, d'où le nom ! C'est, bien sûr, une adresse luxueuse et de charme, digne des plantations les plus authentiques : meubles anciens et imposants, plafonds stuqués ornés de cupidons, lustres de cristal, plancher crissant sous la moquette. Même les chambres les moins chères sont parfaites. Quant à la terrasse en hauteur, elle est tout simplement délicieuse. Louis, le maître des lieux, est un conteur d'histoires hors pair. Sans se faire prier, il vous dévoilera tous les petits secrets de cette vénérable maison (fantômes, célébrités qui ont dormi là, etc.). Un vrai coup de cœur.

Hotel Saint-Pierre *(plan couleur centre I, C1,* ***52****) : 911 Burgundy St. ☎ 504-524-4401 ou 1-800-225-4040. • frenchquarterinns.com • Doubles env 80-230 $ et jusqu'à 300 $ pour les 3 suites ; petit déj compris. Parking gratuit.* Derrière la jolie façade se cache un véritable réseau de ruelles pavées et passages, reliant entre eux plusieurs maisons de bois ou de brique datant du XVIIe s et abritant près de 80 chambres pimpantes et confortables (les plus petites sont intéressantes côté prix). Certaines avec murs de brique apparente. La salle à manger du petit déj peut servir de cuisine occasionnelle pour les hôtes. Allées bordées d'arbustes et de plantes vertes, et 2 petites piscines pour agrémenter le tout. Pas mal de charme, calme total assorti d'un excellent rapport qualité-prix.

Hotel St Marie *(plan couleur centre I, C1,* ***32****) : 827 Toulouse St. ☎ 504-561-8951 ou 1-800-366-2743. • hotelstmarie.com • Doubles 70-300 $, petit déj inclus. Parking (cher !).* Idéalement situé en plein cœur du French Quarter, à un demi-bloc seulement de la trépidante Bourbon Street mais néanmoins au calme. Les chambres sont pour la plupart dotées de grands balcons en fer forgé, offrant une jolie vue sur la rue ou le patio et sa piscine. Très New Orleans, tout ça. Pour le reste, déco classique un peu désuète, voire vieillotte, mais une rénovation est en cours. Seuls petits bémols : accueil aléatoire et personnel peu serviable.

Chateau Hotel *(plan couleur centre I, C1,* ***49****) : 1001 Chartres St. ☎ 504-524-9636. • chateauhotel.com • Selon confort et période, doubles 100-180 $ (jusqu'à 320 $ pdt Jazz Fest ou Mardi gras), suites 200-675 $, petit déj compris. Parking 16 $.* Charmant ensemble de maisons coloniales de brique peinte, groupées autour d'une bâtisse dotée d'un bar dans un beau et calme patio et d'une piscine en demi-cercle. Choisissez bien votre chambre, certaines sont magnifiques avec une décoration très stylée et de riches tissus, mais d'autres, plus petites et au rez-de-chaussée notamment, manquent de lumière.

Le Richelieu *(plan couleur centre I, D1,* ***46****) : 1234 Chartres St. ☎ 504-*

529-2492 ou 1-800-535-9653. • lerichelieuhotel.com • Doubles 115-180 $ selon confort et période (beaucoup plus durant les special events*), 180-340 $ pour les suites. Parking privé gratuit.* Près de 90 chambres (dont 17 suites) dans cet établissement prisé pour son atmosphère presque familiale, son accueil aux petits soins et la bonhomie de son ambiance. En plus, on est dans la partie la plus calme du French Quarter (les chambres les plus tranquilles donnent sur Decatur) mais à quelques minutes de l'animation. Pour la petite histoire, Paul McCartney a passé 2 mois ici. Une petite centaine de chambres tout confort à la déco très américaine, avec frigo, clim, certaines avec balcon, et des suites pour familles. Petite piscine d'eau salée.

Lafitte Guest House *(plan couleur centre I, C1,* ***47****) : 1003 Bourbon St. ☎ 504-581-2678 ou 1-800-331-7971. • lafitteguesthouse.com • Doubles 130-220 $ env, et jusqu'à 260 $ pdt Mardi gras. Petit déj inclus. Parking limité (15 $).* Beaux balcons en fer forgé pour cette bâtisse de 1849, joliment rénovée. À l'intérieur de ce boutique hôtel, c'est la toute grande classe : décoration unique pour chaque chambre, mobilier d'époque, cheminées de marbre et cyprès sculpté, lits à baldaquin, bibliothèque, balcon parfois (mais mini salles de bains)... Le rêve américain version Scarlett O'Hara. Possibilité de suites à 2 chambres pour les familles.

Lamothe House *(plan couleur centre I, D1,* ***41****) : 621 Esplanade Ave. ☎ 504-947-1161 ou 1-800-367-5858 (résas). • lamothehouse.com • Doubles 70-200 $, suites 80-300 $ selon saison. Petit déj compris. Parking 15 $.* Vénérable demeure victorienne de 1849, nichée sous les arbres d'Esplanade Avenue, en lisière du French Quarter. Différentes catégories de chambres, les plus belles (et les plus chères bien sûr !) étant les *one bedroom suites* dans la maison principale, avec lits d'époque. Celles du *courtyard* (sur l'arrière) sont un peu moins stylées mais pourront intéresser les budgets plus serrés. Le petit déj (avec viennoiseries, une des fiertés de la maison) se prend dans la salle ancienne. Piscine dans le jardin fleuri avec fontaine qui glougloute et jacuzzi.

Chateau Lemoyne *(plan couleur centre I, C2,* ***54****) : 301 Dauphine St. ☎ 504-581-1303. • hiclneworleanshotelsite.com • Chambres dès 100 $ et jusqu'à 350 $ pour Mardi gras. Parking 30 $!* Un des grands hôtels du French Quarter, dans la tradition de ce que propose la chaîne *Holiday Inn*. Spacieuses, confortables, les chambres à l'élégance très classique sont sans défaut et sans surprise. Belle piscine à filtration naturelle, dans une charmante cour intérieure où attendaient autrefois les calèches. Un bémol toutefois : réception ni aimable ni serviable. Un tuyau : parking public 300 m plus loin, 2 à 3 fois moins cher.

Très chic

Hotel Monteleone *(plan couleur centre I, C2,* ***48****) : 214 Royal St. ☎ 504-523-3341 ou 1-866-338-4684. • hotelmonteleone.com • Doubles standard 140-350 $ selon confort et période. Parking 30 $.* Un des plus anciens hôtels, le plus grand (près de 600 chambres !) et le plus haut bâtiment du French Quarter, qui appartient toujours à la même famille, et qui hébergea Tennessee Williams, William Faulkner, Paul Newman et Truman Capote (pour cela, un des trois hôtels américains à avoir obtenu le *Friends of Libraries*, une grande distinction). La façade en impose, tout comme le hall, clinquant à souhait, mais les chambres sont un peu fatiguées, il faut l'avouer. Piscine chauffée sur le toit, fitness, spa et 2 restos, rien que ça. Le *Carousel Bar* vaut le coup pour boire un cocktail autour du manège tournant (voir « Où boire un verre ?... »). Le défaut, c'est que vous risquez de partager toutes ces merveilles (standardisées) avec des cohortes de congressistes, et, pour dire quand même qu'on est à La Nouvelle-Orléans, avec un fantôme d'enfant qui hanterait le 14e étage !

Royal Sonesta Hotel *(plan couleur centre I, C2,* ***51****) : 300 Bourbon St. ☎ 504-553-2241. • sonesta.com • Doubles 130-430 $; suites 330-480 $. Parking 36 $.* Un gros hôtel de construction récente (près de 500 chambres !) mais qui a totalement respecté l'architecture du French Quarter. Situé en plein cœur de l'animation de Bourbon Street, mais rassurez-vous, peu de chambres donnent dessus, pour préserver le sommeil des clients. Cela dit, si vous êtes là pour Mardi gras, vous pourrez être aux premières loges ! Éviter les chambres donnant sur la piscine, assez bruyantes. Déco très sélecte dans le style Nouvelle-Amérique. Beau patio intérieur avec grande piscine et bar attenant, très *resort*. Plusieurs restos, dont un *PJ's* (le *Starbucks* local), bien pratique pour le petit déj, le *Desire Bistro & Oyster Bar* (prix raisonnables et atmosphère *casual*) et même un club de jazz, le *Irvin Mayfield's Jazz Playhouse* (ouvert tous les jours à partir de 16h ; concerts à 20h).

Dans le Garden District

Prix moyens

Saint Charles Guesthouse *(plan couleur centre II, B1,* ***56****) : 1748 Prytania St (entre Polymnia et Felicity St). ☎ 504-523-6556. ● stcharlesguesthouse.com ● Doubles 65-85 $ (100-150 $ pdt les fêtes et festivals), certaines moins chères avec sdb partagée. Petit déj inclus (simple).* Cette *guesthouse* toute simple, composée de 3 petites maisons de bois jaunes accolées les unes aux autres, pratique des prix ultra-compétitifs. Certes, la déco des chambres est franchement désuète et un bon coup de neuf ne leur ferait pas de mal, mais c'est propret, l'accueil aimable et souriant, et pour le prix, difficile de demander plus. Ni téléphone ni TV, à l'ancienne comme le reste, mais clim dans toutes les chambres et grand frigo commun. Par contre, petit jardin et piscine agréable, de taille raisonnable.

Chic

The Columns Hotel *(plan couleur centre II, A2,* ***43****) : 3811 Saint Charles Ave ; assez loin à l'ouest du Vieux Carré. ☎ 504-899-9308 ou 1-800-445-9308. ● thecolumns.com ● Doubles 120-230 $ selon taille, confort et période (jusqu'à 2 fois plus lors des grands événements), petit déj américain et journal du matin compris.* Superbe bâtisse à colonnades et grands balcons aux réminiscences italiennes, construite en 1883 par un riche marchand de tabac et classée Monument historique. Elle servit de décor au film *Pretty Baby (La Petite)* de Louis Malle avec la très jeune Brooke Shields. Il faut dire que rien ne manque pour se replonger dans la lenteur lascive des lourdes fins d'après-midi d'été, du salon de danse à l'impressionnant escalier d'acajou, en passant par les vitraux et les chandeliers de bronze. Toutes les chambres sont meublées d'ancien, charmantes et même fort élégantes pour certaines, mais inégales en taille. On aime aussi beaucoup le bar, à l'atmosphère victorienne et feutrée (voir « Où boire un verre ?... ») et le vaste porche devant la maison, où il fait bon boire un drink en regardant passer le *streetcar*. Charmante *Albertine's Tea Room* pour une bonne cuisine créole, cajun et continentale. *Live music* presque tous les soirs (soirée cajun le lundi et jazz le vendredi) et jazz brunch le dimanche midi. Clint Eastwood et le commandant Cousteau y ont séjourné. Enfin, pas ensemble.

Où manger ?

Dans le French Quarter et le quartier Marigny

Le quartier de Marigny, prolongé par celui de Bywater, à l'est du French Quarter, vieux quartier ouvrier et populaire, est doucement investi par artistes, intellos, bobos et marginaux de tout poil. Nombre de restos s'y implantent, dans le même temps qu'on redécouvre des bars et cafés hors du temps. Lors de notre dernière visite, la moisson a été riche...

Spécial petit déjeuner

Croissant d'Or *(plan couleur centre I, C1,* ***67****) : 617 Ursulines St. ☎ 504-524-4663. Tlj sf mar 6h-15h. Petit déj moins de 10 $, lunch env 10 $.*

Tous ceux chez qui souffle un petit vent de nostalgie viennent ici s'offrir un *espresso* ou un vrai bon thé, accompagné d'un énorme pain au chocolat ou d'un délicieux croissant. Si vous êtes dans le secteur le midi, les quiches, sandwichs, petits gratins et autres pâtisseries et glaces maison peuvent constituer un sympathique déjeuner. Et puis, on adore l'endroit, avec ses carrelages de vieille boulangerie de province, ses vitraux, sa frise de stuc et son petit air rétro. Courette au fond avec quelques tables et une réplique de Manneken-Pis.

La Peniche *(plan couleur centre I, D1,* ***95****)* **:** *1940 Dauphine St. ☎ 504-943-1460. Tlj sf mer 24h/24 (fermeture à 14h le mar). Plats breakfast 6-11 $.* Un peu en dehors du French Quarter, dans le quartier Marigny, ce joli café tranquille à l'atmosphère cosy sert un grand choix de breakfasts jusque dans l'après-midi. Pratique pour les lève-tard et rien de tel qu'une *waffle* avec du *peanut butter,* des bananes et des noix de pécan pour se remettre d'une soirée bien arrosée sur Bourbon Street !

Café Rose Nicaud *(plan couleur centre I, D1,* ***69****)* **:** *632 Frenchmen St. ☎ 504-949-3300. Tlj 6h-18h (breakfast servi jusqu'à midi, 14h ven-dim). Plat breakfast et lunch moins de 10 $.* Son nom vient d'une femme noire, affranchie, qui, au début du XIXe s, lança la mode des cafés en ouvrant un comptoir dans le French Market. Ce *Cozy bistrot,* qui rend hommage à la culture afro-américaine, est un endroit simple et attachant, à l'image de Marigny. Certaines scènes de la série « Treme » y ont d'ailleurs été tournées. Très sympa pour y prendre son petit déj quand le quartier est encore assoupi. Le midi, plein de bonnes choses également : sandwichs, soupes, quiches, *bagels,* salades, petits plats. Expo de tableaux.

Flora Coffee-Shop & Gallery *(hors plan couleur centre I par D1,* ***72****)* **:** *2600 Royal St. ☎ 504-947-8358. Tlj 7h30-minuit. Env 5 $ la formule petit déj (pancake ou omelette).* Vrais *cappuccino, mochas* et *espresso* à siroter tout en observant d'un œil sociologique la clientèle de voisinage qui se presse ici le matin. Population chevelue, tatouée ou piercée (voire les trois à la fois) et tout sauf touristique. Une adresse cool et roots en diable, en accord avec un quartier en pleine mutation qui hésite encore entre son récent passé prolo et son vague présent rock'n roll, mollement contesté par de gentils branchés.

Sans oublier, parmi les restos que nous citons plus loin, ***Johnny's Po-Boy*** *(plan couleur centre I, C2,* ***63****)* et ***Mother's*** *(plan couleur centre I, C2,* ***65****)* pour un petit déj typiquement ricain ; ***Café du Monde*** *(plan couleur centre I, C1,* ***101****)* pour ses célèbres beignets accompagnés de café-chicorée au lait ; ***Elizabeth's Restaurant*** *(hors plan couleur général par D1,* ***74****)*, ***Café Degas*** *(hors plan couleur centre I par C1,* ***66****)* et ***Feelings Cafe*** *(hors plan couleur général par D1,* ***87****)* pour leurs brunchs du week-end.

Et, enfin, ceux qui proposent des *jazz* ou *gospel brunchs* (résa conseillée) : ***The Court of Two Sisters*** *(plan couleur centre I, C1,* ***85****)*, ***House of Blues*** *(plan couleur centre I, C2,* ***100****)* et ***Mr B's Bistro*** *(plan couleur centre I, C2,* ***90****)*.

Sur le pouce

Rouses Market *(plan couleur centre I, C1,* ***60****)* **:** *à l'intersection de Royal St et de Saint Peter St. ☎ 504-523-1353. Tlj 6h-1h.* Épicerie très bien fournie et connue des locaux. Entre autres, pour ses spécialités cajuns : saucisses fraîches de porc ou fumées et surtout le *stuffed turducken,* une poule désossée et farcie aux jeunes oignons, puis enfournée dans un canard désossé, le tout servant de farce à une dinde (désossée, bien sûr !)... Léger ! Les fauchés se contenteront d'y acheter quelques vivres (légumes, fruits...) pour se bricoler un pique-nique. Génial pour les fêtards !

Bon marché

Pour manger pas cher à La Nouvelle-Orléans, deux possibilités : la ***muffuletta*** (s'écrit aussi *muffuletta* ou *mufaleta*) ou le *po-boy.* Le premier est un gros et fameux sandwich italien, composé d'un pain rond garni de charcuterie (salami, jambon, mortadelle) et de fromage, le tout copieusement arrosé d'une sauce aux olives, aux câpres et aux épices absolument succulente. La *mufuletta* fut inventée par un immigrant sicilien au début du XXe s. À cette période, tous les Italiens arrivant sur le Nouveau Continent étaient d'ailleurs des Siciliens (!) et se régalaient de ce gros sandwich pour le déjeuner. Curieusement, la *mufuletta* n'existe qu'à La Nouvelle-Orléans ; en Sicile, on ne connaît pas. Le ***po-boy*** est le sandwich du pauvre (*poor boy,* devenu par déformation *po-boy*). Moins goûteux, du fait que le pain blanc qui lui sert de base est souvent assez banal et l'assaisonnement (mayo, tomate, pickles) un peu fade. En tout cas, ce n'est pas cher.

|●| *Central Grocery* *(plan couleur centre I, C1,* ***61****) :* *923 Decatur St. ☎ 504-523-1620. Tlj sf dim-lun 9h-17h. Mufuletta entière env 15 $ (demie 7 $).* On adore cette boutique-épicerie-snack créée il y a plus de 100 ans, pleine de bonnes odeurs mélangées, aux murs couverts de mille produits transalpins et d'énormes bidons d'huile d'olive. C'est ici même que naquit la *mufuletta.* Ce fut le 1er, et c'est aujourd'hui toujours indiscutablement le meilleur endroit de la ville pour en déguster. Il faut imaginer la queue dehors le weekend ! Un seul sandwich pour 2 cale déjà pas mal, vous verrez. On peut soit l'emporter, soit manger sur place, accoudé au comptoir de formica blanc, au fond, en suivant distraitement le programme télé.

|●| *Johnny's Po-Boy* *(plan couleur centre I, C2,* ***63****) :* *511 Saint Louis St. ☎ 504-524-8129 et 504-525-8037. Tlj 8h-16h30.* Po-boys *de ttes sortes 6-10 $.* Petit resto populaire ouvert en 1950, où l'on côtoie aussi bien le flic du quartier que le camionneur qui vient de finir sa livraison. Tables recouvertes de toile cirée en vichy rouge et blanc, quelques néons et ventilos. Comme le nom l'indique, on vient ici pour prendre un imposant *po-boy,* énorme casse-croûte composé au choix de crevettes, de viande ou d'huîtres frites (50 variétés, dont le célèbre *Alligator Sausage* !), qu'on commande au comptoir, même si les salades sont aussi savoureuses et copieuses. Servent aussi le breakfast (ne pas manquer le *home made biscuit*). Une institution !

|●| *Camellia Grill* *(plan couleur centre I, C2,* ***62****) :* *angle Chartres et Toulouse. ☎ 504-522-1800. Tlj 8h-23h (3h ven-sam).* On aime bien cette annexe du populaire *Camellia* du quartier de l'université. Pour son large comptoir de marbre qui serpente dans la salle, pour l'accueil souriant, l'atmosphère déliée et ses prix modérés. Burgers copieux, beaux *whole meat sandwiches,* grande variété d'omelettes : c'est simple, propre, bon... Que demander de plus ?

|●| *Schiro's Community Café & Bar* *(hors plan couleur centre I par D1,* ***11****) :* *2483 Royal St (angle Saint Roch), quartier de Marigny. ☎ 504-944-6666. Tlj 12h-22h ; brunch le w-e 9h-12h (15h dim). Plat env 10 $.* Un coup de cœur pour cette nouvelle petite adresse de Marigny qui fait à la fois *guesthouse* (voir « Où dormir ? Prix moyens »), resto, petite épicerie et même laverie (9h-21h) ! Ce n'est pas tout car au resto, dans une grande salle aérée pleine de plantes vertes, on a le choix entre 2 cartes différentes : d'un côté, les classiques *po-boys* et autres *fried catfish* du coin ; et, au verso, des plats indiens genre curry ou vindaloo, végétarien ou non. Le tout joliment présenté et bien cuisiné. Même les *deep fried shrimp* sont goûteuses et pas trop grasses, servies avec des légumes. Excellent *pumpkin cheese cake.* Atmosphère à la cool, dans le style « local community », en accord avec le quartier, et délicieuse terrasse d'angle pour savourer son repas.

|●| *Deja Vu* *(plan couleur centre I, C2,* ***64****) :* *400 Dauphine St. 504-523-1931. Tlj 24h/24.* Steak Night *mar et jeu,* Fajita Night *mer.* Happy hours *lun-ven 16h-18h. Burgers et sandwichs 6-11 $.* Resto de nuit central et bien pratique. Cadre coloré, tables et bancs laqués, long bar où les habitués *gossip* aimablement... Cuisine très classique et correcte : copieuses omelettes, *juicy burgers,* et à la pompe, grand choix de bières locales. Le soir et la nuit, bien tamisé, bruyant et animé à souhait, mais vous vous en doutiez !

Prix moyens

Port of Call *(plan couleur centre I, C1, **97**) : 838 Esplanade Ave. ☎ 504-523-0120. Tlj 11h-minuit (1h ven-sam). Burgers 10-14 $; steak env 25 $.* À la frontière entre le French Quarter et le quartier Marigny, cette petite taverne discrète et toute sombre avec ses cordages tendus au plafond et ses lumières tamisées est réputée pour ses hamburgers (essayez ceux accompagnés de champignons cuisinés dans du vin et de l'ail), servis non pas avec des frites mais avec une *baked potato* nappée si on veut de crème, bacon et cheddar, qui rassasiera les plus affamés. Possibilité aussi de manger au bar si c'est plein – autant dire qu'on est souvent au bar, surtout le week-end. Enfin, bons cocktails maison à base de rhum, dont le fameux *Neptune's Monsoon*, une recette de pirate.

Adolfo's *(plan couleur centre I, D1, **92**) : 611 Frenchmen St. ☎ 504-948-3800. Tlj 17h30-22h30. Au 1er étage, au-dessus du bar. Plats env 12-16 $. Cash slt et possibilité d'apporter sa bouteille de vin (droit de bouchon – corkscrew – 5 $).* Situé au-dessus d'un bar folk-blues un peu déjanté, ce petit resto ne paie pas de mine, c'est le moins qu'on puisse dire. Il faut donc faire fi du côté boui-boui pour s'attabler et constater qu'on y mange très bien. D'ailleurs, les effluves qui émanent en entrant sont de bon augure. Une cuisine qui mélange avec bonheur les recettes italiennes et créoles, et quelques plats de poissons. Bons choix de pâtes également. Goûter à la *ocean sauce,* aux cannellonis épinards, aux escargots...

Elizabeth's Restaurant *(hors plan couleur général par D1, **74**) : 601 Gallier St (angle Chartres St). ☎ 504-944-9272. Tlj sf lun et dim soir, 8h-14h30, 18h-22h. Burgers et sandwichs 8-12 $; le soir, plats copieux 13-22 $.* À l'est du French Quarter et de Marigny, le long de la levée, dans un coin du Bywater un peu paumé où Katrina a laissé pas mal de cicatrices, mais où les rues revivent peu à peu. Une nouvelle population investit ce quartier (qui ferait un décor parfait pour un film de Wenders) et a fait de ce resto un de ses points de ralliement. On vient de loin savourer les bons petits plats du jour dans une salle modeste sur de bonnes vieilles nappes en toile cirée bariolée. Pas cher, tranquille et familial, typique du Sud gourmand ! Beaucoup de monde pour le brunch du week-end.

Acme *(plan couleur centre I, C2, **68**) : 724 Iberville St. ☎ 504-522-5973. Tlj 11h-22h (23h ven-sam). Huîtres 13,50 $ la douzaine ; seafood platters 16-23 $.* Ouvert depuis 1910, l'un des restos les plus populaires de la ville pour les fruits de mer. Notoriété oblige, il se remplit vite, donc mieux vaut arriver de bonne heure. C'est en plus l'occasion d'assister au festival d'ouverture des huîtres (il s'en ouvre près de 4 millions par an !). Propose également de bons *gumbo* ou étouffée, le classique *red beans and rice...* Sous ses néons outrageants, la salle est très animée ou très bruyante, selon votre humeur !

Felix's *(plan couleur centre I, C2, **75**) : 739 Iberville St. ☎ 504-522-4440. Tlj 10h-22h (minuit ven-sam). Seafood platter 18 $.* Le grand rival d'*Acme*, dans un cadre plus simple mais à la lumière aussi brutale. Là également, foule le week-end ; donc, pour éviter de se retrouver accoudé sur l'un des deux longs comptoirs de marbre, venir de bonne heure. *Catfish* d'une belle fraîcheur et cuit comme il faut, goûteux *turtle soup* et *crawfish etouffee...* Et le mercredi, de 17h à 22h, une bière gratuite pour 12 huîtres !

Mother's *(plan couleur centre I, C2, **65**) : 401 Poydras St (angle Tchoupitoulas). ☎ 504-523-9656. À 4 blocs à l'ouest du French Quarter, dans le Central Business District. Tlj 7h-22h. Plats du jour 4-14 $ selon la taille. Breakfast moins de 6 $ pour les early birds (les lève-tôt, jusqu'à 9h en sem), env 10 $ pour les fainéants.* Au cœur du Downtown des affaires, voici une institution populaire en diable où l'on sert depuis 1938 de copieux *po-boys* (servis en *regular* ou *half*) dans une atmosphère conviviale, mais aussi de nombreux plats du jour *(jambalaya, crawfish étouffée, gumbo, meatball...)*. Si vous voulez vous faire une idée de tout ce que la Louisiane a à offrir culinairement parlant, tentez le *combination platter.* Une nourriture avant tout reconstituante, lourde souvent, pas chère toujours : une vraie tranche d'Amérique dans votre assiette.

Coop's Place *(plan couleur centre I, D1, **73**) : 1109 Decatur St. ☎ 504-525-9053. Tlj 11h-minuit (1h ven-sam). Plats 8-13 $.* Le repaire des couche-tard et des lève-tard... à qui il reste quelques dollars en poche. Atmosphère bar-vidéo et public jeune. Dans la pénombre, on devine une cuisine simple et copieuse : sandwichs, poulet cajun, salades, *sausage jambalaya...* Rien de bien sorcier (vaudou), mais ça cale son homme. En fait, son principal atout est qu'il sert à manger très tard, et c'est finalement assez rare dans le secteur pour être signalé. En plus, l'addition reste très sage. Billard au fond de la salle et un max de ventilos pendant les grandes chaleurs....

Mona Lisa *(plan couleur centre I, D1, **70**) : 1212 Royal St. ☎ 504-522-6746. Lun-jeu 17h-22h ; ven-dim 11h-22h. Pizzas 10-16,50 $.* Bon, ce n'est jamais qu'une pizzeria, d'ailleurs plus convaincante pour ses plats de pâtes que ses pizzas, un peu trop épaisses à notre goût. Côté ambiance, une certaine intimité, bougies sur les tables, nappes à carreaux rouges et blancs et murs de brique couverts de déclinaisons rigolotes et décalées de Mona Lisa.

Mona's Café *(plan couleur centre I, D1, **77**) : 504 Frenchmen St. ☎ 504-949-4115. Lun-sam 11h-21h (22h ven-sam) ; dim 9h-21h. Plats copieux 10-15 $, sandwichs 4-6 $.* Encore une Mona mais sans Lisa, pour un petit libanais cette fois, au cœur de la populaire et bohème rue Frenchmen. *Shawarma, humus* et *kebab* sont les piliers de la carte. Le *Mona's Special* permet de goûter à une bonne petite sélection. Assiettes fraîches et appétissantes, et bonne ambiance qui réchauffe une salle banale, genre cantine d'étudiants. On ne vient pas exprès, seulement si on passe la soirée dans le secteur. Possibilité d'apporter sa bouteille *(BYOB).*

De prix moyens à plus chic

Satsuma Cafe *(hors plan couleur général par D1, **76**) : 3218 Dauphine St (entre Luisa et Piety). ☎ 504-304-5962. Tlj 7h-17h, 18h30-22h. Compter env 25 $. Brunch le dim.* Murs de brique et déco originale font d'emblée de ce resto, installé dans l'ancien bureau de poste et symbole du renouveau du quartier, un lieu agréable. La clientèle jeune et branchée y vient pour sa cuisine particulièrement inspirée et concoctée à partir de produits rigoureusement frais. Des saveurs innovantes, des légumes à la cuisson exacte, une présentation soignée... Goûter au délicieux *ceviche* de crevettes, aux *mahi-mahi* et aux *pappardelle ai funghi...* En prime, accueil vraiment chaleureux, service alerte et gracieux, et super bande-son rock et soul. Un de nos grands coups de cœur !

Green Goddess *(plan couleur centre I, C2, **84**) : 307 Exchange Alley. ☎ 504-301-3347. Tlj sf lun soir et mar, 11h-15h30, 18h-21h. Plats 12-16 $ le midi, plus chers le soir.* Dans cette agréable ruelle piétonne, découvrez l'un des restos les plus originaux qui soient ! Abritée dans l'ancienne demeure de Degas (jusqu'en 1866), une petite salle au décor sophistiqué et mobilier design ! Quant à la cuisine, elle picore dans des recettes internationales, les alliant avec de superbes produits locaux et donnant des plats créatifs, des rencontres et des associations de saveurs adorablement insolites. Quelques coups de cœur : la *carrot ginger soup and crab meat,* les raviolis farcis au chèvre, la belle sélection de fromages... Très agréable terrasse à l'ombre de palmiers qui ne demandent pas mieux que de pousser... Une de nos plus belles découvertes.

Café Degas *(hors plan couleur centre I par C1, **66**) : 3127 Esplanade Ave (au nord, près de City Park). ☎ 504-945-5635. Tlj sf lun-mar 11h (10h30 dim)-15h, 18h-22h (21h30 dim). Plats 10-16 $ le midi, jusqu'à 28 $ le soir. Brunch le dim.* Un des restos les plus romantiques de La Nouvelle-Orléans, situé dans le faubourg Saint John (voiture ou taxi indispensable), un quartier très agréable peuplé d'artistes et d'intellos, à proximité de la maison où a vécu Degas, d'où son nom. En fait, une espèce de cabane en bois construite tout autour d'un arbre avec des petites tables éclairées par des bougies et terrasse verdoyante. Cuisine d'influence française et créole ; normal, c'est tenu par un Français. On y trouve régulièrement moules marinière, escargots, soupe à l'oignon, un bel onglet aux échalotes et même du pâté. Tradition et régularité. Une bonne adresse, connue des locaux.

The Praline Connection *(plan couleur centre I, D1,* ***79****) :* *542 Frenchmen St. ☎ 504-943-3934. Tlj 11h-22h (21h dim). Plats 12-24 $.* Po-boy *8-13 $.* Resto de *soul food* (cuisine afro-américaine du sud des États-Unis) situé au cœur de Frenchmen, la « Main Street » de Marigny. Grande salle noir et blanc, assortie aux tenues des serveurs qui se la jouent *Blues Brothers* avec feutre et cravate sur chemise blanche. *Fried chicken, pork ribs, seafood combination platter, bread pudding...* mieux vaut avoir une grosse faim, car les portions sont généreuses et le taux de calories explosif ! Ambiance chaleureuse et animée. Pour les amateurs, ils sont aussi fabricants de pralines (d'où le nom), en vente dans l'échoppe à côté.

Muriel's *(plan couleur centre I, C1,* ***88****) :* *801 Chartres St, Jackson Square. ☎ 504-568-1885. Tlj 11h30-14h30 (14h dim), 17h30-22h. Compter 30-40 $ à la carte ; menu déj 16,50 $ (le soir 35 $). Sympathique* Sunday Jazz Brunch. Atmosphère tranquille, cadre plaisant, haut de plafond et pas surchargé, avec juste ce qu'il faut de baroque. Dans ce coin pourtant pas mal touristique, on délivre une sérieuse cuisine créole contemporaine, assez raffinée même, comme ces *oysters bordelaises* accompagnées de fines pâtes et d'une sauce aux champignons. Plutôt abordable finalement, tant qu'on ne cède pas face aux 300 vins et plus à la carte. Belle salle au 1er avec balcon et *Courtyard Bar* de charme.

Wasabi *(plan couleur centre I, D1,* ***81****) :* *900 Frenchmen St. ☎ 504-943-9433. Tlj sf dim 11h30-14h30, 17h-22h (23h ven-sam).* Lunchs specials *en sem 11-13 $. Le soir, plats 15-23 $, env 20 $ pour un repas de sushis.* Vous l'aurez compris, bienvenue au pays des sushis et autres nipponneries dans le faubourg Marigny. Salle sans caractère, au décor basique mais, heureusement, la cuisine compense le manque d'ambiance. Longue liste de *rolls* assez originaux, sushis et sashimis plus classiques pour les puristes. Le tout préparé en direct, bien sûr. Et pour les réfractaires au cru, plein d'autres options dont un excellent bœuf *teriyaki* et un délicieux *Wasabi Honey Shrimp*. Un bon point de chute pour changer du *gumbo*.

Chic

Irene's Cuisine *(plan couleur centre I, C1,* ***80****) :* *539 Saint Philip St. ☎ 504-529-8811. Tlj sf dim 17h30-22h. Plats env 20-25 $.* Pour y aller, il suffit de pister l'odeur d'ail qui embaume 3 blocs à la ronde. 2 petites salles chargées de photos en noir et blanc, de vaisselle et d'objets inutiles. Cosy et chaleureux comme tout, avec son effervescence de brasserie bourdonnante. Ils ne prennent pas les réservations et, si vous devez attendre (parfois longtemps) votre table, on vous conduira dans la petite pièce du fond où un pianiste accompagnera votre drink. Cuisine italienne (type *cannelloni al forno,* agneau à la provençale, gratin de crabe), moderne sans être révolutionnaire, goûteuse, précise au niveau des cuissons, soignée sur la présentation, juste quant aux quantités, le tout encadré par un service professionnel qui n'empêche pas l'humour. Une bonne table qu'on se refile dans le creux de l'oreille.

K Paul Cajun *(plan couleur centre I, C2,* ***89****) :* *416 Chartres St. ☎ 504-524-7394 et 596-2530 (résas). Tlj sf lun midi et dim 11h-14h, 17h30-22h. Compter 20-25 $ au déj, le double le soir.* L'une des cuisines cajuns les plus populaires. Paul Prudhomme, le chef, s'est fait un nom depuis belle lurette, à travers nombre de livres de cuisine, d'émissions de télé et même la commercialisation de ses propres épices et viandes fumées. C'est bien simple, cette élégante demeure de 1834, aux murs de brique rouge renforcés de tableaux aux couleurs pétantes, est toujours pleine. Excellents hors-d'œuvre et plats élaborés, à l'image de ce *blackened stuffed pork chop* marchand de vin. Au dessert, cédez pour le fameux *bread pudding* maison.

|●| *The Court of Two Sisters* *(plan couleur centre I, C1,* ***85****)* **:** *613 Royal St (autre entrée sur Bourbon St).* ☎ *504-522-7261. Tlj 9h-15h* (jazz buffet), *17h30-22h.* Jazz buffet *env 30 $ (boissons comprises).* Maison coloniale jadis occupée par Étienne de Perrier, gouverneur pendant la période française, puis par les *Two Sisters.* On vient ici surtout pour le célèbre jazz brunch-buffet, servi tous les jours dans un immense et magnifique patio fleuri, avec tonnelle de glycine, musiciens et fontaine, ou bien dans une grande salle très claire façon jardin d'hiver. Au buffet, quelque 80 plats à volonté (oui !) alignés comme à la parade : écrevisses, crevettes, spécialités cajuns, salades, desserts, n'en jetez plus ! Bien sûr, c'est touristique, mais le rapport qualité-prix est vraiment intéressant. Le mieux est de venir le midi (plutôt que le matin) pour avoir suffisamment faim et sauter le repas du soir ! Le soir, c'est cher. Annexe, bien moins chère au 614 Bourbon St.

|●| *Cafe Amelie* *(plan couleur centre I, C1,* ***86****)* **:** *912 Royal St.* ☎ *504-412-8965. Tlj sf lun-mar 11h-16h, 17h30-21h (dim 11h-15h, 18h-20h). Plats env 20-30 $; vins à partir de 26 $.* Cette adresse, c'est avant tout un magnifique patio, spacieux et verdoyant (petit bassin et palmiers), l'une des plus populaires pour le brunch dominical (mieux vaut donc arriver dès l'ouverture). Pas une grande cuisine, plutôt des petits plats assez élaborés et concoctés à partir de bons produits locaux. Cuissons exactes et saveurs plaisantes comme ce cochon de lait *pickles* ou le *ahi tuna* sauce sésame et miel épinards...

|●| *The Red Fish Grill* *(plan couleur centre I, C2,* ***96****)* **:** *115 Bourbon St.* ☎ *504-598-1200. Tlj 11h-15h, 17h-22h (23h ven-sam). Plats 12-20 $ le midi, 20-33 $ le soir.* Une adresse conceptuelle, créée par Ralph Brennan, le designer à la mode de La Nouvelle-Orléans. Ici, les produits de la mer sont rois : dans l'assiette déjà, avec des poissons grillés d'une exemplaire fraîcheur et des crustacés préparés de différentes manières (spécialité d'huîtres au barbecue). Mais ça ne s'arrête pas là car la déco, contemporaine et sophistiquée, est elle aussi entièrement axée autour de la *seafood.* Goûter au *beef tenderloin* acoquiné à un *yellowfin tuna* sauté champignons... On adore les quelques fresques un poil destroy et l'*oyster bar,* avec ses miroirs en forme de coquilles d'huîtres perlières et ses tabourets de métal ornés de crabes, crevettes... Très bruyant, en revanche.

|●| *Feelings Cafe* *(hors plan couleur général par D1,* ***87****)* **:** *2600 Chartres St (angle Franklin St).* ☎ *504-945-2222. Jeu-dim slt 18h-22h (21h30 jeu et dim) ; brunch dim 11h-14h. Plats env 18-30 $.* En marge du circuit touristique classique, à l'est du French Quarter et du faubourg Marigny, dans une ancienne plantation un peu décrépite. D'ailleurs, le bar est situé dans l'ancien quartier des esclaves, dans une jolie petite courette qui regorge de plantes. Cuisine classique, avec quelques réminiscences françaises (tournedos au poivre, etc.) et les inévitables spécialités locales (huîtres en brochette, *mushroom boudin,* crevettes Clemenceau). Belle salle en brique, qui servit de cadre à une scène de la série TV « Treme », et patio sur l'arrière. Le balcon n'est accessible qu'en fin de semaine, quand un pianiste donne le *la.* Portions à taille plus humaine qu'ailleurs.

Très chic

|●| *Mr B's Bistro* *(plan couleur centre I, C2,* ***90****)* **:** *201 Royal St.* ☎ *504-523-2078. Tlj 12h-14h, 17h30-21h (21h30 ven-sam). Dim, superbe* jazz brunch *10h30-14h. Plats 20-40 $ le soir ; 15-20 $ au déj.* On se croirait dans une brasserie parisienne chic ; d'ailleurs, la cuisine est d'inspiration créole traditionnelle (et des meilleure !) avec quelques accents de chez nous. Le *gumbo ya ya,* succulente soupe locale, le *creole catfish,* les *BBQ shrimps* et la *pecan pie* servie chaude sont indéniablement les vedettes de la maison, mais pour changer de registre, il y aussi du carré d'agneau, par exemple. Clientèle d'affaires décontractée (ici, pas de cravate obligatoire !) et serveurs stylés mais enjoués, ce qui n'est donc pas incompatible, du moins aux États-Unis... Piano-bar le soir.

|●| **Galatoire's** (*plan couleur centre I, C2, **91***) : *209 Bourbon St.* ☎ *504-525-2021. Tlj sf lun 11h30 (12h dim)-22h. Plats env 20-40 $.* Grande salle assez cossue et bruyante, avec nappes blanches et ventilos. On y rencontre plus la clientèle *upper class* prospère que des Texans nouveaux riches. Très bonne cuisine créole, certaines recettes datant de la création du resto, fondé en 1905 par Jean Galatoire, originaire des Pyrénées (aujourd'hui, c'est la 4e génération aux commandes). Spécialité d'huîtres en brochette et Rockefeller, mais la carte est très étendue (*crabmeat Sardou, chicken Clemenceau,* bouillabaisse...). Jeans, T-shirts et shorts refusés, veste requise après 17h et le dimanche !

Dans le nord du quartier de Tremé

Pour le coup, voilà un quartier bien excentré. Facile à atteindre de jour (c'est tout droit en voiture, à la verticale), ce quartier pauvre n'est pas vraiment sûr de nuit. Cependant, que cela n'empêche pas les aventuriers urbains de tester les deux bonnes adresses qui suivent !

De bon marché à prix moyens

|●| **Willie Mae's Scotch House** (*plan couleur général B1, **102***) : *2401 Saint Ann St.* ☎ *504-822-9503. Tlj sf dim 11h-17h. À la carte, env 10 $.* Dans une demeure particulière au cadre modeste, tout simplement le roi du poulet frit, à un prix du temps de Franklin-Delano. Élu même une année *The Best Fried Chicken in America,* excusez du peu ! Habitués du quartier et fans venant de loin s'entassent ici dans les deux petites salles, tandis qu'en cuisine et au service, ça court dans tous les sens. Atmosphère déliée, serveurs souriants et actifs et, comme prévu, un bon poulet de *soul food, crispy* et goûteux !

Chic

|●| **Dooky Chase's** (*plan couleur général B1, **103***) : *2301 Orleans Ave.* ☎ *504-821-2294. Mar-ven 11h-15h ; ven soir sur résa. Buffet le midi 18 $; plat à la carte env 25 $.* Créé en 1946, ce resto a longtemps été l'un des préférés de grandes vedettes afro-américaines comme Louis Armstrong et Mohamed Ali. On raconte même que Ray Charles, en prenant son breakfast, commença à y composer « *Early in the Morning* » ! Grand contraste entre le morne environnement encore marqué par Katrina et cette confortable et pimpante salle à manger, toujours ornée de beaux tableaux. Accueil affable pour un séduisant buffet où vous découvrirez toutes les bonnes spécialités créoles et *soul food.* Mais le must ici, c'est quand même le délicieux poulet, grillé à la perfection.

Dans le Central Business District et le Garden District

Spécial petit déjeuner

☕ |●| **Surrey's Cafe & Juice Bar** (*plan couleur général C3, **98***) : *1418 Magazine St (entre Terpsichore et Euterpe).* ☎ *504-524-3828. Dans le Lower Garden District. Tlj 8h-15h. Plats 6-13 $. Cash slt.* Dégusté dans une demeure particulière toute colorée, voici tout simplement notre meilleur souvenir de petit déj à Nola ! Ici, les classiques américains (*eggs Benedict, French toast...*) sont revisités avec légèreté et créativité, ça change du *deep fried* ! Tout est succulent et fait maison, des *pancakes* aux plats salés en passant par les jus de fruits frais et les sandwichs du déjeuner. Il faut dire que les produits (bio pour certains) sont sélectionnés avec soin. Bref, une super petite adresse dont on a bien aimé aussi l'ambiance bobo new age, avec des petites touches d'humour décalé un peu partout. Seul bémol : on n'est pas les seuls à apprécier...

Prix moyens

|●| **Cochon** (*plan couleur général C2, **104***) : *930 Tchoupitoulas.* ☎ *504-588-2123. Tlj sf dim 11h-22h (23h ven-sam). Plats 20-25 $. Vins au verre à partir de*

7 $. Pas de cadre sophistiqué pour l'un des restos cajuns les plus courus du coin ! Grande salle au décor de bois blanc tout simple, évoquant vaguement un côté fermier... D'ailleurs, ici, on vante l'origine saine et naturelle des cochons, élevés en plein air à l'ancienne. Déclinés de belle façon : *braised pork cheeks* sauce pomme et féta, le populaire Louisiana Cochon, *fried boudin...* On y trouve aussi du bœuf, ainsi que du poisson braisé au four à bois.

De prix moyens à chic

The Delachaise *(plan couleur centre II, A2,* ***99****) : 3442 Saint Charles Ave (entre Delachaise et Alyne).* ☎ *504-895-0858. Tlj tlj 17h (12h ven-dim)-2h. Plats 8-18 $; vins au verre à partir de 5 $.* Cette maison tout en longueur, dont la forme rappelle curieusement celle d'un *streetcar,* abrite un bar à vins branché et stylé. La carte des vins des bières est impressionnante et la sélection de petites assiettes pour les accompagner courte mais efficace, dans le style tapas *fusion* bien inspiré. *Gnocchi* au porc, tajine marocain, cuisses de grenouilles, etc. Plus un bar qu'un vrai resto ; d'ailleurs, les commandes se font au comptoir et non à table, en laissant sa carte de paiement. Si la place est libre, installez-vous donc à l'avant du bow-window, pour voir passer le *streetcar...* Excellente atmosphère.

Vers le quartier de Tulane University

Spécial petit déjeuner

La Boulangerie *(hors plan couleur général par A3,* ***71****) : 4600 Magazine St.* ☎ *504-269-3777. Lun-sam 6h30-17h ; dim 7h-13h. Petit déj env 5 $.* Pas de charme particulier pour cette *French bakery,* mais deux atouts incontestables. Un, elle n'a pas usurpé son qualificatif : les meilleurs *King Cakes* de la ville, de vrais bons croissants aux amandes, mais aussi des pains au chocolat ou aux raisins et aussi de délicieux pains tout court. Deux, elle est le seul refuge « petit déj à la française » pour ceux qui se seraient égarés *uptown.* Une bonne petite adresse pour le midi aussi : quiches savoureuses et pâtisseries genre Paris-Brest, millefeuille ou tarte aux fruits.

Zotz *(hors plan couleur général par A3,* ***94****) : 8210 Oak St.* ☎ *504-861-2224. Tlj 7h-1h.* Cadre décoré par des artistes (parfois des clients). Éclectique, coloré et funky à souhait (les tables sont couvertes de collages). 2 petites salles derrière, bien pour un petit déj tranquille ou déguster la bonne sélection de thés et de cafés organiques issus du commerce équitable (Guatemala, Sumatra, etc.). Quelques gâteaux et muffins à grignoter aussi.

Et aussi toutes les adresses de la rubrique suivante.

Bon marché

Whole Foods Market *(hors plan couleur général par A3,* ***78****) : 5600 Magazine St (angle Joseph St).* ☎ *504-899-9119. Tlj 8h-21h (20h dim).* Cette chaîne de supermarchés bio *(organic),* qui connaît un succès croissant aux USA, propose un rayon traiteur des plus alléchant. Superbe buffet de crudités, soupes, plats chauds de toutes sortes et souvent originaux (végétariens, indiens, asiatiques...), pizzas, desserts, fruits frais, etc. Un choix incroyable ! Idéal pour un déjeuner sur le pouce (long comptoir de marbre et chaises hautes) ou un pique-nique au soleil dans Audubon Park.

Camellia Grill *(hors plan couleur général par A3,* ***82****) : 626 S Carrollton Ave ; à la hauteur de Saint Charles Ave, près de la station* Shell *(dans le quartier de Tulane University).* ☎ *504-866-9573. Tlj 8h-minuit (2h ven-sam). Plat moins de 10 $.* Vous l'aurez compris en voyant le monde qui attend (surtout le dimanche), voici une institution très populaire et une escale toute trouvée pour ceux qui ont pris le tramway de Saint Charles Avenue. Avec ses colonnes blanches, la façade rappelle une jolie plantation. À l'intérieur, on s'installe sur les tabourets bas qui épousent les méandres du comptoir sinusoïdal façon *diner.* Les serveurs souriants se taquinent joyeusement, les plats sont abondants et l'ambiance décontractée. Sur la carte très étendue, le cheeseburger maison, l'omelette géante et le *pecan pie* figurent parmi les favoris des habitués.

Rue de la Course *(hors plan couleur général par A3,* ***83****) : 1140 S Carrollton, à l'angle de Oak. ☎ 504-861-4343. Tlj 7h-23h. Moins de 10 $. Cash slt.* Dans les beaux volumes d'une ancienne banque de marins, une *coffee house* qui propose pour pas cher des sandwichs bien garnis et des salades. L'ambiance rappelle l'austérité d'une bibliothèque de fac, avec les étudiants qui pianotent sur leur ordinateur portable, sur fond de musique classique. Si, si, du classique, ça change de la trompette du bon vieux Kermitt (et si vous ne connaissez pas encore Kermitt Ruffins, ruez-vous sur les rubriques consacrées à la musique de La Nouvelle-Orléans). Belle sélection de cafés et thés.

De prix moyens à chic

Jacques Imo's *(hors plan couleur général par A3,* ***94****) : 8324 Oak St. ☎ 504-861-0886. Tlj sf dim 17h30-22h (22h30 ven-sam). Juste à côté du célèbre* Maple Leaf Bar *(voir « Où écouter d'autres styles de musique ? »). Résa conseillée (w-e, souvent 1h d'attente). Plat env 20 $, mais qui se suffit à lui-même.* Dans cette rue qui concentre toute l'animation du quartier étudiant, cela fait plus d'une décennie que Jacques, le patron, sympathique et coloré comme sa cuisine, tient son affaire avec sourire et efficacité. Attention, c'est souvent bondé à craquer. Il faut passer devant le bar et traverser les cuisines pour trouver une place dans l'une des salles aménagées de bric et de broc dans une sorte de maison bringuebalante, qui semble arriver à pied de l'époque des pionniers, où l'on sert de copieux plats de *seafood* créole et cajun, du populaire *shrimp* étouffé et des tomates vertes frites à l'*alligator cheese cake,* en passant par la *gumbo soup.* Des goûts marqués et subtils à la fois, des assiettes bien garnies et une atmosphère du tonnerre ! Et juste après, repu, on file *next door* faire fondre ses calories, en assistant à un concert endiablé au *Maple Leaf* !

Dick & Jenny's *(hors plan couleur général par A3,* ***93****) : 4501 Tchoupitoulas. ☎ 504-894-9880. Mar-sam 17h30-22h (22h30 ven-sam). Fermé dim-lun. Résa possible, sinon prévoir une petite attente. Repas sans boisson min 35-40 $.* À 10 mn en voiture ou en taxi du French Quarter, pas loin de *Tipitina's* (voir « Où écouter d'autres styles de musique ? »), ce qui peut constituer un bon plan resto-sortie pour découvrir ces rues qui courent le long des docks dans une lumière poisseuse. Sorte de longue maison de bois datant du XIXe s, style guinguette avec loupiotes colorées. La salle principale, brassée par des ventilos, est décorée d'assiettes payées par les clients lors de l'ouverture du resto et de vagues croûtes. Toile cirée sur les tables et eau fraîche servie dans des pots à confiture. Carte fort alléchante et cuisine fusion sophistiquée, débouchant sur de bonnes surprises mais sans le côté chichiteux et compassé que l'on peut connaître en Europe. Goûter au *Surf 'n Turf* (filet de bœuf aux queues d'écrevisse sautées, sauce au vin rouge). Service décontracté.

Où boire un verre ? Où écouter de la musique ? Où prendre un café-beignets ?

Dans le French Quarter et autour, en journée ou le soir

Café du Monde *(plan couleur centre I, C1,* ***101****) : dans le French Market, 800 Decatur St et Saint Ann St. ☎ 1-800-772-2927. Tlj 24h/24, sf Noël.* Ambiance méridionale sous les arcades de ce vieux café au store rayé vert et blanc, véritable institution. Depuis 1862, on y sert les célèbres beignets *(French doughnuts)* saupoudrés de sucre glace (évitez de parler la bouche pleine), pas chers, servis par 3 et traditionnellement accompagnés d'un café-chicorée maison : contraints par la pénurie à boire de la chicorée pendant la guerre de Sécession, les Néo-Orléanais en gardèrent l'habitude. À emporter ou à déguster sur place, sur la grande terrasse ombragée. Grande vedette : le café au lait (le *half-half*).

PJ's Coffee and Tea Co : difficile d'échapper à cette chaîne de cafés au logo rouge et violet, l'équivalent local de *Starbucks*. Son nom est l'abréviation de « pyjama », le concept étant un café en bas de chez soi où l'on vient directement au saut du lit ! En tout cas, le café est bon, le thé aussi, et l'avantage, c'est qu'il y en a partout.

Lafitte Blacksmith Shop *(plan couleur centre I, C1,* ***110****) :* *à l'angle de Bourbon St et Saint Philip St. ☎ 504-593-9761. Tlj de 10h jusqu'au dernier client.* Un des plus vieux bars des États-Unis, ouvert depuis 1772, et un de nos préférés à « Niouorlins ». Sis dans une grande maison, à l'architecture de brique et de colombages, au large toit d'ardoise, et aux murs de traviole. Construite en 1722, elle serait la plus ancienne structure utilisée comme bar aux USA ! Le soir, le pianiste, qui semble être là depuis l'ouverture, vous susurre des sérénades roucoulantes de crooners américains. On pose son verre sur son piano. C'est un peu ringard, pas toujours juste, mais on aime bien quand même. Atmosphère rustique avec feu dans l'âtre et chandelles. Quelques tables dehors.

The Napoleon House *(plan couleur centre I, C2,* ***111****) :* *500 Chartres St, à l'angle de Saint Louis. ☎ 504-524-9752. Tlj 11h-22h (23h ven-sam, 17h30 lun). Sandwich et salade moins de 10 $.* Vous êtes dans un café-resto datant de 1797 et chargé d'une histoire romantique et cocasse à la fois : la maison devait héberger Napoléon ! En effet, le patron, Nicholas Girod, ancien maire de la ville, avait commencé à organiser l'évasion de Napoléon, et une partie de la demeure fut aménagée pour l'accueillir. Hélas, l'hôte de Sainte-Hélène mourut avant ! Salles aux plafonds de bois, à la courette adorable et aux murs à la peinture écaillée par le temps, chargés de souvenirs de Napoléon donc, le tout baigné dans une savante pénombre et noyé dans un fond de musique classique (le plus souvent, la 3e *symphonie* de Beethoven, bien sûr !). Fait aussi restaurant, mais mieux vaut se contenter d'une *mufuletta* ou d'un *po-boy*, le reste étant souvent décevant et assez cher.

Pat O' Brien's *(plan couleur centre I, C1,* ***112****) :* *718 Saint Peter St. ☎ 1-800-597-4823. Dim-jeu 12h-2h ; ven-sam 10h-4h. Interdit aux moins de 21 ans.* Premier théâtre espagnol du pays (dans un édifice de 1791), Q.G. des touristes américains depuis 1933, mais ambiance telle qu'il faut y faire un tour ! Dans un des 3 bars, 2 pianos côte à côte, avec 2 musiciens jouant les grands classiques américains. Le cocktail de la maison est le *Hurricane*, à base de différents jus de fruits et d'une dizaine de rhums restant au-dessus (on commence par le jus de fruits et on termine par l'alcool, d'où le nom... *hurricane* signifiant « ouragan »). C'est LE cocktail de Bourbon Street, mais celui du *Pat O' Brien's* est le plus réputé. Leur *mix* (en poudre...) est même vendu dans tout l'État ! Pas notre boisson préférée mais rigolo. Attention : le verre (contenant) est facturé 3 $, donc demandez un gobelet si vous ne voulez pas être obligé de vous le faire rembourser à la sortie ! Lieu particulièrement agréable en fin d'après-midi, surtout dans le patio extérieur au fond, car il y a moins de monde.

Seville's Pirate's Alley Café *(plan couleur centre I, C1,* ***113****) :* *622 Pirate's Alley. ☎ 504-524-9332. Tlj 12h (10h ven-sam)-minuit.* Cette minuscule allée bordant le flanc gauche de la cathédrale Saint-Louis, invisible aux promeneurs distraits, abrite, à l'emplacement de l'ancienne prison démolie en 1837, un non moins minuscule bar qui sert des petites choses à grignoter. Pour la petite histoire, William Faulkner écrivit en 1925 son 1er roman, *Soldiers Pay (« Monnaie de singe »)*, dans la maison d'à côté, au n° 624. Comme quoi La Nouvelle-Orléans n'est pas que le berceau du jazz. L'allée fut, comme son nom l'indique, un refuge de pirates et autres corsaires. D'ailleurs, l'ombre de Lafitte y rôde encore...

Tonique *(plan couleur centre I, C1,* ***114****) :* *820 N Rampart (et Dumaine). ☎ 504-324-6045. Tlj 14h-2h.* Pas bien grand, on s'y réchauffe vite. Ici, on vient avant tout pour boire entre *hipsters*... Fantastique liste de breuvages de toutes sortes : metzcal, tequila, rhums, absinthes, vins fins, beaux whiskeys, bières éclectiques et surtout cocktails malins à partir de fruits frais du jour... Des classiques, mais aussi des « maison » comme le *Baiser de la Veuve,* le *Tremé* (bien sûr) et le *Frog Hunter* (ceci dit, les Français sont les bienvenus !).

🍷 ***Igor's Checkpoint Charlie*** *(plan couleur centre I, D1,* ***115****) : 501 Esplanade Ave. ☎ 504-281-4812 et 504-949-7012. Ouv 24h/24, happy hours 16h-19h.* Igor est une figure de la bistroterie locale. Ici, on peut laver son linge en se rinçant le gosier dans un grand espace. Pratique. Rien de particulier côté laverie et côté bistrot, vieux comptoir qui ondule et des concerts accueillant du beau linge quasiment tous les soirs, en général autour de 19h (du rock, surtout), une ambiance enfumée de pub irlandais que brassent mollement des ventilos, et une faune parfois interlope. *Jambalaya* pas cher pour éponger la bière. Programmation affichée à l'extérieur.

Dans le quartier de l'avenue St Claude

Cette petite portion au nord-est du *French Quarter* est en train de se développer sérieusement. Aux marges de Tremé, il peut cependant encore subsister quelques petits problèmes de sécurité. Évitez donc de vous y égarer un peu trop la nuit. Si vous optez pour le *pub crawling* des quelques établissements indiqués, pas de problèmes et vous apprécierez les bonnes vibrations d'un coin encore authentique, de bars locaux aux prix décents et pas encore touchés par le tourisme de masse.

🍷 ♩ ***Hi-Ho Bar*** *(plan couleur général D1,* ***116****) : 2239 Saint Claude Ave (au coin de Marigny). ☎ 504-945-HIHO. Tlj 17h (19h lun)-minuit (3h jeu-dim). CB refusées.* Là aussi, un lieu chaleureux. Un peu plus axé sur les concerts (quasi chaque soir à partir de 22h-23h). Excellente programmation éclectique : jazz, blues, bluegrass, cajun, etc. Possibilité de se restaurer.

🍷 ♩ ***Kajun*** *(plan couleur général D1,* ***117****) : 2256 Saint Claude Ave. ☎ 504-947-3735. Tlj 24h/24.* Vrai bar de quartier à la clientèle éclectique. Concerts de blues de temps à autres et une sacrée ambiance. Karaoké, billards et « bandits manchots ». Possibilité de se restaurer.

Dans un hôtel historique, dans le French Quarter et plus loin

🍷 ***Carousel Bar*** *(plan couleur centre I, C2,* ***48****) : dans le Monteleone Hotel, 214 Royal St. ☎ 1-800-535-9595 et 504-523-3341. Tlj 11h-2h. Piano-bar mer-sam dès 21h.* Cet étonnant bar tournant autour d'un authentique carrousel de fête foraine fut jadis fréquenté par tout le gratin littéraire : William Faulkner, Ernest Hemingway, Tennessee Williams et on en passe... Pour faire comme les habitués, commandez donc un *Vieux Carré* (whisky, cognac, vermouth et Peychaud's Bitters), et tournez manège !

🍷 ***The Sazerac Bar*** *(plan couleur centre I, C2,* ***118****) : dans le Roosevelt Hotel, 123 Baronne St. ☎ 504-648-1200. Dans le Central Business District, à un bloc du French Quarter.* Cet hôtel historique datant de la fin du XIXe s, fermé après Katrina, a rouvert récemment après une vaste et coûteuse campagne de restauration qui a redonné vie à son décor grandiloquent. Au milieu du luxueux hall, débauche de lustres, de carrelage sophistiqué et une insolite pendule présentée à l'Expo universelle de Paris en 1867. Elvis y dormit pendant le tournage de *King Creole* et son night-club, le *Blue Room,* vit jouer Louis Armstrong et Marlène Dietrich au sommet de leur gloire. Quant au *Sazerac Bar,* outre son décor Art déco unique à La Nouvelle-Orléans (ne manquez pas de détailler les 4 panneaux de bois représentant des scènes de la vie quotidienne en Louisiane), c'est l'un des endroits les plus réputés en ville pour les cocktails, réalisés ici dans la plus pure tradition. Deux incontournables : le *Ramos Gin Fizz,* délicatement mousseux, et le *Sazerac,* le 1er cocktail inventé en Amérique et celui de

La Nouvelle-Orléans par excellence, à l'origine une boisson stimulante servie sur les bateaux à aubes. Notons enfin que le *Sazerac* fut le premier bar à accueillir les femmes, après un siècle de fréquentation exclusivement masculine.

Dans le Garden District et à Tulane University

The Bulldog *(plan couleur centre II, A2,* ***119****) : 3236 Magazine St (entre Pleasant et Toledano). ☎ 504-891-1516. Tlj dès 12h (14h lun-mar) jusque tard.* Dans une maisonnette, un pub à l'américaine en bois bien sombre, très populaire pour sa cinquantaine de bières pression dont pas mal de locales. Le mercredi, ils la servent dans des verres rigolos que l'on a le droit d'emporter après les avoir vidés, sans supplément de prix. On peut aussi y grignoter. Déco canine de tout poil et petite terrasse ombragée prise d'assaut aux beaux jours. On ne vient pas exprès, juste si on est dans le coin.

The Columns *(plan couleur centre II, A2,* ***43****) : 3811 Saint Charles Ave. ☎ 504-899-9308.* Bonne surprise, le bar de cet hôtel chic et charme qui servit de cadre au film de Louis Malle *La Petite* (voir « Où dormir ? ») est étonnamment abordable. On adore le décor des murs en acajou ciselé, le superbe plafond ouvragé, le fond de bar sophistiqué, son atmosphère victorienne et feutrée, et surtout la terrasse sous la colonnade du porche d'entrée, idéale pour voir passer le *streetcar* de Saint Charles Avenue en sirotant un *Pretty Baby. Live music* presque tous les soirs (cajun le lundi, jazz le vendredi).

Où écouter du jazz dans les boîtes mythiques ?

C'est évidemment sur ***Bourbon Street*** que la soirée commence, qu'on prend le pouls et la température de la ville. Et dès la fin d'après-midi, ça bat fort. La partie centrale de la rue devient piétonne et la musique jaillit de tous les troquets bien avant que le soleil décline dans un colossal tohu-bohu où rock, *heavy music,* funky, techno et rap se disputent à coups de kilodécibels. La rue est pleine, beaucoup de gens le seront bientôt aussi. C'est là que durant Mardi gras, depuis les balcons des hôtels et des bars, les jeunes mâles, canette à la main, jettent des colliers de carnaval aux filles qui osent dévoiler un peu de leur anatomie, mais pas trop tant les flics locaux sont sourcilleux sur la morale... Ambiance un peu lourde, donc, avec boîtes de strip-tease bas de gamme et filles bien jeunettes... Les boutiques de souvenirs et les enseignes racoleuses se remplissent et se vident d'un flux de congressistes en ribote et de touristes d'un week-end venus s'encanailler dans cette cité à la réputation sulfureuse dans le reste des États-Unis. Pas de panique, ce que vous voyez sur Bourbon Street n'est pas le reflet de la musique de La Nouvelle-Orléans ; les bonnes adresses sont souvent un peu à l'écart de cette débauche de décibels qui sortent par les fenêtres des établissements volontiers racoleurs, même si quelques bars se distinguent pour leurs formations rock de bon aloi.

Arpenter Bourbon Street au moins une fois n'est pourtant pas désagréable. On tend l'oreille, on prend un verre ici, on l'emporte le plus souvent pour le siroter sur le chemin, puis on file ailleurs. Toutes les formations qui bossent dans les bars un peu pourris de la rue ne sont pas forcément mauvaises. Une fois que vous aurez pris votre dose de bourbon (hé, hé !), dirigez-vous vers les vrais lieux, les piliers du temple, ceux qui ont fait, font et feront ce jazz si typique de la ville. Ce sont ces adresses que nous vous indiquons, dans les parages de Bourbon et surtout sur ***Frenchmen Street,*** la rue du jazz à Marigny.

Au cours de votre séjour et de vos soirées musicales, vous croiserez peut-être plusieurs fois les pas de musiciens déjà vus ailleurs un soir précédent. Il faut savoir que la plupart des musiciens ne roulent pas sur l'or, loin de là, et que seuls les très bons parviennent à « faire leur beurre ». Maîtriser le *Nou Olliinss Jazz* n'est pas une mince affaire.

Ensuite, il faut trouver des contrats qui permettent de tourner suffisamment pour ne pas avoir à faire un autre boulot dans la journée (c'est souvent le cas). La concurrence est rude, et si la demande est élevée, l'offre l'est encore plus, et les musiciens de qualité ne manquent pas.

En fait, les grands jazzmen ont tous fait leurs armes aux States, avec un passage obligé par la Louisiane, mais aujourd'hui, c'est en Europe essentiellement, et plus particulièrement en Allemagne, aux Pays-Bas et en France, qu'ils acquièrent une reconnaissance internationale. Le jazz se vend en réalité très mal aux États-Unis, et peu de musiciens, fussent-ils excellents, pourraient en vivre. Exilés sur le Vieux Continent, les meilleurs reviennent régulièrement donner quelques triomphants concerts. La vie d'un jazzman n'est pas celle d'un milord. Ainsi, quand vous avez vraiment apprécié une prestation et que le chapeau tourne, ne soyez pas chien : que sont quelques dollars à côté d'un sublime moment d'émotion pure ?

Mais si Nola a été longtemps la ville du jazz, elle est aujourd'hui principalement celle des *brass bands,* héritiers des fanfares, du jazz ou encore des Second Lines (enterrements). Ces groupes musicaux, qui ne remplacent pas le jazz classique, deviennent de plus en plus importants et nombreux, appréciés par les jeunes pour leur modernité, et par les plus âgés pour leur capacité à se réapproprier les traditions. Ils parviennent à mêler le jazz au hip-hop et au R & B pour créer une musique harmonieuse et dynamique. Alors n'hésitez pas à aller voir en concert Kermit Ruffins et son Rebirth Brass Band, les Soul Rebels ou encore Trombone Shorty, le meilleur de la nouvelle génération des musiciens néo-orléanais, que les amateurs de la série « Treme » connaissent déjà.

♩ ***Preservation Hall*** *(plan couleur centre I, C1,* ***120****) : 726 Saint Peter St. ☎ 504-522-2841. • preservationhall.com • Concert ts les soirs 20h-23h. 3 sets de 45 mn par soir, à 20h15, 21h15 et 22h15 (c'est le même groupe qui joue). Pas de résas. Entrée : 15 $ (moins de 21 ans acceptés).* Le saint des saints, le temple du Graal pour tous les amateurs de jazz. Si vous cherchez le petit coin intime et les banquettes moelleuses, *Preservation Hall* ne vous conviendra pas. Ici, on reste debout ou on fait la queue avant l'ouverture à 20h pour profiter des quelques bancs ou des petites mousses placées à même le sol, juste sous le nez des musiciens. Car il faut dire que la salle est minuscule et les murs décrépits, juste animés de quelques vieux tableaux. Bon, si vous ne pouvez pas entrer au 1er *set,* attendez le 2e. Ici, on ne sert aucune boisson et il est interdit de fumer. En revanche, vous entendrez du grand jazz. Le seul lieu de La Nouvelle-Orléans qui préfère ne pas utiliser de micro ; l'orchestre en est quitte pour jouer plus fort ! Vous tomberez d'accord avec Sartre qui disait : « Le jazz c'est comme les bananes, ça se consomme sur place. » La moyenne d'âge des musiciens est de 60 ans. Ils vous joueront *Ice Cream* ou *Basin Street Blues,* et vous en redemanderez. Certains soirs, quand ils sont un peu tristes, ils vous joueront le fantastique hymne funéraire *Closer Walk with Thee...* Prévoir l'achat du disque, vraiment très bon.

♩ ***Snug Harbor*** *(plan couleur centre I, D1,* ***121****) : 626 Frenchmen St. ☎ 504-949-0696. • snugjazz.com • Dans Marigny, à l'est du French Quarter. À 20h et 22h, ts les soirs, groupes de modern jazz, de R & B (le lun) ou de blues. Dîner 17h-22h45 (23h45 ven-sam). Prix selon programmation 15-30 $.* Un des meilleurs clubs de La Nouvelle-Orléans. On aime beaucoup cette boîte de Frenchmen Street, considérée aujourd'hui comme le haut lieu du jazz à Nola. Les formations sont d'un excellent niveau et on y rencontre surtout des jeunes de la ville. On y entend de tout : ensemble, trio, quartet, sextet. Resto attenant, pratique pour manger un bout en attendant le concert.

♩ ***Fritzel's*** *(plan couleur centre I, C1,* ***122****) : 733 Bourbon St. ☎ 504-586-4000. • fritzelsjazz.net • Tlj 21h (19h ven-sam et 20h dim)-minuit ou 1h au moins. Entrée gratuite, mais 1 boisson obligatoire. Moins de 21 ans accep-*

tés. Un des plus anciens clubs de jazz. Traditionnel *Dixieland jazz* tiré du meilleur tonneau et servi depuis plus de 40 ans par des pros qui vivent leur musique. On est sur Bourbon, mais la qualité est au rendez-vous. Minuscule, la salle permet de coller littéralement aux musiciens. Assis sur des bancs, au coude à coude avec ses voisins, on fraternise dans une ambiance bon enfant. Achat du disque obligatoire ici aussi !

♩ |●| ***Palm Court Jazz Café*** *(plan couleur centre I, D1,* ***123****) : 1204 Decatur St ou 61 French Market. ☎ 504-525-0200. ● palmcourtcafe.com ● Mer-dim 19h-23h, musique à 20h. Fermé de mi-juin à début sept. Résa indispensable pour dîner. Plats 16-23 $. Dîner env 30 $. Entrée gratuite, mais consos majorées de 5 $.* Abrité dans un bel édifice historique du début du XIXᵉ s. Le jazz, genre big band, est de très bonne qualité. Chaque soir la formation change, et quel talent ! Dans cette grande salle agréable aux faux airs de brasserie parisienne, on savoure aussi une excellente cuisine créole avec un zeste de je-ne-sais-quoi ajouté par la patronne. C'est très fin et pas trop cher pour la qualité. Goûtez au *shrimp ambrosia* (crevettes au Pernod), une des spécialités de la maison.

♩ ***The Spotted Cat*** *(plan couleur centre I, D1,* ***124****) : 623 Frenchmen St, en face du Snug Harbor. ☎ 504-943-3887. ● spottedcatmusicclub.com ● Musique live tlj dès 15-16h, jusque tard. Entrée libre (moins de 21 ans acceptés), 1 boisson obligatoire par set.* Très prisé de la population bohème du quartier et des étudiants, voici un bar chaleureux en diable, pas sophistiqué pour un rond, qui distille un jazz efficace et rondement joué (pas seulement du jazz d'ailleurs). En principe, tous les samedis à 18h, le *Panorama Jazz Band* avec son génial clarinettiste. Super ambiance. Une de nos adresses préférées.

Où écouter d'autres styles de musique ?

Nombreux concerts quasiment chaque jour. Et pas seulement de jazz ! Se procurer le mensuel gratuit *Wavelength*, disponible dans la plupart des boutiques du Vieux Carré. Toutes les musiques de la ville sont passées en revue, et leurs ressources sont inépuisables, avec dates des concerts et adresses des clubs et cafés.

Dans le French Quarter et à Marigny *(plan couleur centre I)*

♩ **House of Blues** *(plan couleur centre I, C2,* ***100****) : 225 Decatur St. ☎ 504-310-4999. ● houseofblues.com ● Résa conseillée si groupe connu. Entrée : 20-60 $ selon programmation. Ven 17h-20h,* live music *gratuite dans le jardin. Dim, à 10h,* Gospel brunch *à 40 $ (réduc enfants) avec buffet illimité et concert.* Antenne locale d'une chaîne californienne, cet endroit à la déco géniale et atypique est devenu un lieu de concerts incontournable par la qualité des groupes invités. Créé par Dan Aykroyd (des *Blues Brothers*), il a déjà reçu les Wailers, Maceo Parker, Jimmie Vaughan, Jerry Lee Lewis, Johnny Winter... Concerts quasiment tous les soirs. Deux salles bien arrangées, de tailles différentes mais pas trop vastes, avec un bon son et conçues aussi bien pour écouter que pour danser et boire. Mais certains ne supporteront pas le côté trop business, trop hollywoodien du lieu, les caméras, les gars armés de talkies-walkies et le manque de chaleur du service (parfois limite), etc. Ce temple de la musique possède également un resto au fond de la cour, avec terrasse couverte, agréable pour un verre mais pas pour manger (pas donné et pas terrible). De grosses TV diffusent les concerts de la salle voisine.

♩ **d.b.a.** *(plan couleur centre I, D1,* ***125****) : 618 Frenchmen St. ☎ 504-942-3731. ● dbabars.com/dbano ● Tlj 17h (16h ven-dim) jusqu'à tard dans la nuit. Entrée : payante certains soirs 5 $. Interdit aux moins de 21 ans.* Resté longtemps à l'écart, le *d.b.a.* profite maintenant de l'engouement pour le quartier Marigny qui attire ceux qui recherchent de nouveaux styles de musique. Sur de vénérables sièges de ciné (c'est un ancien théâtre), on peut entendre du jazz, mais aussi du funk et du blues. Le week-end, c'est bondé, et la bière ou la tequila coulent à flots (belle collection de whiskeys et de bières). Hors des concerts, le juke-box vous jouera les vieux classiques américains.

♩ ***Three Muses*** *(plan couleur centre I, D1, **126**)* **:** *536 Frenchmen St.* ☎ *504-298.TRIO.* • *thethreemuses.com* • *Tlj sf mar. Horaires variables : lun-jeu en principe à partir de 19h ; ven-sam 18h30-22h ; dim 17h30-20h.* Happy hours et piano music *16h-18h30. Resto 17h-22h (minuit ven-sam).* Bonne programmation jazz et soul là aussi, atmosphère extra, resto très correct.

♩ ***Michaul's*** *(plan couleur général, C2, **127**)* **:** *840 Saint Charles Ave.* ☎ *1-800-563-4055.* • *michauls.com* • *Ouv certains soirs slt.* Dans le Central Business District, juste à l'ouest du French Quarter. Immense salle, genre entrepôt, à la déco rigolote, reproduisant des paysages de bayous. Groupes cajuns et zydeco certains soirs pour une ambiance très « baloche ». Quelques nostalgiques y dansent le two-steps dans la bonne humeur. En revanche, cuisine cajun sans plus.

♩ ***Vaughan's Lounge*** *(hors plan couleur centre I par D1, **128**)* **:** *800 Lesseps St (angle Dauphine).* ☎ *504-947-5562. Prononcez « Vaun's ». Très excentré, dans le quartier du Bywater, après Marigny.* Live music *jeu soir slt (entrée env 10 $, petite bouffe incluse). Bar dès 12h.* La salle, assez petite et très connue des autochtones et des amateurs de la série *Treme*, se remplit très vite. Ne vous fiez pas à ses allures d'Amérique profonde, avec vieux bar en bois et guirlandes d'un autre âge. Loin de la country, cet endroit hors des sentiers battus produit les meilleurs groupes de jazz locaux, dont le légendaire trompettiste Kermitt Ruffins. À la pause, après s'en être mis plein les oreilles, on s'en met plein la panse : *rice and beans* à volonté sont offerts par la maison. D'ailleurs, le jeudi, c'est souvent Kermitt lui-même qui se met au barbecue sur le trottoir, entre 2 *sets*.

♩ ***The Famous Door*** *(plan couleur centre I, C2, **129**)* **:** *Bourbon St et Conti St.* ☎ *504-598-4334. Ouv 15h (14h ven-dim)-5h. Musique dès 19h (plus tôt w-e). Gratuit, mais conso obligatoire (chère).* Depuis 1934, le plus ancien bar du quartier en activité sans interruption. Largement ouvert sur la rue d'où vous entendrez d'emblée si la musique vous plaît ou pas (rock'n'roll, R & B...). À l'entrée, un panneau donne la liste impressionnante des « pipoles » qui sont venus laisser traîner une oreille ici. On relève par exemple les noms de Clint Eastwood ou Jerry Lewis et même Sophia Loren.

♩ ***Bourbon Street Blues Company*** *(plan couleur centre I, C1, **130**)* **:** *à l'angle de Bourbon et Saint Louis St.* ☎ *504-566-1507. Lun-mer 14h-2h30 ; jeu-dim 12h-4h (5h ven-sam). Entrée gratuite.* Très bruyant, super animé et haut en couleur. Un peu *meat market* évidemment, mais il faut avouer que les groupes de jeunes musicos qui reprennent les grands standards du rock et de la pop le font avec efficacité et un entrain communicatif. DJ's et possibilité de danser, bien sûr.

♩ ***Razzoo Bar*** *(plan couleur centre I, C2, **131**)* **:** *511 Bourbon St.* ☎ *504-522-5100. Tlj 14h (12h w-e)-2h au moins (4h-5h ven-sam). Entrée gratuite.* Vu de l'extérieur, ce bar ressemble à tous ceux de la rue, mais pourtant, c'est un des plus fréquentés. La raison : il suffit de tendre l'oreille, même si ça n'est plus Mardi gras, l'ambiance continue de battre son plein, toujours un ton au-dessus des autres, si c'est possible. DJ ou groupe live, c'est selon les soirs. Petite cour à l'arrière, façon place de village, agréable pour reprendre ses esprits, mettre les oreilles au repos et boire un verre.

♩ ***Siberia*** *(plan couleur général, D1, **116**)* **:** *2227 Saint Claude Ave (entre Marigny et Elysean Fields).* ☎ *265-8855.* • *siberianola.com* • *Tlj 16h-3h.* Immense salle (ancien entrepôt aménagé), avec un côté brut de forme. Bar au look baroque, décoré d'aigles et d'animaux empaillés, long comptoir. Sympathique clientèle locale, un poil marginale, étudiante, bohème, rockeuse... On y organise d'ailleurs régulièrement des concerts de rock, de punk et de métal.

♩ ***All Ways Lounge & Theatre*** *(plan couleur général, D1, **117**)* **:** *2240 Saint Claude Ave (de l'autre côté de l'ave-*

nue). ☎ 504-218-5778. • theallways lounge.net • Tlj sf lun 18h-minuit (2h ven-sam). Pub, lounge et petit théâtre. Bonne atmosphère et programmation variée (jazz, pièces et shows musicaux d'avant-garde).

Dans le Garden District et vers Tulane University
(plan couleur d'ensemble)

♩ ***Tipitina's*** *(hors plan couleur général par A3,* ***132****)* **:** *501 Napoleon Ave (angle Tchoupitoulas). ☎ 504-895-8477. • tipitinas.com • À l'ouest du Vieux Carré. Compter 10 mn en voiture, sinon bus direct (ligne n° 10) par Canal St. Ouv 4 ou 5 soirs/sem jusqu'à 2h en fonction des concerts. Entrée : 10-30 $ selon l'artiste.* L'un des hauts lieux musicaux de Louisiane. Les jeunes de la région vous raconteront avec ferveur certains concerts mémorables qui se sont déroulés dans cette salle pourtant très banale... Les organisateurs ne sont pas sectaires : musique cajun, zydeco, funk, reggae, rock ou blues. Les meilleurs groupes du cru y passent régulièrement, ainsi que des légendes, comme Wanda Jackson. Ne les ratez pas : ambiance délirante ! Le dimanche, soirée cajun « fais-dodo » dès 17h30.

♩ ***Maple Leaf Bar*** *(hors plan couleur général par A3,* ***133****)* **:** *8316 Oak St ; à la hauteur de Carrollton Ave, non loin de Tulane University. ☎ 504-866-9359 ou 5323. • mapleleafbar.com • Tramway de Saint Charles jusqu'à Oak St. Tlj 15h-4h au moins. Entrée : 6-10 $.* Jazz excellent, mais également du rock, *brass band* (le mardi soir avec le fameux Rebirth Brass Band), funk ou blues, dépouillé de tout racolage touristique, qui distille une ambiance parfois assez démente. 2 bars : si le 1er est plein, allez près du patio, il y en a un autre. Beaucoup d'étudiants de l'université voisine le fréquentent. Le week-end, parfois difficile d'y entrer tant c'est bondé !

♩ ***Le Bon Temps Roulé*** *(hors plan couleur général par A3,* ***134****)* **:** *4801 Magazine St (et Bordeaux). ☎ 504-895-8117. Live music jeu-sam soir (petit cover).* Dans une vieille maison ayant conservé sa disposition d'origine, voici encore une adresse réputée à Nola pour la musique et qui produit d'excellents groupes en fin de semaine, notamment les Soul Rebels (le jeudi soir), un des *brass bands* les plus connus de la région, qui allie tradition et modernité avec peps. À ne pas manquer !

♩ ***Rock-n-Bowl*** *(hors plan couleur général par A1,* ***135****)* **:** *3000 S Carrollton Ave (angle Earheart). ☎ 504-861-1700. • rocknbowl.com • Très excentré, non loin de Xavier University, taxi conseillé. Tlj 14h (12h sam)-minuit au moins, groupes à 20h30 (21h30 ven-sam). Entrée concerts : 5-10 $. Bowling 24 $/h (max 6 pers).* Vaste salle genre années 1950, où l'on peut jouer au bowling, boire et manger, et écouter de la musique : rock, jazz, swing, zydeco ou blues. Beaucoup d'ambiance et de bruit. Ça danse, ça chante, ça boit, ça rigole, ça joue au bowling. Une adresse connue et appréciée des autochtones. Même Mick Jagger a aimé, tout comme nous.

Où assister (et participer) à une messe gospel ?

■ ***Saint Augustine Catholic Church*** *(plan couleur centre I, C1)* **:** *1210 Governor Nicholls St. ☎ 504-525-5934. À 1 bloc slt du French Quarter, dans le quartier noir du Tremé. Messe dim à 10h, accompagnée de chants (spirituals).* Bâtie en 1842, cette église fut la première des *Free Black Citizens*. Sur le côté gauche, la tombe de l'esclave inconnu, inaugurée en 2004. Soyez discret en sortant de l'église : évitez de prendre des photos (on rappelle que l'on n'est pas au spectacle). Pour les fidèles, des Noirs américains, c'est un rendez-vous très important dans la semaine, pour lequel on sort les robes et les costumes du dimanche. Il vaut mieux éviter de s'y présenter un peu trop décontracté (short court, épaules dénudées...). Un peu de tenue, que diable !

Achats

Dans le French Quarter et autour

Louisiana Music Factory *(plan couleur centre I, C2,* ***152****) : 210 Decatur St, face à la House of Blues. ☎ 504-586-1094. Lun-sam 10h-19h ; dim 12h-18h.* Très large choix de blues, jazz, funk, country, gospel et zydeco, disques neufs ou d'occasion. Vinyles à l'étage. Possibilité d'écouter la plupart des CD. Prix corrects. Toutes sortes de produits aussi liés à la musique (partoches, bouquins, DVD). Certains samedis soir, concerts live.

Fleur de Paris *(plan couleur centre I, C2,* ***150****) : 523 Royal St. ☎ 504-525-1899 et 1-800-229-1899. Tlj 10h-18h.* Boutique de robes de bal, chapeaux incroyables, fanfreluches de folie et lingerie froufroutante, pour se faire une idée des accoutrements dont se parent les filles de la bonne société pour la parade du *Rex*, à l'occasion de leur entrée dans le monde.

Trashy Diva *(plan couleur centre I, C1,* ***151****) : 829-839 Chartres St. ☎ 1-888-818-DIVA et 504-522-8200. • trashydiva.com • Tlj 12h (11h sam)-18h.* Cette styliste de La Nouvelle-Orléans crée des vêtements raffinés, féminins et rétro, inspirés de collections vintage, souvent des années 1920 à 1950. Un style très cocotte mais chic. 3 boutiques côte à côte : vêtements et accessoires, lingerie (délirante !) et chaussures. Prix abordables.

Hove' Parfumeur *(plan couleur centre I, C2,* ***154****) : 434 Charles St. ☎ 504-525-7827. • hoveparfumeur.com • Lun-sam 10h-17h.* Une cinquantaine de fragrances exquises, pour hommes et femmes, portant les noms évocateurs de *Carnaval, Rue Royale, Bayou d'Amour...* Chaque senteur existe en version Cologne (moins chère) ou parfum. Également des savons à la *Spanish Moss* pour faire des petits cadeaux.

Oh Susannah *(plan couleur centre I, C2,* ***155****) : 518 Saint Peter St (le long de Jackson Sq). ☎ 504-586-8701. Lun-sam 10h-17h30 ; dim 11h-17h.* Le paradis des collectionneurs ou tout simplement des amateurs de poupées. En chiffon, en biscuit, en plastique, avec des regards et des expressions étonnamment réalistes ou au contraire complètement cucul la praline... Un régal pour les yeux.

Santas' Quarters *(plan couleur centre I, D1,* ***158****) : 1025 Decatur St. ☎ 1-888-334-7527 et 504-581-1700. Tlj 9h30-17h30.* Ici, on trouve toute l'année ce qu'il faut pour bien fêter Noël ! Aussi magique que les boutiques allemandes du même type, avec la touche Mardi gras en plus.

Zombie's Voodoo Shop *(plan couleur centre I, C1,* ***161****) : 723 Saint Peter St. ☎ 504-4-VOODOO (amusant, non ?). Tlj 10h-23h30.* Une boutique spécialisée dans les gadgets autour du vaudou : masques africains, gris-gris en tout genre. Plus une curiosité d'ailleurs, car les prix sont un peu exagérés.

Bubba Gump *(plan couleur centre I, C2,* ***153****) : 429 Decatur St. ☎ 504-522-5800. Tlj 11h-21h (23h ven-sam, 22h dim).* Pour les fans de Tom Hanks qui retrouveront l'ambiance et les juteux produits dérivés inspirés par le film *Forrest Gump*, dont une partie de l'histoire se déroule à bord d'un crevettier dans les bayous et sur le golfe du Mexique. Dans la partie resto, vous pouvez même manger des crevettes à tous les temps, toutes les modes ou y acheter une boîte de chocolats (comme dans le film !).

FB *(plan couleur centre I, D1,* ***125****) : 600 Frenchmen St (et Chartres). ☎ 504-947-3700. Tlj jusqu'à 22h.* Réjouissant capharnaüm coloré et poétique de livres d'art neufs ou d'occasion, cartes postales originales, tableaux kitsch et gay, peintures d'artistes locaux, objets beaux, décoratifs, moches, inutiles...

Sur Magazine Street

Funky Monkey *(plan couleur centre II, A2,* ***156****) : 3127 Magazine St (entre 8th et 9th St). ☎ 504-899-5587. Tlj 11h-18h (19h jeu-sam).* Friperie où l'on peut aussi bien dénicher des petites fringues vintage pas trop chères que des T-shirts imprimés ou des *platform shoes* à la Ziggy Stardust pour le défilé de Mardi gras.

Funrock'n *(plan couleur centre II, A2, **157**) : 3109 Magazine St. ☎ 504-895-4102.* Gadgets rigolos, voire décalés et impertinents. Succursale dans le French Quarter, au *1125 Decatur Street (☎ 504-524-1122).*

Storyville *(plan couleur centre II, A2, **159**) : 3029 Magazine St. ☎ 504-304-6209. Tlj 10h-19h.* Boutique de T-shirts originaux sur La Nouvelle-Orléans et la Louisiane. Plus cher que dans les magasins de touristes, mais belle qualité de coton et dessins originaux, porteurs de messages engagés liés à l'actualité, la politique, etc.

À voir

LE VIEUX CARRÉ (French Quarter ; *plan couleur centre I)*

Quartier historique de La Nouvelle-Orléans, appelé aussi French Quarter, bien que le style architectural ait hérité de la période espagnole. Si Jackson Square en est le cœur, Bourbon Street en est la colonne vertébrale. Le Vieux Carré doit sa cohérence et son nom au fait qu'il a été dessiné dans son ensemble par un architecte français au début du XVIIIe s, avec l'idée d'en faire une sorte de village. Mais si les plus vieux monuments de la vallée du Mississippi datent de l'époque française, la plupart des maisons du Vieux Carré ont été reconstruites sous les Espagnols.

La Nouvelle-Orléans se composait, à l'époque, de deux mondes qui ne se fréquentaient quasiment pas. Le Vieux Carré était le cœur du monde créole, tandis que le monde américain commençait à l'ouest de Canal Street. Jackson Square, centre religieux et administratif de ce carré, abritait côte à côte l'église et le Cabildo (siège du gouvernement), où fut signé l'acte de vente de la Louisiane aux États-Unis en 1803. Bourbon Street devint au fil du temps l'axe commercial, puis musical, au début du XXe s. Les boîtes de jazz succédaient alors aux boîtes de jazz. Aujourd'hui, la célèbre rue, victime de son succès, est devenue un coin très touristique ; les strip-teases de dernière catégorie, les vendeurs de hot dogs ambulants et les bars louches y font bon ménage avec les restaurants de grande renommée, les boîtes à jazz et les rock-cafés. On y croise indifféremment musiciens, touristes venus des quatre coins des États-Unis et du monde, artistes, cadres supérieurs, Noirs et Blancs attirés par ce jazz de La Nouvelle-Orléans omniprésent. Grosse différence d'ambiance entre la semaine et le week-end dès le vendredi soir.

Le centre du Vieux Carré, c'est ***Jackson Square*** *(plan couleur centre I, C1-2),* un petit parc au centre duquel trône Andrew Jackson sur son fougueux cheval, façon cow-boy. Une manière de remercier ce vaillant militaire qui sauva la cité des attaques anglaises en 1815, avec la seule aide d'une petite troupe d'hommes. Face au Mississippi (qu'on ne voit pas de là, il se cache derrière une digue), au temps des Espagnols, c'était la plaza de Armas, comme toute place espagnole qui se respecte. Le marquis de La Fayette y reçut les honneurs de la ville en 1825, lui qui avait prêté main-forte aux Américains dans leur combat contre les Anglais. Tout autour, et surtout devant la cathédrale, musiciens de rue (parfois les mêmes qu'on retrouve le soir dans certains bars), diseuses de bonne aventure, prêtresse vaudou disant l'avenir et portraitistes à la petite semaine qui accrochent leurs œuvres aux grilles du parc. Ambiance plutôt décontractée, touristique évidemment. Cela dit, il nous est arrivé d'entendre de superbes formations sur la place. Ouvrez donc les yeux, et surtout les oreilles !

– Devant Jackson Square, sur Decatur Street, on peut faire un ***tour de ville en calèche,*** comme les riches familles d'autrefois. Seulement, vu les tarifs pratiqués, seuls les riches d'aujourd'hui pourront se l'offrir. Nous, on a préféré le faire à pied.

Saint-Louis Cathedral *(plan couleur centre I, C1)* **:** *ouv dans la journée. Messe lun-sam à 7h30, plus à 8h20 le jeu et 17h le sam ; dim à 9h et 11h.*
Aussi connue ici que la tour Eiffel. Elle n'a pourtant rien d'un chef-d'œuvre, mais elle fut la première église catholique d'Amérique du Nord. Édifiée au début du XVIIIe s au moment de la naissance du quartier, son nom rend hommage au saint patron de France. Pour faire court, disons qu'elle brûla, fut reconstruite, faillit rebrûler, puis fut agrandie au milieu du XIXe s.
Rien de remarquable sur le plan architectural, mais elle dégage une gentille cohérence et se caractérise par ses trois clochers, hauts et pointus, dont les deux latéraux arborent bizarrement une croix de Lorraine. Paul VI l'éleva à l'ambitieux titre de cathédrale. C'est certainement la plus modeste qu'on connaisse. L'intérieur n'est pas débordant d'intérêt. Sur la placette devant, toujours quelques musicos, pas ennuyeux du tout pour le coup.

The Cabildo *(musée de la Louisiane ; plan couleur centre I, C1)* **:** *sur Jackson Sq, à gauche de la cathédrale. ☎ 504-568-6968. Mar-dim 10h-16h30. Entrée : 6 $; réduc ; gratuit moins de 12 ans. Billet valable également pour le presbytère et l'Old Mint.*
Le Cabildo était le siège du gouvernement espagnol, qui commandait toute la vallée du Mississippi. Date de la fin du XVIIIe s. Noter le toit mansardé et le fronton triangulaire sculpté d'un aigle et de munitions. C'est aujourd'hui un musée historique consacré à l'histoire de l'État, de l'arrivée des Français, de la période coloniale jusqu'à la « reconstruction » après la guerre civile. Sans être ennuyeux, globalement le musée se révèle d'une richesse relative, et sa taille est un peu trompeuse au regard de la qualité des collections proposées. Cependant, quelques sections accrochent par la qualité des sujets, les témoignages, souvenirs et objets présentés. Voici ce qui a retenu notre attention :
– *Au rez-de-chaussée :* évocation des *conquistadores* espagnols, des premiers échanges avec les Indiens, mobilier et vaisselle des colons fraîchement débarqués. Armes, gravures, reproductions de documents. Évocation de la religion : «... le diable possède ici un très large empire... », expliquait déjà le père Antoine de Sedella. On peut encore y découvrir des propos pas très flatteurs sur les Français de Louisiane, qui sont qualifiés de « coiffeurs, aventuriers, profs de danse... Ils passent leur temps à se quereller pour des motifs qui n'ont d'importance que pour eux-mêmes et qui prétendent faire la loi et imposer le bon ton à tous parce qu'ils viennent de Paris... ». Rien de bien neuf, en somme !
Au bas de l'escalier, tableau présentant le père Antoine de Sedella, qui n'avait pas l'air de rigoler tous les jours. À côté, voir le masque mortuaire de Napoléon qui ressemble étrangement au profil de Mitterrand âgé. Dans la salle dite du « Père Antoine », voir cette insolite table peinte, représentant une scène du légendaire krach de la banque de Law en 1720 (déjà !), une bulle financière qui explosa suites aux spéculations sur les colonies (évocation notamment de la rue Quincampoix à Paris, épicentre des transactions). Intéressante présentation des révoltes d'esclaves inspirées par la révolution de Toussaint Louverture à Haïti.
– *Au 1er étage :* c'est dans la grande salle que furent signés deux actes essentiels concernant le territoire de la Louisiane : le premier entre l'Espagne et la France en 1800, et le second entre la France et l'Amérique en 1803. La France, nouvelle propriétaire de l'État, le conserva durant à peine 3 ans pour le revendre aux Ricains. C'était suffisant pour faire la nique aux Anglais, ce qui était l'objectif. En vitrine, les reproductions des documents signés par les deux parties, notamment le message original du président des États-Unis au Congrès en 1803. Un tableau montre la passation des couleurs entre les deux pays. Une salle est consacrée à la guerre contre les Anglais en 1814. Intéressant tableau de la fameuse bataille de La Nouvelle-Orléans. Puis viennent les salles consacrées à la culture, à l'éducation et aux arts. Section présentant la grosse poussée démographique de l'État au XIXe s, avec l'arrivée d'Allemands, de juifs, d'Irlandais et de Français, période pendant laquelle la population passa de 80 000 à 700 000 habitants (presque le

double de ce que la ville comptait avant Katrina). En particulier, grosse section sur l'émigration irlandaise des années 1850, suite à la Grande Famine. Intéressante petite salle dédiée aux problèmes d'hygiène, de santé, à la mort... Période des grands travaux publics également : creusement du Grand Canal où des milliers de travailleurs moururent.
– *Au 2e étage,* une salle nous rappelle la vie dans les plantations (lire les fac-similés d'avis de recherche d'esclaves en fuite). Explications sur la vie agricole, l'organisation des quartiers d'esclaves. Illustration d'une vente d'esclaves aux enchères, avec le collier à clochettes que certains étaient obligés de porter. Importante section sur l'économie à travers la culture du coton : presse à coton en bois transportable, presse à canne à sucre en pierre, vêtements, vaisselle, argenterie des planteurs... Intéressante présentation de la navigation commerciale. Guerre civile (impressionnante malle de chirurgien ambulant), puis le déferlement après la défaite du Sud des *carpettbaggers,* ces affairistes yankees dont le seul bien tenait dans un sac de voyage en tapisserie. Quelques documents historiques, comme ce grand livre où furent consignées les minutes de la convention de sécession du Sud. Au-dessus, une adresse de citoyens de Louisiane protestant contre l'élection d'un républicain en faveur des Noirs (Lincoln), à leurs yeux preuve de la profonde hostilité des gens du Nord envers ceux du Sud. Dans le même temps, curieuse adhésion de certaines *« free colored persons »* à la sécession. Détails sur la résistance des gens du Sud à la suppression de l'esclavage, massacre de 1873-74 (Colfax Riots)... Histoire de James Lewis, un Noir qui devint chef de la police du Mississippi (premier symbole de l'ascenseur social).

Le presbytère *(plan couleur centre I, C1) : à droite de la cathédrale sur Jackson Sq. Billet combiné avec le* Cabildo *(voir plus haut).*
Autre édifice espagnol dans lequel aucun curé n'habita jamais. Même style et même époque que le Cabildo. Il abrita le palais de justice jusqu'en 1911. Sur son fronton triangulaire, les armoiries espagnoles furent remplacées par des emblèmes américains. Il accueille à présent un musée consacré au Mardi gras et aux traditions carnavalesques. On y fait donc connaissance avec Rex, le roi du Mardi gras, et ses acolytes, Comus et Proteus, et on peut y admirer les costumes somptueux et les cartons d'invitation personnalisés qui étaient imprimés... à Paris.
Pour illustrer cette histoire des origines du carnaval de La Nouvelle-Orléans, multitude de documents intéressants : photos, éventails et superbes costumes, jusqu'à ces vidéos récentes où l'on voit la police refouler inexorablement les participants à l'échéance fatale de minuit.

Deux très longs édifices symétriques en brique, du XIXe s, ***Pontalba Buildings,*** ferment les flancs de la place. On ne peut pas les visiter, il faut se contenter d'en admirer les superbes doubles balustrades de fer forgé qui constituent d'agréables arcades. Ce furent parmi les premiers aussi longs du genre aux États-Unis. Sur le côté gauche, dos à la cathédrale, on peut visiter une maison historique, ***The 1850 House,*** qui restitue par son mobilier la vie quotidienne de la *middle class* locale au moment de la grande prospérité de la ville. Pas très palpitant. *Tlj sf lun 10h-16h30. Entrée : 3 $; réduc ; gratuit moins de 12 ans.*

Hermann-Grima House *(plan couleur centre I, C1-2) : 820 Saint Louis St. • hgghh.org • Lun-mar et jeu-ven 10h-14h ; sam 12h-15h ; mer slt sur rdv. Visite guidée obligatoire (45 mn-1h), départ ttes les heures (ttes les 2 heures juin-sept). Entrée : 12 $ lun et ven-sam (tlj l'été), 15 $ les autres jours (démonstration de cuisine traditionnelle incluse) ; réduc ; billet combiné avec la Gallier House : 20-25 $ selon le jour de visite (voir ci-dessous). Descriptif en français dans chaque pièce.*
Cette grande maison en brique fut édifiée en 1831 pour un marchand spécialisé dans l'import-export... d'esclaves. Il devint millionnaire, mais fit faillite en 1837. Elle fut rachetée par son propre notaire, un certain Grima, qui y vécut jusqu'à 1922. Mobilier du milieu du XIXe s, original ou copié. Notez les remarquables parois de séparation coulissantes entre le salon et la salle à manger. Beau lit à baldaquin

dans la chambre du rez-de-chaussée. Devant la cour, galerie vitrée qui permettait de surveiller les enfants tout en restant au frais. Dans la cour, un bâtiment réservé aux esclaves. Au rez-de-chaussée, la cave à vin, les cuisines (séparées de la maison principale), la salle de repassage, la pièce pour la vaisselle.

Gallier House *(plan couleur centre I, C1) : 1118-1132 Royal St. ☎ 504-525-5661. • hgghh.org • Oct-mai, lun-mar et jeu-ven 10h-14h, sam 12h-15h. Visite guidée obligatoire (45 mn-1h), départ ttes les heures. Juin-sept, visites lun et jeu-ven à 11h et 13h, sam à 12h et 14h, mar-mer slt sur rdv. Entrée : 12 $; réduc. Billet couplé avec la Hermann-Grima House : 20-25 $ selon le jour de visite (voir ci-dessus). Demander la feuille d'infos en français.*

Les propriétaires actuels de la *Gallier House* et de la *Hermann-Grima House* se sont intéressés à la vie des esclaves à La Nouvelle-Orléans. De nombreux écrits traitent en effet de l'esclavage dans les plantations, mais peu de recherches ont été entreprises à propos de l'esclavage urbain. La *Gallier House* est une remarquable maison particulière du milieu du XIXe s, construite par et pour l'architecte James Gallier Jr, connu à son époque pour avoir réalisé, entre autres, l'immeuble de la *Bank of America* et le French Opera House, qui brûla en 1919. Intéressant pour le beau mobilier victorien, tout en rondeur, très représentatif des goûts de la bourgeoisie locale du XIXe s.

– *À l'étage :* petit salon, chambre à coucher avec lit à baldaquin, chambre d'enfant... Certains papiers peints ont été refaits à l'identique. À noter, cette petite chambre de malade où l'on mettait à l'écart ceux soupçonnés d'avoir contracté la fièvre jaune. La salle de bains fut l'une des premières de la ville avec eau froide et chaude, baignoire en cuivre et toilettes en porcelaine. Visite également de la partie réservée aux serviteurs. Plus de tapis, des murs blancs, et des conditions de vie correctes.

– *À l'extérieur :* gros réservoir qui permettait de récupérer les eaux de pluie pour les boire, parce que beaucoup moins contaminées que les autres, qui véhiculaient les pires maladies. À deux pas, au n° 1140, une maison sans rien de spécial, pensez-vous ! C'est pourtant là qu'on découvrit, un peu par hasard, lors d'un incendie, que la famille créole huppée qui y résidait possédait une salle où les esclaves étaient torturés. Cela confirmait des doutes préalables. La famille prit la fuite alors que la foule envahissait la maison. On dit aujourd'hui que la maison est hantée. Nous, on n'a rien repéré d'anormal !

Beauregard-Keyes House and Gardens *(plan couleur centre I, C-D1) : 1113 Chartres St. • bkhouse.org • Tlj sf dim 10h-15h. Entrée : 10 $; réduc.* Grosse maison de ville surélevée, de style *Greek revival* néoclassique, portant le nom d'une de ses propriétaires, la romancière Frances Parkinson Keyes. Caractérisée par un large portique pompeux et par un charmant jardin latéral à la française, avec une gentille fontaine centrale et néanmoins glougloutante. Ceux qui ne feront pas la visite pourront toutefois jeter un œil à ce jardin par les grilles. Bon, la visite des différentes pièces n'apporte rien de plus – et même plutôt moins – que d'autres visites du genre. On ne conseille pas vraiment.

Possibilité également d'une très intéressante visite guidée en français des **hôtels particuliers Gallier et Beauregard-Keyes,** organisée par *Le Monde Créole (☎ 504-286-0786 ou 504-568-1801 ; • mondecreole.com •) : mai-fin nov, lun, mer et ven à 13h30. Durée : env 2h. Point de rencontre :* Pâtisserie du Croissant d'Or, *au 615 Ursulines St. Prix : 24 $; réduc de 2 $ sur présentation de ce guide ; gratuit jusqu'à 10 ans.*

Juste en face, au n° 1112, l'***Old Ursuline Couvent*** *(le couvent des Ursulines) : tlj sf dim 10h-16h. Entrée : 5 $; réduc ; gratuit moins de 6 ans. Brochure en français.* Surtout intéressant pour son histoire, plus que pour ce qu'on y voit. Tenu par les ursulines, ce très classique édifice de facture plutôt ennuyeuse, premier couvent de Louisiane, fut édifié au milieu du XVIIIe s sur la demande de Louis XV. Les sœurs ouvrirent ici la première école indienne, la première école catholique et la première école noire. Elles accueillaient également des jeunes filles pas toujours très prudes, l'objectif étant de les marier puisque, à cette époque en Louisiane, le nombre d'hommes était bien supérieur à celui des femmes. La situation évoluant, on fit petit à petit venir des jeunes filles de bonne famille, qui recevaient ici une éducation complémentaire avant qu'on leur trouve un parti. Le couvent, tout d'abord axé sur l'aide aux enfants démunis, se transforma donc peu à peu en un centre de placement pour jeunes filles. Entre mère supérieure et mère maquerelle, il s'agit parfois seulement d'une question de longueur de robe.

New Orleans Pharmacy Museum *(plan couleur centre I, C2)* **:** *514 Chartres St. ☎ 504-565-8027. • pharmacymuseum.org • Mar-ven 10h-14h ; sam 10h-17h. Fermé dim-lun. Entrée : 5 $; réduc ; gratuit moins de 6 ans. Feuille d'infos en français à l'entrée. Attention : souvent fermé par manque de personnel, mais visite comprise dans le circuit du* Monde Créole *(voir plus bas), c'est d'ailleurs la seule manière d'avoir des explications en français et d'être certain de la visiter.*
Cette pharmacie date de 1816, et c'est la boutique du premier pharmacien diplômé aux États-Unis, Louis Dufilho, un aïeul de Jacques, le comédien. Parfaitement intacte, elle a été transformée en un très intéressant musée.
Superbe meuble de pharmacie couvrant une bonne partie des murs. Étonnant, tous les produits qui sont dans les bouteilles et fioles sont parfaitement authentiques. Le pharmacien faisait déjà du paramédical puisqu'il vendait également des parfums. Encore plus surprenant, il fournissait les drogues pour les camés de l'époque et, contrairement à ce qu'on peut penser, les gens utilisant des produits stupéfiants étaient assez nombreux. Les premières lois réglementant cette question ne furent votées qu'en 1908. Le pharmacien préparait lui-même nombre de ses décoctions ; aussi, derrière sa maison, il cultivait un mini lopin de terre avec quantité d'herbes. La pharmacie avait aussi un rôle social. Près de l'entrée, un bar de poche en marbre, de 1855, son siphon d'eau de Seltz en témoigne.
Ici, les pots contenant des médicaments cohabitaient avec les potions vaudoues : très prisés furent le *Love Success* (nul besoin d'explications), le *Devil* ou le *Lucky-Lucky.* Pour plus de discrétion, ces potions portaient des numéros (cela évitait d'être gêné comme quand, aujourd'hui, on demande dans une pharmacie une boîte de Viagra ou un paquet de capotes). L'utilisation des plantes fut introduite par les Noirs d'origine africaine, et on voit bien ici l'interpénétration des cultures afro-haïtiennes et les différences du rapport à la maladie et à la manière de s'en débarrasser.
À l'étage, le musée continue : on visite la chambre à coucher et d'autres pièces présentant du mobilier de la pharmacie, ainsi que des collections de bocaux, fioles diverses, balances, lunettes...

Voodoo Museum *(plan couleur centre I, C1)* **:** *724 Dumaine St ; entre Bourbon et Royal St. ☎ 504-680-0128. • voodoomuseum.com • Tlj 10h-18h. Entrée : 7 $; 5 $ si vous mentionnez la réduc présentée sur Internet !*
Les rites vaudous étaient très puissants à l'époque de la colonisation française. Ces croyances furent introduites à La Nouvelle-Orléans par des esclaves venus de Saint-Domingue et d'Haïti, surtout pour se défendre de la tyrannie des planteurs. Ils mélangèrent les différentes croyances, africaines et chrétiennes, pour en faire cette étrange et mystérieuse religion, toujours très présente et puissante en Louisiane ainsi qu'en Afrique noire, notamment au Bénin. Potions, charmes et gris-gris en étaient la base. Le vaudou est encore bien là !
Le musée est tout petit et se résume à trois salles. Il privilégie les aspects « gore » et racoleurs du vaudou ; un tas d'objets hétéroclites, crânes, poupées, serpents dans le formol, souches de bois sculpté, portraits de Marie Laveau, photos de rites, le tout en vrac et sans clés pour mieux cerner ce monde étrange. Ce serait bien plus amusant si l'entrée coûtait trois fois moins cher. En bref, on peut se passer de la visite.

Petite balade dans le Vieux Carré

Rappelons que c'est aux Espagnols et non aux Français qu'on doit ces petites merveilles de façades aux balcons travaillés. On peut parfaitement se laisser guider par son propre instinct pour explorer ce secteur dont l'harmonie de style participe activement à la magie de la ville. Pour ceux qui nous suivront, voici quelques bijoux parmi tant d'autres, situés essentiellement le long de Royal Street, bordée de boutiques plus élégantes les unes que les autres : antiquaires, galerie d'art, bijoux anciens ou à l'ancienne, objets en ferronnerie (assortis aux balcons)...

– On démarre au 431 Royal Street (à l'angle de Saint Louis Street), avec une demeure aux généreuses proportions, aux balcons superposés, ciselés avec délicatesse.

– Au n° 437, surprenante boutique d'armes antiques. Au XIXe s, c'était une pharmacie tenue par Antoine Amédée Peychaud, un créole originaire de Bordeaux. Le soir, après la fermeture de sa boutique, il servait à ses amis une boisson de son cru, un mélange de cognac et de bitter maison. Cette mixture, non pas versée dans un verre mais dans un coquetier, fut rapidement appelée *cocktail* par les Américains qui n'arrivaient pas à prononcer « coquetier » correctement. Voilà l'origine du mot.

– Au n° 501, à l'angle de Saint Louis, encore un large balcon ciselé de riches motifs végétaux (feuilles de chêne et glands).

– Au 533 Royal Street, ***Merieult House – The Historic New Orleans Collection*** *(plan couleur centre I, C2)* **:** *☎ 504-598-7145. • hnoc.org • Mar-sam 9h30-16h30 ; dim 10h30-13h30. Entrée : 5 $.* La plus vieille demeure de la rue, élégante et sans clinquant, abrite un petit musée. Collections et documents sur la ville. Pour les passionnés surtout.

– Juste en face, au n° 528, on aime bien ***Le Petit Soldier Shop,*** avec ses petits soldats et ses vieilleries à vendre.

– Petite incursion dans Toulouse Street, où, au n° 718, une grille laisse apparaître une courette verdoyante et une bien jolie véranda.

– Retour sur Royal Street, aux n°s 700-708 (angle Saint Peter) : la ***Labranche House*** *(plan couleur centre I, C1)* propose l'une des plus célèbres doubles galeries de la ville et l'une des plus remarquables balustrades, avec ces entrelacs élégants de feuilles de chêne.

– Au n° 741, à l'angle de Saint Ann, joli balcon tournant du plus bel effet. Bloc suivant, les n°s 809-811 abritent une croquignolette maison bringuebalante à mort et un peu pourrie. Ça change des maisons plus proprettes.

– Poursuivons avec les n°s 827-831 (à côté du *musée de l'Absinthe*), où l'on peut observer une petite maison basse et coquette à la fois, assez rare dans le genre, plus dans le style purement caraïbe que New Orleans, même si parfois l'un déteint sur l'autre.

– Juste en face, au n° 824, la jolie boutique du parfumeur *Hove'* et ses fragrances aux noms évocateurs de La Nouvelle-Orléans (voir plus haut la rubrique « Achats »).

– Au n° 900 (angle de Dumaine), la ***Heine House*** *(plan couleur centre I, C1).* Peut-être pas le plus bel édifice, mais en tout cas l'un de nos favoris. Le délicat ciselé du fer forgé en guirlande de feuilles de chêne semble naturellement se poursuivre par de vraies plantes qui chargent le balcon. Construite en 1730 et en partie détruite par un incendie en 1788, la maison fut reconstruite dans son style français original.

– Petit crochet sur la droite dans Dumaine Street. Au n° 632, ***Madame John's Legacy House*** a été construite en 1788 et a survécu au grand incendie de 1795. Avec le couvent des Ursulines, c'est le seul vrai bâtiment français du Vieux Carré.

– Retrouvons notre belle Royal Street. Au n° 916, une maison un peu bringuebalante complètement couverte de plantes au 1er étage. Extra !

– En face, au n° 915, ***The Cornstalk Fence,*** aujourd'hui reconverti en superbe hôtel de charme (voir « Où dormir ? »), avec une remarquable grille travaillée en forme d'épis de maïs. On raconte que la femme du proprio, originaire de l'Iowa, s'ennuyait de son environnement champêtre. Son docteur de mari la consola en faisant réaliser cette grille tout spécialement pour elle. L'histoire ne dit pas si elle trouva la blague très drôle.

– Et pour terminer la balade, tournons dans Saint Philip Street pour faire un petit crochet sur Bourbon Street, dont les blocs nos 900 et 1000 offrent encore de bien belles choses au regard curieux. Peu de touristes viennent d'ailleurs jusque-là. Ne pas louper, au 941 Bourbon Street, à l'angle de Saint Philip, la ***Blacksmith Shop*** *(plan couleur centre I, C1).* Incroyable de trouver en plein centre d'une aussi grande ville cette adorable maisonnette bringuebalante de bois et de brique, rescapée du XVIIIe s. C'était, comme son nom l'indique, l'atelier d'un forgeron qui servait, dit-on, de couverture à Jean et Pierre Lafitte et leurs compagnons qui s'y réunissaient pour couvrir leur activité de marchands de denrées illicites, notamment le bois d'ébène (les esclaves). Pirates bien aimés de la bourgeoisie malgré leurs activités, les Lafitte eurent toujours une bonne cote historique, sans doute grâce à l'aide qu'ils apportèrent à la lutte antianglaise. C'est aujourd'hui un bar sombre qu'on adore pour son atmosphère étrange, où trône toujours au centre une vieille cheminée (voir « Où boire un verre ?... »).

UN PIRATE COMMUNISTE

En 1847, le célèbre pirate Jean Lafitte rencontra Marx... dans une taverne de Bruxelles. Enthousiasmé par le manuscrit du Manifeste du parti communiste, il en finança l'impression et en envoya un exemplaire à Abraham Lincoln. On dit que ce texte conforta le président des États-Unis dans sa volonté d'abolir l'esclavage.

Visite guidée du Vieux Carré

🎟🎟🎟 ***Le Monde Créole, l'histoire d'une dynastie :*** *☎ 504-568-1801 ou 504-286-0786. • mondecreole.com • Visites en français déc-avr lun, mer, ven et dim à 10h ; mai-nov, tlj à 10h. Rdv directement au 622-624 Royal St, dans la boutique Road-Trip. Tour en anglais tlj à 10h30 au même endroit. Durée de la visite : 2h15. Prix : 24 $; réduc de 2 $ sur présentation de ce guide ; gratuit jusqu'à 10 ans.*

Notre coup de cœur à La Nouvelle-Orléans : ce tour explore le Vieux Carré à travers l'histoire de l'une des plus célèbres familles créoles de La Nouvelle-Orléans, les *Duparc-Locoul,* sur plusieurs générations. Le créateur du *Monde Créole* a mené d'assidues recherches en France et aux States pour remonter le fil de la vie de cette famille, et réassembler le manuscrit de Laura Locoul, la dernière des héritières. Un vrai roman-feuilleton, avec ses secrets de famille et ses rebondissements. Ces grands planteurs possédaient en ville plusieurs maisons, outre leurs plantations. On visite donc sept jardins ou cours intérieures oubliées, patios secrets de maisons créoles du Vieux Carré, riche d'une vie sociale urbaine mal connue. On pénètre dans leur vie quotidienne, on s'immisce dans l'univers fascinant et controversé des créoles, des gens de couleur libres et des esclaves. Leur vie alternée entre plantation en été et maison de ville en hiver, entre épouse légitime (souvent une riche héritière) et maîtresses métisses. Excellentes explications sur les codes sociaux de l'époque, les rapports complexes entre propriétaires et esclaves, l'histoire de la famille et les mondanités au temps où la saison du French Opera, ses bals, ses mariages et ses fêtes rythmaient la vie de la ville pendant les 4 mois d'hiver.

On y apprend aussi les différences architecturales entre les maisons des WASP *(White Anglo-Saxon Protestant),* peintes en blanc, et les maisons créoles, plus colorées et, à l'instar de celles des Antilles ou de l'océan Indien, construites par des Sénégalais, architectes doués et pourtant esclaves. La visite guidée du Vieux Carré comprend aussi le New Orleans Pharmacy Museum et le cimetière Saint-Louis, mais elle ne serait pas complète sans un arrêt à la *Laura Plantation,* une des plus intéressantes plantations, sur la route de Baton Rouge, qui appartient au proprio du *Monde Créole* (voir plus loin « La région des plantations. La route des plantations, de La Nouvelle-Orléans à Baton Rouge »).

LES RIVES DU MISSISSIPPI

La partie du fleuve la plus exploitée sur le plan touristique est comprise entre Esplanade au nord-est et le *Convention Center* au sud-ouest. Sans être d'un intérêt folichon, on peut s'y balader sans déplaisir. La première chose qui frappe quand on connaît l'importance du Mississippi dans la vie de la ville, c'est que le fleuve est quasiment absent du paysage urbain ! On le voit très peu, il faut toujours le chercher. Cette curieuse impression vous suivra tout le long de votre balade louisianaise. La raison en est simple : le fleuve étant sensible aux ouragans et source d'inondations, il a fallu édifier tout le long de celui-ci des levées, hauts monticules de terre qui canalisent les eaux et les empêchent de sortir de leur lit. Édifiées dès la présence française et en permanence consolidées au fil des siècles par les différents colons, les digues du Mississippi résistèrent sans problème à la poussée des eaux au passage de Katrina. Plusieurs points d'attractions aux abords de l'eau.
– ***Transports :*** on rappelle qu'une courte ligne de tram *(Riverfront streetcar)* longe le fleuve entre Esplanade et Julie Street. Bien pratique pour s'éviter des pas inutiles.

French Market *(plan couleur centre I, D1)* **:** *situé entre N Peters St et Decatur St, au bord du Mississippi.* C'est le plus vieux marché des États-Unis, qui nourrissait tous les gens qui arrivaient par bateau. Il avait donc une grande importance stratégique, mais son présent n'a malheureusement plus rien à voir avec son passé glorieux. Très touristique, dans le mauvais sens du terme, avec pléthore de camelots spécialisés dans le *made in China* et une partie alimentaire réduite à la portion congrue, hormis la poignée de producteurs bio de la section pompeusement nommée *Farmer's Market* (au milieu du marché, entre Ursulines et Governor Nicholls). Musiciens et petits cafés avec terrasses sont rassemblés entre Saint Philip et Ursulines, c'est ici que se trouve le **Café du Monde** (halte célèbre pour croquer dans des beignets bien grassouillets).
Pile en bordure du *French Market,* un petit centre culturel *(The New Orleans Jazz National Historic Park • nps.gov/jazz •)* avec salle de concerts (gratuits) et point de départ d'un *walking tour* intéressant sur le thème du jazz.

Jackson Brewery *(plan couleur centre I, C2)* **:** *600 Decatur St (presque en face de Jackson St). Tlj 10h-19h.* Ancienne grosse brasserie transformée en vaste centre commercial un peu bas de gamme. On l'appelle *Jax* pour les intimes.

Audubon Aquarium of the Americas *(plan couleur centre I, C2)* **:** *1 Canal St, au bord du Mississippi, à l'extrémité d'Iberville St. ☎ 1-800-774-7394. • auduboninstitute.org • Tlj 10h-17h. Entrée : 21 $; 14 $ 2-12 ans ; billet combiné possible avec le cinéma* Imax *voisin 28 ou 18 $ et avec l'Audubon Zoo (lire plus loin dans « Garden District ») et l'insectarium en plus 40 ou 26 $.* L'aquarium des Amériques, complètement reconstruit après Katrina, se veut un modèle du genre, tâchant de reconstituer au mieux le milieu naturel de la faune et de la flore aquatiques d'un continent entier. Parmi les espaces les plus remarquables, le *Caribbean reef,* où l'on pénètre dans des récifs caraïbes (requins, poissons multicolores, raies, tortues, etc.). Reconstitution de la *rainforest* amazonienne avec oiseaux, reptiles et poissons en tout genre qui évoluent dans une minijungle (toucans, piranhas, incroyables minuscules grenouilles colorées), sans oublier la population du Mississippi barbotant dans un petit bayou (alligators, dont leur curieux alligator albinos, tortues, échassiers, *paddle fish* à la gueule énorme). À voir encore, l'aquarium géant figurant le golfe du Mexique (requin-tigre, raie électrique, barracudas et autres poissons de grande taille...). Un autre aquarium est rempli de superbes petits hippocampes. Un lieu de qualité, mais quel dommage que le prix soit si élevé !

Riverwalk *(plan couleur centre I, C2)* **:** *le long du fleuve, un peu plus loin vers le sud.* Large espace aménagé qui offre une bonne vue sur le fleuve (c'est rare !).

Harrah's Casino *(plan couleur centre I, C2)* **:** *8 Canal St (en face du Riverwalk).* ☎ *1-800-847-5299.* ● *harrahsneworleans.com* ● *Tlj 24h/24.* Si vous n'avez encore jamais vu de casino, ça vaut le coup d'y faire un petit tour, histoire de tenter votre chance sur une des 2 000 machines à sous... Sinon, passez plutôt vos soirées dans les clubs de jazz...

Balade sur le Mississippi

Même si le Grand Paresseux a perdu de sa superbe avec l'industrialisation féroce de ses rives, un petit tour en bateau, aussi touristique soit-il, n'est pas désagréable. Deux compagnies en proposent. Appeler pour réserver et pour vérifier les horaires, fluctuants (malgré la tranquillité du fleuve) selon l'affluence.

■ **Creole Queen** *(plan couleur centre I, C2)* **:** *départ face à Canal St, devant l'aquarium.* ☎ *1-800-445-4109 ou 504-529-4567.* ● *creolequeen.com* ● *Env 22 $ (réduc ; gratuit moins de 5 ans) pour 2h30 de balade (embarquement à 13h30, départ 14h).* Croisières à bord d'un authentique bateau à aubes modernisé.

■ **Steamboat Natchez** *(plan couleur centre I, C2)* **:** *départ derrière Jackson Brewery, presque au niveau de Jackson Sq.* ☎ *504-569-1401 ou 1-800-233-2628.* ● *steamboatnatchez.com* ● *En principe, 1-2 départs/j. (à 11h sur résa et 14h tlj). Prix : 25 $; réduc ; gratuit moins de 5 ans.* C'est une très belle copie de bateau à aubes qui fonctionne vraiment à la vapeur, pour s'offrir une croisière d'une journée à Natchez. Ils font aussi des dîners dansants, mais on y dîne mal et on n'y danse pas tellement mieux.

– Il existe un ***ferry*** gratuit qui traverse le Mississippi, mais ça ne vaut pas vraiment le coup. Il n'y a rien à voir, ni pendant la traversée ni de l'autre côté. Bien sûr, vous serez content d'avoir navigué sur le troisième plus grand fleuve du monde, mais, si vous voulez avoir une meilleure impression, prenez donc un bateau à aubes (lire ci-avant).

FAUBOURG MARIGNY *(plan couleur centre I, D1)*

En bordure du French Quarter, Esplanade Avenue trace la frontière avec un quartier résidentiel un peu bohème, le faubourg Marigny, où se succèdent cottages créoles et demeures de caractère. Son nom lui vient de son propriétaire, Bernard de Marigny de Mandeville, flambeur notoire et inventeur d'un jeu appelé « le crapaud » (devenu le craps), et qui possédait là une plantation. Il rêvait de prolonger le quartier français vers l'est et démembra son bien en lotissements après le rachat de la Louisiane.
Ce fut longtemps le quartier des gens libres de couleur, c'est maintenant un quartier tranquille des plus agréable, à l'allure de village, où les artistes, les gens un peu en marge et la communauté gay ont planté leurs pénates autour de Frenchmen Street. Ce mouvement s'accélère depuis Katrina : beaucoup d'habitants parmi les plus démunis ont définitivement déserté le quartier, faute de pouvoir retaper leur maison. Les bonnes affaires immobilières ont attiré de jeunes couples ou des familles de la *middle class* qui ont fait de ces habitations des petits nids douillets – en France, ça s'appellerait des bobos. Cette rue, colonne vertébrale sociale du quartier, accueille plusieurs restos pas chers et vraiment sympas, ainsi que

quelques bars où les concerts réguliers attirent une population cool et discrète, bien différente de celle de Bourbon.
On peut y flâner à l'aise, errer sans raison dans les rues tranquilles, papoter avec les habitants en observant les maisons créoles typiques de plain-pied (*single* ou *shotgun houses*) ou les demeures de prestige *ante bellum* en *Greek revival* principalement sur Esplanade Avenue. Les petites artères à l'est d'Esplanade regorgent de constructions à l'architecture cocasse, parfois riches et démonstratives, mais aussi de modestes demeures, touchantes de simplicité. Pour ceux qui disposent d'une voiture, il est intéressant de remonter Esplanade Avenue jusqu'à City Park. On peut encore y constater les dégâts de Katrina : maisons désaxées, toits affaissés... et, sur de multiples façades, ces sinistres croix pas encore effacées que l'armée avait tracées sur les maisons sécurisées.

TREMÉ *(plan couleur centre I, C1)*

À la lisière nord du Vieux Carré, et compris entre North Rampart, Esplanade Avenue, Saint Louis et North Broad Street, le Tremé (prononcer « treh-méï ») est le quartier noir le plus ancien (200 ans en 2012) des États-Unis, rendu célèbre par la série *Treme* (voir « Cinéma » dans « Homme, culture, environnement »). Historiquement, c'était le quartier des gens de couleur libres. Le cœur de la culture créole et afro-américaine de Nola est toujours là. Louis Armstrong et Kermit Ruffins, le trompettiste et cofondateur de *Rebirth Brass Band,* sont du Tremé. On vous y indique deux bons restos pour vous motiver (voir « Où manger ? »). Attention, certains coins du quartier souffrent encore d'insécurité (et de criminalité), on évitera donc de s'y promener seul ou le soir.

Louis Armstrong Park *(plan couleur centre I, C1)* **:** l'ancien Congo Square, qui se trouvait dans la partie ouest du parc, fut le lieu de réunion des esclaves noirs tout au long des XVIIIe et XIXe s. Les autorités ayant interdit la pratique du vaudou, on se retrouvait ici pour pratiquer la musique et les danses rituelles africaines qui restaient autorisées. Lieu de rencontre et de partage, creuset de mélange des genres et des styles, des rythmes africains et des instruments en cuivre, Congo Square, s'il n'est pas le lieu de naissance du jazz, en est certainement le lieu de conception. Le parc prit naturellement le nom d'Armstrong, personnage qui éleva ces formations au rang de musique à part entière, la libéra et lui fit parcourir le monde. Sa statue (un peu figée) trône dans le parc. Pour des raisons de sécurité, ne pas pénétrer dans le parc après la nuit tombée, et rester prudent même en pleine journée.

Saint Louis Number One Cemetery *(plan couleur centre I, C1)* **:** *400 Basin St. Ouv 9h-15h (12h dim et fériés).*
Il y a plusieurs cimetières intéressants en ville, mais celui-ci est le plus ancien, le plus connu et le plus proche du Vieux Carré. Les cimetières étaient autrefois édifiés en lisière de la ville et, au rythme des agrandissements de la cité, les nouveaux se situaient toujours plus loin. Le deuxième plus fréquenté est le *Lafayette Cemetery Number One* dans le Garden District. Il y en a deux de chaque, ce qui explique les numéros (1 et 2).
ATTENTION : des agressions, parfois violentes, ont déjà eu lieu ici. Il y a au nord du cimetière une cité vraiment craignos.
Le plus simple et le plus sûr pour ceux qui veulent visiter le cimetière est de participer à une visite guidée (la visite du Vieux Carré menée par *Le Monde Créole* l'inclut ; voir plus haut). Tout d'abord parce qu'il ne possède en lui-même rien d'extraordinaire (sauf pour les Américains, qui ont peu l'habitude de voir des cimetières catholiques avec des tombes sculptées). L'intérêt de la visite réside donc essentiellement dans les histoires qu'on va vous y raconter. Bon, les guides en racontent toujours un peu trop sur les histoires de vaudou. Comme on est dans un domaine à la limite du surnaturel, chacun réinvente les histoires à sa sauce, sans véritable souci de véracité. Certaines visites incluent même un arrêt dans un temple

vaudou aussi toc que commercial. On le répète, le coin n'est pas vraiment *safe,* alors si vous tenez vraiment à faire la visite seul, venez impérativement le matin, au moment où les groupes font leurs tours, et restez à proximité d'un d'eux, on ne sait jamais.
Dans tous les cimetières de la ville, vous noterez que les tombes sont surélevées (on enterre au-dessus du sol), car la ville est située au-dessous du niveau de la mer d'environ 1,50 m ; et on n'a pas envie de voir flotter les cercueils en cas de crue (c'est arrivé, bien sûr !). Ainsi, et c'est assez rare aux États-Unis, les tombes sont toutes de grands caveaux de famille, ce qui ne constitue en rien un trait d'originalité pour les Français. Au *Lafayette Number One,* on reconnaît un peu tous les styles : gréco-romain, néo-classique, néo-Renaissance, marbre, pierre... et souvent de larges grilles tout autour. Une des tombes les plus célèbres du cimetière *Saint-Louis Number One* est celle de Marie Laveau, la reine du vaudou. C'est aussi là, sur le tombeau de l'*Italian Society* cette fois, que fut tournée la scène mythique de défonce à la fin du film *Easy Rider*. Voir aussi la tombe collective des Portugais (en face de celle des Italiens). Plus loin, le monument de la Société française de Bienfaisance et d'Assistance mutuelle et celui des Américains morts lors de la guerre de 1812. A côté, la tombe d'Elisabeth Duparc et de ses deux enfants, Emile et Aimée (de la *Laura Plantation*). Le premier maire de la ville, Étienne de Boré, y sommeille également.

MARIE L. AVANT MARYLIN

La tombe de la grande prêtresse du vaudou Marie Laveau est non seulement la plus célèbre du cimetière Saint-Louis Number One, mais la 2e plus visitée des États-Unis. Juste après celle d'Elvis mais devant celles de Marylin et JFK (qui reposent séparément, on le rappelle) ! La tradition veut qu'on frappe 3 fois sur la sépulture avant d'exaucer un vœu. Une fois celui-ci réalisé, il est de bon ton de revenir remercier Marie Laveau en inscrivant 3 croix à la craie sur la pierre et en lui déposant une petite offrande : piécettes, fleurs, boissons... mais alcoolisées seulement !

Visite guidée du quartier

Visite guidée du quartier de Tremé, le Paris Noir de La Nouvelle-Orléans : *avec* **Le Monde Créole** *(☎ 504-568-1801 ; • mondecreole.com •). Tte l'année, le sam à 13h30. Rdv au 838 N Rampart St, devant le temple vaudou. Durée : 3h. Prix : 24 $; réduc de 2 $ sur présentation de ce guide ; gratuit jusqu'à 10 ans.*
À travers la rencontre de quelques habitants, on découvre ce haut lieu de mémoire du peuple noir qui, malgré des problèmes liés à la pauvreté et des dommages importants causés par Katrina, mérite franchement le détour. Visite d'un temple vaudou où la prêtresse prépare ses propres grigris et huiles essentielles, puis du musée *Backstreet Cultural* où vous serez introduit aux traditions et *Social clubs* des Indiens de Mardi Gras, et aux *jazz funerals,* les enterrements. Arrivée devant l'église Saint-Augustine, où Noirs libres et asservis, tous francophones, venaient prier ensemble avec ferveur dès les années 1840. La visite se conclut au musée de l'Esclavage.
Le guide fait non seulement le récit controversé des cicatrices de La Nouvelle-Orléans multiculturelle d'aujourd'hui, mais aborde aussi les problèmes environnementaux et l'érosion des zones côtières. La moitié des bénéfices de cette visite unique est reversée aux associations locales qui maintiennent la sécurité du quartier et participent à sa renaissance culturelle. Vous l'avez compris, on est ici dans le tourisme social et sans fard.

– Également de nombreux autres ***tour-opérateurs,*** de valeur très inégale. En voici 3 à peu près sûrs :

■ ***Historic New Orleans Tours :*** *☎ 504-947-2120. • tourneworleans.com • Départ lun-sam à 10h et 13h,* *dim à 10h. Rdv 15-20 mn avt le départ au 334 B Royal St, au* Royal Cafe Beignet. *Prix : 20 $; réduc ; gratuit moins de 6 ans. Durée : env 2h.*

■ **Saint-Louis Cemetery Tour :** ☎ *504-666-8300. • frenchquarterphantoms.com • Départs lun-sam à 11h, dim à 10h. Rdv au* CC's Community Coffee House, *503 Decatur St. Prix : 20-22 $ selon la visite choisie ; réduc de 4 $ sur Internet. Durée : env 2h.*

■ ***Save Our Cemeteries :*** ☎ *504-525-3377 ou 1-888-721-7493. • saveourcemeteries.org • Visite du cimetière Lafayette lun-sam à 10h30. Rdv 15 mn avt le départ à Washington Ave Gate (vers 1400 Washington Ave). Visite également du cimetière Saint-Louis tlj à 10h, plus ven-sam à 13h. Rdv 15 mn avt au Basin St Station Visitor Center, 501 Basin St. Durée : env 1h. Tarif : 20 $; réduc.* Il s'agit d'une association de sauvegarde des cimetières, qui a aussi un rôle de protection du patrimoine.

GARDEN DISTRICT (*plan couleur centre II*)

À l'angle de Canal Street et de Carondelet Street, prenez le très célèbre *Saint Charles Streetcar* (voir la rubrique « Transports ») pour découvrir ce splendide quartier résidentiel, malheureusement souvent oublié des visiteurs. Une très chouette promenade à faire si possible le dimanche et de préférence en voiture si vous en avez une.

De gigantesques demeures du plus pur style colonial, d'influences à la fois grecque et victorienne, résidences orgueilleuses entourées d'immenses parcs toujours verts, de chênes, de cyprès et de frangipaniers. Certains arbres très anciens forment de véritables voûtes végétales au-dessus de la rue.

UN TRAMWAY NOMMÉ DÉSIR

Ce Streetcar Named Desire *a bel et bien existé. Il empruntait tout simplement la rue Saint-Claude jusqu'à la rue Desire, d'où son nom. Il passait à deux blocs de la maison de Tennessee Williams qui, de chez lui, entendait le cliquetis du tram. Le tramway que Blanche DuBois (Vivien Leigh) emprunte au début du film est le 922, toujours en circulation sur la ligne Saint-Charles. Avis aux cinéphiles...*

➢ Laissez le tram (ou le bus) entre Jackson Avenue et Louisiana pour découvrir à pied la trame d'une zone résidentielle unique aux États-Unis. Les grandes vérandas en bois, la douceur de l'air sont le cadre de vie des grandes familles de Louisiane.

Parmi les magnifiques demeures, signalons la ***Carroll Crawford House*** au 1315 1st Street, pour ses balcons ouvragés. Dans cette même rue, voir aussi sur le bloc suivant la ***Brevard House,*** au n° 1239, qui fut jusqu'en 2004 la demeure de Anne Rice, l'auteur d'*Entretien avec un vampire.* Au 2707 Coliseum Street (à l'angle de 4th Street) se dresse la maison qui servit de cadre au film *L'Étrange Histoire de Benjamin Button.* C'est Brad Pitt lui-même qui se chargea de convaincre les propriétaires de la louer pour le tournage, en insistant sur le fait que le film serait une bonne publicité pour la ville, plombée par Katrina. Impossible de répertorier toutes les maisons, mais traînez dans un carré allant d'est en ouest, de 1st à 4th Street, et du nord au sud, de Prytania Street à Camp Street. La plus ancienne maison du quartier se trouve d'ailleurs sur Prytania, au n° 2340 (modeste). Passez donc au très chic restaurant ***Commander's Palace*** (sur Washington Avenue, face au riche cimetière Lafayette ; *plan couleur centre II, B2*), où vous pourrez prendre un plan du quartier.

➢ Au sud du Garden District et parallèle à Saint Charles, ***Magazine Street*** est une des rues commerçantes les plus agréables de La Nouvelle-Orléans. À l'abri des hordes de touristes, de nombreux antiquaires, brocanteurs et artistes ont aménagé leurs boutiques dans des maisons créoles typiques (c'est l'occasion d'en visiter une !). Mais attention, les boutiques se regroupent par tronçons : de

Audubon Park à Jefferson Street, de Louisiana Street à Washington Street et de Jackson Street à Saint Mary Street (voiture ou bus conseillés : le n° 11 sillonne Magazine Street d'est en ouest). La plupart des restos se situent entre Louisiana et Washington Street.

Audubon Park *(plan couleur d'ensemble)* **:** *6500 Magazine St. Entre le fleuve et Tulane University. Accessible directement en tramway de Saint Charles Ave.* Depuis le début du XIXe s, ce bien joli parc continue à attirer des milliers d'autochtones à chaque apparition d'un rayon de soleil. On y trouve notamment golf, courts de tennis, piscine, allée de chênes et surtout de nombreux petits lacs.

Audubon Zoo : *6500 Magazine St, dans Audubon Park. ☎ 1-800-774-7394. • auduboninstitute.org • Lun-ven 10h-17h ; w-e 10h-18h. Entrée : 16 $; 11 $ 2-12 ans ; billet combiné avec l'aquarium, l'insectarium, le* butterfly garden *et l'*Imax *35 ou 19 $.* Le parcours est organisé par thèmes (Afrique, Asie, bayou, reptiles...). Gratouiller un éléphant, charmer un serpent, apprivoiser un bébé alligator : plein d'animations prévues pour les petits et les beaucoup plus... courageux ! Et pour l'anecdote, *Monkey Hill,* alias la butte aux singes, est le point le plus élevé de La Nouvelle-Orléans !

Visite guidée du quartier

Visite guidée du Garden District : *avec* **Le Monde Créole** *(☎ 504-568-1801 ; • mondecreole.com •), mar et jeu à 13h45. Rdv devant* The Rink, *2727 Prytania St. Durée : 2h30. Prix : 24 $; réduc de 2 $ sur présentation de ce guide ; gratuit jusqu'à 10 ans.* Une belle visite qui, au hasard de superbes maisons, vous fera découvrir ou redécouvrir des écrivains américains ayant vécu dans le quartier, tels Mark Twain et Ann Rice, ainsi que Laura Locoul, la fameuse propriétaire de la *Laura Plantation.*

UNIVERSITY DISTRICT *(plan couleur général C2)*

Le tramway Saint Charles (Saint Charles Streetcar ; voir plus haut la rubrique « Transports » au début du chapitre « La Nouvelle-Orléans ») dessert aussi Tulane University et Loyola University.
C'est un chouette secteur à explorer, en se perdant dans les rues tranquilles et résidentielles. Vous tomberez fatalement sur le campus, fort agréable, enfoui dans les arbres et la verdure. Certains bâtiments en brique rouge évoquent les universités anglaises ; d'autres sont beaucoup plus modernes. En été, évidemment, c'est le désert car les étudiants sont en vacances.
Si vous prenez le tram (ou le bus), à la hauteur de Hillary Street, marchez jusqu'à Maple Street, une petite rue avec ses petits restos et ses boutiques en bois. On n'y vient pas exprès, mais c'est une bonne halte si vous êtes dans le secteur.
En descendant Broadway Street jusqu'à Audubon Park, vous apercevez toutes les maisons des associations étudiantes de l'université : les *sororities* pour les filles et les *fraternities* pour les garçons (eh oui, elles ne sont pas mixtes !). Elles sont faciles à reconnaître : ce sont celles avec des lettres grecques dessus. Barbecue improvisé dans la rue !

NAPO MACHO

Si les sororités (associations ou sociétés composées exclusivement de femmes) existent bien en Louisiane, leurs participantes ne peuvent pas habiter toutes ensembles comme c'est le cas habituellement. La faute à qui ? À Napoléon, dont le code a fortement influencé la loi de la région, toujours inchangée, et qui considère une « colocation » de plus de cinq femmes comme un bordel. Véridique !

LA NOUVELLE-ORLÉANS

– Au 5705 Saint Charles Avenue se trouve la réplique de *Tara,* la maison de Scarlett O'Hara.
– Quelques rues plus au sud, la section de ***Magazine Street*** située autour des n°s 5000 possède une chouette ambiance estudiantine. S'il ne fait pas trop chaud, achetez donc de quoi manger au *Whole Foods Market* (voir « Où manger ? ») et pique-niquez dans Audubon Park. En continuant vers Audubon Zoo, on rejoint les rives du Mississippi, dont les pelouses sont investies le dimanche de familles et d'étudiants venus faire des barbecues.

CITY PARK ET DANS LES ENVIRONS
(plan couleur d'ensemble)

City Park : *au nord de la ville, tt droit par Esplanade Ave, depuis le Vieux Carré.*
Cette zone a été en bonne partie inondée par la montée des eaux, mais le parc lui-même, l'un des plus grands du pays, qui couvre près de 600 ha, bien plus vaste que Central Park à New York, a rapidement retrouvé un aspect à peu près normal. Les maisons tout autour en revanche ont largement eu les pieds (et même les genoux) dans l'eau. Bâties pour la plupart en pierre, les maisons ont globalement mieux résisté que celles des quartiers de *Lakeview* et *Lower 9th Ward.*
Longues balades possibles dans des décors de bayous et de chênes couverts de *Spanish moss.* Un jardin botanique ravira les grands, et de nombreux jeux les petits. Les gens du coin y pratiquent aussi des activités sportives (tennis, golf, etc.). À l'entrée du parc, superbe musée d'art fondé en 1910 (voir plus loin).
– ***La partie nord du City Park :*** elle donne sur le désormais célèbre Lake Pontchartrain, dont la montée des eaux est responsable des inondations de la fin août 2005. Les rives du lac et les plages qui le bordaient ont été ravagées. Le port n'existe plus. En revanche, les eaux s'étant engouffrées par la rupture des digues des canaux pénétrant dans la ville, toutes les zones n'ont pas été noyées de la même manière. Une des plus touchées a été le quartier de *Lakeview,* situé juste à l'ouest du City Park. Là, si les maisons ont globalement tenu le coup, les intérieurs ont été entièrement ravagés et les arbres et pelouses comme brûlés par les boues et l'eau. Curieuse impression.

New Orleans Museum of Art (NOMA *; plan couleur d'ensemble)* ***:*** *dans City Park, entre le lac Pontchartrain et le Vieux Carré.* ☎ *504-658-4100.* • *noma.org* • *Tlj sf lun 10h-17h (21h ven). Entrée : 10 $; réduc ; gratuit moins de 6 ans.*
Créé en 1910, un bien beau musée, grâce aux riches collections de donateurs privés, suffisamment hétéroclites pour attirer tous les amateurs d'art, et notamment de peinture française. Degas, bien sûr, qui résida dans la ville et peignit l'un des portraits exposés lors d'un voyage à La Nouvelle-Orléans en 1872. Une copie de *L'Âge d'homme* de Rodin trône dans l'escalier. Beaucoup de surréalistes ou assimilés également et, bien sûr, d'autres écoles...

Rez-de-chaussée
– *Salle Thomas C. Keller :* primitifs religieux, peinture baroque et Renaissance italienne. En vrac, citons Vivarini, Tiepolo, Taddeo di Bartolo, Daddi... En prime, une belle *Adoration des Bergers* de Bernardino Luini et un *Saint Francis* du Greco.
– *Salle R.H. Downman :* la peinture flamande. Remarquer le travail méticuleux de la barbe et de la chevelure du *Portrait d'un vieil homme* de Jan Lieven, la délicate *Dame aux Perles* de Nicolaes Maes, et le truculent *Bureau d'accueil* de M. Van Reymerswaele.

1er étage
– *L'art américain et européen des XIXe et XXe s :* pêle-mêle, Bouguereau et quelques autres pompiers, le *Portrait of Mrs Asher B. Wertheimer* de John Singer

Sargent, le *Matterhorn* de Gustave Doré... Dans la salle des impressionnistes, admirez les œuvres de Monet, Renoir, Sisley, Pissarro et Manet, ainsi que celles de Woodward, grand impressionniste américain « impressionné » par le travail de Monet.
Tandis que pour la période moderne, place au *Paysage à l'Estaque* de Braque, à la *Nature morte au Chandelier* de Picasso, aux *Lilas blancs* de Chagall, à Derain, Léger, Modigliani, Kandinsky, Magritte, Miró...
– *Salles contemporaines :* Dubuffet, Sam Francis, Joan Mitchell, Richard Diebenkorn, l'insolite sculpture en pneus de Chakaia Booker, les fameux visages peints de Zhang Huan, le *Mick Jagger* d'Andy Warhol...
– *Arts décoratifs :* riches collections de fioles, flasques et vases en verre (romaines, islamiques, vénitiennes, anglaises, américaines...), porcelaines françaises et de Meissen et autres objets d'art.
– *Peinture française du XVIIIe s :* Van Loo, Greuze, Natoire, Boucher, Coypel, Claude Lorrain... Noter le magnifique *Portrait de Marie-Antoinette* d'Élisabeth Vigée-Lebrun, et une salle aux trésors avec de la magnifique joaillerie, dont des œufs de Fabergé.

2e étage
– *Les arts africains, asiatiques et océaniques :* là aussi, des pièces remarquables. Impossible de tout décrire, mais on n'échappera pas aux merveilles de l'art dogon ni aux masques ivoiriens et camerounais. Au passage, arrêtez-vous devant cette étrange femme nigérienne, en terre cuite, assise et couverte de serpents, les tenues de chasseur maliennes, les récipients rituels du peuple Bangba, les superbes cavaliers yoruba et la porte de palais sculptée nigériane. Notez également les riches salles indonésiennes, océaniennes et mélanésiennes : totems du Vanuatu, poteaux des ancêtres et d'insolites crânes remodelés et décorés de Papouasie.
D'Amérique centrale et du Sud, ces fascinants objets en or, jade et pierre de lave du Costa Rica, poterie peinte du Panama, vannerie et vêtements indiens (Sioux, Cheyenne, etc.), ravissantes poupées *kachina* (Hopis), bas-reliefs mayas... Enfin, n'hésitez pas à faire un tour dans le jardin adjacent pour y découvrir des sculptures.

Longue Vue House and Gardens *(plan couleur d'ensemble) : 7 Bamboo Rd. ☎ 504-488-5488. • longuevue.com • De l'Expressway I 10, prendre la sortie « Metairie Rd », puis sur la gauche juste avt le canal (petit panneau). Mar-sam 10h-17h ; dim 13h-17h, visite guidée chaque heure pile (dernière visite à 16h). Entrée : 10 $; jardin seul : 7 $; réduc.*
Luxueuse propriété des années 1940, s'inspirant des plantations que l'on peut voir dans la région. Intéressant pour ceux qui n'auraient pas le temps de sortir de La Nouvelle-Orléans. Sinon, préférez la visite d'une vraie plantation.
Jardins de style espagnol, dessinés selon le modèle de ceux de l'Alhambra à Grenade mais bien plus modestes, avec des jets d'eau (dont un très moderne, sculpté par Line Emery-Braselman), bassins, canaux d'irrigation (portugais), allée de chênes, massifs de fleurs, etc. Les propriétaires fantasmaient beaucoup sur le goût européen, comme la plupart des planteurs américains avant eux.
Cette imposante bâtisse *Greek revival* est meublée de manière très hétéroclite. Elle se révèle malgré tout intéressante : armoires des XVIIIe et XIXe s, tapis et tapisseries françaises, porcelaines et meubles anglais... *Dining room* aux murs animés d'œuvres d'art moderne qu'appréciait particulièrement la dernière propriétaire. Noter, dans le couloir du 1er étage, les fresques représentant des vues de la ville de Lyon au début du XIXe s. Voir encore le *sleeping porch,* une pièce abritant dans ses murs d'étranges armoires-lits rotatifs et escamotables.

Degas House *(plan couleur général C1) : 2306 Esplanade Ave. ☎ 504-821-5009. • degashouse.com • Visites guidées d'1h30 sur rdv slt, tlj à 10h30 et 12h. Entrée : 15 $; réduc.* Originaire de la Louisiane par sa mère, native de La Nouvelle-Orléans, l'impressionniste Edgar Degas arrive dans la ville en 1872 et y séjourne pendant 6 mois. Il y réalise une série de portraits de famille, le climat étant peu favorable à la peinture en extérieur (chaleur, humidité...). Tous les tableaux présentés sont des reproductions d'œuvres peintes lors de son séjour et, franchement, on trouve que la visite guidée est vraiment trop chère pour voir des photos ! Réservé donc aux super fans de Degas... Fait aussi *Bed and Breakfast*.

CENTRAL BUSINESS DISTRICT
(plan couleur général B-C2)

Ce quartier, coincé entre Canal Street à l'ouest et l'Expressway à l'est, s'est rapidement développé ces dernières années. Certaines anciennes usines et dépôts désaffectés se sont habilement transformés en galeries d'art, musées, ateliers, et de jeunes artistes rénovent de vénérables manufactures à l'abandon dans la partie qu'on appelle le ***Warehouse District*** (au bord du Mississippi, pas loin du Convention Center). Bien sûr, le coin n'est pas encore le plus excitant de la ville, surtout le soir où c'est vraiment mort, et le passage de Katrina a malheureusement quelque peu freiné les projets de développement. Malgré tout, plusieurs musées d'importance sont à découvrir, notamment le ***D-Day Museum*** et le ***Contemporary Arts Center.*** Une association, *The Arts District,* regroupe les différents intérêts touristiques du quartier. Dans sa partie nord, la silhouette du *Superdome,* en forme de soucoupe volante, ne pourra échapper à personne. La promenade aussi est édifiante, elle permet d'observer tous les styles d'architecture qui se sont succédé au fil des décennies depuis 150 ans, des vieilles fabriques en brique rouge jusqu'aux immeubles de verre. Le tout dans un désordre éclectique qui fait le charme des villes américaines.

LA NOUVELLE-ORLÉANS

★★★ ***National WW2 Museum*** *(ex D-Day Museum ; plan couleur général C2) : 945 Magazine St, à l'angle d'Andrew Higgins Dr. ☎ 504-528-1944. • nationalww2museum.org • Tlj 9h-17h. Entrée au musée avec film inclus : 24 $; réduc ; gratuit moins de 5 ans. Musée seul : 19 $. Film seul : 11 $.*

Noter que devant le musée, le pavement de brique rend hommage aux différentes sections et unités de combat. Ouvert le 6 juin 2000, 56 ans jour pour jour après le débarquement des troupes anglo-saxonnes en Normandie, cet excellent musée commémoratif et pédagogique met en valeur les diverses opérations amphibies lancées par les Américains pendant la deuxième partie de la Seconde Guerre mondiale, et plus particulièrement celles du Pacifique (Guadalcanal, Okinawa, Tarawa...), finalement assez méconnues des Européens. Une section importante est également réservée au débarquement du 6 juin 1944. Le tout est présenté dans un souci de clarté, en revenant sur les origines du conflit et les raisons de l'entrée en guerre des États-Unis, puis en tirant les conclusions chiffrées effrayantes des pertes et dégâts globaux mais aussi des souffrances collectives et individuelles de tous les peuples entraînés dans cette folie générale.

– *Le 2e étage* est consacré à toutes les opérations américaines dans le Pacifique : recrutement, reconstitution de saynètes, affiches de sensibilisation de la population (déjà très marketing !). Intéressante section sur les *Higgins Boats,* du nom de l'inventeur de ces fameuses barges de débarquement, originaires de La Nouvelle-Orléans (plus de 20 000 y furent construites !). Petit film montrant comment ce petit industriel réussit à convaincre les autorités militaires de l'intérêt de son invention. Une bonne partie de cet étage relate site par site l'avancée américaine dans les eaux du Pacifique, cherchant à contrer les avancées japonaises. Une vaste carte lumineuse détaille pédagogiquement l'enchaînement terrible des opérations, qui aboutira à l'explosion, en août 1945, des deux premières bombes atomiques, qui changeront l'ordre mondial. Dans des interviews, des militaires liés au largage des bombes atomiques s'expliquent, tentent de justifier le choix de leurs dirigeants pour mettre fin à la guerre. Photos des combats contre les Japonais, parfois difficiles à supporter. Enfin, la capitulation.

– *Le 3e étage* se concentre sur le débarquement sur les côtes normandes. Photos, documents, vêtements militaires, mais aussi explications sur plans de l'opération Overlord, photos des différentes plages, témoignages... De nombreux objets provenant des plages d'Utah et d'Omaha, des blindés allemands, des armes, des uniformes et équipements, que ce soit des forces alliées ou de l'Axe. En prime, le célèbre C-47 qui largua les parachutistes le D Day et pendant l'offensive sur le Rhin.
– Également un film de 45 mn à ne pas manquer, projeté toutes les heures (première projection à 10h), relatant le débarquement sur les côtes normandes.

Contemporary Arts Center *(**CAC**; plan couleur général C2)* **:** *900 Camp St. ☎ 504-528-3805. • cacno.org • Tlj sf lun 11h-17h. Entrée : 5 $; réduc.* Logé dans un entrepôt rénové, le centre accueille les expositions temporaires d'artistes contemporains de diverses disciplines : peinture, photographie, sculpture et vidéo. Au fil de l'année s'y produisent également des spectacles de théâtre et de danse.

Ogden Museum of Southern Art *(plan couleur général C2)* **:** *925 Camp St. ☎ 504-539-9600. • ogdenmuseum.org • Tlj sf mar 10h-17h. Entrée : 10 $; réduc ; gratuit moins de 5 ans. Concert (jeu 18h-20h) inclus dans billet.* Sur trois niveaux, dans un espace de conception moderne et lumineux, est présenté l'art contemporain de 15 États du Sud (peinture, sculpture, photo, accrochages divers, travail sur bois...). Essentiellement des expos temporaires, avec une petite partie permanente comme le travail de *Benny Andrews* (peinture-collage), avec son intéressante série sur le thème de la migration aux États-Unis au cours de l'histoire. Le travail des photographes David C. Halliday (superbes portraits) et Josephine Sacabo est régulièrement présenté. On pourra encore remarquer les toiles de *Will Henry Stevens,* ancien prof à l'université de Tulane, traitant notamment du réalisme social des années 1940. Au dernier étage, expos temporaires d'art populaire. Un musée à découvrir, pour se forger une image des sudistes un peu différente.

Louisiana Children's Museum *(plan couleur général C2)* **:** *420 Julia St. ☎ 504-523-1357. • lcm.org • Mar-sam 9h30-16h30, dim 12h-16h30 ; l'été, tlj 9h30 (12h dim)-17h. Entrée : 8 $, tarif unique.* Un musée bien sympa comme savent en imaginer les Américains. Les mômes peuvent y découvrir, à travers toutes sortes d'installations, les lois de la physique, faire des courses dans un faux supermarché, jouer au serveur dans le *Kids' Café* ou même se mettre dans la peau d'un présentateur de télévision ! Cette crèche géante, pleine de jeux formidables et de cris d'enfants, vaut vraiment le coup si vous êtes avec des gosses. Chouette boutique, surtout pour les moins de 10 ans. Au passage, admirer la réhabilitation architecturale très réussie de cet ancien entrepôt de brique.

Confederate Memorial Hall *(plan couleur général C2)* **:** *929 Camp St. ☎ 504-523-4522. • confederatemuseum.com • Mar-sam 10h-16h. Entrée : 8 $; réduc ; gratuit moins de 7 ans. Feuillet explicatif en français.* Comme on s'en doute, ce musée évoquant la guerre de Sécession est avant tout un hommage aux États du Sud. Une nostalgie guerrière et un nationalisme explicite un peu gênants entourent les objets exposés, mais ça reste quand même intéressant : effets personnels du président Jeffer-

MANQUE DE POT !

Un qui fut particulièrement haï par les Sudistes après la prise de la ville, c'est le général nordiste Butler. Il opprima tellement les gens que le pouvoir à Washington dut le rappeler au bout de 8 mois. Témoignage rigolo : les pots de chambre utilisés par les habitants avec le visage du général dessiné au fond (interdits, bien sûr !). L'un d'eux (avec son contenu) échoua d'ailleurs sur la tête de l'amiral Farragut lors d'une parade !

son Davis, uniformes, canons, portraits de généraux, drapeaux (dont un taché de sang !), nombreuses armes, dont un exemplaire de la première grenade à main de l'histoire, etc. Insolite : un tronc d'arbre de champ de bataille criblé d'éclats d'obus et de balles, démontrant la violence des combats ! Une bonne place a été logiquement réservée au général nordiste Butler, avec, notamment, l'affiche originale placardée lors de son entrée dans la ville conquise, assez révélatrice de son autoritarisme. Surnommé *« Spoons' Butler »,* on dit aussi qu'il collectionnait les cuillères en argent provenant des pillages des plantations... Seuls souvenirs « amusants » : un manuel de chirurgie militaire et ce qui reste du service en argent qui ne quittait jamais le général Lee, même sur un champ de bataille ! À propos d'argent, on peut voir quelques billets du temps où l'État de Louisiane battait monnaie (1863).

Louisiana Superdome *(plan couleur général B2)* **:** *1500 Poydras St.* ☎ *504-587-3663 ou 1-800-756-7074.* • *superdome.com* • *Ne se visite pas, ouv slt pour des manifestations sportives ou des concerts.*
Le plus grand stade couvert du monde : 90 000 places ! Devenu tristement célèbre depuis qu'il a servi d'abri forcé aux derniers réfugiés n'ayant pu ou voulu quitter la ville en temps et en heure, lors du passage du cyclone Katrina fin août 2005.
Les dizaines de milliers de personnes qui passèrent ici plusieurs jours vécurent une des expériences les plus terribles de leur vie. Enfermés dans cette cocotte-minute dans laquelle régnait une chaleur accablante, en l'absence de sanitaires (hors d'état de fonctionner), au milieu d'une puanteur indescriptible, quasiment sans eau ni nourriture, avec l'interdiction formelle de quitter les lieux, ces réfugiés de la dernière heure racontèrent avec émotion les scènes de sauvagerie que certains vécurent (racket, vols, viols...). Les militaires, restés à l'extérieur du Superdome, se contentaient d'empêcher la population de sortir, sans s'inquiéter de ce qui se déroulait à l'intérieur.
Le Superdome a rouvert en 2006 après de longs mois de travaux pour le début de la saison de football américain.
On ne peut d'ailleurs que vous conseiller d'aller assister à un match de football américain (le dimanche après-midi à coup sûr) pour partager un moment social important pour la population et soutenir les Saints de La Nouvelle-Orléans, vainqueurs du Super Bowl 2009.

Fêtes et festivals

Nola est LA ville des festivals et de la musique. Quasiment tous les week-ends de l'année sont rythmés par des événements culturels et musicaux. Les festivals sont un véritable art de vivre : tout le monde y vient, jeunes et moins jeunes, avec ses chaises pliantes, pour y boire de la bière et des limonades, et déguster les spécialités créoles et cajuns proposés par les nombreux stands. Une ambiance vraiment différente de ce qu'on peut voir chez nous. Renseignements : • *nola.com* • ou • *neworleansonline.com* •
– ***Mardi gras :*** • *mardigrasneworleans.com* • Le spectacle le plus éblouissant du pays et certainement l'un des plus grands carnavals du monde avec ceux de Rio et de Venise. *Attention :* à cette époque tous les hôtels sont pris d'assaut, et les prix sont automatiquement majorés, doublés, voire triplés (avec souvent 5 jours minimum demandés). Le lundi soir, dernière veillée avec costumes magnifiquement ornés et, 2 semaines avant, grande parade dans les rues de la ville. Les habitants investissent des sommes importantes en costumes mais aussi en chars *(floats)* et en *throws,* c'est-à-dire tout ce qu'on jette du haut des chars vers la foule qui crie *« Throw me something, Mister »*. Le jour fatal voit débarquer quelque 30 000 clowns, mais aussi des gens déguisés en décapsuleur, en canette ; des alligators en mousse prennent le bus... De la musique partout.

– **French Quarter Festival :** *2e w-e d'avr, à condition que la fête de Pâques ne tombe pas en même temps. • fqfi.org •* Pendant 3 jours, la musique bat son plein. Moins touristique que *Jazz Fest, FQF* est un des festivals les plus sympas de la ville, parce que sa gratuité permet à tout le monde d'y aller et que les groupes qui jouent sont surtout des locaux. Les rues se remplissent de scènes, tous les parcs et les quais sont investis.
– **Jazz Fest (New Orleans Jazz & Heritage Festival) :** *dernier w-e d'avr-1er w-e de mai, slt jeu-dim. • nojazzfest.com • Très cher (env 50 $/j.).* Une ville entière convertie à la musique, aux concerts et aux spectacles. Outre la musique de jazz, de rock et de folklore local, les costumes traditionnels que les habitants revêtent pour l'occasion sont assez extraordinaires. Plein de concerts à l'hippodrome, sous de grandes tentes. Programmation exceptionnelle avec un grand nombre de têtes d'affiches. Prévoir du temps pour l'accès, car c'est en dehors de la ville (tramways bondés et taxis overbookés).
– **Fourth of July :** *le 4 juil, bien sûr.* Grande journée de fête dans le parc municipal, concours de pirogues et feux d'artifice très spectaculaires.
– **Essence Music Festival :** *sur 4 j. début juil, autour du Fourth of July. • essence.com •* Le plus grand festival de musique noire américaine, du blues au slam en passant par la pop, le jazz, le hip-hop et le gospel des églises. Souvent de grosses pointures réunies sur la prestigieuse scène du Superdome. En parallèle, des séminaires et conférences sur la culture afro-américaine sont donnés gratuitement dans le Convention Center. Comme pour Mardi gras et *Jazz Fest,* les prix des hôtels flambent.
– **Satchmo SummerFest :** *3 j. début août. • fqfi.org/satchmosummerfest •* Festival dédié à l'enfant chéri de New Orleans, Louis Armstrong.
– **Southern Decadence Festival :** *6 j. fin août début sept, lors du Labor Day. • southerndecadence.net •* Défilé dans les rues, essentiellement gay et lesbien.
– **Voodoo Music Experience :** *sur 3 j. un peu avant Halloween, à City Park. • thevoodooexperience.com •* Un des festivals les plus réputés de la ville, avec beaucoup de musiciens du monde entier.
– **Halloween :** *31 oct.* À l'occasion de la « fête des Sorcières », les jeunes se défoulent librement, comme dans tout le pays, mais, contrairement à la plupart des autres villes, ici, les adultes se joignent à la fête et se déguisent ! Beaucoup de masques (citrouilles sculptées) et fêtes dans les bars. Le principal de l'animation est sur Frenchmen Street. Ici, on prépare son costume des mois à l'avance pour qu'il soit le plus original possible ! N'hésitez pas à aller y faire un tour (mais attention, déguisé, hein ?). L'histoire ne dit pas si les mômes se font piquer leurs bonbons par les grands.

Où apprendre à cuisiner créole ?

■ ***The New Orleans School of Cooking*** *(plan couleur centre I, C2) : 524 Saint Louis St. ☎ 504-525-2665 ou 1-800-237-4841. • neworleansschoolofcooking.com • Résa obligatoire au moins la veille. Cours de cuisine de 2h30, 10h-12h30, 29 $. Cours de 2h tlj sf dim 14h-16h, 24 $. Cours avec participation de 3h, dim 15h-18h, 125 $!* Deux compères inénarrables, Kevin et Michael, ont monté cette école où l'on enseigne les bases de la cuisine créole et ses principales recettes : *jambalaya,* riz créole, *gumbo,* pralines... mais ça relève plus de la démonstration que véritablement du cours pratique. Qu'importe, le show vaut le détour. Et même si on ne comprend pas toutes les vannes, le rire est communicatif, et ça ouvre sacrément l'appétit. Tant mieux puisque, en fin de leçon, on déguste les plats. Une manière originale de découvrir les richesses de la cuisine locale, le meilleur moyen de les recréer chez soi au retour. À côté, magasin où acheter des produits et spécialités culinaires créoles (pralines du jour, épices...).

DANS LES ENVIRONS DE LA NOUVELLE-ORLÉANS

À la découverte du bayou

■ ***Bayou Segnette State Park :*** *7777 Westbank Expressway, à* ***Westwego.*** *☎ 504-736-7140 ou 1-888-677-2296. • crt.state.la.us/parks • À 12 miles au sud-ouest du centre. Emprunter la I 10 pour traverser le Greater New Orleans Bridge ; prendre la 1re sortie vers l'US 90 qui est en fait la Westbank Expressway ; la suivre sur plusieurs miles, le parc est sur la gauche. Ouv tlj 6h-21h (22h ven-sam). Entrée : 1 $.* Joli parc national à deux pas de La Nouvelle-Orléans. On peut y faire de nombreuses balades en forêt et autour des marais. Camping, aire de pique-nique. Une jolie pause nature à proximité de La Nouvelle-Orléans.

■ ***Barataria Preserve :*** *7400 Hwy 45, à* ***Marrero.*** *☎ 504-689-3690, ext 10. • nps.gov/jela • Mal indiqué, préférable de passer avt prendre un plan au Jean Lafitte National Historical Park, au 419 Decatur St. Demander à l'accueil du Visitor Center (ouv 9h-17h) quel est le trail le plus intéressant à parcourir (variable selon saison). Ce parc naturel fait partie du Jean Lafitte National Historical Park.* Plusieurs sentiers à parcourir (8 miles au total). Spectacle magnifique au printemps, lorsque les iris bleus géants colorent les bords des marais. On peut y voir des alligators, des écureuils et de nombreux oiseaux.

LA RÉGION DES PLANTATIONS

Il était une fois Scarlett, les robes en taffetas, les demeures d'un luxe inouï, bardées de colonnades et de nostalgie architecturale, châteaux d'une terre vierge où s'inventait un art de vivre.
Et puis, il y avait l'argent qui coulait aussi sûrement que le Mississippi, les fortunes gagnées dans les champs de coton, à la sueur d'hommes exploités, avilis, privés de tout et d'abord de leur liberté, qui, eux, inventaient un art de survivre.
Mais, autant en a emporté le vent, vint la guerre, bien plus provoquée par les États du Nord, jaloux de la prospérité du Sud, que motivée par l'émancipation des Noirs. Elle emporta donc les grands propriétaires et les esclaves. Les premiers en sortirent beaucoup, beaucoup moins riches, et les seconds à peine moins pauvres et guère plus libres.
***The Recent Unpleasantness* (« le désagrément récent », comme disent par dérision les sudistes à propos de la guerre de Sécession) a toutefois laissé de nombreuses traces. Les cicatrices psychologiques ne se voient pas trop – même si elles sont bien présentes –, et c'est tant mieux : aigreur, méfiance vis-à-vis du Nord, relents ségrégationnistes, etc.**
D'autres, plus concrètes, se visitent, et souvent avec plaisir. Les grandes plantations *ante bellum* (avant la guerre) témoignent d'un monde disparu, comme les châteaux de la Loire racontent la Renaissance.
On trouve la grande majorité des plantations sur la route entre La Nouvelle-Orléans et Baton Rouge, ainsi qu'autour de Saint Francisville.

LA ROUTE DES PLANTATIONS, DE LA NOUVELLE-ORLÉANS À BATON ROUGE

Quand on pense à la Louisiane, il y a plusieurs images qui viennent immédiatement en tête : le jazz évidemment, les bayous et puis les riches plantations avec leur lot

d'esclaves suant leur calvaire dans les champs de coton. Les plantations désignent la terre cultivée mais aussi l'habitation principale des propriétaires. Elles se sont développées tout le long du Mississippi pour deux raisons. La terre ne manquait pas, et la proximité du fleuve permettait l'irrigation des cultures. Véritable autoroute, le grand fleuve facilitait aussi le transport des marchandises et des hommes. Le coton et la canne furent les principales cultures développées tout le long du fleuve et apportèrent aux propriétaires terriens fortune et prospérité. Ils se firent construire de somptueuses demeures, où la surenchère de luxe et de raffinement contraste cruellement avec la rudesse des cabanes de planches laissées aux esclaves. Ces maisons furent construites à la sueur d'hommes asservis, qui y apportèrent leur savoir-faire. Et le Mississippi offrit ses terres boueuses pour le façonnage des briques. On comptait sa fortune en dollars, en acres de terre, mais aussi en nombre d'esclaves. C'est ainsi que la douleur des uns profite aux dollars des autres.
Après le déclin, provoqué par l'émancipation des esclaves, l'arrivée du chemin de fer, qui mit en préretraite le Mississippi, et la découverte de nouveaux textiles qui ébranlèrent le marché du coton, les plantations disparurent petit à petit. Mais nombre de bâtisses restèrent debout. Elles furent parfois habitées par les descendants des premiers planteurs, mais le plus souvent laissées à l'abandon dans les dernières décennies du XIXe s. Plus tard, on les redécouvrit, on commença à les restaurer, les remeubler pour certaines, puis la vague du tourisme de masse redonna une seconde vie à ces demeures. Il en subsiste plusieurs dizaines, la plupart concentrées le long du fleuve, sur les deux rives, entre La Nouvelle-Orléans et Baton Rouge, mais aussi autour de Saint Francisville (voir plus loin).
Entre-temps, les plantations ont vu arriver de nouveaux voisins. Hautes, vastes et impressionnantes cathédrales modernes, les raffineries de pétrole rythment à leur tour les rives du fleuve. L'économie n'est plus aux champs de coton mais au marché de l'or noir, même si celui de Louisiane n'est pas des plus facile à exploiter. Les images d'un passé, qu'on se représente volontiers romanesque, sont donc projetées brutalement sur celles, plus prosaïques, de la réalité présente. L'effet ne manquera pas de vous surprendre. Et toujours le Mississippi, qui, aujourd'hui comme hier, fait office d'autoroute paresseuse, où les bateaux à aubes ont laissé la place aux supertankers.

Infos pratiques

Certaines plantations sont ouvertes à la visite, et ce sont celles que nous vous proposons. Nous les présentons par ordre d'arrivée sur la route, et non par ordre de préférence. Cela dit, comme ça coûte quand même assez cher, il n'est pas indispensable de toutes les voir. En revanche, il serait dommage de se contenter d'une seule. En voir trois ou quatre, selon le budget, donnera un bon aperçu de l'ensemble. Voici notre palmarès, tout personnel, sur la route de Baton Rouge.
– ***Laura Plantation,*** pour son histoire et la qualité de la visite.
– ***Houma House Plantation,*** pour sa surprenante façade aux couleurs chatoyantes et ses magnifiques jardins exotiques (mais visite moyenne).
– ***Oak Alley Plantation,*** pour la majesté de son allée de chênes.
– ***San Francisco Plantation,*** pour l'originalité de sa conception et la qualité de sa décoration.
– ***Nottoway Plantation,*** pour sa majestueuse façade et son gigantisme.
Évidemment, on nous dira que telle ou telle autre est également intéressante pour telle et telle raison. C'est sans doute vrai, mais nous avons choisi celles-ci pour leur diversité architecturale, l'intérêt de leur aménagement intérieur et la qualité de la visite. Malheureusement, les guides, sauf exception comme à la Laura Plantation, se contentent de parler de l'architecture et de donner les dates du mobilier ; ils occultent trop souvent l'aspect humain et font totalement l'impasse sur toutes les questions liées aux conditions de vie des esclaves, à la

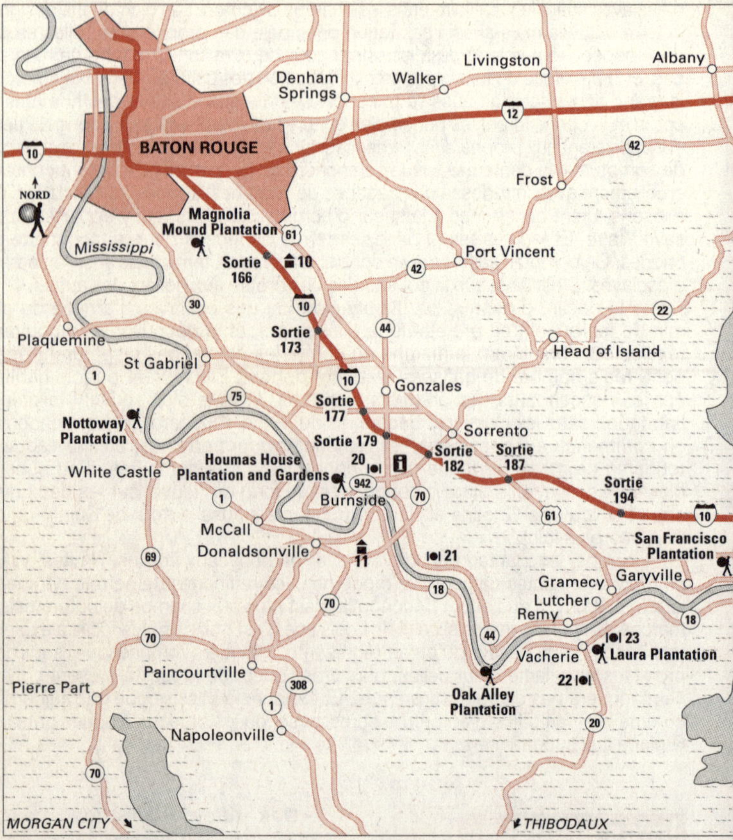

dureté de la vie de tous les jours. Certains sont tellement langue de bois que ça en est risible ! Il est encore des sujets brûlants sous le soleil du Grand Sud.

Arriver – Quitter

➢ L'unique moyen de visiter les plantations est la voiture. De La Nouvelle-Orléans, vous pourrez rejoindre la 1re plantation par la 10 West, sortie 220 puis la 310, sortie 6. Puis suivre le fléchage jusqu'à la Destrehan Plantation. Ensuite, il suffit de suivre River Road. Il y a une route qui suit la rive nord du fleuve (Hwy 48 puis 44, puis 942) et une autre la rive sud (Hwy 18). Voir la carte « La route des plantations ». Attention à bien goupiller votre parcours pour ne pas louper les ponts si vous devez passer d'une rive à l'autre, il n'y en a pas tant que cela.

Pour les non-motorisés, une solution de rattrapage possible (bien que pas donnée) : plusieurs agences de tourisme de New Orleans organisent des excursions d'une demi-journée (départ vers 8h30, retour vers 13h30), avec visite de 1 ou 2 plantations. Prix moyen : 70 $. Infos à l'agence de tourisme.

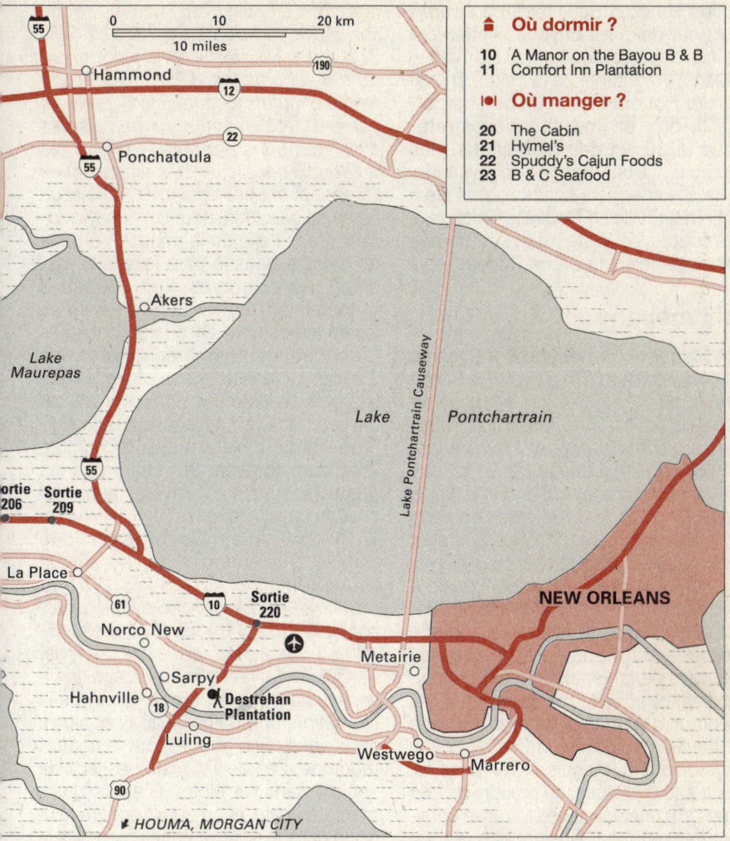

LA ROUTE DES PLANTATIONS

Info utile

Tourist Information Center *(carte)* **:** *6967 Hwy 22, à* ***Sorrento.*** *☎ 225-675-6550 ou 1-888-775-7990. • ascensiontourism.com • Tlj 9h-17h.* Plan de la route des plantations et une foule de documentation sur tout l'État de Louisiane. Très compétents et disponibles.

Horaires et tarifs

– Les plantations sont ouvertes tous les jours mais fermées certains jours fériés. Les visites sont quasiment toujours guidées... en anglais, à l'exception de *Laura.* Les prix tournent autour de 20 $. Une brochure en français est souvent disponible. Demandez-la.

Où dormir ?

Pour dormir, il est possible de réserver une chambre (somptueuse mais hors de prix) dans l'une des plantations faisant *B & B.* Nous le signalons quand c'est le cas. Si les prix vous rebutent, il y a quelques motels autour de Donaldsonville, très central. Si vous comptez profiter du coin pour faire un *swamp tour* (tour dans les bayous ; nettement moins cher ici qu'à La Nouvelle-Orléans) et visiter le pays cajun, Thibodaux et Houma offrent un bon rapport qualité-prix et une situation stratégique (à 30 mn des plantations, des *swamps*...). Pour manger, en revanche, ça ira. Une dernière solution consiste à partir très tôt de La Nouvelle-Orléans, à faire toutes les visites dans la journée et à arriver le soir à Baton Rouge.

Prix moyens

A Manor on the Bayou B & B *(carte, **10**) : 442 Highland Crossing Rd, à **Baton Rouge.** ☎ 225-202-6780. • amanoronthebayou.com • À 10 miles du centre-ville par l'US 10, sortie n° 166, prendre à droite puis à gauche après le golf que l'on contournera jusqu'à la maison à droite. Doubles 95-110 $ selon confort ; petit déj compris.* Situé au début de la route des plantations, ce *B & B* est une véritable perle au rapport qualité-prix exceptionnel ! Dans un quartier résidentiel huppé et calme, un superbe manoir avec 4 chambres luxueuses décorées de tableaux de maître, mobilier élégant et salle de bains privative. Au cœur d'un vaste parc en bordure du bayou, on pourra musarder dans les jardins à la française avec bassins, jeux d'eau et statues, ou prendre du bon temps sur une délicieuse terrasse dominant l'ensemble. Pour parfaire le tout, accueil chaleureux d'un jeune couple dynamique et enthousiaste à recevoir des *Frenchies*. Un lieu unique !

Comfort Inn Plantation *(carte, **11**) : 2275 Hwy 70, à **Donaldsonville.** ☎ 225-264-6006. • comfortinn.com • À proximité du Sunshine Bridge, à l'ouest du Mississippi. Double 90 $; petit déj compris.* Un motel de chaîne tout confort (c'est le cas de le dire) et situé au cœur de la route des plantations. Joli hall avec cheminée, chambres impeccables et bien équipées, certaines avec petit salon. Piscine. Bon accueil. Une valeur sûre !

De chic à plus chic

***Nottoway Plantation** : à 2 miles au nord de White Castle (c'est le surnom de Nottoway), sur la Hwy 1, donc sur la rive sud du fleuve. ☎ 225-545-2730 ou 1-866-527-6884. • nottoway.com • Chambres 165-255 $ tt de même et suites jusqu'à 345 $, petit déj compris. Également un resto mais très cher (env 15 $ le plat pour le lunch, près du double pour le dîner, avec quelques salades et soupes également).* Voici un havre de paix idéal pour les *honeymooners.* Dans l'aile de la maison ou dans un cottage dans le parc face aux jeux d'eau, les chambres sont coquettes et toutes différentes, naturellement *so lovely* avec lustre en cristal, consoles d'époque et cheminée. Évitez les 2 suites incluses dans la visite guidée (les plus belles et les plus chères), car on vous oblige à arriver après la dernière visite à 17h et à quitter la chambre le lendemain avant 9h, avant que les premiers touristes n'arrivent, ce qui fait cher au taux horaire !

***Oak Alley Cottages** : 3645 Hwy 18, à **Vacherie.** À 3 miles env de Laura Plantation. ☎ 225-265-2151 ou 1-800-44-ALLEY. • oakalleyplantation.com • Resto tlj 11h-15h. Cottages 145-190 $ pour 2 pers, petit déj compris. Plats 9-16 $. Réception au magasin de souvenirs.* Dans le parc, à l'écart de la plantation, une poignée de bungalows aménagés avec goût et tout le confort moderne. Pas de TV, mais des jeux de société dans les tiroirs. C'est évidemment très cher, et on aurait préféré faire dodo dans la maison principale, mais le site est tout de même plein de charme, l'un des plus beaux sûrement de toute la région, surtout quand la lumière descend doucement et que les derniers touristes ont quitté les lieux. Là, on se sent un peu privilégié. Mais ça reste trop cher. Resto à la déco coquette et au tarif plus abordable, attenant à la boutique de souvenirs.

Où manger ?

Bon marché

Spuddy's Cajun Foods *(carte, **22**) : 2644 Hwy 20, **Vacherie.** ☎ 225-265-4013. Juste après Laura Plantation en allant vers Oak Alley Plantation, prendre à gauche direction Thibodaux et passer*

LA ROUTE DES PLANTATIONS

la voie ferrée ; c'est un peu après, sur la droite. Tlj sf dim 9h-15h (17h jeu, 19h30 ven). Po-boys et gumbos à partir de 5 $. Vous voilà dans un endroit cruellement banal et délicieusement typique. Murs clairs, rangée de néons, grosses tables de bois et clientèle hyper locale, mais on s'y sent plutôt bien. Collection de photos noir et blanc représentant les façades de la région. Si c'est la saison, c'est vers le plateau d'écrevisses qu'il faudra vous diriger sans hésiter.

|●| ***B & C Seafood** (carte, **23**) : 2155 River Rd (Hwy 18), **Vacherie.** ☎ 225-265-8356. Env 150 m avt d'arriver à Laura Plantation, sur la gauche. Tlj sf dim 9h-18h. Plats env 7-12 $.* Magasin-resto à la façade en bois. Une bonne adresse pour découvrir la cuisine cajun des familles, pas celle réservée aux touristes : crevettes, crabe, *catfish, crawfish,* alligator, boudin. Excellentes soupes *seafood gumbo.* Pas cher, bien servi et goûteux. On mange sous l'œil de têtes d'alligators – et c'est bien connu, les alligators ne supportent pas qu'on fasse le ménage trop souvent.

|●| ***Hymel's** (carte, **21**) : 8740 Hwy 44. ☎ 225-562-9910. À 5 miles après le Sunshine Bridge sur River Rd longeant le Mississippi, à côté d'une station-service. Mar-ven 11h-14h30, jeu 17h-21h, ven 17h-22h, w-e 11h-22h (20h dim). Fermé lun. Plats env 8-15 $.* On croit débarquer au milieu de nulle part, on plonge en réalité au cœur de la Louisiane laborieuse. Dans cette cantine posée sur un méandre du fleuve se donnent rendez-vous tous les ouvriers des usines pétrochimiques voisines. Dans un joyeux brouhaha, on partage avec eux les spécialités de poisson et de fruits de mer (*soft shell crab,* cuisses de grenouilles...). Également des plats du jour le midi. Musique live certains samedis soir.

Prix moyens

|●| ***The Cabin** (carte, **20**) : à **Burnside,** non loin de la Houmas Plantation. ☎ 225-473-3007. Au croisement des routes 44 et 22. Lun 11h-15h, mar-sam 11h-21h (22h ven-sam), dim 11h-18h. Po-boys et gumbos env 10 $; plats 10-23 $.* Plusieurs salles très chaleureuses, avec un fatras d'objets agricoles fascinants. On aime surtout la reconstitution de l'épicerie des années 1950, tout au fond, mais les amoureux s'y retrouveront également dans la grange à la déco un brin chic. Côté assiette, une cuisine traditionnelle de qualité d'inspiration créole, à base de *seafood,* mais aussi des plats typiquement régionaux. Les boissons sont servies dans des bocaux à confiture, comme souvent dans le Sud. Une adresse de qualité, très fréquentée par les touristes et les locaux. Notre coup de cœur sur cette route des plantations.

La visite des plantations

***Destrehan Plantation :** 13034 River Rd, à **Destrehan,** rive nord. ☎ 985-764-9315 ou 1-877-453-2095. • destrehanplantation.org • De La Nouvelle-Orléans, prendre la 10 W, sortie 220, puis la 310, sortie 6, puis suivre le fléchage. Entrée par le magasin de souvenirs. Tlj 9h-17h (dernière visite à 16h). Visite guidée de 55 mn et départ ttes les heures. Entrée : 18 $; 6-16 ans : 7 $.*

La plantation est assez proche de la route, si bien que, si vous passez par là sans pour autant vouloir faire la visite, vous la verrez quand même très bien.

Jolie sans être très belle, elle fut édifiée en 3 ans à la fin du XVIIIe s dans le style tropical, ce qui en fait l'une des plus anciennes de Louisiane. Construite en brique et en cyprès essentiellement, pour la résistance de ce bois à l'humidité et aux termites. Fils d'aristocrate, Jean-Noël Destrehan, le propriétaire, après avoir tenté l'indigo, fit fortune dans la canne à sucre en participant à l'amélioration des techniques de raffinage. La plantation utilisait les services de plus de 200 esclaves à son apogée et fut saisie pendant la guerre civile par les unionistes. Elle fut ensuite remodelée de manière plus classique, en *Greek revival,* à la fin du XIXe s. La culture de la canne cessa définitivement en 1914. Aujourd'hui, la plantation est gérée par une association de bénévoles.

Avant d'entrer, ce qui frappe d'abord, ce sont les très beaux chênes qui encadrent la bâtisse et les huit colonnes massives qui devancent sa façade.
La visite commence par une petite vidéo ennuyeuse de 10 mn, puis on arpente les pièces. Si l'architecture classique de la maison est très intéressante, la visite (faite en costume) s'avère globalement décevante, car le mobilier est assez pauvret (pas mal du XIXe s). Intéressant tout de même : les murs d'une pièce de l'étage sont écorchés et permettent de voir comment on fabriquait le bousillage (boue, *Spanish moss*, paille, coquilles d'huîtres...). À noter encore, l'ingénieux système de moustiquaire dans les chambres et la baignoire de marbre dont on aime à nous faire croire qu'elle fut offerte par Napoléon Ier. Et pourquoi pas par Benoît XVI tant qu'on y est ? Dans le parc, après la visite d'un petit musée colonial, des maisons des esclaves, de la cuisine et de la buanderie, toutes accessoirisées, vous aurez aussi droit à une rapide démonstration des savoir-faire de l'époque : teinture à l'indigo, cuisine, chandelle, bousillage, etc. Enfin, vous apprécierez le grand réservoir d'eau et la large galerie sur laquelle on dînait. Vous vous apercevrez de là que la plantation perdit la vue sur le fleuve lors de l'édification en 1929 des levées, qui avaient pour objectif de protéger les édifices bordant le Mississippi de ses terribles crues. Coin pique-nique sur place.

LA ROUTE DES PLANTATIONS

San Francisco Plantation House : *2646 River Rd, à* ***Garyville,*** *sur la Hwy 44 ; toujours rive nord, à env 20 miles de Destrehan Plantation. De cette dernière, la 310 N, puis la 61 N, puis la 637. ☎ 985-535-2341 ou 1-888-509-1756. • sanfranciscoplantation.org • Tlj 9h30-16h (16h40 avr-oct). Visite guidée de 45 mn et départ ttes les 20 mn env. Demander la brochure en français. Entrée : 15 $; réduc ; gratuit moins de 6 ans.*
Voici une demeure qu'on repère de loin ! Couleurs vives et claires, gros réservoir d'eau peint en bleu et chapeauté d'une coupole, et surtout architecture massive tout à fait originale. Il est très difficile d'apposer un nom de style à cette bâtisse construite par Edmond Marmillion au milieu du XIXe s et qui mélange allègrement une structure créole mais massive, des éléments *Greek revival,* mais aussi de forts accents victoriens. Les galeries, très profondes, n'allègent en rien l'ensemble. Pas plus que le toit, qui semble posé comme un chapeau trop grand en équilibre sur la maison ! À ce sujet, observer la galerie qui l'entoure : elle est trouée de dizaines de volets qui permettaient d'aérer l'espace et d'évacuer la chaleur. Bref, on aime ou on n'aime pas, mais c'est particulier. Pour terminer avec l'extérieur, sur le plan technique cette fois, à noter encore le système d'approvisionnement en eau qui venait directement dans la maison. Autre particularité, le nom de la plantation : on raconte qu'elle s'appelait « Saint Frusquin », provenant de *sans fruscins* (« sans le sou »). Curieux nom qu'un des propriétaires jugea inapproprié (et on le comprend) et transforma en San Francisco, histoire de conserver la consonance. Assez rare pour être relevé : la maison fut habitée jusqu'en 1974, date à laquelle une compagnie pétrolière la racheta. C'est aujourd'hui une fondation qui l'a reprise.
La visite (en costume également) comporte une quinzaine de pièces. Tous les meubles sont des copies mais recréent assez bien l'atmosphère de l'époque. Sans passer en revue toutes les salles, quelques éléments sont véritablement remarquables : les beaux plafonds en cyprès peints, les panneaux de portes ainsi que les cheminées, elles aussi en bois et peintes en faux marbre de couleurs assez osées. Il faut dire qu'à cette époque, on avait pris l'habitude de peindre les bois en un « faux autre bois ». Ainsi, le cyprès pouvait devenir du faux acacia. Ben oui, faut toujours qu'on veuille avoir ce qu'on n'a pas !
Salons, boudoirs pour les femmes, fumoir pour les hommes, et quand tout ce beau monde était pris par l'envie de danser, les parois s'escamotaient pour laisser place à une salle de bal. L'ensemble est particulièrement coloré, et chaque pièce révèle un petit quelque chose d'original : chaise percée au pied du lit dans une chambre (super élégant !), somptueux tissu de soie dans une autre, lit volumineux et à baldaquin, et toujours des frises décoratives ou des murs et plafonds peints (salon des femmes, angelots dans le boudoir). Tous les tapis ont été refaits à

l'identique. Depuis le balcon, vue sur le grand fleuve. Au rez-de-chaussée, dans le garde-manger *(foodstorage room)*, voir les jarres qui s'enfoncent dans le sol pour conserver les denrées au frais et la cave, seule pièce avec des barreaux aux fenêtres pour éviter les vols (!). Derrière le magasin de souvenirs, ne pas manquer les deux baraques où logeaient les esclaves chargés du service de la maison (les lits ont des lattes en cordes et sont recouverts d'une immonde paillasse). Pourtant si proches, ces deux habitations sont séparées par un précipice. D'un côté, un luxe ostentatoire ; de l'autre, le simple dénuement.

Laura Plantation : *2247 Hwy 18, River Rd, à* ***Vacherie.*** *☎ 225-265-7690 ou 1-888-799-7690. • lauraplantation.com • Sur la rive sud du Mississippi. De San Francisco Plantation, poursuivre River Rd (rive nord) et prendre le 1er pont ; récupérer River Rd (rive sud) sur la droite, la plantation est à env 4 miles. Tlj 9h30-17h (1re visite à 10h et dernière à 16h). Tour guidé : ttes les 40 mn env. Durée : 1h. Visites en français à priori tlj à 11h, 13h et 15h (vérifier, c'est plus prudent). Entrée : 18 $; réduc de 2 $ sur présentation de ce guide ; 6-17 ans : 5 $.*

Cette plantation, parmi les plus authentiques, est clairement notre préférée. La maison, toute simple, a été édifiée par un esclave sénégalais sur le modèle des maisons africaines. D'abord préparée en kit, tous les éléments numérotés avaient été assemblés en 11 jours. Mais en 2004, suite à un incident électrique, un terrible incendie a détruit la quasi-totalité de l'habitation et son mobilier. Qu'à cela ne tienne ! La plantation a survécu à la guerre de Sécession, aux cyclones et à l'abandon, elle pouvait bien renaître de ses cendres ! Presque entièrement reconstruite dès le printemps 2007, elle accueille à nouveau les visiteurs. On a simplement ajouté le récit de l'incendie au parcours guidé. Une visite passionnante, d'ailleurs, menée par des guides passionnés. On suit pas à pas les traces de la famille Locoul, à partir des mémoires de l'arrière-petite-fille du fondateur de la plantation, Laura Locoul (1861-1963), qui dirigea longtemps la plantation. On découvre ainsi plus de 200 ans d'histoire de la vie créole en Louisiane. Cette famille, on l'a déjà rencontrée à La Nouvelle-Orléans, dans le cadre de la visite *« Le Monde créole, histoire d'une dynastie »* (se reporter à la rubrique « À voir. Le Vieux Carré. Visite guidée »). Ainsi, la visite de Laura Plantation complète le puzzle complexe de l'épopée des Locoul. Les guides de Laura sont aussi les seuls qui abordent sans détours, mais aussi sans misérabilisme, le rôle des esclaves, leurs conditions de vie et leurs difficultés pour entrer dans la société, une fois affranchis. Dans les cases où devaient cohabiter deux familles, les esclaves inventèrent des contes qui ont bercé les soirées et les nuits de leurs enfants, et que les générations se transmettent toujours aujourd'hui. Pendant près de deux siècles, le français est resté la seule langue parlée à la plantation qui, de 1805 (date de sa création) à 1984, n'a appartenu qu'à deux familles d'origine française.

CŒUR DE ROCKEUR

Les parents du musicien Fats Domino vivaient à la plantation Laura, sur une parcelle que Laura Locoul vendit dans les années 1885 à la famille Wbre-Steib. Les Domino devinrent les contremaîtres de la plantation Wbre-Steib et y restèrent jusque dans les années 1920. Selon la tradition africaine, la musique faisait partie de leur vie. Une crevasse et des inondations les obligèrent à quitter les lieux en 1925 et Fats naquit à La Nouvelle-Orléans le 26 février 1928. Il devint l'un des pionniers du rock'n'roll.

Oak Alley Plantation : *3645 Hwy 18, à* ***Vacherie.*** *☎ 225-265-2151 ou 1-800-44-ALLEY. • oakalleyplantation.com • À 3 miles (5 km) env de Laura Plantation. Tlj 9h-17h (dernière visite à 16h30, 17h le w-e et tlj mars-oct). Visites en français (cajun) sur résa, en sem slt. Entrée : 18 $; 13-18 ans : 7,50 $; 6-12 ans : 4,50 $. La plantation dispose également de cottages à louer dans l'enceinte du parc et d'un resto (voir plus haut « Où dormir ? De chic à plus chic »).*

Cette plantation est l'une des plus connues, grâce à son admirable allée de chênes tricentenaires. Ces majestueux vieillards étirent leurs grands bras tentaculaires pour former une voûte ombragée filtrant la rudesse du soleil. Et c'est un vrai plaisir de déambuler sous cette douce lumière. C'est en 1700 qu'un colon français édifia une petite bicoque et planta ces 28 arbres qui font le lien entre la modeste demeure (remplacée entre-temps par l'imposante bâtisse actuelle) et le fleuve. La haute levée empêche aujourd'hui de voir le Mississippi depuis la maison.
À son apogée, la plantation s'étendait sur plus de 450 ha. Une partie de l'ancienne exploitation continue d'ailleurs à produire de la canne à sucre. Plusieurs films furent tournés dans ce décor de rêve, dont *Entretien avec un vampire, Hush, Hush, sweet Charlotte, The Long Hot Summer, Dixie Changing Habits, Primary Colors...*
La bâtisse, élevée en 1839, est l'archétype du *Greek revival* avec ses 28 colonnes de brique qui ceinturent la demeure (le même nombre que les chênes). C'était essentiellement une maison d'été, où la famille venait se réfugier 3 mois par an, fuyant la fièvre jaune, la tuberculose et la malaria qui sévissaient durement à La Nouvelle-Orléans durant les mois de grosse chaleur.
Si la visite guidée est aussi conventionnelle que la maison (commentaire débité par cœur par des jeunes femmes accoutrées des vêtements de Scarlett), elle vaut néanmoins le coup car la restauration est superbe et le mobilier Louis-Philippe absolument extraordinaire (début XIXᵉ s). Parmi plein d'autres détails évocateurs d'un style de vie, observez dans la salle à manger l'ingénieux système de ventilation au-dessus de la table, actionné autrefois par un serviteur. Sur la table, on disposait un bloc de glace. On ventilait ainsi de l'air froid. L'ancêtre de la clim en quelque sorte. Les chambres à coucher sont également de toute beauté, avec des lits généreux où l'on a envie de se retrouver à plusieurs pour faire des galipettes, tellement il y a de la place. Et en sortant, histoire de se rafraîchir, vous pourrez déguster leur production de sirop de menthe (payant, bien sûr). Avec ou sans bourbon, au choix. Comme dans la plupart des plantations, la cuisine se situe à l'extérieur de la maison principale pour éviter les risques de feu. Un truc étonnant : pour que les esclaves-serviteurs ne goûtent pas la nourriture de leur patron entre la cuisine et la salle à manger, on les obligeait à siffler tout le long du chemin. L'allée fut ainsi surnommée la *Whistler Walk* (« l'allée du siffleur »). Avant de partir, jetez un coup d'œil à la forge qui se trouve derrière le magasin de souvenirs et dans le garage où reposent 2 Ford Model A de 1928, en très bel état.
|●| Si vous voulez vous sustenter dans le secteur, le ***Spuddy's Cajun Foods*** n'est pas loin. Voir plus haut « Où manger ? Bon marché ».

Houmas House Plantation and Gardens : *40136 Hwy 942, à* ***Burnside.*** *☎ 225-473-9380. • houmashouse.com • En sortant de la Oak Alley, prendre à gauche jusqu'au pont Sunshine Bridge (env 15 miles). Traverser le Mississippi, puis prendre River Rd à droite. Tlj 9h-17h (20h mer-dim). Tour guidé en anglais ttes les 30 mn (guide francophone en principe le dim sur résa). Entrée : 10 $ jardin seul, 20 $ avec la maison ; réduc.*
Cette plantation doit son nom aux Indiens houmas, les anciens propriétaires de cette terre privilégiée qui occupe une boucle du Mississippi. Alexandre Latil l'acquit à la fin du XVIIIᵉ s et y fit construire la première maison, dont la cuisine se visite aujourd'hui. Cette demeure charmante, qui évoque une propriété française aux accents espagnols, fut sans doute jugée trop rustique par le général Hampton, héros de la guerre d'Indépendance, qui racheta le domaine pour l'offrir à sa fille et son gendre. Ils firent édifier la grosse maison blanche à colonnades, genre *Greek revival,* en 1840. Un planteur irlandais, John Burnside, la reprit en 1858 et, par sa gestion efficace, devint le plus grand producteur de sucre d'Amérique. Arguant de sa nationalité britannique, Burnside sauva sa propriété des pillages nordistes, et *Houmas* continua à prospérer jusqu'à la fin du XIXᵉ s, où elle fut abandonnée. En 1940, un docteur de La Nouvelle-Orléans, George B. Crozat, racheta ce qui res-

tait de *Houmas*. Curieuse coïncidence, on trouva sur place des documents attestant que le roi Louis XIV avait fait don des droits commerciaux des terres aux ancêtres de Crozat ! Le monde est petit.
La visite, guidée par une dame déguisée en Scarlett, passe de salle en salle, toutes parfaitement reconstituées, et insiste sur une belle collection d'objets anciens : horloge, piano Steinway, carte, argenterie et une étonnante *music box*... On aura plaisir à s'attarder dans la chambre à l'étage où Bette Davis donnait la réplique à Olivia de Havilland dans *Hush, Hush, sweet Charlotte* de Robert Aldrich. Dans une vitrine, on remarquera une curieuse valise contenant tous les accessoires requis pour se prémunir des vampires ! Hélas, la visite passe de façon très fugace sur les 600 à 1 000 esclaves qui ont fait prospérer cette plantation à la sueur de leurs souffrances.
Ce que l'on préférera, ici, ce sont les magnifiques jardins fleuris qui entourent cette belle bâtisse à colonnades. Jardins à la française, à l'anglaise, à la japonaise, jardins luxuriants et tropicaux, allées de treilles, arbres taillés en taupière, jeux d'eau, statues, etc. Un gros travail de paysagiste entrepris en 2003 et en perpétuelle évolution !
Resto un brin chic sur place mais à prix abordables *(ouv mer-dim)*.

Nottoway Plantation : *à 2 miles au nord de **White Castle** (c'est le surnom de Nottoway), sur la Hwy 1, donc sur la rive sud du fleuve. ☎ 225-545-2730, 2409 ou 1-866-LASOUTH. • nottoway.com • Tlj 9h-17h (dernière visite à 16h). Visite obligatoirement guidée en anglais de 45 mn, départ ttes les heures env. Entrée : 20 $; 6-12 ans : 6 $. Demander la brochure en français. Possibilité de dormir et manger sur place (voir plus haut « Où dormir ? De chic à plus chic »).*
La plus grande plantation de Louisiane, sans doute la plus célèbre mais certainement pas la plus intéressante. À partir de 1849, un certain Randolph, planteur très prospère, fit construire en 10 ans cette superbe demeure. Un style d'inspiration à la fois grecque et italienne. Au total, 64 chambres. Pendant la guerre de Sécession, l'édifice fut sauvé de la destruction totale grâce à un officier nordiste, lointain cousin du propriétaire. Mais Mme Hampton, écœurée par la fin de l'âge d'or, ferma une à une les 200 fenêtres et les 165 portes avant de quitter la Louisiane pour l'Europe. Toute la décoration est due à une patiente reconstitution. La plupart des meubles ont disparu et furent refaits sur le modèle des originaux. Les rideaux verts du salon des messieurs sont la reproduction exacte de ceux que Scarlett O'Hara, dans *Autant en emporte le vent*, arrache pour s'y tailler une robe. Face au resto, petit musée confidentiel sur la guerre de Sécession avec projection d'un film vidéo.
Non loin de Nottoway Plantation, sur la route, à Bayou Goula, on peut voir la plus petite église du monde, ***Madonna Chapel***. La messe y est célébrée une fois par an, le 15 août. Sinon, elle se visite tous les jours (la clé est dans la boîte à lettres !).

Magnolia Mound Plantation : voir le commentaire au chapitre « Baton Rouge » ci-après.
– D'autres plantations se visitent dans la région de Saint Francisville ; voir ce chapitre plus loin.

BATON ROUGE

230 000 hab. (605 000 pour l'agglomération)

Bien sûr, on n'y passera pas toutes ses vacances. Entre son centre-ville à moitié désert et ses zones résidentielles coincées au milieu des voies rapides, Baton Rouge n'est pas ce qu'on peut appeler une destination touristique. Raison de plus pour en profiter ! Une balade dans la région des

plantations sera l'occasion d'une courte halte dans le vrai *American Way of Life.* Une ville à taille automobile, où les communautés cohabitent mais sans jamais se rencontrer vraiment, des zones pavillonnaires coincées entre des zones commerciales, puis des zones commerciales coincées entre des zones pavillonnaires. Le tout à l'ombre d'une des plus grandes raffineries de pétrole du pays. Et, perdus au milieu de tout ça, quelques points de chute extravagants, kitsch au possible, qui font aussi tout le charme de l'Amérique.

Baton Rouge, quel drôle de nom ! En explorant les rives du Mississippi en 1699, Le Moyne d'Iberville, navigateur français d'origine normande, aperçut un cyprès dépourvu d'écorce et enduit de sang. Les Indiens utilisaient cet arbre pour sacrifier des animaux sauvages et signaler la démarcation entre les territoires de chasse de deux tribus, les Bayougoulas et les Houmas. 20 ans après le passage de Le Moyne, des pionniers français fondèrent la ville à cet endroit-là. En 1763, le traité de Paris donna la ville aux Anglais, qui eux-mêmes la cédèrent aux Espagnols en 1779. En 1810, les habitants de Baton Rouge se révoltèrent et proclamèrent la république indépendante de West Florida. 74 jours plus tard, la ville était de nouveau américaine. Elle devint capitale de la Louisiane en 1846. En 1861, la Louisiane fit sécession du reste de l'Union. Baton Rouge fut reprise par les unionistes dès l'année suivante, mais perdit son statut de capitale, au profit de La Nouvelle-Orléans, jusqu'en 1882. Entre-temps, la ville s'était dotée d'une université, la LSU, qui fut l'une des premières du sud des États-Unis à accueillir des étudiants noirs. Un des temps forts du XXᵉ s fut le mandat du tumultueux gouverneur populiste Huey P. Long (1928-1932), qui fut finalement assassiné en 1935.

Située à quelque 85 miles au nord-ouest de La Nouvelle-Orléans, sur le Mississippi, Baton Rouge est aujourd'hui la capitale de la Louisiane, une ville industrielle et administrative au cœur d'une agglomération de plus de 600 000 habitants, qui concentre une grande partie de l'activité économique de l'État. Sauf le tourisme...

Arriver – Quitter

➢ N'envisagez pas de venir ici autrement qu'en voiture : on vous prendrait pour un E.T. tant la ville est étendue et son centre inexistant. Un véhicule est indispensable pour n'importe quel déplacement. Comme la ville est peu animée, on circule assez facilement, à condition de ne pas se perdre. Se munir donc d'un bon plan, bien que le nôtre puisse dépanner, surtout en arrivant. La référence, c'est le *Rand McNally* (dans toutes les stations-service).

🚌 ***Greyhound*** *(plan centre B2) : 1253 Florida Blvd ; en face de 13th St et d'une station* Chevron. *☎ 225-343-3811.* Bus vers les principales villes de Louisiane (5-6 départs/j. vers La Nouvelle-Orléans, 5h-21h), ainsi que vers le Texas, le Tennessee, l'Alabama, la Géorgie et la Floride.

Adresses et infos utiles

ℹ ***Visitor Information Center*** *(plan centre B2, **1**) : au rdc du Louisiana State Capitol. ☎ 1-800-527-6843. • visitbatonrouge.com • Tlj sf fériés 8h-16h.* À gauche en entrant, le comptoir de la ville et, à droite, les infos générales sur la Louisiane. Avec, toujours fidèles aux postes, de charmants retraités passionnés par l'histoire de leur ville. Des ascenseurs vous conduisent au 27ᵉ étage, pour une vue imprenable sur la ville. Et, imprévisible : de là-haut, on voit la raffinerie et le Mississippi.

ℹ Vous pouvez aussi vous adresser au ***Convention and Visitor Bureau*** *(plan centre B2, **2**), situé angle Laurel et 3rd St. Lun-ven 9h-17h.* Bon accueil et bien documenté.

✉ **Post Office** *(plan centre B3) : 750 Florida Blvd ; à la hauteur de 7th St.* ☎ *225-381-0708.* Imposant bâtiment à colonnades.

@ **Internet** *(plan centre, B2) : à la* **Main Library,** *7711 Goodwood, en face du Capitol.* ☎ *225-231-3740. Lun-jeu 8h-22h ; ven-sam 8h-18h ; dim 14h-22h.* Plusieurs postes en accès libre.

■ ***Transports :*** on rappelle que ne pas être motorisé à Baton Rouge est une punition (transports en commun minimaux : bus bleus seulement de 6h à 18h sauf le dimanche, distances énormes, etc.). Toutefois, un ***trolley gratuit*** dessert le centre-ville, du State Capitol au casino *Argosy,* principalement le long de 3rd et 4th St (seulement du lundi au vendredi de 10h à 12h).

■ **Librairie Barnes & Noble** *(plan d'ensemble C2,* ***3****) : 2590 Citiplace Court, sur Corporate Blvd.* ☎ *225-926-2600. Lun-sam 9h-22h (23h ven-sam) ; dim 10h-22h.* Grande librairie sur 2 niveaux, avec un bon choix de livres sur la Louisiane (histoire, tourisme, cuisine). Rayon disques à l'étage.

– Si vous restez plusieurs jours, munissez-vous de ***Country Roads,*** un mensuel gratuit qu'on trouve un peu partout et qui informe sur les festivités du moment. ***Rhythm City,*** autre mensuel gratuit, est uniquement consacré aux concerts se déroulant à Baton Rouge.

Où dormir ?

La capitale de la Louisiane, moins touristique que sa pétulante voisine New Orleans, a l'avantage d'offrir des hôtels et motels d'un rapport qualité-prix plus intéressant. Cela dit, ne vous attendez pas à trouver le petit hôtel charmant. Il s'agit plutôt de motels standardisés, appartenant aux grandes chaînes américaines. On les trouve le long des Interstates 10, 12 et 110.

Camping

⛺ **KOA Campground** *(hors plan d'ensemble par D2,* ***10****) : 7628 Vincent Rd, à* **Denham Springs.** ☎ *225-664-7281 ou 1-800-562-5673. À 7 miles à l'est de Baton Rouge par l'I 12 : sortie 10, faire 0,5 mile vers le sud, puis tourner à droite et faire 0,25 mile. Ouv tte l'année. Emplacements 35-45 $.* Site ombragé pour les tentes, emplacement pour motor homes, grande piscine, salle de jeux, sanitaires modernes, épicerie, minigolf, tennis, machines à laver, etc. Beaucoup de familles avec enfants y séjournent.

De bon marché à prix moyens

🏠 **Motel 6** *(plan d'ensemble A2,* ***13****) : 2800 Frontage Rd, à* **Port Allen** *(rive droite).* ☎ *225-343-5945 ou 1-800-466-8356.* • *motel6.com* • *De Baton Rouge, prendre l'I 10, puis la sortie 151 ; tourner à gauche, passer sous l'I 10, le motel sera sur la droite, sur la route 415. Chambre 45 $, 3 $/pers supplémentaire ; gratuit moins de 17 ans.* Motel tout ce qu'il y a de plus classique, même si les chambres sont plus petites que d'habitude. Préférez celles situées autour de la piscine et de la cour intérieure, plus loin de l'autoroute. Café à la réception. Autre enseigne aux mêmes tarifs et standards au *9901 Gwenadele Ave (plan d'ensemble D2,* ***15****).* ☎ *225-924-2130. Depuis l'I 12, prendre la sortie 2B.*

🏠 **Super 8** *(plan d'ensemble D2,* ***12****) : 11444 Reulet Ave ; depuis l'I 12, prendre la sortie « Sherwood Blvd ».* ☎ *225-275-8878 ou 1-800-800-8000.* • *super8.com* • *Chambres 60-70 $, petit déj inclus.* Une cinquantaine de grandes chambres confortables (micro-ondes et frigo) réparties sur 2 étages. Piscine minuscule. Pratique et fonctionnel à défaut d'être charmant. Accueil très aimable.

🏠 **Ramada** *(plan d'ensemble D2,* ***15****) : 10045 Gwenadele Ave.* ☎ *225-706-5500.* • *ramada.com* • *Depuis l'I 12, prendre la sortie 2B. Double 70 $, petit déj inclus.* Dans la tradition *Ramada,* motel plaisant d'une bonne centaine de chambres assez spacieuses et fonctionnelles. Tout le confort y est : TV, machine à café, sofa pour accueillir une 3e personne... Piscine.

🏠 **Microtel** *(plan d'ensemble D2,* ***17****) : 10311 Plaza Americana Dr.* ☎ *225-*

BATON ROUGE

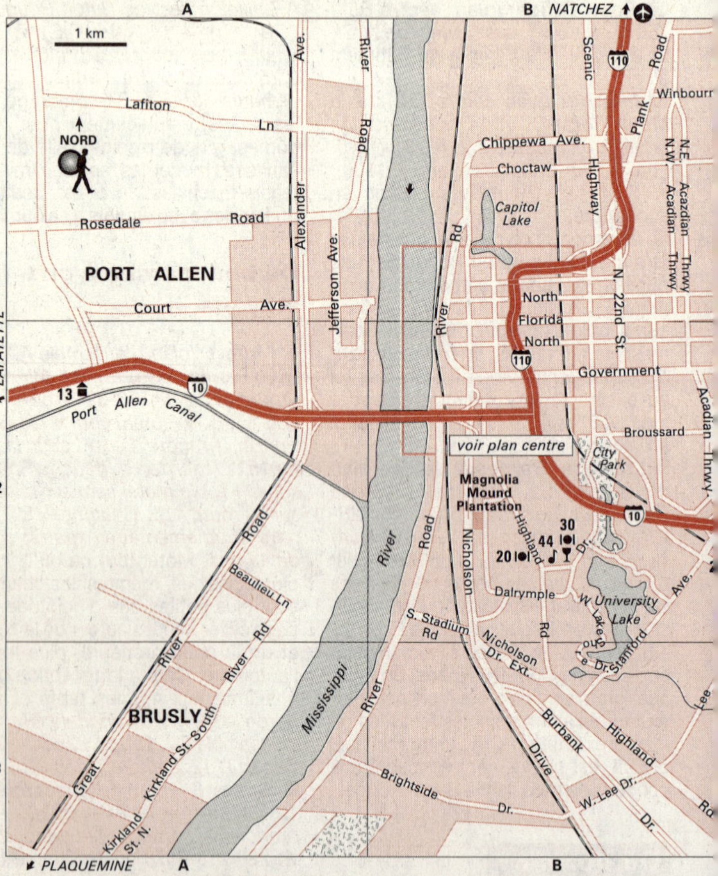

Adresse utile

3 Librairie Barnes & Noble

Où dormir ?

10 KOA Campground
12 Super 8
13 Motel 6
15 Ramada
17 Microtel
18 Best Western Chateau Louisianne Suite Hotel

Où manger ?

20 Louie's Café
23 Boutin's

927-9997 et 1-800-771-7171. • microtelinn.com • Doubles à partir de 70 $, petit déj inclus. Gros motel de petit luxe, à bonne distance du trafic. Au calme donc, avec une grande étendue gazonnée devant. Tout confort, cadre contemporain standard. Piscine.

Chic

Best Western Chateau Louisianne Suite Hotel (plan d'ensemble C1, **18**) : *710 N Lobdell Ave ; rue perpendiculaire à Florida Blvd. ☎ 225-927-6700 ou 1-800-256-6263. • bestwes*

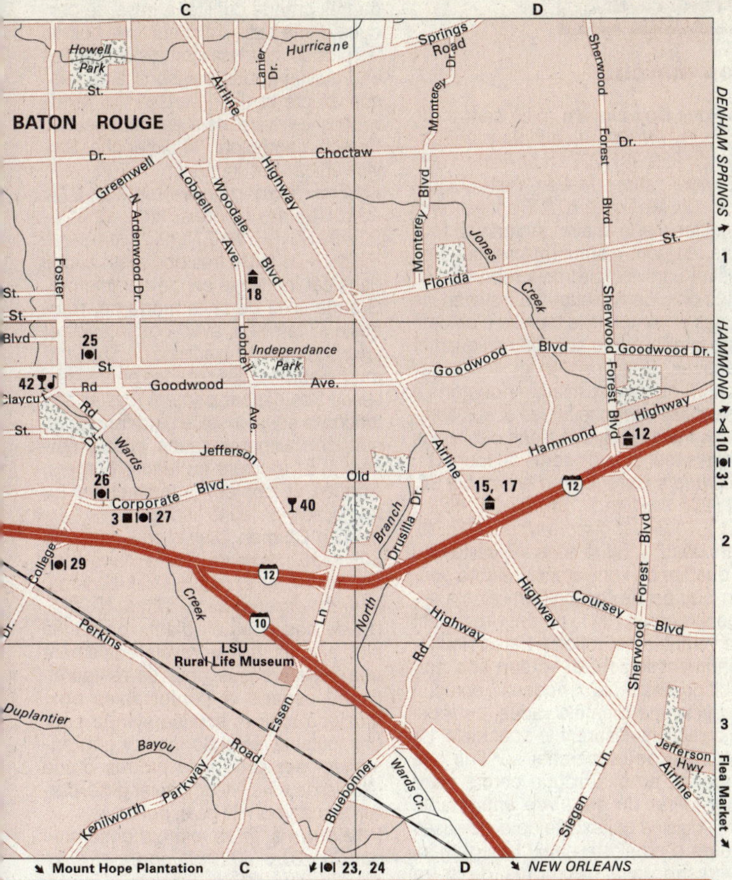

BATON ROUGE (plan d'ensemble)

24 De Angelo
25 Superior Grill
26 Mansurs
27 Zea
28 Juban's
29 Gino's
30 The Chimes
31 Maison Lacour

Où boire un verre ? Où écouter de la musique ? Où fumer un cigare ?

30 The Chimes
40 Churchill's
42 Phil Brady's Bar & Grill
44 Varsity Theatre

ternlouisiana.com • À une dizaine de minutes du centre-ville. Double très confortable 100 $, puis 5 $/pers en plus ; chambre avec jacuzzi 150 $. Petit déj (avec gaufres !) inclus. La plupart des chambres, spacieuses et très confortables, de cette bâtisse en brique, donnent sur la piscine ou le joli patio intérieur, style French Quarter. Expos de peintures. Toutes sont équipées de kitchenette. Sauna et jacuzzi. Soirée piano-bar de temps en temps. Excellent accueil.

Où manger ?

Bon marché

Poor Boy Lloyd's *(plan centre B2, **21**) : 201 Florida St, en plein centre-ville. ☎ 225-387-2271. Lun-ven 6h-15h (22h ven) ; sam 11h-21h. Petit déj jusqu'à 10h. Moins de 10 $. Concert ven à 19h.* Une vieille affaire qui marche toujours, ce petit restaurant propose une cuisine ultra-simple mais roborative à petits prix. Le linoléum y a traversé les modes et complète le tableau d'un petit resto familial perdu au milieu du quartier d'affaires. Des *po-boys* et des sandwichs à qui mieux mieux, y compris à la saucisse de renne fumée et aux écrevisses frites en saison, sans oublier les cookies tout chauds sortis du four.

Louie's Café *(plan d'ensemble B2, **20**) : 206 W State St. ☎ 225-356-8221. Ouv 24h/24 (sf dim : ferme à 22h30). Plats dès 7 $.* Situé dans « Tigertown » (le quartier de l'université, célèbre pour son équipe de football américain les Tigers) depuis 1941, ce petit resto est une véritable institution à Baton Rouge. Gentiment kitsch, avec son lino noir et blanc assorti aux rideaux zébrés, il accueille une clientèle variée, pour qui les cuisiniers assurent le spectacle. Le mieux est de se percher sur l'un des tabourets en skaï rouge cerclé acier façon *diner* du bar : vue imprenable sur la cuisine qui exhale de délicieuses odeurs d'omelettes aux 10 légumes, de *hashbrowns* (pommes de terre rôties) à la cajun et de *biscuits* (petits pains briochés) moelleux. Grand choix de sandwichs et de salades. Portions gargantuesques et accueil plus que chaleureux.

Prix moyens

Mansurs *(plan d'ensemble C2, **26**) : 5720 Corporate Blvd. ☎ 225-923-3366. Tlj 11h-14h, 17h-21h30 (bar en continu). Brunch le dim. Compter 15-20 $ le midi, un peu plus le soir.* De l'avis de beaucoup d'autochtones, l'un des meilleurs restos de Baton Rouge. Au choix, superbe bar en acajou pour les pressés, salle à manger cossue et confortable pour les autres. Cuisine de très grande qualité, à base de produits d'une belle fraîcheur : les huîtres les plus savoureuses jamais dégustées en Louisiane, des poissons à la cuisson exacte et des *« sensational sandwiches »*, vrais plats à eux tout seuls... Brunch d'anthologie le dimanche. Service efficace et souriant.

Zea *(plan d'ensemble C2, **27**) : 2380 Towne Center Blvd. ☎ 225-927-9917. Tlj 11h-21h (23h ven-sam). Plats 15-25 $.* Un très bon resto caché dans cet immense centre commercial. Grande salle de style moderne, tranquille et tamisée, avec box intimes et long comptoir. Une cuisine du Sud vraiment élaborée, des recettes goûteuses, servie très généreusement (*oyster and artichoke soup*, insolite *gator and grits*, soit de l'alligator sauce créole épicée...). Et toujours au lunch, burgers, salades et copieux sandwichs... En prime, service jeune et diligent.

The Chimes *(plan d'ensemble B2, **30**) : 3357 Highland Rd, à l'angle de Chimes St. ☎ 225-383-1754. Lun-sam 11h-2h ; dim 11h-23h30. Plats 10-20 $.* Un de nos pubs étudiants parmi les plus animés, qui se révèle également une belle adresse pour se restaurer. Grand espace et confortables box, musique rock et service sympa pour une cuisine sélectionnant rigoureusement ses produits : huîtres d'une réjouissante fraîcheur, poulet grillé, *catfish* au charbon de bois, *po-boys*...

Boutin's *(hors plan d'ensemble par C3, **23**) : 8322 Bluebonnet Blvd. ☎ 225-819-9862. Lun-ven 11h-14h, 17h-22h ; sam 11h-22h ; dim 11h-21h. Plats 15-20 $. Dansant lun-sam dès 19h.* « Bon manger, bon temps », la devise de ce resto rappelle qu'ici, on est déjà en pays cajun. Dans une grande grange en bois, on mange du boudin, de l'andouille, de l'alligator grillé, du *jambalaya* ! La jeunesse danse au son du zydeco alors que les anciens préfèrent le violon et l'accordéon. Pas de doute, la culture cajun est toujours bien vivante. Une excellente adresse pour se mettre en jambes avant de découvrir le vrai pays cajun, autour de Lafayette.

Superior Grill *(plan d'ensemble C2, **25**) : 5435 Government St. ☎ 225-927-2022. Tlj 11h-22h (23h ven-sam). Plats 10-15 $.* Happy hours *16h30-18h30.*

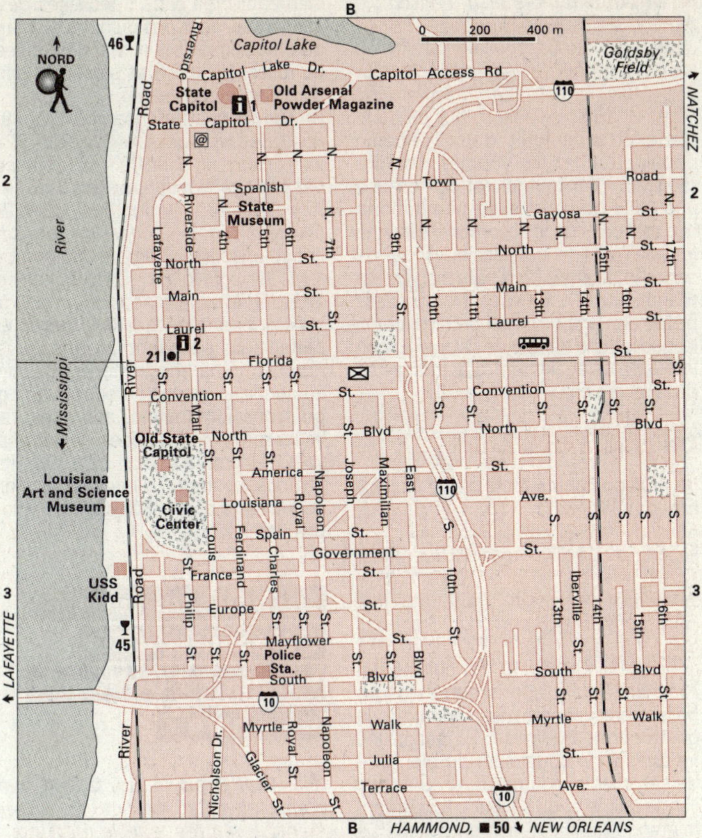

BATON ROUGE (PLAN CENTRE)

Adresses utiles

- 1 Visitor Information Center
- 2 Convention and Visitor Bureau
- @ Main Library

Où manger ?

- 21 Poor Boy Lloyd's

Où boire un verre ?

- 45 Casino Argosy
- 46 Casino Rouge

Où assister à une messe gospel ?

- 50 Shiloh Missionary Baptist Church

BATON ROUGE

Musique live jeu-sam 18h30-22h. Un peu de bonne volonté, et la végétation devient luxuriante. Un peu d'imagination, et la grande salle décorée de guirlandes, d'énormes têtes de taureaux et autres bestioles empaillées arrive tout droit du Mexique. Ne reste qu'à se régaler des classiques de la cuisine d'outre-Rio Grande revus à la sauce cajun : les *quesadillas* et *fajitas* sont proposées avec des fruits de mer variés, et les parts sont copieuses sans être bourratives. *Margaritas* du tonnerre.

De Angelo *(hors plan d'ensemble par C3,* ***24****) : 7550 Bluebonnet Blvd, dans le* Bluebonnet Village Shopping Center, *à l'angle de Perkins Rd.* ☎ *225-761-4465. Tlj 11h-22h (21h dim-lun). Plats 12-18 $; salade autour de 10 $.* Cette pizzeria jouit d'une certaine popularité chez les yuppies « baton-rougeais » car tout ici est conforme à une Italie de cinéma. Et peu importe que tout soit du toc, y compris le four en trompe l'œil : dans les assiettes, pas de carton-pâte, mais de la pâte bien croustillante, fine et onctueuse. Nombreuses pizzas en versions innombrables, parmi lesquelles une dizaine de *calzoni*. Excellentes pâtes également. 5 autres restos de la même chaîne dans la ville.

De chic à très chic

Maison Lacour *(hors plan d'ensemble par D2,* ***31****) : 11025 N Harrel's Ferry Rd.* ☎ *225-275-3755. À l'intersection d'Old Hammond et Sherwood Forest. Mar-ven 11h30-13h30, 17h30-20h (20h30 ven) ; sam 17h30-20h30 slt. Résa conseillée. Plats 14-17 $ au déj ; le double le soir. Menu* Early bird *30 $ (4 plats) 17h30-18h30.* En cuisine, un Américain qui a appris auprès de sa belle-mère française les secrets de la gastronomie française. En salle, une Indonésienne soucieuse du bien-être de ses clients. À l'arrivée, un précieux îlot de calme et de saveurs, totalement inattendu dans cet environnement. La carte pourrait être celle d'une table de Touraine, elle réserve pourtant quelques (bonnes) surprises. Beaucoup de raffinement mais jamais grandiloquent (y compris sur l'addition), qui séduit une clientèle d'habitués – sénateurs, édiles et autres notables y ont, en toute simplicité, leur rond de serviette.

Juban's *(plan d'ensemble B2,* ***28****) : 3739 Perkins Rd.* ☎ *225-346-8422. Tlj sf dim 11h-14h (sf lun et sam), 17h30-22h ; dim brunch 10h30-15h. Résa conseillée. Plats 15-25 $ au déj, 20-40 $ le soir. Brunch 22 $.* Ce resto très haut de gamme commence par une prouesse : donner l'illusion de se blottir au cœur du French Quarter, alors qu'il se camoufle au fond d'un parking de centre commercial. Il doit aussi sa notoriété à une cuisine créole revisitée, bien équilibrée entre spécialités de la mer (crabe, poissons du golfe du Mexique, bouillabaisse) et viandes grillées ou rôties. Plats fins et présentés avec soin. Service prévenant.

Gino's *(plan d'ensemble C2,* ***29****) : 4542 Bennington Ave.* ☎ *225-927-7156. Entre l'I 10 et Perkins Rd (accès par College Drive). Lun-ven 11h-14h, 17h-22h (23h ven) ; sam 17h-22h. Fermé dim. Résa conseillée sam soir.* Lunch specials *différents chaque jour 12 $. Le soir, plats 12-25 $.* Lounge *fumeurs, avec* jazz session *en quartet jeu soir à partir de 20h30.* L'illusion est parfaite. En poussant la porte, on se retrouve dans une trattoria sicilienne authentique et chaleureuse jusqu'au bout des fourchettes, avec ses serveurs stylés et empressés, sa patronne volubile comme là-bas, à l'accent italien quasi parfait. Pavarotti a fait honneur à leurs pâtes. Sélection de vins à prix prohibitifs.

Où boire un verre ? Où écouter de la musique ? Où fumer un cigare ?

Phil Brady's Bar & Grill *(plan d'ensemble C2,* ***42****) : 4848 Government St (entrée par le parking, à l'arrière).* ☎ *225-927-3786. Tlj sf dim 11h (17h sam)-2h. Entrée payante les soirs de concerts (1-5 $).* Happy hours *17h-19h.* Bar authentique, brut de forme avec son odeur persistante de fumée et ses auréoles de bière sur le comptoir. Il y a de l'ambiance quasi tous les soirs : le mardi, c'est parfois musique acoustique ; le jeudi, *blues jam session* ; et les vendredi et samedi, concerts de rock. Programme des festivités du mois affiché près du comptoir. Ambiance particulièrement échauffée le jeudi soir. Deux billards. Possibilité de grignoter, bien sûr. Un de nos points de chute préférés !

Churchill's *(plan d'ensemble C2,* ***40****) : 7949 Jefferson Hwy.* ☎ *225-927-4211. Lun-sam 10h-2h. Cocktails 8-10 $.* De l'extérieur, on dirait un *liquor* *store* quelconque, caché au fond d'un parking. *Churchill's* est en réalité un bar à cigares, qui en propose plusieurs centaines de variétés. Dans le salon vert, les hommes d'affaires viennent tirer quelques bouffées sous l'œil goguenard du grand Winston. Dans la longue salle rouge, la jeunesse dorée vient siroter de l'absinthe ou un bon verre de vin, californien de préférence. Si vous ne trouvez pas votre bonheur, vous pouvez également acheter une bouteille française, chilienne, australienne ou italienne dans la cave située à l'entrée, et la boire sur place.

Varsity Theatre *(plan d'ensemble B2,* ***44****)* **:** *3353 Highland Rd. ☎ 225-383-7018 ou 1-800-594-TIXX (résas).* • *varsitytheatre.com* • *Mer-sam à partir de 20h. Prix variables.* Cette grande et belle salle de concerts d'inspiration Art déco, fréquentée par les étudiants de la Louisiane State University, accueille les vedettes de passage dans le coin. Le reste du temps, *The Varsity* fait discothèque. Demandez le programme ou consultez *Crossroads*.

The Chimes *(plan d'ensemble B2,* ***30****)* **:** *3357 Highland Rd, à l'angle de Chimes St. ☎ 225-383-1754. Lun-sam 11h-2h ; dim 11h-minuit.* Ce bar très spacieux, qui fait aussi resto (voir « Où manger ? »), est le repaire des jeunes de LSU qui viennent y boire un verre avant d'aller aux concerts du *Varsity* voisin. Archibondé et très bruyant. La proximité forcée le long du bar, favorise les rencontres sympas. Après le concert, on vient se refaire une santé avec l'une des 130 bières disponibles ici, avant d'aller chez *Louie's Café* (voir « Où manger ? ») pour le petit creux de 3h.

Casino Argosy *(plan centre B3,* ***45****)* **:** *amarré sur le Mississippi, à côté de* USS Kidd. *Accès à ce casino flottant par le centre commercial sous verrière (impressionnante)* Catfish Town. On vient comme tout le monde y perdre ses sous : roulette, black-jack, bandits manchots, etc. Autre casino flottant, également reproduisant un *steamboat*, un peu au nord : c'est le ***Casino Rouge*** *(plan centre B2,* ***46****)*. Allez au moins jeter un œil à l'un des deux (ils sont ouverts quasiment tout le temps), pour constater la folie et l'espoir que les Américains mettent au jeu.

À voir

Louisiana State Capitol *(plan centre B2)* **:** *State Capitol Dr.* • *nps.gov/nr/travel/louisiana/cap.htm* • *Tlj 9h-17h.* C'est le plus haut immeuble abritant le gouvernement d'un État aux États-Unis (137 m tout de même) et le seul gratte-ciel de la ville, une des fiertés de Huey Long, gouverneur très controversé de la Louisiane, qui le fit ériger en 1932 et mourut assassiné à ses pieds 3 ans plus tard. Sa statue se tient toujours devant et semble encore montrer la voie. Pendant la crise de 1929, Long mit sur pied un plan pour « répartir les richesses », mais une grande partie servait surtout à alimenter ses caisses noires. Sur les marches qui conduisent à cet imposant building, un peu disproportionné pour la ville, notez les noms des États et la date de leur adhésion à l'Union. Passez les portes et le contrôle de sécurité, traversez le hall – qui en jette avec ses vases de Sèvres géants offerts par le président Lebrun en 1934 – et prenez l'ascenseur (24e étage, puis correspondance jusqu'au 27e étage), pour jouir d'une vue magnifique sur la ville, la région, le Mississippi... et la raffinerie. Accès gratuit. De retour dans le hall d'entrée, admirez à gauche en sortant de l'ascenseur la Chambre des députés, et à droite le Sénat. Dans le joli parc qui entoure le *Capitol* et où les mariés viennent poser pour leur postérité, plusieurs bornes audio délivrent des précisions historiques sur la ville.

Non loin, voir aussi ***Old Arsenal Powder Magazine*** *(plan centre B2)* **:** *☎ 225-342-0401. Mar-sam 9h-16h ; dim 13h-16h. Entrée : 1 $.* Installé dans une ancienne poudrerie de 1838, ce petit musée sur l'histoire de Baton Rouge peut se visiter seul grâce à une brochure (disponible en français) très bien faite. Saviez-vous qu'avec un baril de poudre, on peut tirer 11 000 coups de feu, 50 coups de canon ou cinq tirs de mortier ? Illustrations très intéressantes sur la construction de l'arsenal lui-même et sur les différentes colonisations de la Louisiane. Le conservateur de l'arsenal est très aimable et soucieux de partager son savoir avec les visiteurs.

Old State Capitol (plan centre B3) : *100 N Blvd, à l'angle de River Rd. ☎ 225-342-0500 ou 1-800-488-2968. • louisianaoldstatecapitol.org • Dans le centre, non loin du* Louisiana State Capitol. *Mar-sam 9h-16h. Entrée libre.* Construit en 1849, brûlé en 1862 lors de l'occupation des confédérés, ce château fort excentrique se veut d'inspiration médiévale mâtinée de gothique, avec tourelles et créneaux. Le hall est particulièrement remarquable, avec son escalier tournant et sa verrière multicolore. Ce bâtiment assez kitsch abrite des expositions permanentes et interactives consacrées à l'histoire politique de la Louisiane, en particulier l'assassinat de Huey Long et l'achat de la Louisiane en 1803, ainsi que des animations temporaires. À l'extérieur est conservé le wagon de la Reconnaissance, don que chaque État reçut de la France après la Libération.

Louisiana State Museum (plan centre B2) : *660 N 4th St (Capitol Park). ☎ 225-342-5428. • 1sm.crt.state.la.us • Mar-sam 10h (9h sam)-17h. Entrée libre.* Ouvert il y a quelques années seulement, ce musée à l'architecture élégante et contemporaine mérite bien deux bonnes heures de visite. Un panorama complet de l'État, pédagogique, attrayant et vivant.

Rez-de-chaussée

– On pénètre d'abord dans le ventre d'un *steamboat,* dans lequel on apprend tout sur le rôle commercial et de communication du Mississippi. *Mark Twain,* avant de devenir romancier, fut pilote sur le fleuve.

– *Section des institutions politiques.* La réponse efficace de Herbert Hoover, alors secrétaire d'État au commerce, à la grande inondation du Mississippi en 1927 : la construction de 154 camps pour les 330 000 personnes chassées par les eaux. 300 000 autres reçurent nourriture et vêtements... L'anti-George Bush face à l'ouragan Katrina ! On découvre également la longue série de catastrophes naturelles qui frappèrent la Louisiane à travers les siècles. Voir aussi le *Coca J,* un pittoresque crevettier.

– *Section consacrée à Huey Long.* Incroyables vidéos des *speeches* de ce charismatique et populiste gouverneur puis sénateur de Louisiane, qui défendait pauvres et travailleurs et pourfendait l'*establishment.* Bien que ne dénonçant pas la ségrégation, il n'utilisa cependant jamais les races et le racisme pour diviser. Beaucoup d'Afro-Américains lui apportèrent d'ailleurs leur soutien pour avoir amélioré leur conditions de vie et de scolarisation.

– *Section consacrée à Louis Amstrong.* Ce héros de l'État pour qui *« une note est une note dans toutes les langues ! »...*

– *Section consacrée à l'histoire.* En vrac, l'exploration de la Louisiane, la présence française et espagnole, la guerre de 1812, la guerre contre le Mexique (1846-1848), la guerre de Sécession, la vie de Jefferson Davis... Ne pas manquer le plus ancien sous-marin du monde (1861), construit pour couler les bateaux de l'Union mais qui ne fut jamais utilisé !

– *Section consacrée aux ressources naturelles, l'agriculture, la pêche, la chasse...* Admirer la coupeuse de canne à sucre géante inventée en 1940 et l'incroyable fauteuil sculpté de la chambre de commerce, symbole de l'opulence de cette industrie.

– *Présentation de l'esclavage et de la lutte pour les droits civiques.* Reconstitution remarquable d'un marché aux esclaves. Histoire du boycott des bus contre le peu de places accordées aux Noirs.

À l'étage

– *Expo sur le carnaval* avec de magnifiques costumes.

– *Section musique :* blues, zydeco, bluegrass... Tous les grands sont là, les Little Brother Montgomery, Leadbelly, Fats Domino, Lloyd Price... Histoire du jazz à travers ses divers instruments de musique.

– *La vie dans les bayous :* l'importance du pétrole pour les Louisianais et les Cajuns, la vie religieuse, la gastronomie et tant d'autres choses...

USS Kidd et le Musée naval (plan centre B3) : *305 S River Rd. ☎ 225-342-1942. • usskidd.com • Tlj 9h-17h. Entrée : 8 $ (5 $ musée seul) ; réduc ; gratuit moins de 4 ans.* Il s'agit d'un des plus fameux contre-torpilleurs de l'histoire américaine, qui porte le nom de l'amiral Kidd, commandant de l'USS Arizona, tué à Pearl Harbour. Lancé en 1943, il a servi dans le Pacifique, aux Philippines, en Corée. Pendant la bataille d'Okinawa, au Japon, en avril 1945, il fut la cible des redoutables kamikazes : 38 soldats du *Kidd* périrent. Plusieurs fois touché, il a survécu à tous les dangers grâce à sa mobilité et à sa force de frappe. Visite (très intéressante) à l'aide d'une petite documentation bien faite et disponible en français. Il faut avoir vu cette machine de guerre de près pour comprendre l'hallucinante sophistication technologique des installations intérieures et la façon dont un groupe de 300 hommes pouvait tenir là-dedans. Sur le pont, la surface est savamment utilisée pour contenir les armes offensives, un lance-torpille à cinq tubes est coincé entre des canons de différents diamètres. Musique de Glenn Miller et photos de pin-up achèvent de recréer l'ambiance de l'époque. Dans le bâtiment par lequel on accède au bateau, petit musée de l'US Navy et de l'armée en général : maquettes de bateau, dont une montrant l'étonnante machinerie servant à propulser le *USS Kidd,* canons, et même un avion *Corsair* devant. Voir également l'impressionnant annuaire des morts et disparus du Vietnam ; 58 000 bonshommes tout de même, et seulement du côté américain.

LSU Rural Life Museum (plan d'ensemble C3) : *4650 Essen Lane ; à la hauteur de l'I 10, sortie 160 au sud-est de la ville. ☎ 225-765-2437. • rurallife.lsu.edu • Tlj 8h30-17h. Entrée : 7 $; réduc ; gratuit moins de 5 ans.* Musée en plein air de 2 ha environ, où sont reconstituées des bâtisses d'une plantation de canne à sucre. Par une courte vidéo (disponible en français) et différents objets comme des cercueils semblables à des scaphandres ou des métiers à tisser, sans oublier les outils, une intéressante présentation de la vie rurale du Sud dans une plantation au XIXe s : maison des esclaves, du contremaître, la forge, les chaudrons à raffiner le sucre, l'école et une petite église de campagne avec des vitres peintes à la place de vitraux. Même si ce n'est qu'une reconstitution, on y apprend plus de choses qu'en visitant la plupart des plantations.

Louisiana Art and Science Museum (plan centre B3) : *100 S River Rd. ☎ 225-344-5272. • lasm.org • Tlj sf lun et j. fériés 10h-16h (17h le w-e). Shows du planétarium sur l'heure (arriver pile-poil). Entrée (musée et show) : 9 $; réduc.* Installé dans un ancien dépôt de chemin de fer joliment rénové, ce musée est divisé en deux espaces : un côté consacré à l'initiation scientifique au moyen de jeux interactifs pour tous les âges, l'autre consacré à l'art (peintures, arts décoratifs, Égypte ancienne) travers des expos temporaires. Également un planétarium qui présente, outre la salle des planètes, des *laser shows* et films divers.

Magnolia Mound Plantation (plan d'ensemble B2) : *2161 Nicholson Dr, au sud du* Old State Capitol, *non loin de l'université. ☎ 225-343-4955. • nps.gov/nr/travel/louisiana/mag.htm • Lun-sam 10h-16h ; dim 13h-16h (dernière visite à 15h15). Entrée : 10 $; réduc ; gratuit moins de 5 ans. Visite guidée en costumes Empire qui débute à chaque heure pile, 10h-15h ; possible en français (demander à l'accueil). Plats préparés en cuisine mar et jeu oct-mai.*

Dans un parc où prospèrent logiquement de gigantesques magnolias, une très jolie maison en bois, sur pilotis, construite en 1791 dans le plus pur style créole français : la surélévation de la bâtisse permettait à la brise du fleuve de circuler et ainsi de rafraîchir la maison en été, mais aussi de se protéger des crues. D'ailleurs, elle fut édifiée par un Français. Bien plus de charme que la plupart des plantations de la région, et surtout sans l'habituel côté prétentieux et pompeux. Ici, authenticité et rusticité sont mises en évidence.

À l'intérieur de la maison, objets et meubles d'époque en acajou, fabriqués en Louisiane, ce qui est suffisamment rare pour être souligné. Le salon est particulièrement soigné, avec ses hauts plafonds moulurés et son papier peint importé de France, qui a été recréé à l'identique. À noter : l'éventail en bois géant au-dessus de la table de la salle à manger, qui servait à éloigner les mouches importunes. De plus, des plats traditionnels sont parfois préparés sous vos yeux dans la vieille cuisine restaurée qui était séparée de la maison principale pour la préserver de la chaleur.
À l'extérieur, on verra quelques *cabins* d'esclaves, dont l'une présente une exposition permanente sur l'esclavage en Louisiane, et la maison du contremaître, qui a été retrouvée sur Vermont Street, puis déplacée dans la plantation. Bref, une présentation vivante, d'autant plus que de nombreuses activités culturelles et artisanales y sont organisées.

Où assister à une messe gospel ?

■ ***Shiloh Missionary Baptist Church*** *(hors plan centre par B3,* ***50****)* ***:*** *185 Eddie Robinson Dr. ☎ 225-343-0640. Depuis l'I 10 en venant de La Nouvelle-Orléans, sortir à Government St, prendre à droite au feu, puis à gauche dans Eddie Robinson Dr, qui prolonge 13th St ; l'église est un peu plus loin sur la droite. Offices dim à 8h et 11h.* Authentique messe gospel avec une chorale accompagnée de piano, guitare, batterie et harpe. L'office, qui rassemble environ 500 fidèles, dure en moyenne 2h, dont un sermon de 30 mn. Si votre séjour à La Nouvelle-Orléans a été trop court pour assister à la ferveur joyeuse des chants gospel, rattrapez-vous à Baton Rouge et sacrifiez votre grasse matinée du dimanche. Les visiteurs blancs sont accueillis chaleureusement, signent le registre à l'entrée et sont traditionnellement présentés à l'assistance au cours de l'office. Évitez de prendre des photos (vous n'êtes pas au spectacle). Vous constaterez que les fidèles sont sur leur trente et un, ce qui peut justifier un effort vestimentaire des visiteurs. Un excellent souvenir de voyage !

Festival

– ***Baton Rouge Blues Festival :*** *1 j. mi-avr. Rens : ☎ 225-344-3328.* Du blues, évidemment, dans plusieurs lieux en ville. • *batonrougebluesfestival* •

SAINT FRANCISVILLE

1 600 hab.

Charmante bourgade située à 25 miles au nord-ouest de Baton Rouge, sur la Highway 61. Ses agréables maisons en bois, dont un certain nombre sont historiques, autrement dit antérieures à la guerre civile, s'éparpillent dans des rues verdoyantes et des sous-bois. Saint Francisville vivote tranquillement. On y vient pour découvrir les jolies plantations qui l'entourent ou pour s'enfoncer dans les bois sur les traces d'Audubon, célèbre naturaliste et héros local, dont on glorifie encore les planches d'oiseaux et de végétaux. La ville s'est construit aussi une petite réputation de rendez-vous artistique, en particulier pour les amateurs d'antiquités, qui aiment venir chiner dans les nombreuses boutiques aux ressources inégales et quelquefois cocasses.

➢ Pour aller de Saint Francisville à Baton Rouge, ou le contraire, la route la plus sympa n'est pas la Highway 61, mais la petite route (nº 415) qui passe par la rive droite du Mississippi. Le tout nouveau *Audubon Bridge* remplace désormais l'ancien bac. Enfin, si vous choisissez vos dates, pensez au pèlerinage Audubon (3e week-end de mars, ● *audubonpilgrimage.info* ●) ou, plus spectaculaire, au rodéo du pénitencier d'Angola (tous les dimanches d'octobre ainsi que le 3e week-end d'avril, ● *angolarodeo.com* ● ; voir plus loin « Dans les environs de Saint Francisville »).

Adresses utiles

Tourist Office *(plan centre)* **:** *W. Feliciana Historical Society, 11757 Ferdinand St (rue principale). ☎ 225-635-6330 et 4224. ● stfrancisville.net ● À 500 m du garage (au carrefour). Lun-sam 9h-17h ; dim 9h30h-17h.* Dans une ancienne quincaillerie, doc sur les plantations de la région. On y trouve également une librairie et un petit musée d'histoire locale, doc sur Audubon compris, et une description des maisons historiques, qui montre assez bien comment le *Far South* a précédé, dans l'esprit des pionniers, le *Far West.* Ce sont bien les Français qui s'installèrent ici les premiers, non sans avoir chassé les Indiens, bien sûr. Quelques docs en français. Accueil très prévenant, à l'égal des habitants de la région, souvent très touchés que des Européens s'intéressent à leur histoire.

Post Office *(plan centre)* **:** *Commerce St. Lun-ven 8h30-16h30 ; sam 9h-11h.*

@ Internet *(plan centre)* **:** *à la* ***Parish Library.*** *Lun-ven 8h-17h ; sam 9h-11h.*

Où dormir ?

Camping

Peaceful Pines RV Park *(plan des environs,* ***10****)* **:** *sur la Hwy 965, peu après Oakley Gardens. ☎ 225-635-4903. À 5 km du nouveau pont Audubon. De Baton Rouge par la Hwy 61, tourner à droite 2 miles avt Saint Francisville et rouler encore 3 miles. En lisière d'un bois. Réception 8h-17h. Emplacement dès 30 $.* Le cadre est grandiose, très vert, au cœur de la forêt. Confort minimum mais correct. Également une piscine, un BBQ et un coin-laverie. À quelques arpents de la maison natale d'Audubon, c'est un point de départ idéal pour de grandes balades naturalistes, à pied ou à vélo (si on a eu la bonne idée d'en apporter : aucune location à 120 miles à la ronde).

Prix moyens

3-V Tourist Court *(plan centre,* ***11****)* **:** *5695 Commerce St (accueil dans le Magnolia Café). ☎ 225-635-5540. En centre-ville, 7 bungalows en bois bien tenus. Chambres doubles 65-75 $; w-e, supplément 10 $.* Des chambres assez petites mais plutôt agréables et de bon confort (clim, micro-ondes et douche). La plus grande dispose d'une baignoire et d'une (mini) cuisine. L'ameublement est minimal mais très soigné. Bon accueil. Pour le petit déj (en sus), rendez-vous au *Bird Man* dans la même cour (voir « Où manger ? »). Vraiment bien pour les petits budgets (et les autres aussi !).

The Saint Francisville Inn *(plan centre,* ***12****)* **:** *5720 Commerce St. ☎ 225-635-6502 ou 1-800-488-6502 (résas 7h-21h). ● stfrancisvilleinn.com ● Chambre 100 $, petit déj compris.* Très centrale, cette charmante maison coloniale de style victorien (en bois) fut construite par un riche marchand vers 1880. Disposées autour d'un patio à galeries avec fontaine et petite piscine, une dizaine de chambres meublées par bonne-maman, avec ventilo et moustiquaire. Dommage que la literie soit parfois également d'époque. Une brocante est installée dans le salon, peut-être y dénicherez-vous des merveilles ?

Magnuson Hotel *(plan centre,* ***13****)* **:** *7059 Hwy 61, un peu avt la LA 10, sur la gauche en venant de Baton Rouge. ☎ 225-635-3821 ou 1-877-747-8713. ● magnusonhotelstfrancisville.com ● Chambre 80 $, petit déj buffet compris.* Motel de chaîne, confortable mais sans le charme d'une vieille demeure, bien sûr, malgré l'étang où se prélassent quelques canards. Très calme. Une centaine de chambres standard avec bains, cafetière, kitchenette et TV câblée. Piscine et centre de fitness.

Chic

Shade Tree (plan centre, **15**) : *à l'angle de Royal St et de Ferdinand St. ☎ 225-635-6116. • shadetreeinn.com • Chambres 145-195 $, petit déj compris.* Évidemment, à ce prix-là, c'est luxueux et de bon goût. Dans une ancienne maison de bois abritant des chambres charmantes où l'on se sent rapidement chez soi. La décoration est plaisante et le grand confort au rendez-vous. Cottage également, avec de beaux vitraux. Barbecue à disposition. En prime, un magnifique jardin avec balancelle. Calme garanti ! Bref, la Cadillac des *B & B* pour routards roulant sur les dollars, quoique le proverbe dise : « Routard qui roule n'amasse pas mousse. »

Barrow House (plan centre, **14**) : *9779 Royal St ; dans le quartier historique. ☎ 225-635-4791. • topteninn.com • Chambres 120-160 $, petit déj inclus.* Superbe *B & B* situé dans deux maisons classées, dont les balcons donnent sur la plus jolie rue de la ville. Beau mobilier dans les chambres ; préférez les moins chères, plus rustiques et moins américano-chichiteuses (broderies, collection de plus de 1 00 nounours !) que les autres. Le plafond de l'une d'elles porte encore les traces occasionnées par la chute d'un obus, tombé là lors de la guerre civile. Accueil cordial – les propriétaires n'ignorent rien de ce qui se passe en France.

SAINT FRANCISVILLE

Où dormir dans les environs ?

Hemingbough (plan des environs, **16**) : *au sud, juste avt l'entrée de Saint Francisville sur la Hwy 61, prendre la Hwy 965 (bien indiqué). ☎ 225-635-6617. • hemingbough.com • Chambre 120 $, suite 140 $, petit déj inclus. Résa conseillée le w-e (souvent concerts ou mariages).* Superbe *B & B* de 10 chambres dont 2 suites dans un immense et paisible parc de 240 ha agrémenté d'un majestueux porche d'entrée, d'un étang, d'un jardin à la française habitée par des paons, de bâtisses dans le style néoclassique et d'un amphithéâtre avec colonnade circulaire. Ambiance romantisme garantie ! Les chambres, toutes différentes et très confortables, sont meublées avec goût et dotées de lits à baldaquin. Cet ensemble totalement mégalo, inspiré de l'Antiquité grecque, est le fruit de l'imagination de son propriétaire, Arlin Dease, connu pour avoir restauré avec succès les grandes plantations de Nottoway et de The Myrtles.

Si votre budget vous le permet, n'oubliez pas les ***plantations*** aux alentours du village, qui, bien souvent, proposent le gîte et le couvert à des prix prohibitifs (voir « Les plantations » plus loin).

Où manger ?

Spécial petit déjeuner

Bird Man (plan centre, **21**) : *à l'entrée de la cour du 3-V Tourist Court (voir « Où dormir ? »). ☎ 225-635-*

Adresses utiles

- Tourist Office *(plan centre)*
- @ Parish Library *(plan centre)*

Où dormir ?

- **10** Peaceful Pines RV Park *(plan des environs)*
- **11** 3-V Tourist Court *(plan centre)*
- **12** The Saint Francisville Inn *(plan centre)*
- **13** Magnuson Hotel *(plan centre)*
- **14** Barrow House *(plan centre)*
- **15** Shade Tree *(plan centre)*
- **16** Hemingbough *(plan des environs)*

Où manger ?

- **21** Bird Man et Magnolia Café *(plan centre)*
- **24** The Oxbow Carriage House Restaurant *(plan centre)*
- **25** Que Pasa *(plan centre)*

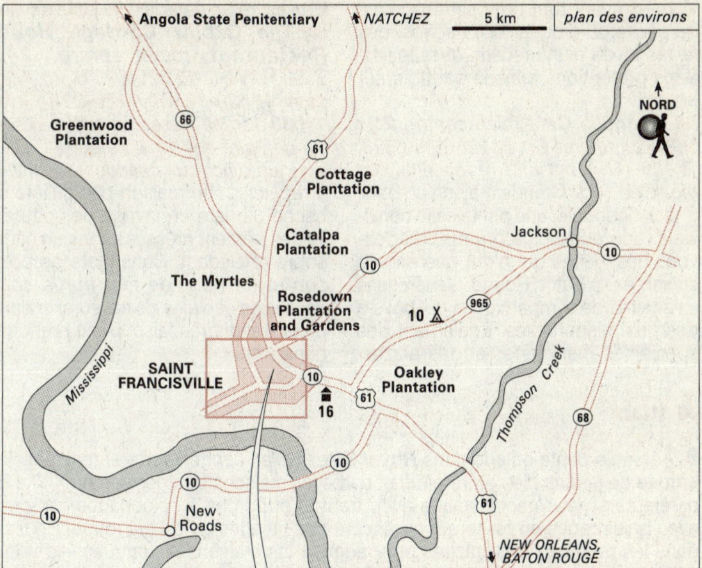

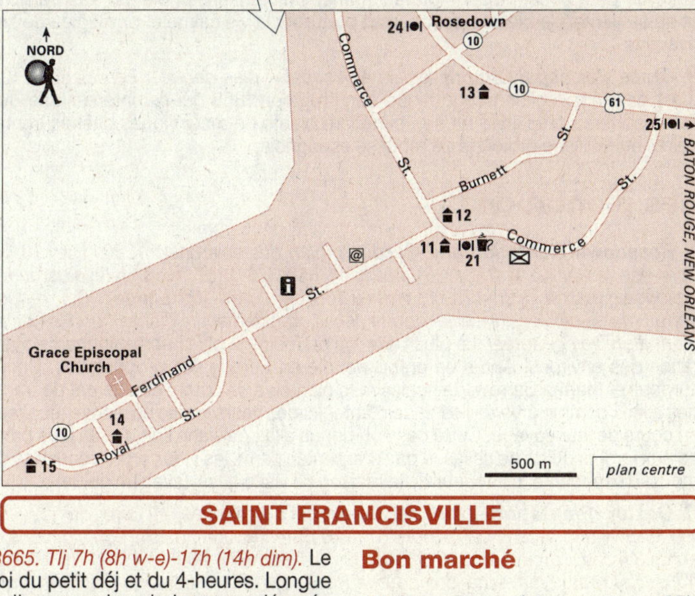

SAINT FRANCISVILLE

3665. Tlj 7h (8h w-e)-17h (14h dim). Le roi du petit déj et du 4-heures. Longue salle au cadre chaleureux, décorée par des tableaux évoquant souvent la musique. Atmosphère colorée un peu précieuse, pour déguster quelques pâtisseries bienvenues. Petite bibliothèque et, parfois, des concerts.

Bon marché

Que Pasa (plan centre, **25**) : *6731 Hwy 61, à l'entrée du village côté Highway. ☎ 225-784-0161. Lun-sam 11h-21h. À partir de 7 $.* Bar d'un côté et salle de resto de l'autre. Du pur latino. Un cadre fort simple, mais on vient ici avant tout pour siroter un jus de pêche ou croquer des *nachos*, des *fajitas* et de plantureuses *quesadillas*. Sans prétentions mais imbattable sur les prix.

Magnolia Café *(plan centre,* ***21****) : 5687 Commerce St. ☎ 225-635-6528. Tlj 10h-16h (jeu-sam 21h, ven 22h). Plat moins de 10 $.* Grande maison en bois. Snack dédoublé, une petite salle conviviale, une autre plus grande, rendez-vous des jeunes qui n'ont pas encore choisi l'exil à Baton Rouge. Généreuses salades et de sympathiques *po-boys* à des prix raisonnables. Également des spécialités mexicaines et des pizzas. Bon *espresso* dans le café juste devant.

The Oxbow Carriage House Restaurant *(plan centre,* ***24****) : 7193 Hwy 61. ☎ 225-635-6276. Mar-sam 11h30-13h30, 17h-21h ; dim 11h30-13h30. Résa conseillée le soir. Au déj, plat env 10 $; le soir, 15-25 $ pour un dîner aux chandelles.* Difficile à repérer, cette maison particulière se cache derrière un lavage de voitures. Tables joliment dressées dans un cadre sobre et élégant. Bons plats de poisson et de fruits de mer (*turtle soup* délicieuse et pleine de saveurs) et carte d'inspiration française. Beau brunch le dimanche.

À voir

Agréable petite balade dans ***Royal Street*** *(plan centre),* verte et résidentielle, bordée de jardins bien entretenus et de belles maisons bourgeoises du XIXe s de différents styles : néoclassique avec fronton et porche à colonnades, victorien avec balustrades en fer forgé, ou encore des façades en brique rouge. Pousser dans les rues perpendiculaires pour admirer les maisons historiques – la ville a édité un petit circuit, disponible au *Tourist Office*. L'ensemble est très paisible, et on se demande bien ce qui pourrait perturber la vie calme et privilégiée de ses riverains.

Grace Episcopal Church *(église épiscopale ; plan centre) : Ferdinand St.* Ce n'est pas tant l'église néogothique construite en 1858 qui est intéressante que l'atmosphère particulière de son cimetière planté de magnifiques chênes centenaires au feuillage prolongé de mousse espagnole.

Les plantations

Rosedown Plantation and Gardens *(plan des environs) : 12501 Hwy 10, au nord-est de la ville. ☎ 225-635-3332 ou 1-888-376-1867. • crt.state.la.us/parks/irosedown.aspx • Tlj 9h-17h ; 1re visite à 10h, dernière à 16h. Entrée : 10 $; réduc ; gratuit moins de 5 ans. Le billet donne accès gratuitement le même jour à la Oakley Plantation (voir ci-après).* La plus belle, ou du moins la plus impressionnante plantation des environs. Après un grand périple en Europe, les propriétaires, Daniel Turnbull et Martha Barrow, de richissimes planteurs de coton, décidèrent de tracer des allées comme à Versailles et de planter ici des fleurs et des essences récoltées au cours de leur voyage. Cette passion donna à la Louisiane l'un de ses plus prestigieux jardins qu'on ne se lasse pas d'arpenter, parmi les vieux arbres couverts de mousse espagnole. L'intérieur de la maison se visite aussi (avec un guide).

Oakley Plantation *(plan des environs) : à 4 miles au sud de la ville, 11788 Hwy 965. Accès par la route 61 (vers Baton Rouge), puis la 965 à gauche et après 3 miles à droite. ☎ 225-635-3739 ou 1-888-677-2838. Tlj 9h-17h. Entrée : 4 $; billet gratuit le même jour pour la Rosedown Plantation and Gardens. Voilà enfin un tarif raisonnable, car la maison est propriété de l'État. À ne pas confondre avec une autre célèbre maison, Oak Alley, à Vacherie. Demander à voir la vidéo en français. Pique-nique autorisé.*

Dans la salle de projection de l'écomusée sont présentées des planches originales de *Bird of America*, gravées par John James Audubon. Le fameux peintre naturaliste fut le professeur de dessin d'un enfant du propriétaire, il profita de ses

loisirs pour peindre ici les plus belles œuvres de ses *Oiseaux d'Amérique.* Malheureusement, suite à une querelle avec la patronne, il ne resta ici que 4 mois et dut trouver d'autres façons de financer son travail.
Plantation sobre et sans arrogance au milieu d'un parc sauvage où gazouillent des oiseaux. Beaucoup plus authentique que Rosedown, la maison a de drôles de persiennes de style caraïbe. Nous, on a préféré. Elle fut bâtie au début du XIXe s par la famille Pirries, des planteurs d'origine écossaise. On y sent bien l'atmosphère du Vieux Sud, chère à Faulkner. Dans un pré, au fond du jardin, vous pourrez voir deux cases d'esclaves bien conservées (lit, cheminée, chapeau et gousses d'ail !). Une famille, parfois 10 ou 12 personnes, vivait là-dedans. Quel contraste avec le luxe des maisons des proprios !

The Myrtles *(plan des environs) : 7747 Hwy 61, à la sortie nord de Saint Francisville. ☎ 225-635-6277 ou 1-800-809-0565. • myrtlesplantation.com • Tlj 9h-17h. Entrée : 8 $ pour le tour simple, 10 $ pour le Mystery Tour (ven-sam à 18h, 19h et 20h, avec sonorisation du fantôme). Durée : 1h env. Chambres 115-250 $ incluant petit déj et tour guidé.* Jolie demeure de 1796 de taille relativement modeste, trop proche de la route, hélas, mais dont la véranda est bordée d'un superbe balcon de fer forgé à l'espagnole. On la prétend hantée par plusieurs fantômes, notamment celui de Chloé, une esclave qui empoisonna sa maîtresse et ses deux enfants en confectionnant un cake à l'arsenic. Elle revient certaines nuits pour couvrir les invités et dérange très régulièrement les chambres. Pour preuve, quelqu'un a réalisé une photo de Chloé. Des études scientifiques ont mesuré une tension électrique dans cette demeure et une différence de température de quelques degrés dans la salle à manger des enfants, où le gâteau leur a été servi. Plus classiquement, on admirera dans la maison les magnifiques moulures des deux salons, des dames et des messieurs, en vis-à-vis, la tapisserie d'Aubusson, les vitraux, les cheminées en marbre de Carrare...

On peut dormir ici, mais c'est très (trop !) cher pour le confort, même si les chambres de la maison principale sont tout à fait charmantes. D'autant que les clients sont quasi systématiquement logés dans l'annexe, dont les chambres sont bien peu confortables et pas terribles pour le prix d'un grand 3-étoiles. Si vous logez dans la chambre de Fanny, ayez soin de laisser la lumière allumée en partant, car le fantôme de cette dernière (rien à voir avec celui de Chloé...) ne supporte pas l'obscurité. Essayez d'éteindre pour voir... Elle rallumera.

Catalpa Plantation *(plan des environs) : à 4 miles au nord-est de Saint Francisville par la Hwy 61, direction Woodville. ☎ 225-635-3372. • nps.gov/nr/travel/louisiana/cat.htm • Téléphoner car les visites se font slt sur rdv. Fermé déc-janv. Entrée : 5 $. Pour les gourmands, petit verre de sherry offert à chaque visiteur.* Adorable et minuscule demeure victorienne, isolée dans une très belle forêt. Visites guidées par la propriétaire des lieux, qui habite la plantation mais n'est pas toujours là.

Cottage Plantation *(plan des environs) : 10528 Cottage Lane, 1 mile après Catalpa, sur la même highway. ☎ 225-635-3674. • cottageplantation.com • Tlj 10h-16h. Entrée : 7 $. Tour guidé de 30 mn. Chambres 115-135 $, petit déj compris.* Une maison qui a beaucoup de charme et qui a conservé toute son âme. La charmante propriétaire pourra vous faire visiter sa demeure. Toutefois, nous indiquons cette adresse plus pour son *B & B.* Au-delà de la maison, bâtie en 1795 et plusieurs fois agrandie depuis, c'est pour ses dépendances que *Cottage* présente de l'intérêt. Plusieurs cabanes d'esclaves et une grange avec un carrosse.

Côté ***B & B,*** quelques jolies chambres meublées d'antiquités, qui ont le charme désuet des chambres de grand-maman. Préférer l'une de celles situées à l'étage, car elles ont un coin-salon. Ce cottage entouré de verdure est très apaisant et agréable. Il offre en plus un bon rapport qualité-prix et l'avantage de pouvoir prendre un breakfast convivial dans la *dining room* de la maison principale. Piscine.

Greenwood Plantation *(plan des environs)* **:** *6838 Highland Rd, à une quinzaine de miles au nord de Saint Francisville. ☎ 225-655-4475 ou 1-800-259-4475. • greenwoodplantation.com • Prendre la 61 North sur 3 miles, puis tourner à gauche sur la 66 ; la suivre sur 4 miles, puis à gauche à nouveau sur une petite route (Highland) qui pénètre dans la forêt. Tlj : mars-oct 9h-17h ; nov-fév 10h-16h. Droit d'entrée pour le parc seul : 3 $; pour le parc et la maison : 8 $. Brochure en français.* La particularité, ici, c'est que la maison est située en pleine campagne. Bâtie en 1830 par l'un des descendants de la famille Barrow, richissimes planteurs de Caroline, elle est un des meilleurs exemples du style *Greek revival* avec 28 colonnes entourant l'édifice. Il s'agit en fait d'une copie conforme, puisque l'original brûla en 1960. La plantation possédait 750 esclaves avant la guerre de Sécession, et fut épargnée car elle servit d'hôpital aux troupes nordistes. Les propriétaires actuels exploitent toujours leurs terres. Le film *Bagatelle* y fut tourné, ainsi que la saga *Nord et Sud,* film très populaire aux États-Unis, tiré du roman de John Jakes. Le problème de cette plantation est que le mobilier fait très « faubourg Saint-Antoine ». Dans le parc, l'étang servait de baptistère aux Noirs, de 1840 à 1965. Notez la romantique balancelle à côté. On s'y croirait vraiment ! Dommage que l'accès au belvédère ne soit pas permis ; la vue doit être sublime.

Juste à côté, dans l'annexe moderne, un ***B & B.*** *Chambres 95 $-125 $, petit déj inclus.* Celles au 1er étage, avec un balcon, offrent une belle vue sur l'étang et la maison de maître, ce qui justifie la différence de prix. Chambres confortables (bain à bulles, TV câblée), meublées dans un style bourgeois. Malheureusement, l'établissement manque vraiment d'authenticité, et les prix ne sont donc pas totalement justifiés par rapport à un *B & B* dans une demeure d'époque. L'adresse vaut davantage pour son cadre, à recommander aux adeptes du calme pastoral.

SAINT FRANCISVILLE

DANS LES ENVIRONS DE SAINT FRANCISVILLE

Parlange Ante Bellum House *(hors plan des environs)* **:** *8211 False River Rd. ☎ 225-638-8410. • nps.gov/nr/travel/louisiana/par.htm • De Saint Francisville, continuer sur la LA 10 jusqu'à New Rd, puis prendre la Hwy 1 et suivre les flèches « Baton Rouge » ; après un ravissant village qui s'étale le long du lac False River (maisons en bois, cabanes de pêche, hérons, écureuils...), la plantation est indiquée sur la droite. Téléphoner car les visites se font slt sur rdv. Tour guidé de 1h env (jardins inclus) : 9 $.* La plantation la plus célèbre puisqu'elle servit de modèle à la « Bagatelle » des romans de Denuzière. Elle est située sur Fausse-Rivière, bras mort du Mississippi. La propriété appartient toujours à la même famille. Le maître des lieux s'est senti un peu humilié par les scènes d'amour décrites dans le roman, notamment celle qui raconte comment Virginie se serait livrée à un général nordiste un soir de grand vent.

Angola State Penitentiary *(hors plan des environs)* **:** *tt au bout de la route 66, à 25 miles env au nord-ouest de Saint Francisville. ☎ 225-655-2592. • angolamuseum.org • Musée ouv tlj sf dim 8h-16h30 (16h sam). Gratuit, mais dons acceptés. Rodéo d'Angola : ts les dim d'oct, 10h-16h, et 3e w-e d'avr ; entrée : 15 $. Tours pour le pénitencier, slt sur rdv : ☎ 225-655-2592.*

Quelle drôle d'idée de visiter ce genre d'endroit ! Pourtant, ce pénitencier permet d'approcher une réalité américaine autrement plus contemporaine que les plantations.

D'abord, il y a un musée qui raconte la vie de la prison et l'histoire de quelques célèbres pensionnaires, dont Charly Frazer, recordman du crime (17 meurtres) et

de l'évasion (18 tentatives). On voit aussi des armes, celles des gardiens, mais surtout celles bricolées par les détenus : minipistolet, brosse à dents-poignard, etc. Enfin, une chaise électrique est exposée. À côté, les photos de tous ceux qui sont montés dessus ou ont été exécutés par d'autres moyens. La chaise, qui avait remplacé la pendaison en 1957, a elle-même été mise au rancart en 1991, et on tue aujourd'hui par injection létale. En fait, un seul des trois produits injectés par trois personnes différentes provoque la mort. Les visages de ces hommes qui sont morts par la volonté de l'État sont particulièrement impressionnants. Et même, on n'aurait pas aimé les rencontrer dans une rue sombre, ce n'est pas une raison pour les mettre à mort.
En fait, ce n'est pas que pour ce musée, pourtant intéressant et cogéré par les gardiens et les détenus, qu'on vous parle du pénitencier. Chaque automne a lieu ici l'un des plus célèbres rodéos du Sud : le ***rodéo d'Angola.*** La particularité de ce rodéo, c'est que ce sont bien sûr les prisonniers qui participent aux courses de chevaux sauvages, ou tentent d'arracher le ticket de 200 $ entre les cornes d'un taureau. Tentante somme quand on n'a pas grand-chose à perdre et que l'on gagne moins de 5 cents de l'heure ! Mais aussi un moyen de réinsertion original. En s'initiant au dressage des chevaux, certains détenus apprennent, avec l'aide d'un formateur spécialisé, à établir une relation de confiance avec l'animal. Qui, dans bien des cas, leur donne de l'assurance et leur permet d'envisager le monde extérieur avec un autre regard. Beaucoup de monde et une ambiance énorme. Un vrai show américain, avec tout ce que ça peut avoir de spectaculaire, et l'obligation pour les visiteurs de déposer leur arme avant d'entrer dans l'enceinte.
– Pas étonnant que, parfois, on aperçoive des prisonniers (en tenue rayée noir et blanc) qui nettoient les routes, sous l'œil vigilant d'un gardien (armé !).

À faire dans les environs

Tunica Hills Management Area : *depuis Saint Francisville, prendre la Hwy 61 vers le nord, puis la Hwy 66 à gauche, après The Myrtles et Butler-Greenwood Plantation ; après plusieurs miles, tourner à gauche au niveau de la station* Exxon. Forêt de sapins et de feuillus où quelques sentiers de randonnée ont été aménagés. Indispensable de se renseigner sur les dates de chasse.

Cat Island National Wildland Refuge : *à 5 miles de Saint Francisville. Suivre Ferdinand St et prendre à droite Tunica Rd. Rens auprès de l'office de gestion du parc, situé à côté du* Tourist Office *(☎ 601-442-6696).* Autre réserve protégée d'oiseaux et de poissons. On se balade sur un sentier balisé par des losanges blancs qui longe sur plusieurs miles la rive du Mississippi en passant par une étrange forêt de cyprès chauves plusieurs fois centenaires. Agréable pour pique-niquer, mais n'oubliez pas la crème antimoustiques. Attention, au printemps, les eaux du Mississippi inondent la route d'accès au parc. De nombreux chemins de randonnée balisés dans toute la région, sur des pistes anciennes qu'utilisaient déjà les Indiens.

VERS LE NORD, LES VILLES HISTORIQUES

Dans la mythologie américaine, un personnage occupe une place prépondérante : le pionnier. Ce défricheur dut se battre contre les éléments, les Indiens (qu'il préféra exterminer) et souvent contre d'autres pionniers, venus d'une autre puissance de la lointaine Europe.
Il y eut plusieurs vagues et plusieurs types de pionniers : les explorateurs, les migrants du *Mayflower*, les premiers colons (sans parler de Christophe), les chercheurs d'or, les Italiens fuyant la pauvreté, les juifs fuyant le nazisme et,

avant tous ceux-là, les Vikings, et même les Indiens qui, venant d'Asie, franchirent probablement le détroit de Béring il y a plus de 50 000 ans !
Les deux villes emblématiques de cette route du Nord font partie des pionnières. Natchez fut l'une des toutes premières places commerciales du Sud et, bien avant, Natchitoches la première installation permanente européenne (française en l'occurrence) en Louisiane. Voici donc deux cités qui vous entraînent dans 300 ans d'Amérique.

NATCHEZ

16 000 hab.

À 58 miles au nord de Saint Francisville (et 90 miles de Baton Rouge). Ici, ce n'est plus la Louisiane mais le Mississippi (l'État), délimité à l'ouest par le Mississippi (le fleuve). Les amoureux du blues pourront suivre les traces de leurs idoles qui firent la renommée du Mississippi. Outre William Faulkner (installé à Oxford), qui n'a pas grand-chose à voir avec la musique, les grands *bluesmen* passèrent ou vécurent ici : Robert Johnson, Muddy Waters, John Lee Hooker, B. B. King et bien d'autres (le fameux Delta du Mississippi), sans oublier le Blanc qui chantait comme un Noir, Elvis, né dans le « trou du cul de l'Amérique » (Tupelo)... On pourra, si l'on a le temps et l'envie, remonter la Highway 61 jusqu'à Clarksdale (musée du Blues, hôtel où est morte Bessie Smith, maison où vécut Muddy Waters, etc.).
Autre route mythique de l'histoire américaine, la *Natchez Trace Parkway,* la route des pionniers, qui relie la ville à Nashville en passant par Vickburg, théâtre d'une célèbre bataille pendant la guerre de Sécession. Elle suit pendant longtemps le Mississippi, dont les bords sont bien entretenus et proposent de nombreux endroits pour pique-niquer (avec barbecues à disposition). En revanche, aucun bateau ne propose de balade sur le fleuve. Pour en revenir à Natchez, la ville doit évidemment son nom aux Indiens du même nom, qui honorèrent ici le Soleil depuis le XIIIe s. Colonisée par les Espagnols, puis les Français, les Anglais et encore les Espagnols avant de devenir américaine en 1798, Natchez est connue pour avoir été la première colonie établie sur les rives du Mississippi, et pour avoir été la deuxième ville la plus riche des États-Unis (après New York) au temps de la prospérité des barons du coton.
Natchez est redevenue une tranquille bourgade de province, mais elle vit encore et toujours pour le fleuve et par le fleuve. C'est pourquoi il ne faudrait mettre le pied ici qu'en débarquant d'un *steamer.* La ville semble figée dans une pieuse commémoration du patrimoine. Mais les 500 demeures « historiques » épargnées par la guerre de Sécession auront vite fait de vous conquérir. De même d'ailleurs que toutes les strates architecturales qui subsistent un peu partout. Mais surtout, la tranquillité de Natchez reflète la gentillesse de ses habitants, leur disponibilité, leur envie d'accueillir au mieux le visiteur. Plus chaleureusement qu'ailleurs, on se salue dans la rue, chez les commerçants, dans les bars. Et ce n'est pas que du savoir-vivre.

Arriver – Quitter

En bus

Terminal Greyhound *(plan C3)* **:** *103 Lower Woodville Rd.* ☎ *601-445-5291.* Attention, on ne voit pas la gare routière depuis la Hwy 84.
➢ ***De La Nouvelle-Orléans :*** 1 départ/j. vers 10h. Dans le sens inverse, départ de Natchez à 16h *(plan C3).* La ligne ne fonctionne pas dim (dans les 2 sens). Compter 4h de trajet. Assez cher (env 40 $).

En voiture

➢ ***De New Orleans, Baton Rouge ou Saint Francisville :*** Natchez est à

90 miles de Baton Rouge et 65 miles de Saint Francisville par la US 61 N, et à 172 miles de New Orleans par l'I 10 puis la US 61 N.

En bateau

➢ Possibilité de faire escale à Natchez en remontant le Mississippi en bateau à aubes de New Orleans, avec l'***American Queen,*** le dernier des fameux *Delta Queens Paddle Wheelers.* Croisières de 3, 4, 5 jours ou plus. Renseignements et résas à New Orleans. *The Great American Steamboat Co.* : ☎ *1-800-697-2457.* ● *greatamericansteamboatcompany.com* ● Pour les embarquements au départ de Natchez : ☎ *1-800-543-1949.* Très cher, bien sûr *(cabines doubles 1 000-2 500 $/pers pour 3 nuits !).*

Adresses utiles

ℹ ***Natchez Visitor Reception Center*** *(plan A-B3)* **:** *à l'angle de Canal St et de John R. Junkin Dr (Hwy 84).* ☎ *601-446-6345 ou 1-800-647-6724.* ● *visitnatchez.org* ● *Lun-sam 8h30-17h ; dim 9h-16h.* Dans un immeuble flambant neuf, vous trouverez tous les renseignements nécessaires à votre périple en ville et dans le Mississippi. Bonne doc et magnifique maquette de Natchez. Projection toutes les 30 mn d'un film vidéo d'une vingtaine de minutes sur l'histoire de la ville *(2 $; réduc).* Organise aussi une longue et intéressante visite de la ville en français. Carte de la région (gratuite) et plein de magazines locaux (gratuits aussi) bourrés de réductions sur les hôtels, restaurants et toutes sortes d'activités.

■ ***Natchez Pilgrimage Tours*** *(plan A-B3,* ***1****)* **:** *dans le Visitor Center.* ☎ *601-446-6631 ou 1-800-647-6742.* ● *natchezpilgrimage.com* ● *Lun-sam 8h30-17h ; dim 9h-16h (slt pdt les Pilgrimages). Prix : 10-30 $ selon formule. En calèche : 15 $.* Voici un tour-opérateur qui organise des visites de la ville et se fait un plaisir de renseigner les visiteurs. Demandez un plan de la ville, les maisons à visiter sont pointées. Infos sur les *B & B* et réservations.

✉ ***Poste*** *(plan A-B2)* **:** *à l'angle de Canal et Jefferson St.* ☎ *601-442-4361.*

@ ***Internet*** **:** *à la* ***Library*** *(plan B2), 220 Commerce St. Lun-jeu 9h-18h ; ven 9h-17h ; sam 9h-13h. Accès gratuit.*

■ Adresses utiles

- ℹ Natchez Visitor Reception Center
- @ Library
- 1 Natchez Pilgrimage Tours

Où dormir ?

- 8 The Mark Twain Guesthouse
- 9 Deluxe Inn
- 10 River View Park
- 11 Riverside B & B
- 12 Natchez Grand Hotel
- 13 1888 Wensel House
- 14 Grand Hotel Soleil
- 15 Days Inn
- 17 The Burn B & B
- 18 The Briars
- 19 Isle of Capri Casino Hotel
- 20 Bluff Top

Où manger ?

- 21 Slick Rick's
- 22 Biscuits & Blues
- 23 Magnolia Bar & Grill
- 24 Pearl St Pasta
- 25 Mammy's Cupboard
- 26 The Pig Out Inn
- 27 Cock of the Walk
- 28 Natchez-Eola Hotel
- 29 Natchez Coffee Co
- 30 Fat Mama's Tamales
- 31 The Natchez Landing
- 32 Breaud's

Où boire un verre ? Où écouter de la musique ?

- 22 Biscuits & Blues
- 40 Saloon Under the Hill
- 41 Old South Winery
- 42 Bowie's Tavern
- 43 Andrew's
- 44 Isle of Capri Casino
- 45 New Convention Center

■ Où assister à une messe gospel ?

- 50 Holy Family Catholic Church

À voir

- 60 Natchez Museum of Afro-American History and Culture
- 61 Forks-of-the-Road Market
- 62 William Johnson House
- 63 Straton Chapel Gallery
- 64 Natchez City Cemetery

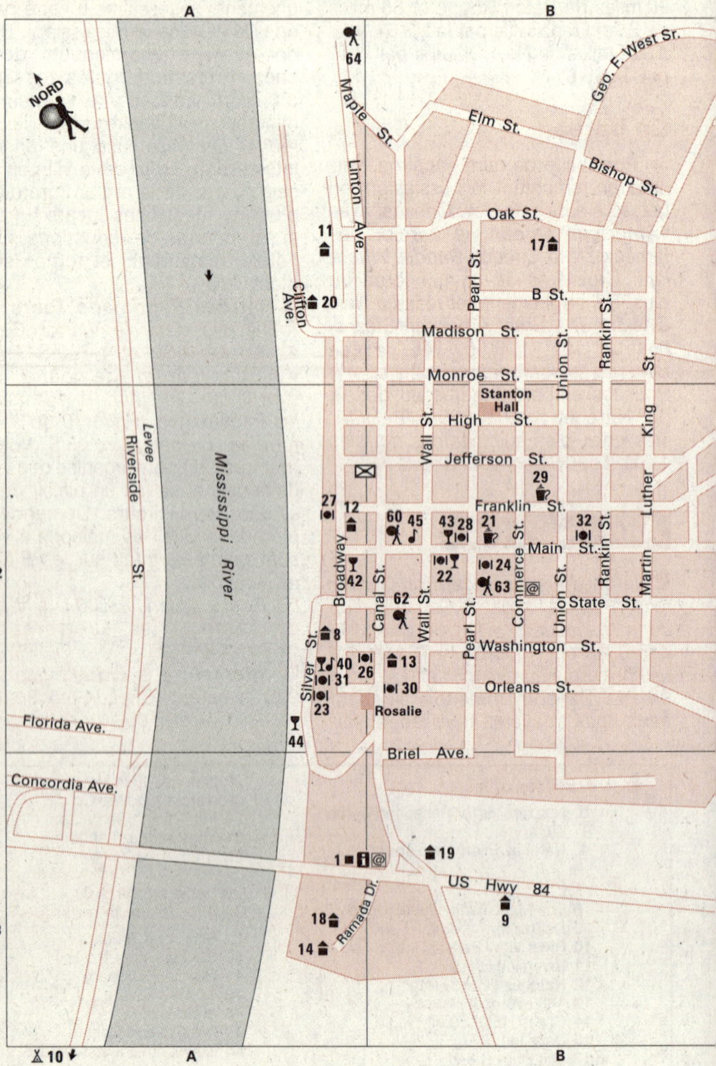
A
B
NORD
Maple St.
Linton Ave.
Clifton Ave.
Elm St.
Geo. F. West St.
Bishop St.
Oak St.
B St.
Pearl St.
Madison St.
Monroe St.
Stanton Hall
High St.
Jefferson St.
Franklin St.
Main St.
State St.
Washington St.
Orleans St.
Rosalie
Briel Ave.
Union St.
Rankin St.
King St.
Luther Martin St.
Wall St.
Commerce St.
Canal St.
Broadway
Silver St.
Levee
Riverside St.
Mississippi River
Florida Ave.
Concordia Ave.
US Hwy 84
Ramada Dr.
1
2
3
10
64
11
20
17
29
27
12
60
45
43
28
21
32
42
22
24
63
62
8
40
31
23
26
13
30
44
19
9
18
14

C
D
200 m
61 N.
Lynda Lee Dr.
41
Concord Ave.
D'Evereux Dr.
1
61
Liberty Rd
Saint Catherine St.
50
E. Franklin St.
Fourth St.
Linden
Monmouth
John Quitman Parkway
John Quitman Parkway
Auburn Ave.
Melrose Avenue
Seargent S. Prentiss Dr.
Arlington Ave.
2
Melrose Plantation
Park Pl.
Ratcliff Pl.
Winchester Rd.
Duncan Ave.
Homochitto St.
Dunleith
Auburn
John R. Junkin Dr.
Lower Woodville Road
Grand Village
Longwood House
J. Davis Blvd
3
61 S.
C
D
15 25

NATCHEZ

Sinon, connexions payantes (20 cents/mn) au ***Natchez Visitor Reception Center*** *(plan A-B3).*
■ **Laverie automatique :** *au camping* ***River View Park*** *(voir ci-après « Où dormir ? »). Ouv 24h/24.* Bien équipée et très propre.

Où dormir ?

Camping

⛺ **River View Park** *(hors plan par A3,* ***10****) : ☎ 318-336-1400 ou 1-866-336-1402. ● riverviewrvpark.com ● De l'autre côté du Mississippi, donc en Louisiane. Prendre la 1re route à gauche, la ML King Rd, après le pont et continuer sur 1 mile. Emplacement 14 $.* Grand terrain plat sans charme particulier mais au bord du fleuve, offrant un beau panorama sur le bateau à vapeur du casino et sur la ville. Bon état des équipements. Près de 200 emplacements. Piscine. Il existe 2 autres campings près de la ville, mais ils ne sont franchement pas terribles.

Bon marché

🏠 ***The Mark Twain Guest House*** *(plan A2,* ***8****) : 33 Silver St. ☎ 601-446-8023. ● underthehillsaloon.com ● Doubles 65-85 $, petit déj inclus. Réduc importantes selon durée ou nombre de chambres occupées.* Au-dessus d'un des plus vieux pubs de la ville, voici une belle adresse pour petits budgets à la recherche de lieux et d'atmosphères insolites. 3 chambres un peu vieillottes mais bien tenues, avec sanitaires communs. Attention, sommeils légers s'abstenir : si certains soirs de la semaine se révèlent calmes, les jours de concerts le sont moins. On le répète, vraiment pour lecteurs aventuriers souhaitant avant tout se retremper un orteil dans la fabuleuse atmosphère du Mississippi de Mark Twain !
🏠 ***Deluxe Inn*** *(plan B3,* ***9****) : 218 John R. Junkin Dr. ☎ 601-442-0221. Double 60 $.* Simple, confort correct, un des moins chers de la ville et pas trop éloigné de la ville. Idéal là aussi pour les petits budgets.
🏠 ***Days Inn*** *(hors plan par D3,* ***15****) : motel sur le bord de la Hwy 61 S, à l'entrée sud de la ville. ☎ 601-445-8291 et 1-800-329-7466. ● daysinn.com ● Chambre 90 $, petit déj inclus.* 💻 Avec sa fausse entrée style « plantation », ce motel offre un poil plus de standing que les précédents. Les chambres sont toutes identiques, spacieuses et de bon confort (TV câblée, frigo, laverie et même un dîner gratuit du lundi au jeudi !). Avant d'accepter une chambre, assurez-vous qu'elle n'est pas trop proche du ronflant bloc AC. Belle piscine.

Prix moyens

Attention, ne croyez pas que les *B & B* et *guesthouses*, principalement installés dans de vieilles demeures et nombreux dans le vieux quartier, soient moins chers que les hôtels, c'est loin d'être le cas. C'est même plutôt l'inverse ! Vous pourrez en obtenir la liste auprès du *Natchez Visitor Reception Center* (voir « Adresses utiles »). D'autre part, les prix, relativement stables, ont tendance à franchement augmenter lors des *Pilgrimages*, fin mars et fin octobre, et pour Noël.

🏠 ***Isle of Capri Casino Hotel*** *(plan B3,* ***19****) : 645 S Canal St, en face du Natchez Visitor Reception Center. ☎ 601-445-0605 ou 1-800-722-5825. ● natchez.isleofcapricasino.com ● Chambre en théorie 100 $ en sem, 90 $ le w-e, petit déj inclus. Mais 40 % de réduc à partir de la 2e visite avec la carte de membre du casino, donc respectivement 75 et 65 $.* L'hôtel est un peu tristounet et n'a pas, bien entendu, le charme d'un *B & B* mais il est à tout près du centre-ville. L'astuce consiste à aller chercher d'abord sa carte de membre au casino (en profitant de la navette gratuite) situé dans le *steamboat* arrimé au bord du Mississippi (voir la rubrique « Où boire un verre ? Où écouter de la musique ? »). La carte est délivrée gratuitement sur présentation du passeport à toute personne de plus de 21 ans et n'impose aucune obligation de jouer. Vous pouvez ensuite aller à l'hôtel avec votre carte, qui vous permettra d'obtenir la réduction (il faut parfois négocier un peu). Comme dans les hôtels de Las Vegas, on suppose que les clients iront dilapider tout leur budget au casino. Piscine.

Grand Hotel Soleil *(plan A3,* ***14****) : 130 J. R. Junkin Dr (Hwy 84). ☎ 601-597-1164 ou 1-888-946-4727. • grandsoleilnatchez.com • Double env 110 $.* Légèrement excentré, un grand motel à la situation privilégiée sur le haut de la falaise avec une vue imprenable sur le pont et le Mississippi. Une centaine de chambres, récemment rénovées, bien confortables, avec AC, bains et TV câblée. Demander celles avec vue. Belle terrasse et buffet le dimanche. Piscine.

Natchez Grand Hotel *(plan A2,* ***12****) : 111 Broadway St. ☎ 601-446-9994 et 1-866-488-0898. • natchezgrandhotel.com • Doubles 100-130 $, petit déj en sus.* Le dernier né des hôtels de standing, et il a vu grand ! Long édifice de brique rouge montrant quelques réminiscences d'architecture sudiste, avec vue privilégiée sur le vieux fleuve. 120 chambres tout confort. Piscine et salle de fitness.

Chic

1888 Wensel House *(plan B2,* ***13****) : 206 Washington St. ☎ 601-445-8577 ou 1-888-775-8577. • 1888wenselhouse.com • Chambres 105-115 $, petit déj inclus ; cottage 20 $ de plus. Résa recommandée.* Dans une jolie maison victorienne en bois du quartier historique, un charmant petit *B & B* proposant à l'étage des chambres confortables qui possèdent leur propre salle de bains ainsi qu'un dressing. Les hôtes, Mimi et Ron (qui travaille aux Monuments classés, *The Historic Natchez Foundation*, et pourra donc vous renseigner), proposent également un adorable cottage avec 2 chambres, une salle à manger, une cuisine équipée, un salon avec canapé-lit. Super si vous êtes en famille et comptez séjourner plusieurs jours à Natchez. Notre adresse préférée dans sa catégorie.

Bluff Top *(plan A1,* ***20****) : 205 Clifton Ave. ☎ 601-304-1002 ou 1-800-211-6420. • blufftopnatchez.com • Chambres 90-125 $, petit déj compris.* *B & B* dans une demeure gris-bleu, en haut de la falaise (*bluff* en anglais), profitant d'une vue imprenable sur le Mississippi. 3 chambres avec mobilier et décor à l'ancienne. Adresse qui prime par sa situation privilégiée et son vieux charme. Accueil chaleureux de Neil.

Riverside B & B *(plan A1,* ***11****) : 211 Clifton Ave. ☎ 601-446-5730. Chambre 100 $, suites 130-180 $, petit déj inclus. Pour vous garer, passez par Linton Ave et cherchez une grande maison victorienne cachée dans la végétation.* Au rez-de-chaussée, on profite des 2 salons de cette maison de 1858 à l'époustouflante décoration ! Lourdes tentures, lampes de style, superbes fauteuils de velours, amoncellement d'objets précieux, photos jaunies, tableaux... Une vraie atmosphère de film sur l'aristocratie décadente ! Ceux qui n'apprécient pas les décors chargés s'abstiendront donc. La chambre du rez-de-chaussée bénéficie d'un incroyable lit à baldaquin sculpté. Délicieuse véranda avec vue exceptionnelle sur le Mississippi. À propos, admirer la maison voisine, avec son élégant péristyle renforcé d'un monumental porche à quatre colonnes...

The Burn B & B *(plan B1,* ***17****) : 712 N Union St. ☎ 601-442-1344 et 1-800-654-8859. • theburnbnb.com • Doubles 140-180 $, copieux petit déj inclus.* Sur une butte, au milieu d'un très grand et charmant jardin et de plus de cent camélias, une superbe demeure victorienne de 1898. À l'intérieur, tout le confort souhaité, bel escalier et mobilier ancien en font une adresse de renom. 4 chambres dans la maison principale et 5 dans la *Garçonnière*, l'annexe qui la jouxte. Certaines avec de jolis lits à baldaquin sculptés. Belle piscine au sein de la verdure.

De chic à plus chic

Linden *(plan D2) : Linden Pl. ☎ 601-445-5472 ou 1-800-2-LINDEN.*

• lindenbandb.com • Accessible par Melrose Ave. Chambres 125-140 $. Les moins chères sont mignonnes mais plus petites. 6 chambres meublées à l'ancienne (lit à baldaquin), cela va de soi, dans une belle maison de maître construite en 1790. La *front door* est une copie de celle de *Tara (Autant en emporte le vent)* ! Pas ordinaire du tout. La demeure est gérée avec dynamisme par Jeanette, arrière-arrière-arrière-(...)-petite-fille du propriétaire qui l'acheta au milieu du XIXe s. La *West Wing* a été transformée en *Town House* et se loue, avec entrée indépendante, grande salle à manger et cuisine. Avis aux gros dormeurs : le petit déj est servi pour tout le monde à 8h30 précises dans la belle salle à manger du rez-de-chaussée, ornée au centre d'un énorme *punkah* en bois. Ensuite, tour de la maison (oui, oui, c'est un vrai musée ici !) à 9h avec les éventuels visiteurs extérieurs.

The Briars *(plan A3,* ***18****) : 31 Irving Lane, au bout du parking du* Grand Hotel Soleil *(voir « Prix moyens »). ☎ 601-653-0017 et 1-888-609-1127. • thebriarsinn.com • Chambres 180-275 $, bon petit déj inclus.* Une adresse de charme tellement imprévisible de ce côté du fleuve. Un vrai petit palace pour lune de miel. C'est d'ailleurs ici que Jefferson Davis se maria. Les chambres, qui ne craignent pas une surenchère toute victorienne, sont réparties dans plusieurs bâtiments dans un romantique jardin ; peut-être aurez-vous la chance d'arriver pendant la floraison des magnolias. Même si vous n'y dormez pas, allez jeter un œil au bout de la promenade en bois qui part du parking. Vue sublime sur le Mississippi.

Dunleith *(plan C3) : 84 Homochitto St (du centre, direction Hwy 61 S). ☎ 601-446-8500 ou 1-800-433-2445. • dunleith.com • Chambres 140-280 $, petit déj (excellent) compris, servi au* Castle Restaurant *(voir « Où manger ? Très chic »).* *Dunleith* tient plus de l'hôtel de luxe que du *B & B* (24 chambres tout de même). C'est un cube imposant de style néoclassique entouré d'une colonnade formant un péristyle. Chambres immenses et très confortables, avec cheminée, lit à baldaquin et mobilier d'époque pour les plus chères. Sublime ! Ces grands propriétaires terriens ne faisaient pas dans la sobriété. Les autres chambres, plus petites, sont réparties dans l'aile moderne en brique, qui présente moins d'intérêt. Certaines sont un peu étriquées et décevantes...

Monmouth *(plan C2) : John Quitman Parkway. ☎ 601-442-5852 ou 1-800-828-4531. • monmouthplantation.com • Chambres 195-260 $, les suites les plus grandes s'envolent au-delà de 290 $; petit déj et tour guidé compris.* *B & B* (!) de luxe dans un beau parc de 12 ha. Encore un ton au-dessus, si c'est possible, que les *Briars* ou le *Dunleith.* Très victorienne aussi, la mise en scène, différente pour chaque chambre, se déchaîne dans de lourds drapés, des luminaires monumentaux, des divans profonds... Au salon, harpe solennelle, vaisselle rutilante, dorures à foison... Les chambres extérieures sont réparties dans plusieurs cottages aux noms bucoliques. Le parc, un havre de paix, est magnifique et très agréable avec sa roseraie, son terrain de croquet et ses deux étangs. Vraiment trop cher au regard de la prestation offerte. Également un restaurant très chic et cher lui aussi (voir « Où manger ? »).

Où manger ?

Spécial petit déjeuner

Natchez Coffee Co *(plan B2,* ***29****) : 509 Franklin St. ☎ 601-304-1415. Tlj 7h-18h (8h-17h w-e).* Enfin un café corsé, des croissants croquants et de bons *muffins !* Un espace tranquille tout en longueur, où l'on goûte à la quiétude du petit déjeuner en lisant la presse locale. Pour le reste de la journée, bon choix de paninis, soupes et de sandwichs.

Slick Rick's *(plan B2,* ***21****) : 109 Pearl St. ☎ 601-442-5299. Tlj sf mar-mer 7h30-14h. Lunch box 9 $.* Minuscule snack sans prétentions mais qui offre l'immense avantage de servir du café digne de ce nom tôt le matin, accompagné de quelques viennoiseries. Petite restauration bon marché.

De bon marché à prix moyens

|●| ***Mammy's Cupboard*** *(hors plan par D3,* ***25****)* **:** *555 Hwy 61 S (à l'entrée sud de la ville). ☎ 601-445-8957. Mar-sam 11h-14h. Compter 14 $ max. CB refusées.* Ça vaut vraiment la peine de faire le déplacement pour découvrir ce resto à la pittoresque architecture « Schtroumpf » (ancienne station-service). Il offre une remarquable cuisine où tout, mais tout est fait maison... D'énormes et goûteux sandwichs (ah, le *Reuben* !), suivis d'un des merveilleux desserts à la carte (arrrhh, le diabolique *lemon meringue !*). Un conseil, arriver le plus tôt possible, les deux petites salles sont vite remplies.

|●| ***The Pig Out Inn*** *(plan A-B2,* ***26****)* **:** *116 S Canal St. ☎ 601-442-80-50. Tlj 11h-21h (15h dim). Plats 10-14 $.* On adore ce resto populaire, son cadre haut en couleur, son décor de plaques minéralogiques et ses maximes rigolotes, ses vieilles portes qui servent de table... Ici, du cochon et que du bon ! Grande spécialité de *pulled pork.*

|●| ***Fat Mama's Tamales*** *(plan B2,* ***30****)* **:** *303 S Canal St. ☎ 601-442-4548. Lun-sam 11h-21h (22h ven-sam) ; dim 12h-19h. Tamales moins de 10 $ la douzaine.* Là aussi, cadre sympa et coloré pour une cuisine sur le pouce à tendance mexicaine. De bons produits et une grande spécialité : les *tamales,* qu'on peut accompagner d'une *margarita* (la meilleure de la ville, dit-on !).

|●| ***Biscuits & Blues*** *(plan B2,* ***22****)* **:** *315 Main St (près d'Eola Hotel). ☎ 601-446-9922. Tlj sf lun 11h-14h, 17h-22h (sam 11h-23h). Plats 7-10 $.* Bistrot aux couleurs vives, orné de têtes de cerfs et de dindons sauvages, servant une cuisine cajun simple et bonne à prix doux. Idéal pour le midi ou pour prendre un verre. Excellent *catfish* notamment. Accueille sans régularité des groupes de musique en fonction de l'actualité du moment dans la belle salle blanche à colonnes de l'étage.

|●| ***Natchez-Eola Hotel*** *(plan B2,* ***28****)* **:** *110 Pearl St (angle de Main St) ; dans le quartier historique. ☎ 601-445-6000. Le resto du grand hôtel. Tlj 11h-14h, 17h-22h. Le midi, buffet* all you can eat *10 $.* Sous de hauts plafonds pendent des lustres hollandais ; aux murs, deux grands tableaux allégoriques où des anges volètent. Cadre plutôt chic et guindé. Plutôt un resto du midi ; le soir, c'est un peu tristoune. Jetez en passant un œil au hall du luxueux hôtel.

De prix moyens à plus chic

|●| ***Cock of the Walk*** *(plan A2,* ***27****)* **:** *200 N Broadway St. ☎ 601-446-8920. Tlj 11h-13h15 (sf le w-e), 17h-20h30 (21h ven-sam, 20h dim). Resto très convivial situé dans l'ancienne gare. Plats roboratifs en diable 16-27 $.* Cadre chaleureux en bois, lieu plein de vieux souvenirs. La carte est classique, le show l'est moins. Pour commencer, le serveur, d'un air de bandit, vous jette sur la table écuelle et quart en fer blanc. Il vous dirait « si tu bronches t'es mort » que vous ne seriez pas surpris. Vous n'avez toujours rien commandé, et pourtant, la table se charge de victuailles, notamment un énorme pain bien gras que le cow-boy de service aura fait voler à la façon d'une crêpe. On est repu avant d'avoir commencé. Les enfants adorent...

|●| ***The Natchez Landing*** *(plan A2,* ***31****)* **:** *21 Silver St. ☎ 601-442-8200. Tlj 11h-14h, 16h30-21h (23h ven-sam). Plats 10-20 $.* 2 petites salles assez sobres, jouxtées par un bar en bois verni. Ce tout nouveau resto propose une cuisine classique mais bien troussée. Bonnes soupes, grand choix de salades et sandwichs divers, habituels *po-boys...* Spécialité de viandes tendres et persillées cuites à la demande.

|●| ***Magnolia Bar & Grill*** *(plan A2,* ***23****)* **:** *49 Silver St (en contrebas du quartier historique, en face du Mississippi). ☎ 601-446-7670. Tlj 11h-21h (ven-sam 16h30-22h slt). Plat autour de 20 $.* À consommer de préférence à l'heure du lunch en croquant un *poboy* ou un sandwich sur le pouce. Au dîner, la carte manque quelque peu d'inventivité et c'est un peu cher. Vue sur le fleuve somptueuse depuis ce

resto resté longtemps le seul à *Under the Hill.*

|●| ***Breaud's*** *(plan B2,* ***32****) : 511 Main St.* ☎ *601-445-8502. Mar-jeu 17h-21h, ven-sam 11h-22h.* Cadre contemporain égayé par quelques peintures. Bonne cuisine traditionnelle avec pas mal de choix. *Burgers,* classiques *fried oysters,* bonnes salades et un onctueux *shrimp, crawfish and corn chowder.*

|●| ***Pearl St Pasta*** *(plan B2,* ***24****) : 105 Pearl St.* ☎ *601-442-9284. Tlj sf dim 11h30-14h, 18h-21h30. Autour de 10 $ le midi, 15-20 $ le soir.* Dans le centre, un restaurant un peu chic sans être cher, spécialisé, comme son nom l'indique, dans la *pasta.* Même si vous êtes non fumeur, préférez la salle du fond à celle en vitrine : magnifique et impressionnante charpente brute. Tables espacées, nappées d'un joli tissu délicatement fruité dans un décor vaguement romanisé (à l'antique). Plats de pâtes donc, copieux, bien préparés et richement garnis, et quelques spécialités comme les *fried green tomatoes,* les raviolis au homard... Très bon accueil et clientèle d'habitués.

Très chic

|●| ***The Castle Restaurant*** *(plan C3) : 84 Homochitto St (du centre, direction S Hwy 61). Resto de la* Dunleith Plantation. ☎ *601-446-8500 ou 1-800-433-2445. Tlj sf dim 11h-14h, 18h-21h (22h ven-sam). Résa conseillée le w-e. Plats 10-15 $ au déj, 22-34 $ le soir.* Situé au centre du grand parc du domaine, dans les anciens garages de la propriété, un bâtiment rectangulaire de la fin du XIXe s, construit dans le style néogothique. Les tentures murales et les fauteuils tapissés donnent à la salle un aspect moyenâgeux. Carte d'inspiration française. Succulente cassolette de crevettes, crabe aux artichauts et oignons rouges... Service impeccable, évidemment, et ambiance feutrée.

|●| ***Monmouth*** *(plan C2) : John Quitman Parkway.* ☎ *601-442-5852 ou 1-800-828-4531. Tlj 11h-14h, 17h-21h. Résa obligatoire au moins 1 sem à l'avance. Prix très élevés : plats 24-34 $ au déj, menu-carte le soir 52 $ hors boissons.* Restaurant de la plantation du même nom, idéal pour un dîner en amoureux, à la lumière vacillante d'une lampe à gaz, comme au bon vieux temps. Atmosphère très sélecte.

Où boire un verre ? Où écouter de la musique ?

🍷 ♩ ***Saloon Under the Hill*** *(plan A2,* ***40****) : 33 Silver St.* ☎ *601-446-8023. • underthehillsaloon.com • Rue parallèle à Canal St, en contrebas. Un peu avt l'embarcadère. Tlj 10h-2h (3h ou 4h le w-e). Concerts live jeu-dim soir.* Faites-en votre porte d'entrée dans Natchez. C'est le bon vieux saloon : gros parquet brut, tables cirées en bois massif (avec trou pour les cendres !), fusils de pionniers au mur, graffitis divers, maquette de *steamboat,* bouée du *Natchez,* au cas où les vieux habitués accoudés au bar se noieraient dans la bière. On trouve même le nom des anciens clients gravés sur les plaques de cuivre des chaises ! Ici, ça parle haut et ça rit fort, ça donne de grandes claques dans le dos, et on se fait de nouveaux amis d'enfance aussi vite qu'on descend une *Budweiser.*

🍷 ***Old South Winery*** *(plan C1,* ***41****) : 65 S Concord Ave (fléchée depuis D'Evereux Dr).* ☎ *601-445-9924. • oldsouthwinery.com • Du centre, prendre Catherine St (direction N Hwy 61) et tourner à gauche. Bus n°s 98, 61 et 84. Tlj sf dim 10h-17h. Bouteille env 9 $.* Ce n'est pas un bar, mais une fabrique de vin installée dans une grange... Le jovial proprio, Mr Galbreath, 3e du nom, adore les Français (« des bons vivants ! »). On fait une courte visite, puis il vous sert d'autorité plusieurs de ses vins curieux, rosé, blanc, voire bleu ou *dry.* Il vous expliquera que cette boisson, issue de la fermentation d'une sorte de raisin appelé *muscadine* (on en voit devant la grange), était déjà fabriquée par les Indiens avant d'envahir le Sud au XVIe s et de devenir le drink favori des Américains avant la prohibition. Les vendanges ont lieu en septembre, et la boisson titre tout de même 12°.

Bowie's Tavern (plan A2, **42**) : *100 Main St. Mar-sam 16h-22h. Fermé dim-lun.* Installé dans un ancien dépôt de coton, grand espace et long comptoir à l'américaine très classique, où les habitués, la casquette bien campée sur la tête, viennent boire une bière. Autrement, il y a des canapés pour siroter cocktail ou bourbon et même se délecter de quelques snacks. Jetez un œil à l'imposant mobilier qui provient du Colorado. Pas mal pour suivre paresseusement les bateaux descendant le fleuve impassible.

Biscuits & Blues (plan B2, **22**) : *315 Main St.* Voir plus haut « Où manger ? ».

Andrew's (plan B2, **43**) : *325 Main St. ☎ 601-445-0702. Fermé dim.* Un pub, une *local tavern,* où l'on aime à se retrouver entre amis. Un peu dans le même genre que l'adresse voisine *Biscuits & Blues.* Au gré des rencontres, l'ambiance change, et on peut finir la soirée ravi ou, selon la quantité de bière ingurgitée, dans un triste état. Il peut aussi ne rien se passer.

Isle of Capri Casino (plan A2, **44**) : *70 Silver St, Under the Hill. ☎ 1-800-THE-ISLE. Bateau à vapeur d'époque arrimé au bord du Mississippi, à 10 mn à pied du centre de Natchez.* Des dizaines et des dizaines de machines à sous sur plusieurs niveaux alimentent la rumeur incessante des pièces de monnaie. Bar à l'étage. Le restaurant *Calypsos* à bord n'a aucun intérêt.

New Convention Center (plan B2, **45**) : *211 Main St, à l'angle de Canal St. Rens au Natchez Visitor Reception Center.* Grande salle de concerts moderne installée dans un beau bâtiment en brique et acier du début du XXe s. Le programme des concerts est lié aux manifestations locales. Expositions temporaires.

Où assister à une messe gospel ?

Holy Family Catholic Church (plan C2, **50**) : *8 Orange Ave, à l'angle de Saint Catherine St. ☎ 601-445-5700. Messe dim à 8h (tant pis pour la grasse matinée !).* La plus ancienne église catholique afro-américaine du Mississippi, construite en 1894 dans le style néogothique. Lors du pèlerinage de printemps, le chœur de l'église chante l'histoire des Afro-Américains de Natchez, *The Southern Road to Freedom.* Sans être endimanché, prévoyez une tenue adéquate.

À voir

Pas mal de choses à visiter dans la petite ville si l'on s'intéresse à l'histoire américaine. En fait, Natchez est à elle seule un condensé des trois grandes périodes qui marquèrent le Sud : fin de la civilisation indienne à l'arrivée des explorateurs français, installation des colons et prospérité des planteurs jusqu'à la guerre de Sécession.

Grand Village : *400 Jefferson Davis Blvd ; à 3 miles au sud-est du centre-ville. ☎ 601-446-6502. • mdah.state.ms.us/hprop/gvnivisit.html • Musée tlj 9h (13h30 dim)-17h. Entrée gratuite et brochure en français (savoureuse).*
L'ancienne cité des Indiens natchez n'est plus qu'un site archéologique transformé en parc, doté de quelques panneaux explicatifs et d'un minuscule musée. Malgré le nom, ne vous attendez pas à trouver une réserve ou des vestiges de tipis et de temples. Une ridicule hutte en terre a simplement été reconstituée. On s'y rend avant tout pour mieux constater l'ampleur de l'anéantissement d'un monde ancien... Dans le musée, quelques belles poteries retrouvées sur le site, ainsi que des objets du quotidien, que vous pouvez manipuler : haches, bois de cerf, mortier, etc.

On sait peu de choses sur la civilisation natchez, mais les témoignages laissés par des voyageurs français nous donnent quelques indications sur la façon dont vivait ce peuple aujourd'hui totalement disparu. Vêtus de peaux de bêtes (cerf en été, vison en hiver !), les Natchez vivaient principalement de chasse et de cueillette, et se soignaient avec des plantes médicinales (myrtille contre la dysenterie, magnolia pour les fièvres, etc.). Très hiérarchisée, leur société se divisait en quatre clans, eux-mêmes répartis en tribus. Le Grand Soleil était le chef suprême. Il ne quittait jamais son habitation, donnant ses ordres de son lit situé face au temple principal. À sa mort, sa femme et ses serviteurs étaient étranglés en grande pompe, puis on brûlait sa maison ! Ses ossements étaient alors portés au temple, rejoignant ceux des chefs qui l'avaient précédé aux côtés du feu sacré et des objets sculptés ornant l'autel. C'est ici même, à Grand Village, que vivait le Grand Soleil, régnant sur la trentaine de villages natchez dénombrés en 1703 dans la région. Mais selon toute vraisemblance, les Natchez auraient connu leur apogée au XVIe s.

Pour une fois, ce ne sont pas les Anglo-Saxons qui furent responsables de la disparition des Indiens, mais les Français. Après avoir eu longtemps de bons rapports, les choses se dégradèrent quand, en 1729, la garnison de Fort Rosalie fut massacrée. La répression des Français fut tellement violente que les rescapés quittèrent leurs terres et, disséminée, affaiblie, la tribu s'éteignit très vite.

À la boutique du musée, vous trouverez pas mal de choses sur les Indiens (cartes, bouquins, artisanat, etc.).

Under the Hill

Situé en contrebas du quartier historique, sur la rive droite du Mississippi, Natchez Under the Hill est en fait le premier site choisi par les colons pour établir la ville et l'ancien point de départ de la *Natchez Trace*, piste reliant le Mississippi à la ville de Nashville. De seulement deux ou trois maisons en 1776, le quartier évolua au début du XIXe s avec l'apparition des entrepôts et des saloons. Avec la prospérité engendrée par le commerce fluvial, l'endroit devint un repaire d'aventuriers et de flambeurs et, par extension, un haut lieu de plaisirs avec l'apparition de bars et de bordels. Mark Twain, fin observateur de la société américaine de l'époque, évoque la ville dans *Aventures sur le Mississippi* : « Elle avait une réputation épouvantable au temps des vapeurs. On y tuait beaucoup, on y buvait énormément, on s'y battait toujours... » Une autre calamité naturelle ruina ce vieux quartier : les glissements de terrain, dus à un déplacement progressif du fleuve vers l'est. Quand les ingénieurs s'en rendirent compte, la décision fut prise de construire un nouveau Natchez sur le plateau dominant la berge. L'érosion et l'importance croissante de Upper Natchez eurent finalement raison de Under the Hill, de la mythique Water Street bordée de maisons sur pilotis, des ruelles en terrasses et des bars louches. Seul vestige de ce passé digne du Far West : *Silver Street* et son saloon. Mais le fleuve est toujours là ! Depuis 1993, le casino flottant installé dans un vieux *steamboat* par le groupe *Isle of Capri* a été amarré au bas de la colline. Ça devient cependant très touristique et de moins en moins authentique.

COQ DE FLEUVE, MAIS PAS DE VILLAGE !

Les keelboats, *long et étroits bateaux chargés de marchandises, furent jusqu'à l'avènement des* steamboats *les rois du fleuve. Les plus gros comptaient jusqu'à 25* keelboatmen, *des fortes têtes, bagarreurs, buveurs, joueurs, grands danseurs et musiciens. Leurs chefs incontestés, les* cock of the walk, *portaient un chapeau orné d'une plume rouge de dindon. Souvent, lorsque deux d'entre eux se croisaient au port, l'un provoquait l'autre pour démontrer qu'il était le seul chef, dans d'homériques bagarres qui marquèrent longtemps* Natchez Under the Hill *!*

Le quartier historique

Le cœur de la ville est un rectangle parfait, aux rues à angle droit. Au début du XIXe s, avec l'apparition des vapeurs sur le fleuve, l'économie de Natchez s'orienta totalement vers le commerce du coton, permettant à l'élite de la ville d'édifier un nombre considérable de demeures luxueuses, aujourd'hui appelées *ante bellum* (d'avant la guerre de Sécession). Sur les 500 conservées, une quarantaine sont ouvertes au public. Nous ne mentionnons ici que les plus importantes à nos yeux. Les fanas peuvent participer aux « pèlerinages » qui se déroulent en mars-avril et en octobre-novembre, s'offrir un petit tour en calèche ou se fier à la documentation remise à l'office de tourisme. Mais attention, les visites sont toujours payantes et assez chères. De toute façon, vous en aurez vite assez, les visites étant obligatoirement guidées. Et puisqu'il convient de s'engager plus avant, quand vous aurez vu les trois premières que l'on décrit, vous pourrez considérer que vous en savez assez.
– Possibilité d'un billet combiné pour les trois premières demeures, en vente au *Visitors Reception Center : 640 S Canal St. ☎ 601-446-6631 ou 1-800-647-6742. • natchezpilgrimage.com •*

Longwood House *(plan C3)* **:** *140 Lower Woodville Rd ; à 2 miles au sud-est du centre-ville. ☎ 1-800-647-6742. • stantonhall.com • Prendre la 61/84 direction Baton Rouge et tourner à droite. Tlj 9h-16h30. Visite guidée (30 mn) : 12 $; réduc. Brochure en français.*
Construite en 1860-1861, c'est la plus grande maison octogonale des États-Unis. Un style d'inspiration orientale tout à fait réussi, avec ses colonnades ouvragées et son bulbe singulier sous ces latitudes.
Visite instructive du point de vue architectural, les travaux n'ayant jamais été achevés à cause de la guerre civile. Opposé à la sécession avec le Nord et vaguement réfractaire à l'esclavage, Haller Nutt, le millionnaire qui en commanda la construction, fut ruiné après l'incendie de ses champs de coton par les nordistes. Pourtant, le bon docteur Nutt avait travaillé sur l'amélioration des graines de coton et inventé une égreneuse révolutionnaire qui fit sa tardive fortune. Imaginez toutefois la maison si les travaux avaient pu continuer : 3 000 m² sur six étages, 26 cheminées de chauffage et un ingénieux système de miroirs placés sous la coupole pour éclairer les sous-sols ! Malgré l'interruption des travaux, la famille du propriétaire continua à vivre dans les neuf jolies pièces du rez-de-chaussée déjà achevées... La visite se poursuit à l'étage, resté en l'état ou presque. Notez la beauté des voûtes et les charpentes. Également des photos sur l'installation de la copie en fibre de la flèche qui domine la maison. La seule propriété vraiment incontournable de Natchez, dont la visite peut se prolonger par une agréable balade dans le parc.

Stanton Hall *(plan B2)* **:** *401 High St ; entre Pearl et Commerce St. ☎ 601-445-5153 ou 1-800-647-6742. • stantonhall.com • Tlj 9h-16h. Tour guidé de 30 mn : 12 $; réduc.*
Imposante maison blanche aux hautes colonnes de style *Greek revival,* datant de 1857. À l'extérieur, remarquez l'imposante porte et les balcons en fer forgé formés de motifs entremêlant des feuilles et des roses. Propriété de planteurs de coton d'origine irlandaise, les Stanton, la maison devint à la fin du XIXe s un collège de jeunes filles, après la mort de Mme Stanton, ruinée par la guerre. M. Stanton, qui avait dépensé près de 100 000 $ et affrété un bateau entier pour acheminer le mobilier, mourut, lui, moins d'un an après son installation.
Visite un peu longue, mais quelques curiosités intéressantes : vieilles mappemondes de la bibliothèque, lustres à pétrole, mobilier en bois de rose, piano droit en acajou et en cuivre, immenses miroirs, etc. Séparés par une cloison coulissante, les parloirs du rez-de-chaussée pouvaient se transformer en salle de bal ! À l'étage, amusante fresque orientaliste (on remarquera que l'éléphant a des doigts !) et pots de chambre dissimulés dans les escabeaux permettant d'accéder aux énormes lits...

Rosalie *(plan A-B2) : angle Canal et Orleans St.* ☎ *601-446-5676 ou 1-800-647-6742.* • *rosaliemansion.com* • *Tlj 10h-16h nov-fév, 9h-17h mar-oct ; dernier tour 1h avt fermeture. Fermé à Pâques et certains j. fériés, ainsi que pdt le* Fall Pilgrimage. *Entrée : 12 $; réduc. Brochure en français.* Moins fastueuse extérieurement que la plupart de ses consœurs, *Rosalie* n'en est pas moins charmante, et peut-être même l'une des plus attachantes de cette série de propriétés. Sa situation dominant le Mississippi est idéale, sa taille, moins prétentieuse que les autres, lui donne un aspect plus engageant. Elle fut construite entre 1820 et 1823, à l'emplacement de l'ancien fort Rosalie, le premier camp français détruit par les Indiens, qui devait son nom à la duchesse de Pontchartrain. Pendant la guerre de Sécession, la propriété servit de quartier général aux troupes fédérales. Le célèbre général Grant, qui y résida après le siège de Vicksburg, devait s'y plaire... La visite, guidée par les *filles de la Révolution américaine,* d'authentiques descendantes des révolutionnaires américains (qui en sont aussi propriétaires), permet de découvrir la richesse du mobilier importé d'Europe (magnifique horloge) et l'élégance des proportions des pièces. On a particulièrement aimé le double salon et ses trois pianos, ainsi que la vue sur le fleuve depuis le balcon.

Dunleith *(plan C3) : 84 Homochitto St (du centre, direction S Hwy 61).* ☎ *601-446-8500 ou 1-800-433-2445.* • *dunleith.com* • *Tlj 9h-11h30 ; départ ttes les 30 mn. Fermé 3 j. en fin d'année. Visite guidée : 7 $; réduc.* La maison la plus connue de Natchez (1856), et en tout cas la plus photographiée, sans doute grâce à ses nombreuses hautes colonnes lui donnant l'aspect d'une cage (dorée). Plusieurs films y furent tournés, notamment une adaptation du *Huckleberry Finn* de Mark Twain. Il faut dire que son style *Greek revival* très poussé en fait l'une des plus représentatives plantations du Sud. Les pressés (et ceux qui suivent nos conseils) peuvent se contenter de l'admirer de l'extérieur. On ne visite que le rez-de-chaussée, soit quatre pièces très classiques, ainsi que les jardins, toutefois accessibles sans ticket. Les étages et les dépendances ont été transformés en *B & B* de luxe et restaurant (voir « Où dormir ? » et « Où manger ? »).

Linden *(plan D2) : Linden Pl.* ☎ *601-445-5472 ou 1-800-254-6336.* • *lindenbandb.com* • *Accessible par Melrose Ave (vous voyez cette espèce de fer à cheval dessiné sur le plan de la ville ? Eh bien, c'est là). Visite guidée avr-oct sur rdv slt (4 pers min). Entrée : 12 $; réduc.* Une bien jolie maison en pierre et bois blanc, tout en longueur. Le cottage construit à la fin du XVIIIe s fut agrandi, puis devint la propriété du premier sénateur de l'État. Une anecdote : l'une des maîtresses de maison y fit aménager une école pour ses 13 enfants ! La porte principale servit de décor à l'une des scènes d'*Autant en emporte le vent.* À l'instar de Rhett Butler et Scarlett, contentez-vous de l'extérieur : visite banale et accueil très médiocre. Fait également *B & B* (voir « Où dormir ? »).

Monmouth *(plan C2) : John Quitman Parkway.* ☎ *601-442-5852 ou 1-800-828-4531.* • *monmouthplantation.com* • *Du centre, prendre State St et tourner à droite après Auburn Ave. Tlj à 10 h slt. Entrée : 12 $; réduc.* B & B *de luxe et excellent resto (voir plus haut « Où dormir ? » et « Où manger ? »).* Importante plantation, organisée autour d'un patio, construite en 1818 et agrandie en 1824. Elle fut un temps la propriété du général Quitman, héros de la guerre du Mexique, et conserve pas mal d'objets lui ayant appartenu : sabre, porcelaine, etc. Également, dans le hall d'entrée, des reproductions d'œuvres de Zuber, dont la particularité était de peindre des paysages qu'il n'avait pas vus. Sinon, la visite se révèle sans grande surprise (ça finit par lasser, tout ce luxe tapageur). En revanche, promenade agréable autour de l'étang du parc ; on en profitera pour voir le *gift shop,* installé dans une cabane d'esclave en brique.

Auburn *(plan C3) : tt de suite à droite en entrant dans Dunean Park. Entrée par Duncan Ave, que l'on prend à gauche en venant du centre par Homochitto St (avt de rejoindre la Hwy 84 et John R. Junkin Dr).* ☎ *1-800-647-6742. Mar-sam 11h-15h. Entrée : 12 $; réduc.* Longue demeure en brique rouge de 1812, tranchant avec la blancheur des colonnes du portail. L'adjonction de la clim a un peu gâché la façade. On visite le rez-de-chaussée et quatre chambres royalement cirées, accessibles par le célèbre escalier à spirale. Hormis cette fantaisie, rien d'inoubliable, si ce n'est la locomotive plantée derrière. Dommage que cette plantation n'héberge pas un fantôme, cela rendrait la visite un peu plus excitante.

Melrose Plantation *(plan D2)* **:** *1 Montebello Parkway. ☎ 601-446-5790 ou 1-800-647-6742. Visites tlj à 10h, 12h, 14h, 15h et 16h. Entrée : 10 $; réduc.* Autre maison de planteur (une de plus !) de style néoclassique, construite en 1841 et en partie décorée de meubles d'époque. L'intérieur reflète bien le goût de l'opulence et du prestige des propriétaires, comme le carrelage à motifs de tapisserie peint à la main ou l'énorme *punkah* dans la salle à manger, une sorte d'éventail en bois actionné par des esclaves pour le confort des convives. Melrose comptait jusqu'à 24 esclaves ; c'est un des rares domaines où deux cabanes d'esclaves ont été conservées. Bien que leur confort paraisse dérisoire par rapport au luxe de la maison de maître, elles sont pourtant de meilleure facture que les cabanes que l'on construisait d'habitude dans les plantations car, ici, le sol en bois n'est pas ajouré, et il y a des carreaux aux fenêtres. Voir en comparaison les cabanes de Frogmore Plantation (lire, plus loin, « Dans les environs de Natchez »).

À la mémoire des esclaves de Natchez...

L'histoire de Natchez ne se limite pas aux façades équilibrées des belles demeures *ante bellum* et à leurs jardins fleuris. C'est aussi l'histoire de dizaines de milliers d'esclaves afro-américains sans lesquels la société des planteurs n'aurait pas prospéré aux XVIIIe et XIXe s. Depuis 1990, une association *(Natchez Association for the Preservation of Afro-American Culture)* œuvre avec le soutien de la ville pour que ce passé-là ne tombe pas dans l'oubli, occulté par les belles manifestations organisées par les *garden clubs* de Natchez. Voici quelques lieux pour maintenir le souvenir et en savoir un peu plus :

Natchez Museum of Afro-American History and Culture *(plan B2,* ***60****)* **:** *301 Main St. ☎ 601-445-0778. Mar-sam 13h-16h30. Entrée libre, mais participation recommandée : 5 $. Le musée organise slt sur demande des visites guidées de Natchez sur le thème de la culture et l'histoire afro-américaine. Rens auprès du musée ou du* Natchez Visitor Reception Center. Le seul musée du Grand Sud consacré à l'histoire des Afro-Américains dans la région ! Il faut attendre d'être à Natchez pour en savoir un peu plus sur la vie quotidienne des esclaves dans les plantations de coton, mais on en apprend beaucoup. Documents d'archives, photos (entre autres, des œuvres de Norman), reconstitutions de scènes de vie, d'appartements et surtout un film vidéo très intéressant (en anglais) sur les plus célèbres Afro-Américains, dont l'histoire fait partie du passé collectif de Natchez. Très intéressante salle d'art africain également. Hommage à Richard Wright, écrivain originaire de Natchez, sur un T-shirt de son père, signé par tous ses descendants. Belles peintures et reproduction de tableaux espagnols pittoresques montrant la vie des Noirs et des mulâtres. Le personnel est également très disponible pour répondre à toutes vos questions.

Forks-of-the-Road Market *(plan C1,* ***61****)* **:** à 1 mile du centre de Natchez, le croisement de Saint Catherine Street, D'Evereux Drive et Liberty Road marque l'emplacement de ce qui fut, jusqu'à la guerre de Sécession, l'un des plus grands marchés aux esclaves du Grand Sud après celui de La Nouvelle-Orléans. Les esclaves étaient aussi vendus à Natchez Under the Hill, ou n'importe où dans les rues du centre, mais le choix était plus grand au marché. Aujourd'hui, une (trop) discrète plaque commémorative, symbolisée par une coulée de béton à même le sol, dans laquelle sont retenus pour l'éternité des bouts de chaîne, rappelle la destinée de ces centaines de milliers d'esclaves vendus aux enchères aux planteurs de la région ou simplement loués par leur maître pour une période donnée. Rappelons que l'esclave était considéré non pas comme une personne humaine mais comme un bien, propriété d'un maître que celui-ci pouvait vendre ou louer. Les acheteurs potentiels inspectaient les esclaves avec minutie, à la recherche de toute trace de maladie. Depuis que l'importation d'esclaves aux États-Unis avait été interdite au début du XIXe s et que l'économie du coton avait explosé dans la même période, les propriétaires terriens du Mississippi et de Louisiane venaient acheter ici des esclaves transportés par leurs maîtres depuis les États de l'est du pays, où les terres plantées de riz et de tabac n'étaient plus assez productives.

☆☆ ***William Johnson House*** *(plan B2,* ***62****) : 210 State St. ☎ 601-445-5345. Tlj 9h-16h30. Entrée gratuite.* Nouvellement restaurée et ouverte au public, voici la demeure de William Johnson, le « barbier de Natchez ». Né esclave en 1809, il fut rendu libre à l'âge de 11 ans par son patron. On pense que ce dernier, blanc, était son père (d'ailleurs, il lui avait donné son nom). Ayant appris le métier de coiffeur, le jeune William ouvrit un salon et montra vite de réelles qualités commerciales. Il en ouvrit d'autres, plus un bain public, puis acheta des terres et, comble du paradoxe, des esclaves pour ses différents *businesses,* la loi n'interdisant pas aux anciens esclaves d'en posséder. Devenu riche, il fit construire cette grande demeure en 1840. Aujourd'hui, c'est un intéressant petit musée sur le commerce du coton, les années d'or et le boom économique de Natchez. Le journal intime de William Johnson, précieusement conservé par sa famille, se révèle être un témoignage exceptionnel par ses descriptions de la vie sociale et des fêtes, ses loisirs, ses préoccupations familiales et même les *gossips* qui couraient en ville !

☆☆ ***Straton Chapel Gallery*** *(plan B2,* ***63****) : 405 State St. Tlj sf dim 10h-16h. Entrée : 5 $.* Belle architecture de la *First Presbyterian Church* (érigée en 1828), l'un des exemples les plus achevés du style dit fédéral. Au 1er étage, remarquable galerie photographique qui propose un fascinant panorama de la ville de 1850 à 1951. De superbes photos en noir et blanc, œuvres de Henry C. Norman, Henry D. Gurney et Earl Norman, notamment une série de portraits d'esclaves et de domestiques. Malgré leur côté posé, il s'en dégage une chaleureuse humanité. Paysages, architectures, exemples rares de *steamboats,* scènes de la vie sociale, fêtes diverses complètent admirablement cette ode à la photo humaniste, à l'argentique et au noir et blanc...

☆☆☆ ***Natchez City Cemetery*** *(plan A1,* ***64****) : 2 Cemetery Rd (ça va de soi !). ☎ 601-445-5051. • natchezcemetery.com • Tlj 7h-tombée de la nuit (vers 19h l'été). Guides individuels : ☎ 446-6345 ou 1-800-647-6724. Plan disponible à l'entrée.* Un des plus beaux cimetières du Sud. Sur un grand terrain ondoyant et bucolique où s'élèvent des superbes chênes plus que centenaires. Tombes en marbre sculptées, clôtures et bancs en fer forgé de toute beauté, portes de mausolées ciselées, bref, un parcours paisible, romantique et artistique... Quelques tombes originales également. À l'entrée, la gracieuse silhouette du *Turning Angel* semble veiller sur les cinq jeunes employées mortes lors de l'explosion de la pharmacie où elles travaillaient en 1908. Au fond, à gauche de l'allée princi-

DES CLIENTS RECONNAISSANTS !

Une tombe est sobrement marquée « Louise the Infortunate ». Cette Louise vint à Natchez rejoindre son fiancé qu'elle retrouva... marié ! N'ayant pas d'argent pour repartir, elle dégota un emploi de serveuse de bar avant de finir dans une maison close. Quand elle mourut, jeune hélas, elle n'était guère plus riche qu'à l'arrivée, mais ses admirateurs (d'opulents planteurs, un docteur et même un pasteur !) se cotisèrent pour lui offrir une concession décente et la pierre tombale. L'histoire ne dit pas si la liste des souscripteurs fut rendue publique !

pale, la tombe de Florence Irene Ford, décédée de la fièvre jaune à l'âge de 10 ans. Elle avait peur des orages, aussi sa maman fit-elle creuser, derrière la tombe, pour être à la hauteur de la tête de cercueil, une cave avec escalier. Ainsi, seulement séparée de sa fille par une épaisse vitre, elle pouvait venir la rassurer les jours d'orage... Pas loin, la tombe de la *Yellow Duchess* (1770-1844) qui, toute sa vie, révéra le jaune : vêtements, murs, meubles, carrosse, chevaux... Ironie du sort, elle ne mourut pas de la fièvre jaune !

Manifestations

– ***Natchez Pilgrimages :*** *2 fois par an, de mi-mars à mi-avr et de fin sept à mi-oct.* Visite des demeures *ante bellum.*
– ***Natchez Blues Festival :*** *1 w-e fin avr.* Concerts de blues dans les bars de la ville et en extérieur.
– ***Festival of Music :*** *en mai.* Quelques opéras, mais également des concerts de jazz donnés dans différents endroits de la ville. • *natchezfestivalofmusic.com* •
– ***Mississippi River Balloon Race :*** *3e w-e d'oct.* Course de montgolfières partant du fort Rosalie. Festival de musique également. • *natchezballoonrace.com* •

DANS LES ENVIRONS DE NATCHEZ

Frogmore Plantation : *11054 Hwy 84. ☎ 318-757-2453 ou 3333. • frogmoreplantation.com • À 17 miles à l'ouest de Natchez. Traverser le Mississippi River Bridge et suivre la Hwy 84 ; attention, la Hwy 84 bifurque à gauche dans Ferriday, au niveau de la station Exxon. Ouv de début mars à mi-nov slt (sur résa le reste de l'année), lun-ven 9h-15h, sam 10h-14h. Juin-août, lun-sam 9h-13h. Fermé dim tte l'année. Compter 2h de visite en tt, incluant un film vidéo (version française) et une visite de l'ancienne plantation de coton, puis de l'exploitation actuelle (facultative). Entrée : 10 $ visite historique ; 5 $ tour moderne ; 12 $ pour les 2.*
Cette grande exploitation de coton du XIXe s fonctionne encore aujourd'hui, ce qui permet de constater, si vous faites les deux visites guidées, les progrès techniques accomplis, même si, à l'époque, la machine à vapeur inventée pour égrener le coton et le presser était révolutionnaire. L'exploitation est proche du Mississippi, car ses alluvions nourrissaient la terre et le coton était alors transporté par voie fluviale jusqu'à La Nouvelle-Orléans.
Au-delà des aspects techniques, la visite vaut surtout pour les quartiers d'esclaves dans lesquels l'habitat a été reconstitué : cuisine, cabane dédiée à la couture et au lavage, et surtout les cabanes « de vie » : de simples baraques en bois de cyprès aux murs recouverts de papier journal et aux fenêtres sans carreau fermées par des battants. Pour les lits, un rudimentaire sommier fait d'un filet de cordes tendues tenait lieu de matelas. Voir également la maison du contremaître, attenante au quartier des esclaves. Il est plus intéressant de visiter l'exploitation moderne au moment de la récolte du coton en septembre-octobre.

WOODVILLE

1 200 hab.

Entre Baton Rouge et Natchez, sur la mythique Highway 61, une petite ville un peu oubliée, un poil hors du temps... Ville natale de Lester Young, l'un des plus grands saxos de l'histoire du jazz, et ville de résidence de Jefferson Davis, président de la Confédération sudiste, Woodville possède avec le journal *The Woodville Republican* la plus vieille entreprise du Mississipi encore en activité. De ses petites églises toute blanches, sa Main Street fatiguée, sa

grande quincaillerie à moitié vide, son vénérable château d'eau, sa mairie en brique et son élégante Court House, il se dégage une vieille atmosphère des années 1950, teintée de nostalgie. Plus de 100 belles demeures et croquignolettes églises jouxtent d'incroyables magasins d'antiquités abritant de sympathiques *coffee shops*...

Nothing but the blues !

Scott Dunbar (1905-1995), fils d'un ancien esclave, passa l'essentiel de sa vie à Woodville, où il travailla comme guide de pêche sur le Lake Mary. Il commença à jouer sur une guitare de sa fabrication à partir d'une boîte de cigare et d'un manche à balai. Il n'apprit jamais à lire une partition et joua toujours d'instinct une musique rustique et brute de forme, avec cœur et enthousiasme. Il fallut attendre 1970 pour son premier enregistrement, *From Lake Mary,* sur lequel apparaît le magistral « *That's All Right Mama* » (qui lança Presley !). Quant à Robert Cage, natif de New Orleans, il arriva tout jeune à Woodville où il demeure encore. Influencé par Scott Dunbar d'abord (écoutez donc « *Can See What You're Doing* »), puis par John Lee Hooker, Muddy Waters et Howlin' Wolf, il effectua quelques tournées et festivals en Amérique et en Europe, mais n'en fit jamais vraiment son métier, restant fidèle à son activité première, la réparation de camions.

Adresse utile

ℹ ***Wilkinson County Museum*** *(plan, A1) : Courthouse Square. ☎ 601-888-3998. Tlj sf dim 10h-12h, 14h-16h (sf sam).* On y obtient toutes les infos sur la ville et la région. Excellent accueil, bon matériel touristique, livres divers, CD de blues (on est sur le *Blues Trail*)...

Où dormir ?

De bon marché à prix moyens

⌂ ***Neal's Magnolia Inn*** *(hors plan par B2,* ***10****) : 1488 Hwy 61 South. ☎ 601-888-4826. Double env 60 $.* Motel classique de bord de route mais proche du centre-ville. Simple, correct et bien tenu.

⌂ ***Nana's Guest House*** *(hors plan par B2,* ***11****) : 428 Hwy 61. ☎ 601-888-4808. • dasalpha@aol.com • Doubles 70-80 $; petit déj inclus.* Demeure classique datant de 1915, offrant des chambres de bon confort.

Très chic

⌂ ***Desert Plantation*** *(hors plan par A1,* ***12****) : sur la route de St Francisville. ☎ 601-888-6889 ou 1-877-877-1103. • desertplantation.com • Depuis la Hwy 24, prendre Pond-Pinckneyville Rd, puis sur la gauche Desert Gate. Doubles à partir de 150 $, petit déj inclus.* Une très belle demeure *ante bellum* (1808) dans un superbe parc de vénérables chênes. Elle offre 4 confortables chambres d'hôtes adorablement meublées d'époque et une véranda pour trinquer avec Scarlett O'Hara.... Piscine et sentiers pour se balader.

Où manger ?

🍽 ***Main Street Market & Café*** *(plan A1,* ***13****) : 613 Main St. ☎ 601-888-7830. Lun-ven 11h-14h. Compter 6-10 $.* Chaleureuse minicafétéria au sein du magasin *Main Street Market.* Fraîches salades, sandwichs et, surtout, une succulente soupe *corn and shrimps.*

🍽 ***Town Square Cafe*** *(plan A1,* ***14****) : 131 Boston Row. ☎ 601-888-3776. Tlj sf dim 8h-14h, 17h-20h ; sam 11h-20h. Plats 6-10 $ le midi, 12-20 $ le soir.* Une salle proprette pour quelques plats et snacks classiques, *crab cakes,* copieuses salades et bons gâteaux.

Juste à côté, le ***L & M Bakery and Deli,*** un autre sympathique petit resto.

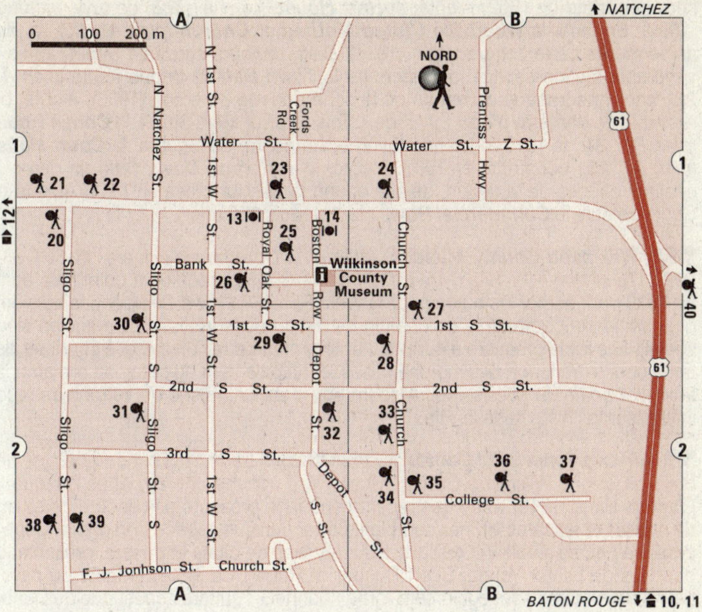

WOODVILLE

- **Adresse utile**
  - Wilkinson County Museum
- **Où dormir ? Où manger ?**
  - **10** Neal's Magnolia Inn
  - **11** Nana's Guest House
  - **12** Desert Plantation
  - **13** Main Street Market & Café
  - **14** Town Square Cafe
- **À voir**
  - **20** Woodville United Methodist Church
  - **21** John W. Goddart Home
  - **22** Hart House
  - **23** Town Hall
  - **24** Cohen House
  - **25** Court House
  - **26** African American Center
  - **27** Saint Paul's Episcopal Church
  - **28** Saint Joseph's Catholic Church
  - **29** AM Feltus House
  - **30** Woodville Baptist Church
  - **31** Magruder Scott Home
  - **32** Woodville Republican
  - **33** Lewis House
  - **34** Judge Van Eaton House
  - **35** Hugh Connel House
  - **36** Wax House
  - **37** Wallace House
  - **38** The Jewish Cemetery
  - **39** Evergreen Cemetery
  - **40** Rosemount Plantation

À voir

Voici une petite balade de 2 heures, pour découvrir les plus belles façades de la ville.

Tout s'ordonne quasiment sur Main Street et le Square. Au début de Main Street, la ***John W. Goddart Home*** *(plan A1, **21**)*, maison du croque-mort local de l'époque, date de 1862. À côté, la ***Hart House*** *(plan A1, **22**),* de style victorien (1890). En face, la ***Woodville United Methodist Church*** *(plan A1, **20**),* la plus ancienne de cette congrégation (1824). Puis, toujours sur Main Street, après la vénérable station-service, on rencontre le ***Town Hall*** de brique rouge *(plan A1, **23**),* ancienne banque du temps de la riche période du coton (1903). À côté, bel exemple de ***château d'eau*** « vintage ». Toujours sur Main Street, la ***Cohen House*** *(plan B1, **24**)* de 1815, ancienne taverne. Au centre du Square, la ***Court House*** *(plan A1, **25**),* construite en 1903. À côté, le ***Jefferson Davis Oak,*** un des plus anciens chênes de la région, déjà là quand la ville fut créée en 1811. Au sud du Square s'étire le ***Commercial Row,*** intact depuis 150 ans.

☛☛☛ ***Wilkinson County Museum*** *(plan A1)* **:** *Courthouse Square. ☎ 601-888-3998. Tlj sf dim 10h-12h, 14h-16h (sf sam).* Superbe édifice à colonnes, édifié en 1838 pour abriter les bureaux de la *West Felicia Railroad Company,* la troisième plus ancienne compagnie de chemin de fer du pays (mais le plus ancien siège social). Elle fut la première à adopter l'écartement de rail officiel et à imprimer des tarifs pour le transport des marchandises, principalement du coton qu'elle amenait aux *river boats* du Mississippi. Aujourd'hui, c'est un musée qui retrace de façon intéressante l'histoire de la ville.

☛☛ ***African American Center*** *(plan A1, **26**)* **:** *Bank St. En principe, mêmes horaires que le Wilkinson County Museum.* Il occupe une ancienne banque (la *Planters Bank,* 1819). Créé très récemment, il ne présente pas encore beaucoup de choses et les rares vitrines semblent flotter dans un espace trop grand. Cependant, ce peu se révèle intéressant. Pour les fans de blues et de jazz, présentation des vies de Lester Young, Scott Dunbar et Robert Cage, les enfants du pays... Leurs instruments sont également mis à l'honneur : guitare acoustique de Dunbar et saxophone de Young, grand copain de Billie Holliday qui joua avec les plus grands : Count Basie, Fletcher Henderson, Nat King Cole, etc. Section aussi sur William Grant Still, peu connu en Europe mais une icône ici pour avoir été l'un des premiers compositeurs de musique afro-américain reconnus dans les temps troublés de la ségrégation. Un vrai pionnier : premier compositeur noir à avoir une symphonie jouée par de grands orchestres nationaux, premier Noir à diriger ses propres œuvres avec le célèbre *Los Angeles Philarmonic Orchestra,* premier Noir à diriger le *New Orleans Philarmonic,* etc. Il composa plus de 150 symphonies, ballets et opéras ! Quant à Anne Moody, née dans une famille très pauvre dans les environs de Woodville, elle milita très tôt pour les droits civiques et écrivit en 1969 son autobiographie, *Coming of Age in Mississippi...* Aujourd'hui, un classique de la littérature afro-américaine !

☛☛ Suite de la balade : sur Church Street, ***St Paul's Episcopal Church*** *(plan B1-2, **27**),* la plus ancienne église épiscopalienne de l'État (1823). Adorable avec son miniclocher et son auvent orné d'une frise. Sur First South Street, la ***Saint Joseph's Catholic Church*** *(plan B2, **28**)* date de 1873. Au coin de Boston Street, voir l'imposante ***AM Feltus House*** *(plan A2, **29**)* à quatre colonnes (1819), toujours occupée par la même famille... Au bout de la rue, la ***Woodville Baptist Church*** *(plan A2, **30**),* la plus vieille église du Mississippi (1809). Redescendre Natchez Street pour voir la belle ***Magruder Scott Home*** *(plan A2, **31**)* de 1809. Restaurée avec des éléments de style victorien en 1876, notez son élégante véranda sur fines colonnes.

☛☛☛ Continuer sur Second South Street jusqu'au ***Woodville Republican*** *(plan A2, **32**),* le plus ancien journal du Mississippi (1824), dans la même famille depuis 1879, et la plus ancienne entreprise en activité de l'État. Modeste et émouvante maison à côté de laquelle trône fièrement, comme statue en jardin, une antique linotype... À deux pas, la ***Andrew J. Lewis House,*** de la fin du XIXᵉ s, et, sur Church Street, la ***Lewis House*** *(plan B2, **33**),* une ravissante demeure *ante bellum* (1832), avec son élégante colonnade surmontée d'un fronton triangulaire.

Sur Third South Street, la ***Judge Van Eaton House*** *(plan B2, **34**)*, datant de 1820-1835. Au coin de Church et College Street, la ***Hugh Connel Home*** *(plan B2, **35**)*, bel exemple d'architecture de style fédéral (1820). Même rue, la ***Wax House*** *(plan B2, **36**)*, construite plus tardivement, en 1897, la première dite de style *Eastlake*. Harmonieuses proportions, fine véranda et ravissante « lucarne-fenêtre » avec balcon. Enfin, achevons cette balade avec la ***Wallace House*** *(plan B2, **37**)* qui brûla après 150 ans de paisible existence et fut patiemment reconstruite...

The Jewish Cemetery *(plan A2, **38**)* **:** témoignage de l'importance de la communauté juive de 1820 à 1920, de belles tombes souvent ciselées et décorées. Dans la première moitié du XIXe s, beaucoup venaient d'Alsace et d'Allemagne. Ils étaient commerçants, médecins, professeurs, et un certain nombre réussit brillamment dans le commerce du coton. Cependant, après la Première Guerre mondiale, les changements radicaux dans les modes d'exploitation agricole, la mécanisation, l'agriculture intensive, les maladies qui frappèrent les champs de coton et la crise économique provoquèrent un énorme exode rural vers les grandes villes, auquel n'échappa pas la communauté juive de Woodville. Dans les années 1920, il n'y avait plus ni rabbin, ni synagogue.
En face, le ***Evergreen Cemetery*** *(plan A2, **39**)*, dont la plus ancienne partie remonte à plus de 150 ans. Tombes très espacées dans une atmosphère de romantique sérénité...

Rosemount Plantation (*hors plan par B1*, **40**) **:** *sur la 24 East, à moins de 2 km de la ville, vers l'est.* ☎ *601-888-6809. Tlj sf dim 10h-16h. Pendant les* Natchez Pilgrimages, *ouv dim 12h-16h.* Construite en 1810 par les parents de Jefferson Davis, le président confédéré pendant la guerre civile, et habitée par sa famille jusqu'en 1895, cette maison est, bien entendu, pleine d'histoire et de souvenirs. Demeure plutôt simple, de petite taille mais dégageant un vieux charme, encore meublée d'époque, avec de nombreux portraits de famille.

NATCHITOCHES

19 000 hab.

Au milieu des plaines agricoles et des sites industriels (principalement pétroliers) conquis sur les terres des *Native Americans* (les Indiens), ne conservant que peu de traces des antiques civilisations, se dresse fièrement une petite cité, tirée de sa torpeur par les projecteurs d'Hollywood en 1988. Natchitoches – prononcez « Nèkitoch », en chantant la première syllabe – a servi de cadre au tournage de *Steel Magnolias*. Le film, réalisé par Herbert Ross d'après le roman de Robert Harling, interprété par Julia Roberts, Dolly Parton et Shirley McLaine, allait rencontrer un réel succès. « Nèkitoch » devint célèbre, et les marques chic ouvrirent des boutiques au rez-de-chaussée des beaux immeubles de Front Street, face à la rivière. Aujourd'hui, la petite ville touristique peut fièrement faire état de sa prestigieuse histoire et offrir aux visiteurs de nombreux points d'intérêt, en ville et tout le long de la rivière où il fait si bon se promener.
Natchitoches fut fondée en 1714 par Louis Antoine Juchereau de Saint-Denis, un Français du Québec qui, sur la route d'une mission commerciale au Mexique, sympathisa avec les Indiens natchitoches (littéralement « mangeurs de noisettes ») qui vivaient ici. Deux ans plus tard, afin de contenir l'avancée des Espagnols, le roi manda ici une troupe coloniale menée par Charles-Claude Dutisné, qui fit édifier le fort Saint-Jean-Baptiste. Cette implantation, due aux Français (cocorico !), est réputée pour être la première colonie européenne permanente en Louisiane, avant New Orleans !

Hormis quelques escarmouches avec les Espagnols, installés non loin de là au Texas, et une homérique bataille avec les Indiens natchez en 1729, Natchitoches connut une certaine prospérité pendant l'ère française, qui dura jusqu'en 1763. Elle vécut ensuite les aléas ordinaires de l'histoire américaine et tomba en somnolence, à l'image de la Cane River, rivière fermée qui traverse la ville.

Arriver – Quitter

➢ Si vous arrivez ***en voiture*** par le sud, vous pourrez longer la Cane River, où l'on peut visiter un certain nombre de maisons anciennes (voir « Dans les environs de Natchitoches »).

Adresses et infos utiles

ℹ *Tourist Information Center* *(plan centre) : 780 Front St. ☎ 318-352-8072 ou 1-800-259-1714. Tlj 9h-17h.* Excellent accueil, staff particulièrement dynamique et beaucoup de doc. Infos sur la ville et les manifestations locales : ● *natchitoches.net* ● Publie également un mensuel gratuit d'informations touristiques : *Historic Natchitoches* ; demander aussi la carte de l'État.

✉ ***Post Office*** *(plan centre) : à l'angle de Saint Denis et 3rd St. Lun-ven 8h-16h ; sam 9h-11h.*

@ ***Internet*** *(plan centre) : accès gratuit à la **Natchitoches Parish Library,** à l'angle de Touline St et de 2nd St. Lun-sam 9h-17h.*

■ ***Kaffie-Frederick Inc.*** *(plan centre,* ***1****) : 758 Front St. ☎ 318-352-2525. Lun-ven 7h-17h ; sam 8h-17h.* Sublime quincaillerie fondée en 1863 et qui semble n'avoir pas bougé depuis, même si on y trouve tout le matériel moderne. Idéal pour faire vos cadeaux : jouets en bois ou en métal, ustensiles de cuisine, outils, vaisselle, etc. Voir au fond l'immense casier en bois bien patiné pour classer les pièces métalliques. On pourrait y passer des heures. Sur cette même rue, nombreuses boutiques branchées (mode, déco, etc.).

– ***Journaux :*** outre le mensuel touristique dont on parle plus haut, lire aussi *The Natchitoches Times,* quotidien local dont on adore la devise : *« And we shall know the truth, and the truth shall make you free »* (« Et nous saurons la vérité et la vérité vous rendra libre »).

■ Adresses utiles

- ℹ Tourist Information Center *(plan centre)*
- @ Natchitoches Parish Library *(plan centre)*
- 1 Kaffie-Frederick Inc. *(plan centre)*

Où dormir ?

- 10 Camping Sibley-Lake *(plan des environs)*
- 11 America's Best Value Inn *(plan des environs)*
- 12 Super 8 Motel *(plan des environs)*
- 13 Fleur de Lis Inn *(plan centre)*
- 14 Bayou Amulet House *(plan centre)*
- 15 Jefferson House *(plan centre)*
- 16 Chez des Amis *(plan centre)*
- 17 Judge Porter House *(plan centre)*
- 18 Violet Hill *(plan centre)*
- 19 Queen Anne *(plan centre)*
- 20 Andrew Morris House *(plan centre)*

Où manger ?

- 20 Shipley Do-Nuts *(plan centre)*
- 21 Breakfast Nook *(plan centre)*
- 22 Lasyone's *(plan centre)*
- 23 El Nopal et Crawfish Hole *(plan centre)*
- 24 Merci Beaucoup *(plan centre)*
- 25 Mama's Oyster House *(plan centre)*
- 26 Mariner's *(plan des environs)*
- 27 The Landing *(plan centre)*

Où boire un verre ? Où écouter de la musique ?

- 25 Mama's Oyster House *(plan centre)*
- 30 Pioneer Pub & Restaurant *(plan centre)*

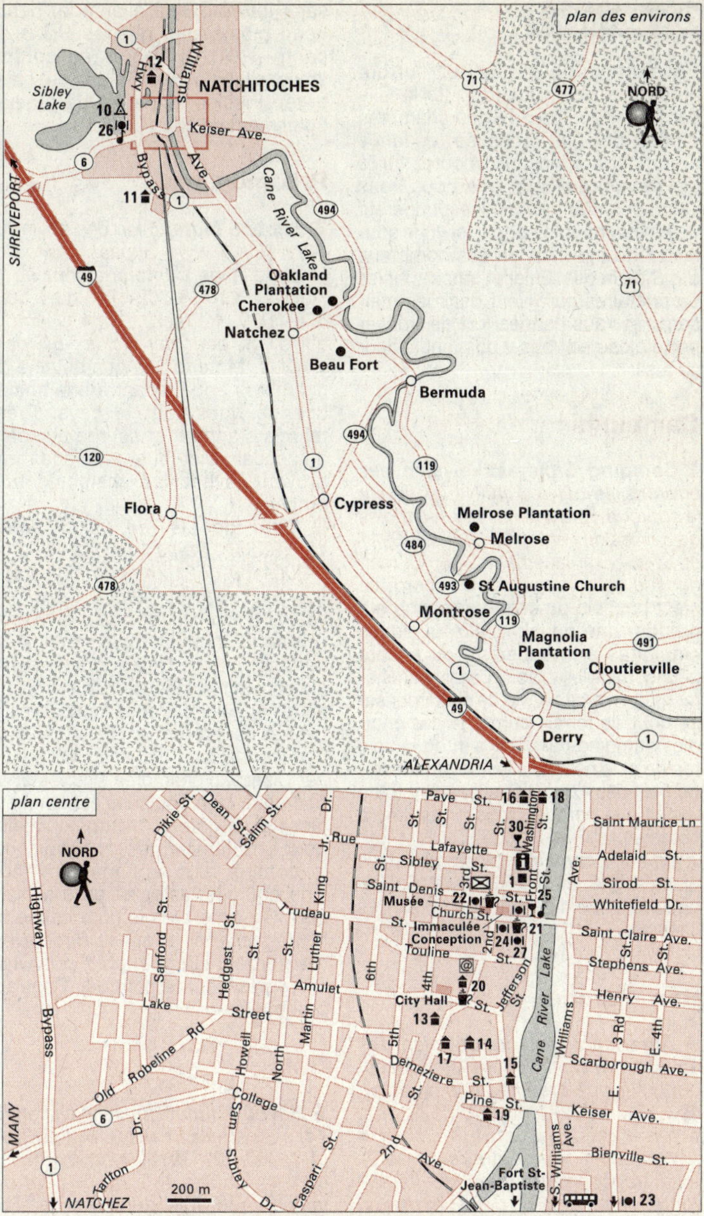

NATCHITOCHES

Où dormir ?

Pendant le pèlerinage et surtout autour de Noël, quand toute la ville est illuminée, les prix des chambres d'hôtel ont une fâcheuse tendance à grimper aux rideaux. Ajoutez 30 % (au moins) aux prix que nous vous indiquons. Par ailleurs, il est impératif de réserver par téléphone si vous souhaitez dormir dans un des nombreux *B & B* de la ville. En effet, rares sont les propriétaires qui vivent dans les maisons, et vous risquez fort de trouver porte close en vous y pointant la fleur au fusil.

Campings

⛺ ***Camping Sibley-Lake*** *(plan des environs, **10**) : Hwy 3110 N Bypass, sur le contournement de la Hwy 1, à moins de 3 miles du centre. ☎ 318-352-0911 et 6708. Emplacement 34 $. Bureau dans la station-service.* D'accord, ce n'est pas loin du centre-ville, on peut prendre une douche, faire quelques emplettes à la supérette ou encore pêcher dans le lac voisin. Mais franchement, on n'a pas envie de s'attarder sur ce bout de terrain cerné par les énormes camping-cars, à 7,5 m de la voie rapide et le nez dans les pots d'échappement des 4x4 qui se succèdent toute la nuit à la pompe. Donc, uniquement comme plan B (ou C ou Z...).

⛺ Un autre ***camping,*** plus grand mais plus éloigné, au 5428 Highway 6. Une petite chance d'échapper au bruit des camions.

Bon marché

🏠 ***America's Best Value*** *(plan des environs, **11**) : 7624 Hwy 1 Bypass, donc sur une bretelle de la highway. ☎ 318-357-8281 ou 318-252-8281. • americasbestvalueinn.com • À 4 miles env du centre, sur la bretelle de contournement de l'autoroute. Double 60 $, petit déj inclus.* 💻 Grand motel amélioré offrant 130 chambres. Excentré, pas follement romantique au bord de la *highway* et dans un environnement sans intérêt. Seul avantage, beaucoup moins cher que les *B & B* du centre-ville. Chambres au confort standard (baignoire, TV câblée, cafetière). Piscine et centre de fitness. Également un bar.

Prix moyens

🏠 ***Super 8 Motel*** *(plan des environs, **12**) : 5821 Hwy 1 Bypass, donc sur la bretelle de contournement de la highway. ☎ 318-352-1700 ou 1-800-800-8000. • super8.com • Chambre env 70 $, petit déj inclus ; 5 $/pers en plus.* Motel d'une quarantaine de chambres appartenant à une chaîne connue dans tout le pays. Prestations standard et sourire standard à l'accueil. Distributeur de soda très bruyant, évitez les chambres trop proches.

🏠 ***Fleur de Lis Inn*** *(plan centre, **13**) : 336 2nd St. ☎ 318-352-6621 ou 1-800-489-6621. • fleurdelisbandb.com • Proche du centre. Chambres 90-110 $; 2 chambres dans la maison voisine 90-125 $; 15 $/pers en plus ; petit déj inclus.* Une adorable petite maison victorienne de 1900, à colonnades et galerie. Par sa façade lilas et bleu et par sa forme, elle rappelle un peu les maisons début du XXe s vues par Disney. 5 chambres simples et de bon goût, bien équipées et bien meublées et, à côté, 2 chambres idéales pour une famille désirant avoir tout le confort d'un appartement (cuisine équipée, salon et salle à manger). On aime bien le côté intime de la *Magnolia,* ainsi que la *Bird's Nest* mansardée. Longue table conviviale en cyprès pour le petit déj. Bon rapport qualité-prix.

Chic

🏠 ***Bayou Amulet House*** *(plan centre, **14**) : 202 Poet St. ☎ 318-238-2049 et 1-866-201-3910. • bayouamulet.com • Doubles 115-135 $, petit déj inclus.* Adorable demeure de 1850 dans la verdure, au milieu d'un grand jardin fleuri. Large véranda, avec ses rocking-chairs, cadre stylé, mobilier cossu. 5 chambres de charme tout confort, avec baignoire jacuzzi. Belle piscine.

Jefferson House *(plan centre, **15**) : 229 Jefferson St. ☎ 318-352-5834 ou 1-866-254-7279. • jeffersonhousebandb.com • Doubles 100-125 $, petit déj copieux compris.* Belle maison blanche de plain-pied avec un porche à colonnades, dont les chambres situées à l'arrière donnent sur la rivière. Confort et décoration bourgeoise, avec une préférence pour la *River Room* et son agréable terrasse idéalement située au bord de la rivière. Au 1er étage, l'une des chambres (moins chère) a sa salle de bains dans le couloir.

Chez des Amis *(plan centre, **16**) : 910 Washington St. ☎ 318-352-2647. • chezdesamis.com • 2 chambres 110-150 $ suivant saison ; cottage 150 $ au fond du jardin. Petit déj compris.* Ce *B & B* situé dans une maison moderne au milieu d'un quartier résidentiel n'a certes pas le charme des vieilles demeures victoriennes, mais l'accueil sympathique de Jim et Scott fait la différence. Ils parlent d'ailleurs un peu le français. On aime bien la chambre en coin, très lumineuse. La publicité n'est pas trompeuse : on se sent comme chez des amis. Petite vidéothèque.

Judge Porter House *(plan centre, **17**) : 321 Second St. ☎ 318-352-9206 ou 1-800-441-8343. • judgeporterhouse.com • Tient plus du petit hôtel de luxe que du* B & B. *Chambres 135-145 $; cottages 155-165 $.* Petit déj tellement copieux que vous pourrez oublier le repas du midi. Une jolie maison de 1912, en bois, pleine de charme et de souvenirs (comme le contrat d'achat de l'époque... 1 500 $!). 5 chambres très différentes mais qui partagent un raffinement certain sans être excessif. La *Princess* propose un lit à baldaquin de 1820 et une belle armoire de 1850. Évidemment confortables. Bains à bulles pour les plus chères. On peut aussi louer un cottage dans le jardin avec un salon et une salle de bains.

Violet Hill *(hors plan centre, **18**) : 917 Washington St. ☎ 357-0858. • violethillbandb.com • Double 145 $ et suite 180 $, petit déj inclus.* Belle demeure de 1880. Au 1er étage, 2 chambres avec salle de bains commune (pour familles ou gens qui se connaissent bien). Salle à manger et grand salon de style. Terrasse donnant directement sur la rivière.

Queen Anne *(plan centre, **19**) : 125 Pine St. ☎ 318-352-9206 et 800-441-8343. • queenannebandb.com • Single 99 $, double 135 $.* Comme son nom l'indique, une grande et belle demeure de style Queen Anne, avec véranda à chaque niveau. 5 chambres de bon confort, superbement meublées et toutes personnalisées. On aime bien la *Library Room* et son beau lit sculpté. La *Garden*, au 1er étage, possède une lumineuse terrasse, la *Blue Room* se décline bien sûr dans toutes les nuances de bleu...

Andrew Morris House *(plan centre, **20**) : 422 Second St. ☎ 318-352-9206 et 800-441-8343. • andrewmorrishouse.com • Doubles 145-160 $.* Demeure *ante bellum* (1855) de plain-pied. Cadre un poil moins cossu que les précédentes (mais ça reste cependant très bien). La chambre *Henry* présente un superbe lit sculpté et la *Ragan* un gentil coin-salon. TV écran plat, Internet, etc.

Où manger ?

Spécial petit déjeuner

Shipley Do-Nuts *(plan centre, **20**) : angle de Amulet et Second St. Tlj 4h45-12h. Env 1 $ le donut.* Sans conteste possible, les meilleurs *donuts* de la ville. Les connaisseurs demanderont les *donut's holes,* « les trous des *donuts* », qui sont encore moins chers mais plus petits. Quelques tables. Une brique de lait, un *donut* et hop, un petit déj pas cher.

Breakfast Nook *(plan centre, **21**) : 105 Church St. ☎ 318-352-4491. Tlj 6h (8h dim)-14h. Compter 5-8 $.* Cadre simple, clientèle familiale pour bien démarrer la journée avec un solide breakfast. Également de bonnes quiches, des sandwichs et un *lunch special* le midi.

Et aussi ***Lasyone's*** *(plan centre,* ***22****) :* voir « Bon marché » ci-après.

Bon marché

El Nopal *(hors plan centre,* ***23****) : 117 S Hwy 1. ☎ 318-214-0219. Du centre-ville, traverser la rivière en face de Pine St, puis prendre la 2e à droite. Tlj 11h-22h (22h30 ven-sam). Le midi, plats 4-8 $, le soir 7-15 $.* Une bonne adresse pour changer du régime burger. Cette petite chaîne de restos mexicains fondée à Los Angeles propose de très bonnes spécialités à prix très doux, ce qui justifie qu'on la mentionne : *burritos, enchiladas especial...* Intéressants *lunch specials* et *combination dinner* (plats composés). *Nachos* délicieux et à volonté. Portions particulièrement généreuses. En outre, cadre coloré vraiment plaisant (tables et chaises originales !).

Lasyone's *(plan centre,* ***22****) : 622 2nd St. ☎ 318-352-3353. Tlj sf dim 7h-15h. Breakfast 7h-10h. Plats 7-10 $.* Pas de malentendu : malgré le micro-musée installé à la gloire des pionniers dans la vitrine, c'est par sa volonté de perpétuer une tradition culinaire de Natchitoches que le *Lasyone's* est incontournable. Celle des marchands ambulants, qui faillit se perdre avec eux. Les *meat pies* sont aujourd'hui la grande spécialité de cette maison qui prétend fabriquer les meilleurs du monde. C'est effectivement un délice. La maison est également réputée pour ses breakfasts et pour ses célèbre *Cane River pie* (aux noisettes et au chocolat), *Pecan Pie et Lemon Meringue.* Cadre sans importance, on se concentre sur l'assiette.

Crawfish Hole (hors plan centre, **23**) : *S Hwy 1, juste à côté du* El Nopal. *☎ 318-730-1607. Tlj 11h-20h (21h ven-sam et 19h dim). Compter 7 $ la part.* Adresse pour *crawfish addicts* (repérable à la grosse bébête sur le toit). Vraiment aucune séduction dans le cadre, mais la plus goûteuse écrevisse qu'on connaisse. On la commande à la *pound,* nappée d'une sauce onctueuse, parfumée et raisonnablement épicée qui affole les papilles. Clientèle très populaire, l'air réjoui...

Prix moyens

Merci Beaucoup *(plan centre,* ***24****) : 127 Church St. ☎ 318-352-6634. Tlj 10h30-15h (20h30 ven-sam et 14h dim). Plats 10-15 $.* Bon petit resto cajun connu pour sa spécialité plutôt roborative, la *cajun potato,* une pomme de terre farcie d'une sauce à base de tomate et d'écrevisse. Au dessert, bon *sin bar,* sorte de gâteau au chocolat. Une terrasse fraîche et 2 salles simples et sans chichis, tout le contraire de la boutique de décoration du même nom.

Mama's Oyster House *(plan centre,* ***25****) : 608 Front St. ☎ 356-7874. Tlj 11h-15h, 19h-22h (dim 11h-15h).* Très long comptoir et écrans de sports partout. Bruyant et animé par de la musique country, jeunes et familles viennent y manger une cuisine classique (alligator, cuisses de grenouille, *catfish...*), servie généreusement.

Chic

Mariner's *(plan des environs,* ***26****) : 5948 Hwy 1 Bypass, sur la bretelle de contournement ; à 3 miles du centre. ☎ 318-357-1220. Tlj 16h30-21h30 (22h ven-sam, 21h dim). Brunch dim 11h-14h. Buffet le midi 20 $; salad bar 9 $; plats 15-35 $. Musique live pop, rock ou country ven-sam à 21h.* Sur une presqu'île, grosse maison moderne en bois d'inspiration maritime, astucieusement aménagée pour réserver une vue sur le lac à chaque table. Terrasse superbe. Sublime au soleil couchant et très populaire auprès des locaux. Cuisine cajun et créole. Carte assez étendue et plats bien faits et généreux. Spécialité de « *aged steak* ». Beaucoup de monde les soirs de concerts, les distractions nocturnes étant rares à Natchitoches.

The Landing *(plan centre,* ***27****) : 530 Front St. ☎ 318-352-1579. Mar-sam 11h-22h ; dim 11h-21h (brunch jusqu'à 14h). Fermé lun. Lunch-menu avec nombreux plats 10 $; le soir, plats à partir de 15 $.* Le grand restaurant de la ville. Belle et vaste salle, où des grilles de fer forgé évoquent les balcons des maisons anciennes, dont l'ambiance évoque vaguement les brasseries à la française. Aux murs, des trophées de cerfs et des maquettes de bateaux. Carte très fournie : *seafood,* steaks, pâtes, etc. Trois grandes spécialités : les *fried green tomatoes,* le *blackened alligator,* les *grits and quails* (délicieuses cailles marinées). Belle carte des vins.

Où boire un verre ? Où écouter de la musique ?

Malgré la présence d'une petite université (la NSU), ne vous attendez pas à faire des folies de vos nuits à Natchitoches. Les soirées du coin n'ont rien de délirant. Un bar dans le centre vous permettra toutefois de passer de bons moments. Et n'oubliez pas les concerts du *Mariner's* les vendredi et samedi (voir « Où manger ? »), qui sont le point d'orgue de l'animation.

Pioneer Pub & Restaurant *(plan centre,* ***30****) : 812 Washington St, en face de l'office de tourisme. ☎ 318-352-4884. Ouv 16h-2h en principe (l'heure de fermeture dépend du monde). Concerts jeu-sam soir avec des groupes de l'université ou de Shreveport (entrée : 3 $).* Pub accueillant en brique, aéré par des ventilos. Les étudiants de l'université s'y donnent rendez-vous. Vous serez sûr de faire des rencontres, car l'ambiance est détendue et les barmaids sympas. Bonne sélection de bières et de cocktails. Sert également quelques plats cajuns corrects.

Mama's Oyster House *(plan centre,* ***25****) : 608 Front St. ☎ 318-356-7874. Concerts à partir de 19h-20h.* Dans une grande salle juste à côté de celle du resto. Bons groupes, public populaire, ambiance rugissante comme il sied en de tels lieux.

À voir. À faire

Le tour de ville *(plan centre)* **:** partant de l'office de tourisme, vous apprécierez les pimpantes maisons de Front Street et leurs balcons ouvragés. Ne ratez pas, au n° 758, l'incroyable quincaillerie *Kaffie-Frederick.* On pourra prendre quelque repos sur l'un des beaux bancs, également en fer forgé, face à la ***Cane River,*** qui fut condamnée au début du XXe s. C'est aujourd'hui un lac. Descendre vers la rivière à hauteur du *White Elephant,* surnom de l'énorme banque blanche. Sur la rive, une dalle de béton gravée, ***River Bank Stage,*** montre l'étendue du territoire de la Louisiane que Napoléon vendit aux jeunes États-Unis pour 15 millions de dollars. Il s'agit de la plus grande vente de terres jamais réalisée : l'équivalent d'une quinzaine d'États !
Face au pont, prendre Church Street jusqu'au croisement avec 2nd Street. ***The Old Courthouse*** *(☎ 318-357-2270 ; tlj sf dim 9h-17h ; entrée : 3 $, réduc),* ancien palais de justice en brique, abrite aujourd'hui un musée d'histoire de la Louisiane du Nord. Expositions tournantes et souvent intéressantes. En face, la curieuse ***église de l'Immaculée-Conception*** (1856), dont on appréciera les vitraux, le chemin de croix et la boutique de souvenirs. Continuez au hasard votre tour de ville pour découvrir les maisons anciennes qui font son charme. Rien de rare, mais de belles demeures victoriennes et une ambiance attachante. Aucune de ces maisons n'ouvre ses portes aux visiteurs en dehors des *Pilgrimages.*
Traversez le pont au bout de Church Street. Sur l'autre rive, quasiment face au pont, à l'angle de Williams Avenue, ***Tanzin Wells Home*** est la doyenne des maisons de Natchitoches, bâtie en 1776 (indépendance des États-Unis). Si, le dos à la rivière, vous continuez à gauche, vous verrez, à l'angle de Saint Maurice Street, ***Roselawn,*** une énorme et sublime maison rouge et verte où l'on aimerait habiter si l'on vivait ici. Dans l'autre sens, remontez Henry Street jusqu'à l'angle avec Eastfive Street. Les deux maisons qui se font face « tournèrent » dans le film *Steel Magnolia.* Mais vous ne les reconnaîtrez pas, car elles ont été inversées sur la pellicule. Ah, la magie du cinéma !... Aucune de ces bâtisses ne se visite.

Le fort Saint-Jean-Baptiste (hors plan centre) : *155 Jefferson St. ☎ 318-357-3101 ou 1-888-677-7853. Tlj 9h-17h. Entrée : 4 $; gratuit moins de 12 ans et plus de 62 ans. Brochure en français. Entrée par le musée.* Vous pourrez y découvrir un intéressant plan en relief montrant la position initiale du fort. Les plans réalisés à posteriori par l'architecte Ignace François Broutin en 1733 furent retrouvés et permirent d'édifier en 1979 une fidèle reconstitution de cette première place forte (française, on le rappelle). Dans un mur d'enceinte en pieux de bois, quelques constructions en grosses planches, dont les murs sont doublés en bousillage (mélange de boue, crins de cheval et mousse espagnole) : le corps de garde, l'église, la cuisine, etc. Pas de tour guidé à proprement parler, mais des figurants en costumes d'époque qui donnent une touche supplémentaire d'authenticité à la visite et à qui vous pourrez poser toutes vos questions. Plutôt bien fait et assez instructif, pour appréhender l'âpreté de la vie des premiers pionniers louisianais. Régulièrement, des animations dans le fort. Quelques tables pour pique-niquer au bord de la rivière.

Louisiana Sports Hall of Fame (plan centre) : *500 Front St, en face de l'office de tourisme. • lasportshall.com •* Le sport occupe une place extrêmement importante en Louisiane : 18 médaillés olympiques (dont 10 médailles d'or), 6 basketteurs parmi les 50 meilleurs joueurs de la NBA, 6 champions du monde de boxe... Ce musée qui lui est consacré doit ouvrir fin 2012-début 2013. Outre une architecture d'avant-garde, il sera doté bien sûr de toutes les innovations muséologiques possibles.

Manifestations

– ***Melrose Plantation Arts & Craft Festival*** : *2e w-e de juin.* Expo-vente d'objets d'artisanat local dans les jardins de *Melrose Plantation* (voir plus haut « Dans les environs de Natchitoches »).
– ***NSU Folk Festival*** : *mi-juil, festival de musique organisé par l'université de Natchitoches. • louisianafolklife.nsula.edu •* Concerts de musique cajun, zydeco et country sur trois podiums répartis sur le campus.
– ***Natchitoches Pilgrimage*** : *2e w-e d'oct, ven-dim.* Presque toutes les maisons anciennes sont ouvertes.
– ***Christmas Festival of Lights*** : *fin nov-début janv, avec point d'orgue 1er w-e de déc. Rens à l'office de tourisme.* Toute la ville est illuminée.

DANS LES ENVIRONS DE NATCHITOCHES

Alligator Park-Bayou Pierre : *à 8 miles au nord, sur la Hwy 1. Fléché depuis la route par un school bus. ☎ 318-354-0001 ou 1-877-354-7001. • alligatorpark.net • D'avr à mi-août, tlj 10h-17h ; de mi-août à mi-oct, slt le w-e ; de mi-oct à mi-avr, appeler avt. Entrée : 8 $; réduc. Explications en français.*
Un des parcs à alligators les plus rigolos, au milieu des rizières. Le patron, une espèce de *Crocodile Dundee*, manie avec brio un humour potache tout à fait réjouissant mais qui risque d'échapper aux non-anglophones. Outre les classiques nourritures des bêtes, danses avec les alligators et autre mini-*swamp tour*, on visitera une reconstitution de Front Street qui sert de microzoo, un enclos pour les ratons laveurs, un vivarium avec des serpents dégoûtants et énormes, ainsi qu'une prison où sont enfermés certains reptiles.
L'activité principale de ce parc est d'abord l'élevage, pour la viande et le cuir. On peut d'ailleurs manger du *gator* pour pas cher au snack ou acheter à la boutique des objets en « croco » (c'est de l'élevage, on le répète). Mais le parc se veut aussi protecteur et a pour vocation de repeupler des bayous louisianais. Les œufs, dont seuls 1 % arrivent à éclore à l'état sauvage, sont ici protégés, et les nouveau-

nés relâchés dans la nature. D'ailleurs, on ne voit que 500 des 6 000 alligators qui vivent ici, dont le plus gros pèse près de 500 kg. Faudrait pas le relâcher, celui-là ! Cela dit, comme on vous l'expliquera ici, les alligators ne voient que ce qui bouge. Vous savez ce qui vous reste à faire si l'un de ces charmants reptiles vous fonce dessus : rester immobile. Mouais...

FILLE OU GARCON ?

Les crocodiles et les alligators partagent avec les tortues une particularité surprenante. Quand les femelles pondent leurs œufs, elles les enterrent dans le sable à une profondeur variable. Plus l'œuf est enfoncé, plus sa température est basse. C'est cette différence de chaleur du nid qui détermine le sexe des petits (et non les chromosomes). Donc tout dépend de la profondeur d'enfouissement dans le sable !

Cane River Country *(pays de la rivière Cane ; plan des environs)* **:** *au sud de Natchitoches, sur chaque rive de cette charmante rivière qui se jette plus haut dans la Red River. Si vous venez du sud (Alexandria), quittez l'I 49 à la sortie « Derry » (exit 119), traversez la Hwy 1 et rejoignez la route 119, puis la 491 vers Cloutierville. Si vous venez de Natchitoches, prenez la direction de l'université (NSU), puis rejoignez la route 494, qui devient 119.* En fait, deux petites routes champêtres serpentent dans une campagne et rappellent parfois nos chemins vicinaux. Cinq ponts permettent de traverser la rivière et de suivre la route 119 afin d'apprécier la douceur de cette région. Sur l'une et l'autre des rives, des plantations anciennes se visitent. Beaucoup moins spectaculaires que les monstres de la région des plantations, elles sont toutefois fort attachantes. Surtout, certaines furent habitées par des personnages étonnants. Notre itinéraire part du sud (Cloutierville) pour aller vers le nord (Natchitoches). La plupart des plantations sont bien indiquées.

– ***Magnolia Plantation*** *(plan des environs)* **:** *juste avt d'arriver à Cloutierville, sur la route 119. ☎ 318-379-2221. Tlj 13h-16h. Entrée libre aux jardins. Brochure en français.* Paumée en pleine campagne et précédée d'une allée de chênes et d'un jardin en friche, c'est le paradis des chats et des poules. Cette grande maison, de style « Renaissance grecque » mais sans grandiloquence, a des airs de lassitude. Elle fut édifiée par une famille de planteurs d'origine française, les Lecomte, dont une des branches a sauvegardé son « p » pour faire souche dans la petite ville de Lecompte, une trentaine de miles plus au nord. On y avait bâti un hôpital pour les esclaves. La demeure ne se visite pas.

– ***Melrose Plantation*** *(plan des environs)* **:** *toujours sur la même route, un peu plus au nord. ☎ 318-379-0055. Tlj sf fériés 12h-16h. Entrée : 10 $; réduc.* Cette plantation, plutôt intéressante, vaut aussi pour les fortes personnalités féminines qui en ont fait ce qu'elle est. L'histoire commence avec Marie-Thérèse Coincoin (ça ne s'invente pas). Née en 1742, Marie-Thérèse commença sa « carrière » d'esclave chez Louis Juchereau de Saint-Denis, fondateur de Natchitoches. À la mort de son maître, elle avait déjà 14 enfants, noirs et mulâtres. Ce qui ne découragea pas un planteur nommé Metoyer de la racheter et de lui cloquer une poignée d'autres gosses. Beau prince, il l'affranchit et lui donna même quelques terres. Femme courageuse et mère exemplaire, elle acheta ses propres esclaves, fit prospérer sa terre et obtint assez d'argent pour libérer ses enfants (ils étaient 24 !). À sa mort, en 1816, Marie-Thérèse avait fait construire *Yucca House* et *African House,* que l'on visite aujourd'hui, et possédait avec sa marmaille près de 500 ha. L'architecture de l'*African House,* rappelant l'habitat congolais, est unique. La propriété tomba dans l'oubli jusqu'en 1898, où elle fut rachetée par Cammie Garett Henry. « Miss Cammie » la restaura et la transforma en résidence pour artistes. Erskine Caldwell, Alexander Woollcott, Lyle Saxon, etc. y travaillèrent, mais ce fut Clementine Hunter qui y laissa les plus belles traces en réalisant, dans l'*African House,* une superbe fresque sur la plantation : scènes de la vie rurale, ramassage du coton, lavage du linge, le baptême, la danse, les loisirs... À gauche de la fresque, noter cette femme aux deux visages, métaphore de la cancanière, celle qui se répand en *gossips* ! Clementine travailla d'abord dans les champs de coton, puis fut la cuisinière de la famille, avant de se consacrer à la peinture. Une visite incontournable donc, en hommage à ces femmes qui, et ce n'est pas si courant, en écrivirent l'histoire.

– ***Oakland Plantation :*** *sur la route 119. ☎ 318-356-8441 et 585-421-7340. Visite libre tlj 8h-16h (plan disponible à l'accueil). Visite guidée à 13h.*

Certes, ce n'est pas la plus belle des plantations, ni la plus spectaculaire, mais c'est la plus authentique et ce fut l'une des plus importantes au XIXe s (plus de 100 esclaves !). Assez unique même par le nombre de bâtiments agricoles et domestiques qui ont survécu : 27 témoignages chargés d'histoire livrent encore de singulières vibrations comme le *Store and Post Office...* Fondée en 1789 par Pierre Emmanuel Prud'homme, un Français créole qui avait acquis des terres espagnoles, on y cultivait le tabac et l'indigo, puis, au début du XIXe s, le coton. Huit générations de Prud'homme s'y succédèrent, continuité qui permit de maintenir son homogénéité et son intégration comme *National Historic Landmark.*

Citons quelques-uns de nos coups de cœur :

– *La Oak Alley,* la troisième plus longue de Louisiane. Certains chênes ont plus de 200 ans. L'allée servait de couloir à la brise venant de la rivière et apportait de la fraîcheur à la maison.

– *Le pigeonnier,* un bâtiment typiquement français pour récolter les œufs et la fiente comme engrais.

– *La maison principale,* une architecture créole typique, simple, sans prétention. Rez-de-chaussée en brique pour résister aux inondations. À l'étage, l'essentiel de la structure subsiste, faite de solides poutres en cyprès et de murs montés en « bousillage »... La cuisine est au loin, dans le jardin, pour éviter les risques d'incendie et échapper à la chaleur des fourneaux en été.

– *L'écurie des mules :* construite en 1820. Rustiques box en bois.

– *Le Store and Post Office :* ouvert après la guerre civile en face de la rivière. Grande quincaillerie-bazar totalement en bois, où la famille Prud'homme fournissait les bateliers, agriculteurs du coin et anciens esclaves devenus libres, en semences, outils, produits domestiques et essence (le compteur est resté bloqué à 1,50 $ le gallon... l'âge d'or !). Tout est resté en l'état depuis sa fermeture en 1983.

– *La Doctor's House :* vénérable bâtisse de 1830, longtemps louée par des médecins et leur famille.

– En remontant vers Natchitoches, d'autres ***plantations*** le long de la route de l'autre côté de la rivière (qui devient parfois 494). Mais *Oak Lawn, Beau Fort, Cherokee* ne vous apporteront rien de très déterminant. Les voir du bord de la route suffit amplement.

Où dormir chic sur la route entre Natchitoches et Lafayette ?

■ ***Loyd Hall Plantation :*** *à 16 miles au sud d'Alexandria, à la sortie 61 de l'I 49, puis rejoindre la route 167 N, qui longe le bayou Pierre, et suivre les panneaux. ☎ 318-776-5641 ou 1-800-240-8135. • loydhall.com • Tlj sf fériés 10h-16h. Entrée : 7 $; réduc. Brochure en français. Chambres 125-175 $, petit déj inclus. Passez un coup de fil avt de débarquer, ce qui vous évitera de trouver porte close.* Cette plantation fut édifiée en 1820 par un certain Loyd, enfant terrible d'une riche famille anglaise qu'on avait envoyé ici se faire pendre ailleurs. Ce qu'il fit d'ailleurs, et son fantôme hante évidemment les lieux que ses descendants habitent toujours. Dans cette vaste plantation de canne à sucre encore en exploitation, on visite 3 pièces de réception au rez-de-chaussée et une dizaine de chambres à l'étage, toutes fort agréablement meublées. Dans le hall, vous remarquerez les impacts de balles de la guerre civile et, sur la porte de la salle à manger (qui autrefois ouvrait directement sur l'extérieur), les traces de flèches d'une attaque indienne. Les choses se sont calmées depuis, et seuls les nombreux chats (sans queue, c'est génétique) de la propriétaire pourront troubler votre sommeil. Car on peut évidemment dormir ici, dans des chambres superbes et merveilleusement meublées (avec lits à baldaquin), réparties autour de la belle piscine et donnant sur les champs de coton ou de canne à sucre. Si vos moyens vous le permettent, arrêtez-vous ici.

LE PAYS CAJUN ET LES BAYOUS

Toute la force de la culture cajun se concentre ici, dans cette figure géométrique incertaine, dont les angles seraient Baton Rouge au nord-est, Mamou et Opelousas au nord-ouest, puis descendrait en pointe au sud-est, vers Lafayette, New Iberia, Houma et Grand Isle.
Sur cette vaste étendue, on découvre principalement la *région des bayous,* tout le long de l'Atchafalaya Basin (entre Lafayette et Grand Isle) ; et la *région des prairies,* au nord et à l'ouest de Lafayette. Si l'une est régie par les eaux, l'autre est commandée par la terre ; deux aspects différents mais complémentaires.
Les bayous offrent les clichés tant attendus, dont la Louisiane a depuis longtemps fait son fonds de commerce : alligators, écrevisses, cyprès couverts de mousse espagnole, sans oublier les « fais-dodo » endiablés.
La prairie, moins fréquentée, propose des paysages verdoyants d'une étrange platitude, occupés par des bestiaux. Si les villages y sont parfois banals, on découvre ici l'âme cajun authentique.
Notre circuit part de Lafayette et ses environs (Breaux Bridge et l'Atchafalaya Basin), pour parcourir une boucle dans le sens des aiguilles d'une montre, en commençant par l'ouest, et s'achever à New Iberia. On descend ensuite vers le sud-ouest, direction Houma, jusqu'au golfe du Mexique.

LAFAYETTE

114 200 hab.

▸ Pour les plans de Lafayette, se reporter au cahier couleur.

La capitale du pays cajun est une ville bien curieuse. Les premiers Acadiens s'installent dans le coin en 1763, sur des terres peu colonisées où vivent les Indiens attakapas, connus pour leur penchant... cannibale ! En 1821, Jean Mouton, riche planteur de coton, fonde autour de l'église Saint-Jean la ville de Vermilionville. Celle-ci est rebaptisée Lafayette en 1884, avant de connaître un énorme boom économique avec le développement de l'industrie pétrolière...
Fonctionnelle, fruit de l'opportunisme économique plus que d'une longue gestation historique, Lafayette se compose principalement de maisons basses entourées de jardins. Le centre historique est ridiculement petit et étonnamment mort. Alors on prend constamment la voiture pour aller d'un point d'intérêt vers un autre, et jusque dans les environs où l'on trouve l'essentiel des choses à voir.
On conseille donc de séjourner ici une ou deux nuits, ne serait-ce que pour mieux apprécier nos sympathiques cousins cajuns et explorer cette riche

contrée. De plus, il s'y trouve plein de bonnes petites adresses culinaires et… musicales !
En effet, la préservation et le développement de la culture cajun passent aujourd'hui forcément par la musique, dont Lafayette, capitale du pays cajun, met un point d'honneur à exprimer. Les possibilités d'écouter des concerts live de qualité sont donc ici plus nombreuses qu'ailleurs. Tout le monde danse, entraîné par les rythmes fougueux, les couplets francophones, et les fiestas sont retentissantes !

TOPOGRAPHIE DE LA VILLE

Pas facile de se repérer dans cette ville au centre dilué, alors munissez-vous dès votre arrivée d'un bon plan de Lafayette, suffisamment large pour englober tous les environs, et établissez votre itinéraire un peu à l'avance, histoire de ne pas avaler trop de miles. Nos plans serviront à vous repérer globalement, mais il est impossible sur une telle échelle d'y faire figurer toutes les rues. Toutes les stations-service vendent de bonnes cartes très complètes, et le *Tourist Information Center* en donne une pratique et en couleurs. Quelques infos pour vous aider : la ville est traversée du nord au sud par deux très grandes artères parallèles qui répondent au doux nom d'***Evangeline.*** Cette *freeway* double (c'est la route US 90) est qualifiée de North East (NE) et North West (NW) au nord de Jefferson Boulevard, South East (SE) et South West (SW) au sud de ce même boulevard. Les grandes artères transversales orientées est-ouest sur lesquelles vous retomberez immanquablement sont ***Pinhook Road, Johnston Street, Jefferson Boulevard, Congress Street, Kalliste Saloom Road, Cameron Street…***
Question signalisation, la capitale cajun se devait de montrer son attachement officiel à la langue française. Résultat, le nom des rues du centre historique est traduit dans la langue de Molière, ce qui rend parfois cocasse la recherche de certaines artères. Vous cherchez désespérément Main Street et vous tombez sans arrêt sur « rue Principale », sans vous douter que c'est la même.

Arriver – Quitter

En voiture

Si vous avez quelques sous, c'est vraiment le moyen de transport le plus pratique pour se rendre à Lafayette, circuler en ville, explorer les alentours et poursuivre votre voyage en pays cajun.

En bus

Gare routière Greyhound *(plan couleur centre,* ***1****) :* *315 Lee Ave (à l'angle de Clinton St). ☎ 337-235-1541 ou 1-800-231-2222. • greyhound.com • Tlj 4h30-17h15, 20h15-23h.*
➢ ***New Orleans :*** compter 4 bus/j. 11h10-17h30 dans les deux sens (durée : 3h30). Env 30 $.
➢ ***Baton Rouge :*** 6 bus/j., les mêmes que pour New Orleans plus 1 vers 9h15 et 1 vers 22h50 (durée : 1h). Env 15 $.
➢ ***Lake Charles :*** 4 bus/j. dans les deux sens 5h30-21h40 (durée : 1h15). Env 20 $.
➢ ***Alexandria :*** compter 2 bus/j. dans chaque sens 14h15-21h45 (durée : 1h45). Env 25-30 $.
➢ ***Houston*** *(Texas)* ***:*** compter 4 bus/j. A/R 5h30-21h40 (durée : 4h-5h30). Env 35-45 $.
➢ ***Dallas*** *(Texas)* ***:*** 5 bus/j. dans les deux sens avec transfert à Houston ou Shreveport, 5h30-21h45 (durée : 9h). Env 75-100 $.
➢ ***Houma, Thibodaux, Saint Martinville, Eunice :*** aucun bus.

En train

Gare ferroviaire Amtrak *(plan couleur centre) :* *100 Lee Ave. ☎ 1-800-872-7245. • amtrak.com •* Il s'agit juste d'une petite station sans guichet ni aucun service, où le train marque un court arrêt. Pour infos et résas, les contacter par téléphone ou Internet. La ligne *Sunset Limited* reliant

La Nouvelle-Orléans à ***Los Angeles*** (Californie) dessert Lafayette lun, mer et sam vers 12h30 en direction de Los Angeles, avec des arrêts à ***Lake Charles, Houston*** et ***San Antonio*** (Texas), sans oublier ***Tucson*** (Arizona)... Dans l'autre sens, en direction de La Nouvelle-Orléans, on grimpe dans le train mar, ven et dim vers 17h15, avec ensuite des arrêts à ***New Iberia*** et ***Schriever*** (Houma/Thibodaux).

Adresses et infos utiles

Informations touristiques et services

Tourist Information Center *(plan couleur général C1)* **:** *1400 NW Evangeline Thruway (route US 90).* ☎ *337-232-3737 ou 1-800-346-1958.* • *lafayettetravel.com* • *Sur le terre-plein central verdoyant, près d'un étang. Tlj 8h30 (9h w-e)-17h.* Toutes les brochures sur l'ensemble de la région. Posez-leur des questions précises. Accueil très aimable en français.

Post Office *(plan couleur général C1)* **:** *1105 Moss St (à l'angle de Doulon St).* ☎ *1-800-275-8777. Lun-ven 8h-17h30 ; sam 8h30-12h. Autre bureau également au 101 Jefferson St (plan couleur centre). Lun-ven 8h15-16h30.*

@ ***Internet*** *(plan couleur centre)* **:** *à la* ***Public Library*** *(bibliothèque municipale), 538 Jefferson St.* ☎ *337-261-5787. Lun-jeu 8h30-18h30 ; ven 8h30-18h ; sam 10h-16h ; dim 13h-17h.* Connexions gratuites.

Lafayette General Medical Center *(plan couleur général C2)* **:** *1214 Coolidge St.* ☎ *337-289-7991.* • *lafayette general.com* •

Culture et médias

CODOFIL *(plan couleur centre)* **:** *217 W Main St.* ☎ *337-262-5810 ou 1-800-259-5810.* • *codofil.org* • *Tlj 8h-12h, 13h-16h30.* Il s'agit du *Conseil pour le développement du français en Louisiane,* organisation gouvernementale dynamique qui tente de revitaliser la langue française et d'empêcher qu'elle ne disparaisse. Ainsi, grâce à l'action du *CODOFIL,* le français est appris comme 2de langue dans les écoles de l'État, et il existe même des programmes d'immersion totale où l'enseignement est uniquement dispensé en français. Grâce à cette identification culturelle très forte, la musique cajun se porte bien, les villes possédant des noms de rues en français se multiplient... Bref, les choses bougent. Le *CODOFIL* fait aussi syndicat d'initiative pour les touristes français un peu perdus : il informe sur les lieux et dates des meilleurs concerts, les programmes radio, etc. Petite bibliothèque sur place. Malheureusement, en juillet 2012, une coupe budgétaire de 40 % a été votée par le gouverneur républicain, menaçant fortement son activité.

– ***Informations et activités culturelles :*** pour s'informer de tout ce qui se passe en ville, demander ***The Times of Acadiana*** et ***The Independant,*** hebdos gratuits distribués dans les restos, halls d'hôtels, cafés et lieux publics. On les trouve aussi au *CODOFIL.* On peut également acheter le quotidien local ***The Daily Advertiser,*** intéressant pour sa rubrique culturelle.

– ***Radio KRVS :*** émet sur 88.7 FM, depuis l'université de Louisiane à Lafayette. C'est la radio emblématique de la musique et de la culture cajuns. Émissions en français du lundi au vendredi de 5h à 7h (Bonjour Louisiane ; musique cajun) ; samedi de 6h à 7h30 (musiques cajun et zydeco en direct du *Liberty Theater* de Eunice, notre émission préférée) ; dimanche de 7h à 15h (musique cajun). Infos sur • *krvs.org* •

– ***TV :*** si vous séjournez dans un *B & B,* il est fréquent que nos cousins cajuns regardent les programmes en cajun sur des TV locales comme *Acadiana Open Channel (AOC)* sur le canal 5 ou sur la chaîne française TV 5.

Transports en ville

Lafayette Transit System *(plan couleur centre,* ***2****)* **:** *100 Lee Ave (à l'angle de Grant St).* ☎ *337-291-8570.* • *ridelts.com* • Tout proche de la gare routière *Greyhound,* il s'agit du terminal des bus locaux. 14 lignes sillonnent la ville, lun-sam 6h30-18h30. Également un service de bus de nuit partant aussi d'ici, ttes les heures, lun-sam 18h30-22h30. Brochures des horaires à retirer au bureau sur place. Vraiment pas cher (1 $ le ticket, *Day Pass* 3 $), mais la voiture demeure indéniablement plus pratique pour circuler en ville.

■ ***Location de voitures :*** *à l'aéroport régional de Lafayette (plan couleur général D2). On y trouve réunis les loueurs suivants :* ***Avis*** *(☎ 337-234-6944),* ***Budget*** *(☎ 337-233-8888),* ***Enterprise*** *(☎ 337-232-5493),* ***Hertz*** *(☎ 337-233-7010),* ***National*** *(☎ 337-234-3170) et* ***Alamo*** *(☎ 1-888-826-6893).*

Où dormir ?

Entre campings, *guesthouses,* motels et *B & B,* l'éventail des hébergements est assez large à Lafayette. En ce qui concerne les *B & B,* on aura le choix entre de simples chambres au tarif raisonnable, tenues par des Cajuns francophones à l'accueil chaleureux, et de luxueuses habitations au tarif prohibitif, tenues par des Américains dont c'est le business.

Campings

⛺ ***Acadiana Park and Campground*** *(plan couleur général D1,* ***10****) : 1201 E Alexander St. ☎ 337-291-8388. • ifor get2@earthlink.net • Au nord-est de la ville. Emplacement tente env 15 $/j. Accueil 8h-17h (20h ven).* Un tableau à l'entrée signale les places libres ; si le gardien est absent, vous pouvez quand même vous installer, on viendra collecter votre dû le lendemain. Ce camping – le plus proche du centre – est situé dans un joli parc boisé très calme et bien entretenu, même si les sanitaires sont spartiates. Possibilité de faire une balade de 3 miles sur le chemin balisé du parc au départ de la passerelle de la maison de la nature *Acadiana Park Nature Station.* Carte à retirer sur place. On évitera de s'en écarter pour ne pas marcher sur un serpent ! Le choix le plus champêtre qui soit, et de loin le moins cher.

⛺ ***KOA Campground*** *(plan couleur général A1,* ***11****) : 537 Apollo Rd (route LA 93), à* ***Scott.*** *☎ 337-235-2739 ou 1-800-562-0809 (résas). • koa.com • À 5 miles à l'ouest de Lafayette par l'autoroute I 10, sortie 97. Pour 1-6 pers : emplacement tente env 30 $; cabin 60-75 $ (1-2 chambres) ; cottage env 135 $.* Proche de l'autoroute (bruyant la nuit), voici des places de tentes protégées par un toit, des *cabins* en bois assez simples sans salle de bains, et puis des cottages avec salle de bains et kitchenette ; le tout arrangé au bord d'un étang quelque peu dépouillé de végétation. Sanitaires irréprochables. Sur place : piscines, minigolf, pêche, kayak, location d'embarcations à pédales, épicerie, tables de pique-nique, aire de jeux pour les enfants... Bref, c'est plutôt bien mais cher quand même, et parfois l'usine.

De très bon marché à bon marché

🏠 ***Blue Moon Guest House*** *(plan couleur centre,* ***20****) : 215 E Convent St. ☎ 337-234-2422 ou 1-877-766-BLUE. • bluemoonpresents.com • À 10 mn à pied de la gare routière Greyhound. Lit dortoir env 20 $; chambres pour 2-4 pers 75-90 $ selon confort (plus cher pendant les festivals).* En plein centre-ville, on est séduit par cette maison bleue plantée au beau milieu d'un jardin et proposant 2 dortoirs (de 5 à 8 personnes) et 4 chambres vraiment nickel, avec ou sans salle de bains, dont une avec un balcon privatif. Accueil sympa et, à disposition, cuisine équipée et laverie. Idéal pour rencontrer des routards du monde entier. L'ensemble est coloré et très soigné. Sur place, également un agréable saloon en partie à ciel ouvert, plébiscité par les noctambules du cru pour sa musique live (du mercredi au samedi de 20h à 23h), à écouter absolument même si vous ne résidez pas ici. Un lieu que l'on aime beaucoup !

🏠 ***Travelodge*** *(plan couleur général C2,* ***13****) : 1101 W Pinhook Rd (route LA 182). ☎ 337-234-7402 ou 1-800-525-4055. • travelodge.com • Chambres pour 2-4 pers 50-70 $; petit déj* *inclus.* Assez proche du centre-ville, un motel de chaîne proposant des chambres impeccables, équipées des standards du confort américain (frigo et cafetière). Choisir les plus éloignées de la route. Rapport qualité-prix correct. Piscine extérieure. Et pour casser la croûte, rendez-vous au fameux *Blue Dog Café*, juste à côté.

Super 8 Motel *(plan couleur général C1,* ***15****) : 2224 NE Evangeline Thruway (route US 90). ☎ 337-232-8826 ou 1-800-454-3213. • super8.com • Doubles pour 2-4 pers 50-60 $; petit déj inclus.* En bord de route, un autre motel de chaîne au confort et à la propreté standard. Du fonctionnel correct et bon marché. Micropiscine en bordure de route. Accueil sympa.

Prix moyens

Acadian Bed and Breakfast *(hors plan couleur général par C3,* ***17****) : 127 Vincent Rd. ☎ 337-856-5260. • acadianbandb.com • Au sud de la ville ; depuis Evangeline Thruway (route US 90), tourner vers le sud sur E Verot School Rd (route LA 339) et prendre à droite Vincent Rd ; c'est la 4e maison sur la gauche. Double 70 $; 20 $/pers supplémentaire ; copieux petit déj compris.* À seulement 10 mn du centre et déjà un peu à la campagne, on aime beaucoup ce *B & B* tenu par Lea et Ray LeJeune, un couple de Cajuns francophones adorables et vraiment disponibles pour leurs hôtes. Dans leur gentille maison, ils proposent 3 chambres (2 à 4 personnes) nickel, toutes avec salle de bains privée. Joli jardin avec balancelle pour musarder. Et puis, il y a toujours des boissons fraîches dans le frigo, car Lea pense à tout ! Également plein de bons conseils et toute la documentation touristique sur place. Excellent rapport qualité-prix-gentillesse. Notre coup de cœur à Lafayette.

The Savoy Bed and Breakfast *(plan couleur général A1,* ***18****) : 533 rue Bon-Secours, à* ***Scott****. ☎ 337-237-0835 ou 337-277-8782. • savoybedanddbreakfast.com • Au nord-ouest de la ville : prendre l'autoroute I 10, sortie 97 (« Scott/Cankton ») ; faire 0,5 mile sur la route LA 93 N, puis tourner à gauche dans la rue Bon-Secours. Double env 70 $; cottage (2-4 pers) 125 $; petit déj compris.* En pleine campagne, Darlene et Rodney Savoy – les proprios cajuns francophones – vous ouvrent leur porte avec générosité et gentillesse. Au choix : une grande chambre douillette et confortable avec salle de bains privée et mignonne petite terrasse dans la maison principale. Également un charmant cottage dans le jardin, lui aussi tout confort (cuisine, billard à l'étage...), décoré d'objets pittoresques des années 1950 et équipé d'une très agréable terrasse avec jacuzzi donnant sur la verdure. Une excellente adresse.

Jameson Inn *(plan couleur général C1,* ***14****) : 2200 NE Evangeline Thruway (route US 90). ☎ 337-291-2916 ou 1-800-JAMESON. • jamesoninns.com • Chambre pour 2-4 pers 85-95 $. Petit déj inclus.* Un bâtiment qui ressemble un peu aux anciennes maisons du Sud, un *lobby* élégant avec parquet et quelques meubles stylés, et puis 80 chambres confortables avec d'agréables couleurs et une petite pointe de déco très appréciable. Tel est ce cocktail réussi pour un bon rapport qualité-prix. Piscine cachée de la route. Fitness.

Chic

T' Frere's Bed and Breakfast *(plan couleur général C3,* ***19****) : 1905 Verot School Rd (route LA 339). ☎ 337-984-9347 ou 1-800-984-9347. • tfreres.com • Au sud de la ville : depuis Evangeline Thruway (route US 90), tourner vers le sud sur E Verot School Rd. Double env 135 $; 35 $/pers supplémentaire ; petit déj et cocktail d'arrivée compris.* Une superbe maison construite en 1880 dans le style *Old South* en bois de cyprès et brique rouge, meublée d'ancien et décorée avec un goût assuré. On est vraiment sous le charme des 6 chambres d'hôtes cosy et confortables qui s'y trouvent, de même que les 2 autres installées dans une garçonnière au fond du jardin. Belle véranda fermée pour prendre l'apéro. La maison est tenue par une famille dont le père est francophone. On aime moins sa situation sur un carrefour passant et son accueil un peu trop guindé. Une bonne adresse malgré tout.

Bois des Chênes Bed and Breakfast *(plan couleur général C2, **12**) : 338 N Sterling St (à l'angle de Mudd Ave). ☎ 337-233-7816. • bois dechenes.com • Depuis SE Evangeline Thruway (route US 90), tourner à droite sur Mudd Ave ; c'est à l'angle de la 2e rue sur la droite. Doubles env 110-150 $ selon confort ; 30 $/pers supplémentaire ; copieux petit déj compris.* Dans un quartier résidentiel proche du centre, cette élégante maison de planteur construite en 1820 et entourée d'un jardin abrite 5 jolies chambres dans le plus pur style Louisiane française : lits à baldaquin, armoires d'époque, beaux objets... Bref, on s'y sent bien. Propose aussi un tour en bateau sur l'Atchafalaya. Cher (50 $; ½ tarif jusqu'à 12 ans) mais en petit groupe (7 pers max) et assez long (env 3h). Plus d'infos sur *• theatchafa layaexperience.com •*

Où manger ?

LAFAYETTE

Spécial petit déjeuner

Poupart Bakery *(plan couleur général C3, **30**) : 1902 W Pinhook Rd (route LA 182). ☎ 337-232-7921. Juste à proximité du carrefour avec Kaliste Saloom Rd (route LA 3095). Tlj sf lun 7h-18h30 (16h dim). Moins de 5 $. Le midi, compter 7-10 $.* Une excellente boulangerie française proposant croissants, pains au chocolat, aux raisins, baguettes, etc., sans oublier la panoplie des classiques pâtisseries américaines : muffins, cookies, brownies, *pecan pies*... Quelques tables sur place en terrasse. On y vend aussi des conserves et de délicieuses confitures maison. Le midi, belle sélection de sandwichs, salades, quiches et soupes.

Dwyer's Café *(plan couleur centre, **33**) : 323 Jefferson St (à l'angle de Garfield St). ☎ 337-235-9364. Tlj 6h-14h. Env 5 $.* Affaire familiale réputée depuis 1927 pour ses différents breakfasts en libre-service, le plateau à la main. Dans une jolie salle tout en brique, on dévore saucisses, *French toasts* et omelettes pour presque rien, sans oublier leurs bons *pancakes*. Sinon, pour le lunch, hormis les sandwichs, *po-boys* et autres salades, les plats sont plutôt lourdingues. Vous voilà prévenu !

The French Press *(plan couleur centre, **35**) : 214 E Vermilion St. ☎ 337-233-9449. Tlj sf lun 7h (9h w-e)-14h ; ven-sam 17h30-21h. Petits déj complet et copieux 8-13,50 $.* Pour un breakfast chic dans une salle haute de plafond à la déco sobre mêlant moderne et ancien. Dans une ambiance musicale jazzy, on se régale d'un *classic, acadian* ou *southern breakfast* parmi une clientèle un brin branchée. On pourra aussi y passer pour un brunch au déjeuner. Propose aussi des plats plus élaborés en soirée le week-end mais très onéreux.

Et aussi **Hub City Diner** *(plan couleur général C2, **31**) :* voir « Bon marché » ci-après.

Bon marché

Fresh Pickin's Farmer Market *(plan couleur général C3, **40**) : 907 Kaliste Saloom Rd (route LA 3095). ☎ 337-261-2607. Tlj 7h-20h.* C'est un marché où l'on trouve d'appétissants fruits et légumes de saison, et toutes sortes de produits (pains, confitures...) pour se confectionner un pique-nique vraiment pas cher.

Creole Lunch House *(plan couleur général D2, **32**) : 713 12th St (à l'angle de Saint Charles St). ☎ 337-232-9929. Lun-ven 11h-15h. Env 7 $.* Dans cette petite maison en bois vert pâle, voici notre resto chouchou, tenu par Mme Merline, une adorable *mamma* créole parlant un croustillant français. Excellente cuisine simple et pas trop épicée. Goûtez absolument la spécialité, le *creole stuffed bread*, pain fourré à la saucisse et aux piments. Également d'excellents poulet et cochon grillés, fricassée, plats au riz, purée de *yams*, etc. Menu du jour inscrit sur un tableau blanc ; il ne reste plus qu'à choisir votre plat, ou bien même faire un *mix,* histoire de goûter à tout. Sans doute le seul resto authentiquement créole de la région.

Hub City Diner *(plan couleur général C2,* ***31****) : 1412 S College Rd (route LA 728-3). ☎ 337-235-5683. Tlj 6h30-22h (15h dim). Moins de 10 $.* Un *diner* décoré façon années 1950, avec ses banquettes en molesquine rouge et blanc, son carrelage à damier, son juke-box, ses disques vinyles... Dans l'assiette, on engloutit les standards de la cuisine américaine : burgers, sandwichs, salades, omelettes, revus parfois à la sauce cajun. C'est bon, pas lourdingue du tout, et ça change de la cuisine traditionnelle locale. Voir leurs avantageux *today's specials.* Idéal également pour le petit déj.

Chris' Poboys *(plan couleur général C3,* ***34****) : 1930 W Pinhook Rd (route LA 182). ☎ 337-234-6333. Tlj sf dim 10h30-20h (20h30 ven-sam). Moins de 10 $.* Dans cette salle plutôt quelconque d'une maison au toit vert en retrait de la route, on s'est vraiment régalés des remarquables *po-boys* à la dinde, au poisson, aux crevettes, etc. ; comme du *muffuletta,* ce sandwich salami-mortadelle-jambon-*provolone*-olive-mayo, également disponible en demi-portions, ce qui est largement suffisant.

De prix moyens à chic

Blue Dog Café *(plan couleur général C2,* ***39****) : 1211 W Pinhook Rd (route LA 182). ☎ 337-237-0005. Lun-ven 11h-14h ; lun-sam 17h-21h (22h ven-sam). Brunch musical le dim, 10h30-14h (25 $).* Happy hours *(sf w-e) 14h-19h. Plats 12-25 $. Musique live jeu 18h-21h et ven-sam 19h-22h.* Ce resto branché et cosy vaut autant pour ses très bonnes spécialités d'inspiration cajun, revisitées façon nouvelle cuisine, que pour les tableaux du peintre George Rodrigue et de son fameux chien bleu au regard ahuri, ornant les murs. Pour la petite histoire, c'est à la mort de sa chienne Tiffany que le peintre rêva d'elle en bleu et entama cette étonnante saga artistique, largement inspirée par le roi du pop art Andy Warhol. Aujourd'hui, de galeries d'art en campagnes publicitaires, ce chien est devenu une icône connue dans le monde entier... On peut aussi se contenter d'un verre au comptoir, en grignotant quelques amuse-gueules un soir de concert. Ambiance sympa et bon accueil.

Zea *(plan couleur général C2,* ***38****) : 235 Doucet Rd. ☎ 337-406-0013. À proximité de Johnston St (route US 167). Tlj 11h-21h30 (22h30 ven-sam). Plats 10-25 $.* Un resto où la nourriture prend sa source dans les recettes cajuns traditionnelles tout en s'adaptant aux exigences de la cuisine moderne créative. Dans l'assiette : *seafood,* viandes grillées, pâtes, et un joli dressage, ce qui est une bonne surprise. Les produits frais du cru sont travaillés à merveille, pas lourds du tout, pas trop copieux et servis dans un cadre à la fois chaleureux et sobre, décoré de quelques vieilles affiches françaises. Idéal pour un tête-à-tête en amoureux.

Agave *(plan couleur centre,* ***37****) : 200 E Vermilion St. ☎ 337-289-0000. Tlj sf dim 11h-23h (22h lun-mer). Lunch moins de 10 $, plats 10-20 $.* Fréquenté par la jeunesse locale venue se chauffer à la *margarita* avant de faire la tournée des bars et des boîtes, un resto mexicain proposant d'excellents *fajitas,* tacos, *seafood enchiladas* et autres viandes à la *parilla.* Agréable terrasse pour un repas *caliente* sous les néons multicolores et les palmiers. Également une formule économique le midi, que l'on apprécie sous le parasol. Autre adresse au 509 Bertrand Dr. *(plan couleur général C2,* ***42****).*

Tsunami *(plan couleur centre,* ***41****) : 412 Jefferson St. ☎ 337-234-3474. Mar-sam 11h-22h (23h ven-sam). Moins de 20 $.* Un resto-*lounge* tendance où l'on déguste de succulents sushis, sashimis, *rolls,* etc., dans une grande salle à la déco résolument décalée. Installez-vous donc au *sushi bar,* où les cuistots dépotent comme des dingues sous vos yeux éblouis par autant de simplicité. Une adresse très fréquentée midi et soir. Sur place, également un bar cher au cœur des noctambules qui viennent y picoler dans une joyeuse ambiance (*happy hours,* mar 16h-22h et mer-ven 16h-18h), avant d'échouer dans les autres bistrots du quartier !

Lagneaux's (plan couleur général B3, **36**) : *445 Ridge Rd. ☎ 337-984-1415. Lun-sam 11h-13h30, 17h-21h (22h ven-sam) ; dim, 11h-14h. Plats 7-12 $ au déj, 10-20 $ le soir ; buffet à volonté env 21 $.* Réputé dans la région pour sa cuisine cajun authentique, ce resto sert écrevisses, crevettes, *gumbos*, cuisses de grenouilles, alligator, crabes, etc. Les grosses faims sont calées par le fameux buffet étalant toutes les spécialités de la région, déclinées frites, grillées ou farcies. On s'y sert allègrement avec une pelle pour remplir son saladier, puis on passe des heures à décortiquer les crustacés du bayou ! Les gens du cru viennent en masse se bâfrer ici. Fait aussi épicerie cajun en journée, histoire d'acheter des petits boudins pour le pique-nique du midi, par exemple...

Où manger en écoutant de la musique cajun ?

C'est l'une des spécialités de Lafayette, en prise directe sur la joie de vivre légendaire de nos cousins cajuns.

Randol's (plan couleur général C3, **50**) : *2320 Kaliste Saloom Rd (route LA 3095). ☎ 337-981-7080 ou 1-800-YO-CAJUN. • randols.com • Au sud de la ville : depuis Evangeline Thruway (route US 90), au niveau de l'aéroport, tourner vers le sud sur E Kaliste Saloom Rd ; c'est ensuite sur la droite, un peu avt le croisement avec Ambassador Caffery Parkway (route LA 3073). Tlj 17h-22h (23h ven-sam) ; la cuisine s'arrête 1h avt la fermeture. Moins de 20 $.* *Randol's* est une institution cajun ancrée à Lafayette depuis des décennies. Voici donc une immense grange en bois où l'on dîne en écoutant, dès 18h30 un orchestre cajun et zydeco, dominant une piste de danse. Enfants et vieillards sont de la partie. On rit, on danse, on change de partenaire, et les gens du cru sont toujours là, entraînant tout le monde, désinhibant les plus coincés des clients ! Côté assiette, bonne cuisine pas trop grasse mais copieuse. En saison, ne pas manquer les *boiled crawfish*, crabes, ou encore les crevettes cuisinées selon une foule de recettes... Et pas de remords si vous craquez pour la délicieuse *pecan pie*, vous vous défoulerez ensuite sur la piste ! On peut aussi se contenter d'y boire un verre... Bref, un endroit qu'on recommande volontiers – quoique un brin touristique quand même – si vous n'avez qu'une soirée à passer à Lafayette.

Prejean's (hors plan couleur général par C1, **51**) : *3480 NE Evangeline Trwy (I-49). ☎ 337-896-3247. Du centre, prendre l'autoroute I 49 en direction du nord ; sortie 2 (« Gloria Switch Rd »), puis à droite au feu, et tt de suite à gauche sur Frontage Rd ; le resto est ensuite sur la droite. Tlj 7h-21h (22h ven-sam) ; musique tlj 19h-21h (11h-13h w-e). Plats 10-25 $.* Amusante ambiance rustique – le genre maison de trappeur – avec alligators naturalisés, pirogues, outils, etc., et puis ces nappes à carreaux sur lesquelles sont servis de très bons plats cajuns à base d'huîtres, alligators, poissons, crabes, écrevisses et autres bestioles du bayou préparées à toutes les sauces. On peut y prendre aussi le petit déj. C'est cher quand même et assez touristique en soirée. Côté musique, les groupes distillent un sympathique fond musical, sans plus... Et puis on ne danse pas !

Où boire un verre en journée ?

The Filling Station (plan couleur centre, **63**) : *900 Jefferson St. ☎ 337-291-9625. Lun-ven 11h-22h ; sam 15h-22h. Fermé dim. Moins de 10 $.* Belle terrasse appréciable aux beaux jours, et un lieu de passage incontournable en bas de Jefferson Street. Déco années 1950 et salle aux couleurs acidulées éclairée par des néons multicolores. Le lieu de rendez-vous idéal pour boire une bière. Quelques snacks, mais franchement pas terribles. Clientèle très variée.

Où boire un verre le soir ? Où sortir ?

🍷 ***Jefferson Street*** *(plan couleur centre,* ***60****) :* dès le jeudi soir, la jeunesse universitaire se retrouve sur Jefferson Street, le *hot spot* de la *nightlife* locale. Ambiance survoltée autour des billards et écrans TV du ***Marley's*** *(407 Jefferson St),* mais aussi autour du bar assez design du ***Legends*** *(413 Jefferson St).* Également des discussions très animées au comptoir du ***City Bar*** *(324 Jefferson St),* du ***The Office*** *(307 Jefferson St),* sans oublier le ***Antlers*** *(555 Jefferson St),* le plus vieux bar de la ville, pour passer un vendredi soir en musique. Pour un verre chic, on aime bien la terrasse élégante du ***Tsunami*** ou son bar cosy sous un lustre clinquant *(412 Jefferson St ; plan couleur centre,* ***41*** *; lire plus haut « Où manger ? De prix moyens à chic »).* Et quand tout ce petit monde est chaud, rendez-vous au ***Nite Town*** *(524 Jefferson St),* une boîte de nuit pleine à craquer de jolies petites nanas en robe du soir et hauts talons, et de beaux mecs lookés. N'oubliez pas votre carte d'identité ; moins de 21 ans, s'abstenir !

Où écouter de la musique ? Où danser ?

À Lafayette, la musique est l'une des expressions de la « cajunité ». Ne ratez pas une occasion d'assister à un concert. Quelle ambiance !

🍷 ♩ ***Blue Moon Guest House*** *(plan couleur centre,* ***20****) : voir plus haut « Où dormir ? De très bon marché à bon marché ». • bluemoonpresents.com • Mer-sam 20h-23h. Env 10-20 $ selon groupe, gratuit mer.* Le lieu est réputé chez les noctambules du coin pour ses concerts d'enfer à vivre dans un agréable saloon en partie à ciel ouvert. Décor cow-boy et musique cajun dans une ambiance chaleureuse et francophone. Des pointures de la scène et d'illustres musiciens sont souvent au rendez-vous (surveiller la programmation sur leur site). Notre adresse préférée à Lafayette !

🍷 ♩ ♫ ***Art-Mosphere*** *(plan couleur centre,* ***64****) : 902 Johnston St. ☎ 337-233-3331. Tlj sf lun 11h-2h (dim minuit). Entrée : 3-10 $ le w-e selon groupe, gratuit en sem.* Presque en face du fameux *Blue Moon Guest House,* le nouveau lieu à la mode de la scène alternative. Chaque week-end, des groupes de qualité s'y produisent. Cajun, jazz, rock, reggae, la programmation est très éclectique. En semaine, *DJ set* techno qui décoiffe. Un lieu branché et un bar new age décoré de peintures contemporaines, avec de nombreux petits recoins et 2 belles terrasses. On y fume le narguilé sur la plus discrète.

🍷 ♩ ♫ ***Grant Street Dancehall*** *(plan couleur centre,* ***61****) : 113 W Grant St. ☎ 337-537-0179. • grantstdancehall.com • Entrée côté Cypress St. Jeu-sam soir jusqu'à 2h. Env 5-20 $ selon groupe.* Cet ancien entrepôt accueille les grands groupes cajuns du moment (se renseigner). Également du jazz, blues, zydeco, pop ou reggae ; pas de sectarisme ! Chaude ambiance ; ça danse de partout ! Un lieu d'importance aussi.

♩ ***Downtown Alive*** *(plan couleur centre) :* au printemps et à l'automne, tous les vendredis de 17h30 à 20h30, des groupes se produisent en centre-ville, dans le *Parc international* et le *Parc Sans-Souci.* Les gens dansent et l'ambiance est extra ! Quand il pleut, si le concert n'est pas annulé, rendez-vous dans le *Parcauto* (Vermilion Street), facile à trouver. Plus d'infos sur *• downtownlafayette.org •*

♩ ***El Sido's Zydeco and Blues Club*** *(plan couleur général C1,* ***52****) : 1523 N Saint Antoine (à l'angle de Martin Luther King Dr). ☎ 337-237-1959 ou 337-235-0647. Depuis NW Evangeline Thruway (route US 90), tourner à droite sur Willow St, puis encore à droite dans N Saint Antoine St. Attention, le quartier est moyennement sûr la nuit. Ouv ven-dim soir selon programmation (se renseigner). Entrée payante.* C'est LE club zydeco de Louisiane, mais pas celui des Blancs, celui des Noirs, dont certains sont francophones. Une atmosphère complètement différente, à la fois torride et décalée. Bref, un petit club un peu ripou, avec en général d'excellents concerts de musique zydeco et afro-américaine, où les habitués se rendent souvent endimanchés, même quand ce n'est pas dimanche !

Également des concerts de musique cajun à ***Vermilion Ville*** *(voir plus loin)* le dimanche de 13h à 16h et tous les soirs au resto ***Randol's*** *(voir précédemment).* Assez touristique quand même...

Enfin, encore d'autres possibilités d'assister à de bons concerts de musique cajun dans les environs proches, à ***Breaux Bridge, Henderson*** ou, plus loin, à ***Eunice*** *(voir les chapitres correspondants).*

Achats

Philippe's Wine Cellar *(plan couleur général B3,* ***62****) : 3809 Ambassador Caffery Pkwy. ☎ 337-991-9794. Tlj sf dim 10h-19h (20h ven et 18h sam). Bouteilles 3-5 000 $! Dégustation gratuite tous les ven, 17h-19h (mieux vaut venir avec son verre).* Tenue par un sommelier bourguignon, cette très belle cave à vins familiale propose un tour du monde viticole de la Californie à l'Argentine en passant par le Chili, l'Italie et la France, *of course !* Les nostalgiques viendront y choisir une bonne bouteille parmi le vaste choix (plus de 5 000), à accompagner d'un bon saucisson, d'un brie ou d'un camembert sous vide pour un pique-nique gourmand *à la française !*

Mall of Acadiana *(plan couleur général B3) : 5725 Johnston St (route US 167), après Ambassador Caffery Parkway (route LA 3073), au sud-ouest de la ville. Tlj 10h-21h (12h-18h dim).* Énorme complexe commercial pour les mordus de shopping et de marques américaines, du genre *Gap, Banana Republic...*

Sans Souci *(plan couleur centre,* ***6****) : 201 E Vermilion St. ☎ 337-266-7999. En bordure du parc Sans-Souci. Mar-ven 11h-17h ; sam 10h-16h. Fermé dim-lun.* Ici, rien n'est *made in China* ! On trouve une foule d'objets d'artisanat local de belle qualité, parfois kitsch à souhait, et abordables : poteries, bijoux fantaisie, objets de déco...

Flea Market *(marché aux puces ; hors plan couleur général par C1) : 3011 Evangeline Thruway (route US 90). ☎ 337-236-3532. Au nord du centre-ville : prendre l'autoroute I 49, sortie 1 B (panneaux). W-e 8h-17h.* On y débusque des vieux objets à prix souvent exagérés, mais aussi de l'artisanat local, des produits fermiers...

À voir

Acadian Cultural Center *(plan couleur général D2) : 501 Fisher Rd. ☎ 337-232-0789. • nps.gov/jela/new-acadian-cultural-center.htm • Situé juste avt Vermilionville, il fait partie du Jean Lafitte National Historical Park and Preserve. Tlj 8h-17h. Entrée gratuite. Visite audioguidée en français de 45 mn.* Une des visites incontournables pour bien comprendre l'histoire de la Louisiane et la vie des Cajuns, depuis « le Grand Dérangement » jusqu'à nos jours. Les thèmes de la musique, l'élevage, l'habitat, la cuisine, l'agriculture, la pêche, la chasse, l'exploitation pétrolière, etc. y sont abordés à grand renfort de panneaux, photos, objets et outils de la vie quotidienne. Ne ratez pas le film sous-titré en français *The Cajun Way, Echoes of Acadiana,* sur l'histoire de l'Acadie et de sa population *(diffusé ttes les heures 9h-16h ; durée : 26 mn).* Librairie cajun sur place.
En collaboration avec Vermilionville (voir juste après), le centre organise aussi des *visites guidées (en anglais) en bateau (4-16 pers) du Bayou Vermilion, au printemps et à l'automne, tlj sf dim et lun à 10h30 (durée : 1h30). Résa obligatoire. Ticket : 12 $; enfants 4-18 ans : 8 $; moins de 3 ans : gratuit.*

Vermillonville *(plan couleur général D2) : 300 Fisher Rd. ☎ 337-233-4077. • bayouvermillon.org • À côté de l'aéroport et après l'Acadian Cultural Center. Tlj sf lun 10h-16h (fermeture guichet à 15h). Entrée : 10 $; 6 $ sur présentation de*

ce guide ; enfants moins de 6 ans : gratuit. À l'entrée, demander le plan explicatif bilingue français-anglais.
Il faut bien reconnaître qu'avec l'*Acadian Village,* les deux visites font un peu double emploi. Si vous recherchez du sobre et simple, c'est l'*Acadian Village* qu'il vous faut. *Vermilionville* propose, quant à elle, une visite plus animée, plus vivante mais plus touristique aussi. On conseille d'ailleurs de venir ici à l'ouverture pour profiter pleinement du site avant l'arrivée de la foule.
Au bord d'un bel étang, on explore une à une les jolies maisons colorées de ce village traditionnel du XIXe s reconstitué : de l'église aux écuries en passant par la forge, l'habitation typique des bayous, la demeure des planteurs, etc. Sur le tableau de l'école, il est écrit *« I will not speak French in school ».* Par souci d'intégration, l'usage du français fut interdit à l'école de 1916 à 1968... Entre vieux meubles, outils et objets du quotidien, on est vraiment séduit par l'ambiance qui règne dans chaque maison, où musiciens et acteurs vous attendent en tenue d'époque, rendant ainsi la visite plus vivante et attractive pour les enfants (pourboire bienvenu !)... Sur place, également pas mal d'activités : démonstrations de cuisine, concerts de musique cajun de bon niveau le w-e de 13h à 16h (compter 5 $ si l'on vient juste voir le groupe, sinon, c'est inclus dans le prix de l'entrée), artisans au travail (réparateur de filets, forgeron, tissage), promenade sur le bayou Vermilion (voir précédemment *Acadian Cultural Center*)...
I●I Possibilité de déjeuner sur place, à ***La Cuisine de Maman.*** *Tlj sf lun 11h-14h (15h le w-e). Env 12 $ pour un buffet de qualité.*

Acadian Village *(hors plan couleur général par B3)* **:** *200 Greenleaf Dr. ☎ 337-981-2364 ou 1-800-962-9133. • acadianvillage.org • À 5 miles au sud-ouest du centre-ville : prendre Johnson St (route US 167), puis Ridge Rd sur la droite ; puis à gauche sur W Broussard Rd et encore à gauche sur New Hope Rd (panneaux). Mar-sam 10h-16h. Entrée : 8 $; enfants 5-17 ans : 6 $; moins de 4 ans : gratuit. À l'entrée, se munir du plan explicatif bilingue français-anglais.*
Créé en 1976 à l'initiative d'une association de Cajuns handicapés de Lafayette, ce village, joliment reconstitué autour d'un petit plan d'eau, permet de remonter le temps en se replongeant dans la vie quotidienne des Acadiens au début du XIXe s. Le magasin général, la forge et la chapelle sont des répliques de constructions originales, tandis que toutes les autres maisons et le cabinet du médecin ont été transportés ici depuis Lafayette, Breaux Bridge, Broussard ou Saint Martinville. Construits généralement en « bousillage », mélange de boue et de mousse espagnole, qu'on intercalait entre les poutres en cyprès de la charpente, les maisons acadiennes étaient très simples : souvent avec une ou deux pièces et une garçonnière à l'étage...

Lafayette Museum – Alexandre Mouton House *(plan couleur centre)* **:** *1122 Lafayette St (proche W University Ave). ☎ 337-234-2208. Tlj sf dim-lun 10h-16h. Entrée : 3 $; réduc.* Jolie maison traditionnelle datant de 1810, où vécut Jean Mouton, fondateur de la ville, dont le fils fut le neuvième gouverneur de Louisiane et aussi le tout premier démocrate... Beau mobilier d'époque, nombreux portraits, costumes de bal masqué de Mardi gras dans la salle du carnaval et salle de musique avec un mélodéon (instrument avec une soufflerie datant de 1840), violon, harpe... Pour se plonger dans l'ambiance aristocratique du XIXe s.

Acadiana Center for the Arts *(plan couleur centre)* **:** *101 W Vermilion St (angle Jefferson St). ☎ 337-233-7060. • acadianacenterforthearts.org • Mar-sam 10h-17h. Entrée : 5 $. Réduc.* Musée à l'architecture remarquable, proposant dans ses quatre galeries d'étonnantes expositions temporaires d'art contemporain. Un lieu de rencontres aussi, géré par une équipe accueillante et imaginative. Quelques ateliers et cours sont proposés également, ainsi que des concerts cajuns en collaboration avec la radio KRVS.

La cathédrale Saint-Jean-l'Évangéliste *(plan couleur centre)* **:** *914 Saint John St.* Grand édifice construit en brique rouge en 1913, dans le style romanohollandais... Voir, sur la droite, un chêne gigantesque de près de 500 ans, absolument superbe et soutenu par des étais, car ses branches font plus de 70 m ! Vous pouvez aussi faire un tour au cimetière, où reposent de nombreux colons ayant participé à la fondation de Lafayette...

L'université *(plan couleur centre)* **:** central, un site très agréable dans la verdure (demander un plan du campus à la *Student Union,* sur McKinley Street). Certainement la seule université du monde qui élève des alligators dans son étang !

Fêtes et festivals

– ***Festival international de Louisiane :*** *4e sem d'avr. ☎ 337-232-8086. ● festivalinternational.com* ● Une orgie de musique live représentée par des groupes venus de tous les pays francophones. Tout le centre-ville devient piéton, et c'est la fiesta !
– ***Festivals acadiens et créoles :*** *3 j. mi-oct. ☎ 337-232-3737. ● festivalsacadiens.com* ● Concerts en plein air de musique cajun et de zydeco sur la pelouse du Girard Park, au sud du centre-ville *(plan couleur général C2).*

BREAUX BRIDGE

8 000 hab.

Également appelé « Pont-Breaux » en langue cajun, ce gros village est proche à la fois de Lafayette et de Saint Martinville. Fondé en 1799 par Firmin Breaux, il doit aussi son nom au pont enjambant le bayou Teche, qui a étonnamment survécu au modernisme... Hormis ce pont, la bourgade ne possède rien de particulièrement remarquable, sauf son atmosphère délicieusement tranquille qui donne l'occasion d'une halte très agréable, sans oublier l'étonnant *lac Martin* et sa vie sauvage à explorer dans les environs proches.
Chaque année, le premier week-end de mai, Breaux Bridge, « capitale mondiale de l'écrevisse », fête ce succulent crustacé dans une allégresse totale, sur fond de musique, danse et grosses bouffes !

Arriver – Quitter

➢ ***La voiture*** est le seul moyen d'y accéder. Depuis l'autoroute I 10, sortie 109 (« Breaux Bridge »), suivre la route LA 328 jusqu'au bout, pour alors tourner à droite, enjamber le fameux pont, et enfin entrer dans le village historique. On remarquera que chaque nom de rue est traduit en français, ainsi *Bridge Street*, la rue principale, donne *rue Pont* !

Adresses utiles

Tourist Information Center *(carte)* **:** *314 E Bridge St. ☎ 337-332-8500 ou 1-888-565-5939. ● tourism.breauxbridgelive.com ● Tlj sf dim 8h-16h (12h sam).* Plan de la ville, liste des hébergements, infos sur les activités et autres manifestations du moment dans le village. Également un dépliant pour une visite guidée à pied du centre historique. Accueil enthousiaste.

✉ ***Post Office*** *(carte)* **:** *700 Rees St (route LA 328). ☎ 337-332-0961. Lun-ven 8h30-16h30 ; sam 9h30-11h30.*

@ ***Internet :*** *à la* ***Public Library*** *(bibliothèque municipale), 102 Courthouse St (à l'angle de N Main St). ☎ 337-332-2733. Face à l'église. Tlj sf dim 8h-20h (17h ven-sam).* Connexions gratuites.

■ ***Saint Martin Parish Hospital :*** *210 Champagne Blvd. ☎ 337-332-2178. Traverser le pont et continuer sur E Bridge St ; c'est plus loin sur la gauche.*

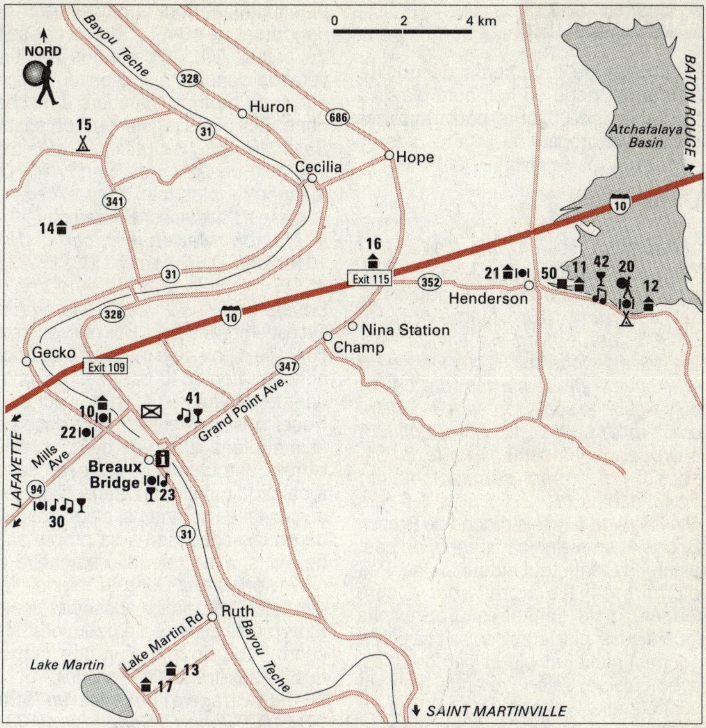

BREAUX BRIDGE, HENDERSON ET L'ATCHAFALAYA BASIN

Adresse utile

- Tourist Information Center

Où dormir ?

- 10 Bayou Cabins
- 11 Atchafalaya Basin Landing
- 12 Houseboat Adventures
- 13 Maison Madeleine
- 14 Cajun Country Cottages Bed & Breakfast
- 15 Poche's Fish-n-Camp
- 16 Holiday Inn Express
- 17 The Cottage at Lake Martin
- 20 Allemond Point Campground
- 21 Edgewater Inn

Où manger ?

- 10 Bayou Boudin & Cracklin Cafe
- 20 McGee's Café
- 21 Pat's Fisherman's Wharf Restaurant
- 22 The Fruit Stand
- 23 Café des Amis

Où manger en écoutant de la musique, tout en dansant ? (Pas facile !)

- 30 Pont Breaux's

Où boire un verre ? Où danser ?

- 23 Café des Amis
- 30 Pont Breaux's
- 41 La Poussière
- 42 Angelle's Whiskey River Landing

Promenades sur les bayous

- 20 McGee's Landing

Où louer une barque ?

- 50 Wiltz's Boat Landing

Où dormir ?

Beaucoup de logements de qualité à Breaux Bridge où l'on aura plaisir à séjourner 2 ou 3 jours pour rayonner dans les environs.

Campings

⛺ ***Poche's Fish-n-Camp*** *(carte, **15**) : 1080 Sawmill Hwy. ☎ 337-332-0326. • pochesrvpark.com • À la sortie 109 de l'autoroute I 10, prendre la route LA 328 vers le nord sur env 2 miles, tourner à gauche sur Poche Bridge Rd et ensuite à droite sur la route LA 31, puis à gauche sur la route LA 341 ; faire env 1 mile, puis à gauche et enfin 1re à droite. Emplacement tente 30 $/j. pour 2 pers ; pers supplémentaire : 5 $/j. ; cabins 110-215 $ pour 4-6 pers (2 nuits min).* À la fois proche de Breaux Bridge et en pleine campagne, on peut planter sa tente tout autour du lac. Peu d'ombre car les arbres sont encore jeunes, mais sanitaires propres. Ils louent aussi plusieurs *cabins* (2 à 6 personnes) nickel et plutôt confortables, avec cuisine, salon, véranda donnant sur l'étang et 3 chambres pour les plus chères. Sur place : piscine, laverie, pêche et une grande grange commune pour partager son repas au bord de l'eau.

⛺ ***Catfish Heaven Campground*** : *voir « Où dormir ? » à Saint Martinville.*

De prix moyens à chic

🏠 ***Bayou Cabins*** *(carte, **10**) : 100 W Mills Ave (route LA 94). ☎ 337-332-6158. • bayoucabins.com • À l'extérieur du village, à l'angle des routes LA 94 et LA 31. Doubles 60-140 $ selon taille et équipement ; 10 $/pers supplémentaire ; petit déj copieux compris.* 📶 Plantées dans la verdure au bord du bayou Teche, voici 14 cabanes (2 à 6 personnes) en bois parfaitement tenues, joliment décorées et accessoirisées sur des thèmes différents : style victorien pour la *Miss Elise* avec ses vieux chapeaux, la *Fifties* inspirée par le King Elvis, le *Musée Bayou* avec ses murs en bousillage ou encore la *Cajun*, plus rustique, dont le papier peint est un journal de 1949... Toutes ont salle de bains, AC, et certaines ont une véranda donnant sur le bayou et sont équipées de frigo, cafetière et kitchenette. Sur place, également un snack, *Bayou Boudin & Cracklin Cafe,* très apprécié des gens du coin (voir « Où manger ? » plus loin). Une excellente adresse à l'accueil chaleureux !

🏠 ***Maison Madeleine*** *(carte, **13**) : 1015 John D. Hebert Dr. ☎ 337-332-4555. • maisonmadeleine.com • Double env 175 $; petit déj compris.* On est emballés par cette maison traditionnelle digne d'un magazine de déco, construite en 1840 dans les bois bordant le fameux lac Martin. Voici donc 3 sublimes chambres d'hôtes décorées et meublées d'ancien avec un goût exquis. Si toutes sont équipées de lits à baldaquin, les 2 à l'étage disposent de sanitaires communs, alors que celle du rez-de-chaussée a sa propre salle de bains, avec une jolie baignoire en cuivre originale. Dans le mignon jardin fleuri, on admire aussi des sculptures métalliques contemporaines... Un charme fou doublé d'un bon rapport qualité-prix-tranquillité-accueil.

🏠 ***The Cottage at Lake Martin*** *(carte, **17**) : 1009 John D. Hebert Dr. ☎ 337-235-0337. • thecottageatlakemartin.com • Double 125 $ (2 nuits min) ; petit déj compris.* Située en pleine forêt, face au superbe lac Martin, une étonnante petite maison hexagonale en bois peint en vert. Intérieur soigné, luxueux même, avec salon cosy, écran plat, lecteur DVD, mobilier de bon goût, cuisine équipée et chambre de charme. Pour une robinsonnade confortable dans un lieu original parmi les alligators et les hérons.

Plus chic

🏠 ***Cajun Country Cottages Bed & Breakfast*** *(carte, **14**) : 1138 A Lawless Tauzin Rd. ☎ 337-332-3093 ou 1-800-318-2423. • cajuncottages.com • À la sortie 109 de l'autoroute I 10, prendre la route LA 328 vers le nord sur env 2 miles, tourner à gauche sur Poche Bridge Rd et ensuite à droite sur la route LA 31, pour prendre à* *gauche la route LA 341 (fléché) ; faire env 1,5 mile et enfin, tourner à gauche. Doubles 145-185 $; 4 pers 250 $. Petit déj compris (livré à votre porte).* Dans ce petit coin de nature paisible au bord d'un étang, quelques belles maisonnettes confortables, toutes différentes et magnifiquement décorées. La plupart ont poêle à bois (pour l'hiver), terrasse couverte, cuisine, et certaines disposent même d'un jacuzzi et d'un petit ponton sur le lac avec 1 table et 2 chaises pour buller. Ceux qui ont les moyens seront vraiment sous le charme !

Où manger ?

De bon marché à prix moyens

The Fruit Stand (carte, **22**) : *220 W Mills Ave (route LA 94 ; à l'angle de la route LA 31). ☎ 337-332-4636 ou 1-800-874-5865. Tlj 7h-18h.* C'est un peu le marché local avec ses étalages de fruits, légumes et autres produits de la région. Bien pratique pour se confectionner un pique-nique. Également un petit resto sur place, spécialisé dans l'écrevisse, le crabe et la *chevrette* (crevette).

Bayou Boudin & Cracklin Cafe (carte, **10**) : *à l'entrée de Bayou Cabins (voir « Où dormir ? »). ☎ 337-332-6158. Tlj sf lun-mar 7h-12h. Moins de 10 $.* Un minuscule café-snack aménagé façon bicoque de trappeurs, où se retrouvent les Cajuns pour le petit-déj. On y mange pour pas cher, essentiellement boudin, *cracklin* (peau de porc frite et salée), pâté de tête ; le tout fait maison, et basta ! C'est bon, et l'ambiance un brin francophone est chaleureuse. Bon, le matin c'est un peu dur mais à emporter, c'est idéal pour préparer un pique-nique.

Café des Amis (carte, **23**) : *140 E Bridge St. ☎ 337-332-5273. Dans la rue principale. Mar 11h-14h ; mer-jeu 11h-21h ; ven-sam 7h30-21h ; dim 8h-14h. Fermé lun. Plats 10-20 $.* Une halte bien agréable dans un cadre un brin bohème : jolie salle en brique décorée de tableaux aux tons ocre et de drôles de poupées... On y dévore de délicieux plats d'inspiration cajun, revisités façon nouvelle cuisine. Bon rapport qualité-prix. Ne ratez pas les groupes de musique cajun (mercredi de 19h à 21h) qui se produisent, ni le zydeco breakfast (samedi de 7h30 à 11h30). Également sympa d'y boire un verre.

Où manger en écoutant de la musique, tout en dansant ? (Pas facile !)

Pont Breaux's (carte, **30**) : *325 Mills Ave (route LA 94). ☎ 337-332-4648 ou 1-800-422-2586. • pontbreauxscajunrestaurant.com • Resto tlj 11h-21h (22h ven-sam). Musique lun-sam 19h-22h ; dim 18h-21h. Plats 12-22 $.* Le digne successeur de Mulate's, véritable institution de la ville. On y mange, on y boit, on y écoute de l'excellente musique cajun live et... on y danse aussi ! Dans un cadre chaleureux et une ambiance conviviale, venez goûter une cuisine bonne et authentique : cuisses d'ouaouarons (grenouilles), cocodrie (alligator) grillé ou frit, crabe gratiné, catfish grillé... Mieux vaut y dîner (arriver tôt en semaine) pour profiter de la meilleure ambiance. On peut aussi juste y prendre un verre au bar, et participer à la fiesta, façon « bal populaire » !

Où boire un verre ? Où danser ?

Café des Amis (carte, **23**) : *voir plus haut « Où manger ? ».*

Pont Breaux's (carte, **30**) : *voir ci-avant « Où manger en écoutant de la musique, tout en dansant ? ».*

La Poussière (carte, **41**) : *1301 Grand Point Ave (Hwy 347). ☎ 337-332-1721. • lapoussiere.com • Sam 19h-23h ou 20h-minuit ; dim 14h-18h ou 15h-19h. Entrée : env 8-10 $ selon groupe.* Cette grande baraque rouge quelconque abrite depuis les années 1955 un immense dancing où se déroulent des « fais-dodo » avec d'authentiques Cajuns. La moyenne d'âge est assez élevée, mais des petits jeunes y participent aussi. Excellente musique cajun, sur laquelle les danseurs déploient une énergie folle qui fait vraiment plaisir à voir. Ne pas arriver trop tard, car les soirées finissent tôt. Sur place : un bar pour étancher sa soif entre deux danses endiablées !

Achats

Breaux Bridge compte de nombreux magasins d'antiquités proposant une foule d'objets des années 1950-1960 à prix abordable et en parfait état, ce qui ravira les collectionneurs *(tlj sf dim mat et lun, jusqu'à 17h)*. Parmi nos préférés, le ***Napoléon*** *(101 E Bridge St)* recèle d'étonnants accessoires de cuisines, matériel professionnel de boucher, boulanger, coiffeur, ainsi que de vieux jouets, outils, disques vinyles et pléthore de vêtements. Dans le ***Breaux Bridge Antique Mall,*** de l'autre côté de la rue *(130 E Bridge St)*, on pourra dégoter dans un bric-à-brac indescriptible quelques anciens instruments de musique et des juke-box *sixties* (pour ceux qui sont venus en camion). Enfin, ***The Clock Shop*** *(118 E Bridge St)*, malgré ses prix exorbitants, mérite un coup d'œil pour sa superbe collection de pendules et de gramophones.

Fête et festival

– ***Crawfish Festival :*** *1er w-e de mai. ☎ 337-332-6555. • bbcrawfest.com •* Important festival de l'écrevisse, qui réunit chaque année une trentaine de groupes de musique cajun. Nombreuses animations bon enfant : concours de mangeurs d'écrevisses (l'épreuve dure 45 mn !), cours de cuisine, de danse cajun et zydeco, et parade finale.

DANS LES ENVIRONS DE BREAUX BRIDGE

LAKE MARTIN

C'est un superbe petit lac, essentiellement fréquenté par les gens du cru et encore assez peu connu des circuits touristiques. Particulièrement pratique, une piste permet d'abord de l'explorer en voiture sur sa périphérie, et ainsi de profiter gratuitement d'une faune exceptionnelle, qui s'épanouit notamment entre mars et juin. On y croise aussi des arbres mythiques comme le cyprès, le *tupelo* et le *button bush,* certains âgés de plus de cinq siècles... Puis la découverte peut se poursuivre par un tour en bateau, mené de main de maître par un authentique trappeur cajun ou en empruntant une passerelle en bois qui permet de pénétrer sur un coin du lac pour mieux apercevoir les alligators...

En fait, ce lac est une cicatrice du Mississippi, avec lequel il n'est plus connecté. Son exceptionnelle beauté n'a pas échappé aux oiseaux, puisque c'est un véri-

ALLIGATOR OU CROCODILE ? CAÏMAN LA MÊME CHOSE ?

Connaissez-vous la différence entre un alligator et un crocodile ? La tête du premier est en forme de U, plus large et plus courte que celle du second. Et puis, le gator n'a que 92 dents, quand le croco en a 120, dont certaines restent visibles en haut et en bas, même quand sa mâchoire est fermée (chez l'alligator, seules les supérieures le sont). Enfin, l'alligator a la réputation d'être moins dangereux pour l'homme. On n'a pas vérifié !

table sanctuaire, une sorte de parc ornithologique naturel : 200 espèces différentes s'y regroupent pour nidifier. En tout, 70 000 couples ont choisi d'habiter ensemble dans les arbres. Au printemps, période de nidification, les arbres sont tellement chargés d'oiseaux qu'on voit à peine les branches à travers la masse animale : aigrette des neiges, ibis, spatule rosé, héron de nuit, héron bleu, héron vert, héron, héron, petit patapon... ils sont tous là. Des oiseaux aux belles couleurs, à l'allure remarquable, comme on n'a pas l'habitude d'en voir en Europe. Impressionnant. Si les oiseaux constituent la faune la plus remarquable, les mammifères sont bien présents : ratons laveurs, castors, ragondins, tortues, et surtout le célèbre alligator, dont on dénombre 1 200 à 1 800 individus ! Autre particularité : une bonne partie du lac est recouverte de lentilles d'eau qui forment un étrange et dense tapis servant de camouflage à de nombreuses espèces. Impression étrange et effet d'une fine beauté...

Comment y aller ?

➢ Situé à 4 miles au sud de Breaux Bridge, le lac se rejoint par la route LA 31, que l'on emprunte sur 2 miles avant de tourner à droite dans Lake Martin Rd (panneau), une petite route de campagne qui mène au bord du lac, là où les gens du coin mettent leur bateau à l'eau.

Comment se balader autour et sur le lac ?

➢ ***Promenade en voiture autour du lac :*** une fois rendu à l'extrémité de Lake Martin Road, face au *Boat Landing,* tourner à gauche et suivre cette large piste qui longe l'*East Levee.* On est au bord du lac et, sans les chercher vraiment, on peut observer des milliers d'oiseaux mais aussi, souvent tapis sous les lentilles d'eau, les fameux alligators. Ouvrez l'œil ! On arrête la voiture sur le côté et on observe tant qu'on veut...

➢ ***Promenade à pied sur la West Levee :*** il est possible de se balader le long de la rive ouest du lac, sur un chemin d'environ 6 km parfaitement balisé, qui permet d'observer les animaux. Pour cela, rejoindre la *West Gate,* située au sud du lac, juste à l'extrémité de la piste longeant l'*East Levee,* et garer sa voiture. La balade suit donc la levée ouest du lac à travers la nature sauvage... ***ATTENTION : ne pas s'approcher des alligators lorsqu'ils sont sur le chemin, en bordure du lac.*** Car c'est généralement ici que la femelle nidifie entre juin et septembre, et elle n'apprécie guère qu'on s'aventure dans les parages. Ainsi, durant cette période, ne pas emprunter le chemin. Et puis, de toute façon, informez-vous auprès des gens du coin avant d'entreprendre la balade...

➢ ***Balade en bateau :*** l'embarcadère, situé à l'extrémité de Lake Martin Road, est le lieu de rendez-vous de ces excursions qui se réservent à l'avance par téléphone. Plusieurs gars du cru proposent leurs services :

Leblanc Swamp Tours : *☎ 337-332-6546 ou 337-654-1215. Compter 3 départs/j. (durée : 2h). Env 20 $/pers.* Une immersion totale dans la culture cajun ! On a adoré l'exploration du lac Martin, ses crocos, ses tortues, ses cyprès et ses oiseaux, en compagnie de Norbert Leblanc, un Cajun francophone vraiment pittoresque. Conduisant cette superbe balade en petit comité (deux à six personnes), il raconte plein d'anecdotes de pêche, chasse, ramassage d'écrevisses, etc. ; activités que cet authentique homme des bayous mène entre deux tours, sa barbe blanche à tous vents. On conseille de faire l'excursion quand le soleil est de la partie, car les animaux sortent plus volontiers de l'eau pour lézarder. Une expérience vraiment unique !

Champagne's Swamp Tours : *☎ 337-230-4068. ● champagnesswamptours.com ● Plusieurs départs/j. (durée : 2h). Env 20 $/pers ; moins de 13 ans :*

10 $. Le débonnaire Bryan Champagne, né dans le bayou et élevé à la viande d'alligator, vous emmène dans son bateau (17 personnes maximum) à la découverte du lac et de ses habitants. Bien mais un peu l'usine quand même...

ATCHAFALAYA BASIN

Située à environ 30 miles à l'ouest de Baton Rouge et à 15 miles à l'est de Lafayette, l'Atchafalaya Basin est une gigantesque région marécageuse occupant l'ouest du delta du Mississippi. Curieuse géographie que ces zones humides s'étendant à l'infini. Il y a là des lacs, des bras d'eau, des espaces simplement mouillés et d'autres asséchés, dont on a du mal à saisir les contours généraux ; en évolution permanente, surtout quand les pluies et rivières en amont gonflent le bassin... car toute l'eau provient du nord du pays, de la multitude de rivières qui descendent des montagnes après la fonte des neiges, au printemps. Pour donner une idée – forcément erronée – de son étendue, on considère qu'il s'étend sur environ 225 km de long et une trentaine de kilomètres de large, et coupe en deux tout le sud de la Louisiane. Quand les eaux sont au plus bas, il ne reste que 20 % des terres immergées. Quand elles sont au plus haut, il ne reste que 20 % des terres émergées.
On pense que ce bassin s'est formé autour du Xe s, quand le Mississippi se coupa de son bras situé le plus à l'est pour préférer l'actuel bayou Lafourche. Ces eaux abandonnées furent coupées de leur mère nourricière par des digues naturelles qui se formèrent au fil des ans le long du grand fleuve.
Sur des centaines d'hectares, les cyprès et les saules recouverts de mousse espagnole composent une mystérieuse forêt dans l'eau envahie aussi de jacinthes faisant office de filtre et nourrissant les poissons. Un bassin à l'aspect des plus étrange ! Dans ce royaume silencieux, castors, ratons laveurs, ragondins, serpents, tortues et alligators côtoient quelques pêcheurs d'écrevisses. Les ibis, aigrettes et hérons ne sont troublés que par les coassements des grosses grenouilles. Plus de 300 espèces d'oiseaux trouvent ici un refuge naturel idéal, sans compter les 65 variétés de reptiles et 90 sortes de poissons. C'est également un lieu de nidification important pour le *bald eagle,* l'aigle à tête blanche, emblème des États-Unis...

UN PEU D'HISTOIRE

Atchafalaya signifie « grande rivière » en langue des Indiens chitimacas, et c'était le nom de leur chef.
Autrefois, cette région peuplée d'Indiens accueillit des centaines de Cajuns fuyant les persécutions anglaises au Canada (voir la rubrique « Histoire » dans « Hommes, culture, environnement » en début de guide). Avec le bayou Teche, il s'agit de l'un des sites les plus importants de l'implantation de cette communauté rejetée par tous. C'est aussi l'un des rares endroits des États-Unis où les immigrants vécurent avec les Indiens dans la plus parfaite harmonie. Entre persécutés, on se serrait les coudes. On vivait sur des maisons flottantes, déplacées au gré des migrations des animaux que l'on chassait pour vendre les peaux.
Le bassin était par ailleurs exploité pour son bois de cyprès, principale industrie du bassin. Il devint rapidement le matériau favori pour la construction des maisons au XIXe s, car c'est un bois imputrescible, détesté des termites. Mais, ici comme ailleurs, l'homme ne put s'empêcher d'aller plus loin et de dompter la nature. Après la terrible « grande eau » – l'inondation de 1927 – qui mit Lafayette les pieds et les genoux dans l'eau, le gouvernement exigea que les Cajuns s'installent sur la

terre ferme. Ceux qui vivaient en quasi-autarcie durent ainsi « partir pour les États-Unis », alors qu'ils ne « connaissaient pas dire *yes* en anglais ».
S'opéra alors un changement dans le mode de vie des gens du bassin qui, gagnant la ville, tournèrent petit à petit le dos à la vie aquatique... C'est alors que les ingénieurs de l'armée édifièrent des barrages, ainsi qu'un important système de *levées* (digues de terre ; prononcez « levize », comme en anglais) qui permirent de contenir le bassin dans des limites acceptables. On essaya même de raccourcir la route du Mississippi pour qu'il atteigne plus rapidement le golfe du Mexique ! Pourquoi ne pas essayer de rapprocher le Soleil de la Terre en hiver pour avoir plus chaud ? Faut vraiment être cornichon (ou technocrate !) pour chercher à défier la nature de telle manière. On créa donc de longues *floodways* pour canaliser encore plus le grand paresseux.
Sauvage en majeure partie, le bassin a subi encore l'intervention humaine lorsqu'il a été reconnecté au Mississippi à la fin du XIXe s. C'est à cette époque que les villages se développèrent, le long des levées justement. Henderson date de cette période. Mais malgré tout, quelques familles vécurent encore sur l'eau, dans de modestes *floating houses,* jusqu'à la construction du pont...

UNE AUTOROUTE DE BÉTON SURRÉALISTE !

Au milieu des arbres « flottants », dans l'immensité des eaux dormantes, le début des années 1970 a vu surgir le deuxième plus grand pont du monde (après celui du lac Pontchartrain) pour enjamber une zone particulièrement marécageuse. Des milliers de tonnes de béton sur 27 km de long ! Il ne fallut que 6 ans aux experts américains pour vaincre l'Atchafalaya et 112 millions de dollars, des pylônes de 30 à 40 m de long ayant dû être enfoncés dans la boue pour supporter l'ensemble... Le kilomètre d'autoroute le plus cher du pays ! Serpents et alligators se demandent encore comment les voitures happées par la highway peuvent leur passer sous le nez...

Arriver – Quitter

➢ ***En voiture,*** que l'on vienne de Lafayette ou de Baton Rouge, prendre l'autoroute I 10, sortie 115 ; puis suivre les panneaux « Henderson ». Un peu après avoir traversé le village, la route arrive dans un carrefour en T. Prendre à droite. Les différents centres d'intérêt du bassin se situent alors derrière la haute digue qui serpente à votre gauche, et il suffit de prendre l'une des pistes pour y accéder (panneaux).

Les balades sur l'Atchafalaya Basin

Des balades sur le *basin* sont organisées à partir de l'*Henderson Levee Road,* mais elles n'ont rien de bien sauvage. Cette porte d'accès au bayou étant très équipée pour accueillir les bateaux à moteur, le week-end, les gens de Baton Rouge et de Lafayette viennent y passer la journée avec leur bateau, la glacière et toute la famille. Le dimanche, on y vient même pour danser ! Tout cela est d'ailleurs fort sympathique, mais ne vous attendez pas à jouer les Joe Baroude. La découverte du *basin* est bien plus tranquille tôt le matin en semaine, et mieux vaut réserver votre excursion par téléphone.

Où dormir ?

⛺ ***Allemond Point Campground*** *(carte,* ***20****) : 1337 Henderson Levee Rd.* ☎ *337-228-2384/1207. Au bout de la route après Henderson, prendre à droite sur env 2 miles, le camping est juste en face de* McGee's Landing *(même proprio) au niveau de la 4e entrée (panneau). Emplacement pour*

2 pers 15 $. Beau terrain boisé au bord du bayou, sur lequel une quarantaine d'emplacements ont été aménagés pour les campeurs à la recherche d'un lieu très nature. David, de la famille cajun McGee, réserve un accueil francophone des plus chaleureux. Sanitaires neufs et branchement électrique. Possibilité de pêcher et bon resto familial au *McGee's Café* (voir « Où manger ? »).

Edgewater Inn *(carte,* ***21****) : au bout de la route après Henderson ; c'est sur la gauche derrière le resto* Pat's Fisherman's Wharf *(même proprio). ☎ 337-434-6182. • patsfishermanswharf.com/hotel • Doubles 65-95 $ selon confort ; petit déj compris.* En bordure du bayou, un hôtel confortable, à l'image des hôtels de chaîne américaine, récemment ouvert par le célèbre Pat Fisherman, déjà propriétaire du fameux resto et de l'entreprise d'élevage d'écrevisses juste à côté. On préférera, bien sûr, les chambres romantiques donnant sur la rivière. Belle terrasse avec fauteuils à bascule pour se la couler douce.

Atchafalaya Basin Landing *(carte,* ***11****) : 1377 Henderson Levee Rd. ☎ 337-228-7880. • basinlanding.com • Au bout de la route après Henderson, prendre à droite et grimper à gauche sur la digue au niveau de la 2ᵉ entrée (panneau).* Floating cabins *4-6 pers 85-100 $ la nuit (2 nuits min).* Ces 2 charmantes maisonnettes flottantes sont amarrées à la berge et disposent de chambres plutôt petites mais relativement confortables (douche, AC...). Propreté sans faille et tranquillité garantie : la seule musique que vous entendrez risque bien d'être celle des moustiques et des grenouilles ! Sur place, le *Turtle's Bar* sert des canons mais pas à manger. Pensez donc à apporter votre nourriture, ou allez au resto... Possibilité de faire une balade en *airboat (compter 40 $/pers, 4 pers min, env 1h30).*

Houseboat Adventures *(carte,* ***12****) : 1399 Henderson Levee Rd. ☎ 337-228-7484 ou 1-800-491-4662. • houseboat-adventures.com • Au bout de la route après Henderson, prendre à droite et grimper à gauche sur la digue au niveau de la 5ᵉ entrée (panneau).* Houseboats *(2-8 pers) 220-250 $ selon taille. Env 300-330 $ la nuit (déplacement, taxes et fuel compris) pour dormir au milieu du lac. 2 nuits min requises pour un séjour ven-dim.* Voici plusieurs jolies maisons flottantes, spacieuses et bien aménagées (douche, cuisine équipée, balancelle et fauteuil à bascule sur le pont, barbecue...), amarrées sur un ponton dans une baie tranquille. On peut aussi choisir l'option (encore plus chère, mais petit bateau à moteur compris) de faire remorquer sa maison au beau milieu du lac, pour passer des jours, mais aussi des nuits pittoresques : en balayant la surface avec une lampe électrique, on aperçoit les yeux rouges des crocos en goguette ! Propose aussi un *swamp tour (20 $/pers)* et des *airboats tours (45 $/pers).*

Holiday Inn Express *(carte,* ***16****) : 2942H Grand Point Hwy. ☎ 337-667-8913 ou 1-800-465-4329. • hiexpress.com/breauxbridgela • Juste à la sortie 115 de l'autoroute I 10, tt de suite à gauche en allant vers le nord. Double env 90-110 $; même prix pour 4 pers ; petit déj compris.* Un hôtel récent installé à proximité de l'autoroute mais parfaitement isolé du bruit. Chambres spacieuses et confortables, comme dans tous les établissements de la chaîne. Préférez celles qui donnent sur l'arrière, pour une fois boisé. Petite piscine donnant sur un petit bois.

Où manger ?

McGee's Café *(carte,* ***20****) : 1337 Henderson Levee Rd. ☎ 337-228-2384. Au bout de la route après Henderson, prendre à droite et grimper à gauche sur la digue au niveau de la 4ᵉ entrée (panneau). Lun-jeu 8h-17h, ven-dim 8h-20h (22h ven-sam). Plats 10-20 $.* Dans cette grande baraque sur pilotis avec jolie vue sur le lac depuis la terrasse couverte, ce resto tenu par une famille cajun francophone très sympathique sert une cuisine cajun honnête et bon marché : crabe frit, bouchées de barbue, *catfish* court-bouillon, *crawfish* à l'étouffée, etc. ; le tout accompagné de délicieux beignets de maïs. Les vendredi soir, samedi soir et dimanche midi se produisent des groupes de musique cajun. Des promenades en bateau sur le lac sont également proposées (voir plus loin).

Pat's Fisherman's Wharf Restaurant (carte, **21**) : *au bout de la route après Henderson ; c'est à l'angle sur la gauche (grand phare). ☎ 337-228-7512. Tlj 11h-21h30 (22h le w-e). Plats 15-22 $. Concert de musique cajun ven soir, sam soir et dim ap-m.* Véritable institution dans la région, ce resto est renommé pour ses produits pêchés dans le *swamp* et la mer, à déguster dans une grande salle chaleureuse avec une imposante cheminée, ou sur la terrasse donnant sur le bayou. En saison, les écrevisses, cuisinées de 8 manières différentes selon des recettes de grand-mère, sont vraiment exquises... Fort de leur succès, l'accueil est hélas un peu routinier. Concert de musique cajun le week-end.

Où boire un verre ? Où danser ?

Angelle's Whiskey River Landing (carte, **42**) : *1365 Henderson Levee Rd. ☎ 337-228-2277. Au bout de la route après Henderson, prendre à droite et grimper à gauche sur la digue au niveau de la 3e entrée (panneau). Ven 21h-minuit et dim 16h-20h. Entrée 5-10 $ selon groupe.* Dans cette baraque en bois au bord du bayou, ça guinche sec ! Salle comble et ambiance du tonnerre où jeunes (plus de 21 ans tout de même) et vieux s'en donnent à cœur joie ; c'est l'occasion d'une immersion totale dans un bain cajun pur jus ! Une expérience inoubliable.

Promenades sur les bayous

McGee's Landing (carte, **20**) : *1337 Henderson Levee Rd. ☎ 337-228-2384. • mcgeeslanding.com • Au bout de la route après Henderson, prendre à droite et grimper à gauche sur la digue au niveau de la 4e entrée (panneau). Départs tlj à 10h, 13h, 15h et sur résa au coucher du soleil (durée : 1h30). Adulte 20 $; enfants 3-12 ans : 15 $.* Même si les bateaux totalisent 25 à 50 places, rendant ainsi la balade moins intime qu'en barque, l'excursion vaut vraiment le coup. Dans un étonnant paysage de cyprès recouverts de mousse espagnole, on découvre de près la faune et la flore du *basin*, commentée dans un cajun savoureux. Avec un peu de chance, vous apercevrez Brucette, une sympathique « alligatorette » de plus de 3 m, âgée de 35 ans, qui vit tout près de la marina. La balade se poursuit au-delà de l'impressionnant pont de l'autoroute Interstate 10 qui enjambe les bayous, pour s'enfoncer dans une végétation inextricable où castors et ragondins construisent des huttes en rognant les arbres... Pour faire cette visite sans trop de monde, on conseille de venir en semaine à 10h. Propose également des balades en *airboat* pour quatre personnes *(50 $ par pers).*

Où louer une barque ?

Wiltz's Boat Landing (carte, **50**) : *1277 Henderson Levee Rd. ☎ 337-228-2430. Au bout de la route après Henderson, prendre à droite et grimper à gauche sur la digue au niveau de la 1re entrée (panneau). Loc à la journée : barque à moteur (4 pers max) env 50 $, essence comprise ; ou sans moteur : 20 $; supplément de 1 $ rame et gilet de sauvetage.* Une autre façon de découvrir ces superbes bayous ! Venir tôt (la boutique ouvre vers 7h), car c'est à ce moment que c'est le plus beau, et penser à emporter un pique-nique, pas mal d'eau et la glacière pour les bières bien fraîches. Les eaux étant très poissonneuses, il est aussi possible d'y pêcher. Se munir pour cela d'un permis de pêche au *Wal Mart* de Breaux Bridge (à l'angle des routes LA 328 et LA 94).

CROWLEY

15 000 hab.

Crowley vit au rythme des rizières occupant toute la campagne alentour, ce qui lui vaut le surnom de capitale du riz des États-Unis. Tout a commencé en 1881, au moment où le train relia Houston (Texas) à La Nouvelle-Orléans. Le territoire n'étant alors qu'une vaste prairie, un certain W. W. Duson décide d'y établir une ville qui serait un véritable petit paradis pour ses habitants. Avec son frère C. C., ils forment la *Louisiana Land Company* en 1886 et achètent 70 ha de prairie pour un total de... 80 $! Pour se faire connaître et vendre leurs lots de terre, ils font paraître des annonces dans les journaux et parcourent les États de l'Iowa, du Kansas et du Missouri pour convaincre les fermiers de venir s'installer à Crowley. Et très vite, les gens affluent : de 240 en 1890, ils sont passés à 6 000 en 1917. Aujourd'hui, Crowley a plutôt tendance à perdre des habitants, qui préfèrent migrer vers les grandes villes... D'ailleurs, on ne s'éternisera pas dans cette petite ville sans charme. À part les champs de riz et les très photogéniques élevages d'écrevisses que l'on pourra visiter, il n'y a pas grand-chose à faire à Crowley !

IL NE COLLE JAMAIS...

Le riz apparaît aux États-Unis en 1694, sur un bateau en provenance de Madagascar pris dans un ouragan et obligé de faire escale à Charleston, en Caroline du Sud. La bienveillance de la population envers l'équipage conduit le capitaine à offrir, en remerciement... une poignée de grains de riz ! Et, comme Jésus avec la multiplication des pains, les Américains développent en peu de temps cette culture qui gagne d'autres États. Les résultats sont si performants qu'un fermier américain passe moins de 2 jours sur un demi-hectare cultivé et récolté, alors que dans de nombreux pays producteurs, il en faut 400...

Arriver – Quitter

➢ ***En voiture,*** à 24 miles à l'ouest de Lafayette par l'autoroute I 10, sortie 80 (« Crowley »), puis Parkerson Ave (route LA 13) vers le sud pour rejoindre le vieux palais de justice (Old Court House) qui dresse sa masse reconnaissable. C'est ici le centre-ville !

Adresses utiles

ℹ ***Tourist Information Center :*** *401 Tower Rd (route LA 1111). ☎ 337-783-2108 ou 1-877-783-2109. Depuis l'autoroute I 10, sortie 82, prendre la route LA 1111 vers le nord ; c'est un peu plus loin sur la gauche. Tlj sf w-e 7h-17h.* Plan de la ville et des communes voisines (Rayne...), infos sur les événements du comté dans l'édition annuelle du *Visitor Guide,* dépliant pour une visite guidée à pied ou en voiture du centre historique. Accueil chaleureux et enthousiaste.

ℹ ***City Hall :*** *425 N Parkerson Ave. ☎ 337-783-4100 ou 1-866-665-4642. • charlotte.jeffers@crowley-la.com •* Lors de votre passage à Crowley, on vous recommande de contacter Charlotte Jeffers, dynamique attachée touristique dont le bureau est à la mairie. Elle vous fera visiter gratuitement les principaux bâtiments historiques de la ville et vous organisera une visite des exploitations de riz et d'écrevisses (normalement réservée aux groupes).

✉ ***Post Office :*** *à l'angle de 3rd St et G Ave. ☎ 337-783-2370. Lun-ven 8h-16h30 ; sam 9h-12h.*

@ ***Internet :*** *à la* **Public Library** *(bibliothèque municipale), 1125 N*

Parkerson Ave (à l'angle de 12th St). ☎ *337-788-1880. Tlj sf dim 8h-17h30 (9h-13h sam).* Connexions gratuites.

■ ***American Legion Hospital :*** *1305 Crowley Rayne Hwy (route US 90).* ☎ *337-783-3222. À l'est du centre-ville, juste au sud de la sortie 82 de l'autoroute I 10.*

Où dormir ? Où manger ?

La Quinta Inn : *9565 Egan Hwy.* ☎ *337-783-6500. • lq.com • Juste au nord de la sortie 80 de l'autoroute I 10. Doubles 75-80 $; même tarif pour 4 pers.* Un hôtel de chaîne tout neuf, pimpant et éclatant, avec des chambres confortables (salle de bains, TV, frigo, four micro-ondes, cafetière...), spacieuses et vraiment bien isolées du bruit de l'autoroute. Petite piscine. Une adresse constante.

Crowley Rice Cottage : *568 N Ave I.* ☎ *337-783-0290 ou 337-581-2775. • crowleyricecottage.com • Prendre Hutchinson Ave à l'est de la Court House, puis 3e à gauche, c'est la 2e maison à droite (la proprio habite dans la maison qui fait l'angle juste en face). Cottages 135-155 $ pour 2-4 pers ; petit déj inclus. Âge minimal pour réserver : 25 ans.* Dans le quartier résidentiel huppé de Crowley, parmi les maisons historiques, un petit cottage jaune tout confort au rapport qualité-prix excellent. Vaste salon-salle de séjour, cuisine tout équipée, 2 chambres confortables et en prime une véranda ouvrant sur un agréable jardin fleuri. La déco est sobre, de bon goût, dans des couleurs pastel, et la sémillante proprio, qui habite en face, est ravie d'accueillir des Français, si rares dans cette petite ville assoupie. Un autre cottage, un peu plus grand *(2-6 pers, 135-225 $)* au 119 E 1st St.

Boudin King Cajun Way : *1805 N Parkerson Ave (route LA 13).* ☎ *337-788-2929. Vers le sud et sur la droite en venant de l'autoroute I 10. Tlj sf dim 10h-20h (21h ven-sam). Env 5-7 $.* Dans une cabane en bois, la spécialité de ce fast-food familial, c'est le boudin façon cajun : un savant mélange de riz, de porc et d'assaisonnement, dans du boyau naturel, que l'on peut choisir plus ou moins épicé. Également des *po-boys, gumbos* et pas mal de fritures (huîtres, crevettes, poisson, poulet) à emporter ou à consommer sur place. Un resto simple et bon, essentiellement fréquenté par des familles du cru.

Fezzo's : *2111 N Cherokee Dr.* ☎ *337-783-5515. Juste au nord de la sortie 80 de l'autoroute I 10. Tlj 11h-21h (21h30 ven-sam, 14h dim). Plats 10-26 $.* Une valeur sûre de la cuisine cajun locale. Délicieux fruits de mer, dont on recommande volontiers les alléchantes formules spéciales *seafood feasts,* où écrevisses, crabes, crevettes et poissons sont déclinés selon des recettes différentes et particulièrement goûteuses. Également des viandes grillées, salades, pâtes, *gumbos* et des *po-boys* bon marché. Prière de garder une petite place pour le dessert !

Rice Palace : *2015 N Cherokee Dr.* ☎ *337-783-3001. Juste au nord de la sortie 80 de l'autoroute I 10. Ouv 24h/24. Plats et buffets 5-18 $.* Éclairé de mille feux en façade, ce resto honnête mais sans ouverture sur l'extérieur sert salades, sandwichs, *gumbos,* pâtes et d'intéressants buffets. Sur place, également un casino et un *sports bar,* où un DJ met de l'ambiance en fin de semaine, et ça guinche ! Si vous cherchez un brin d'authenticité, passez votre chemin...

Où dormir ? Où manger dans les environs ?

Les deux adresses suivantes se trouvent à ***Rayne,*** 5 miles à l'est de Crowley par l'autoroute Interstate 10, sortie 87. Compter seulement 10 mn de voiture.

B & B Maison d'Mémoire : *8450 Roberts Cove Rd.* ☎ *337-334-2477 ou 1-866-560-2477. • maisondmemoire.com • Depuis la sortie 87* *nord de l'autoroute I 10, prendre la Hwy 98 à gauche sur 1 mile ; la maison est à droite. Doubles env 140-230 $ selon confort, petit déj compris.* Situés autour d'un romantique lac dans une vaste prairie herbeuse, 4 luxueux cottages de grand confort qui sont d'anciens chalets cajuns restaurés en logement de charme. Grand salon en bois coloré, chambres très soignées avec lit à baldaquin, belle salle de bains avec jacuzzi pour 3 d'entre elles (dont un en forme de cœur !), cuisine équipée et véranda. Tout a été pensé par la charmante maîtresse des lieux pour rendre le séjour agréable, jusqu'au copieux petit déjeuner qu'elle vous déposera le matin sur la véranda. Pour une paisible retraite à 10 mn de Lafayette et de Crowley.

Chef Roy's Frog City Café : *1131 Church Point Hwy (route LA 35). ☎ 337-334-7913. Au nord de la sortie 87 de l'autoroute I 10, c'est un bâtiment rouge, juste avt l'hôtel* Days Inn. *Attention, ne pas confondre avec le resto-casino-station-service* Frog City *à la sortie sud de l'autoroute. Tlj sf lun 11h-21h (22h ven-sam ; 11h-14h slt dim). Plats 10-23 $.* Un excellent resto cajun créé par le chef Roy, officiellement « ambassadeur de la cuisine de Louisiane », repris par le très récompensé chef français Benoît Morel qui a apporté sa *French touch* aux plats du maître. La carte propose des spécialités cajuns revisitées, comme les *crawfish enchilada* ou le *crab cake platter.* Les inconditionnels des fruits de mer seront aussi séduits par les copieux *seafood platters,* dont l'assortiment est un bon résumé de la cuisine du chef... Également des soupes, salades et autres viandes pour les fanas. Déco soignée, un brin feutrée. Musique cajun certains vendredis.

À voir. À faire

Le tour de ville : en roulant vers le sud sur Parkerson Avenue (route LA 13), vous pénétrez dans le centre historique au niveau de la Courthouse, un bâtiment Art déco assez laid qui trône sur une place, où la *Ruddock's Bakery,* une boulangerie-pâtisserie renommée en ville, peut caler une petite faim avec ses délicieux brownies, cookies et autres *pies*... En gros, le quartier historique s'inscrit dans un grand rectangle bordé par 1st Street au sud, 6th Street au nord, Avenue F à l'ouest et Avenue L à l'est. Rien de bien renversant, mais le coin est vert, les arbres conséquents, et la balade vous aérera. Un plan détaillé est disponible au *City Hall,* avec toutes les explications nécessaires sur les 200 maisons victoriennes (1890-1910) et autres édifices Art déco qui se trouvent ici, comme le *Rice Theatre (323 N Parkerson Ave ; ☎ 337-788-4103).* Cette belle et authentique salle de spectacle accueille souvent des concerts de musique cajun (se renseigner)...
Si vous voulez une visite plus complète du coin, contactez *Charlotte Jeffers* à la mairie : *☎ 337-783-0824 ou 1-866-665-4642. • charlotte.jeffers@crowley-la.com •*

Grand Opera House : *505 N Parkerson Ave (route LA 13). ☎ 337-785-0440. • thegrandoperahouse.org • Juste au sud de la Courthouse. Entrée : 5 $. Visite guidée sur rdv. Voir programmation des spectacles sur leur site.* Dans un beau bâtiment de brique percé de fenêtres en arceau, on y accède par le magasin général *(hardware store)* situé au rez-de-chaussée, qui, à l'époque, abritait un saloon. Inaugurée en 1901, alors que Crowley ne comptait que 4 000 habitants, cette salle de spectacle de 1 000 places fut vite surnommée « The Grand » dans la région. Malgré son nom, on y joua surtout des pièces de vaudeville, et l'histoire dit même que Buffalo Bill ou Caruso s'y produisirent... Depuis sa fermeture à la mort de son fondateur, David E. Lyons, en 1940, on prétend que son esprit hanterait les coulisses ! L'*Opera House* a ainsi gardé porte close pendant 60 ans, avant qu'un nouveau proprio, aidé par quelques fonds publics, ne décide de la restaurer *in style* pour lui redonner son statut de salle de spectacle...

Ford Building : *425 N Parkerson Ave. ☎ 337-783-0824 ou 1-866-665-4642. • crowley-la.com • Dans l'enceinte de la mairie (City Hall). Lun-ven 8h-16h. Entrée libre. Visite guidée, tlj (le w-e et pdt les vac, résa auprès de Charles Jeffers).* Aux étages de la mairie, installée dans une ancienne usine Ford datant de 1920, un petit centre d'interprétation du riz pour tout apprendre (ou presque) sur sa culture avec vidéo à l'appui, une exposition de deux Ford T modèle 1928 et, plus intéressant, la reconstitution du studio d'enregistrement de J. D. Jay Miller, une légende de la musique en Louisiane. Une vidéo intéressante retrace sa carrière durant laquelle il a écrit et enregistré plus de 400 titres (zydeco, cajun, blues, country et swamp pop).

Crystal Rice Heritage Farm : *6428 Airport Rd. ☎ 337-783-6417. • crystal rice.com • À 3 miles au sud de Crowley ; prendre la route LA 13, puis à droite Airport Rd ; c'est plus loin sur la gauche, juste après Muskrat Rd (panneau). Tlj sf w-e 10h-15h sur rdv. Visite guidée (durée : 2h30) accessible aux groupes de plus de 25 pers slt, auxquels les individuels ont la possibilité de se greffer (contacter Charlotte Jeffers à la mairie). Entrée : 12,50 $; réduc. Sinon 5 $ pour 1 seule visite (15 pers min).* Une visite fort intéressante, menée par les descendants de M. Wright, fondateur de cette prospère exploitation de riz et d'écrevisses en 1890. On visite ainsi sa maison : le *Blue Rose Museum,* qui abrite les trésors de la famille : lustre de Murano, argenterie, service à thé en or 24 carats, lit sculpté par le même ébéniste qui réalisa le lit d'Abraham Lincoln, plat à écrevisses et un curieux vase biface, avec un côté pour la semaine et un autre pour le dimanche... À voir aussi, le *Classic Car Garage,* où dorment les voitures de collections de papy Wright, parmi lesquelles de belles Mercedes et de grosses américaines, sans oublier la Rolls et un avion. Enfin, on découvre la plantation, principalement à travers un film sur la production du riz, et l'élevage des écrevisses, de décembre à juin (près de 100 t).

Kelly's Landing Agricultural Museum : *1109 Roberts Cove Rd (route LA 98). ☎ 337-788-0546. Depuis la sortie 80 de l'autoroute I 10, prendre la route LA 13 vers le nord pdt 6 miles, puis à droite la route LA 98 ; la maison se trouve 500 m plus loin sur la gauche. Résa obligatoire, car le proprio n'est pas toujours là (contacter Charlotte Jeffers à la mairie). Visite guidée (2h env) : 10 $ (20 $ avec dégustation d'écrevisses).* Ancien agriculteur qui loue aujourd'hui ses terres, Kelly se fera un plaisir de vous faire visiter sa ferme, en expliquant absolument tout sur la culture du riz et l'élevage des écrevisses en Louisiane. Il possède par ailleurs une impressionnante collection de tracteurs miniatures et d'objets de la marque mythique John Deere, de la boîte aux lettres au tablier en passant par la brouette.

Festivals

– ***Festival international du riz (International Rice Festival) :*** *• ricefestival.com • 3e jeu, ven et sam d'oct.* Depuis 1937, Crowley s'anime à l'occasion de ce festival qui se termine par l'élection de Miss Riz... Concerts de musique cajun, parade, concours de gros mangeurs de riz...

– ***Festival germanique du village de Roberts Cove (Roberts Cove German Fest) :*** *• robertscovegermanfest.com • 1er w-e d'oct, à **Rayne,** 5 miles à l'est de Crowley.* L'occasion pour quelques descendants des colons allemands de manger de la *sauerkraut* et de ressortir le *lederhose.* Du grand-père à la petite-fille, tout le monde est de la partie, et on s'y croirait !

– ***Festival de la grenouille (Rayne Frog Festival) :*** *• raynefrogfestival.com • 2e w-e de nov, à **Rayne** également.* Ce festival très prisé donne lieu à d'étonnants concours de sauts de grenouille, accompagnés de musique, danse, grosses bouffes...

JENNINGS

12 000 hab.

Cette petite ville résidentielle conserve quelques jolies traces de son passé. Fondée en 1888 par Jennings McComb, constructeur du chemin de fer, elle connut un grand essor avec l'industrie pétrolière. Jennings est ainsi considérée comme le berceau du pétrole en Louisiane : en 1901, le premier puits fut en effet foré sur les terres de la ferme de Jules Clément, à 5 miles du centre. Ce champ, baptisé « Evangeline », continue à produire le précieux or noir... Tout comme Crowley, à quelques miles, Jennings n'a qu'un intérêt limité pour qui ne se passionne pas pour la Louisiane rurale.

Arriver – Quitter

➢ ***En voiture,*** à environ 40 miles à l'ouest de Lafayette par l'autoroute I 10, sortie 64 (« Jennings »), puis Elton Rd (route LA 26) vers le nord pour aller au *Tourist Information Center,* ou vers le sud pour gagner le centre-ville.

Adresses et infos utiles

ℹ ***Tourist Information Center :*** *100 rue de l'Acadie, dans le Louisiana Oil and Gas Park. ☎ 337-821-5521 ou 1-800-264-5521. • jeffdavis.org • Depuis la sortie 64 de l'autoroute I 10, prendre Elton Rd (route LA 26) vers le nord et tourner tt de suite à gauche dans le parc (panneau). Lun-ven 8h30-17h.* S'y procurer le plan de la ville et la *Gator Gazette,* petit guide touristique de la ville. Sur demande, organise une visite guidée gratuite de la ville.

✉ ***Post Office :*** *106 S Broadway St (à l'angle de Market St). ☎ 337-824-3285 ou 1-800-275-8777. Lun-ven 8h30-17h ; sam 12h.*

@ ***Internet :*** *à la* ***Public Library*** *(bibliothèque municipale), 303 N Cary Ave (à l'angle de W Plaquemine St). ☎ 337-821-5517. Lun-jeu 10h-18h ; ven-sam 9h-17h. Fermé dim.* Connexions gratuites. *Mêmes possibilités à la* ***Parish Library,*** *située juste en face.*

■ ***Jennings American Legion Hospital :*** *1634 Elton Rd (route LA 26). ☎ 337-616-7000. Juste au sud de la sortie 64 de l'autoroute I 10.*

■ ***Radio cajun :*** *KJEF* sur 92.9 FM.

Où dormir ? Où manger ?

🏠 ***Days Inn :*** *603 Holiday Dr. ☎ 337-824-5280. • daysinn.com • À la sortie 64 de l'I 10, prendre Elton Rd (route LA 26) vers le sud et tourner tt de suite à droite dans la contre-allée. Double env 70 $.* 💻 📶 Un hôtel au pied des pistes... de l'aérodrome (peu d'avions). Les chambres sont neuves, confortablement équipées, et surtout bien isolées du bruit de l'autoroute. Préférez celles aux numéros pairs, qui encadrent une jolie piscine bordée de gazon. Fitness. On pourra manger un morceau juste à côté au *Walker's Cajun Dining (tlj jusqu'à 21h).*

🍽 ***Boudin King Cajun Way :*** *906 W Division St (route LA 3055). ☎ 337-824-6593. Depuis la sortie 64 de l'I 10, prendre vers le sud Elton Rd (route LA 26), qui devient Lake Arthur Ave, et passer la voie de chemin de fer ; c'est au 2e feu sur la droite. Tlj sf dim 9h-20h (20h30 ven-sam). Env 5-7 $.* Que les choses soient claires : on ne vient pas ici pour la déco, façon maison de trappeur, mais plutôt ratée ! En revanche, on se régale de boudin blanc – le chef s'en est fait une réputation régionale –, de *po-boys* et autres poulet frit et plats de *seafood* tout simples. C'est bon et assez copieux.

À voir. À faire

W. H. Tupper Museum : *311 N Main St.* ☎ *337-821-5532.* • *tuppermuseum.com* • *Tlj sf w-e 9h-17h. Entrée : 3 $; réduc.* Ce musée est en fait le magasin général de W. H. Tupper, ouvert en 1910 à 12 miles au nord de Jennings et resté en l'état depuis sa fermeture définitive en 1949, avant que son petit-fils eût l'idée d'ouvrir ce monde figé à la visite quelque 40 ans plus tard. Le magasin a été déplacé depuis son lieu d'origine jusqu'ici, en plein cœur de Jennings. On pénètre donc dans un endroit où le temps s'est arrêté. Outre une très belle collection de paniers indiens, on peut y voir les vêtements, outils, jouets, médicaments, produits ménagers, ustensiles de cuisine, aliments que l'on achetait dans la campagne louisianaise des années 1940. L'endroit faisait aussi office de bureau de poste (les boîtes aux lettres sont alignées à l'entrée) et de maison de la presse : l'exemplaire du *Boston Globe* en exposition est daté du 8 mai 1945, et proclame « *War is over in Europe* ». Tout au fond du musée, petite expo sympa et complète sur le téléphone en Louisiane de 1882 à 1985, ponctuée de commentaires en français et de jeux didactiques pour les enfants... Belle collection d'une trentaine de postes, vieux standard téléphonique et instruments divers servant à la télétransmission. On a adoré cet endroit, c'est dit !

Zigler Art Museum : *411 Clara St.* ☎ *337-824-0114.* • *ziglerartmuseum.org* • *Tlj sf lun 10h-16h (13h-16h dim). Entrée : 5 $; réduc.* En plein centre historique, dans cette imposante maison blanche à colonnades du début du XXe s, on admire des tableaux de peintres locaux et européens couvrant six siècles. Ce n'est pas le Louvre, mais il y a tout de même du Van Dyck, Picasso, Rembrandt, Turner, Audubon...

Le château des Cocodries : *100 rue de l'Acadie, dans le Louisiana Oil & Gas Park.* ☎ *337-616-4311. Depuis la sortie 64 de l'I 10, prendre Elton Rd (route LA 26) vers le nord et tourner tt de suite à gauche dans le parc (panneau) ; c'est juste à côté du* Tourist Information Center. *Tlj sf dim 9h-17h. Entrée gratuite.* Grand parc où l'on peut pique-niquer, signalé par la réplique d'un vieux derrick rappelant que le premier puits de pétrole de Louisiane fut foré en 1901 à Jennings. En fait de château, il s'agit plutôt d'un minuscule enclos grillagé, où deux gros alligators s'ennuient à mourir en compagnie d'une étonnante tortue plus que centenaire. De juin à août, ce petit monde est nourri tous les lundis à 13h30. On peut aussi tenir dans ses mains un bébé alligator ; mais attention : même de la taille d'un portefeuille, il peut mordre !

– ***Écouter de la musique cajun :*** *au* Strand Theatre, *432 N Main St.* ☎ *337-821-5509.* Construit en 1939 dans le style Art déco, ce théâtre accueille régulièrement de bons groupes de musique cajun et de country (se renseigner). L'occasion de passer une soirée sympa dans ce patelin !

OPELOUSAS

25 000 hab.

Opelousas est la troisième plus vieille ville de Louisiane. En 1720, les Français utilisèrent en effet ce territoire comme relais pour les voyageurs circulant entre Natchitoches et La Nouvelle-Orléans. La ville tient son nom de la tribu indienne Opelousas (signifiant « jambe noire ») qui y vivait avant d'en être chassée comme du gibier... Opelousas a été proclamée « capitale mondiale du zydeco » et s'enorgueillit aussi d'être la mère patrie de Jim Bowie, célèbre héros de la bataille de Fort Alamo. On aime bien son atmosphère plutôt paisible, sans compter la campagne alentour qui réserve quelques bonnes découvertes comme le très sauvage et superbe *Chicot State Park* et son *arboretum*...

Arriver – Quitter

➢ ***En voiture,*** à 15 miles au nord de Lafayette par l'autoroute I 49, sortie 19 B (« Opelousas »), puis vers l'ouest la route US 190. Landry St pour gagner le centre-ville.

Adresses et infos utiles

🛈 ***Tourist Information Center :*** *828 E Landry St (route US 190). ☎ 337-948-6263 ou 1-800-424-5442. • cityofopelousas.com • À l'entrée de la ville quand on vient de Lafayette ou Baton Rouge, une maison en bois sur la gauche. Lun-ven 8h-16h30 ; sam 9h-16h.* Plan de la ville et des communes voisines, infos sur toutes les choses à voir dans la région ; s'y procurer notamment leur dépliant *Walking Tour Guide* répertoriant une trentaine de bâtiments anciens et le *St Landry Parish Visitor Guide* concernant toute la région. Accueil sympa et efficace.

✉ ***Post Office :*** *125 Wallior St. ☎ 337-942-5079. Lun-ven 8h30-17h ; sam 8h30-12h.*

@ ***Internet :*** à la **Public Library** *(bibliothèque municipale), 212 E Grolee St (entre Union et Main St). ☎ 337-948-3693. Tlj sf dim 8h-17h30 (17h sam).* Connexions gratuites.

■ ***Radios cajuns :*** *KRVS* sur 88.7 FM, et *KBON* sur 101.1 FM.

Où dormir ?

🏠 ***Days Inn :*** *5761 S Service Rd. ☎ 337-407-0004 ou 1-800-329-7466. • daysinn.com • À la sortie 18 de l'autoroute I 49. Doubles 70-90 $ pour 2-4 pers (selon jour, plus cher le w-e). Petit déj compris.* 📶 Hôtel de chaîne confortable et sans mauvaise surprise. Les chambres s'organisent autour d'un parking central, idéal pour surveiller son *char* (voiture). Petite piscine. Et puis l'autoroute est juste à côté pour repartir sans perdre de temps le lendemain matin.

🏠 ***Country Ridge B & B :*** *169 Country Ridge Rd. ☎ 337-948-1678. • cajunbnb.com • À la sortie 17 de l'autoroute I 49 vers Lafayette, passer sous l'autoroute, prendre à droite, puis à gauche avt la station* Texaco ; *la maison est 100 m plus loin à gauche. Doubles 85-100 $, suite 165 $.* 💻 📶 Dans un quartier résidentiel huppé, 3 chambres et 1 suite avec vaste salon TV, belle salle à manger et cuisine commune dans une maison cossue indépendante de la résidence principale des proprios. Agréablement meublées, déco sobre et de bon goût, moquette bien épaisse, chacune possède une belle salle de bains. Jacuzzi dans la suite et un autre à disposition pour les autres chambres (avec supplément). Les hôtes ont tout prévu, jusqu'au frigo plein de boissons, pour rendre le séjour agréable ! Superbe jardin arboré, toujours bien tondu, grande piscine et échiquier géant. Vraiment bien !

Où manger ?

Spécial petit déjeuner

☕ ***Mickey's Donuts King :*** *904 E Landry St (route US 190), juste en face du* Tourist Information Center. *Tlj 4h-13h. Moins de 5 $.* Une foule d'excellents *donuts* à engloutir avec un *mug* de café *regular* sur les bancs à pique-nique plantés de l'autre côté du parking, ou à l'américaine : *in the car !*

De bon marché à prix moyens

🍽 ***Billy-Ray's Boudin :*** *904 Short Vine St (route US 190). ☎ 337-942-9150. Juste à côté du* Tourist Information Center. *Lun-ven 8h (9h mar-mer)-18h ; sam 7h-21h ; dim 7h-14h. Moins de 5 $.* Bienvenue chez les papes du boudin à Opelousas ! Même si l'endroit ne paie pas de mine, leur boudin est exquis. Pour les *cracklins* (gras de porc frit), on repassera ! Quelques tables à l'intérieur, mais on conseille plutôt de demander un *doggy bag* pour le pique-nique.

🍽 ***Back in Time :*** *123 W Landry St (route US 190). ☎ 337-942-2413. Face à la Courthouse. Tlj sf dim 10h-17h ;*

lunch 11h-14h30. Moins de 10 $. Juste quelques tables dans cet amusant salon de thé qui fait aussi boutique de bibelots et bric-à-brac un peu kitsch. On peut y manger un sandwich *Al Capone* ou *Charles Lindbergh,* une soupe *Roosevelt,* et encore une salade *King Kong,* dans des proportions bien copieuses. Le midi, l'endroit est pris d'assaut par les employés du palais de justice.

The Palace Café : *135 W Landry St (route US 190 ; à l'angle de Market St). ☎ 337-942-2142. Tlj sf dim 8h (7h jeu-sam)-20h (14h mar-mer). Plats env 5-16 $.* Dans la rue principale d'Opelousas, ce resto très simple est tenu depuis 1927 par une famille grecque. Au menu, quelques recettes de grand-mère, comme ces bons baklavas faits maison, et de copieuses salades grecques. Sinon, la cuisine familiale est avant tout cajun et à prix très doux : plats de fruits de mer, *gumbos,* cuisses de grenouilles... La carte change tous les jours mais propose toujours les spécialités de la maison : salade de foies de volaille, aubergines farcies au crabe... Une adresse très fréquentée par le personnel du tribunal d'en face.

Café Breen : *204 N Main St (à l'angle de North St). ☎ 337-678-1303. Lun-ven 10h30-14h. Plats 7-12 $. Bons vins au verre.* Une belle salle tout en planches avec un comptoir en zinc et, aux murs, des copies *made in China* de tableaux connus de Dalí, Manet, Picasso, Van Gogh, Rousseau, etc. qui ajoutent au décalage de cet endroit inattendu. Dans l'assiette, la surprise continue : quelques plats cajuns et de fameux burgers, mais surtout des paninis et *wrapinis* grillés aux mélanges audacieux. Idéal pour un brunch élégant dans une ambiance musicale jazzy à la fois chic, chaleureuse et décontractée. On est sous le charme !

À voir

Opelousas Museum and Interpretive Center : *315 N Main St (à l'angle de Littell St). ☎ 337-948-2589. Tlj sf dim 8h-16h30 (10h-15h sam). Entrée gratuite, mais donation bienvenue.* Petit musée intéressant pour tout connaître de l'histoire d'Opelousas : de la préhistoire à l'époque moderne en passant par les Indiens, la guerre civile, l'exploitation du coton, la cuisine, Mardi gras, etc. ; le tout évoqué à travers objets anciens, costumes et photos. Amusant décor reconstitué d'un *barber shop* pour évoquer les années 1950 et passionnante collection de plus de 400 poupées à travers les âges, parmi lesquelles on constatera l'évolution des *Barbie* et on reconnaîtra Mae West, mais aussi John Wayne et Elvis. Pour finir, les sportifs pourront voir la médaille gagnée par Rod Milburn aux 110 m haies des J.O. de Munich devant notre Guy Drut national (en photo).

Juste derrière le *Tourist Information Center,* on peut voir une reconstitution du **« vieux village »,** avec quelques maisons du XVIIIe s : magasin, école, chapelle... L'une d'elles, l'*Orphan Train Museum,* retrace à travers des photos l'immigration par trains d'orphelins new-yorkais à Opelousas de 1853 à 1929 *(mar-ven 10h-15h ; sam 10h-14h ; entrée 5 $).* Présence d'une vieille locomotive à côté.

DANS LES ENVIRONS D'OPELOUSAS

Chicot State Park : *3469 Chicot Park Rd (route LA 3042) à* ***Ville Platte.*** *☎ 337-363-2403 ou 1-888-677-2442. • stateparks.com/chicot.html • À une quinzaine de miles au nord d'Opelousas. Du centre-ville, prendre Union St (route LA 10) vers le nord, puis à gauche la route US 167 en direction de Ville Platte ; de là, tourner à droite sur la route LA 3042, toujours en direction du nord ; c'est un peu plus loin sur la droite. Tlj 6h-21h (22h ven-sam). Entrée : 1 $/pers ; gratuit moins de 3 ans.*

L'un des plus beaux parcs nationaux qu'il nous ait été donné de visiter en Louisiane, situé en plein cœur d'une nature exubérante et lové autour du magnifique lac Chicot. On peut explorer cet environnement remarquable à pied, sur près de 22 miles de sentiers, mais aussi en louant barque à rame ou canoë (environ 15 à 20 $ par jour). Sur place, également des aires de pique-nique-barbecue et des jeux pour les enfants.

Ne pas manquer de visiter le ***Louisiana State Arboretum*** *(tlj 9h-17h ; entrée gratuite).* Créé en 1961, ce petit parc conserve religieusement toutes les espèces de la flore louisianaise. Dès l'entrée, on vous offre un livret pour identifier plus facilement les différents types d'arbres, plantes et fleurs, qui s'épanouissent le long des 5 miles du sentier. On progresse donc à pied dans un calme absolu à travers cet univers végétal luxuriant, semé de petits ponts de bois et de panneaux explicatifs. À la fois divertissant et instructif ; idéal en famille.

Camping et cabins : le parc compte 2 sites de camping pour planter sa tente à la lisière de la forêt, avec sanitaires communs impeccables *(emplacement 16-20 $/j. par pers).* Et pour encore mieux profiter de cette nature sauvage à souhait, il y a de très belles maisonnettes sur pilotis à louer au bord du lac. Nickel et bon confort : au moins 2 chambres, salon, cuisine équipée, sanitaires complets avec douche ou bain, AC, terrasse avec moustiquaire, et cheminée pour certaines *(compter 85 $ pour 2-6 pers ; 140-180 $ pour 12 pers).* Pour une nuit d'exception où l'on verra le bayou de son lit par les vastes baies vitrées. Réservation obligatoire. Prévoir linge de maison, nourriture et répulsif antimoustiques.

WASHINGTON

Agréable petite ville un peu endormie à seulement quelques miles au nord d'Opelousas par la sortie 25 de la Highway 49. Blotti contre le bayou Courtableau, son centre historique fondé en 1720 offre l'occasion d'une petite balade bucolique et architecturale pour qui veut se mettre au vert quelques heures. Autrefois desservie par le bateau à vapeur, la ville garde de belles traces de son époque coloniale à travers ses imposantes maisons de plantation de style victorien, dont certaines sont devenues des *B & B* pour touristes en recherche de quiétude. L'endroit est également réputé pour ses nombreuses boutiques d'antiquités en tout genre qui s'étalent sur Main Street.

Adresse utile

Tourist Information Center : *404 N Main St. ☎ 337-826-3627. ● townofwashingtonla.org ● Sur la rue principale à l'entrée de la ville quand on vient d'Opelousas, une maison en briquettes rouges avec clocher, sur la droite. Tlj 8h (9h le w-e)-12h, 13h-16h.* Liste des maisons coloniales ouvertes à la visite et de la dizaine de *B & B* de la ville. Plan des chemins de randonnée. Petit musée retraçant l'historique de la ville à travers des objets de la vie quotidienne.

Où dormir ?

Où manger ?

Steamboat Warehouse Restaurant and Cottage : *525 N Main St. ☎ 337-826-7227. ● steamboatwarehouse.com ● Quand on vient d'Opelousas, prendre à droite et descendre la rue principale jusqu'au bayou. Mar-sam 17h-21h30 (22h30 sam) ; dim 11h-14h. Cottage 100 $ (taxes incluses ; sur résa). Plats 12-24 $.* Unique rescapé des 7 entrepôts des docks du *steamboat* (bateau à vapeur), construit en 1823, ce restaurant est une vraie merveille. D'abord pour son cadre, reconstituant ce lieu historique de pionniers avec de nombreux objets fascinants, mêlant bois et baies vitrées ouvertes sur le romantique bayou. Les amoureux pourront s'installer en tête à tête dans un étonnant décor de cuisine comme laissée dans son jus avec son fourneau. Dans l'assiette, même heureuse surprise ! Jason Huguet, chef maintes fois récompensé, concocte une cuisine créative, au dressage remarquable, à base de poissons et de fruits de mer. Service impeccable, stylé et sans chichis. Pour prolonger le plaisir, on séjournera dans l'un des deux luxueux cottages nichés dans le parc, au rapport qualité-prix remarquable. Un vrai coup de cœur !

The Crawford House B & B : *331 E Carriere St. ☎ 337-286-3003 ou 337-945-8274. • tinney.net/portraits/crawford.htm • Quand on vient d'Opelousas, prendre à gauche la rue principale, puis 1re à gauche. Double 85 $.* Parmi les *B & B* de charme de ce quartier résidentiel très calme, on aime beaucoup cette bâtisse victorienne à colonnades, ancienne demeure du Capitaine William Crawford, datant des années 1850. Belle chambre, très soignée, meublée d'ancien, avec salle de bains privée et accès indépendant. Le copieux petit déjeuner se prend dans une salle élégante et cossue au parfum du XIXe s. En prime, un accueil doux et chaleureux.

Manifestation

– ***Southwest Louisiana Zydeco Music Festival :*** *w-e avt Labor Day (1er lun de sept), à **Plaisance** (route LA 167). Infos : ☎ 337-942-2392. • zydeco.org •*

EUNICE

11 500 hab.

Au cœur de la *Prairie cajun,* très différente de la région des bayous du sud de la Louisiane, Eunice était à l'origine le nom de la femme du cheminot Cornelius Curley Duson qui fonda la ville en 1894... Ici, c'est vraiment la campagne. Alors on se lève tôt ; on se couche tôt ; et la fête n'est réservée qu'au week-end. Et quelle fête ! Les vendredi et samedi soir, des groupes de musique cajun se produisent un peu partout en ville et dans les environs ; et ça danse, et ça chante ! Mais à 22h dernier carat, tout le monde au lit ! On conseille donc à tous ceux qui s'intéressent aux traditions cajuns de passer par ici en fin de semaine seulement (sinon, vous seriez déçu) et de faire une halte au fameux *Liberty Theater...*

Arriver – Quitter

➢ ***En voiture,*** à 42 miles au nord-ouest de Lafayette, prendre l'autoroute I 10 vers l'ouest, sortie 80 (« Crowley »), puis la route LA 13 vers le nord. On peut aussi passer par l'autoroute I 49 vers le nord, sortie 19B (« Opelousas »), puis la route US 190 vers l'ouest.

Adresses et infos utiles

Tourist Information Center : *200 S C.C. Duson St (route LA 13). ☎ 337-457-2565. • eunicechamber.com • Tlj sf w-e 9h30-14h30.* S'y procurer un plan de la ville, le *Walking Tour of Historic Sites* et la brochure *Louisiana's Prairie Cajun Capital,* pour être au fait des manifestations culturelles du moment... Bon accueil.

✉ ***Post Office :*** *250 W Laurel Ave (route US 190). ☎ 337-457-2042. Tlj sf dim 8h30-16h30 (sam 9h-12h).*

@ ***Internet :*** *à la **Public Library** (bibliothèque municipale), 222 S 2nd St (à l'angle de Park Ave). ☎ 337-457-7120. Tlj sf dim 8h-17h30 (9h-13h sam).* Connexions gratuites.

■ ***Acadian Medical Center :*** *3501 Hwy 190. ☎ 337-580-7500. À la sortie est de la ville, sur la gauche en allant vers Opelousas.*

■ ***Radios cajuns :*** *KRVS* sur 88.7 FM, *KBON* sur 101.1 FM et *KVPI* sur 92.5 FM.

Où dormir ?

Camping

Lakeview RV Park and Beach : *1717 Veteran Memorial Hwy. ☎ 337-457-2881. • lvpark.com • À env 3 miles au nord d'Eunice sur LA 13 en direction de Mamou, à droite. Emplacement tente 10 $/j. pour 2 pers ; cottage 90 $ pour 4-6 pers (2 nuits min le w-e).* Tenu par une équipe jeune et accueillante, en bordure d'un joli lac, un charmant camping pour un séjour nature au calme. Quelques cottages agréables avec cuisine équipée pour plus de confort. Jeux pour les enfants et un petit cinéma pour voir des documentaires culturels et des concerts le week-end. Idéal pour les familles.

Bon marché

L'Acadie Inn : *259 Tasso Loop. ☎ 337-457-5211. • hotboudin.com • En retrait de la route US 190, à gauche, 3 miles env avt l'entrée d'Eunice lorsqu'on arrive d'Opelousas. Double env 45-55 $ selon jour (plus cher le w-e) ; 4 pers 65 $; petit déj compris (slt w-e).* Situé dans un cadre verdoyant qui change des habituels parkings goudronnés, on recommande volontiers ce motel indépendant des grandes chaînes standardisées, admirablement calme et parfaitement tenu par une gentille famille. Les chambres sont toutes décorées différemment et confortables : salle de bains, AC, TV, frigo, four micro-ondes, et certaines, les plus grandes, disposent même d'une kitchenette. Agréable piscine avec fontaine dans le jardin. Un bon rapport qualité-prix-accueil.

Howards Inn Motel : *3789 E Hwy 190. ☎ 337-457-2066. Avt l'entrée de la ville, sur la droite en arrivant d'Opelousas. Double env 55 $; même prix pour 4 pers. Pas de petit déj.* Une barre en brique plantée au bord de la route. Sur 2 niveaux, chambres spacieuses et assez confortables avec salle de bains, AC, TV, frigo et four micro-ondes. Propre et sans bavure. Une bonne adresse malgré le bruit de la route qui passe devant.

Prix moyens

Best Western : *1531 W Laurel Ave (route US 190). ☎ 337-457-2800. • bestwesterneunice.com • Passé le carrefour principal du centre-ville, sur la gauche quand on arrive d'Opelousas. Chambres 85-105 $ (pour 2-4 pers). Petit déj inclus.* Un motel de chaîne qui offre en plus du confort habituel une déco soignée avec des tableaux aux murs et un mobilier sympa. Seulement 2 tables dans la salle des petits déj !

Days Inn : *1251 E Laurel Ave (route US 190). ☎ 337-457-3040. • daysinn.com • Sur la gauche quand on arrive d'Opelousas. Chambres 85-110 $ (pour 2-4 pers). Petit déj inclus.* Classique petit motel de chaîne situé en bord de route. Chambres bien propres et équipées du confort standard américain (avec frigo et micro-ondes). Choisir les plus éloignées de la route, moins bruyantes.

Où manger ?
Où boire un verre ?

Spécial petit déjeuner

Ruby's Café : *221 Walnut Ave (presque à l'angle de S 2nd St). ☎ 337-550-7665. Lun-ven 6h-14h. Moins de 10 $.* En plein centre historique, un petit resto vert pastel décoré de plaques publicitaires et d'assiettes de grand-mère. On y dévore de bons breakfasts, mais aussi, à l'heure du lunch, soupes, *gumbos*, salades, sandwichs, *crawfish* et de nombreux plats du jour inscrits sur l'ardoise à l'extérieur. Une excellente adresse à prix doux, fréquentée par des habitués dans une ambiance bon enfant.

De prix moyens à chic

Nick's on Second St : *123 S 2nd St (à l'angle de Walnut Ave). ☎ 337-457-4921. Déj mar-ven 11h-14h ; dîner mar-sam 17h-22h. Plats 10-20 $.* À deux pas du *Liberty Theater*, c'est le plus vieux bar de la ville,

LE PAYS CAJUN ET LES BAYOUS

ouvert en 1937. Beau patio en brique et fer forgé à l'avant, et plusieurs salles chaleureusement décorées à l'intérieur. Dans l'assiette, bonne cuisine cajun avec les classiques du genre : crevettes, *crawfish* en saison, *gumbos,* alligator, sans oublier les grillades. Le midi, les plats du jour sont une vraie affaire. Musique live certains soirs, idéale pour descendre des verres.

Rocky's Cajun Kitchen : *1415 E Laurel Ave (route US 190). ☎ 337-457-6999. Sur la gauche en venant d'Opelousas. Tlj 11h-14h, 17h-21h (20h lun, 22 ven-sam) ; fermé dim soir. Plats 6-16 $.* Ce qui étonne de prime abord dans ce resto populaire, c'est la sobriété du décor, sa froideur même, avec un éclairage au néon et des murs blancs. Heureusement, la commande passée, on retrouve le sourire en découvrant une cuisine excellente à base de *seafood,* mais aussi des salades, *po-boys* et de tendres alligators. On est ravis de voir que pour une fois, les amateurs de viande auront un steak vraiment saignant, et pour un prix raisonnable ! Service aussi aimable qu'efficace.

DC's Sports Bar & Steakhouse : *1601 W Laurel Ave (route US 190). ☎ 337-457-7001. Sur la gauche après le carrefour principal du centre-ville en venant d'Opelousas. Tlj 11h-22h. Bar jusqu'à 2h ven-sam. Plats 8-21 $.* Un resto-bar avec des écrans TV partout aux murs et jusque sur les tables pour ne rien rater des retransmissions sportives du moment : football américain, basket, baseball, courses de voitures... À la carte, voici de savoureux steaks, cuits selon vos désirs, et puis quelques plats standard de la cuisine cajun *(po-boys, seafood, catfish...),* servis par des gamines en short et T-shirt rose moulant qui se la jouent un peu. Sympa pour siroter un verre devant le sport à la télé. Ambiance survoltée le week-end lorsqu'à 22h, le service du resto terminé, on change l'éclairage et on sort les cendriers...

Où écouter de la musique cajun ? Où danser ?

Liberty Theater : *200 W Park Ave (à l'angle de S 2nd St). ☎ 337-457-7389. • eunice-la.com • Sam soir slt, 18h-19h30. Entrée : 5 $; enfants 7-12 ans : 3 $; gratuit moins de 6 ans.* Bâtie en 1920, cette magnifique salle de 600 places avec piste de danse devait être un cinéma où l'on passerait des films muets. Faute de moyens, la construction de l'édifice, alors baptisé *Electrical Theater,* resta inachevée jusqu'en 1924, date de son rachat et de son ouverture sous le nom de *Liberty Theater...* Aujourd'hui classé Monument historique, cet endroit offre l'occasion de passer une soirée inoubliable, le samedi entre 18h et 19h30, en assistant à un show live, « Le rendez-vous des Cajuns » : 2 orchestres, des humoristes et commentateurs de recettes de cuisine ; retransmis en direct sur la radio *KRVS* (88.7 FM). Devant la scène, il y a une piste de danse où les anciens ne se font pas prier pour valser cajun et zydeco. Fabuleuse ambiance !

À voir. À faire

Prairie Acadian Cultural Center : *250 W Park Ave. ☎ 337-457-8499. • nps.gov/jela/prairie-acadian-cultural-center-eunice.htm • Situé à côté du* Liberty Theater, *il fait partie du* Jean Lafitte National Historical Park and Preserve. *Tlj sf dim-lun 8h-17h (18h sam). Entrée gratuite (donation bienvenue). Demander le dépliant en français à l'accueil.* Un formidable centre culturel consacré à l'histoire vivante de la culture acadienne, devenue cajun. L'histoire, la musique, les métiers, « le bon manger » et toutes les traditions du monde cajun sont ici évoqués de manière vivante et didactique à travers documents, photos, objets et outils du quotidien. Ne ratez pas le film (ici en français) *The Cajun Way, Echoes of Acadiana,* sur l'histoire de l'Acadie et de sa population (durée : 26 mn). Également des animations le week-end : concert de musique cajun, danses, démonstrations d'artisanat le samedi à 15h. Allez-y sans hésiter : les Français et francophones sont accueillis à bras ouverts.

Eunice Depot Museum : *220 S C.C. Duson Dr (route LA 13).* ☎ *337-457-6540 ou 2565. Juste à côté du* Tourist Information Center. *Tlj sf dim-lun 9h-17h (8h30-16h30 en hiver). Entrée gratuite (donation bienvenue).* Installé dans l'ancienne et toute première gare ferroviaire de la ville, ce petit musée « d'arts et traditions populaires », dirait-on chez nous, présente, à travers une foule d'objets anciens (gramophones, vieux outils, matériel professionnel...), la vie passée des Cajuns, leurs métiers, leurs fêtes et traditions, leur histoire, la musique omniprésente... À voir rapidement en passant, avec son vieux wagon attenant.

Cajun Music Hall of Fame and Museum : *240 S C.C. Duson Dr (route LA 13).* ☎ *337-457-6534. Juste à côté du* Eunice Depot Museum. *Tlj sf dim-lun 9h-17h (8h30-16h30 en hiver). Entrée gratuite (donation bienvenue, là encore).* Un nom bien long pour ce petit musée d'instruments de musique exposant les photos des stars de la musique cajun et la panoplie des instruments couramment utilisés : violon, accordéon, batterie, *steel guitar*, basse, et puis ces curieux plastrons en tôle ondulée issus de la musique zydeco... On passe un bon moment nostalgique avec ce petit monde que l'américanisation finit d'engloutir, mais qui résiste ! Sur place, vente de disques et d'instruments curieux : « ti-fer » et « quillière ».

Savoy Music Center : *4413 E Laurel St (route US 190).* ☎ *337-457-9563. • savoymusiccenter.com • À 3 miles à l'est du centre, sur la gauche en direction d'Opelousas. Mar-ven 9h-12h, 13h30-17h.* Marc Savoy est un musicien cajun célèbre dans la région et bien au-delà. Il possède depuis 1966 ce magasin de musique et aussi une fabrique d'accordéons, d'où une centaine d'exemplaires sortent chaque année (à partir de 1 800 $)... Même si la boutique est ouverte en semaine, c'est assurément le samedi qu'il faut s'y rendre. À 9h pétantes, on se retrouve devant avec une foule de musiciens locaux, « étrangers », jeunes, vieux ; bref, tout le monde est le bienvenu, surtout avec son instrument ! La matinée commence ainsi par du café et un bon bout de boudin et *craklins* maison. Vers 9h30, alors que la file des voitures garées le long de la route US 190 est déjà longue, les musiciens s'installent autour de Marc Savoy, qui joue du piano. Avec une guitare, un accordéon, un harmonica ou une *slide guitar*, on improvise autour d'un air connu ; certains chantent, d'autres esquissent quelques pas de *two-steps*, pour le plus grand plaisir des spectateurs, qui se prennent vite à taper du pied. Une quinzaine de musiciens viennent ainsi chaque samedi pour cette *jam session* bon enfant. Pas mal de gens, des seniors essentiellement, causent français, et on vous accueillent par un tonitruant « Ça va mon ami ? ». Les gens du coin sont toujours ravis de recevoir les francophones de passage et vous passerez certainement l'un des meilleurs moments de votre séjour. Vente de CD, DVD et instruments de musique sur place.

DANS LES ENVIRONS D'EUNICE

BASILE

À 11 miles à l'ouest d'Eunice par la route US 190. Ne viendront traîner dans ce coin perdu que les amateurs de « racines profondes », mordus de culture cajun, ceux qui fuient les grands axes. Pourquoi ce nom, au fait ? Parce que le village fut fondé en 1905 par un pionnier cajun qui s'appelait Basile Fontenot.

Où manger ?

D.I.'s Cajun Restaurant : *6561 Evangeline Hury (route LA 97). ☎ 337-432-5141. En venant d'Eunice et avt d'entrer dans Basile, prendre à gauche la route LA 97 ; c'est env 8 miles plus loin, sur la droite. Mar-ven 10h30-13h30 ; mar-sam 17h-22h. Fermé dim-lun. Plats 12-22 $.* Paumé en pleine cambrousse, au beau milieu des élevages d'écrevisses, ce resto tout en bois s'est forgé une solide réputation auprès des gens du cru. On y vient surtout pour leur spécialité : des assiettes gargantuesques mélangeant poisson, crevettes, cuisses de grenouilles, crabe, huîtres et écrevisses (en saison). Également des salades, *gumbos* et autres spécialités plus frugales, cuisinées avec autant de soin et peu de graisse. Bravo ! Si, à l'heure du lunch, les menus du jour sont une bonne affaire, on conseille plutôt de venir en soirée pour dîner en musique. Du jeudi au samedi, un groupe de musique cajun anime la soirée dès 19h. Sur la piste, des couples de tous âges, parfois habillés à l'ancienne mode, dansent la valse ou le *two-steps,* sous l'œil attendri des familles qui bâfrent. Formidable ambiance. Enfin, à 22h pétantes, tout le monde paie à la caisse et s'en va. L'endroit se vide en 15 mn. Très tranche de vie...

MAMOU

Petite ville cajun à 10 miles au nord d'Eunice par la route LA 13, elle fut fondée en 1911 et célèbre pour son bar, *Fred's Lounge,* véritable institution dans la région. Voici donc une matinée sympa en perspective si vous traînez un samedi dans le coin (voir « Où boire un verre ?... »).

Où boire un verre ? Où écouter de la musique ?

Fred's Lounge : *420 6th St. ☎ 337-468-5411. Ouv slt sam 8h-14h ; musique 9h-13h30.* Si le valeureux Fred est mort en 1992, à l'âge de 80 ans, la musique, elle, continue tous les samedis matin avec des groupes cajuns de qualité qui jouent en plein milieu du bar. Dépaysement assuré. Énormément de monde dans cette salle où il est difficile de faire rentrer plus de 100 personnes (mieux vaut arriver aux aurores !), mais quelle ambiance ! On y vient de tout le pays cajun pour s'en mettre plein les oreilles, et surtout pour danser. Quand la musique s'arrête ici, la foule file à côté, chez *Diana Brass Rail (416 6th St),* pour continuer la fiesta... Le programme musical de *Fred's Lounge* est retransmis en direct sur la radio *KVPI* (92.5 FM). Les *sessions* sont ponctuées de longs monologues dans une langue savoureuse. À ne pas rater !

Manifestation

– Mamou (en alternance avec la commune de Iota) n'a rien à envier à La Nouvelle-Orléans, car son **Mardi gras** *Tee Mamou-Iota Folklife Festival* est très réputé dans tout le pays et attire chaque année des milliers de personnes. Les costumes, masques et chapeaux de fées sont très colorés, la bière coule à flots, et ça guinche avant le Carême. Les écoles sont fermées le lendemain car, dit-on, les parents seraient incapables d'y accompagner leurs enfants après une telle fête ! *Rens : ☎ 337-779-2456. • iotamardigras.com •*

SAINT MARTINVILLE

6 900 hab.

On est séduit par cette petite bourgade au charme désuet et tranquille, assoupie au bord du bayou Teche, avec sa grande place centrale verdoyante à la française. Saint Martinville fut si prospère au XIXe s qu'on y construisit un opéra comme en Europe et une université... Et même si la francophonie de cette époque a bien décliné, aujourd'hui, la ville possède officiellement le plus grand nombre de gens maniant la langue de Molière en Louisiane. De savoureuses rencontres en perspective, donc...

MYTHIQUE EVANGELINE

La tragédie romanesque d'Evangeline débute en 1847 avec le poème d'Henry Longfellow. Elle va devenir l'emblème du combat des Acadiens. À la veille de leur mariage, Gabriel est séparé d'Evangeline par les méchants Anglais qui persécutent les gentils Acadiens. La jeune femme passe de longues années à chercher son fiancé, errant dans toute la Louisiane, soignant les pestiférés... Elle finit par retrouver son grand amour à Saint Martinville, sous un chêne, mais, atteint lui aussi de la peste, il meurt dans ses bras. Plus romantique, tu meurs !

Arriver – Quitter

➢ ***La voiture*** est le seul moyen d'y accéder. De La Nouvelle-Orléans, prendre l'autoroute I 10 W, sortie 109 (« Breaux Bridge »), puis la route LA 31. De Lafayette, prendre l'autoroute US 90 East en direction de New Iberia, et ensuite à gauche la route LA 96.

Adresses utiles

Tourist Information Center : *123 S New Market St. ☎ 337-394-2233. • stmartinville.org • Tlj 10h-16h30.* Dans le hall du *Cultural Heritage Center,* en guise de *Tourist Information Center,* on trouvera quelques dépliants mais peu d'infos sur les activités culturelles de la ville.

✉ ***Post Office :*** *224 S Main St (route LA 31). ☎ 337-394-6979. Tt proche de la place centrale. Lun-ven 8h30-16h30 ; sam 10h-12h.*

@ ***Internet :*** *à la* ***Public Library*** *(bibliothèque municipale), 201 Porter St. ☎ 337-394-2207. De la place centrale, prendre la route LA 31 vers le nord ; Porter St est plus loin sur la gauche. Tlj sf dim 8h-20h (17h ven-sam).* Connexions gratuites et wifi.

Où dormir ?

Peu d'hébergements dans le patelin même.

Campings

Catfish Heaven Campgroung : *1554 Cypress Island Hwy. ☎ 337-394-9087. • catfishheaven.com • À 8 miles de Saint Martinville, prendre la route LA 31 vers le nord (direction Breaux Bridge), puis à gauche la route LA 353. Emplacement tente pour 2 pers env 25 $/j. Loc cannes à pêche sur place (7 $/j.).* Un camping récent où les arbres demandent encore à grandir mais où l'on plante sa tente à l'ombre des pins. Sanitaires bien propres. Petite piscine, aire de jeux pour les enfants, et puis un étang où l'on élève des poissons-chats (que l'on pourra pêcher), tant appréciés dans la cuisine cajun malgré leur sale tête... Idéal aussi pour découvrir le fameux lac

Martin, situé à seulement 2 miles (voir le chapitre « Breaux Bridge »). Accueil excellent.

⛺ ***Camping du Lake Fausse Pointe State Park :*** voir plus loin « Dans les environs de Saint Martinville ».

Bon marché

🏠 ***Beno's Motel :*** *7202 Main Hwy. ☎ 337-394-5523. À 2 miles au sud de Saint Martinville, en direction de New Iberia, sur la droite. Le bureau du motel se trouve à droite de sa façade décrépite et à l'abandon, le motel est à l'arrière. Double 45 $; doubles refaites 65-70 $ (plus chères le w-e).* Un peu à l'écart de la route et excentré de Saint Martinville, ce petit motel tristounet et fonctionnel propose des chambres à peine correctes et propres, avec salle de bains et TV. 4 d'entre elles ont été refaites et donnent moins le blues. Malgré un bon accueil, le charme reste proche de zéro !

De prix moyens à chic

🏠 ***The Old Castillo Bed & Breakfast :*** *220 Evangeline Blvd. ☎ 337-394-4010 ou 1-800-621-3017. ● oldcastillo.com ● Après le* Cultural Heritage Center, *dans le coude de la rue. Doubles 80-150 $ selon espace ; petit déj compris.* Édifiée en 1840, cette grande bâtisse en brique fut d'abord une auberge avant d'être transformée en pensionnat de jeunes filles, pour enfin redevenir un hôtel tenu par Mme Castillo, veuve d'un commandant de bateau à vapeur, il y a plus de 150 ans... Aujourd'hui, on a le choix parmi l'une des 7 chambres décorées simplement avec du beau mobilier ancien, un sempiternel plancher qui craque et des balcons donnant sur la place centrale et le bayou Teche pour certaines (nos préférées). Romantique, calme et propre mais trop cher compte tenu des petites rénovations qui s'imposent çà et là... À vous de voir.

Où manger ?

☕ ***Danna's Bakery :*** *207 E Bridge St (route LA 96). ☎ 337-394-8465. Tlj 5h30-17h (16h sam ; 12h30 dim). Env 5 $.* Ouverte en 1922, cette boulangerie-pâtisserie au cadre un peu banal propose d'alléchants *donuts, rolls,* cookies, etc., que l'on accompagne volontiers d'un café. Quelques tables à l'intérieur.

|●| ***Le Petit Paris Café :*** *116 S Main St (route LA 31). ☎ 337-394-7159. Tlj 7h-14h. Moins de 10 $.* Installée dans une ancienne banque sur la place centrale, une gentille adresse dont la déco pimpante se veut un peu une fenêtre ouverte sur la France... Dans l'assiette, petite panoplie de savoureux plats cajuns équilibrés et pas gras du tout. Impec' aussi à l'heure du petit déj avec d'intéressantes formules spéciales ; musique jazzy et sourire de la patronne en prime.

|●| ***St John Restaurant :*** *211 E Bridge St (route LA 96). ☎ 337-394-8384. Lun-ven 11h-14h ; plus mer-sam 17h-21h. Moins de 15 $.* Dans une vieille maison en bois, ce resto tout cosy sert de bons petits plats cajuns et un vaste choix de salades, sandwichs et burgers à consommer dans une salle proprette ou dans le charmant patio derrière la maison.

À voir

Cultural Heritage Center & African American Museum : *123 S New Market St. ☎ 337-394-2273. À côté de l'*Acadian Memorial, *derrière l'église. Tlj 10h-16h30. Entrée : 3 $ (couplée avec l'*Acadian Memorial*) ; réduc.*
Petit musée intéressant qui raconte l'histoire des esclaves africains de la région. Originaires pour la plupart du Mali, Ghana et Sénégal, ils étaient souvent « stockés » sur l'île de Gorée, au large de Dakar (Sénégal), en attendant d'être embarqués sur des bateaux négriers voguant vers l'Amérique. Le voyage durait 5 à 12 semaines dans des conditions atroces et les survivants étaient jetés dans

l'enfer des plantations... Peintures, photos, gravures et autres objets (bracelets, instruments de musique...) racontent la suite des événements : l'émergence des « gens de couleur libres » et leur engagement dans la guerre civile américaine, puis la naissance d'une identité créole.
Parallèlement, une autre section du musée raconte, à grand renfort de panneaux explicatifs, l'odyssée des Acadiens : de l'Acadie des origines à la Louisiane de nos jours... Film vidéo de 30 mn, panneaux tactiles et quelques costumes du début du XVIIIe s complètent ce petit musée confidentiel.

Acadian Memorial : *121 S New Market St. ☎ 337-394-2258. • acadianmemorial.org • À côté du* Cultural Heritage Center. *Tlj 10h-16h30. Entrée : 3 $ (couplée avec le* Cultural Heritage Center & African American Museum*) ; réduc.* « Un peuple sans passé est un peuple sans futur. » Le ton est donné : pas un musée, ni une exposition, mais un mémorial qui rend hommage à tous les Acadiens, hommes, femmes et enfants confondus, qui furent martyrisés par les Anglais et victimes du « Grand Dérangement ». Une fresque murale évoque cet épisode tragique de l'histoire et un système audio y présente en français les principaux personnages. Également un « mur des noms », où figurent 3 000 personnes déportées (beaucoup de noms typiquement français, évidemment). S'il semble modeste et sans intérêt particulier, ce mémorial est important par le fait qu'il existe tout simplement, ce qui implique la reconnaissance officielle de cette tragédie. Tous les ans, le 3e samedi de mars, se tient ici le très animé ***Acadian Memorial Festival...*** Ils organisent aussi des tours guidés en français du centre historique de la ville *(tlj 8h-16h30 sur résa ; durée : 1h30-2h ; 7 $/pers ; réduc).*

Saint-Martin-de-Tours Church : *210 Evangeline Blvd, au cœur de la place centrale. Tlj sf ven mat.* Élevée en 1765, c'est l'une des plus anciennes de Louisiane. Mignonnette comme tout. Intérieur fortement retapé et assez kitsch. Ne manquez pas cette reproduction absolument ringarde de la grotte de Lourdes, d'après une photo du XIXe s ! Pendant plus de deux siècles, la grand-messe fut dite en français. Cette tradition a disparu, les curés suivants n'étant qu'anglophones. Tout fout le camp !

Presbytery : *sur la place centrale, à droite de l'église.* Cette grande bâtisse à colonnes de style *Greek revival* abrite aujourd'hui le palais de justice *(Court House).* Sur le fronton, les cinq drapeaux flottant au vent évoquent les différents pays qui régirent la Louisiane. Notez celui de la royauté française avec ses fleurs de lys et un autre, plus connu, de la République française...

Le Petit Paris Museum : *103 S Main St, sur la place centrale, à gauche de l'église. ☎ 337-394-7334. Tlj 9h30-16h30 (en principe). Entrée : 1 $.* Jolie demeure créole livrant un modeste musée à l'étage (commentaires en français), où l'on voit surtout des costumes rutilants portés lors du Mardi gras 1984 par les descendants des familles les plus en vue de la ville. Le thème était alors : « Le mariage des filles de la famille Durant », qui eut lieu en 1870... Nos lecteurs belges remarqueront dans un coin un invité surprise : un Gilles du carnaval de Binche !

Evangeline Statue : *dans le minuscule cimetière, à 200 m de l'église en la contournant par la gauche.* Cette jolie statue, dont on voit des reproductions partout, fut offerte à la ville par la grande actrice Dolores Del Rio, qui joua le rôle d'Evangeline, l'héroïne du poème de Longfellow dans un film muet en 1929...

Evangeline Oak : *au bord du bayou Teche, à côté du* Cultural Heritage Center. Ce deuxième plus vieux chêne des États-Unis a été immortalisé par le poète Henry Longfellow. Selon la légende, c'est ici que se retrouvèrent Evangeline et Gabriel au bout de 3 ans de séparation, après avoir été chassés de la Nouvelle-Écosse par les Anglais... Bel endroit pour une rencontre ! Agréable petite promenade à faire en bordure aménagée du bayou Teche.

Les jolies maisons : construit en 1840, l'hôtel ***Old Castillo*** était une auberge pour les voyageurs circulant sur le bayou (voir « Où dormir ? »). Et puis, en bordure de la place centrale, le ***Duchamps Opera House*** *(201 S Main St ; lun-sam 10h-17h),* construit dans les années 1830 en briquette rouge, fut longtemps le théâtre de la ville ; aujourd'hui, c'est une boutique d'artisanat régional. En face, on ne manquera pas la façade imposante de la ***maison Duchamps*** *(visite sur rdv au ☎ 337-394-2230)* construite en 1876, dans les styles français et espagnol, avec sa double galerie et sa série de colonnettes.

Fête

– ***Grande Boucherie des Cajuns :*** *grand événement se déroulant le sam avt Mardi gras. Rens : ☎ 337-394-6683.* On tue le cochon, et c'est l'occasion pour tout le village de se retrouver dans une ambiance chaleureuse. Orchestres de musique cajun, expositions d'objets artisanaux réalisés par les villageois. Une tradition bouchère encore très présente à Saint Martinville et une vraie fiesta !

UNE VÉRITABLE BOUCHERIE !

L'origine de la fête de la Grande Boucherie des Cajuns remonte au XVIIe s. À l'époque, il n'y avait pas de frigo : tuer un cochon pour une famille représentait une charge trop lourde et l'obligation de saler tout de suite. On prit l'habitude, entre familles, pour avoir de la viande fraîche plus souvent, de tuer la bête chacun son tour et de distribuer les morceaux aux autres. Ainsi, tout le monde participait à la « Boucherie », créant une solidarité et un esprit de coopération bien particuliers.

DANS LES ENVIRONS DE SAINT MARTINVILLE

Longfellow – Evangeline State Historic Site : *1200 N Main St (route LA 31). ☎ 337-394-3754 ou 1-888-677-2900. • crt.state.la.us/parks • Depuis la place centrale, prendre Main St (route LA 31) vers le nord ; c'est env 1 mile plus loin sur la droite. Mar-sam 9h-17h. Entrée : 4 $; gratuit moins de 12 ans.* D'abord, une belle expo relate le « Grand Dérangement », puis la vie quotidienne des immigrés acadiens dans leur nouveau pays : la Louisiane. On y découvre leur culture et leurs métiers à travers une foule d'objets, outils, photos, gravures... Ensuite, rendez-vous dans le joli parc boisé en bordure du bayou Teche pour explorer une authentique maison de planteur construite en 1815, la *maison Olivier* (demandez la brochure de visite en français), vraiment intéressante car on en voit assez peu de ce style « franco-caraïbo-créole ». Mobilier traditionnel assez rustique jusque dans les dépendances... À quelques pas de là, voici la *ferme* avec son four, sa grange, sa charrette, sa prairie et... de vraies vaches ! Enfin jetez donc un coup d'œil sur la maison en bois traditionnelle des bayous...

Oak and Pine Alley : *à 2 miles de Saint Martinville. Depuis la place centrale, prendre la route LA 96 vers l'est, c'est sur la droite (panneau).* Si vous vous rendez au *Lake Fausse Pointe State Park,* arrêtez-vous un instant pour jeter un œil à cette belle allée de chênes et de pins, longue de près de 1 mile, qui fut plantée par un certain Charles Durand, cultivateur de canne à sucre. Le lieu en appelle à une bien curieuse légende, lisez donc le panneau... Au bout, demi-tour : c'est privé !

Lake Fausse Pointe State Park : *5400 Levee Rd (route LA 352). ☎ 337-229-4764 ou 1-888-677-7200. • crt.state.la.us/parks • À env 20 miles de Saint*

Martinville. Depuis la place centrale, prendre la route LA 96 vers l'est (franchir le pont) sur env 3 miles, puis tourner à droite sur la LA 679 et faire 4 miles avt de prendre à gauche la route LA 3083 (fléché) jusqu'au bout (4 miles) ; suivre ensuite à droite la LA 352 qui longe la digue ; l'entrée du parc est 8 miles plus loin, sur la gauche. Tlj 6h-21h (22h ven-sam). Entrée : 1 $. C'est un superbe parc noyé dans une végétation généreuse, au bord d'un gentil lac, avec plein d'oiseaux... et de crocos évidemment ! Pour l'explorer, trois sentiers pédestres sont à votre disposition, et on peut aussi louer des canoës (5 $/h ou 20 $/j.) et ainsi pagayer sur des circuits bien balisés. Sur place, également des aires de pique-nique-barbecue et des jeux d'eau pour les enfants.

Camping et cabins : le parc dispose d'un agréable camping pour planter sa tente à la fois sous les arbres et à côté du lac ; avec sanitaires communs impeccables *(emplacement 1-20 $/j. par pers).* Et pour jouer aux vrais trappeurs, voici des maisonnettes sympas *(8 pers)* sur pilotis à louer en bord de lac. Nickel et bon confort : 2 chambres, salon, cuisine, salle de bains et cheminée *(120-150 $/j.).* Prévoir linge de maison, nourriture (pas de restauration sur place) et répulsif antimoustiques.

***Lake Martin :** à slt 10 miles de Saint Martinville.* Voir plus haut le chapitre « Dans les environs de Breaux Bridge ».

NEW IBERIA

35 000 hab.

C'est la seule commune de Louisiane à avoir été fondée par les Espagnols, en 1779. Bientôt rejoints par une foule d'Acadiens, les premiers habitants de Nueva Iberia sont vite assimilés par cette généreuse communauté francophone... Aujourd'hui, l'agglomération vit de l'exploitation industrielle de la canne à sucre, du pétrole et du sel. Gentille ville à défaut d'être vraiment jolie, les routards y trouvent leur compte en découvrant les belles maisons anciennes de Main Street, les agréables rives du bayou Teche, sans oublier les quelques points d'intérêt dans les environs... Et si les soirées n'offrent souvent rien d'autre à faire que de se scotcher à l'un des bars du centre-ville, on peut aussi se plonger en frissonnant dans un des polars écrits par la gloire locale, l'écrivain *James Lee Burke* (voir la rubrique « Livres de route » dans « Louisiane utile » en début de guide).

Arriver – Quitter

En voiture

Si vous n'êtes pas trop ric-rac, c'est vraiment le moyen de transport le plus pratique pour se rendre à New Iberia, circuler en ville, explorer les alentours et poursuivre votre voyage en pays cajun. Et plutôt que d'emprunter la route US 90, on vous conseille franchement la route LA 182, plus campagnarde et tranquille. Elle traverse de gentils patelins au charme souvent désuet, du genre de ceux qu'on voit dans les films : Jeanerette, Franklin, Morgan City...

En train

***Gare ferroviaire Amtrak** (plan C1) : Rail Rd (à l'angle de Washington St et Hopkins St). ☎ 1-800-872-7245. ● amtrak.com ●* Il s'agit juste d'une petite station sans vraiment de guichet ni aucun service, où le train marque un court arrêt en passant. Pour infos et résas, les contacter par téléphone ou Internet.

➢ La ligne *Sunset Limited* reliant ***La Nouvelle-Orléans*** à ***Los Angeles*** (Californie) dessert New Iberia lun, mer

et ven vers 14h50 en direction de Los Angeles, avec des arrêts à ***Lafayette, Lake Charles, Houston*** et ***San Antonio*** (Texas), sans oublier ***Tucson*** (Arizona)...
➢ Dans l'autre sens, en direction de ***La Nouvelle-Orléans***, on grimpe dans le train mar, ven et dim vers 17h40, avec ensuite un arrêt à ***Schriever*** (Houma/Thibodaux).

Adresses utiles

ℹ ***Tourist Information Center*** *(plan A3)* **:** *2513 Hwy 14. ☎ 337-365-1540 ou 1-888-942-3742. • iberiatravel.com • Lun-ven 9h-17h ; sam 9h30-16h.* Plan de la ville et une foule de doc sur la région. Procurez-vous leur brochure *Discover Iberia,* ainsi que les coupons de réduc qu'ils éditent, sans oublier le dépliant pour visiter soi-même à pied le centre historique. Également un itinéraire à faire en voiture ou à pied sur la trace des romans de *James Lee Burke.* Internet gratuit sur place.

✉ ***Post Office*** *(plan C2)* **:** *817 E Dale St. ☎ 337-364-6972. Tlj sf dim 8h-17h (8h30-12h sam).*

@ ***Internet*** *(plan C2,* ***2****)* **:** *à la* ***Iberia Parish Library*** *(bibliothèque municipale), dans le Civic Center, 445 E Main St (route LA 182). ☎ 337-364-7024. Lun-sam 8h30-20h (17h30 ven-sam) ; dim 13h30-17h30.* Connexion gratuite.

■ ***Iberia Medical Center*** *(hors plan par D2,* ***3****)* **:** *2315 E Main St (route LA 182). ☎ 337-364-0441.*

Où dormir ?

Bon marché

🏠 ***Teche Motel*** *(plan D2,* ***13****)* **:** *1829 E Main St (route LA 182). ☎ 337-369-3756. Double env 40 $. CB refusées.* Au cœur d'un agréable petit parc aménagé au bord du bayou Teche, ce motel propose des chambres sommaires (salle de bains, TV, AC et basta !) mais plutôt propres, installées dans plusieurs maisonnettes en bois. Équipements vieillots, mais bon accueil. Une petite adresse routarde pour les petits budgets.

Prix moyens

🏠 ***The Inn of Iberia*** *(plan C3,* ***14****)* **:** *924 E Admiral Doyle Dr (route LA 674 ; à l'angle avec Ann St). ☎ 337-367-3211. Double 60 $; 4 pers 70 $; pas de petit déj.* Gentil motel donnant sur une belle pelouse bien entretenue avec une jolie piscine. Chambres propres et confortables. Préférez celles aux numéros impairs, qui donnent sur le jardin central. Hall sympa avec canapés, café et thé à dispo et accueil aimable. Certainement la meilleure affaire de la ville en rapport qualité-prix.

🏠 ***Ramada*** *(plan A3,* ***16****)* **:** *2915 Hwy 14. ☎ 337-367-1201 ou 1-800-2-RAMADA. • ramada.com • Juste à l'entrée de la ville, sur la droite, en venant de la route US 90. Doubles 90-110 $; petit déj en sus.* 💻 📶 Si l'approche n'est pas terrible, les chambres, elles, sont toujours impeccables et offrent les standards qui font la réputation du confort US. Demandez-en une avec un numéro pair donnant sur la belle piscine centrale bordée de verdure.

🏠 ***Days Inn*** *(plan A3,* ***12****)* **:** *611 Queen City Dr. ☎ 337-560-9500. • daysinn.com • Juste à l'entrée de la ville, sur la gauche de la route LA 14 en venant de la route US 90. Doubles 85-110 $; 10 $/pers supplémentaire ; petit déj inclus.* 📶 Dans ce quartier sans intérêt mais à quelques minutes en voiture du centre historique, un motel tout à fait standard dans son confort et d'une propreté absolument sans faille. Micro-piscine. Du fonctionnel, mais un bon plan pour ronfler dans un bon lit.

Chic

🏠 ***Le Rosier Country Inn*** *(plan C2,* ***15****)* **:** *314 E Main St (route LA 182). ☎ 337-367-5306. • lerosier.com • Double 130 $; petit déj compris.* 📶 Dans un bâtiment indépendant de l'élégante résidence principale de 1870, 5 chambres pas bien grandes mais très luxueuses. Lit *king size,* draps brodés, gros oreillers moelleux, frigo plein de boissons et belle salle de bains, parfois avec jacuzzi. Petit jardin fleuri et balcon privatif pour celles à l'étage. Au cœur du quartier historique, face au *Shadows on the Teche,* on pourra oublier la voi-

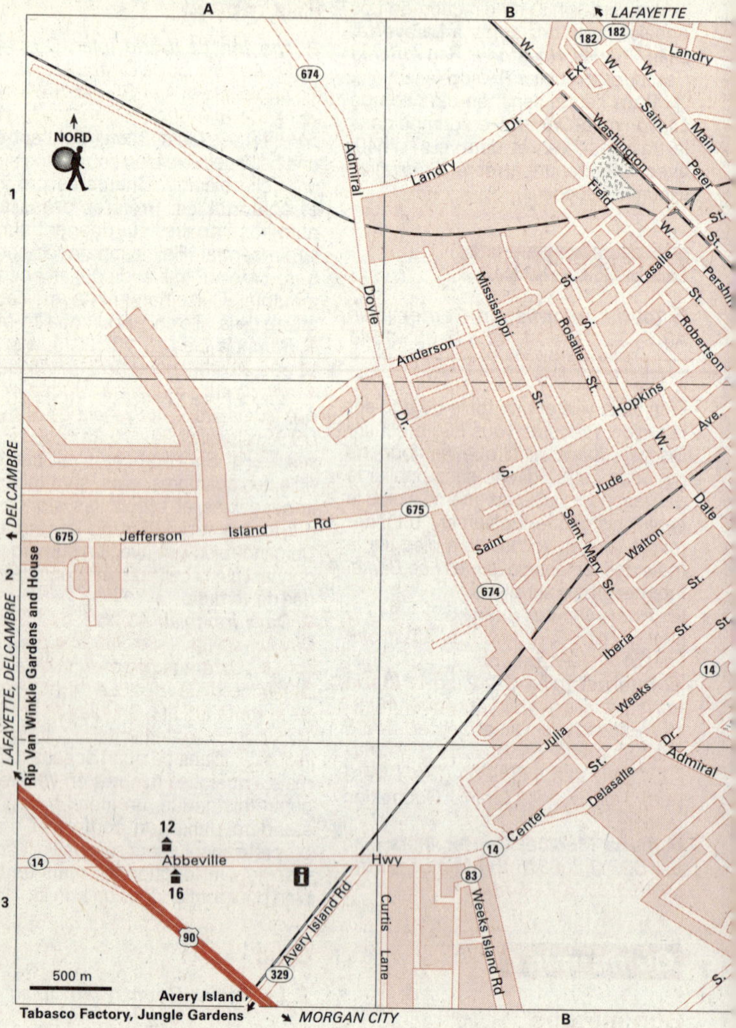

Adresses utiles

- Tourist Information Center
- @ 2 Iberia Parish Library
- 3 Iberia Medical Center

Où dormir ?

- 12 Days Inn
- 13 Teche Motel
- 14 The Inn of Iberia
- 15 Le Rosier Country Inn
- 16 Ramada
- 17 Estorge-Norton House B & B

Où manger ?

- 20 Seafood Connection

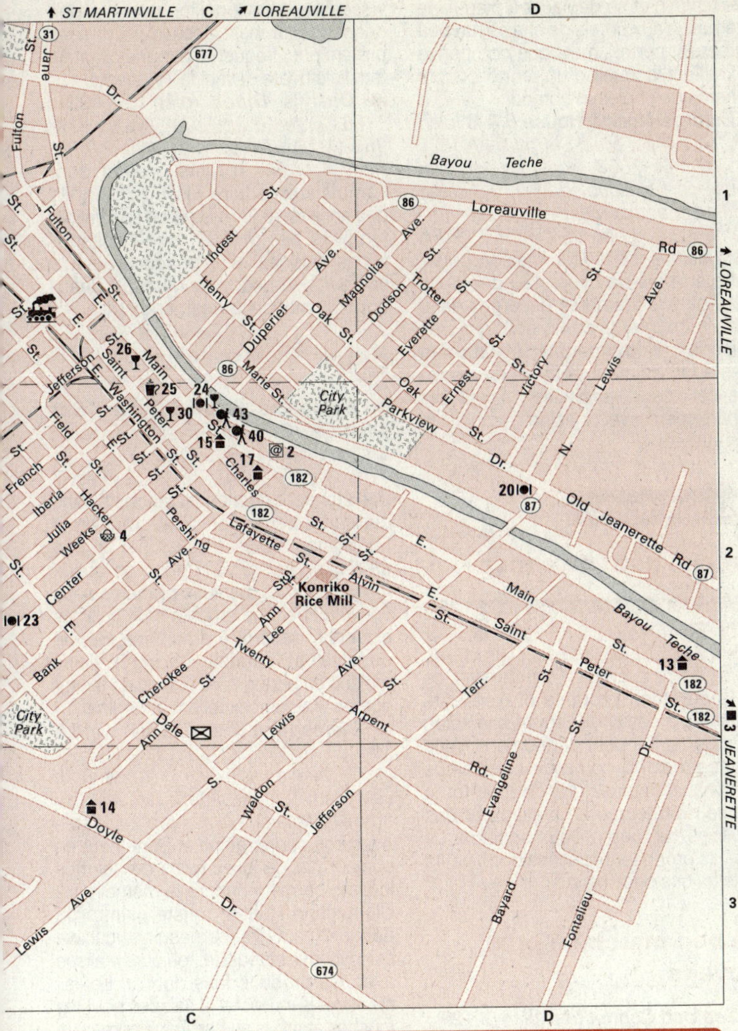

NEW IBERIA

23 Duffy's Diner
24 Bojangles Sushi & Oyster Bar et Clementine
25 Victor's Cafeteria

Où boire un verre ? Où sortir ?

24 Bojangles et Clementine
26 Napoleon's
30 Carabella's

Achats

4 Surplus Plus

À voir

40 Shadows on the Teche
43 Sliman Theatre

ture (enfin !) et se déplacer à pied. Une alternative aux hôtels de chaîne, un peu onéreuse, certes, mais que compense l'excellent accueil d'un jeune couple dynamique et plein d'humour.

Estorge-Norton House B & B (plan C2, **17**) : *446 E Main St (route LA 182). ☎ 337-365-7603. • estorge-norton house.com • Doubles 85-110 $ selon espace et équipement ; 20 $/pers supplémentaire ; petit déj compris.* En plein centre, cette jolie maison construite en bois de cyprès au début du XXe s offre 3 chambres décorées dans le style country avec un goût assuré : boiseries, vieux meubles... 2 d'entre elles sont vraiment petites ; en revanche, celle sous les toits est un véritable appartement avec cuisine. Accueil un brin austère.

Où manger ?

Spécial petit déjeuner

Victor's Cafeteria (plan C2, **25**) : *109 E Main St (route LA 182). ☎ 337-369-9924. Tlj 6h30-14h (10h sam). Moins de 10 $.* En plein centre-ville, ce resto-cafétéria propose d'excellents petits déj à composer soi-même selon l'humeur et l'appétit du moment. Vous commandez au comptoir et on vous sert ensuite dans la grande salle toute simple, fréquentée en masse par des habitués de tous milieux sociaux. Le midi, ils proposent aussi de bons petits plats cajuns pas chers.

De bon marché à prix moyens

Seafood Connection (plan D2, **20**) : *999 Parkview Dr (route LA 87). ☎ 337-365-2454. Remonter Lewis St et tourner à gauche après avoir franchi le bayou. Tlj 16h-23h. Plats 5-12 $. Également une autre adresse plus confidentielle au 1120 Center St. ☎ 337-365-2454. Tlj 10h-21h.* On a bâfré sans compter dans cette cantoche où coquillages et crustacés dansent sur les murs blancs. Dans l'assiette, voici de savoureux poissons, crabes, crevettes, huîtres et, en saison, des écrevisses au court-bouillon pour un prix dérisoire. Un resto accueillant et sans prétentions, fréquenté par une clientèle familiale béate devant la TV géante.

Duffy's Diner (plan C2, **23**) : *1106 Center St (route LA 14). ☎ 337-365-2326. Tlj sf dim 10h-21h30. Plats 4-15 $.* Un resto propret dont l'ambiance séduira les nostalgiques des années 1950. À la carte, spécialités typiques des *diners* : burgers, sandwichs, salades, etc. ; parfois revus à la sauce cajun pour plus de goût. Beaucoup de monde le week-end.

Chic

Bojangles Sushi & Oyster Bar (plan C2, **24**) : *101 E Main St (route LA 182). ☎ 337-369-5259. Tlj sf dim 11h-14h, 17h-22h. Env 20 $.* N'est-il pas étonnant de manger japonais dans cette ville perdue en plein cœur de la Louisiane ? Pour se soustraire un peu au régime cajun, voici donc de beaux *rolls*, sushis et sashimis préparés sous vos yeux par une brochette de cuistots et servis dans une ambiance *lounge* décalée, à l'intérieur de cette vieille maison en brique avec balcon en fer sur pilotis. Vraiment excellent et original.

Clementine (plan C2, **24**) : *113 E Main St (route LA 182). ☎ 337-560-1007. Mar-ven 11h-14h, 17h-21h (22h ven) ; sam 18h-22h. Fermé dim-lun. Env 30-35 $. Musique live ven et sam soir.* Avec son cadre raffiné et porté haut en couleur par de jolies toiles de peintres locaux, ce resto honore la mémoire de Clementine Hunter, artiste peintre du début XXe s. Côté fourneaux, la cuisine est inventive et réussie, toujours réalisée avec les produits frais du cru. Également des sandwichs et salades pour les fauchés et tapas au bar. Certainement la meilleure table en ville.

Où boire un verre ? Où sortir ?

Le **Napoleon's** *(129 W Main St ; plan C1, **26**)* est fréquenté par la jeunesse braillarde qui picole joyeusement. Sur place, quelques billards et des écrans TV pour ceux qui s'ennuient, et souvent des groupes de musique live le week-end. Clientèle un brin moins jeune, plus alternative, mais tout aussi déterminée à en découdre avec la *nightlife* au ***Carabella's*** *(109 Iberia St ; plan C2, **30**)*, également très fréquenté en fin de semaine. ***Bojangles*** *(101 E Main St ; plan C2, **24**)* est un resto-*lounge* un peu plus chic que les précédents, proposant cocktails, vins, bières, etc. dans une ambiance de néons colorés design... Enfin, toujours dans le registre du chicos et décontracté, le bar du resto ***Clementine*** *(113 E Main St ; plan C2, **24**)*, tout en couleurs avec ses peintures d'artistes locaux, offre un bon moment pour siroter un verre en écoutant des concerts de musique live le week-end...

Achats

Surplus Plus *(plan C2, **4**) : 600 Center St (route LA 14). ☎ 337-367-3064. Tlj sf dim 9h-17h30 (16h30 sam).* On y trouve tout le matériel nécessaire pour partir crapahuter dans la campagne et les bayous de Louisiane : vêtements, chaussures et accessoires militaires. Séduira aussi les *fashion victims* !

À voir

Shadows on the Teche *(plan C2, **40**) : 317 E Main St (route LA 182 ; à l'angle de Center St – route LA 14). Ticket Office juste en face : 320 E Main St. ☎ 337-369-6446 ou 1-877-200-4924. • shadowsontheteche.org • Tlj sf dim 9h-16h30. Visite guidée (maison + jardins) ttes les heures : 10 $; enfants 6-17 ans : 6,50 $. Entrée aux jardins slt : 8 $; 6-17 ans : 4,50 $. Dépliant en français, et parfois guide francophone (sur demande).*

Plantée au bord du bayou Teche, cette maison fut construite en 1834 dans le style *Greek revival* par un riche planteur de canne à sucre. À l'époque, près de 200 esclaves travaillaient 7 jours sur 7 dans la plantation, qui cessa de fonctionner quand les terres furent vendues après la guerre civile. La maison, elle, demeura dans la même famille pendant quatre générations, conservant ainsi nombre de documents, vaisselle, vêtements, mobilier d'origine, etc. ; bref, toute sa mémoire. Rénovée par William Weeks Hall, arrière-petit-fils du premier proprio, il y invita des personnalités du show-biz, comme Cecil B. De Mille, D.W. Griffith, Elia Kazan, Walt Disney ou encore Henry Miller.

À l'intérieur, on visite les parties communes au rez-de-chaussée et les pièces privées à l'étage. Chambres pleines de charme, notamment celle avec sa méridienne, sa chaise percée, son escabeau pour se hisser dans le lit, sa cheminée en faux marbre noir et sa grosse boîte à pharmacie (la femme du planteur prodiguait des soins à ses esclaves). Également les chambres des enfants avec une amusante maison de poupées et une baignoire atypique... À l'extérieur, on explore un joli parc ombragé de superbes chênes et fleuri d'azalées et de camélias. Bref, une visite intéressante et pas trop longue, qui apporte son lot d'infos originales.

Sliman Theatre *(plan C2, **43**) : 129 E Main St (route LA 182).* Avec sa jolie façade Art déco, cet ancien cinéma propose parfois des concerts de musique cajun (voir la programmation).

Konriko Conrad Rice Mill *(plan C2) : 307 Ann St (à l'angle de Saint Peter St – route LA 182). ☎ 337-367-6163 ou 1-800-551-3245. • conradricemill.com • Visite guidée (durée : 45 mn) tlj sf dim à 10h, 11h, 13h, 14h et 15h : 4 $; réduc. Guide francophone parfois.* C'est le plus ancien moulin à riz d'Amérique, fonctionnant en continu depuis 1913. Situées à une quarantaine de miles de New Iberia, les rizières sont semées par avion (!) en avril, et la récolte du riz a lieu en août. Le reste du temps, les planteurs utilisent leurs champs inondés pour élever les écrevisses... Dans ce grand bâtiment pittoresque en tôle, on ôte l'enveloppe du grain de riz avec une curieuse machine antique, pour ensuite le trier et l'empaqueter. Ici, le riz est toujours transformé d'une façon traditionnelle, sans utiliser les cuissons rapides par haute pression. C'est pourquoi *Konriko* est la marque la plus réputée pour la préparation des plats cajuns. L'enveloppe sert de nourriture pour les poules. Une visite rapide mais décevante, car on passe trop de temps devant un film sur les Cajuns et leur culture, avant d'arriver au processus suivi par le grain de riz depuis les champs inondés jusqu'à l'assiette... Boutique et dégustation sur place.

DANS LES ENVIRONS DE NEW IBERIA

***Avery Island** (hors plan par A3) : à 11 miles au sud-ouest de New Iberia par la route LA 329 (panneaux depuis la route LA 14). Tlj 9h-17h. Entrée : 1 $.* Cette petite île privée est en fait une colline créée par la remontée d'une mine de sel. Accès possible en voiture, limité seulement à l'usine Tabasco et aux Jungle Gardens.

***Tabasco Factory** (hors plan par A3) : sur Avery Island. ☎ 1-800-634-9599. • tabasco.com • Tlj 9h-16h. Visite guidée gratuite ttes les 30 mn (durée : 20 mn). On évitera d'y aller ven, car ce jour-là, « ça travaille pas ! ».*
Créé sur Avery Island en 1868 par Edmund McIlhenny, un banquier passionné de culture maraîchère, le Tabasco est une sauce pimentée connue dans le monde entier (160 pays !). Son nom est celui d'une ville mexicaine, trouvée au hasard sur un atlas ; ça sonnait bien, c'est ce qui comptait ! La recette se compose principalement de piments très forts, de vinaigre blanc et de sel, enfermés dans une petite bouteille... rouge.
La visite de l'usine se résume en fait à un film de quelques minutes où l'on suit tout le processus de fabrication du Tabasco : de la culture du fameux piment en Amérique centrale à la mise en bouteilles en passant par le broyage, le salage, la macération, la fermentation qui dure 3 ans... Si les dernières minutes du film apparaissent comme de la pub, on y apprend aussi que la récolte des fameux piments se fait à la main, en utilisant un outil appelé « baton rouge », genre de tige permettant de ne cueillir que ceux à la maturité voulue... Ensuite, on observe derrière une vitre le travail à la chaîne des employés (du lundi au jeudi seulement) qui remplissent 700 000 bouteilles par jour ! Une visite pas franchement passionnante mais qui peut intéresser les fanas de cette sauce. Grande boutique à côté, où l'on peut acheter toute la gamme Tabasco et plein de produits dérivés étonnants.

***Jungle Gardens** (hors plan par A3) : sur Avery Island. ☎ 337-369-6243. • junglegardens.org • Tlj 9h-17h. Entrée : 8 $; enfants : 5 $. Plan du site avec ttes les infos à la caisse. Prévoir un répulsif anti-insectes.* C'est un joli parc à parcourir en voiture sur une grande boucle longeant le bayou Petite Anse et parsemée de plans d'eau. On s'arrête quand on veut pour se balader et admirer sans compter des échassiers et oiseaux protégés, quelques cerfs et alligators, mais surtout une très grande diversité d'arbres et de plantes de tous les continents... Dans ce charmant petit coin de nature tropicale planté de cyprès largement centenaires, on découvre aussi un étonnant bouddha enfermé dans sa pagode, dominant une jolie mare. Également une tour d'observation devant un énorme étang où nichent des oiseaux aquatiques... On a trouvé tout de même la balade de 30 mn un peu chère !

***Rip Van Winkle Gardens and House** (hors plan par A3) : à **Jefferson Island.** ☎ 337-359-8525 ou 1-800-375-3332. • ripvanwinklegardens.com • À env 10 miles au sud-ouest de New Iberia, prendre la route LA 14 en direction de Delcambre ; c'est sur la droite (panneau). Tlj 9h-17h (dernière visite à 16h). Visite guidée (durée : 30 mn) de la maison ttes les heures : 10 $; 8-18 ans : 8 $; gratuit moins de 8 ans. Entrée jardins seuls : 5 $.* Cette maison fut construite en 1870 dans le style victorien par un acteur de théâtre américain, Joseph Jefferson, qui donna à sa plantation le nom d'un personnage qu'il incarna sur scène 4 500 fois... Elle est superbe et recèle quelques aménagements ingénieux, comme ce puits pour évacuer la chaleur au centre du hall d'entrée... Si la déco est un mélange de styles gothique et *Old South,* les différentes pièces, avec leurs meubles du XVIIIe s, sont vraiment belles, et la vaisselle magnifique... Au bord du lac, le parc est lui aussi très agréable : massifs de fleurs rares, chênes admirables, cyprès, bambous, volières, écureuils, paons... L'un des derniers proprios, Jack Bayless, pilote de guerre puis à la *Pan Am,* est à l'origine de ce joli jardin... Compter 2h30 pour un tour complet. Possibilité d'y pique-niquer.

Cottages : *résa obligatoire car souvent complet. Slt 3 beaux cottages (2-4 pers) confortables et bordés d'un petit jardin fleuri sont à louer à côté de la propriété 104-156 $ selon jour (plus cher ven-sam) ; breakfast inclus.*

Café Jefferson : *à proximité de la caisse. Tlj 11h-14h (15h le w-e). Plats 5-20 $.* Si crapahuter dans ce jardin vous a ouvert l'appétit, pourquoi ne pas déjeuner ici de sandwich, *gumbo,* salade ou autres plats du jour goûteux ?

À faire

Balade dans les bayous

Lake Martin : voir plus haut « Dans les environs de Breaux Bridge ».

Lake Fausse Pointe State Park : voir plus haut « Dans les environs de Saint Martinville ».

Aller à la plage

Cypremort Point State Park : *306 Beach Lane. ☎ 337-867-4510 ou 1-888-867-4510. • crt.state.la.us/parks • À env 20 miles au sud de New Iberia, par la route LA 83, direction Weeks, puis à droite sur la LA 319. Tlj 7h-21h (22h ven-sam). Entrée : 1 $.* Ouverte sur *Vermilion Bay* et le golfe du Mexique, la plage de ce petit parc invite forcément au farniente et à la baignade. Également quelques aires de pique-nique ombragées en bord de mer (pas de nourriture sur place).

Cabins : le parc loue aussi plusieurs maisons sympas (8 personnes) sur pilotis avec vue imprenable sur la mer *(120-150 $/j.).* Résa obligatoire. Nickel et tout confort : 2 chambres, salle de bains, grand séjour, cuisine, terrasse avec moustiquaire. Prévoir linge de maison, nourriture et répulsif antimoustiques.

ABBEVILLE

12 000 hab.

Ici, on se croirait presque en France ! Sans doute est-ce dû au petit centre-ville pittoresque, autour de la charmante place Magdalen Square : belle église en brique du XIXe s dont on voit la flèche de loin, mignonnes maisons, hôtel de ville (en français sur la façade !), Washington Street (sous-titrée « rue du Bas-de-Ville »), joli théâtre, etc. Rien de spécial, si ce n'est justement cette atmosphère de petite ville provinciale, lovée au bord du bayou Vermilion, qui ne semble pas avoir trop souffert de l'américanisation...

Arriver – Quitter

➢ ***La voiture*** est le seul moyen d'y accéder. Abbeville se trouve à une vingtaine de miles à l'ouest de New Iberia par la route LA 14 ; prendre à gauche quand celle-ci se dédouble pour atteindre le centre historique. Même distance depuis Lafayette, d'où l'on prend la route US 167 vers le sud-ouest.

Adresse utile

Tourist Information Center : *1905 Veterans Memorial Dr, sur la Hwy 14 en direction de New Iberia.* ☎ *337-898-6600.* • *vermilion.org* • *Lun-ven 8h-16h.* Bonne carte détaillée et beaucoup de documentation sur Abbeville et ses environs.

Où dormir ?
Où manger ?

The Ducote-Williams House B & B : *401 N Saint Charles Ave.* ☎ *337-898-0048 ou 1-866-898-0048.* • *ducotewilliams.com* • *Derrière le Court House, à gauche. Double 95 $, suite 125 $; petit déj compris.* Au cœur de la ville historique, dans un beau quartier résidentiel, une étonnante maison débordant d'objets de toutes sortes dans tous les coins, accumulés par une collectionneuse excentrique et chaleureuse. Au rez-de-chaussée, 2 chambres genre maison de poupée avec angelots peints aux murs, tissus à fleurs et salle de bains privative. À l'étage, sur toute la surface de la maison, immense suite mansardée avec baignoire dans un recoin fermé, 2 grands lits et tout un tas d'objets hétéroclites. Une sorte de musée délirant ! Grand jardin fleuri pour se la couler douce.

Best Western Abbeville Inn & Suites : *3515 Veterans Memorial Dr, sur la Hwy 14 en direction de New Iberia, à 2 miles du centre-ville.* ☎ *337-740-4100 ou 1-800-780-7234.* • *bestwestern.com* • *Doubles (2-4 pers) 85-110 $ selon confort ; petit déj compris.* Bien qu'excentré, un motel calme au confort irréprochable, à la déco sobre, avec piscine, spa et fitness. Belles suites avec jacuzzi, écran plat dans toutes les chambres et un accueil comme on est habitué d'avoir. Bonne ronflette assurée, donc.

Dupuy's Oyster Shop : *108 S Main St (à l'angle de Pere Megret St).* ☎ *337-893-2336. Mar-ven 11h-14h ; mar-sam 17h-21h (22h ven-sam). Plats 7-20 $.* Ouvert à la fin du XIXe s, ce bar à huîtres à la déco simplissime est très réputé en ville. Spécialités de poisson et *seafood* à prix honnête, avec de belles assiettes complètes *(Dupuy's Platters)*, des salades, soupes, *po-boys...* Les plats du jour *(lunch specials)* sont une bonne affaire. Bon accueil.

Riverfront : *503 W Port St.* ☎ *337-893-3070. Lun-ven 11h-21h (22h ven) ; sam 17h-22h ; dim 11h-15h. Formule déj env 10 $ en sem ; plats 10-20 $.* En bordure de la bucolique rivière Vermilion, agréable resto où l'on se régale de spécialités cajuns en terrasse (rare !) ou derrière les baies vitrées d'une salle un brin chic. Réputé dans la région, on croisera autant des familles venues se faire plaisir que des hommes d'affaires parlant boulot. Service impeccable. Bar sympa attenant pour un petit apéro, voire un digestif en fin de repas. Une bonne adresse.

À voir

Le tour de la place Magdalen Square : passé la tranquille rivière *Vermilion,* on découvre un joli petit square de magnolias et de chênes plusieurs fois centenaires, une fontaine, un kiosque à musique et la statue du père Mégret, fondateur de la ville en 1843, à qui il a donné le nom de sa ville natale française. Bordée de beaux bâtiments colorés, on s'attardera devant la façade rouge flashy de la *Bank of Abbeville* et ses tours jumelles, contrastant avec celle toute jaune du *Frank's Theatre,* à côté (ne se visite pas). Un brin en retrait de la place, on pourra apprécier *The Depot,* daté de 1894, encadré de deux vieilles locomotives ; l'ancien entrepôt de la gare, aujourd'hui disparue, est transformé en magasin de souvenirs. À deux pas, on jettera un œil sur les vitraux et l'impressionnant orgue de l'église *Saint Mary Magdalen* avant de pousser la porte de l'*Abbeville Cultural & Historical Alliance* *(200 N Magdalen Sq ;* ☎ *337-898-4114 ; lun-sam 10h-17h ; entrée libre, accueil en français)* qui, outre son exposition temporaire de peinture contemporaine, propose un bref historique du « Grand Dérangement » des Acadiens, illustré

de photos et d'un passionnant documentaire de 26 mn « *The Cajun Way, Echoes of Acadiana* » que vous aurez peut-être déjà vu dans un *Village Acadien* d'une grande ville du pays cajun. C'est en ce lieu également qu'est organisée chaque année la *Célébration de l'Omelette Géante* (voir ci-après).
Pour une visite guidée en français de la ville (gratuite), contacter le *City Hall* (☎ 337-893-8550).

Fête

– ***Abbeville's Giant Omelette Celebration :*** *1er w-e de nov. Rens : ☎ 337-893-0013. ● giantomelette.org ●* La Confrérie internationale des chevaliers de l'omelette, dont on trouve des membres à Bessières et à Fréjus en France, mais aussi en Belgique et au Québec, confectionne depuis 1984 une omelette géante faite avec 5 000 œufs, agrémentée de milliers d'écrevisses. Pour épicer le challenge, un œuf est ajouté chaque année, soit 5 028 œufs en 2013 et 5 029 en 2014 ! Concours de lancer d'œufs, concerts cajuns, etc. À ne pas manquer si vous êtes dans la région !

FRANKLIN

14 800 hab.

Cette petite ville méconnue, qui se vide de sa population, vit essentiellement de la canne à sucre. Située entre New Iberia et Houma, elle offre aux visiteurs un quartier historique intact avec une église de style baroque, quelques traces de l'influence espagnole et de très belles maisons construites avant la guerre civile sur Main Street, la rue centrale arborée... Un coin vraiment idéal pour se détendre entre deux *highways* !

Arriver – Quitter

➢ ***La voiture*** est le seul moyen d'y accéder. Franklin se trouve à 25 miles au sud-est de New Iberia par la route LA 182. Depuis Houma, prendre la route LA 182 vers l'ouest, ou bien la route US 90 West, et bifurquer à droite sur la LA 182 après Patterson.

Adresse utile

ℹ ***Tourist Information Center :*** *15307 W Hwy 90, avt la sortie pour Franklin quand on vient de New Iberia. ☎ 337-828-2555. ● cajuncoast.com ● Lun-sam 8h30-16h30.* Bonne carte détaillée et infos générales sur la région.

Où dormir ?
Où manger ?

🏠 |●| ***Best Western Forest Inn & Restaurant :*** *1909 Main St. ☎ 337-828-1810 ou 1-800-828-1812. ● bestwesternforestinn.com ● À l'entrée nord de la ville quand on vient de New Iberia. Doubles (2-4 pers) 80-110 $, petit déj inclus. Resto tlj sf dim 5h30 (10h30 lun)-21h30.* Lunch buffet *10 $.* 📶 Sur la route entre Lafayette et Houma, Franklin s'avère un point de chute judicieux. Malgré son architecture de caserne, ce motel de chaîne propose des chambres spacieuses, confortables et très bien tenues. Petite piscine centrale entourée d'arbustes taillés en taupière. Côté resto : bonne cuisine couleur locale avec spécialités cajun en portions généreuses. Déco banale et lieu un peu confiné, mais formule intéressante le midi.

🏠 Parmi les magnifiques maisons anciennes de Main Street, l'une d'elles est en fait un *B & B* chicos, ***The Fairfax House*** *(99 Main St ; ☎ 337-828-1195 ; ● thefairfaxhouse.net ● ; doubles env 150-190 $, petit déj compris ; 📶).* 6 chambres très confortables, avec lit à baldaquin et jacuzzi pour les plus chères, qui raviront ceux qui en ont les moyens.

Iberia Street Cash Grocery : *503 Iberia St. ☎ 337-868-0392. Dans la rue juste à droite de l'église. Tlj sf dim 7h-13h30. Moins de 5 $.* Ouvert en 1963, ce snack-musée est tenu par Elton Bourgeois, un vieux Cajun francophone très sympa. Dans cette petite salle pittoresque où sont exposés de nombreux objets anciens patiemment collectés (pétrin, glacière, matériel de dentiste, vélo d'enfant, machines à écrire...), on dévore pour quelques *piastres* (dollars) d'honnêtes sandwichs, *po-boys*, burgers, etc., en faisant un gentil brin de causette en évoquant le passé. Ne pas manquez d'aller le saluer, la rencontre sera forcément chaleureuse !

À voir

Grevemberg House Museum : *407 Sterling Rd. ☎ 337-828-2092. • grevemberghouse.com • À l'entrée nord de la ville quand on vient de New Iberia par la Hwy 182, prendre à gauche la LA 322 ; la plantation est sur la gauche. Tlj 10h-16h. Visite guidée (en anglais) : 10 $, réduc.* Imposante maison à colonnes corinthiennes cannelées de style Renaissance grecque, construite en 1851 par Henry Wilson, homme de loi. Elle fut habitée par sa veuve et son second mari Gabriel Grevemberg jusqu'en 1871, avant d'être reprise par divers sénateurs puis sauvée de la destruction par la ville de Franklin qui la restaura. Meublée d'époque, on pourra apprécier une belle collection d'antiquités, un sarcophage en bronze, un piano Steinway de 1865, quelques copies de tableaux de Thomas Cole et un original d'Audubon. Amusante chambre d'enfant au sol peint, pleine de jouets anciens.

HOUMA

34 000 hab.

À seulement 1h de route de La Nouvelle-Orléans, Houma – du nom d'une tribu indienne – est située au cœur de la région des bayous. C'est une ville très étendue, dispersée même, sans caractère particulier, où il est nécessaire d'avoir une voiture pour circuler. On y découvre tout de même un embryon de centre historique, concentré sur Main Street, entre Church et Gabasse Streets, et puis quelques beaux bâtiments de brique, avec un petit côté conquête de l'Ouest mais peu d'animation...

Ici, c'est plutôt la nature ingrate qui a le dessus, car l'homme doit cohabiter avec les rivières, les marais et la mer ; un environnement étonnant qu'il est possible d'explorer en bateau lors d'excursions guidées dans les bayous.

Parmi les habitants de Houma, beaucoup sont des Cajuns francophones ; et parmi ceux-ci, pas mal tiennent des

LE COMBAT DES HOUMAS, INDIENS FRANCOPHONES

Dans la région, on dénombre près de 10 000 Indiens houmas. Souvent pêcheurs, ils vivent dans des maisons de bois le long des bayous. Lors des violents conflits entre les Acadiens et les Anglais, au XVIIIe s, les Houmas prirent la défense des Français opprimés. De nombreuses indiennes épousèrent des colons français. Seuls Indiens parlant le français, ils furent expulsés des zones agricoles, puis pétrolifères, et tout comme les esclaves noirs et les Cajuns, ils furent la dernière roue de la charrette de l'histoire louisianaise. Le pouvoir fédéral ne leur reconnaît toujours pas les droits spécifiques accordés aux nations indiennes !

B & B où il est vraiment intéressant d'aller dormir. L'accueil chaleureux et l'immersion immédiate dans cette culture généreuse liée aux bayous demeurent en fait les véritables charmes de cette ville...

Arriver – Quitter

En voiture

➢ De La Nouvelle-Orléans, prendre la route US 90 West, puis la route LA 24 menant à Houma ; soit 57 miles. À l'inverse, si vous arrivez de New Iberia, prendre la route US 90 East.

En train

Gare ferroviaire Amtrak *(plan d'ensemble A1)* **:** *à* **Schriever,** *env 10 miles au nord de Houma par la route LA 24. ☎ 1-800-872-7245. • amtrak.com •* Il s'agit juste d'une petite station sans vraiment de guichet ni aucun service, où le train marque un court arrêt. Pour infos et résas, les contacter par téléphone ou Internet.

➢ La ligne *Sunset Limited* reliant **La Nouvelle-Orléans** à **Los Angeles** (Californie) dessert Schriever lun, mer et sam vers 10h30 en direction de Los Angeles, avec des arrêts à **New Iberia, Lafayette, Lake Charles, Houston** et **San Antonio** (Texas), sans oublier **Tucson** (Arizona)...

➢ Dans l'autre sens, en direction de La Nouvelle-Orléans, on grimpe dans le train mar, ven et dim vers 19h. Arrivée à destination vers 21h40.

Adresses utiles

Tourist Information Center *(plan d'ensemble A1)* **:** *114 Tourist Dr. ☎ 985-868-2732 ou 1-800-688-2732. • houmatravel.com • Lun-ven 9h-17h ; w-e 9h30-15h30.* Prendre particulièrement leur brochure très complète sur Houma, avec un dépliant permettant de réaliser un tour à pied du centre historique, le programme hebdomadaire des concerts de musique cajun en ville, leur calendrier des prochains événements, sans oublier les quelques dépliants en français... Sinon, documentation abondante et variée sur le pays cajun et la Louisiane en général. Accueil aimable.

✉ **Post Office** *(plan centre C3)* **:** *425 Lafayette St. ☎ 985-223-1722. Lun-ven 8h30-17h.*

@ **Internet** *(plan centre C3,* **1***)* **:** *à la* **Terrebonne Parish Library** *(bibliothèque municipale), 151 Library Dr. ☎ 985-876-5861. Lun-sam 9h-21h (18h ven-sam) ; dim 14h-18h.* Connexions gratuites.

■ **Terrebonne General Medical Center** *(plan centre C3,* **2***)* **:** *8166 Main St (route LA 24). ☎ 985-873-4141.*

Où dormir ?

Pas mal de possibilités pour se loger en ville. Nous vous conseillons vivement les *Bed & Breakfast,* qui sont ici sans prétentions, à prix raisonnables et tenus par des familles cajuns francophones accueillantes... au-delà même de ce que vous pourriez imaginer ! Vous pouvez aussi contacter l'***Audrey George's B & B Association*** *(☎ 985-879-4643 ; • cajunbedandbreakfast.com •)* qui regroupe une quarantaine de *B & B* francophones dans le secteur de Houma et tout le pays cajun, pratiquant des tarifs autour de 70 $ pour une double, petit déj compris. Vous aurez généralement aussi la possibilité d'y souper, moyennant un petit supplément.

CAMPING

Capri Court Campground *(plan d'ensemble C1,* **10***)* **:** *101 Capri Court (route LA 316), Bayou Blue. ☎ 985-879-4288 ou 1-800-428-8026. Accueil lun-sam 9h-17h (midi sam). Emplacement tente env 16,20 $.* On a vu plus charmant, mais c'est tranquille et ombragé pour planter sa tente près d'un bayou avec possibilité de pêcher. Sanitaires pas nets.

MOTELS

Concentration de motels sur *Martin Luther King Boulevard (plan d'ensem-*

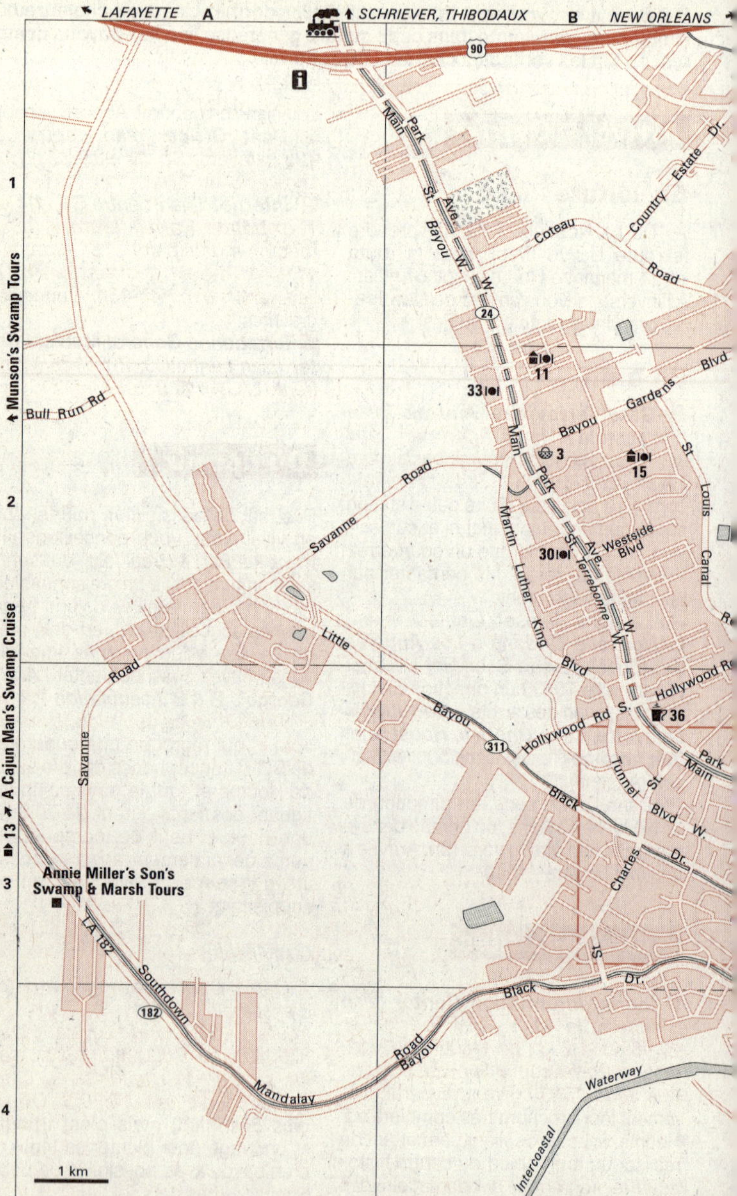
LAFAYETTE
SCHRIEVER, THIBODAUX
NEW ORLEANS
A
B
1
2
3
4
90
24
311
182
Main St.
Park Ave.
W.
Bayou
Coteau
Country Estate Dr.
Road
11
33
3
15
30
36
Bayou Gardens Blvd
St. Louis Canal
Westside Blvd
Terrebonne
Martin Luther King Blvd
Savanne Road
Little Bayou Black Dr.
Hollywood Rd
Hollywood Rd S.
Park Main W.
Tunnel Blvd W.
Charles St.
Black Dr.
Bull Run Rd
Munson's Swamp Tours
13 A Cajun Man's Swamp Cruise
Annie Miller's Son's
Swamp & Marsh Tours
LA 182
Southdown Mandalay Road Bayou
Intercoastal Waterway
1 km

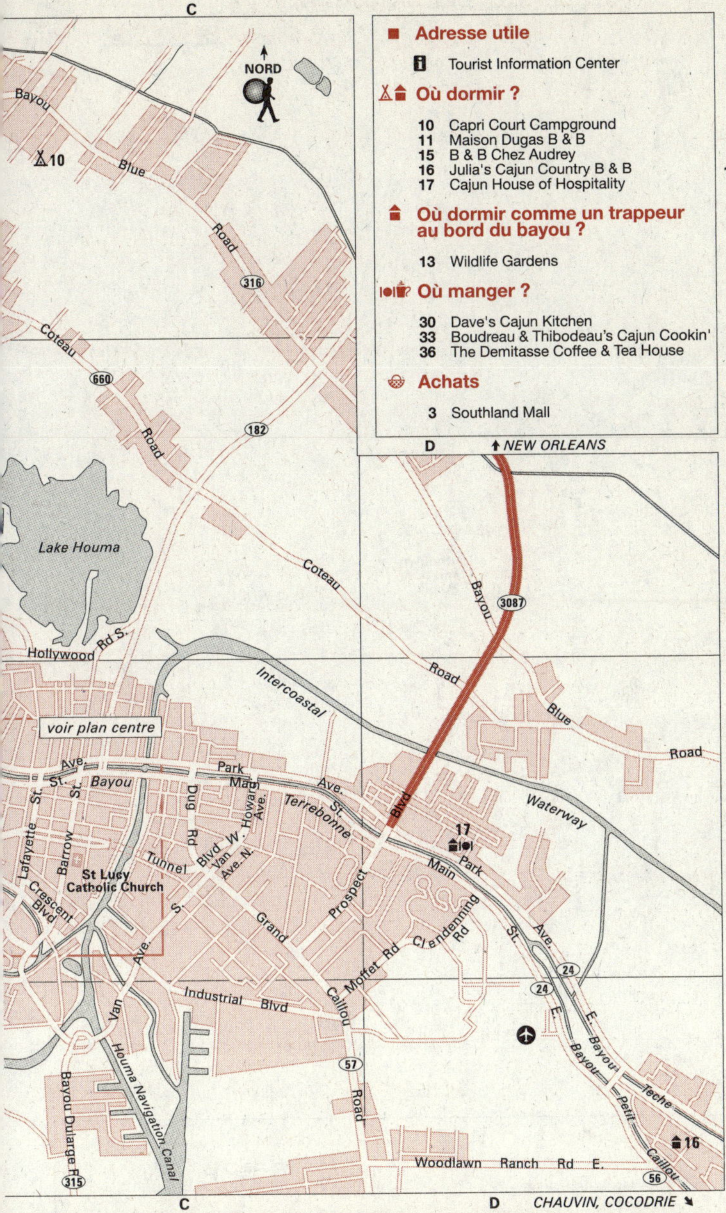

HOUMA (PLAN D'ENSEMBLE)

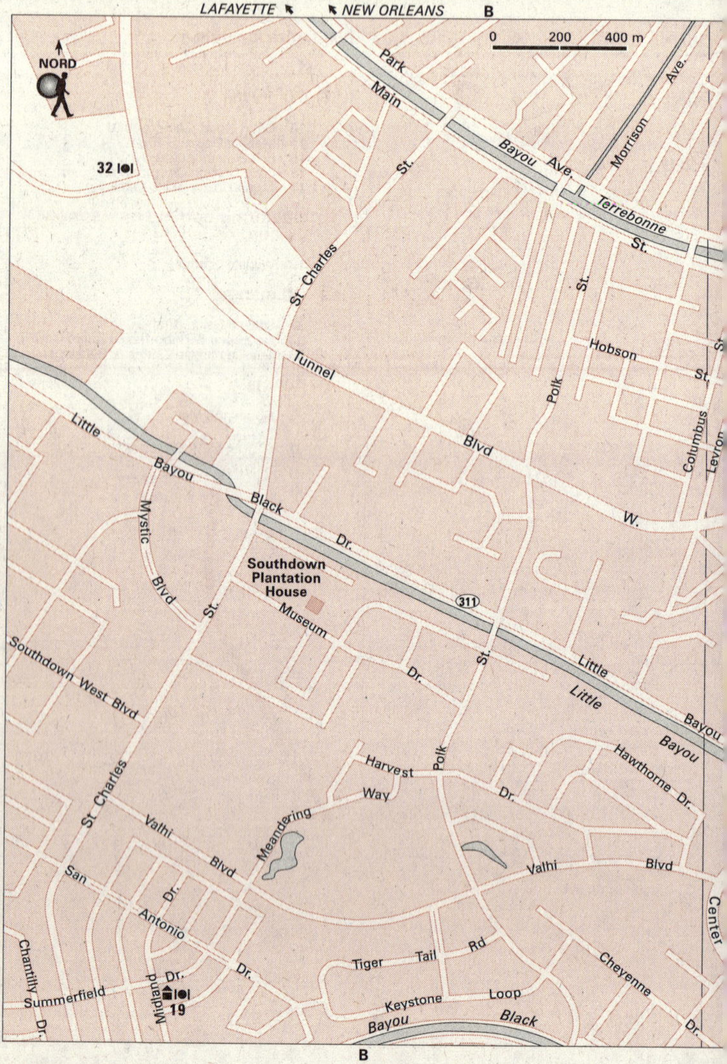

■ **Adresses utiles**

@ **1** Terrebonne Parish Library
2 Terrebonne General Medical Center

Où dormir ?

14 Chez Maudrey B & B
19 Crochet House B & B

Où manger ?

31 A-bear's Restaurant

HOUMA (PLAN CENTRE)

32 Big Al's
34 Coffee Zone
35 1921 Seafood

Où boire un verre ?

41 Downtown Balcony Pub et Aficionados

Où écouter de la musique cajun ? Où sortir ?

31 A-bear's Restaurant
40 The Jolly Inn
42 The City Club

ble B2), parmi lesquels : *Holiday Inn, Ramada Inn, Plantation Inn...* Si ce quartier moderne et commerçant n'a aucun charme, ces motels demeurent confortables et sans histoires, mais pas donnés quand même : 80-150 $ la double. Ailleurs en ville, il existe bien d'autres motels à moitié prix, mais toujours glauques et abritant souvent trafics, prostitution et marginaux pas toujours sympas... La meilleure alternative semble encore être les *B & B*.

BED & BREAKFAST

– **Petit préambule :** l'hospitalité débordante des Cajuns qui, dès votre arrivée, vous considèrent comme un membre de leur famille à part entière, pourrait vous sembler un poil trop familière. Certains proprios ont compris qu'une hospitalité bien conçue se distille crescendo, sans empiéter sur l'autonomie individuelle, et se montreront chaleureux mais sans excès. Résa obligatoire par ailleurs.

Prix moyens

Julia's Cajun Country B & B *(plan d'ensemble D4,* ***16****) : 4021 Benton Dr, à* ***Bourg****. ☎ 985-851-3540. • juliawcajunctry.com • À 7 miles au sud du centre-ville par la route LA 56 ; juste après l'aéroport, prendre à gauche le pont « Bayou Petit Caillou », puis la 1re rue à droite et de nouveau la 1re à droite. Double env 75 $; 20 $/pers supplémentaire ; délicieux et copieux petit déj compris.* On est vraiment reçu à bras ouverts (et avec un *bec doux* !) par Julia et Enis, un couple de Cajuns francophones ! Leur demeure, située dans un quartier résidentiel tranquille et verdoyant, est pleine de fleurs (fraîches, brodées, séchées ou peintes) ; grande passion de la patronne. Voici donc 5 jolies chambres impeccables et confortables, la plupart avec salle de bains privée. On pourra aussi bénéficier d'un agréable salon dans une véranda réservée au repos des hôtes. Julia est aussi une cuisinière hors pair qui mitonne des petits déjeuners qui tiennent au corps. Enis, lui, s'impose comme un véritable ambassadeur du pays cajun, qui connaît bien le coin et adore en parler. Depuis peu à la retraite, il pourra même vous faire découvrir les bayous et, en saison, il vous emmènera un soir voir les pêcheurs de crevettes ou arrangera une partie de pêche (payante) sur le bayou Pointe aux Chênes... Bref, voici un de nos grands coups de cœur dans cet attachant pays cajun !

Crochet House B & B *(plan centre B3,* ***19****) : 301 Midland Dr. ☎ 985-879-3033 ou 1-888-483-3033. • crochethouse.com • Doubles 65-85 $; gratuit moins de 16 ans ; bon petit déj compris.* Sally et Leland Crochet vous accueillent (en français) avec chaleur et simplicité dans leur jolie maison en bois et brique, avec toits multiples ou dans une agréable petite maisonnette dans leur jardin bien entretenu avec hamac et vaste piscine. En tout, 5 chambres nickel et confortables avec salle de bains privée et kitchenette pour certaines. Séjour tranquille assuré. On aime particulièrement les petits plats de Sally et l'humour de son mari, breton d'origine, qui aime tant qu'on l'appelle Capitaine Crochet !

Maison Dugas B & B *(plan d'ensemble B2,* ***11****) : 222 Tudor St. ☎ 985-879-4189. • carrolldugas@bellsouth.net • Depuis W Park Ave (route LA 24), prendre à droite Oak Shire, puis à gauche Euclid St et enfin à droite Tudor St. Double env 65 $; petit déj compris.* Dans ce quartier résidentiel calme, où les gamins jouent sagement dans les rues après l'école, on est séduit par l'accueil chaleureux de ce gentil couple de retraité Cajuns francophones. Dans leur charmante maison avec jardin, Carroll et Ruby proposent 3 petites chambres (2 à 4 personnes) tout confort, dont 2 avec une salle de bains à partager. On peut aussi y dîner.

B & B Chez Audrey *(plan d'ensemble B2,* ***15****) : 815 Funderburk Ave. ☎ 985-879-4643. • abgeorge@att.net • abgeorge@cajun.net • cajunlodging.com • Double env 70 $; 30 $/pers supplémentaire ; bon petit déj compris. Dîner possible 15 $.* Au bout d'une rue bordée de beaux arbres, voici la maison de la sémillante Audrey, une Cajun francophone qui anime la fameuse *Audrey George's B & B Association*.

D'un incroyable dynamisme, elle vous accueille à coup de « *Bienvenue chez nous autres* » et de *becs doux* qui peuvent paraître excessifs à certains mais qui dénotent de l'accueil particulièrement chaleureux des cajuns à notre encontre. Elle propose chez elle 2 chambres plutôt confortables et assez bien tenues, dont une très grande... Jacuzzi sur la terrasse et machine à laver sont à disposition. Si vous ne savez pas quoi faire dans la région, Audrey, elle, saura vous occuper !

Chez Maudrey B & B *(plan centre C3,* ***14****) : 311 Pecan St. ☎ 985-868-9519. Depuis le centre, prendre le New Orleans Blvd (route LA 182), puis tourner à droite dès que possible pour rejoindre Pecan St, au bord du Waterway. Double env 60 $; copieux petit déj inclus. Repas possible 10 $. CB refusées.* Maudrey, l'une des 17 sœurs d'Audrey (voir ci-avant), vous accueille en français avec gentillesse et énergie. Elle loue 5 chambres assez modestes dont 3 se situent dans sa propre maison plantée au bord du *Waterway*, et les 2 autres, d'un confort moindre avec cuisine et salon dans la maison juste en face. L'ensemble est correct. Possibilité de faire une lessive.

Cajun House of Hospitality *(plan d'ensemble D3,* ***17****) : 48 Killarney Loop. ☎ 985-872-2384. De Park Ave (route LA 24), prendre Westwood Dr, puis à droite Friendwood Dr et enfin la 3e à droite, Killarney Loop. Double env 55 $; 10 $/pers supplémentaire ; petit déj copieux et dîner cajun inclus.* Lucy, une attendrissante petite dame âgée originaire de Lorraine, vous reçoit dans sa gentille petite maison installée dans un quartier résidentiel, où chacun aime couper son gazon le dimanche. Juste 3 chambres, simples et sans prétentions mais super propres.

Où dormir comme un trappeur au bord du bayou ?

Wildlife Gardens *(hors plan d'ensemble par A3,* ***13****) : 5306 N Bayou Black Dr (route LA 182), à* ***Gibson.*** *☎ 985-575-3676. ● wildlifegardens.com ● À 14 miles de Houma par la route LA 182, c'est sur la droite, de l'autre côté du bayou (panneau). Double env 95 $; 15 $/pers supplémentaire (8 $ pour les enfants de moins de 12 ans) ; petit déj compris.* À seulement 2 miles de la route US 90, et pourtant en pleine nature, une adresse marrante et rustique qui conviendra aux amateurs de nature et de petites ou grosses bêtes. Au bord d'un bayou sauvage, ce sont 4 cabanes (2 à 5 personnes) vraiment rudimentaires en bois, avec AC (quand même !) et terrasse équipée de moustiquaire sur pilotis. Ne vous étonnez donc pas si, le matin, une grosse bébête vous fait de l'œil, la gueule ouverte ! Tout autour, balade à pied possible sur un *nature trail* (payant), où quelques cages enferment tortues, hiboux, alligators, cochons sauvages, loutres... et, en liberté, paons, canards, faisans et dindons. Bon accueil en français, mais tout de même un peu cher, à moins que l'on soit vraiment tenté pour une expérience de robinsonnade dans le bayou... Sachez aussi que le 1er resto est à 8 miles.

Où manger ?

Spécial petit déjeuner

Coffee Zone *(plan centre C3,* ***34****) : 7884 Main St (route LA 24). ☎ 985-223-2422. Tlj sf dim 7h-16h (8h-15h sam). Moins de 10 $.* Dans le centre historique, une minuscule cafétéria décorée de tableaux en expo-vente qui propose de belles formules de petit déj, mais aussi des sandwichs, salades et burgers, que l'on avale le midi. Vraiment pas cher. Organise également des petits déj francophones les 1er et 3e samedis du mois.

The Demitasse Coffee & Tea House *(plan d'ensemble B3,* ***36****) : 6815 W Park Ave. ☎ 985-868-0933. Tlj sf dim et j. fériés 6h (7h sam)-20h30. Moins de 10 $.* Cette agréable coffee house propose une petite panoplie de breakfasts, avec omelettes, toasts et confiture, pâtisseries, pancakes... à engloutir avec un espresso. Et, à toute heure de la journée, des sandwichs, salades, sans oublier la liste de paninis longue comme le bras !

De bon marché à prix moyens

Big Al's *(plan centre B3,* ***32****) : 1377 W Tunnel Blvd. ☎ 985-876-4030. Tlj 11h-21h. Plats 5-14 $.* Sur un boulevard très passant, cette baraque en bois dénote complètement. Dans l'assiette, ce n'est qu'une orgie de fruits de mer, préparés avec soin à toutes les sauces, et dont le goût nous a vraiment séduits. Également de copieux sandwichs, *po-boys,* salades, pâtes... Bon rapport qualité-prix. Une adresse qui fait vraiment l'unanimité ici.

A-bear's Restaurant *(plan centre C3,* ***31****) : 809 Bayou Black Dr (route LA 311 ; à l'angle de Barrow St). ☎ 985-872-6306. Lun-jeu 7h-14h ; ven 7h-13h, 17h-21h ; sam 8h-14h ; dim 12h-15h. Plats 5-13 $.* Dans cette baraque en bois plantée dans un coin pas vraiment folichon, on découvre un resto coquet avec des nappes à fleurs, où sont servis toutes sortes de plats cajuns particulièrement soignés. Également des sandwichs, salades, *gumbos,* et un menu du midi très attrayant. Groupe de musique cajun le vendredi soir.

1921 Seafood *(plan centre C3,* ***35****) : 1522 Barrow St. ☎ 985-868-7098. Presque en face du Jolly Inn (voir « Où écouter de la musique cajun ? Où sortir ? »). Mer-sam 17h-22h. Plats 6-17 $.* Encore une baraque de pêcheurs en bois, faite de bric et de broc ; celle-ci annonce son âge et certaines fenêtres manquantes sont recouvertes par des bâches en plastique ! Mais dans ce décor très marin, parmi les filets de pêche et les bouées de sauvetage, on se bâfre allègrement de *crawfish,* huîtres, crabes, poissons et autres *gumbos.* Beaucoup de passage, ce qui assure la fraîcheur des produits. Un lieu sympa pour se rassasier avant d'aller danser cajun au *Jolly Inn.*

Dave's Cajun Kitchen *(plan d'ensemble B2,* ***30****) : 6240 W Main St (route LA 24). ☎ 985-868-3870. Tlj sf dim 10h-21h (13h lun). Plats 4-16 $.* Une cabane en bois peinte en gris, où l'on s'assoit dans une salle sans âme mais assidûment fréquentée par les gens du cru toujours de bonne humeur. On y déguste de succulentes écrevisses en saison, mais aussi de très bonnes recettes à base de poisson et *seafood.* Également des sandwichs, salades et *gumbos,* sans oublier des plats du jour à prix vraiment doux. Une adresse qui marche !

Boudreau & Thibodeau's Cajun Cookin' *(plan d'ensemble B2,* ***33****) : 5602 W Main St (route LA 24). ☎ 985-872-4711. Tlj 10h-22h (23h ven-sam). Plats 5-20 $.* Dans cette jolie baraque en bois, on se régale de spécialités cajuns : *gumbos, crawfish étouffée, fried alligator, soft shell crabs...* Attention, la plupart des fruits de mer sont frits, mais on peut les commander bouillis ou grillés. Également de bons steaks, burgers, salades, sandwichs et puis d'intéressantes formules le midi.

Où boire un verre ?

Downtown Balcony Pub *(plan centre C3,* ***41****) : 7834 Main St (route LA 24). ☎ 985-872-0289. Mer-sam 16h-2h (musique live à partir de 21h).* Au 1er étage d'une jolie maison en briquette rouge avec – vous l'aurez deviné – un grand balcon en fer forgé. On a bien aimé l'ambiance chaleureuse de ce pub où les jeunes gens du coin descendent des binouzes en fin de semaine, sur fond de musique live. Pour un peu plus de calme, on pourra aussi boire un verre au rez-de-chaussée au **Mahony's Irish Pub** *(même proprio ; lun-ven 14h-21h, sam 18h-21h).*

Aficionados *(plan centre C3,* ***41****) : 314 Belanger St. ☎ 985-879-2426. Mar-jeu 17h-minuit ; ven 16h-2h ; sam 18h-2h. Happy hour mar-ven 17h-19h. Dans la rue juste derrière les précédents.* Un peu plus guindé, ce pub est fréquenté par des gens de tous âges qui parfois se mettent à danser, emportés par les grands classiques du rock joués par le pianiste.

Où écouter de la musique cajun ? Où sortir ?

♩ ***The Jolly Inn*** *(plan centre C3,* ***40****) : 1507 Barrow St. ☎ 985-872-6114. Musique live jeu-ven 20h-23h ; dim 15h-18h ; sinon bar slt. Entrée : 3 $.* On y vient surtout le vendredi soir et le dimanche après-midi dans une ambiance de bal musette. Pas de Gilou avec son petit accordéon, mais des « frottoirs à linge », de la musique cajun et des couples sexagénaires (et même bien plus !) qui n'ont pas perdu le rythme pour un sou. Vous serez vite repéré et invité à vous joindre à la valse cajun. Pas de panique, ça n'est pas si difficile que ça ! À notre avis, le meilleur « fais-dodo » de la ville, même si la cuisine proposée est très ordinaire (mais il existe 2 restos sympas à proximité : le *1921 Seafood* en face et le *A-bear's Restaurant* à quelques pas).

♩ ***A-bear's Restaurant*** *(plan centre C3,* ***31****) : voir plus haut « Où manger ? ». Musique ven 17h-21h.* On s'y rend généralement pour écouter un groupe de musique cajun en mangeant, car les orchestres sont de qualité et la cuisine délicieuse. Idéal pour bien pour se chauffer avant d'aller au *Jolly Inn* voisin.

♩ ***Bayou Terrebonne Waterlife Museum*** *(plan centre C3) : lire plus loin « À voir ». Musique mar et jeu 17h30-19h. Entrée 1 $.* En plein centre, un endroit avec lequel il faut compter dans le petit univers de la musique cajun.

♩ ***The City Club*** *(plan centre C3,* ***42****) : 7861 Main St. ☎ 985-580-7800. • cityclubofhouma.com • Musique live jeu-sam jusqu'à 2h. Entrée : 15-25 $ selon groupe.* Le rendez-vous des *rock'n'rollers,* fatigués de la musique cajun ! Vaste salle de concerts avec une terrasse extérieure attenante pour se reposer les esgourdes et boire un coup. Ambiance survoltée le week-end avec des « durs à cuir » et beaucoup de petites minettes en mini, mini. Surveiller la programmation sur leur site.

Achats

Southland Mall *(plan d'ensemble B2,* ***3****) : 5953 W Park Ave (route LA 24). ☎ 985-876-4765. Tlj 10h-21h (dim 12h-18h).* Un grand temple de la consommation à l'américaine pour acheter des vêtements, chaussures et accessoires de marques...

À voir

Southdown Plantation House *(plan centre B3) : 1208 Museum Dr. ☎ 985-851-0154. • southdownmuseum.org • Visite guidée (durée : 1h) chaque heure, tlj sf dim-lun 10h-16h (dernière visite à 15h). Entrée : 6 $; réduc. Dépliant en français sur demande.* Construite en 1861 au cœur d'une plantation de canne à sucre employant 400 esclaves, cette jolie demeure de style victorien et *Greek revival* est aujourd'hui restaurée dans ses couleurs d'origine flashy et accueille le musée de la ville. Visite guidée assez soporifique mais intéressante pour qui souhaite connaître l'évolution de l'économie locale liée à l'industrie de la canne à sucre, au pétrole, sans oublier la trilogie historique de la région : *fishing, hunting, trapping* (pêche, chasse et trappeurs). On découvre aussi l'histoire de la ville à travers de vieilles photos noir et blanc, comme celles de ces gosses qui allaient à l'école en bateau, les bayous n'étant pas encore canalisés ! Intéressant et rare, une salle est également dédiée aux Indiens houmas...

Bayou Terrebonne Waterlife Museum *(plan centre C3) : 7910 Park Ave. ☎ 985-580-7200. • terrebonnewaterlifemuseum.org • Mar-ven 10h-17h. Entrée : 3 $; 2 $ enfants.* Un beau musée qui raconte le bayou dans toute sa splendeur, à grand renfort de photos, maquettes, objets et outils du quotidien... On se familiarise ainsi avec les techniques de pêche, de chasse et les animaux rencontrés : alligators, tortues, crevettes, écrevisses, loutres, oiseaux, papillons, etc. Également quelques infos sur le pétrole offshore, les ouragans, avec des explications audio en français. Musique cajun live mardi et jeudi de 17h30 à 19h.

Lumcon-Louisiana University Marine Consortium : *8124 Hwy 56, à* **Chauvin.** *☎ 985-851-2800. • lumcon.edu • Depuis Houma, suivre la route LA 56 vers le sud, en direction de Chauvin ; c'est sur la droite, un bâtiment moderne accolé à une grande tour. Tlj 8h-16h. Entrée gratuite.*
Centre de recherches marines constitué par plusieurs universités de l'État de Louisiane. Expos sur la flore et la faune des bayous de la région ; courants marins ; études sur le Mississippi et le golfe du Mexique ; quelques aquariums... Faites la grimpette jusqu'en haut : une tour d'observation vous donne une très belle vue à 360° sur les environs ; c'est d'ailleurs le principal intérêt de la visite.
Sur le chemin, on pourra s'arrêter à ***Cecil Lapeyrousse Grocery*** *(7243 Hwy 56),* une épicerie de pêcheurs pittoresque avec un jardin donnant sur le bayou où sont entreposés divers objets récupérés après les ouragans.

Où assister à une messe gospel ?

■ ***Saint Lucy Catholic Church*** *(plan centre C3)* **:** *1220 Aycock St.* Le dimanche à 8h15, la chorale locale *The New Rising Sun* met une sacrée ambiance !

Excursions dans les bayous

■ ***A Cajun Man's Swamp Cruise*** *(hors plan d'ensemble par A3)* **:** *3109 Southdown Mandalay Rd, à* **Gibson.** *☎ 985-868-4625. • cajunman.com • À env 16 miles d'Houma sur la LA 182 E en longeant le Bayou Black vers Gibson, fléché à gauche. Tlj sf dim à 14h. Sur résa slt. Tarif : env 25 $; 15 $ enfants moins de 12 ans. Durée : 1h30.* Black Guidry est une personnalité dans la région ! Depuis plus de 20 ans, ce Cajun francophone propose des tours dont l'originalité est une pause chantée en s'accompagnant à l'accordéon, puis à la guitare. Ce musicien, plein d'humour, aime faire découvrir son bayou et n'est pas tendre à propos des compagnies pétrolières qui sont venues s'y installer. Des pipe-lines en plein bayou, c'est de la folie ! Au passage, on pourra observer de nombreux oiseaux et saluer son copain alligator qui rapplique à chacune de ses arrivées, reconnaissant le bruit du moteur de notre capitaine enchanteur.

■ ***Munson's Swamp Tours*** *(hors plan d'ensemble par A2)* **:** *979 Bull Run Rd, à* **Schriever.** *☎ 985-851-3569. • munsonswamptours.com • Tours tlj (durée : 2h), généralement à 10h et 13h30 (et 16h en été). Tarif : 20 $; 10 $ enfants.* Les touristes ne se bousculent pas dans ce tour-là... et c'est bien agréable ! Guide très sympa, qui s'efforce de parler français. Depuis son bateau (30 places), on peut voir de nombreux ratons laveurs, et les courageux pourront même apprivoiser des petits bébés alligators.

■ ***Annie Miller's Son's Swamp & Marsh Tours*** *(plan d'ensemble A3)* **:** *rdv au* Bayou Delight Restaurant, *4038 Bayou Black Dr (route LA 182). ☎ 985-868-4758 ou 1-800-341-5441. • annie-miller.com • Plusieurs tours/j. (durée : 2h). Résa obligatoire. Tarif : env 20 $.* Guide anglophone vraiment pro, fils de la légendaire Annie Miller, une spécialiste des alligators très connue dans la région. Jimmy assure des tours en bateau dans les bayous, même s'il y a peu de personnes. Ne vous étonnez pas s'il arrête tout à coup son bateau pour hurler à pleins poumons : « *Come on, baby !* » C'est juste une technique perso pour attirer les alligators... et en plus, ça marche !

Fête

– ***Mardi gras*** **:** en Louisiane, c'est le deuxième plus grand événement de ce type après celui de La Nouvelle-Orléans.

THIBODAUX

15 300 hab.

Au cœur du charmant bayou Lafourche, c'est une petite ville assez agréable, peuplée de nombreux et chaleureux Cajuns francophones. On y découvre pas mal d'édifices du XIXe s, quelques élégantes maisons plus anciennes bien conservées, sans oublier cette usine sucrière en ruine, *Laurel Valley Village*...

Arriver – Quitter

En voiture

➢ De La Nouvelle-Orléans, prendre la route US 90 West, puis la route LA 24 vers le nord qui mène à Thibodaux ; soit env 58 miles. À l'inverse, si vous arrivez de New Iberia, prendre la route US 90 East. Enfin, à partir de Houma, prendre la route LA 24 vers le nord, sur env 16 miles.

En train

Gare ferroviaire Amtrak *(hors plan par.C2)* **:** *à* ***Schriever,*** *env 2 miles au sud de Thibodaux par la route LA 20. ☎ 1-800-872-7245. • amtrak.com •* Il s'agit juste d'une petite station sans vraiment de guichet ni aucun service, où le train marque un court arrêt. Pour infos et résas, les contacter par téléphone ou Internet.

➢ La ligne *Sunset Limited* reliant ***La Nouvelle-Orléans*** à ***Los Angeles*** (Californie) dessert Schriever lun, mer et sam vers 10h30 en direction de Los Angeles, avec des arrêts à ***New Iberia, Lafayette, Lake Charles, Houston*** et ***San Antonio*** (Texas), sans oublier ***Tucson*** (Arizona)...

➢ Dans l'autre sens, en direction de ***La Nouvelle-Orléans***, on grimpe dans le train mar, ven et dim vers 19h. Arrivée à destination vers 21h40.

Adresses utiles

Tourist Information Center *(plan D1,* ***1****)* **:** *à la chambre de commerce, 318 E Bayou Rd (route LA 308). ☎ 985-446-1187. • thibodauxchamber.com • Lun-ven 8h30-16h30.* Une foule d'infos et de doc sur la ville et le bayou Lafourche. Se procurer particulièrement le plan de la région, le dépliant proposant un tour à pied du centre historique, la liste des attractions du coin, leur calendrier des prochains événements... Accueil serviable.

✉ ***Post Office*** *(plan C1)* **:** *910 Canal Blvd (route LA 20). ☎ 985-446-6534. Lun-ven 8h-16h30 ; sam 10h-12h.*

@ ***Internet*** *(plan B1,* ***44****)* **:** *à la* ***Public Library*** *(bibliothèque municipale), au 1er étage du* Wetlands Acadian Cultural Center, *314 Saint Mary St (route LA 1). ☎ 985-447-4119. Lun-ven 8h-17h.* Une quinzaine de postes à connexions gratuites.

■ ***Thibodaux Regional Medical Centre*** *(plan D2,* ***3****)* **:** *602 N Acadia Rd. ☎ 985-447-5500.*

Où dormir ?

Thibodaux est idéalement située pour y installer son camp de base et partir explorer les fameuses plantations, les bayous et le pays cajun...

Prix moyens

Naquin's B & B *(plan A2,* ***11****)* **:** *1146 W Camellia Dr. ☎ 985-446-6977. • naquinsbb.com • Double env 75 $; petit déj compris.* C'est avec un large sourire jovial que Joyce et Franck (francophones) vous ouvrent la porte de leur maison. En tout, 4 chambres douillettes et impeccables, réparties au rez-de-chaussée et à l'étage, avec 2 salles de bains à partager. Également, pour le même prix, 3 studios (2 à 4 personnes) dans le jardin équipés de kitchenette et louables à la semaine. Les charmants proprios vous donnent plein d'infos sur le coin. Et, cédant aux

Adresses utiles

- 1 Tourist Information Center
- 2 Bayou Lafourche Visitors Bureau
- 3 Thibodaux Regional Medical Centre
- @ 44 Public Library

Où dormir ?

- 10 Madewood Plantation House
- 11 Naquin's B & B
- 12 Carmel Inn & Suites
- 13 A Chateau on the Bayou B & B
- 14 Three Oaks B & B
- 15 Martin's B & B

demandes insistantes de ses hôtes gourmands, Joyce a même publié un livre de recettes cajuns, écrit en français, avec en vedette : le daiquiri à la fraise, l'alligator sauce piquante ou encore la fameuse recette pour « conserver les enfants » ! Quant à Franck, bricoleur hors pair et amoureux fou de la France, il a même aménagé, à côté du garage, un petit coin de terrasse avec table de bistrot sur fond de fresque évoquant Paname. Notre adresse coup de cœur à Thibodaux !

Three Oaks B & B *(hors plan par D1, **14**) : 101 Supercharge Dr. ☎ 985-446-6998. • leonardnjanet@hotmail.com • À 3,5 miles du centre-ville par la LA 1 en direction de Raceland ; passé la ligne de chemin de fer, c'est la maison qui fait l'angle de la 1re rue à droite.*

THIBODAUX

Où manger ?

- **20** Fremin's
- **21** Bubbas II Restaurant
- **23** Politz's
- **24** Flanagan's
- **25** Half Shell

Où boire un verre ? Où sortir ?

- **20** Fremin's
- **30** Bars du centre-ville

À voir

- **40** Saint-John's Episcopal Church
- **41** Saint-Joseph Cathedral
- **44** Wetlands Acadian Cultural Center

Double 90 $ (résa indispensable) ; petit déj compris. Repas sur résa 10 $. Belle maison cossue tenue par Janet et Léonard, couple cajun originaire du Périgord dans un vaste jardin très fleuri (Léonard est un jeune retraité de l'horticulture). 2 chambres soignées et cosy dont une avec lit à baldaquin partagent une salle de bains commune. On apprécie la déco, plus sobre et moins kitsch que dans de nombreux autres B & B. Accueil détendu et très sympa.

***Carmel Inn & Suites** (plan C1, **12**) :* *400 E 1st St (route LA 1). ☎ 985-446-0561. • carmelinnofla.com • Doubles 70-95 $.* Face au bayou Lafourche, à deux pas du centre-ville, ce motel de chaîne à la façade majestueuse offre des chambres équipées du confort standard US (avec frigo et micro-ondes). Propre et sans bavure. Préférez celles avec terrasse à l'étage, bordant la piscine.

Où manger ?

De bon marché à prix moyens

🍴 ***Half Shell*** *(plan A1,* ***25****) : 1106 Saint Mary St (route LA 1). ☎ 985-449-1106. Tlj sf sam 11h-14h et mer-sam 17h-20h30 (21h30 ven-sam). Env 7-15 $.* On s'est vraiment empiffrés dans ce resto à la déco sobre, mais résolument maritime, proposant les grands classiques de la cuisine cajun : crevettes, écrevisses, *gumbos,* crabes, poissons, poulet... Jetez donc un œil sur les *today's specials,* vraiment bons et à prix intéressants. Une excellente adresse très populaire. Arrivez tôt.

🍴 ***Politz's*** *(plan B1,* ***23****) : 535 Saint Mary St (route LA 1 ; à l'angle de Landry St). ☎ 985-448-0944. Jeu 17h-21h ; ven 11h-13h30, 17h-21h30 ; sam 17h-21h30. Fermé dim-mer. Plats 10-18 $.* Derrière cette façade un peu prétentieuse, une grande salle assez quelconque, mais pleine de monde. Côté fourneaux : spécialités de poisson et fruits de mer, des huîtres aux crabes en passant par les écrevisses. N'oubliez pas de les demander *boiled* et non *fried* si vous ne voulez pas voir ces délices enfouies sous une couche de gras. Mieux vaut arriver tôt.

🍴 ***Bubbas II Restaurant*** *(plan C1,* ***21****) : 212 E Bayou Rd (route LA 308). ☎ 985-449-0900. Lun-sam 11h-14h, 17h-21h ; dim 14h-18h. Moins de 10 $.* Une baraque en bois vert pâle, avec des néons publicitaires en vitrine. On commande au comptoir, essentiellement des sandwichs, *po-boys, gumbos,* salades et autres délicieux plats de *seafood,* pour ensuite les dévorer dans l'une des salles à la déco éclectique. Un resto populaire et bon marché, où le *lunch special* n'est vraiment pas cher.

Chic

Deux bonnes tables à Thibodaux, mais on évitera les plats les plus chers car, si la présentation est travaillée, on est loin des saveurs gastronomiques espérées pour le prix !

🍴 ***Fremin's*** *(plan C1,* ***20****) : 402 W 3rd St. ☎ 985-449-0333. Mar-jeu 11h-14h, 17h-21h ; ven 11h-14h, 17h-22h ; sam 17h-22h ; fermé dim-lun. Plats 10-33 $.* Installé dans la plus belle maison ancienne du centre-ville, avec balcons en fer forgé, lampe à gaz et ventilos, ce resto sert sur 2 niveaux une cuisine soignée et équilibrée : copieux et magnifiques *seafood,* viandes, salades, soupes, sandwichs, pâtes et quelques spécialités italiennes. Fait également bar (voir « Où boire un verre ? Où sortir ? »). Une bonne adresse bien agréable.

🍴 ***Flanagan's*** *(plan D2,* ***24****) : 1111 Audubon Ave. ☎ 985-447-7771. Lun-jeu 11h-21h ; ven 11h-22h ; sam 17h-22h ; dim 10h30-21h (jazz brunch dim 10h-14h). Plats 10-26 $.* À l'écart du centre-ville, dans une zone commerciale sans charme, un genre de pub élégant avec boiseries, cuivres et verre dépolis. À la carte, nombreux plats de poisson, viandes et *seafood.* Également des salades, pâtes, *gumbos* et soupes, ainsi qu'une formule déjeuner un peu moins chers. C'est bon, la musique jazzy est agréable, et le service stylé. Attention au choix du vin, qui fait vite grimper l'addition !

Où boire un verre ? Où sortir ?

🍸 ♫ ***Les bars du centre-ville*** *(plan C1,* ***30****) : à l'angle de W 3rd St et de Saint Philip St.* En fin de semaine, chaude ambiance dans ces deux rues, où bars et night-clubs alignés comme à la parade offrent un refuge à la jeunesse locale qui grelotte de soif. Pour un 1er verre, on pourra faire un tour au ***René's Bar*** *(204 Saint Philip St).* Incontournable rendez-vous des étudiants qui éclusent des godets dans un brouhaha général tout en regardant les événements sportifs du moment sur un écran TV géant, ou en jouant au billard. Juste à côté, le ***Rox's Bar*** *(n° 200)* et, en face, le ***Red Goose Saloon*** *(n° 205),* pas mal non plus, également fréquentés par la même clientèle qui, selon l'humeur, se décide pour l'une ou l'autre de ces adresses. Un peu plus loin, on a vu, au plus calme ***Piazza Bar*** *(600 W 3rd St),* une dizaine de *Desperate Housewives* arriver en limousine de location à la recherche de *Sex in the City* sous l'œil à peine surpris des piliers de bar. Vers minuit, quand les limousines se transforment en citrouille, on retrouve tout ce petit monde sur les pistes de danse du ***Last Call*** ou du ***Library*** *(respectivement au 511 et 601 W 3rd St)* qui proposent occasionnellement des concerts. Mais nous, on est allés se coucher !

Fremin's *(plan C1,* ***20****) :* voir plus haut « Où manger ? ». Un bar quelque peu cossu accueillant jeunes et moins jeunes dans une atmosphère plus décontractée avec accompagnement musical jazzy le vendredi soir. Bien pour un verre chic, au calme.

À voir

Wetlands Acadian Cultural Center *(plan B1,* ***44****) : 314 Saint Mary St (route LA 1). ☎ 985-448-1375. • nps.gov/jela/wetlands-acadian-cultural-center.htm • Tlj sf dim dès 9h ; jusqu'à 19h lun-mar, 18h mer-jeu, 17h ven-sam. Entrée gratuite.* Partie intégrante du Jean Lafitte National Historical Park et situé dans une jolie bâtisse en brique élevée en 1912, c'est un centre historique sur la vie de la région. Expo intéressante, évoquant à travers photos, vidéos, maquettes, instruments de musique, vêtements, outils et divers objets du quotidien, la vie, les métiers et l'histoire des habitants des bayous et autres marécages *(wetlands)*... Connexions Internet gratuites au 1er étage (voir plus haut la rubrique « Adresses utiles »), musique cajun live le lundi de 17h30 à 19h, cercle francophone le mardi (sauf le 2e du mois) de 17h30 à 19h.

Saint-John's Episcopal Church *(plan C1,* ***40****) : 718 Jackson St (à l'angle de 7th St).* La plus vieille église épiscopale à l'ouest du Mississippi, édifiée en 1843 par l'évêque de l'armée confédérée. Étonnante architecture qui rappelle plus une maison d'habitation qu'une église, avec ses grandes fenêtres à carreaux, ses volets et son haut clocheton. Derrière, un cimetière entouré d'arbres, où reposent quelques personnalités de l'histoire louisianaise...

Saint-Joseph Cathedral *(plan C1,* ***41****) : 721 Canal Blvd (route LA 20 ; à l'angle de 7th St).* On repère facilement ses curieux clochers en brique élevés en 1923. Intéressante aussi pour ses vitraux, ses fresques et sa rosace...

Courthouse *(palais de justice ; plan C1) : à l'angle de 2nd St et Green St.* Construit au milieu du XIXe s, il se distingue par ses dômes recouverts de cuivre.

Nicholls State University *(plan D1) : route LA 1. ☎ 985-446-8111. • nicholls.edu • Du centre, prendre la route LA 1 en direction de Raceland ; c'est un peu après Audubon Ave, sur la droite. Fermé w-e et vac scol.* Campus boisé fréquenté par près de 9 000 étudiants et où l'on peut se promener. Au rez-de-chaussée de la bibliothèque, expos sur l'histoire culturelle de la région. Par ailleurs, le département des archives présente la construction navale traditionnelle de Louisiane. Dans l'auditorium, pièces de théâtre de temps en temps...

Laurel Valley Village Sugar Plantation & Museum *(hors plan par D1) : 595 Hwy 308, sur la route LA 308, à 2 miles à l'est du centre-ville ; tourner à gauche juste après le* Laurel Valley Store *et faire encore 2 miles. ☎ 985-447-5216. Mer-ven 10h-15h ; w-e 12h-15h. Entrée libre. Visite guidée du village sur rdv slt : 3 $ (durée : 45 mn).* D'abord, au bord de la route LA 308, le *Laurel Valley Store* est une grange pleine d'un incroyable bric-à-brac, transformée en musée régional. Juste derrière, des machines agricoles, vieux camions, moulin à broyer la canne, quelques bateaux utilisés autrefois sur les bayous et deux locomotives datant de 1785 et 1906... Ensuite, 2 miles plus loin, on découvre de part et d'autre de la route cet étonnant village fantôme. Abandonné depuis des lustres avec ses dizaines de baraques en bois englouties par la végétation, il demeure le témoignage d'une époque révolue, celle des plantations de canne à sucre... Avec sa petite ligne de chemin de fer, Laurel Valley connut en effet la prospérité à la fin du XIXe s avant de sombrer dans l'oubli à l'avènement des machines. Pendant la visite, on explore la raffinerie en brique, une minuscule école, la grue de chargement des fagots de cannes à sucre, les ateliers du ferronnier et du tonnelier, un garage, une grange, un hôtel pour les travailleurs de passage, et surtout les baraquements des anciens esclaves, cabanes surélevées construites sur un modèle unique... Le site est aujourd'hui classé, et une association se charge de la restauration progressive de ces bâtiments. On pourra s'y rendre seul mais sans pénétrer dans le village, infesté de serpents venimeux et du coup ceinturé de clôtures électrifiées !

Fête

– ***Paddle Down the Bayou :*** *mi-avr. Rens : ☎ 1-800-259-0869.* Pendant 4 jours, le bayou Lafourche, d'habitude si calme, vit au rythme effréné des courses de bateaux à rames, auxquelles succèdent des fiestas mémorables avec grosses bouffes, musique cajun et danse.

DANS LES ENVIRONS DE THIBODAUX

Adresse utile

ℹ ***Bayou Lafourche Visitors Bureau*** *(hors plan par D1,* ***2****) :* *4484 Hwy 1, à* ***Raceland.*** *☎ 985-537-5800 ou 1-877-537-5800. • visitlafourche.org • Juste au croisement de la route LA 1 avec la US 90, à env 15 miles à l'est de Thibodaux. Tlj sf dim 9h-16h (sam 10h-15h).* Idéal de s'y arrêter si vous prenez la route LA 1 pour rejoindre Thibodaux en longeant le bayou Lafourche. Beaucoup d'infos générales sur la région, liste des excursions, menus des meilleurs restos, logements et curiosités autour du bayou Lafourche. Dynamique, efficace et excellent accueil.

Où dormir ?

Prix moyens

🏠 ***A Chateau on the Bayou B & B*** *(hors plan par D1,* ***13****) :* *3158 Hwy 308, à* ***Raceland.*** *☎ 985-537-6773 ou 985-413-6773. • achateauonthebayou.com • De Thibodaux, prendre la route LA 308 vers l'est ; c'est à une quinzaine de miles plus loin, sur la droite, en bordure du bayou Lafourche. C'est aussi à 5 mn de la US 90 reliant La Nouvelle-Orléans à Houma, sortie Raceland. Doubles 90-110 $; 25 $/pers supplémentaire ; petit déj compris.* Wi-fi. Posée entre la route et le bayou, une jolie maison bleue très bien tenue et décorée avec goût. Accueil (en anglais) dynamique et sympa de la patronne, une ancienne instit' à l'allure de cheftaine scout qui propose 4 chambres confortables, dont 3 avec salle de bains commune à l'étage, joliment aménagées. Pour un peu plus d'intimité, une dernière chambre dans une autre maison. Toutes avec TV et lecteur DVD. Agréable jardin avec hamacs en bordure du bayou Lafourche pour « *laisser les bons temps rouler* ».

🏠 ***Martin's B & B*** (hors plan par D1, ***15***) : *164 Wilson St, à* ***Raceland.*** *☎ 985-688-6241. • fmartinbb@aol.com • De Thibodaux, prendre la route LA 308 jusqu'à Raceland, passer le bayou Lafourche, puis à droite ; c'est la rue juste après la LA 182. C'est aussi à proximité de la sortie Raceland de l'US 90 reliant La Nouvelle-Orléans à Houma. Double env 75 $; petit déj compris.* Si loger à Raceland ne présente pas d'intérêt majeur, en revanche, sa situation géographique très centrale, à proximité de l'US 90, est idéale pour faire un *swamp tour* à

Kraemer ou à Des Allemands, rayonner dans les environs ou simplement faire une pause entre La Nouvelle-Orléans et Houma. On aime beaucoup Mme Martin, veuve hyper dynamique pleine d'humour, grande voyageuse à travers le monde et bénévole pour les « Restos du Cœur » de Louisiane. Francophone et passionnée par la France, elle propose 2 chambres bien tenues, avec salle de bains privative, et ouvre son salon confortable pour de longues conversations chaleureuses. L'âme cajun est ici !

Très chic

Madewood Plantation House *(hors plan par A1,* ***10****) : 4250 Hwy 308, à* ***Napoleonville****. ☎ 985-369-7151 ou 1-800-375-7151. • madewood.com • De Thibodaux, prendre la route LA 308 vers l'ouest ; c'est à une quinzaine de miles plus loin, sur la droite, face au bayou Lafourche. Double en ½ pens env 265 $ en sem, 300 $ le w-e ; 50 $/pers supplémentaire.* Construite en 1846, cette immense demeure de planteur, avec ses colonnes ioniques en façade, compte 8 chambres monumentales, décorées dans le style de l'époque avec meubles anciens et lit à baldaquin ; sans téléphone ni TV (ça, c'est chic !). Un charme fou pour ceux qui en ont les moyens ! Le package comprend un apéro avec les autres convives, puis un dîner plantureux aux chandelles dans la grande salle à manger familiale, puis d'un café-brandy dans le parloir... Possibilité enfin de faire la visite guidée de la maison (voir ci-après).

À voir

Le bayou Lafourche **:** pompeusement surnommé « la plus longue rue du monde » par les gens du cru, il offre de belles découvertes. Cette romantique rivière est aujourd'hui alimentée au moyen de pompes par les eaux du Mississippi, pour finalement se jeter près de 100 miles plus au sud dans le golfe du Mexique. En parcourant les routes LA 1 et LA 308 qui encadrent le bayou Lafourche, lui-même enjambé par plusieurs ponts, on visite de gentils villages, leur église, leurs maisons basses, etc., vivant à un rythme paisible ; le défilé des bateaux en prime. Un charmant spectacle !

Madewood Plantation (hors plan par A1) **:** *4250 Hwy 308, à* ***Napoleonville****. ☎ 985-369-7151 ou 1-800-375-7151. • madewood.com • Du centre, prendre la route LA 308 vers l'ouest ; c'est une quinzaine de miles plus loin, sur la droite, en bordure du bayou Lafourche. Visite guidée en anglais sur résa slt : 15 $.* On découvre avec intérêt l'histoire de cette magnifique demeure bâtie dans le style *Greek revival* en 1846 au cœur de ce qui fut une exploitation de la canne à sucre jusqu'à la guerre de Sécession, longtemps laissée à l'abandon, puis finalement restaurée en 1965. Des photos de famille plutôt récentes montrent que Keith, le fils de la maison, était un copain de classe de Bill Clinton... La maison est aussi un *Bed & Breakfast* de luxe (voir précédemment « Où dormir ? »).

International Petroleum Museum : *111 1st St, à* ***Morgan City****. ☎ 985-384-3744. • rigmuseum.com • Du centre, prendre la route LA 20 vers le sud pour rejoindre la route US 90 West jusqu'à Morgan City, à env 25 miles ; une fois rendu, c'est au bord de l'eau, juste avt le pont, du côté du centre historique. Visite guidée slt (durée : 1h) en anglais lun-sam à 10h et 14h. Tarif : 5 $; réduc ; gratuit jusqu'à 5 ans.* C'est un étonnant musée installé sur la toute première plate-forme pétrolière offshore qui fut construite dans les années 1950. On y apprend plein de choses intéressantes sur l'or noir et son exploitation au fond du golfe du Mexique...

À faire

Airboat Tours avec Arthur Matherne **:** *4262 Hwy 90, à* ***Des Allemands****. ☎ 985-758-5531 ou 1-800-975-9345. • airboattours.com • De Raceland, prendre* *l'US 90 vers La Nouvelle-Orléans, c'est à la hauteur du n° 4262, à droite. Tlj sf dim et j. fériés. Résa conseillée. Tarif : 40-50 $/h selon* airboat *(6-15 pers ; 3-7 pers min) ; réduc ; gratuit moins de 5 ans. Possibilité d'avoir un capitaine francophone sur résa.* Pour qui n'a jamais fait de balade en *airboat,* c'est le lieu idéal ; une expérience inoubliable ! L'*airboat,* c'est une barge à fond plat propulsée par un moteur à hélices. La vitesse peut atteindre les 70 km/h sur les plus petites embarcations ! Après une démonstration de la puissance de la machine sur les canaux, on pénètre dans les marais par un accès dont on vous laisse la surprise de la découverte... Puis on sillonne les champs de nénuphars marécageux dans une mélasse boueuse infestée d'alligators (on n'en avait jamais vu autant dans un même espace !). Les paysages sont magnifiques et la balade pleine d'émotions, commentée avec humour par Arthur, un personnage haut en couleur à l'accent du terroir. Au retour, les volontaires pourront prendre une leçon de pilotage. À ne pas manquer !

Zam's Bayou Swamp Tours : *136 Kraemer Bayou Rd, à* ***Kraemer.*** *☎ 985-633-7881. À 17 miles à l'est de Thibodaux. Prendre la route LA 20 vers le nord, puis tourner à droite sur la route LA 307 ; c'est alors tt droit. Tours (durée : 2h) tlj à 11h30, 13h30 et 15h30. Résa conseillée. Tarif : 20 $; 10 $ enfants.* Ambiance trappeur avec guides francophones tout droit sortis d'un roman de Jack London, aux accents 100 % bayou garantis ! Ils vous font d'abord visiter la ferme aux alligators, ratons laveurs, tortues-*gator* et autres... Puis tour en bateau avec de bonnes explications sur la faune et la flore locales. Le guide attire les alligators avec des marshmallows ; et le *McDo,* c'est pour quand ?

Possibilité de manger sur place dans un resto très sympa avec terrasse donnant sur le bayou. *Ven-sam 11h-21h ; dim 11h-18h. Plats 5-17 $.* Spécialités cajuns avec alligator frit ou en hamburger.

Torres Cajun Swamp Tours : *105 Torres Rd, sur la route LA 307, à* ***Kraemer.*** *☎ 985-633-7739. • torresswamptours.net • Continuer tt droit après Zam's (voir ci-dessus), c'est juste après le pont sur la droite. Tours tlj 9h-17h, 2-3 fois/j. selon affluence. Résa conseillée. Durée : 1h30. Tarif : 15 $; 8 $ enfants.* Même principe que le précédent, possibilité en français également. Là aussi, on vous fait le coup des marshmallows ; normal, ce sont les mêmes bébêtes !

GRAND ISLE

1 700 hab.

Ceux qui ont du temps devant eux poursuivront la route LA 1 jusqu'au bout : après avoir traversé une région un peu terne à la platitude toute camarguaise, avec des bayous parcourus par les crevettiers, on franchit un immense pont qui relie le continent à Grand Isle, longue bande de terre plate baignée par une mer grise, avec très peu d'arbres, des kyrielles de maisons sur pilotis et, au loin, les silhouettes des plates-formes pétrolières. Un charme somme toute limité. Ceux qui, à l'évocation du golfe du Mexique, rêvaient de plages de sable blond et de cocotiers en seront pour garder leurs illusions. Munissez-vous, en plus, de très bons produits antimoustiques (voir la rubrique « Santé » dans « Louisiane utile » au début du guide), car Grand Isle est un lieu très apprécié de ces satanées bestioles. Alors, gare aux insectes et au... shérif : l'un d'entre eux semble avoir élu domicile dans la localité de Golden Meadow et prendre un malin plaisir à vous verbaliser. Roulez à 25 miles/h !

Adresse utile

🛈 ***Office de tourisme :*** *dans le bâtiment du Town Hall.* Plein d'infos sur Grand Isle et la région.

Où dormir ?

⛺ ***Camping :*** *tt au bout de l'île, dans le City Park, sur la plage. ☎ 1-877-226-7652. Emplacement env 12 $ (+ 1 $ de frais d'entrée au parc).* Douches et commodités un peu à l'écart des tentes.

🏠 ***Cajun Holiday Motel :*** *juste après le pont sur la gauche. ☎ 985-787-2002. Env 50-150 $.* Ce motel en bois, peint de couleur crème, propose des chambres ou des mini-appartements, avec tout le confort nécessaire. Grande piscine et TV câblée. Accueil d'un froid polaire.

Où manger ?

On a longtemps cherché, mais pas grand-chose à se mettre sous la dent qui sorte quelque peu de l'ordinaire.

|●| On peut se restaurer simplement chez ***Starfish Restaurant,*** au 3027 Hwy 1.

À voir. À faire

Grand Isle State Park : *tt au bout de l'île. ☎ 985-787-2559 ou 1-888-787-2559. • crt.state.la.us/parks • Tlj 7h-21h (22h ven-sam). Entrée : 1 $.* C'est l'occasion de prendre un grand bol d'air ! Vous pourrez y pêcher ou admirer la vue depuis le grand mirador (au loin, on distingue nettement les plates-formes offshore, quand même !). Tables de pique-nique ombragées. Pour ceux qui en ont le courage, on peut se baigner, c'est vaseux mais non pollué ! Location de canoës et kayaks. Beaucoup d'oiseaux et... de moustiques (prévoir un bon répulsif).

Sinon, nombreuses curiosités ***entre Thibodaux et Port Fourchon,*** à la pointe sud de Lafourche Parish (la région administrative du bayou) : *Plantation Chatchie* (cottage créole du XIXe s), *South Coast Sugar* (raffinerie située sur la route LA 3199 ; visite en hiver seulement), *Golden Ranch Plantation* (à Gheens, sur la route LA 654 ; à voir pour sa case à esclaves en brique et son moulin à sucre) et le bateau *Petit Caporal* (près de Golden Meadow), le plus vieux crevettier de Louisiane.
Après Leaville, on arrive à *Port Fourchon,* centre de pêche entouré de plages sauvages...

LES VILLES DU SUD

Si vous abordez les villes du sud des États-Unis par avion, il y a de fortes chances pour que votre première étape soit *Atlanta,* capitale de la Géorgie, où se trouve l'aéroport le plus fréquenté au monde. Nous, on vous conseillerait plutôt d'atterrir ailleurs, tant il est compliqué d'en sortir, mais bon... Grande métropole commerciale aux gratte-ciel étincelants, siège de *Coca-Cola* et de CNN, Atlanta a profité des Jeux olympiques de 1996 pour se polir une image de dynamisme, devenant la principale ville de congrès des États-Unis. N'y cherchez pas de souvenirs du Vieux Sud : il ne reste rien de la cité incendiée par le général Sherman en 1864. Même la maison où Margaret Mitchell rédigea l'inoubliable *Gone With the Wind (Autant en emporte le vent)* est postérieure.

Atlanta est la ville natale du pasteur Martin Luther King. Le quartier d'Auburn, où il grandit, a été en partie classé parc national historique : l'occasion d'aborder la question des droits civiques et de la lutte des Afro-Américains pour l'émancipation. Creuset de la culture black, le quartier offre aussi l'opportunité de découvrir la place prépondérante que tient la musique chez les habitants du Deep South, en se rendant le dimanche matin dans une des églises pour assister (et participer) à une messe gospel.

Droits civiques et musique, ces deux fils rouges, souvent entremêlés, vous guideront à la découverte des autres régions du sud des États-Unis. *Go West, boys,* en traversant cette chaîne des Appalaches jadis réputée infranchissable vers le Tennessee et sa capitale, Nashville, creuset de la *country music.* La ville séduit peu par son décor mais passionnera les mélomanes avec son *Music Row,* le quartier où sont installés, au milieu d'une multitude de bars, les sièges des plus grandes entreprises d'édition musicales. Les fondus de *bluegrass,* de *honky-tonk,* de *hillbilly* et de *rockabilly* ne manqueront pas se rendre en pèlerinage au *Grand Ole Opry,* d'où, dès 1925, étaient diffusés en direct par radio les concerts du samedi soir jusqu'au fond des campagnes isolées.

Go West again, vers *Memphis* sur les bords du Mississippi, autre haut lieu de la musique comme capitale du blues et ville qui vit éclore le talent d'une légende du rock'n roll : Elvis Presley. Une soirée dans les bars de Beale Street s'avère aussi indispensable que la visite de Graceland, la propriété du King. C'est à Memphis que fut assassiné Martin Luther King. Le *National Civil Rights Museum* s'est installé dans le *Lorraine Motel* où eut lieu l'attentat, offrant une perspective complémentaire sur la vie des Afro-Américains durant les années de la ségrégation raciale. Memphis est à l'entrée du delta du Mississipi, dont le cours majestueux mène naturellement à son embouchure, au-delà de La Nouvelle-Orléans.

D'Atlanta, on peut aussi tourner le dos à l'Ouest et partir sur les traces de l'histoire coloniale américaine dans les magnifiques cités historiques des basses terres du littoral atlantique : *Savannah* et *Charleston.* Ce sont à coup sûr les villes emblématiques de cet art de vivre du Sud fait d'hospitalité, de douce nonchalance, du bien-manger (si, si) et de respect des traditions. La préservation exceptionnelle (pour ce pays) de l'architecture élégante des vieilles demeures des planteurs de coton et de riz en fait une double étape indispensable pour la découverte de ce Vieux Sud à l'histoire chargée de souvenirs.

UN PEU D'HISTOIRE

Une économie de plantation

À la différence de la Louisiane découverte par les Français, la colonisation du littoral sud-est se fait, comme pour la Nouvelle-Angleterre, au départ des îles britanniques. L'expansion des colonies se déploie du nord vers le sud. Le premier territoire de ce qu'il convient d'appeler les États du Sud est la Virginie, dont Walter Raleigh aborde les côtes en 1584 et qu'il baptise en hommage à Elizabeth Ire, « la reine vierge ». À la suite de l'implantation des premiers colons, suivis dès 1670 de huguenots français, la Caroline devient colonie royale en 1712 sous le règne de Charles Ier. La Géorgie tient son nom du roi George II qui favorise vers 1733 l'implantation de colons pour contrer l'influence des Espagnols présents en Floride.

Bien plus qu'au nord, moins propice aux cultures, une économie de plantation se met en place et se développe rapidement. Ici règnent les grandes exploitations de coton, de tabac et de riz, exportés vers les marchés du Nord et de l'Europe. Pour exploiter ces cultures, grandes consommatrices de main-d'œuvre, les propriétaires ont recours aux esclaves amenés d'Afrique. La traite, déjà assez importante, explose après l'invention, en 1793, de l'égreneuse à coton : il devient enfin plus aisé de séparer les graines de la fibre blanche. La productivité est multipliée par quatre en 5 ans ! De nouvelles terres sont mises en culture et la demande en esclaves décuple. Les chiffres des recensements font ainsi état, en Géorgie, de 18 000 esclaves en 1775 et de 150 000 en 1820 (ils seront 462 000 en 1860).

L'esclavage est une ligne de fracture qui se dessine dans les années 1850 : pour les nordistes, il est devenu immoral ; pour les sudistes, il fait partie de leur mode de vie. Entre-temps, ce Sud esclavagiste donne des chefs prestigieux à la guerre d'Indépendance contre les Anglais, et quatre des cinq premiers présidents des États-Unis sont originaires de Virginie.

Chiffres et réalités sociales du Sud

À contrario des idées reçues, le Sud est, à cette époque, loin d'être un territoire peuplé en majorité de planteurs esclavagistes. Près des trois quarts de la population blanche de ces régions n'en possèdent pas. Un recensement de 1860 fait état de 400 000 propriétaires d'esclaves sur une population libre de 8,5 millions d'individus et de 4 millions d'esclaves. C'est la Caroline du Sud qui en détient le plus (57 % de sa population), suivie par le Mississippi (55 %), la Louisiane (47 %), l'Alabama (45 %), la Floride et la Géorgie (44 %), la Caroline du Nord (33 %), la Virginie (31 %), le Texas (30 %), l'Arkansas (26 %), le Tennessee (25 %), le Kentucky (20 %), le Maryland (13 %), le Missouri (10 %) et le Delaware (2 %). Cinq esclaves sur six sont alors employés dans la culture du coton. Mais être propriétaire d'esclaves ne signifie pas forcément être planteur ; certains travaillent dans l'artisanat et la petite industrie, et la majorité ne possède qu'un ou deux esclaves, même si d'autres en comptent jusqu'à 2 000... Le nombre d'esclaves est aussi mal réparti que la fortune – logique, dans la mesure où un esclave vaut tout de même assez cher.

En dessous de l'aristocratie des planteurs, on trouve une importante classe de fermiers qui possèdent souvent de 10 à 50 esclaves. Mi-paysans mi-planteurs, ils forment l'ossature du Sud. La vie, les traditions, la civilisation du Sud, construites autour de la culture du tabac, du coton et du riz, de l'esclavage et de la plantation, symbolisent leur idéal de vie. Non seulement l'esclavage constitue la seule main-d'œuvre vraiment disponible, mais ce patrimoine de chair représente aussi le seul moyen pour eux d'espérer s'élever sur l'échelle sociale.

La majorité de la population blanche cultive toutefois la terre de ses propres mains. Ces petits fermiers sont plus de 3 millions et habitent essentiellement le Haut Sud. Leur rêve d'acquérir un ou plusieurs esclaves est peu à peu mis à mal par les lois fédérales qui limitent puis interdisent la traite (1808). Même méprisés, les « petits Blancs » sont farouchement esclavagistes, et haïssent le système social qui les tient en infériorité. Par glissement de cette logique fruste, c'est sur les Noirs qu'ils reportent leur haine. Installés sur des terres ingrates à proximité de forêts qui s'enclavent au sein de grandes plantations, ces déclassés sont décrits à l'époque comme « paresseux, ivrognes, incroyants et constituant la race la plus dégradée se réclamant d'une origine anglo-saxonne ». Ces « petits Blancs pauvres », dont le nombre atteint un million, se révéleront d'excellents hommes de troupe très motivés durant la guerre de Sécession.

Vivre en esclavage

Vers 1860, les États-Unis sont l'un des quatre derniers pays au monde à autoriser l'esclavage (avec Cuba, Porto Rico et le Brésil). La traite a été interdite en 1808, mais la contrebande a perduré assez longtemps : on estime ainsi à environ 250 000 le nombre d'esclaves importés aux États-Unis après cette date. Malgré cela, la majorité des esclaves sont désormais nés sur le sol américain. En moins d'un siècle (1789-1865), ils sont plus d'un million à avoir été vendus et revendus au fur et à mesure de l'extension du pays – transportés par bateau ou même à pied, enchaînés. La législation varie d'un État à l'autre mais s'accorde généralement à définir l'esclave comme « bien meuble », « héréditaire et perpétuel ». En Caroline du Sud et dans bien d'autres endroits, le code interdit aux propriétaires d'apprendre à lire et à écrire à leurs esclaves, et leur donne le droit d'appliquer la peine de mort aux fugitifs (et même à ceux qui ne font qu'envisager de fuir).

Les ventes ont lieu un peu partout, et principalement dans les grandes villes de plantation. À Charleston, on ne compte pas moins de 40 marchés aux esclaves vers 1860. Avant le jour J, la « marchandise » bénéficie de davantage de nourriture, parfois de nouveaux vêtements, de séances de sport et même, à l'occasion, d'une teinture des cheveux blancs pour apparaître plus jeune... On laisse aussi le temps aux blessures éventuelles de cicatriser. Le prix d'adjudication dépend majoritairement de l'âge et de l'usage à venir. Un bébé de 1 an vaut ainsi deux fois plus cher (100 $ de l'époque) qu'un « vieux » de 60 ans, aux forces déclinantes. Dès 12 ans, les enfants sont tenus d'assurer le travail d'un adulte. Ce sont les esclaves de 20 ans qui valent le plus : jusqu'à 900 $ pièce – ce qui équivaut tout de même au prix d'une belle voiture aujourd'hui ! Étonnant donc de se dire que beaucoup de propriétaires ne traitent pas mieux leurs esclaves. Tout est bien rodé, même les punitions. Dans certains cas, un proprio mécontent peut confier son esclave à un service municipal spécialisé pour qu'il applique les sentences. C'est lui, toutefois, qui détermine le nombre de coups de fouet à donner et la quantité de sel à poser sur les blessures ouvertes...

La guerre de Sécession

En 1860, Abraham Lincoln est élu président sur la base d'un programme qui inclut l'interdiction de l'esclavage dans les nouveaux États rejoignant l'Union (à l'Ouest). Au Nord, il recueille 60 % des voix. Le Sud est sous le choc. Le *New Orleans Delta* écrit du parti républicain victorieux : « *It is in fact, essentially, a Revolutionary party !* » Les raisons du conflit ne tiennent cependant pas dans la seule question de l'esclavage. La guerre de Sécession est une guerre civile non pas entre deux factions politiques mais entre deux types de civilisations. Elle trouve sa source dans la

révolution industrielle. Jusqu'en 1830, les États-Unis sont une nation sans industries et la population y vit selon un modèle ancestral simple : autosuffisance et commerce à petite échelle avec l'Europe. Les États fonctionnent toujours comme à l'époque de l'Empire britannique et des 13 colonies. Le Sud riche et prospère en est le fleuron et le modèle. Vers 1860, il produit les trois quarts du coton mondial, dont 56 % sont exportés vers la Grande-Bretagne (et pas mal vers la France).
Les progrès techniques permettent au Nord de rattraper son retard en s'industrialisant, favorisant une explosion économique et démographique. Devenu le moteur de la nation, il se met à revendiquer le pouvoir, jusque-là concentré au Sud. Au-delà de sa dimension morale, la question de l'esclavage est aussi politique et économique : si les politiciens du Nord veulent libérer les esclaves, c'est aussi parce qu'ils représentent une concurrence « déloyale » qui freine la libéralisation du commerce et l'expansion de l'industrie. Si elle a pu être perçue en Europe comme « romantique », la guerre a été menée au nom d'une doctrine qui a toujours régi la politique étrangère américaine : la défense des intérêts économiques.
Sans entrer dans le détail des opérations militaires, voici un bref exposé des faits : dès le début 1861, sept États du Sud se séparent de l'Union (Caroline du Sud, Mississipi, Floride, Alabama, Géorgie, Louisiane, Texas) avant même l'investiture de Lincoln ! Les États confédérés d'Amérique (ECA), alias *Confederacy,* sont formés le 4 février avec, à leur tête, Jefferson Davis. Le Nord rejette le droit des États à faire sécession. Mais ce sont les sudistes qui tirent le premier coup de feu, en attaquant et prenant le Fort Sumter, tenu par les unionistes, aux portes mêmes de Charleston (Caroline du Sud). Plus aucun retour en arrière n'est possible. Quatre autres États rejoignent la Confédération : Virginie, Arkansas, Tennessee et Caroline du Nord. Les États tampons (Kentucky, Missouri en tête) sont pris entre deux feux et se déchirent. En Virginie, les comtés du Nord font à leur tour sécession, formant la Virginie occidentale, unioniste.
Par la suite, la plupart des combats se déroulent sur le territoire de la Confédération. Au fil des affrontements, les ECA connaissent plusieurs capitales : Montgomery en Alabama, puis Richmond en Virginie. Peu avant la fin de la guerre, le gouvernement évacue cette dernière pour s'installer encore plus au sud, mais entre-temps, le général Lee s'est rendu aux troupes unionistes à Appomatox. L'espoir d'une aide anglaise ou française, nourri aux premiers temps de la Sécession, ne s'est jamais matérialisé. Les ECA sont battus en 1865, et le dernier des États confédérés, la Géorgie, est réintégrée aux États-Unis en 1870. Bilan des opérations : au moins 618 000 morts (60 % de nordistes), dont 415 000 victimes de maladies et non des combats...

Difficile reconstruction

Les destructions résultant des opérations militaires menées par l'Union (l'incendie d'Atlanta, entre autres), puis les politiques d'exploitation économique, notamment par les *carpetbaggers* (immigrants économiques venant du Nord) associés aux *scalawags* (les natifs du Sud collaborant avec le nouveau pouvoir et perçus comme des brebis galeuses) génèrent vis-à-vis du gouvernement fédéral une amertume tenace parmi les anciens confédérés – qui s'étendra sur plusieurs générations.
Très tôt, un mouvement se dresse face à ces parachutages intéressés : le Ku Klux Klan. Fondé dès décembre 1865 par six anciens officiers sudistes, le mouvement se fait le chantre de la suprématie blanche et de l'autonomie politique des anciens territoires confédérés. Son premier « grand sorcier », le général Nathan Bedford Forrest, ex-marchand d'esclaves, martèle ses convictions au gré de grandes tournées dans le Sud – généralement suivies de lynchages de Noirs. Des massacres ont lieu à Memphis et à La Nouvelle-Orléans dès 1866. Intimidations, chantage, corruption, tous les moyens sont bons pour tenter d'influencer la pensée populaire et les décisions politiques dans les États du Sud. Au niveau national, ils trouvent un certain écho en la personne d'Andrew Johnson. Unique sénateur sudiste à n'avoir

pas démissionné en 1861, vice-président d'Abraham Lincoln (qui voulait en faire un symbole de réconciliation), il a accédé au pouvoir après l'assassinat de celui-ci, le 15 avril 1865. À de multiples reprises, il appose son veto à des lois devant garantir les droits civiques des esclaves émancipés. Les républicains du Nord lancent la première procédure de destitution de l'histoire des États-Unis à son encontre, mais elle échoue à une voix près. Bientôt, Johnson signe une loi amnistiant l'ensemble des soldats et responsables confédérés. Son successeur, Ulysses Grant, interdit le Ku Klux Klan et fait arrêter nombre de ses membres. Mais des dizaines de milliers de Noirs ont déjà pris le chemin du Nord pour échapper aux violences et à la peur.

Ségrégation

La politique johnsonienne de non-intervention fédérale a bénéficié aux États du Sud, qui, profitant de la tolérance, ont commencé à mettre en place des lois locales ségrégationnistes, restreignant les droits des gens de couleur. Connues sous le nom de lois « Jim Crow », elles s'appliquent peu à peu à tous les domaines de la vie, évoluant au fur et à mesure des avancées technologiques : écoles et autres lieux publics, puis trains et bus. Le Mississippi, lui, n'y va pas par quatre chemins : « Toute personne qui sera reconnue coupable de l'impression, de l'édition ou de la circulation de tracts et pétitions recommandant ou présentant au public des informations, des arguments ou des suggestions en faveur de l'égalité sociale ou en faveur du mariage entre Blancs et Nègres, sera coupable d'un délit et risquera jusqu'à (...) 6 mois de prison. » En légalisant la ségrégation raciale, ces textes indiquent que les citoyens doivent être *separate but equal.* Dans la réalité, ils cantonnent les Noirs à une infériorité de rigueur dans tous les instants de la vie publique et leur retirent presque systématiquement le droit de vote. Malgré cela, en 1896, la Cour suprême américaine admet juridiquement l'argument.
La Seconde Guerre mondiale change bien des choses : les hommes combattent côte à côte, et le soutien à la ségrégation s'émousse. Rien ne se passe vraiment, toutefois, avant 1954, lorsque le gouvernement fédéral ordonne la fin de la ségrégation dans les écoles. Elle mettra une bonne décennie à s'appliquer, malgré le soutien des présidents Eisenhower et Kennedy.

Martin Luther King *and company*

« I have a dream, today... »

M. L. King.

L'un des plus fervents combattants contre la ségrégation, le pasteur Martin Luther King Jr, s'est imposé comme une figure historique par son opposition fondée sur des actions de désobéissance civile non violente. Né à Atlanta en 1929, fils d'une famille de pasteurs baptistes, docteur en philosophie et pasteur lui-même, il entame très jeune son combat, notamment en appelant à boycotter les autobus municipaux de Montgomery (Alabama), en 1955, dans le sillage de Rosa Parks. La jeune femme a refusé, de manière pacifique, de céder sa place à un Blanc, comme le lui demandait le chauffeur. Première victoire. Boycotts, sit-in et marches composent la panoplie de l'action de Martin Luther King. En 1957, il fonde la Conférence des leaders chrétiens du Sud. Une partie de la jeunesse américaine adhère à sa cause. De 1960 à 1963, il combat toutes les lois qu'il considère « immorales ». Emprisonné à plusieurs reprises sous des prétextes divers, il poursuit son action avec détermination, malgré les réactions souvent violentes de la part de groupes blancs extrémistes (bombes, menaces, meurtres...).
L'été 1963 porte Martin Luther King à l'apogée de sa popularité, avec la désormais célèbre « Marche de la liberté » qui rassemble 250 000 personnes dans les rues de Washington. Le discours *« I have a dream... »*, qu'il prononce à cette occasion, reste aujourd'hui le texte phare de son action. Il est reçu par J. F. Kennedy, qui a fait du

combat antiségrégationniste l'une de ses priorités. À l'été 1964, le Civil Rights Act, soutenu par son successeur texan Lyndon B. Johnson, grave dans le marbre la fin de la ségrégation dans tous les lieux publics et condamne l'accès inégal au vote. Quelques mois plus tard, Martin Luther King est l'homme le plus jeune à recevoir le prix Nobel de la paix. En 1965, l'attaque par la police de l'État d'Alabama d'une marche pour les droits civiques pousse Johnson à faire adopter le Voting Rights Act, qui permet un meilleur accès au vote (des Noirs surtout) en supprimant la nécessité de passer un test « scolaire » et le paiement d'une taxe, l'un et l'autre nécessaires au droit de vote. Le 4 avril 1968, lors d'une visite de soutien à des éboueurs grévistes de Memphis, Martin Luther King est assassiné au balcon du *Lorraine Motel*. Il a 39 ans. À l'annonce de sa mort, des émeutes sanglantes font 46 morts et des milliers de blessés à Washington, Chicago, Baltimore et Kansas City.
Avec Washington, il est le seul Américain à avoir donné droit à un jour de congé pour célébrer sa mémoire et son action.

Vers l'égalité ?

Malgré ces progrès éclatants au niveau national, la déségrégation met du temps à s'appliquer. Les frustrations augmentent et des mouvements plus radicaux se font entendre, comme les Black Muslims, nationalistes noirs auxquels appartient un temps Malcolm X, et les Black Panthers, issus de la vague de protestations étudiantes des années 1960. Les adeptes du Black Power affirment la nécessité de prendre le pouvoir (légalement) partout où la communauté est majoritaire, et de chercher à être représentée au mieux partout ailleurs. Confrontés au contrôle pressant du FBI, certains Panthers s'engagent dans la Black Liberation Army, qui prône la lutte armée sur fond de discours marxiste. Elle disparaîtra au début des années 1980, après avoir marqué les esprits de quelques meurtres de policiers.
Au fil des années, les habitants des États du Sud se sont globalement affranchis des effets de l'esclavage et de la division raciale. Depuis les années 1960, la situation des Noirs s'est radicalement transformée. Dès 1974, Atlanta a élu un maire noir, Maynard Jackson (qui a donné son nom à l'aéroport). Mais s'il existe désormais une bourgeoisie noire et un président qui l'est tout autant, une tranche non négligeable de la communauté reste au chômage, vit dans la pauvreté et souvent la misère. Voilà d'ailleurs bien tout le paradoxe des États-Unis : la vigueur conservée du communautarisme et des inégalités.

LA GÉORGIE

Le plus grand des États du Sud... à l'est du Mississippi. Avec près de 154 000 km² et 9,8 millions d'habitants, la Géorgie est l'un des États qui personnifiaient autrefois le mieux le « Vieux Sud » rural et conservateur. Mais les clichés liés à la période *ante bellum* sont à ranger au placard. Avec Ray Charles, on se met à fredonner *Georgia on my Mind,* mais c'est la voix puissante et incantatrice du pasteur Martin Luther King qui domine le chœur des voix noires, en revendiquant dignité et reconnaissance pour la communauté des descendants

GEORGIA ON MY MIND

À propos, saviez-vous que l'hymne de l'État de Géorgie est depuis 1979 Georgia on my Mind, *du regretté Ray Charles ? Justice lui a été rendue lors d'une cérémonie officielle où il a été intronisé citoyen d'honneur de l'État avec excuses rétroactives. En 1961, le même État, alors fortement ségrégationniste, l'avait boycotté à la suite de son refus de se produire dans des salles de spectacle où les Blancs se trouvaient au parterre et les Noirs au balcon.*

d'esclaves. Et on peut constater que c'est en Géorgie que les progrès de l'intégration sont les plus marquants : Atlanta et plusieurs grandes villes ont élu des maires noirs, et une grande partie de la population, attirée par le renouveau économique et l'ouverture culturelle sur le monde, a une origine extérieure au Sud traditionnel. Ceux qui voudraient malgré tout se tremper dans les charmes d'un passé révolu auront à cœur de faire un tour du côté de Savannah, une adorable cité romantique à l'architecture préservée, en bordure d'une côte encore sauvage où l'on peut goûter aux plaisirs de l'océan.

ATLANTA

519 000 hab. (5,1 millions avec les banlieues)

Oubliez le « Vieux Sud » décrit par Margaret Mitchell dans *Autant en emporte le vent.* M'me Scarlett a foutu le camp et Atlanta s'est taillé un nouveau visage : gratte-ciel en ribambelle et culte de *Coca-Cola.* L'impression laissée par le Downtown est celle d'un centre avant tout dédié au business, peu chaleureux, avec ses buildings claquemurés comme des coffres-forts, ses immenses parkings bétonnés et ses rues rectilignes comme des canyons à courants d'air, désertes après 19h. Le piéton est rare, sauf aux heures de sortie des congressistes, qui défilent en cadence, dûment badgés. Businessmen, banquiers, assureurs, coiffeurs, médecins, gays, gros, grands ou autres... ils se donnent tous rendez-vous à Atlanta – ce qui explique que la ville soit l'une des plus fréquentées du pays (35 millions de visiteurs) ! Conséquences : une population en constant essor (+ 30 % en 10 ans) et un aéroport qui croule sous les vols. C'est aujourd'hui le premier du monde par la fréquentation, avec 88 millions de voyageurs en 2008. L'extension des infrastructures doit permettre d'atteindre 120 millions de passagers en 2015 ! Les Jeux olympiques de 1996, bien sûr, ne sont pas étrangers à cette métamorphose. La ville rénova alors ses transports en commun, ses infrastructures publiques, et bâtit des hôtels à tour de bras.

Au centre, quelques attractions sont destinées à occuper le touriste, à commencer par les sièges de *Coca-Cola* et de CNN, et l'aquarium – dont on dit qu'il est le plus grand du monde. Mais à dire vrai, rares sont les touristes européens qui viennent ici de leur propre chef. Quand on a un temps limité, on ne retient pas forcément Atlanta dans le circuit. Plus intéressant, le quartier noir d'Auburn conserve la mémoire de Martin Luther King et de ses combats pour les droits civiques. Et puis signalons quand même, du côté de Midtown et Buckhead, des quartiers résidentiels plus attractifs émaillés d'îlots de vie sociale autour de bars, restos et boutiques et quelques beaux musées à l'architecture contemporaine séduisante, comme au centre culturel *Woodruff* pour les arts.

UN PEU D'HISTOIRE

En voilà une ville surgie du néant... Vers 1838, la déportation des Indiens cherokees permet de lancer la construction d'une ligne de chemin de fer vers l'Ouest. Quelques bâtisses se dressent autour de son terminal oriental, d'abord simplement baptisé Terminus. Quelques années plus tard, il change de nom et devient Atlantica-Pacifica – rapidement abrégé en Atlanta. La bourgade se développe avec l'inauguration d'autres voies et devient un véritable nœud de communications. Un rôle renforcé notablement durant la guerre de Sécession.

« Haut lieu de l'histoire », disent certains. « Terrible camouflet », pensent d'autres. Pour tous les Américains, le nom d'Atlanta résonne comme Austerlitz... ou Water-

loo, selon l'interlocuteur. En 1864, la ville ne compte encore que 10 000 habitants, mais c'est une cité dynamique, en plein essor. Un symbole aussi, dernier rempart du Sud faiblissant. Le général Sherman l'a bien compris et attaque sans répit. Trois batailles majeures s'enchaînent au cours de l'été. Les confédérés résistent avec acharnement, mais la cité tombe finalement le 2 septembre, après 4 mois de siège. Les principaux bâtiments publics sont détruits par les sudistes eux-mêmes. Achevant la destruction, Sherman ordonne de brûler Atlanta, n'épargnant que les églises et les hôpitaux. Sur les 4 000 maisons, seules 400 échappent au désastre. Une blague circulera peu après : « Savez-vous pourquoi Sherman n'incendie pas Savannah ? Parce qu'il ne retrouve pas ses allumettes ! » Un autre grand incendie emportera 2 000 immeubles en 1917.
La guerre laisse de profondes cicatrices dans l'esprit des gens du Sud et l'abolition ne parvient pas à régler le problème des Noirs. À l'esclavage se substitueront des lois ségrégationnistes, encore en vigueur il n'y a pas si longtemps.

Coca-Cola Story

Coca-Cola est aujourd'hui l'un des symboles de la puissance économique américaine dans le monde. De l'invention du breuvage dans l'arrière-boutique d'un petit drugstore d'Atlanta à une distribution planétaire, la compagnie a prouvé toute la puissance de son marketing – certains médias allant jusqu'à rebaptiser les J.O. de 1996 « cocacolympiques ».
En 1886, le pharmacien John Stythe Pemberton, Professeur Tournesol à ses heures, cherche à concocter une boisson « originale, désaltérante et commerciale ». Il multiplie les essais et, finalement, s'intéresse au vin Mariani inventé par un chimiste corse. Sa composition ? Des noix de cola aux vertus médicinales, des feuilles de coca, du sucre, plusieurs extraits végétaux et... un peu de hasard. L'Américain enleva ensuite l'extrait de cocaïne ainsi que l'alcool (le vin Mariani fut interdit). *Coca-Cola* était né !
Ne sachant comment servir à un client ce tout nouveau breuvage, qui doit être dilué, un employé ajoute de l'eau gazeuse au lieu d'eau plate. Quelle n'est pas la surprise du client, le lendemain, découvrant le *Coke* sans bulles que lui tend le pharmacien ! La sentence est sans appel : imbuvable ! Le *Coca-Cola* sera à jamais gazeux.
En 1888, Pemberton vend la recette pour 2 300 $ à un businessman avisé, Asa Griggs Candler. La machine *Coca* est en marche : des *sampling coupons* (bons pour dégustation) sont distribués à travers tout le pays. D'ici à 1920, un Américain sur neuf en aura profité pour goûter au *Coca* ! La célèbre bouteille cintrée, lancée en 1916, contribue au succès. À 5 cents l'unité, c'est une affaire. Le business est exponentiel : d'une usine en 1899, *Coca-Cola* est passé à 1 800 ! Les campagnes de publicité de la marque, aujourd'hui étudiées dans toutes les écoles de marketing, font mouche. On attribue d'ailleurs à *Coca-Cola* la modélisation du Père Noël en personnage rouge et blanc (au lieu de rouge et vert) pour coller à ses couleurs ! Les campagnes des années 1940-1950, auxquelles sont associées des pin-up dessinées par des grands artistes, contribuent à rendre la boisson populaire auprès des G.I. sur tous les théâtres d'opération, et par extension dans tous les pays où ils passent. *Coca* est d'ailleurs systématiquement au rendez-vous des grands événements de l'histoire du XXe s. Comme, en 1945, lorsque, à la demande du général Eisenhower, la marque expédie six usines au large du Japon pour fêter la victoire des *boys* au *Coca* !
Le statut de partenaire historique du mouvement olympique (depuis 1928) n'est sans doute pas innocent dans le choix d'Atlanta pour l'organisation des J.O. de 1996. L'influence de la marque atteint des proportions inimaginables. Ainsi, lors du lancement du *New Coke* en 1984 (un des rares échecs de *Coca*), l'économie de Madagascar s'effondre : le *New Coke* utilise une vanilline de synthèse en lieu et place de la vanille naturelle dont l'île est le premier producteur mondial. À contrario, le retour vers la formule classique fait remonter le prix de la vanille

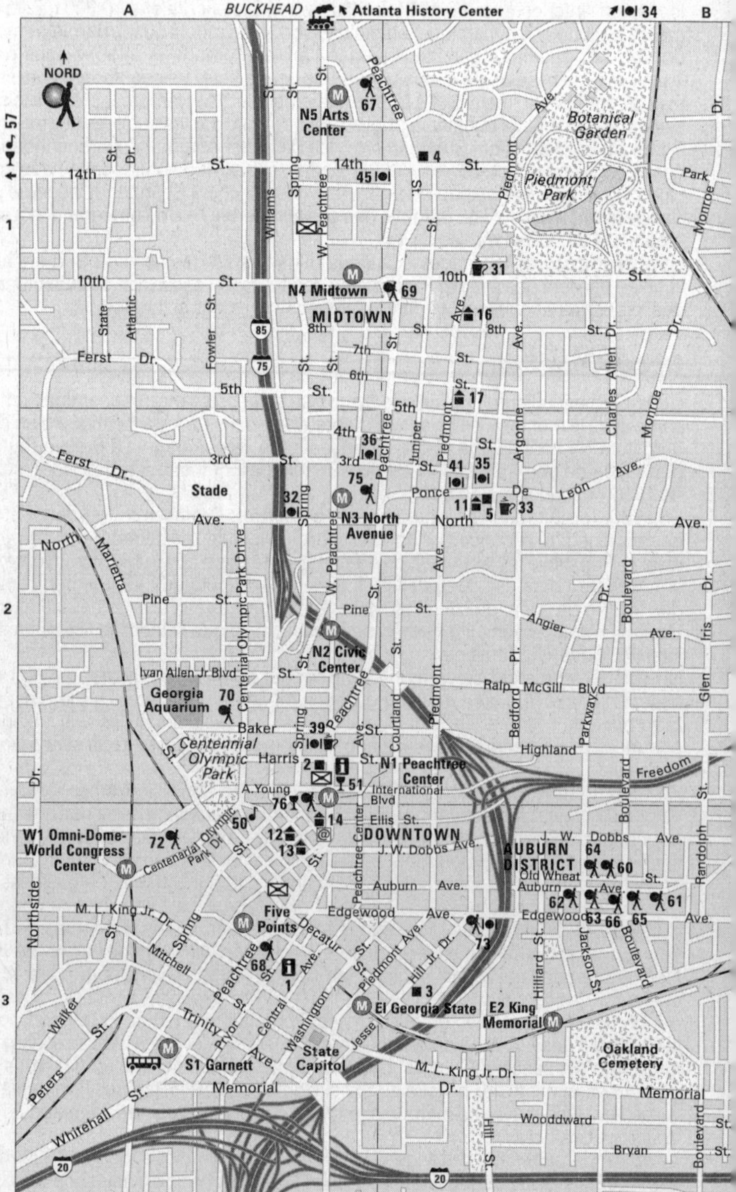

BUCKHEAD
Atlanta History Center
34
NORD
57
N5 Arts Center
67
Botanical Garden
Piedmont Park
4
45
14th St.
10th St.
N4 Midtown
69
31
MIDTOWN
16
17
36
41
35
Stade
32
75
N3 North Avenue
11
5
33
Ponce De Leon Ave.
North Ave.
Ferst Dr.
Marietta
Pine St.
N2 Civic Center
Ivan Allen Jr Blvd
Ralph McGill Blvd
Georgia Aquarium
70
Centennial Olympic Park
Centenial Olympic Park Drive
39
2
51
N1 Peachtree Center
International Blvd
76
14
50
12
13
W1 Omni-Dome-World Congress Center
72
DOWNTOWN
AUBURN DISTRICT
64
60
62
63
66
65
61
Old Wheat
Auburn Ave.
Edgewood Ave.
Five Points
68
1
73
3
El Georgia State
E2 King Memorial
Oakland Cemetery
State Capitol
S1 Garnett
M. L. King Jr. Dr.
Memorial Dr.
Whitehall St.
Freedom
Highland
Grant Park
Cyclorama, Zoo

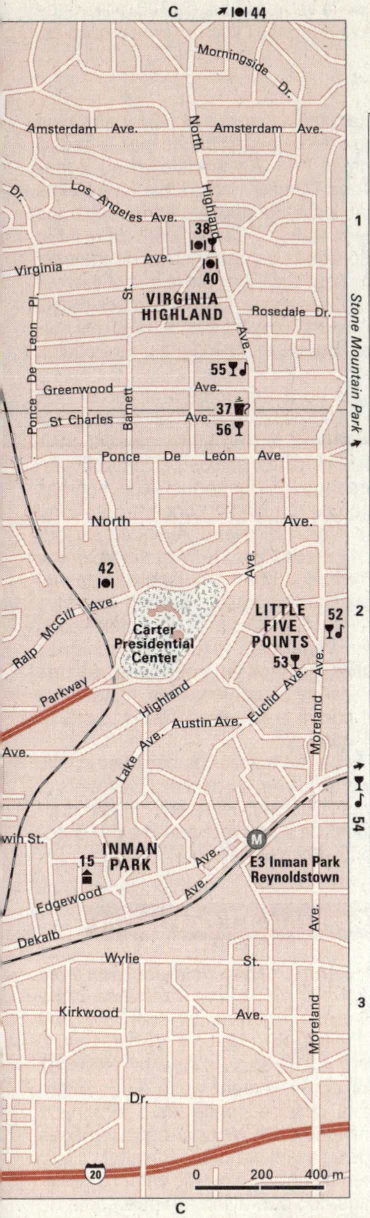

■ Adresses utiles

- Atlanta Convention and Visitor Bureau
- 1 Atlanta Visitor Center et AtlanTIX
- 2 Consulat de Belgique
- 3 Grady Memorial Hospital
- 4 Consulat du Canada
- 5 Laverie
- @ Atlanta Fulton Public Library

Où dormir ?

- 11 Atlanta International Hostel
- 12 Centennial Inn
- 13 Quality Hotel
- 14 The Ellis Hotel
- 15 Sugar Magnolia Bed & Breakfast
- 16 Stonehurst Place
- 17 Shellmont Inn

Où manger ?

- 31 The Flying Biscuit
- 32 The Varsity
- 33 Krispy Kreme
- 34 Fat Matt's Rib Shaks
- 35 Mary Mac's Tea Room
- 36 Baraonda
- 37 Belly
- 38 Fontaine's Oyster House
- 39 Corner Bakery Cafe
- 40 Murphy's
- 41 Papi's
- 42 Two Urban Licks
- 44 Alon's
- 45 South City Kitchen
- 73 Sweet Auburn Curb Market

Où boire un verre ? Où écouter de la musique ?

- 38 Fontaine's
- 50 Tabernacle
- 51 Hard Rock Café
- 52 The Star
- 53 The Euclide Avenue Yacht Club
- 54 Eddie's Attic
- 55 Blind Willie's
- 56 Hand in Hand
- 57 Northside Tavern
- 76 Westin Peachtree Plaza

À voir. À faire

- 60 Martin Luther King National Historic Site and Visitor Center
- 61 Martin Luther King House
- 62 Wheat Street Baptist Church
- 63 Ebenezer Baptist Church
- 64 Ebenezer Baptist (New) Church
- 65 Fire Station N°6
- 66 King Center
- 67 High Museum of Art
- 68 Underground Atlanta
- 69 Margaret Mitchell House
- 70 World of Coca-Cola
- 72 CNN Studio Tour
- 73 Sweet Auburn Curb Market
- 75 Fox Theatre
- 76 Westin Peachtree Plaza

ATLANTA

sur les marchés mondiaux... Un chiffre donne le vertige : plus de 700 millions de produits *Coca* sont servis chaque jour à travers le monde ! Voilà un or noir qui n'est pas près de se tarir.

Les différents quartiers

Atlanta se divise en plusieurs quartiers très distincts.

– L'axe principal, la colonne vertébrale de la ville, est ***Peachtree Street,*** qui s'oriente nord-sud. À sa base, le ***Downtown*** est le quartier financier, facilement repérable grâce à ses gratte-ciel. Il se prolonge vers le sud par le quartier de Five Points, carrefour entre les deux lignes de métro et site de l'*Underground Atlanta*.

– Plus au nord, ***Midtown,*** sorte d'extension de Downtown avec ses buildings étincelants (emblématique *Bank of America Plaza*). On y bosse, mais on y habite aussi de plus en plus, en particulier dans les condominiums bâtis aux marges du grand Piedmont Park, principale oasis de verdure d'Atlanta. L'ouest de Midtown a été surnommé le *Beer Muda Triangle...*

– Plus au nord encore (passé le pont sur l'autoroute 85), le quartier de ***Buckhead*** s'étire sur des kilomètres. L'axe central est, encore et toujours, Peachtree, qui devient Road et non plus Street. De nouveaux gratte-ciel de bureaux y ont poussé, alternant avec centres commerciaux et hôtels. La vie nocturne y est assez intense mais trop superficielle à notre goût.

– À l'est de Downtown, l'***Auburn District*** où vécut Martin Luther King Jr, quartier noir aujourd'hui partiellement classé. Facile d'accès, de préférence par le bus n° 3 depuis Five Points. Sinon, un grand parking permet de se garer pour visiter tout le coin. À pied, la section entre Piedmont et Hillard est assez glauque, avec beaucoup de SDF (pas agressifs, mais bon...).

– Plus loin à l'est, passé East Lake, débute l'agréable quartier résidentiel d'***Inman Park.*** Beaucoup de belles demeures inspirées du style *ante bellum,* certaines devenues *B & B.*

– Au-delà se serre ***Little Five Points,*** marginal et agréable. On gagne ce quartier sans problème par le métro Inman Park-Reynoldstown ou Edgewood-Candler Park ; Little Five Points est situé un peu au nord, entre les deux stations, au confluent d'Euclid et Moreland ; compter 10 mn de marche. On peut aussi prendre le bus n° 113 sur Auburn Avenue. On y croise des punks en short côtoyant des babs et des rastas. Boutiques de fringues, de disques, petits restos et bars.

– Au nord du précédent (et à l'est de Midtown), le quartier de ***Virginia Highland*** est un autre quartier résidentiel, plutôt chicos par endroits, en reconquête postindustrielle sur ses marges. La vie se concentre au long de North Highland Avenue, surtout à l'intersection de Virginia Avenue. Prendre le bus n° 45 (sauf dimanche) à la station Midtown ou le n° 16 à Five Points. Superbes maisons noyées dans une végétation luxuriante, quelques jolies galeries et boutiques, et une guirlande de boulangeries, restaurants et bars à la fois branchés, sympas et élégants.

– Évitez de traîner vos baskets dans le ***sud*** de la ville, au-delà de Five Points et vers l'Oakland Cemetary. Un peu craignos. Ça s'améliore au-delà de l'autoroute 402, vers le zoo.

Arrivée à l'aéroport

✈ ***Aéroport Hartsfield-Jackson*** *(hors plan par A3)* **:** *à une dizaine de miles au sud du centre.* ☎ *404-530-7300 ou 1-800-897-1910.* ● *atlanta-airport.com* ● L'aéroport d'Atlanta est assez dément. Tellement vaste qu'un métro sans chauffeur relie les 5 terminaux entre eux. On récupère ses bagages 2 fois : avant et après ! Résultat : il faut bien compter 1h ou 2h, entre l'atterrissage de votre avion et votre sortie de l'aéroport... ce qui s'explique quand on sait qu'il voit passer près de 90 millions de passagers par an. On trouve des *courtesy phones* pour appeler les hôtels dans les deux halls de livraison des bagages (Nord et Sud).

Visitor Bureau : *dans l'Atrium. Lun-ven 9h-21h ; sam 9h-18h ; dim 12h-18h.*

Bureaux de change : ***Travelex*** *dans l'aérogare vols internationaux, concourse E, portes 12 (tlj 7h-22h) et 26 (tlj 7h-21h). Accessible slt aux voyageurs. Un autre, dans l'Atrium (hall de livraison des bagages), tlj 7h-21h.* Attention : pas de bureaux de change en ville, sauf à l'*American Express.*

Distributeurs de billets : *dans l'Atrium.*

Poste : *face au carrousel n° 1, dans le hall de livraison des bagages Nord (Atrium).*

Pour rejoindre le centre-ville

➢ **Métro Marta :** *4h45-1h.* On le prend directement dans l'aérogare, face au carrousel n° 7 du *North Baggage Claim.* C'est le plus pratique, le plus rapide et vraiment le moins cher. Départs ttes les 12-15 mn dans la journée, ttes les 20 mn w-e et j. fériés. La ligne rouge vous mènera dans le centre (Five Points ou Peachtree Center ; 20 mn), à Midtown ou même jusqu'à Buckhead ; la jaune aussi, mais elle bifurque avt Buckhead.

➢ **Taxi :** compter 30 $ pour gagner Downtown et 40 $ pour Buckhead.

➢ **Shuttle bus Atlanta Link :** à prendre à l'extérieur. Il fait le tour des grands hôtels. Départs ttes les 15-30 mn, 6h-23h30. Bien plus cher que le *Marta,* 16,50 $ env.

➢ **En voiture :** comme vous n'avez pas perdu assez de temps, reprenez donc le train (pas le Marta) pour aller chercher votre voiture de location (repère gris à la sortie) !

Comment se déplacer en ville ?

➢ **Le bus et le métro** *(Marta) :* ☎ *404-848-5000.* • *itsmarta.com* • *Les bus fonctionnent 5h-1h30 (0h30 w-e et j. fériés), ttes les 30 mn ; le métro 5h-1h tlj, avec des passages ttes les 12-20 mn selon heure. Ticket unitaire : 2,50 $; carnet 10 tickets : 25 $; 20 tickets : 42,50 $.* Visitor Pass : *1-4 j. 9-19 $; 7-Day Pass : 23,75 $.* Les *passes* s'achètent aux distributeurs et aux guichets des stations *Marta* Five Points, Lenox, North Springs et Sandy Springs, ainsi qu'à l'aéroport.

Depuis 2007, les transports en commun fonctionnent avec le système de carte intelligente *Breeze.* • *breezecard.com* • Il est indispensable de s'en procurer une, même pour un simple trajet. Disponible dans toutes les stations, elle coûte 5 $ à l'achat initial, ce qui comprend 2 voyages prépayés. Elle est rechargeable sur base de 2 $ min et jusqu'à 100 $ max. Attention, le crédit n'est pas remboursable. Les transferts sont autorisés pendant une période de 3h. Pour en bénéficier, n'oubliez pas de revalider votre *Breeze Card* à la sortie du métro (inutile dans le bus). Les vélos sont autorisés dans ts les métros et peuvent être chargés sur le devant de certains bus (max 2 vélos).

Le ***métro*** est simple : 2 fois 2 lignes quasi parallèles, rouge et jaune sur un axe nord-sud, bleue et verte sur un axe est-ouest, se croisent à la station Five Points, au cœur de Downtown – là où se trouve *Underground Atlanta.* Pratique pour rallier les autres quartiers intéressants et poursuivre à pied. Côté ***bus,*** retenez la ligne n° 110, qui relie Downtown à Midtown et Buckhead via la célèbre Peachtree St.

➢ **La voiture :** véritable galère pour se garer. Dans le centre (Downtown et Midtown), le prix des parkings est dément, mais vous n'avez pas le choix. Ici, pas question de rester 2 mn en double file, on enlève immédiatement votre voiture. Très peu de parcmètres. Les hôtels proposent des forfaits à la journée. Dans les quartiers périphériques, c'est plus facile. Pour ceux qui sont motorisés, il s'agit de jouer habilement entre transports en commun pour le centre et voiture ailleurs. Cela dit, 24 000 places de parking gratuites à proximité de certaines stations de métro sont réservées aux usagers des transports en commun.

➢ **Le taxi :** la vie nocturne se trouve, hélas, loin de Downtown. Parfois, un taxi est indispensable. On en trouve en haut de Baker St *(plan A2),* proche de

Peachtree St. Sinon, appelez ***Checker Cabs,*** *24h/24 : ☎ 404-351-8255. Autour de 8-10 $ la course entre Downtown, Midtown et Buckhead.*

Adresses et infos utiles

Informations touristiques et culturelles

ℹ ***Atlanta Convention and Visitor Bureau*** *(plan A2)* **:** *233 Peachtree St NE, suite 1400. ☎ 404-521-6600. • atlanta.net • Tlj 10h (12h dim)-18h.* Demander le plan de la ville, les brochures *Atlanta Now* (bimensuel), *Connect Atlanta* et éventuellement le *Georgia Travel Guide.* Pour les transports en commun, prendre le fascicule intitulé *Atlanta on the go.* Également une antenne à l'aéroport. Vente du *CityPass* valable 9 jours incluant l'entrée dans 5 des principaux musées et attractions de la ville. Prix : 69 $ adultes ; 49 $ 3-12 ans. Rentable dès que l'on visite au moins 4 des 6 lieux. On peut aussi acheter le *pass* dans les musées en question et en ligne : *• city pass.com/atlanta •*

– Une brigade coiffée de casques coloniaux, l'*Ambassador Force,* patrouille dans les rues en Segway et se charge de fournir des infos et d'aider les touristes – parfois même en français. Stand au coin de Peachtree et International Boulevard *(plan A2).*

ℹ ***Atlanta Visitor Center*** *(plan A3,* ***1****)* **:** *65 Upper Alabama, angle Pryor, au niveau supérieur de l'*Underground Atlanta*. ☎ 404-521-6600. • atlanta.net • Tlj 10h (12h dim)-18h.* Les volontaires qui l'animent certains jours sont assez gâteaux, mais vous pourrez y récupérer des brochures.

■ ***AtlanTIX*** *(plan A3,* ***1****)* **:** *juste à côté du* Visitor Center *d'Upper Alabama St. ☎ 404-588-9890. • atlantaperforms.com • Mar-sam 11h-18h ; dim 12h-16h.* Vente de tickets de dernière minute à 50 % pour les concerts et spectacles.

■ ***Journaux d'informations :*** *Creative Loafing,* journal d'informations gratuit et hebdomadaire (tous les mardis). *• clatl.com •* Tout sur la musique, les arts et la vie nocturne. Ceux qui restent longtemps se familiariseront rapidement avec l'*Access Atlanta,* supplément de l'*Atlanta Journal* (tous les jeudis). *• accessatlanta.com •*

Consulats

■ ***France*** *(hors plan par B1)* **:** *3399 Peachtree Rd NE, suite 500. Dans le quartier de Buckhead. ☎ 404-495-1660. Urgences (accident, perte passeport...) : ☎ 404-217-9446. • consulfrance-atlanta.org •* Le consulat peut, en cas de difficultés financières, vous indiquer la meilleure solution pour que des proches vous fassent parvenir de l'argent, ou encore vous assister juridiquement en cas de problème.

■ ***Belgique*** *(plan A2,* ***2****)* **:** *230 Peachtree St NW, suite 2710. ☎ 404-659-2150. • atlanta@diplobel.fed.be •*

■ ***Canada*** *(plan B1,* ***4****)* **:** *1175 Peachtree St, 100 Colony Sq, suite 1700. ☎ 404-532-2000. • atnta@international.gc.ca •*

Banques, change, poste et Internet

Distributeurs *(ATM)* un peu partout, accessibles 24h/24. Certains grands hôtels pratiquent le change de liquide mais à des taux peu avantageux.

■ ***American Express*** *(hors plan par B1)* **:** *3384 Peachtree Rd NE, dans le quartier de Buckhead. ☎ 404-262-7561. Ⓜ Lenox. Lun-sam 9h-17h30 (17h sam).* C'est le seul en ville qui change les devises, mais taux très moyens et commission de 5 à 7 $.

✉ ***Bureaux de poste :*** *41 Marietta St NW (plan A3). Lun-ven 9h-17h.* Le plus important de Downtown. Fait poste restante. *Un autre au 240 Peachtree St (plan A2), en sous-sol, à l'entrée de la station de métro. Lun-ven 8h-17h. Enfin, dans Midtown, au 1072 W Peachtree St (plan A1). Lun-ven 9h-17h.*

@ ***Atlanta-Fulton Public Library*** *(plan A3)* **:** *1 Margaret Mitchell Sq NW. ☎ 404-730-1700. Lun-jeu 9h-20h ; ven-sam 9h-18h ; dim 14h-18h. (gratuit).*

ATLANTA

Transports pour sortir de la ville

Gare routière Greyhound (*plan A3*) : *232 Forsyth St.* ☎ *404-584-1728 ou 1-800-231-2222. À côté de la station Garnett.* Nombreuses liaisons avec toutes les grandes villes. Consignes, distributeur, Internet et snack.

Gare ferroviaire Amtrak (*hors plan par A1*) : *Brookwood Station, 1688 Peachtree St NW.* ☎ *1-800-872-7245. Au nord de la ville. Tlj 7h-21h30.* 1 train/j. pour Washington D.C. et New York vers 20h20, 1 autre pour La Nouvelle-Orléans vers 8h30. Venir 1h avant le départ pour le contrôle des bagages.

Divers

■ *Grady Memorial Hospital* (*plan B3, 3*) : *80 Jesse Hill Jr Dr SE.* ☎ *404-616-4282 ou 1000 (urgences).*

■ **Laverie** (*plan B2, 5*) : *Poncey Laundry, 231 Ponce de León Ave. Juste à côté de l'AJ. Lun-ven 7h-21h ; sam 8h-20h.*

Où dormir ?

Atlanta étant avant tout une ville de congressistes, les prix des hôtels varient du simple au triple en fonction des *conventions* qui s'y tiennent... Moins de pression sur les prix en été, mais de toute façon, Atlanta est une ville assez chère. Pour trouver un motel bon marché, il faut s'exiler à 10 km du centre, vers Northlake (au nord-est) ou Cumberland Mall (au nord-ouest).

– *Bed & Breakfast* : *central de résas,* ☎ *404-875-0525 ou 1-800-967-3224.* ● *bedandbreakfastatlanta.com* ● Une petite trentaine d'adresses réparties par quartiers dans une gamme de prix allant de 95 à 250 $ la nuit. Pas de commission.

Camping (à l'extérieur de la ville)

Stone Mountain Campground : *à l'intérieur du parc du même nom, à 16 miles à l'est de la ville.* ☎ *770-498-5710 ou 1-800-385-9807 (résas).* ● *stonemountainpark.com* ● *Pour y aller : prendre Ponce de León Ave vers l'est et poursuivre vers E 78 jusqu'au panneau « Stone Mountain Park ». Tentes 25-40 $, camping-cars 40-55 $ selon emplacement.* Dans un environnement extraordinaire, sous les bois de Géorgie et dominant un beau lac. Les tentes s'installent sur une péninsule, avec certains sites tout contre l'eau. Douches, barbecue et tables, laverie, épicerie *(lun-jeu 8h-19h ; ven-sam 8h-20h ; dim 8h-18h),* piscine, jeux pour enfants, location de barques, espace et calme absolu... enfin, quand les 400 emplacements ne sont pas envahis les week-ends de la belle saison !

Bon marché

Atlanta International Hostel (*plan B2, 11*) : *223 Ponce de León Ave NE.* ☎ *404-875-9449 ou 1-800-473-9449.* ● *atlantahostel.com* ● Ⓜ *N Ave. À Midtown. Compter 25-30 $ en dortoir et 50-65 $ en chambre double, bains privés ou non ; café et beignets offerts au petit déj.* Cette grande maison victorienne de 1921 est un ancien bordel ! Les petits cœurs gravés dans la balustrade de l'escalier en témoignent encore... L'AJ offre 60 lits, en dortoirs de 6 à 10 places et en chambres plutôt spacieuses. La plupart ont accès à une salle de bains attenante, parfois avec baignoire à pattes ! Bref, une jolie patine et de bons équipements. Casiers, billard dans le salon et cuisine à disposition. Si vous êtes en voiture, on vous donnera un permis pour vous garer dans la rue (souvent un peu difficile le week-end).

De prix moyens à chic

En ville

Centennial Inn (*plan A3, 12*) : *111 Cone St NW.* ☎ *404-524-7000.* ● *centennialinnatlanta.com* ● Ⓜ *Peachtree Center. En plein Downtown. Doubles 70-120 $, petit déj (léger) compris.* Le *Centennial* est l'un des rares motels abordables du centre, et c'est sa qualité essentielle.

Chambres tout juste honnêtes, la plupart petites, avec une salle de bains réduite au strict minimum, TV et AC. Le quartier est fréquenté par de nombreux sans-abri.

Quality Hotel (plan A3, **13**) : *89 Luckie St. ☎ 404-524-7991. • atlantadowntowninn.com • Ⓜ Peachtree Center. Doubles 80-120 $ selon période, petit déj (chaud) compris. Moins cher par Internet en dernière minute. Parking 10 $.* Au cœur de Downtown, le type même d'hôtel sans fantaisie, mais d'un confort correct et propre. Les chambres ont machine à café, table à repasser, TV, sèche-cheveux et moquette épaisse. Préférez les étages supérieurs pour la vue... sur les gratte-ciel et les parkings.

En périphérie (20-40 mn de trajet)

Quality Inn Northlake : *2155 Ranchwood Dr. ☎ 770-491-7444 ou 1-866-633-5252, ext 5430. • atlantaqi.com • Sortie 37 (236 W) sur l'I 285 Est (au nord-est de la ville). Doubles 70-85 $, avec petit déj chaud.* Pas de révolution à l'horizon, mais un des meilleurs rapports qualité-prix en termes de motel confortable. Chambres pas géantes mais très propres et les lits sont douillets. Piscine.

Wingate by Wyndham Galleria Center : *2762 Cobb Parkway SE. ☎ 678-214-6000. • wingatehotels.com • wingategalleria.com • De l'I 285 W, prendre la sortie 259. Doubles 80-170 $ avec petit déj.* Un cran au-dessus du précédent, ce motel plutôt haut de gamme répond parfaitement aux attentes : bon niveau de confort et propreté. Piscine chauffée et petit *fitness center* pour les sportifs.

Stone Mountain Inn (hors plan par C2) : *1058 Robert E. Lee Dr. ☎ 770-469-3311. • mariott.com • À 15 miles du centre, dans le parc de Stone Mountain. Chambres 90-160 $ selon saison.* Situé pile en face de la montagne pelée, l'hôtel s'inspire de l'architecture des anciennes plantations, avec ses bâtiments blancs de deux étages entourant une piscine et une profusion d'azalées. En fait, c'est plutôt un motel amélioré, avec des chambres de belle taille, hyper confortables. Vérandas avec rocking-chairs. Pub et restaurant attenants.

De chic à très chic

En ville

The Ellis Hotel (plan A3, **14**) : *176 Peachtree St. ☎ 404-523-5155 ou 1-866-455-1154. • ellishotel.com • ♿ Chambres et suites 125-265 $. Parking 23 $ (ouille !).* Super central, super design, super clean, l'*Ellis* n'a que des bons côtés (prix exceptés). Les femmes y trouveront même un étage qui leur est réservé ! Très belles chambres plutôt spacieuses, sur des tonalités de brun et de blanc, avec une déco assez épurée et une (très) grande TV à écran plat. Salles de bains super avec grosse pomme de douche qui tombe en pluie. L'accueil est pro et gentil à la fois. On aime aussi le resto de l'étage, avec sa très sympathique terrasse donnant sur la rue : on y serre (gratuitement) du vin en fin d'après-midi.

Sugar Magnolia Bed & Breakfast (plan C3, **15**) : *804 Edgewood Ave. ☎ 404-222-0226. • sugarmagnoliabb.com • Doubles 120-175 $, bon petit déj compris. Séjour min 2 nuits w-e et tt le temps dans le cottage.* Le quartier chic d'Inman Park, noyé dans la verdure, abrite une belle collection de demeures victoriennes. Celle-ci date de 1892. On y trouve 3 chambres très confortables, dont 2 avec cheminée et la 3e (la *Royal Suite*) avec bain à bulles et balcons privés. La salle de bains de l'*Aviary,* ainsi nommée en raison des petits oiseaux peints au plafond, est privée mais dans le couloir. Une 4e chambre, située dans un cottage derrière la maison, conviendra plutôt aux petites familles avec sa cuisine et sa minichambre additionnelle sous les toits (il peut y faire bien chaud en été, cela dit).

Shellmont Inn (plan B1, **17**) : *821 Piedmont Ave NE. ☎ 404-872-9290. • shellmont.com • À 10 mn à pied de la station N Ave. Doubles 185-275 $; suites dans un mignon cottage 295-350 $. Petit déj compris, en partie bio.* Superbe maison ancienne

(1881) en bois peint en vert avec vérandas, décorée avec goût (verrière Art nouveau), à deux pas de Piedmont Park. Les chambres sont spacieuses et très confortables (peignoirs, TV écran plat et DVD cachés dans l'armoire), la plupart avec baignoire à bulles. Petit déj généreux dans la tradition du Sud, cookies servis l'après-midi, fruits, chocolats et fleurs fraîches le soir dans la chambre ! Le chat s'appelle Mousse. Parking aisé. Accueil débordant.

Stonehurst Place (plan B1, **16**) : *923 Piedmont Ave NE. ☎ 404-881-0722.* • *stonehurstplace.com* • *Ⓜ Midtown. Doubles 150-350 $ en sem, 250-400 $ le w-e.* Tout, tout, tout, la proprio a pensé à tout : le confort le plus douillet, l'énergie solaire et le retraitement des eaux usées, les produits de toilette bio, les forfaits romantiques, les snacks à toute heure, le véritable thé anglais au petit déj, les sols des salles de bains chauffés... Les douches sont spectaculaires avec leurs orchidées à l'intérieur, mais la baignoire ronde de la *Hinman Suite,* où l'eau s'écoule en chute, n'est pas mal non plus ! Venez plutôt en semaine pour profiter de meilleurs tarifs, et réservez à l'avance. Accueil très pro. *Gay-friendly.*

Où manger ?

Spécial petit déjeuner

Krispy Kreme (plan B2, **33**) : *295 Ponce de León Ave. ☎ 404-876-2772. Tlj 5h30-23h, 24h/24h en drive-through !* L'histoire d'amour d'Atlanta pour les *doughnuts* (beignets) *Krispy Kreme* remonte à l'entre-deux-guerres. La maison a essaimé depuis dans tout l'État, mais on vient encore ici comme en pèlerinage lorsque la lumière rouge *« Hot Doughnuts Now »* est allumée en vitrine (matin et soir). Vous les verrez même sortir de la chaîne... Un vrai rêve d'Homer Simpson.

The Flying Biscuit (plan B1, **31**) : *1001 Piedmont Ave. ☎ 404-874-8887. Ⓜ Midtown. Tlj 7h-22h. Lun-jeu 16h-19h, un plat enfant gratuit pour tte commande de plus de 7 $.* Dans un microquartier gay de Midtown. Resto très populaire pour ses *organic breakfasts.* Les assiettes sont bien garnies : spécialités du Sud et *pancakes* extras aux flocons d'avoine – le *short stack* suffit, à moins d'être absolument affamé ! Salle aux couleurs pétantes, avec véranda (terrasse) attenante. Un de nos meilleurs plans pour le petit déj. Bon accueil.

Belly (plan C1-2, **37**) : *772 N Highland Ave. ☎ 404-872-1003. Lun-sam 7h-19h ; dim 8h-17h.* La maison, à mi-chemin entre l'épicerie fine et la boulangerie, baigne dans une déco rétro très bobo : garde-manger, vieille balance, pots émaillés, collection de bouteilles de *Coca...* Au petit déj, on s'y régale d'un bagel frais géant à tartiner de *cream cheese* (miam), de muffins ou... de *grits* (gruau), Sud oblige. Jus frais bio et excellent cappuccino. Au lunch, bons sandwichs, paninis et salades. Clientèle d'habitués de tous âges et de tous horizons.

– Et aussi **Corner Bakery Cafe** (voir « Bon marché » ci-après).

Bon marché

Sweet Auburn Curb Market (marché municipal ; plan B3, **73**) : *209 Edgewood Ave SE. Aux portes du Downtown. ☎ 404-659-1665. Lun-sam 8h-18h. Parking gratuit pdt 1h30 pour les clients.* La moitié du marché est occupée par un *foodcourt.* Plats préparés copieux et pas chers : poisson ou poulet frit, plats chinois et des Caraïbes, etc. Plutôt bon. Le *Grindhouse,* au fond, attire pas mal de monde pour ses burgers.

The Varsity (plan A2, **32**) : *61 N Ave NW. ☎ 404-881-1706. Ⓜ N Ave. Tlj 10h-23h30 (0h30 ven-sam). Repas moins de 10 $.* On tranche ici dans le lard de l'Amérique. *The Varsity* est ni plus ni moins le plus grand *drive-in* (600 voitures à fois) et le plus vaste fast-food des États-Unis. Sorte de mangeoire publique, véritable usine à bouffe où sont débités chaque jour 2 miles de hot dogs et 1 t d'oignons ! De quoi pleurer... Une légende affirme qu'une pompe relie directement les sous-sols du *Varsity* à l'usine *Coca* (faut dire qu'avec 2 millions de verres servis par an...). Les jours de matchs de football, 20 000 personnes visitent les lieux. Dans le couloir de l'entrée principale, photos dédicacées des personnalités qui sont venues se goinfrer dans cet endroit depuis 1928. Parmi eux, Elvis Presley, Bush et Warren Buffett (radin le Buffett ?). Le pire, c'est que c'est plutôt bon. Prenez votre plateau et filez dans l'une des nombreuses salles où trône un poste de TV. Plein d'écoliers pour compagnie.

Corner Bakery Cafe *(plan A2,* ***39****) : 270 Peachtree St (face au Hyatt). ☎ 404-215-9000. Lun-ven 7h-16h ; sam 8h-15h. Env 10 $.* C'est une chaîne, certes, mais c'est aussi un très bon choix pour un lunch copieux et bon marché dans le Downtown. Grosses salades, sandwichs (baguettes) et « paninis » (pain de mie) en vedette, plus quelques options de pâtes. Tous les *conventioners* de la ville s'y précipitent. Salle bruyante mais sympa avec ses banquettes et son sol à damier noir et blanc. Service ultra rapide : à peine le temps de commander (au comptoir) et déjà servi ! Bien aussi pour le petit déj. Tables à l'extérieur.

Papi's *(plan B2,* ***41****) : 216 Ponce de León Ave. ☎ 404-607-1525. Lun-jeu 11h-21h ; ven-sam 11h-22h ; dim 12h-20h. Plat du jour 5-10 $. Adios* bouffe standardisée, *hola platos cubanos* : *empanadas,* yuccas, *bananas* (plantains) et autres *masitas* – du porc en dés mariné aux épices, ail et agrumes, selon la recette du père du proprio (Papi, donc). Autres options : sandwichs copieux ou crevettes à l'ail. Il vous faudra sans doute vous battre un peu pour réussir à attraper un serveur en fin de semaine (ils courent tout le temps !), mais le jeu en vaut la chandelle.

Fat Matt's Rib Shaks *(hors plan par B1,* ***34****) : 1811 Piedmont Ave. ☎ 404-607-1622. Lun-jeu 11h30-23h30 ; ven-sam 11h30-0h30 ; dim 13h-23h30. « Barbecue, Beer & Blues »,* voilà un slogan qui colle à merveille à cette cantoche populaire aux néons criards et aux tables de bistrot entassées. On commande au comptoir : *ribs* ou poulet, poulet ou *ribs,* le choix est simple. Le poulet en *half bird* ou *quarter bird,* les *ribs* en *full stack* ou *half stack*... et basta ! En accompagnement, *beans, potatoes* ou *cole slaw.* Les *ribs* sont gras à souhait et la sauce barbecue décape allègrement l'émail des dents. Prévoyez des paquets de papier pour vous essuyer le menton. On arrive à faire passer le tout en se servant généreusement du *piltcher* d'un litre de bière. Tarte à la noix de pécan en dessert s'il vous reste un peu de place. Petite scène où passent de bons musicos locaux le week-end. Superbe terrasse accolée aux bagnoles sur le parking.

Prix moyens

Alon's *(hors plan par C1,* ***44****) : 1394 N Highland Ave. ☎ 404-872-6000. Lun-ven 7h-20h ; sam 8h-20h ; dim 9h-16h.* Au-delà de Virginia Highland, cette boulangerie-traiteur a prit le tournant bio sur les chapeaux de roue... en oubliant au passage le recyclage des déchets. Les bobos du coin font la queue pour commander bagels, croissants, petits pains au sésame, pains aux raisins et noix de pécan, avant de passer au rayon traiteur, croulant sous la dinde fumée au poivre, le *pastrami* chaud, les salades composées, *mezze* moyen-orientaux et autres croquettes bio... bref, de quoi se régaler sur place (micro-ondes pour réchauffer et quelques tables côté parking) ou faire un bon pique-nique. Attention, les boissons alcoolisées vendues ne peuvent être consommées sur place.

Mary Mac's Tea Room *(plan B2,* ***35****) : 224 Ponce de León Ave. ☎ 404-876-1800. Ⓜ N Ave. Dans Midtown. Tlj 11h-21h. Env 15 $; buffet à volonté « special Southern dinner » 20 $.* Beau *diner* quinquagénaire, qui n'a pas changé d'un pouce depuis 1945. Ici, on a le respect des traditions. Cuisine simple et sympathique comme autrefois : *okra* frit, tarte à la tomate, soufflé à la courge, etc. Soupe *Pot likker* avec pain de maïs servie gratos lors de votre 1re visite. Un morceau d'*American way of life* présenté dans un décor de temps qui passe.

Baraonda *(plan A2,* ***36****) : 710 Peachtree St. ☎ 404-879-9962. Ⓜ N Ave. Au cœur de Midtown. Lun-*

jeu 11h-22h30 ; ven 11h-minuit ; sam 12h-minuit ; dim 12h-22h. Env 15-20 $. Un classique pour le dîner avant une soirée au *Fox Theater* voisin. On s'y régale d'authentiques pizzas au feu de bois servies dans une ambiance rustique chic : tables et chaises en bois, parquet, belles affiches d'époque. Entre les salades, pizzas et pâtes... c'est toute l'Italie qui se retrouve dans l'assiette. Terrasse pas mal sur le côté, même si les tables sont un peu serrées.

Fontaine's Oyster House *(plan C1, **38**) : 1026 1/2 N Highland Ave NE. ☎ 404-872-0869. Resto lun-sam 11h30 (16h mar)-minuit ; dim 12h-23h ; bar jusqu'à 2h30 (minuit dim). Super sandwichs 5-15 $; plats 10-15 $.* Dans l'agréable quartier de Virginia Highland, avec ses airs de ville à la campagne. Les Atlantais viennent au *Fontaine's* déguster des huîtres, dans une ambiance joyeuse et conviviale. Mais attention, pas uniquement la banale petite huître crue avec son filet de jus de citron ! Non, ici, on cuisine aussi le mollusque à la vapeur, en beignet, frit, aux 3 fromages et aux épinards à la crème (façon Rockfeller). Pour les réfractaires, plats de poisson et fruits de mer bien préparés. On peut aussi choisir de partager une livre de crevettes ou de pattes de crabe des neiges. Bières à la pression.

De chic à très chic

Murphy's *(plan C1, **40**) : 997 Virginia Ave NE. Dans le quartier de Virginia Highland. ☎ 404-872-0904. Lun-jeu 11h-22h ; ven 11h-minuit ; sam 8h-minuit ; dim 8h-22h. Brunch w-e 8h-16h. Prévoir au moins 15 $ au lunch et 30 $ le soir.* Pas de doute : les Américains ont le don de faire des restos à la fois chaleureux, élégants et décontractés. Belle illustration, ici, dans cette maison de brique et bois datant des années 1920, joliment restaurée. Grand bar pour attendre, puis on s'installe dans une vaste salle largement vitrée, œuvres d'artistes locaux accrochées aux murs, dans une ambiance cosy assez B.C.B.G. Terrasse couverte et *wine-club.* Excellente cuisine inventive et vraiment raffinée... Pour le dessert, offrez-vous donc une glace italienne chez *Paolo's,* de l'autre côté de la rue *(1025 Virginia Ave).*

Two Urban Licks *(plan C2, **42**) : 820 Ralph McGill Blvd. ☎ 404-522-4622. Tlj 17h30-minuit (1h ven-sam, 22h dim). Env 30-40 $/pers. Rien ne l'indique depuis la rue : le resto se planque dans un hangar, ancienne zone industrielle, entre le Carter Center et le pont du chemin de fer.* Parmi les lieux les plus *trendy* d'Atlanta, ces 2 « lécheurs de babines urbains » concoctent sous les yeux de tous une post-nouvelle cuisine américaine. Le concept ? Pas de chichis, mais quelques touches d'inventivités quand même, à l'exemple de ce poulet servi avec *mac(aroni) & cheese* et un glaçage au *jalapeño* (piment) ! Tonalités très urbaines avec bar géant, tonneaux de bière en vitrine et lumières semées comme autant d'étoiles dans le ciel du restaurant. Le lieu est bruyant, très bruyant même en fin de soirée. Venez tôt.

South City Kitchen *(plan A-B1, **45**) : 1144 Crescent Ave. ☎ 404-873-7358. Entre Midtown et Buckhead. Tlj 11h-15h30, 17h-22h (22h30 ven-sam). Brunch le w-e. Dîner 25-35 $.* Au pied des gratte-ciel de Midtown, un resto à l'allure intime (mais parfois bruyant) avec un long bar pour les isolés. Préférez la véranda pour un peu de calme. Le lieu idéal pour se familiariser avec une cuisine du Sud bien balancée : soupe de crabe, tomates vertes grillées, *jambalaya,* crevettes et coquilles Saint-Jacques sautées, tarte au chocolat et noix de pécan. La bière locale *Sweetwater* est très agréable. Une tenue un peu chic vous fera passer plus inaperçu ! Service rapide.

Où boire un verre ? Où écouter de la musique ?

Vers Midtown et Downtown

Hard Rock Café *(plan A2, **51**) : 215 Peachtree St NE, au coin d'International Blvd. Au cœur de Downtown.*

Lun-sam 11h-2h ; dim 12h-minuit. Ce n'est pas une salle de concerts, ni une boîte, mais un simple bar-resto. On indique ce *HRC* car il n'y a guère le choix dans le quartier, mais franchement, c'est d'un conventionnel affligeant tant au niveau de l'incontournable déco *rock memorabilia* que de la clientèle. Et dire qu'il y a parfois 50 m de queue pour entrer là-dedans !

Et aussi le bar tournant au 73e étage de l'hôtel ***Westin Peachtree Plaza*** *(plan A2-3,* ***76****) : 210 Peachtree St (et International Blvd). Lun-ven 16h-minuit ; sam 14h-minuit ; dim 14h-23h30.* Lire plus loin la rubrique « À voir ».

Tabernacle *(plan A3,* ***50****) : 152 Luckie St NW. ☎ 404-659-9022. • tabernacleatl.com •* Priez, mes frères et mes sœurs, pour une musique qui rock, rap ou rave ! Établie dans une ancienne église baptiste, avec chandelier et orgue, cette salle de concerts accueille les meilleurs groupes de passage à Atlanta. Le son est au top, des bars s'alignent le long de la nef et les groupes s'installent sur l'autel ou à la chaire. On a même vu Prince y dominer la foule. *Miraculous, isn't it ?*

À Little Five Points (et au-delà)

Plusieurs bars sur Euclid Avenue et Moreland Avenue. Une ambiance postbaba-new age qu'on aime bien. Commerces originaux, des lieux de rencontre qui changent du désert de Downtown.

The Star *(plan C2,* ***52****) : 437 Moreland Ave. ☎ 404-681-9018. • starbar.net • Lun-sam 20h (21h mar)-3h. Cover 5-15 $.* À première vue, un bar de quartier pas bien grand et au plafond bas, qui se métamorphose en temple du rock'n roll à ses heures. Ça chauffe alors sacrément les oreilles là-d'dans... Soirée funk très populaire le mardi sous la houlette de DJ Romeo *(17 years going).* Et puis, quitte à être là, visez un peu l'autel dédié à Elvis et la superbe pendule Elvis !

The Euclid Avenue Yacht Club *(plan C2,* ***53****) : 1136 Euclid Ave. Lun-jeu 15h-2h ; ven-sam 12h-3h ; dim 12h-minuit.* Petit bar local, repaire de la gentille canaille et des jeunes chevelus du quartier. Bière fraîche et ambiance chaude. Les amateurs de fléchettes seront aux anges. Les amateurs ne jurent que par les hot dogs – pardon, les *yacht dogs* !

Eddie's Attic *(hors plan par C2,* ***54****) : 515 B N McDonough St, à Decatur. ☎ 404-377-4976. • eddiesattic.com •* *Eddie's* a acquis sa réputation en lançant, entre autres, les Indigo Girls et John Mayer. On y écoute encore de jeunes et moins jeunes musiciens de talent, *face to face* tant le lieu est petit et *crowded.* Attention, on éteint son portable et on se tait pendant les *acts.* Sinon, ne vous attendez pas à des miracles côté déco et serveurs...

Dans le quartier de Virginia Highland

Un coin résolument plus chic, fréquenté davantage par la jeunesse branchée.

Blind Willie's *(plan C1,* ***55****) : 828 N Highland Ave. ☎ 404-873-2583. • blindwilliesblues.com • Lun-sam à partir de 19h, bands ts les soirs à 21h30 au plus tard. Cover env 10 $. Arrivez tôt le w-e pour réussir à entrer !* Une des meilleures adresses de la ville pour écouter du blues Chicago, Memphis ou New Orleans. Cela dit, certains habitués se sont lassés et lui préfèrent la ***Northside Tavern*** *(hors plan par A1,* ***57*** *; 1058 Howell Mill Rd ; • northsidetavern.com •),* au nord-ouest de Midtown. Toute une série d'autres bars autour de *Blind Willie's* pour glisser de comptoir en comptoir. Et certains ne s'en privent pas...

Fontaine's *(plan C1,* ***38****) : 1026 1/2 N Highland Ave NE. Tlj jusqu'à 2h30 (minuit dim).* Si les huîtres ne sont pas votre tasse de thé (voir « Où manger ? »), vous pouvez néanmoins vous abandonner sur une des banquettes en cuir ou vous installer au bar, face à une brigade de serveurs *friendly* et super *busy.* Animé, plutôt bruyant, chaleureux et *groovy* en soirée.

Hand in Hand *(plan C2,* ***56****) : 725 N Highland Ave NE. ☎ 404-872-1001. • handinhandatl.com • Tlj 11h30-2h (3h ven-sam). Burgers 2 $ mar ;* Social

Sundays *: tacos et bière pression 1 $.* L'ambiance de ce *would-be-pub* navigue entre l'Angleterre classique (avec sa cabine rouge) et l'Irlande brumeuse, incarnée par la *green beer* coulant à flots – couleur de la Saint-Patrick. Normal pour une adresse installée dans les Highlands... euh, pardon, sur Highland. Patio géant pour faire la fête en bonne compagnie les vendredi et samedi soir. Gaffe à la note, surtout si vous avez un coup dans le nez...

Achats

Pour ceux qui ont un peu de temps et des sous à dépenser :

North Georgia Premium Outlets : *800 S Hwy 400, à* ***Dawsonville,*** *à 45 mn au nord d'Atlanta. ☎ 706-216-3609. • premiumoutlets.com • Lun-sam 10h-21h ; dim 11h-19h. Possibilité de prendre une navette privée depuis Atlanta avec* MTI Limo and Shuttle : *départ à 8h30-9h des grands hôtels du Downtown, retour à 16h30. Rens et résas : ☎ 404-669-0900. • mtilimos.com • Le tarif dépend du nombre de passagers, avec un min de 47 $. Résa la veille au min.* 140 boutiques de marques (*Ralph Lauren, Nike, Brooks Brothers, Levi's, Timberland, Converse, Crocs,* etc.) proposant en permanence des remises de 25 à 65 %. De quoi se rhabiller à bon compte.

À voir

– L'association ***Atlanta Preservation Center*** propose des tours guidés en anglais des quartiers les plus intéressants. Parfait pour les férus d'histoire. *Compter 10 $; réduc. Plusieurs points de départ en ville. La plupart des tours ont lieu 1-2 fois/sem. Rens : ☎ 404-688-3353. • preserveatlanta.com •* Les contacter aussi pour la visite du Fox Theater (voir plus loin).

UNE VILLE QUI A LA PÊCHE

À Atlanta, plus d'une centaine de rues répondent au nom de Peachtree. Qu'elles soient Street, Avenue, Road, Way, Court ou Circle, vous avez des chances de vous embrouiller le guidon. Autre piège, il ne faut pas confondre « Peachtree St NE », c'est-à-dire Peachtree Street dans sa partie nord-est, et W Peachtree St, qui est carrément une autre rue. Et quand on est sur W Peachtree St SE, on est où, hein ? Savez pas ? Nous non plus ! Même en faisant très attention, vous ne pourrez pas éviter de vous paumer un paquet de fois. Alors, ouvrez l'œil, et le bon ! Et ayez toujours une carte précise avec vous.

Dans Downtown

Downtown : gratte-ciel pas très beaux et hôtels pour congressistes. Le centre d'Atlanta, esthétiquement, n'arrive pas à la cheville de ceux de New York, Chicago ou Philadelphie. Et surtout, il ne dégage aucune chaleur. Pas d'émotions, pas de vibrations. Au milieu des arrogants totems de béton, seuls quelques édifices du début du XXe s ont échappé au lifting par décapitation du centre-ville. Le plus beau : le *Candler Building* de 1904 (angle de Peachtree et de John Wesley Dobbs), édifice triangulaire en forme de fer à repasser, recouvert de marbre blanc et orné de lions, d'allégories et d'atlantes.

Underground Atlanta *(plan A3,* ***68****) : sous le cœur de Downtown. • underground-atlanta.com • Ⓜ Five Points. Boutiques ouv lun-sam 10h-21h ; dim 11h-18h.* Non, il ne s'agit pas d'un métro, mais des sous-sols du centre-ville aménagés en miniville souterraine. Sur quelques blocs, les rues portent le même nom que celles en surface. On y trouve restos, bars, boutiques... La ville d'Atlanta ne savait pas trop quoi faire de ces sous-sols désaffectés avant d'opter pour une sorte de réseau commercial souterrain avec tuyauterie apparente. La première tentative fut un échec retentissant. L'endroit devint un repaire de malfrats et de rats des villes avec drogue, racket, agressions... Un coupe-gorge doublé d'un gouffre financier. L'endroit fut repensé. Dix ans pour faire peau neuve ! L'*Underground Atlanta* nouveau semblait avoir pris. Mais après quelques années de succès, il semble qu'à nouveau la sauce retombe. Tous les clubs de jazz et de musique qui y étaient revenus ont, une fois encore, déménagé. L'endroit, animé certes, semble de nouveau subir une certaine « ghettoïsation ». Les Blancs n'y viennent plus le soir. Les restos et bars ont, pour la plupart, émigré du côté de Buckhead, au nord de la ville. Après une nouvelle vie, serait-ce une nouvelle mort pour l'*Underground* ?

🔨 ***Sweet Auburn Curb Market*** *(marché municipal ; plan B3,* ***73****)* **:** *209 Edgewood Ave SE. Lun-sam 8h-18h. Parking sur Jesse Hill Jr Dr, gratuit pdt 1h30 pour les clients.* Un des plus vieux marchés des États-Unis, fondé en 1923, avec une dizaine d'étals de légumes et de la viande véritable, même pas sous cellophane ! Bien sûr, les marchandes américaines ne hurlent pas comme les crémières de chez nous, et pour cause : une moitié des étals est tenue par des Chinois, l'autre moitié par des Blacks. Possibilité de manger sur le pouce pour pas cher dans le *foodcourt* (la moitié du marché). Le quartier est pas mal fréquenté par les *homeless.*

🔨🔨 ***State Capitol*** *(plan A3)* **:** *entrée sur Capitol Sq ou Mitchell St. ☎ 404-463-4536. • sos.ga.gov/state_capitol • Ⓜ Georgia State. Lun-ven 8h-17h. Visite guidée plusieurs fois/j. (à priori à 10h, 11h et 13h) ou en accès libre. Gratuit, mais il faut présenter une pièce d'identité.* Construit en 1883-1889, ce monument, rehaussé de marbres blanc et rose du pays, s'apparente au Capitole de Washington par son style néoclassique. Son dôme est recouvert de feuilles d'or des anciennes mines de Lumpkin, village de Géorgie qui fut le théâtre de la première ruée des États-Unis, en 1828. Le résultat est impressionnant. Le belle rotonde de l'*atrium,* au rez-de-chaussée, est orée de tableaux de personnages historiques : héros nationaux en hauteur, héros confédérés en bas ! Au 2e étage, ne manquez pas la *House chamber* et la *Senate chamber,* avec un mobilier d'époque, astiqué à fond. Le style est victorien. Des vitrines forment une sorte de musée informel consacré à l'histoire du monument, aux événements majeurs de la politique de la Géorgie et à son histoire naturelle. Le problème du vote des Noirs avant 1963 y est évoqué avec une pudeur certaine... La visite guidée n'est pas très palpitante, mieux vaut s'en tenir à une balade avec la brochure (gratuite) en main.

🔨 ***Westin Peachtree Plaza*** *(plan A2-3,* ***76****)* **:** *210 Peachtree St (et International Blvd).* Traverser la galerie pour trouver les ascenseurs conduisant au sommet. L'hôtel fut jadis le plus haut des États-Unis (220 m) et le n° 2 mondial. Les délires architecturaux asiatiques l'ont ramené à la 13e place du classement, mais la vue depuis le restaurant-bar tournant des 72-73e étages reste impressionnante. Pas belle à proprement parler mais indubitablement panoramique.

🔨 ***Centennial Olympic Park*** *(plan A2)* **:** *• centennialpark.com • Tlj 7h-23h.* Parc commémoratif des J.O. de 1996, bordé de colonnes d'un style hellénistique moderne, en hommage à la patrie des J.O. Rien de spectaculaire : jeux d'eau représentant les cinq anneaux, où courent et s'éclaboussent petits et grands, et statue de Pierre de Coubertin. Les curieux noteront des briques gravées de noms *(comemorative bricks)* le long des allées. Chacune d'elles représente une donation faite pour la construction du parc. Pas moins de 468 000 briques furent ainsi vendues, à 35 $ l'unité ! C'est ici qu'explosa la bombe déposée par un suprématiste blanc, tuant une personne. Concert le vendredi soir.

🔨 ***CNN Studio Tour*** *(plan A3,* ***72****)* **:** *à l'angle de Marietta et Techwood St, face au Centennial Olympic Park ; bien indiqué par l'énorme logo sur le bâtiment. ☎ 404-827-2300 ou 1-877-266-8687. • cnn.com/tour • Tlj 9h-17h. Tour guidé en anglais ttes les 10-20 mn. Durée : 55 mn. Résas possibles par téléphone. Entrée : 15 $;*

réduc. Ni photos, ni chewing-gum, ni portable ! CNN est la mecque de l'actualité américaine, la grande chaîne d'informations connue dans le monde entier depuis la guerre du Golfe. Pourtant, après une trentaine d'années de règne, il semble que le succès de CNN s'essouffle, concurrence des autres chaînes d'info oblige. Le plus spectaculaire est le grand *atrium* intérieur qui s'est greffé sur un bâtiment conçu à l'origine pour servir d'hôtel à l'armée américaine. S'y pressent visiteurs, employés et touristes qui ont tout le loisir de suivre l'actu sur des écrans géants tout en sirotant une boisson gazeuse fabriquée localement (devinez laquelle !). Vous pouvez aussi y voir un Hummer utilisé par la chaîne pour couvrir l'invasion de l'Irak en 2003. Quant au tour, franchement, ce n'est pas vraiment palpitant. Vous n'y voyez pas grand-chose, si ce n'est deux salles de rédaction, et on vous assène une flopée de chiffres pas forcément inoubliables. Boutique et grand *food court*.

Georgia Aquarium *(plan A2) : 225 Baker St (en face du Centennial Olympic Park). ☎ 404-581-4000. • georgiaaquarium.org • Ⓜ CNN Center ou Peachtree Center. Lun-ven 10h-17h ; sam 9h-18h. Juin-début août : dim-jeu 9h-18h ; ven-sam 9h-21h. Entrée : 30 $, 24 $ pour les 3-12 ans. 4D Theater : 5,50 $ adultes, 4 $ enfants. Parking : 10 $.*

Cet aquarium dernier cri, inauguré fin 2005, est ni plus ni moins le plus grand du monde : 200 millions de dollars ont été investis dans ce projet pharaonique, et une extension à 110 millions consacrée aux dauphins a été ouverte dernièrement. Quelque 100 000 animaux marins y cohabitent dans une soixantaine d'aquariums d'eau douce ou salée, répartis en cinq parcours différents, chacun axé sur un environnement spécifique, des eaux froides des océans aux rivages de Géorgie en passant par les rivières et les eaux tropicales. La galerie *Ocean Voyager* constitue assurément le clou de la visite, avec son tunnel vitré traversant un gigantesque et spectaculaire aquarium (le deuxième plus grand du monde), contenant quelque 22 millions de litres d'eau de mer. Effet saisissant, qui donne au visiteur l'impression d'être un plongeur au milieu de la grande bleue. Lorsqu'il y a trop de monde, on y glisse sur un tapis roulant ! L'aquarium représente la diversité marine de la barrière de corail centre-américaine. Vous pourrez y voir des requins baleines, qui sont les plus gros poissons du monde (la baleine étant un mammifère) et les premiers du genre à être exposés dans de telles conditions hors d'Asie. Et même plonger avec eux pour un modeste supplément de 325 $!
La présence de ces requins baleines et aussi celle de bélugas russes (baleines blanches) sont évidemment largement critiquées par les écolos. On rappelle que ces animaux développent en captivité des comportements névrotiques, comme le fait de tourner en rond dans un bassin. Cela dit, les bélugas hébergés à Atlanta étaient déjà en captivité, et dans des conditions plus difficiles (dans un parc d'attractions de Mexico). L'aquarium d'Atlanta, quant à lui, prône les valeurs éducatives d'un tel spectacle. Bref, à vous de juger. Énormément de monde les week-ends et vacances scolaires.

World of Coca-Cola *(plan A2, **70**) : 121 Baker St NW. ☎ 404-676-5151 ou 1-800-676-2653. • worldofcoca-cola.com • Ⓜ Peachtree Center. Horaires très variables, min 10h-18h30 (avec une dernière entrée à 17h). Entrée : 16 $; réduc.*

Le temple de *Coca-Cola,* tout moderne, a installé ses pénates en 2007 à côté du gigantesque aquarium. Il est constitué d'un immense bâtiment aux couleurs sobres, devant lequel se dresse une statue de Mister Pemberton (l'inventeur). Emblématique du savoir-faire *Coca,* la visite ne ressemble à aucune autre, dans la mesure où l'on nous sert de l'image à gogo sans nous apprendre rien (ou presque) – à l'exception d'une unique galerie historique, avec copie du brevet d'invention et reproduction d'une chaîne d'embouteillage. Tout le reste, très bien fait au demeurant, est de la poudre aux yeux : panneaux publicitaires, film d'animation publicitaire (assez marrant), film en 4D publicitaire, pubs internationales... Un vrai précis de manipulation façon World Company. En clair, on trouve exagéré de devoir payer pour s'abreuver de réclame. À quand, dans nos belles contrées, une visite chez *Mamie Nova* ou des vacances chez *Pernod-Ricard* ? Au moins, en fin de visite, pourrez-vous goûter sans limite à près de 60 boissons maison (sur les 450 qu'elle possède) venues du monde entier. Essayez donc le *Bibo* sud-africain aux pignons de pin, le *Simba* paraguayen ou le *Vegita Beta* japonais... Un conseil cependant : allez voir le film en 4D avant !

Dans Midtown et vers Buckhead

Fox Theatre *(plan A2, **75**) : 660 Peachtree St NE. Ⓜ N Ave. ☎ 404-817-8700 pour les spectacles. ☎ 404-881-2100 ou 1-800-745-3000. • foxtheatre.org • Box-office lun-ven 10h-18h ; sam 10h-15h. Visite guidée par l'*Atlanta Preservation Center *lun, mer et jeu à 10h, sam à 11h (à confirmer). ☎ 404-688-3353. • preserveatlanta.com • Prix : 10 $; réduc.* Sauvé de la démolition, ce théâtre est un témoignage de la décoration folle des années 1930. Style mauresque, avec un zeste d'Art déco. A été transformé en salle de spectacle : théâtre et comédies musicales surtout.

Margaret Mitchell House *(plan B1, **69**) : 990 Peachtree St, mais entrée sur Crescent Ave. ☎ 404-249-7015. • margaretmitchellhouse.com • Ⓜ Midtown. Lun-sam 10h-17h30 ; dim 12h-17h30. Visite guidée de 30 mn, ttes les 30 mn (la dernière à 16h30 en général). Entrée : 13 $; réduc. Billet combiné avec l'Atlanta History Center : 22 $; réduc.* Complètement noyée dans un ensemble de gratte-ciel, cette maison-musée n'intéressera que les passionnés d'*Autant en emporte le vent*. C'est ici en effet que Margaret Mitchell accoucha de son œuvre, dans l'un des appartements de cette demeure construite en 1898. Elle y passa 7 ans de sa vie, entre 1925 et 1932. Portraits, objets, costumes, films... et une jolie boutique à l'arrière, business oblige.

À TOUTE CHOSE MALHEUR EST BON

*Qui eût cru qu'une cheville cassée permettrait à Margaret Mitchell d'écrire l'un des plus grands romans de l'histoire ? Immobilisée chez elle par la force des choses, elle tua le temps en écrivant le manuscrit d'*Autant en emporte le vent*. Un succès phénoménal, sans commune mesure pour l'époque. Les ventes atteignirent le million d'exemplaires, 1 mois à peine après sa sortie, en juin 1936 ! Elle fut de plus récompensée par le Pulitzer 1 an plus tard. Comme quoi une petite fracture peut mener loin...*

High Museum of Art *(**HMA**, centre culturel Woodruff ; plan A1, **67**) : 1280 Peachtree St. ☎ 404-733-4400. • high.org • Ⓜ Arts Center. Mar-sam 10h-17h (20h le jeu) ; dim 12h-17h. Fermé lun. Entrée : 19,50 $; réduc. Concerts de jazz 3e ven du mois 17h-22h, avec cocktails servis à l'entrée. Audioguide en anglais 5 $.* Installé au sein du *Woodruff Arts Center*, le HMA se compose de trois élégants édifices conçus par l'architecte Renzo Piano. Modernes et lumineux, agencés sur plusieurs niveaux, avec baies vitrées, atriums et parois composées de porcelaine blanche et d'acier, ils mettent parfaitement en valeur les quelque 11 000 œuvres exposées en permanence. Deux des bâtiments sont consacrés aux expos temporaires (de grande qualité), le troisième au fonds permanent. La visite débute au 1er étage.

La collection d'art européen présente quelques belles pièces, dont de superbes céramiques anglaises du XVIIe s (magnifique plat dépeignant Adam et Ève sous le mythique pommier). Côté peintures et gravures, on croise des toiles du Quattrocento, Cranach l'Ancien, Dürer, puis nombre d'impressionnistes français (salles 201-204). Peu de grandes toiles, mais quelques natures mortes de Pissarro, de jolies pommes de Renoir, un classique Parlement de Londres de Monet *(Effet de brouillard)*, Vuillard, Bonnard, Émile Bernard, etc. Quelques sculptures notables aussi, dont un bronze de Balzac et un Hugo de Rodin.

Le reste du musée se consacre majoritairement à l'art américain sous toutes ses formes : peinture, sculpture et beaucoup de mobilier. La fin du 1er étage (salles 205-208) est consacrée à la période s'étendant du XVIIe s au milieu du XIXe s, l'étage supérieur à celle de la seconde moitié du XIXe s au XXe s. Certaines pièces sont carrément kitsch, comme ce gros buffet en noyer et peuplier au cerf mort, et ce *Vase du centenaire* (de l'indépendance) orné de têtes de présidents et... de bisons ! On leur préfère la petite section d'art folklorique du sud des États-Unis, avec sa poterie, ses patchworks et son incontournable rocking-chair. Parmi les toiles, remarquez celles d'Henry Ossawa Tanner, un peintre noir qui s'exila un temps en France (salles 305-307). Quelques jolies pièces Art nouveau viennent achever ce niveau.

Le 3e et dernier étage, consacré à la peinture et aux arts décoratifs modernes américains, est probablement le plus intéressant car sortant davantage de l'ordinaire. Au gré de la visite : un superbe *Balisier rouge (Red Canna)* de Georgia O'Keefe, les *Figures* de Max Weber, moderniste ami du Douanier Rousseau, une étonnante radio dans un grand rond bleu laqué et chromé datant de 1934, et un splendide bureau aux lignes épurées, en acier et noyer, dessiné par Frank Lloyd Wright. Du même, une fenêtre qui se fait tableau et inclut même un minidrapeau américain ! On a bien aimé aussi le drôle de canapé aux gros coussins ronds orangés (*Marshmallow Settee,* 1956). Mais notre section favorite est consacrée aux artistes autodidactes, avec la superbe *Hallelujah Door* d'Herbert Singleton, sculptée et peinte de scènes rappelant des funérailles jazzy façon New Orleans. On y découvre aussi les œuvres d'un Facteur Cheval local, Howard Finster (1916-2001), créateur d'un *Paradise Garden* aux influences ultra-bibliques. Normal, direz-vous, il était pasteur ! Son jardin se visite encore, au nord-ouest de l'État, près de Summerville.

¶ ***Piedmont Park*** *(plan B1) : accès sur Piedmont Ave, au niveau de 12th et de 14th St, également au sud sur 10th St et à l'est dans l'axe de Park Dr. • piedmontpark.org • Tlj 6h-23h.* C'est le principal espace vert d'Atlanta : les festivals s'y organisent et les citadins viennent en nombre y faire leur jogging. L'été, tout le monde se retrouve à la piscine en plein air. De mai à début décembre (de 9h à 13h), un marché bio *(Green Market)* se tient le samedi à la porte du parc en face de 12th Street ; démonstrations de cuisine par des grands chefs.

¶ ***Botanical Garden*** *(plan B1) : entrée sur Piedmont Ave (à la hauteur du n° 1376), angle The Prado NE. ☎ 404-876-5859. • atlantabotanicalgarden.org • Mar-dim 9h-19h (22h mai-oct). Entrée : 19 $; réduc. Parking payant en plus... Attenant au Piedmont Park, mais pas d'accès direct.* La ville est très fière de ce jardin botanique et, surtout, de sa serre d'orchidées, l'une des plus grandes du pays. C'est vrai qu'elle est belle, et la serre tropicale attenante aussi. Pour le reste, on est restés sur notre faim. Même la *canopy walk,* une passerelle haut perchée à travers les pins, peine à justifier le prix de l'entrée.

¶¶ ***Atlanta History Center*** *(hors plan par A1) : 130 W Paces Ferry Rd NW, dans le quartier de Buckhead, à 5 miles au nord du centre. ☎ 404-814-4000. • atlantahistorycenter.com • Bus n° 110 depuis la station Arts Center, puis 500 m à pied ; ou n° 38 depuis la station Lindbergh Center. En voiture, suivre Peachtree St/Rd, jusqu'à W Paces Ferry. Lun-sam 10h-17h30 ; dim 12h-17h30. House tours ttes les 1h, 11h-16h (réservez en arrivant). Entrée : 16,50 $; réduc. Audioguide gratuit. Billet combiné avec la Margaret Mitchell House : 22 $; réduc.*

Ce grand centre historique sis dans une belle forêt se partage entre un musée moderne et une section extérieure, où l'on peut visiter deux maisons du XIXe s en l'état. Le musée, malgré un abord austère, vaut pour son excellente section consacrée à la guerre de Sécession ou, plutôt, comme on dit ici, la guerre entre les États... Armes et costumes, munitions, musettes et gourdes de soldats, nécessaire à amputer, vieux jeux de cartes et dominos, le quotidien des grouillots du conflit, nordistes comme sudistes, est retracé avec minutie. On fait même un tour dans le salon des épouses esseulées. Au passage, une boutonnière épinglée sur un

costume d'enfant attire le regard. Une inscription : « Mon père était un soldat »... L'expo voisine consacrée aux arts folkloriques du Vieux Sud vaut aussi le détour. On y voit de drôles de trucs, comme ces étonnantes jarres à visages typiques du *Deep South* et un violon fait dans un bidon de récup ! Beaucoup d'objets dénotent des influences africaines transmises de génération en génération. On a été moins convaincus par la section consacrée à 100 ans d'olympisme. Des expos temporaires de qualité sont aussi organisées.
Dans le parc, on peut visiter la *Swan Coach House* et la *Tullie Smith Farm* (s'inscrire en arrivant). La *Swan* est une vaste demeure bourgeoise cossue de 1828, plutôt belle avec son escalier en fer à cheval mais assez triste. Quelques pièces splendides, quelques éléments de mobilier rares ou originaux (superbes consoles anglaises, boiseries ouvragées sur la bibliothèque, bains de marbre...), mais la visite est globalement ennuyeuse. La *Tullie Smith* est une fermette du milieu du XIXe s replacée ici, typique de l'époque avec son porche, son métier à tisser et sa cuisine séparée (pour éviter les incendies). C'est l'une des seules à avoir échappé aux destructions provoquées par Sherman en 1864. On voit la chambre du pasteur et une autre petite pièce réservée aux prédicateurs ambulants et autres colporteurs. À côté, une bergerie avec d'authentiques moutons. Une agréable escale hors du temps (pour ceux qui en ont à revendre).

Dans le quartier d'Auburn

« *Sweet Auburn* », disait-on autrefois... Ce quartier, où s'aligne une série de modestes mais jolies maisons de bois (classées), a connu son apogée entre 1890 et les années 1960. C'est dans ce quartier commerçant et bourgeois, peu à peu abandonné aux Noirs après les émeutes de 1906, que naquit un certain ***Martin Luther King***, un beau jour de janvier 1929. Sa maison et ses abords immédiats ont été réhabilités sous la houlette du Service des parcs nationaux, et les vieilles maisons sont relouées à des particuliers pour y réinsuffler de la vie. Commencez par le *Visitor Center*, où on vous offre un plan très bien fait. On y découvre une première exposition sur les combats de MLK. Pour visiter sa maison, il faut aller chercher son billet en face, au *King Center*. Ainsi débute une sorte de pèlerinage sur les traces de l'une des hautes figures du combat pour la dignité humaine. Tous les édifices préservés sont dotés de panneaux explicatifs en anglais. Le meilleur jour pour venir est le dimanche, jour de la messe dans les églises largement ouvertes aux visiteurs.

🔭🔭 ***Martin Luther King National Historic Site and Visitor Center*** *(plan B3,* ***60****)* **:** *450 Auburn Ave NE. ☎ 404-331-5190. • nps.gov/malu • De la station Five Points, bus n° 3, demandez l'arrêt au chauffeur Tlj 9h-17h (18h en été). Entrée libre.* Le centre, géré par le Service des parcs nationaux américain, abrite une exposition très complète dédiée au combat du révérend et de ses compatriotes noirs pour les droits civiques. Tout commença, vraiment, dans le sillage de Rosa Parks – qui refusa de céder sa place à un Blanc dans un bus de Montgomery (Alabama), lançant un vaste mouvement de boycott. Vidéos et panneaux instructifs retracent la vie du pasteur et les étapes de la lutte antiségrégationniste, à travers marches pacifiques des *Freedom Fighters* et charges des polices sudistes. On peut aussi voir la charrette qui servit de corbillard à MLK. Passionnant et essentiel pour mieux comprendre cette page de l'histoire américaine... dont les Américains ne parlent pas volontiers, surtout par ici ! Deux films sont projetés en alternance.

🔭 **King Center** *(Freedom Hall ; plan B3,* ***66****)* **:** *449 Auburn Ave NE. C'est ici qu'on se procure les billets gratuits mais indispensables pour visiter la maison natale de MLK, à deux pas de là. Mieux vaut vous inscrire dès l'arrivée dans le quartier car le nombre de visiteurs est limité.* À l'étage, quelques objets personnels sont exposés, dont un costume et la clé de la chambre 307 du *Lorraine Motel*, de Memphis, sur le balcon de laquelle le pasteur fut assassiné. Deux autres petites salles sont consacrées à l'influence de Gandhi et à Rosa Parks. Dehors, le tombeau de MLK (et de sa veuve) repose au centre d'un bassin ; 3 millions de personnes viennent s'y recueillir chaque année.

Martin Luther King House (plan B3, **61**) : *501 Auburn Ave. Visite guidée gratuite en anglais 10h-18h par groupes de 15 pers max. Prenez vos billets au* King Center. *Départ ttes les 30 mn ou ttes les heures selon saison.* Jolie maison en bois de 1895, où naît Martin Luther King le 15 janvier 1929. Il y vivra jusqu'à ses 12 ans, aux côtés de ses frère et sœur, de ses parents, grands-parents et des visiteurs de passage (les hôtels pour Noirs n'existant pas, on s'héberge mutuellement). Sa famille fait alors partie de la classe moyenne supérieure. En 1931, Martin Luther King senior (son père) devient pasteur de l'*Ebenezer Baptist Church.* Le fils le secondera dans cette tâche en 1960. La maison est décorée simplement, comme dans les années 1930-1940. Bien en évidence sur une table, un Monopoly, le jeu favori de MLK ! Le guide murmure cependant que sa pièce de prédilection était la cuisine... Plus que le mobilier, l'important réside dans la symbolique de la visite. Beaucoup d'Afro-Américains y viennent, le visage un peu grave. Pour nombre d'entre eux, la lutte continue.

Ebenezer Baptist (New) Church (plan B3, **64**) : *messes à 7h45 et 11h.* Gigantesque, moderne, sobre et lumineuse, elle se dresse face à la vieille *Ebenezer Baptist Church* où officièrent les King. On se permet de vous rappeler qu'il s'agit d'offices religieux. Il convient, entre autres, d'être correctement habillé. Et même en mettant vos plus beaux atours, il vous sera difficile de rivaliser avec l'extrême élégance des femmes chapeautées, des gamines parées de robes de dentelles et des hommes en costumes sombres. La messe dure bien 2h en tout. Si c'est trop long pour vous, un truc : arriver 30 ou 45 mn après le début. Ce n'est pas irrespectueux ; c'est comme ça que font les locaux. Les premières 30 mn, l'église se remplit petit à petit, et la montée en régime se fait en douceur. La seconde heure est superbe de joie, de foi, d'animation et de prières. Magnifiques gospels et sublimes voix à la Louis Armstrong et Mahalia Jackson. D'une voix vibrante de stentor, le pasteur déclame son sermon avec emphase, animé par un sens du spectacle indéniable. Les fidèles ponctuent ses phrases de « *oh God* » sonores.

Ebenezer Baptist Church (plan B3, **63**) : *407-413 Auburn Ave. Lun-sam 9h-17h ; dim 13h-17h.* La vieille *Ebenezer Baptist Church,* gérée par le Service des parcs, se visite, mais on n'y célèbre quasiment plus de messes. C'est ici que le pasteur King officia de 1960 à 1968, ici aussi que l'on célébra ses funérailles et que sa mère fut assassinée en 1974, alors qu'elle jouait de l'orgue... L'édifice était fermé pour restauration lors de notre dernier passage.

Wheat Street Baptist Church (plan B3, **62**) : *face au 364 Auburn Ave. Messe dim à 10h30.* Peu de Blancs viennent assister à cette messe véritablement spectaculaire, mais ils y sont chaleureusement reçus. Extraordinaire chant gospel et ambiance unique pleine de ferveur en compagnie des familles de fidèles endimanchés (on se répète, par respect, ne venez pas en jean-baskets-T-shirt). Ne vous étonnez pas si on vient vous demander votre nom : vous serez cité au micro en tant que visiteur de marque ! À ne pas louper.

Fire Station N° 6 (plan B3, **65**) : *Auburn Ave, angle Boulevard NE. Tlj 9h-18h.* Cette caserne, l'une des plus vieilles de la ville (1894), est restée en fonction jusqu'en 1991. Elle a été transformée en minimusée, où l'on voit surtout une superbe voiture de pompiers datant de 1927, une *American La France* ! Petit détail qui n'en est pas un : jusque dans les années 1960, les pompiers étaient exclusivement blancs.

En dehors du centre

Grant Park *(hors plan par B3)* : *Georgia et Cherokee Ave.* Le plus vieux parc d'Atlanta (1883) et le plus beau : un vrai morceau de forêt préservée. On y trouve le zoo et le Cyclorama (voir ci-après).

Cyclorama *(hors plan par B3)* : *800 Cherokee Ave SE. Dans Grant Park, à côté du zoo. ☎ 404-658-7625. Entrée juste en face de Georgia Ave. Bus nº 397 de la station King Memorial. Mar-sam 9h15-16h30 ; dim 12h15-15h30. Visite guidée (obligatoire) ttes les heures (durée : 35 mn). Entrée : 8 $; réduc.* La visite commentée (en anglais) se déroule en deux temps : d'abord, un petit film sur l'avancée irrésistible des *Yanks* précédant la bataille d'Atlanta, au début de l'été 1864. Puis la présentation d'une sorte de diorama géant composé d'une gigantesque peinture circulaire servant de toile de fond à une scène tournante, racontant la prise d'Atlanta heure par heure. Cette toile incroyable fut peinte en 1886 : les 11 peintres y passèrent 22 mois ! Et comme les Américains adorent les chiffres, vous apprendrez aussi qu'ils ont utilisé pas moins de 45 000 l de peinture à l'huile ! Les personnages en relief qui semblent en sortir ont été ajoutés en 1936, histoire de donner un job aux artistes sans le sou ruinés par la crise de 1929. Le résultat est étonnant, il faut le reconnaître. Il n'y a qu'une seule femme et qu'un seul Noir (esclave) représentés. Plus marrant : si vous cherchez bien, vous reconnaîtrez Clark Gable, sous la forme d'un soldat mort... son célèbre sourire aux lèvres ! Commentaire nécessitant une bonne maîtrise de la langue. Tout le monde ne sera pas séduit. Belle loco à vapeur du XIXᵉ s à l'entrée.

*À côté, le **zoo** d'Atlanta. ☎ 404-624-5600. • zooatlanta.org • Tlj 9h30-17h30 (18h30 le w-e). Cher : env 21 $; 16 $ enfants 3-11 ans.* Considéré comme l'un des plus beaux des États-Unis, le zoo d'Atlanta est néanmoins pas mal bétonné. Les plus jeunes apprécieront le *petting zoo* (animaux à caresser), le petit train (payant en plus) et les manèges (payants aussi...), mais les animaux ne sont pas si nombreux que ça. À voir surtout : l'enclos des gorilles, le plus vaste, et, en vedette, les deux pandas Lun Lun et Yang Yang qui ont même fait en 1996 un bébé panda (une femelle) nommée Mei Lan – c'est rare en captivité.

LE PANDA EST UN COSSARD

Appartenant à la famille des ours, il était donc autrefois carnivore. Pendant la période glaciaire, beaucoup d'animaux disparurent et le panda dut se mettre à grignoter du bambou, très peu énergétique. Il passe un temps fou à se nourrir. Et quand il rentre à la maison, le soir, il n'a jamais le courage d'honorer sa compagne. Sauf une fois par an, pour faire plaisir aux directeurs de zoo.

Carter Presidential Center *(plan C2)* : *vers le quartier de Little Five Points ; 441 Freedom Parkway, entrée sur N Highland. ☎ 404-865-7100. • jimmycarterlibrary.gov • Bus nº 16 depuis Five Points. Tlj 9h (12h dim)-16h45. Entrée : 8 $; réduc.* Voilà un centre vraiment grandiloquent pour un petit président ! On y découvre la trajectoire de Jimmy Carter et Madame, depuis ses origines de planteur de cacahuètes jusqu'à la création de leur ONG destinée, entre autres, à lutter contre les maladies tropicales et pour la démocratie. L'ex-président américain a reçu le prix Nobel de la paix en 2002 pour ses nombreuses médiations dans des pays en guerre. Le caractère hagiographique de l'expo (façon *success story* à l'américaine) est plutôt surprenant. Cadeaux de voyages officiels, photos, coupures de presse et discours distillent même une impression un rien soviétique à l'affaire... Mais au moins les échecs sont-ils aussi présentés, comme la prise d'otages à l'ambassade américaine de Téhéran, qui coûta sa réélection à Carter.

Plein d'infos, aussi, sur la paix israélo-égyptienne à Camp David (un succès). Et, comme vous n'êtes pas près d'être reçu(e) à la Maison-Blanche, profitez de votre passage ici pour jeter un coup d'œil à la reconstitution du bureau ovale. Vastes et agréables jardins.

DANS LES ENVIRONS D'ATLANTA

Stone Mountain Park : *à 16 miles à l'est de la ville. ☎ 770-498-5690 ou 1-800-401-2407. • stonemountainpark.com • Prendre Ponce de León Ave, puis suivre l'E 78 jusqu'au panneau d'entrée du parc (sortie 8). Bus n° 120 de la station Avondale ou n°118 de la station Kensington (arrêt à 1 mile du parc). Ouv 6h-minuit (attractions 10h-17h30 en théorie, sf lun, variable selon saison). Compter 10 $ par voiture pour l'accès au parc. Attractions (optionnelles) : pass journée 28 $/pers ; réduc.* Ce joli parc naturel, où l'on retrouve toutes les essences de Géorgie, s'organise autour d'un grand lac méandreux et d'un dôme granitique surgi de la forêt, rappelant assez Ayers Rock en Australie (par la forme mais pas la couleur). C'est tout bonnement le plus gros bloc de granit à ciel ouvert du monde ! Malheureusement, on s'est senti obligé d'y sculpter un bas-relief de 600 m² dédié aux confédérés, où apparaissent les frimousses de Jefferson Davis (président des États du Sud durant la guerre de Sécession), Robert E. Lee (chef des armées sudistes) et le général Stonewall Jackson. Prétentieusement, on surnomme le coin le « Mount Rushmore du Sud ». Encore un coup pour attirer les touristes. Vous pouvez grimper en haut du dôme (2 miles A/R) par un chemin balisé, ou préférer le téléphérique qui vous y emmène pour quelques dollars. Le coin a vu se développer une myriade d'attractions : tennis, location de canoës, marina, plagettes, jeux pour enfants, train touristique, etc. Le soir en saison, concerts et spectacles laser (le samedi) sur la montagne. Bonjour la foule ! Beau camping.

SAVANNAH

132 000 hab. (343 000 avec l'agglomération)

Voici l'une des plus jolies villes d'Amérique du Nord. Posé sur les berges de la Savannah River, à 17 miles de son embouchure, le vieux port cotonnier conserve près de 2 500 bâtiments à caractère historique. Particulièrement bien fournie en espaces verts, la ville donne à voir, au gré des promenades, de superbes maisons couleur pastel, dans le plus pur style colonial, avec balcons en fer forgé, escaliers en bois et colonnades majestueuses. Aux chênes vénérables pendent des guirlandes de mousse espagnole comme les larmes versées par ce Sud profond qui ne s'est jamais remis d'avoir perdu la guerre. Les trolleys touristiques y côtoient des calèches tirées par des chevaux harnachés de plumes et de grelots. Tout semble calme, incroyablement bourgeois et assoupi... Un décor tout trouvé pour les cinéastes, qui s'y pressent depuis une trentaine d'années.
Au contraire de bien d'autres, cette ville possède un vrai passé, au point qu'elle est l'un des rares endroits où sont proposées des visites de maisons hantées... Littéralement bâtie sur ses cimetières, elle abonde en récits d'outre-tombe : les fantômes des soldats morts au combat, leurs veuves éplorées, les esclaves lynchés et autres amants maudits peuplent la nuit les squares et les vieilles demeures. Cette profusion d'apparitions spectrales et de manifestations surnaturelles a provoqué la création d'un centre d'études des phénomènes paranormaux !

« Bienvenue à Savannah, cette ville fantastique qui ressemble à *Autant en emporte le vent* sous mescaline et qui fait passer New York pour une ville fade et ennuyeuse. » La citation est d'un journaliste new-yorkais joué par John Cusack dans le film qui illustre le mieux cette ville pleine d'enchantements, *Minuit dans le jardin du Bien et du Mal.*

UN PEU D'HISTOIRE

En 1732, le général Oglethorpe, philanthrope visionnaire, accompagné d'une centaine de compatriotes, quitte l'Angleterre et décide de s'établir ici, position commerciale stratégique entre la Floride espagnole et les colonies anglaises du Nord. Oglethorpe s'est mis en tête de bâtir une communauté « idéale », sans catholiques ni juifs, sans juges, sans alcool et, surtout, sans esclaves. On ne peut pas dire qu'il ait été suivi !

WHO'S GOING TO SAVE HANNAH ?

La petite histoire veut qu'une passagère du nom de Hannah se trouvât sur le premier bateau qui approcha des côtes ; elle tomba par-dessus bord, et tout le monde s'écria alors « Save Hannah », d'où le nom de la ville.

Si les premiers arrivés sont des Anglais et des Écossais tirés de prison où ils croupissaient pour dettes, ce sont des familles juives fuyant l'Inquisition en Espagne et au Portugal, des huguenots français, puis massivement des Irlandais qui vont assurer le développement de la ville. Cela fait aujourd'hui de Savannah une des

Adresses utiles

- 1 Visitor Center
- 2 Savannah Convention & Visitor Bureau
- 3 Bicycle Link (location de vélos)
- 4 Supermarché Kroger

Où dormir ?

- 10 Savannah Pensione
- 11 Bed & Breakfast Inn
- 12 Thunderbird Inn
- 13 Inn at Ellis Square
- 14 Park Avenue Manor
- 15 River Street Inn
- 16 Savannah Comfort Suites
- 17 Avia
- 18 President's Quarters Inn

Où manger ?

- 30 Goose Feathers - The Express Café
- 31 Clary's
- 32 Mrs Wilkes' Dining Room
- 33 Crystal Beer Parlor
- 34 Lady & Sons
- 35 Huey's on the River
- 36 Pirates' House
- 37 The Olde Pink House
- 39 Six Pence Pub
- 40 Belford's
- 41 Gallery Expresso
- 42 Zunzi's Express
- 43 Soho South Cafe
- 44 Vinnie Van Go-Go's

Glaces, salon de thé

- 45 Leopold's Ice Cream
- 46 Gryphon Tea Room

Où boire un verre ? Où écouter de la musique ?

- 37 Planters Tavern
- 41 Gallery Expresso
- 51 Bay Street Blues
- 52 Murphy's Law
- 53 Club One
- 54 Savannah Smiles
- 55 Lulu's Chocolate Bar

À voir. À faire

- 70 Trolley Tours
- 71 First African Baptist Church
- 72 Owens Thomas House
- 73 Telfair Museum of Art
- 74 Juliette Gordon Low Birthplace
- 75 Ships of the Sea, Maritime Museum
- 76 Savannah History Museum
- 77 Mercer House
- 78 Roundhouse Railroad Museum
- 79 Isaiah Davenport House
- 80 Harper Fowlkes House
- 81 Green Meldrim House
- 82 Sorrel Weed House
- 83 Scottish Rite Masonic Temple
- 84 Andrew Low House
- 85 Bnai Brith Jacob Synagogue
- 86 Armstrong House

SAVANNAH

villes les plus diversifiées et cosmopolites du Sud. Au cours de la guerre d'Indépendance, la ville est aux mains des Anglais, qui l'utilisent comme base pour assaillir les insurgés. Le siège de la ville, en 1779, voit la participation du comte d'Estaing, vice-amiral à 31 ans, accompagné de ses troupes antillaises.

En 1793, la veuve du général Nathaniel Greene embauche un nouveau tuteur pour ses enfants, dénommé Eli Whitney. Au hasard d'une conversation, elle se plaint des difficultés techniques de l'exploitation du coton : la séparation de la fibre et des graines demande un temps et un labeur considérables. Whitney s'enferme dans la grange. Dix jours plus tard, il en ressort, triomphant : l'égreneuse à coton a été inventée ! S'ensuit un boom considérable. Au début du XIXe s, Savannah est le deuxième port exportateur de coton au monde. Le ballast débarqué des navires

anglais sert au développement de la ville, dont les entrepôts s'alignent de plus en plus nombreux le long de la rivière Savannah. Durant un siècle, le cours mondial du coton est fixé ici. La ville traverse toutefois une mauvaise passe après l'incendie de 1820 : les moustiques s'installent dans les ruines, favorisant une épidémie de fièvre jaune qui tue 10 % de la population et entraîne l'instauration d'une quarantaine, bloquant le port...
Lors de la guerre de Sécession, le général Sherman, venu d'Atlanta à marches forcées, prend la ville en décembre 1864... sans la détruire, pour l'offrir comme petit cadeau de Noël au président Lincoln ! Les édiles de la ville, pragmatiques, ont offert de lever toute résistance si Savannah était épargnée.
Première capitale de la Géorgie, Savannah est aussi la première ville planifiée des États-Unis. James Oglethorpe, en urbaniste éclairé, en a dessiné le plan, à l'imitation d'un camp militaire romain, avec des rues perpendiculaires qui délimitent l'espace public et l'espace résidentiel. Cette disposition laisse des zones libres pour des parcs et 24 petits squares, tous différents – dont 21 subsistent encore. En dépit de la diversité architecturale des bâtiments publics de la ville, une impression d'harmonie se dégage de l'ensemble grâce à cette régularité des îlots urbains, à ses espaces de verdure, ainsi qu'à l'omniprésence d'une élégante ferronnerie d'art et des grandes colonnades.

Déclin puis renaissance

Amorcé avec la grande crise de 1929 et la chute des cours du coton, le déclin de la cité s'accentue durant la Seconde Guerre mondiale. Dans les années 1950, par volonté de modernité, la ville se met en tête de raser certains quartiers historiques. Des habitants s'en alarment et fondent la *Historic Savannah Foundation* qui rachète les maisons par lots pour les revendre à des acheteurs qui s'engagent à les restaurer et les entretenir. Le succès est immédiat, des secteurs entiers de la ville sont réhabilités et définitivement préservés. Même le *Riverfront,* avec ses anciens entrepôts cotonniers, fait l'objet d'une jolie réhabilitation. Le *Savannah College of Arts and Design,* en rachetant une cinquantaine d'immeubles à l'abandon, dont une armurerie, une prison, un théâtre et des écoles, apporte une contribution substantielle à la rénovation du patrimoine.

Quand y aller ?

Le printemps est le moment idéal pour planifier sa visite. Le thermomètre est encore supportable et la floraison abondante. Fin mars-début avril, les azalées explosent de couleur dans les squares. C'est aussi l'époque du *Savannah Tour of Homes and Gardens* (voir plus loin « Festivals »). L'automne n'est pas mal non plus. L'été moite et étouffant est à éviter. Si Savannah accueille 7 millions de visiteurs par an, c'est à la Saint-Patrick (le XIXe s a vu une forte immigration irlandaise) que son caractère festif atteint son paroxysme, et n'est pas loin d'égaler le célèbre Mardi gras de New Orleans. Pour goûter à ses charmes, un minimum de 2 jours est requis, bien qu'il n'y ait que peu de musées vraiment intéressants.

Arriver – Quitter

✈ ***Aéroport Savannah-Hilton Head International*** *(hors plan par A1)* **:** *à 16 miles au nord-ouest de Savannah. ☎ 912-964-0514. • savannahairport.com • On y trouve un bureau d'info (tlj 9h-22h). ☎ 912-966-3743. Pour rejoindre le centre, bus CAT, ligne n° 2. Tlj sf dim 6h10-8h50 (ttes les 40 mn), puis 15h10-17h50 (ttes les 40 mn). Entre les 2 : rien ! Les départs du centre-ville se font 30 mn plus tôt, à l'angle d'Oglethorpe et Montgomery. Tarif : 1,50 $. Il n'y a plus de navettes à l'heure actuelle. En taxi, compter 29 $ la course pour le centre.* Si vous avez loué une voiture, les loueurs sont sur place. Tellement plus pratique (et rapide) qu'à Atlanta.
Gare ferroviaire Amtrak *(hors plan par A2)* **:** *2611 Seaboard Coast-*

SAVANNAH

line Dr, à 3 miles à l'ouest du centre (en rase campagne !). ☎ *912-234-2611 ou 1-800-872-7245.* Normalement, 3 trains/j. pour New York (mat, soir, nuit) et 2/j. pour Miami (les 2 très, très tôt le mat). Pas de bus pour le centre. On trouve généralement des taxis à l'arrivée des trains ; sinon, demandez au guichet qu'on vous en appelle un.

Gare routière Greyhound *(plan A1)* ***:*** *610 W Oglethorpe Ave, près du Visitor Center.* ☎ *912-232-2135 ou 1-800-231-2222.* Dessert entre autres Atlanta (3-4 bus/j. via Macon), Jacksonville, Orlando et Miami (5-7/j.), Charleston (2-4/j.) et New York (5/j.). Attention, certains départs ont lieu en pleine nuit ! Plus de consigne, mais on peut laisser son sac à l'accueil en dépannage (à 2 $/h quand même !).

➢ ***En voiture :*** depuis Atlanta (250 miles) compter 4h de route. De Charleston (100 miles), moins de 2h.

Comment se déplacer en ville ?

➢ ***À pied :*** l'*Historic District* est tout petit. C'est donc le meilleur moyen d'apprécier le charme de cette ville.

➢ ***À vélo :*** terrain tout plat idéal pour les pédaleurs sauf lors des grandes chaleurs de l'été.

■ ***Location de vélos*** *(plan A2,* ***3****)* ***:*** ***Bicycle Link,*** *408 Martin Luther King Blvd.* ☎ *912-233-9401.* • *bicyclelinksav.com* • *Lun-sam 10h-18h. Compter 20 $/j. ; 40 $ pour 3 j. ; 80 $ pour 7 j.* Vélos de ville sans vitesses.

➢ ***En bus :*** Le *CAT shuttle (☎ 912-233-5767 ; • catchthecat.org •)*, un trolley vert d'époque, relie gratuitement les principaux centres d'intérêt de la ville. Lun-sam 7h10-19h10, ttes les 20-25 mn ; dim 9h40-17h, ttes les 40 mn. Les arrêts se distinguent par des panneaux verts « *CAT shuttle* ». Demandez la carte avec leur emplacement au *Visitor Center.* Relâche 1er janvier, Thanksgiving et Noël. La navette *DOT (☎ 912-447-4026 ; • connectonthedot.com •)*, également gratuite, dessert un secteur plus limité que le *CAT,* délimité au sud par Liberty St. Tlj 11h-21h, ttes les 20 mn. Et, pour compléter, vous pouvez aussi emprunter le *River Street Streetcar,* un vieux tramway australien des années 1930 remis en service, qui longe la rue du même nom d'un bout à l'autre. Mer-dim 12h-19h.

➢ ***En trolley :*** 3 compagnies concurrentes proposent des circuits similaires à travers le centre historique. Compter 15-25 $, pour 90 mn env. Départ du *Visitor Center.* Possibilité d'appeler la compagnie choisie, qui enverra gratuitement un minibus vous prendre à l'hôtel (lire plus loin « À voir »).

➢ ***En calèche*** *(carriage tours)* ***:*** les prix dépendent surtout de l'affluence. Comptez 20-30 $/pers le parcours commenté de 45-50 mn, mais n'hésitez pas à marchander. Pour une calèche privée, rien à moins de 85-95 $. Les départs se font surtout du City Market, sur Jefferson St (ttes les 20-30 mn). Mode de visite parfaitement adapté aux caractéristiques de la ville. Le souvenir que vous en aurez dépend de la qualité du cocher-guide ; ne vous mettez pas à l'avant si vous ne voulez pas avoir les oreilles explosées. Il existe d'autres formules que le parcours classique, du *Champagne Tour* (pas besoin de traduire) jusqu'à la citrouille-carrosse pour mariages. On ne vous recommande pas les *Ghost Tours* qui sont vraiment bidons.

➢ Il existe aussi des *Movie Tours* ***en minibus*** qui vous trimbalent dans les lieux où ont été tournés des films mythiques comme *Forrest Gump, Minuit dans le jardin du Bien et du Mal...* Mais aussi des endroits en référence à des films ou des séries TV dont on n'a jamais entendu parler en Europe. • *savannahmovietours.com* •

P ***Parkings :*** il existe des forfaits 48h vendus 12 $ par l'office de tourisme (parcmètre ou parking public). Pratique si votre hôtel n'en dispose pas. À placer à gauche du pare-brise.

Adresses utiles

i ***Visitor Center*** *(plan A2,* ***1****)* ***:*** *301 Martin Luther King Jr Blvd.* ☎ *912-944-0455. Tlj 8h30 (9h w-e)-17h.* Bureau d'accueil et de tourisme dans l'ancienne gare, documentation abondante. Point de départ des tours guidés.

Savannah Convention & Visitor Bureau *(plan B1, **2**) : 101 E Bay St. ☎ 912-944-0440. • savannahvisit.com • Lun-ven 8h30-17h. Propose un service de résas : ☎ 1-866-887-0670.* Ils essaieront de vous trouver une jolie petite pension si nos adresses affichent complet. Sinon, on peut y passer pour récupérer quelques brochures (mais pas d'infos).

■ Pour savoir ce qui se passe en ville, consultez l'hebdomadaire gratuit *Connect Savannah* (• *connectsavannah.com* •) et le *Savannah Do*, disponible dans l'édition du jeudi du *Savannah Morning News* (• *savannahnow.com* •).

✉ **Poste** *(plan A1) : 118 Barnard St. Lun-ven 8h-17h.*

■ **Police :** *☎ 912-652-6500.*

■ **Supermarché** *(plan A3, **4**) :* ***Kroger,*** *E Gwinett. Tlj 7h-minuit.* Le seul pas trop loin du centre.

Où dormir ?

Attention, ami routard, se loger à Savannah coûte cher, très cher ! Surtout dans le centre historique et dans ses abords immédiats où, le week-end, les tarifs s'envolent (jusqu'à + 50 %)... Si vous êtes motorisé et que vous n'êtes pas trop allergique aux motels de chaîne, vous pourrez faire de sérieuses économies en vous éloignant d'une dizaine de miles. Beaucoup de choix vers le croisement de l'I 95 et de l'I 16 et en direction de l'aéroport. Essayez le *Super 8*, 387 Canebrake Road. Tarifs autour de 54-63 $ pour un bon confort standard, sans charme, certes, mais avec lits confortables, TV écran plat et petit déj léger.

– ***Bed & Breakfasts :*** • *historicinnsofsavannah.com* • *bedandbreakfastsofsavannah.com* • *romanticinnsofsavannah.com* • Sur ces sites, choix de *B & B* de charme situés dans le centre, bien sûr meublés à l'ancienne et offrant une gamme de packages où la sophistication de l'offre atteint (parfois) des sommets de raffinement.

De bon marché à prix moyens

Savannah Pensione *(plan A3, **10**) : 304 E Hall St (à l'angle de Lincoln St). ☎ 912-236-7744. • savannahpensione.com • Fermé janv-fév en général. La seule adresse à ces prix dans le centre. Doubles avec sdb à partager 45-70 $ et familiale 23 $/pers.* Située dans un quartier résidentiel paisible, la vieille maison en bois a l'air presque abandonnée sous sa peinture écaillée. Cette ancienne AJ est devenue *guesthouse,* mais elle n'offre pas plus de confort qu'avant. Ses chambres doubles, assez grandes, sont sommairement aménagées. Air conditionné fluctuant. Cuisine à disposition et supermarché à deux pas. À côté, la *carriage house* possède une cuisine et un petit jardin mal tenu. Le proprio est assez amical quoiqu'un tantinet brouillon.

Thunderbird Inn *(plan A1, **12**) : 611 W Oglethorpe Ave. ☎ 912-232-2661 ou 1-866-324-2661. • thethunderbirdinn.com • Doubles 60-140 $; plus vous réservez tôt, moins c'est cher. Bagels et café le mat.* Il ne faut pas croire le site internet : cet hôtel n'a rien de design ni de cool ! C'est un simple motel, intéressant toutefois, car affichant des tarifs plus abordables que les autres adresses au proche centre-ville. La station *Greyhound* se trouve juste en face. Chambres pas gigantesques mais bien tenues, on aurait presque envie de dire confortables. Souvent plein le week-end, réservez !

Chic

Park Avenue Manor *(plan A3, **14**) : 107-109 W Park Ave. ☎ 912-233-0352. • parkavenuemanor.com • Doubles 100-160 $ selon saison, petit déj compris.* Maurice et Glenn gèrent avec gentillesse ce petit *B & B* sans façons posé près de l'extrémité sud du grand Forsyth Park, aux portes du centre historique. La maison victorienne se repère aisément à sa façade vert sapin et violet ! À l'intérieur, la couleur demeure. Les chambres, confortables, baignent dans une atmosphère sympa de jours anciens, avec de beaux planchers, de vieilles armoires, des baignoires à pattes... On aime bien la *Colony Room* avec sa cheminée en brique. Petit jardin à l'arrière.

🏠 ***Inn at Ellis Square*** *(plan A1, **13**) : 201 W Bay St. ☎ 912-236-4440 ou 1-877-542-7666. • innatellissquare.com • Doubles env 100-175 $; bon petit déj inclus. Parking 9 $.* 💻 📶 Dans un entrepôt à coton datant de 1851, en plein centre, dans le quartier de City Market. Les parties communes évoquent un air de grandeur, mais les chambres sont assez banales. Les plus : bon confort, grand écran plat et grosse pomme de douche. Les moins : salles de bains riquiqui et chambres parfois un peu sombres. Demandez-en une à l'arrière pour être au calme. Piscine coincée contre la rue.

🏠 ***Savannah Comfort Suites*** *(plan A1, **16**) : 630 W Bay St. ☎ 912-629-2001. • savannahcomfortsuites.com • Doubles env 140-200 $ en hte saison, petit déj sommaire inclus. Parking gratuit.* 📶 À 400 m du centre historique, au pied du pont à haubans qui relie la Géorgie à la Caroline du Sud par-dessus la Savannah River. La localisation n'est pas extraordinaire, le bâtiment n'a aucun charme, l'accueil n'est pas toujours au top, mais les chambres sont ultra-spacieuses et d'un excellent confort (2 lits ou *king* et sofa, micro-ondes, frigo...). Petite piscine couverte contre le *lobby.* Pas un coup de cœur, mais un bon compromis qualité-proximité-prix, en particulier hors saison, quand les tarifs sont au régime.

De chic à très chic

🏠 ***Bed & Breakfast Inn*** *(plan A2, **11**) : 117 W Gordon St. ☎ 912-238-0518 ou 1-888-238-0518. • savannahbnb.com • Résa conseillée. Chambres 150-210 $, promos sur le site 110-140 $. Petit déj copieux,* wine & cheese *dans l'ap-m le w-e,* chocolate chip cookies *et lait vers 20h ! Parking dans la rue.* Cette vénérable demeure, très bien située, abrite 20 chambres cosy et personnalisées, la plupart avec des murs de brique ancienne et un beau mobilier ; certaines sont familiales, d'autres disposent d'une cuisine. Plus vous montez dans les étages, plus elles sont petites – mais lumineuses. Petite terrasse noyée dans la verdure derrière la maison.

🏠 ***River Street Inn*** *(plan B1, **15**) : 124 E Bay St ; entrée sur Factors Walk. ☎ 912-234-6400. • riverstreetinn.com • Doubles 159-269 $ selon saison et jour de la sem, incluant une dégustation de vin 17h-18h30.* Ce très bel établissement, membre des *Historic Hotels of America,* occupe 3 anciens entrepôts en brique du marché au coton. Meubles splendides, parquets, cheminées, boiseries d'époque... le décor est superbe, même si les chambres sont très différentes les unes des autres. Les plus agréables offrent un balcon face à la rivière. Si vous n'en avez pas, vous pourrez toujours profiter de la même vue depuis l'ascenseur ! Fitness. Parfois un peu bruyant, cela dit.

🏠 ***Avia*** *(plan A1, **17**) : 14 Barnard St. ☎ 912-233-2116 ou 1-888-591-1234. • aviasavannah.hyatt.com • Doubles 179-289 $. Parking 20 $.* 💻 📶 Le dernier-né des hôtels de Savannah, membre d'une nouvelle petite chaîne de luxe, apporte une note résolument urbaine au paysage local. Les suites, mêlant bois sombre et touches colorées, offrent à la fois le meilleur de la technologie (station MP3, très grand écran plat, coffre à la taille du *laptop...*) et un confort de mise dans les établissements de standing. Terrasse avec piscine, foyer au gaz (!) et *cabañas* façon *beach hotels* caribéens (1er arrivé, 1er servi). Le nec plus ultra : les serviettes placées au frigo pour vous rafraîchir après avoir sué dans la salle de sport ! Bar à tapas. Accueil très pro.

🏠 ***President's Quarters Inn*** *(plan B2, **18**) : 225 E President St. ☎ 912-233-1600 ou 1-800-233-1776. • presidentsquarters.com • Doubles 230-325 $, petit déj et parking inclus.* Ce *B & B* a la particularité de proposer des chambres (16 en tout) centrées sur la bio d'un président des États-Unis. Le concept est marrant, quoique cela ne crève pas toujours les yeux... Toutes sont spacieuses à souhait (surtout à l'étage) et très confortables, meublées dans ce style un peu lourdingue propre aux *B & B* de luxe américains. Si vous voulez occuper la *J.F. Kennedy Suite,* il faut vous y prendre à temps ; sinon, vous risquez de vous retrouver dans la piaule de Richard Nixon !

Où manger ?

La vie touristique se concentre sur River Street et le secteur piéton de City Market.

Spécial petit déjeuner (mais pas seulement)

☕ |●| ***Goose Feathers - The Express Café*** *(plan A1, **30**) : 39 Barnard St, à côté de City Market. ☎ 912-233-4683. Tlj 7h (8h le w-e)-15h.* Repérez le panneau à l'oie. Les lève-tard apprécieront cette cafétéria accueillante qui sert le petit déj toute la journée ! Pour le lunch, plats simples, sandwichs, bagels, tartes salées, *scones, waffles,* toutes sortes de pains et salades fraîches et copieuses. Parfait pour un repas sain et rapide. Excellent rapport qualité-prix. La queue est parfois longue, mais elle avance vite ! Quelques tables sur la rue.

☕ |●| ***Clary's*** *(plan A2, **31**) : 404 Abercorn St. ☎ 912-233-0402. Lun-ven 7h-16h ; w-e 8h-16h.* Un must pour le petit déj, solide et bon marché. Au programme : œufs, omelettes, *pancakes,* viennoiseries, bagels, biscuits moelleux, steaks... Des steaks au petit déj ? *Why not ?* Jadis drugstore, cette cantine de quartier déjà centenaire apparaît dans le best-seller *Minuit dans le jardin du Bien et du Mal.* On y sert une cuisine simple et sans chichis. Spécialité de *pies* et soupe fraîche tous les jours. Musique rétro et déco réduite à quelques gravures et peintures sur Savannah. Service sympa. Soyez cool vous aussi : 10 $ d'amende pour les grognons et les méchants (c'est écrit) !

☕ |●| ***Gallery Expresso*** *(plan A2, **41**) : 234 Bull St, sur Chippewa Sq. ☎ 912-233-5348. Lun-ven 7h30-22h ; w-e 8h-23h.* 📶 Fauteuils et canapés dépareillés vous tendent les bras pour un petit déj léger (bagels, pâtisseries du jour) accompagné d'un bon café, un sandwich ou un petit plat chaud sur le coup de 12h. C'est bon, c'est simple, c'est sympa, et dans le quartier historique, où les adresses n'abondent pas. Dans l'après-midi, le lieu change d'humeur et les verres de vin fleurissent sur les tables (voir « Où boire un verre ? Où écouter de la musique ? »).

☕ Et aussi ***Huey's on the River*** *(plan B1, **35**) : voir plus loin « Prix moyens ».*

De bon marché à prix moyens

|●| ***Zunzi's Express*** *(plan B2, **42**) : 108 E York St. ☎ 912-443-9555. Lun-sam 11h-18h. Sandwichs env 10 $.* Élu *Best take-out* de Savannah, *Zunzi's* navigue allègrement entre *curry stew* et *cottage pie,* falafel et sandwichs aux champignons. Ce drôle de zigoto, venu du pays des Springboks (le drapeau en témoigne), se résume à un comptoir où l'on commande, côté rue, et des tables planquées sur le côté d'un parking, à l'arrière. Le préféré des habitués, c'est le *Conquistador,* un sandwich tellement lardé de poulet qu'il ne ferme pas ! Conclusion : apportez un bavoir. *Zunzi's* organise son propre festival au printemps, le *Zunzifest.* Le leitmotiv est simple : *BYOBB (Bring Your Own Bottle and Band).* En clair, pinard et musiciens bienvenus.

|●| ***Soho South Cafe*** *(plan A2, **43**) : 12 W Liberty St. ☎ 912-233-1633. Tlj 11h-16h (brunch dim). Plats 10-15 $.* Ce café-gallerie, installé dans un hangar réaménagé à la déco éclectique, en marge du quartier historique, fait une excellente escale pour un lunch bon marché. Quiche du jour, salades, avalanche de sandwichs se grignotent sur les tables et chaises dépareillées, à l'ombre du piano central et des toiles égayant les murs immenses.

|●| ***Six Pence Pub*** *(plan A2, **39**) : 245 Bull St. ☎ 912-233-3151. Tlj 11h30-minuit (2h ven-sam, 22h dim). Plats 10-15 $.* Pub anglais très classique avec murs de tartan, plafond à caissons et cabine de téléphone rouge. La cuisine aussi est dans la tradition : *shepherd's pie, bangers and mash* (saucisses-purée), *beef Guinness,* mais aussi de copieux sandwichs garnis et de généreuses salades. La *Key lime*

pie est un peu chère mais excellente. Idéal pour se poser au cours d'une balade dans le quartier historique, qui manque un peu d'adresses de ce genre. Julia Roberts a été filmée ici pour une séquence d'*Amour et Mensonges* (*Something to Talk About*, de Lasse Hallström). Bières pression et grand choix de vin au verre.

Prix moyens

🍽 ***Mrs Wilkes' Dining Room*** *(plan A2,* ***32****) : 107 W Jones St. ☎ 912-232-5997. Lun-ven 11h-14h slt. Lunch à prix fixe 18 $. CB refusées.* De génération en génération, des cuisinières vous préparent une cuisine familiale typique du Sud : poulet rôti ou frit, pain de maïs, ragoût de crabe au sherry, soufflé de patates douces... Les convives se partagent de grandes tables au rez-de-chaussée d'une vieille maison en brique de 1869. On bavarde et on se sert à volonté, à la bonne franquette. Souvent complet, pas de réservation et longue file d'attente au dehors. Les premiers arrivent dès 10h pour être sûrs d'avoir une place !

🍽 ***Vinnie Van Go-Go's*** *(plan A1,* ***44****) : 317 W Bryan St. ☎ 912-233-6394. Lun-jeu 16h-23h30 ; ven-sam 12h-minuit ; dim 12h-23h30. Pizzas 10-15 $. Cash only.* La pizza dans son sens le plus strict, à la new-yorkaise, énorme comme une soucoupe volante, à partager sur l'une des petites tables empilées sur le trottoir. Pas sûr que vous réussissiez à dénicher une place. Accueil réduit à l'essentiel.

🍽 ***Crystal Beer Parlor*** *(plan A2,* ***33****) : 301 W Jones St. ☎ 912-349-1000. Tlj 11h-22h (23h ven-sam). Plats 10-20 $.* On croyait presque disparus ces bons vieux restos américains où l'on s'amarre en famille et dans un brouhaha sympathique autour d'une montagne de nourriture ! Sandwichs, burgers, hot dogs et quelques plats plus recherchés (*crab cakes*, crevettes, viandes grillées), il ne manque rien au bonheur béat des convives replets. On inonde le tout d'une cataracte de bière : plus de 80 choix, grands classiques ou *microbrews*, et même quelques invités étrangers (dont une inattendue *Red Strip* jamaïcaine).

🍽 ***Huey's on the River*** *(plan B1,* ***35****) : 115 E River St. ☎ 912-234-7385. Lun-jeu 7h-22h ; ven 7h-23h ; sam 8h-23h ; dim 8h-22h. Plats 10-35 $, pour ts les budgets.* Dans un ancien entrepôt de coton de 1859, face au quai. On suit avec plaisir l'agitation de River Street à travers les baies vitrées. Spécialités louisianaises de bonne tenue mais sans génie : *po-boy, crab cake, muffuletta, gumbo* et écrevisses. Excellent pain de maïs chaud servi en accompagnement. Clientèle touristique et familiale.

🍽 ***Lady & Sons*** *(plan A1,* ***34****) : 102 W Congress St. ☎ 912-233-2600. Pas de résas par tél, il faut se présenter sur place à partir de 9h30. Lun-sam 11h-15h, 17h-23h ; dim 11h-17h. Southern buffet 16 $. Salades le midi 5-10 $, buffet 16 $. Le soir, buffet 18 $, plats 20-30 $.* Paula Deen, la proprio, est l'auteur d'une série de livres de recettes et passe à la TV sur la chaîne *Food Network*. Son créneau : la cuisine du Sud à l'ancienne. Sa notoriété provoque des queues incroyables autour du resto, mais les commentaires ne sont plus aussi élogieux qu'autrefois. Beaucoup se plaignent désormais d'une qualité moyenne et d'un service médiocre.

De chic à très chic

🍽 ***Belford's*** *(plan A1,* ***40****) : 315 W Saint Julian St. ☎ 912-233-2626. Tlj 8h (11h30 dim)-15h, 17h30-22h. Plats env 20 $.* Installée dans un vieux bâtiment en brique, en plein cœur de l'animation du City Market, cette grande brasserie s'organise autour d'une cuisine ouverte, où s'affaire une armée de cuistots et de serveurs façon *Men in black*. Ils sont diligents et efficaces, le cadre est aéré et lumineux, et les *crab cakes* au riz rouge et à la confiture de tomates nous ont bien plu. Sandwichs et salades le midi. Aux murs, quelques vieilles photos de la ville, en taille XXL.

🍽 🍷 ***Pirates' House*** *(plan B2,* ***36****) : 20 E Broad St. ☎ 912-233-5757. Tlj 11h-21h30 (22h ven-sam). Plats 20-30 $.* Voici la fameuse maison décrite dans *L'Île au trésor* de Stevenson. Le capitaine Flint y serait mort (en exigeant encore du rhum !), et son fantôme se manifesterait les nuits de nouvelle lune... vérifiez votre calendrier lunaire ! On raconte aussi qu'un tunnel relie les caves à la rivière. Bref, une maison mythique, assez fascinante avec sa dizaine de petites pièces en bois basses de plafond. Les enfants adorent, surtout lorsqu'on leur donne leur kit de pirate ! Tout se gâte du côté de l'assiette : friture à gogo et tarifs nettement trop élevés au regard de la qualité. Le prix de la légende ? Bruyant. On peut se contenter d'un *planter* au bar et divaguer discrètement d'une pièce à l'autre...

The Olde Pink House *(plan B1, **37**) : 23 Abercorn St, sur Reynolds Sq. ☎ 912-232-4286. Mar-sam 11h-22h30 (23h ven-sam) ; dim et lun à partir de 17h slt. Env 30-40 $.* Dans une maison du XVIIIe s, un resto chic, classique et élégant mais un peu chichiteux. Compte tenu du service grande classe et du décor exceptionnel, on pourrait s'attendre à une cuisine irréprochable, mais ce n'est pas toujours le cas. Dommage, d'autant que les prix sont vraiment très élevés. Au sous-sol, le célèbre *Planters Tavern* (voir plus loin « Où boire un verre ? Où écouter de la musique ? »), où l'on peut aussi manger.

Glaces, salon de thé

Leopold's Ice Cream *(plan B1-2, **45**) : 212 E Broughton St. ☎ 912-234-4442. Lun-jeu 11h-22h ; ven-sam 11h-23h ; dim 12h-22h.* Une institution locale, fondée en 1919 et rouverte en 2004. Photos anciennes et affiches de ciné aux murs. Pour une glace à consommer sur place, classique ou avec un *twist* local : parfum noix de pécan, pêche en saison et même pétales de rose ou cannelle. Il y a aussi des sorbets.

Gryphon Tea Room *(plan A2, **46**) : 337 Bull St. ☎ 912-525-5880. Lun-ven 8h30-18h ; sam 10h-18h. High tea à l'anglaise 16h-18h (15 $).* Un projet de restauration du *Savannah College of Art & Design* a ramené à la vie la vénérable pharmacie située au rez-de-chaussée du *Scottish Rite Masonic Temple.* Le grand comptoir et les boiseries témoignent de la précédente activité. Ajoutez à cela une grande salle coiffée d'une verrière 1900, des lampes Tiffany, des vitraux, une pendule encadrée de griffons, et vous obtiendrez un endroit plein de caractère. Belle carte de thés, un peu chers mais très bons. Bien agréable de s'y poser en contemplant les chênes couverts de mousses espagnoles de Madison Square. Petit déj jusqu'à 11h, salades et sandwichs le midi.

Où boire un verre ? Où écouter de la musique ?

Le quartier autour de City Market est l'endroit le plus animé le soir. Musiciens de rue, bars, boîtes et bonne ambiance sans risques. On peut aussi voir des concerts gratuits au Forsyth Park les week-ends de la belle saison. Prévoyez le pique-nique !

Bay Street Blues *(plan B1, **51**) : 17 E Bay St. ☎ 912-236-6655.* Ce bar local est fréquenté par une clique d'habitués. Pas de chichis dans la déco, mais du blues live presque tous les soirs sur la miniscène visible de la rue. Le jeudi, la pinte de bière est à 1 $. Karaoké le week-end.

Murphy's Law *(plan A1, **52**) : 409 W Congress St. ☎ 912-443-0855. Jeu-ven 21h-23h,* drink till you drown *(bière à volonté) 5 $.* La devise de la maison ? « L'eau corrode les tuyaux : buvez du whiskey. » Les tricolores vert/blanc/orange flottant en devanture annoncent la couleur : c'est un pub, un vrai, un Irlandais, royaume de la Guinness, du Bushmills et du rugby. Ambiance chaleureuse, chaude, voire survoltée au moment de Saint Patrick's Day. Eh oui, Savannah est l'une des villes des États-Unis où l'on trouve le plus d'Irlandais ! Karaoké, *trivia quizz,* musique live de temps à autre...

Club One (plan A1, **53**) : 1 Jefferson St. ☎ 912-232-0200. • clubone-online.com • Tlj 17h-3h. Cover 15-20 $ pour certains shows. Le bar le plus excentrique de Savannah, sur 3 niveaux, où l'on peut assister en fin de semaine à des shows de drag-queens. 1 ou 2 fois par mois se produit Lady Chablis, un travesti devenu célébrité locale après avoir figuré dans *Midnight in the Garden of Good and Evil* et joué son propre rôle dans l'adaptation cinématographique de Clint Eastwood. Karaoké les mardi et mercredi. Billard (gratuit mar-jeu).

Savannah Smiles (plan A1, **54**) : 314 Williamson St, derrière le Quality Inn. ☎ 912-527-6453. Mer-sam 19h-3h, mais il faut attendre 21h pour la musique et l'ambiance. Entrée : à partir de 5 $. Un endroit où passer une bonne soirée dans une grosse ambiance. Une idée toute simple : 2 pianistes-chanteurs pour reprendre en chœur les classiques de la chanson rock. Apportez votre petit billet avec votre morceau préféré, et on vous le joue en duo (en duel) sur un rythme effréné. Pas de répit, les standards s'enchaînent et les musiciens (de vrais pros) se relaient en permanence. Bières à prix raisonnable et clientèle de tous âges. Dimanche, karaoké.

Planters Tavern (plan B1, **37**) : 23 Abercorn St, sur Reynolds Sq. ☎ 912-232-4286. Piano-bar du très chic restaurant *The Olde Pink House*. Feu de bois dans la cheminée, canapés, ambiance ultra-tamisée pour écouter piano, jazz et/ou blues, dans la grande tradition américaine. L'eau minérale est facturée au prix du champagne. On peut aussi y manger.

Gallery Expresso (plan A2, **41**) : 234 Bull St. Lun-ven 7h30-22h ; w-e 8h-23h. *Coffee house* et bar à vin informel. Intérieur rustique, canapés comme chez grand-mère. Les locaux y viennent au petit matin pour lire le journal. Pratique pour un petit déj ou un lunch sur le pouce. D'autres viennent en terrasse pour boire un jus et écrire des cartes postales. Repaire des étudiants le soir. Atmosphère amicale.

Lulu's Chocolate Bar (plan A1, **55**) : 42 Martin Luther King Jr Blvd. ☎ 912-238-2012. Tlj 17h-minuit (1h ven-sam). Interdit aux moins de 21 ans après 22h. Desserts et cocktails : voilà le credo de *Lulu's*. On s'y empiffre gentiment de tartes, truffes et fondue au chocolat, en sirotant un martini, ou plutôt un *lulutini*, avec vodka au chocolat, liqueur Godiva, crème de cacao et chocolat ! Un vrai rêve de *chocoholics*.

À voir. À faire

Trolley Tours (plan A2, **70**) : dépôt en face du Visitor Center, 234 Martin Luther King Jr Blvd. Parking gratuit. Pas donné, mais ce système permet de visiter Savannah de façon agréable en découvrant les différentes maisons, sites, squares et musées importants. Le tour dure 90 mn (bien pratique quand on manque de temps pour faire un repérage de la ville) et permet de descendre et remonter à loisir (système *hop on hop off*). La brochure, donnée au départ, indique les points de passage. Trois compagnies sont en concurrence sur ce marché. La principale, **Old Town Trolley Tours** (☎ 912-233-0083 ou 1-888-910-8687 ; • trolleytours.com •), assure des passages ttes les 15-20 mn, 9h-16h30, env 26 $ (réduc, promo sur Internet). Également **Old Savannah Tours** (☎ 912-234-8128 ; • oldsavannahtours.com •). Mêmes tarifs. **Oglethorpe Trolley Tours** (• oglethorpetours.com •) est moins cher (env 20 $, réduc) et fonctionne tlj 9h-17h30 mais passe moins souvent (25-30 mn). Autre différence : *Oglethorpe* propose d'abord une visite guidée sans stop pour se familiariser avec la ville, puis le service *hop on hop off*.

– Les fauchés et les réfractaires au style « bétaillère à moutons » se contenteront du *CAT shuttle* (voir plus haut « Comment se déplacer en ville ? »). Mais sans les commentaires !

Dans la ville moderne

Savannah History Museum (plan A2, 76) : 303 M. L. King Blvd. ☎ 912-651-6840. • chsgeorgia.org • Lun-ven 8h30-17h ; w-e 9h-17h. Entrée : 7 $; réduc. À l'arrière du Visitor Center. L'espace utilisé est celui de l'ancienne gare de chemins de fer, au centre de laquelle trône une majestueuse locomotive *Baldwin 403.* C'est bien là le plus intéressant ! De part et d'autre, des vitrines déclinent, dans un certain désordre, les principales étapes de l'histoire locale : coton, guerre d'Indépendance puis de Sécession, etc. Le banc tout bête où s'assied Tom Hanks au début de *Forrest Gump,* tourné en partie à Savannah, est aussi exposé... Avant ou après, on peut voir un film de 18 mn (toutes les 30 mn, le dernier à 16h30) qui complète sans génie le panorama historique de la ville.

Roundhouse Railroad Museum (plan A2, 78) : 601 W Harris Rd. ☎ 912-651-6823. • chsgeorgia.org • Tlj 9h-17h. Visites guidées (horaires variables) ou libres. Entrée : 10 $; réduc. Aménagé dans l'ancien garage-atelier des chemins de fer, qui fonctionna jusqu'en 1963, ce musée expose autour de l'aiguillage central une bonne dizaine de vieilles locos et wagons. Les plus anciens datent du début du XXe s. Pour voir l'intérieur, il faut participer à la visite guidée. Pour les amoureux des petits trains et les nostalgiques de la révolution industrielle.

Ships of the Sea, Maritime Museum (plan A1, 75) : 41 M. L. King Blvd. ☎ 912-232-1511. • shipsofthesea.org • Mar-dim 10h-17h. Entrée : 8 $; réduc. Ce musée occupe une demeure *Greek revival* de 1819, bâtie pour le proprio du *Savannah,* le premier bateau à vapeur à avoir traversé l'Atlantique. On peut en voir une maquette, et beaucoup d'autres, superbes, comme celle du *Anne* qui transporta les premiers colons en Géorgie, ou celle du *Languedoc,* à la tête d'une flotte de 22 navires qui acheminèrent le contingent français de la guerre d'Indépendance sous les ordres de l'amiral d'Estaing. Une maquette de grande dimension montre même le *Titanic* en train de couler... Ajoutez à cela des figures de proue, des tableaux de marine, des instruments de navigation et toutes sortes d'objets plus ou moins surprenants liés à la vie des marins. Ce chat en porcelaine français ? Un symbole utilisé dans les bordels de ports anglais à la fin du XVIIIe s... S'il avait les yeux verts, la voie était libre. S'ils étaient rouges, la maison était fermée ou la police rôdait dans le coin... Très belle collection de *scrimshaw* (sculptures sur dents de cachalot). Magnifiques jardins débordant d'azalées, en fleur au début du printemps.

First African Baptist Church (plan A1, 71) : 23 Montgomery St. ☎ 912-233-6597. Visites guidées mar-sam à 11h et 14h. Donation : 5 $. Messes à 18h30 en sem, 8h30 et 10h dim.. Cette église, fondée en 1773, ne présente aucun intérêt esthétique ou architectural ; on peut même dire qu'elle est assez laide. Mais son histoire est précieuse pour la communauté afro-américaine. En effet, pendant la guerre civile, de nombreux esclaves s'y sont cachés. Ces décorations en forme de losange au sol ? Des trous de ventilation pour leur permettre de respirer. A. Marshall y fut pasteur en 1824... après 50 ans d'esclavage ! Son témoignage a permis de mieux connaître l'histoire des Afro-Américains de Savannah. On le voit représenté sur les vitraux. Tout le monde est bienvenu à l'office dominical, au milieu des tenues colorées, pour suivre un service rythmé par les gospels.

River Street (plan A-B1) : il faut descendre à pied jusqu'à River Street, le centre touristique de Savannah, une large rue pavée qui donne sur la rivière. C'est ici que les navires chargeaient et déchargeaient leurs marchandises, comme l'attestent les larges entrepôts en brique aux façades décrépies, où les esclaves transbordaient les balles de coton. C'est dans ces lieux de dur labeur que s'est bâtie la fortune de Savannah. Sur les bords de la rivière, à présent empruntée par d'énormes porte-conteneurs, on se met à rêver à l'âge d'or du commerce et aux trois-mâts qui rejoignaient l'Angleterre, les cales pleines à craquer. La balade sur les quais est l'un des passages obligés de la ville. La rue, très animée, est bordée de restaurants, bars et boutiques débordant de poupées en jupons et crinolines, drapeaux confédérés, bateaux pirates miniatures et autres souvenirs issus tout droit d'*Autant en emporte le vent*. On y trouve aussi les magasins où se fabriquent les fameuses ***pralines*** de Savannah.

🏛 ***Telfair Museum of Art*** *(plan A1,* ***73****) :* *121 Barnard St, sur Telfair Sq. ☎ 912-790-8800. • telfair.org • Lun 12h-17h ; mar-sam 10h-17h ; dim 13h-17h. Entrée : 20 $ (incluant la visite de la* Owens Thomas House*) ; réduc.* Dans une grande demeure de style Régence, c'est le plus vieux musée d'art du sud des États-Unis (1883), mais il ne vous laissera probablement pas de grandes émotions artistiques... Quelques pièces sont meublées comme dans les années 1820, à l'instar du grand salon, décoré d'un papier peint français représentant les grands monuments de Paris sur fond de montagnes imaginaires ! Pour le reste, beaucoup de copies (médiocres) de statues antiques et une courte collection de toiles américaines et françaises de seconde et troisième zones. Imposante composition historiciste *Le Prince noir à la bataille de Crécy,* due au pinceau d'un certain Julian Story, le bien nommé. À l'étage, la célèbre statue *The Bird Girl* du non moins fameux *Midnight in the Garden of Good and Evil.*

Dans le quartier historique

À son origine, la ville, conçue sur un plan volontaire, quasi militaire (Oglethorpe était général), comptait quatre places équidistantes – destinées à permettre des exercices en armes ! D'autres furent ajoutées au fur et à mesure de son extension, culminant à 24 places en 1851. Il en reste 21 aujourd'hui, la plupart encadrées de vénérables demeures et plantées de grands arbres. Les plus fastueuses, dotées de monuments commémoratifs, s'alignent sur Bull Street, au centre, dans l'axe du grand Forsyth Park.
La plupart des maisons datent de la première moitié du XIXe s et affichent un style *Greek revival* inspiré de l'architecture des temples grecs de l'Antiquité. On rencontre aussi le *Federal style,* déclinaison locale du néoclassicisme, d'inspiration plus romaine. Le *Regency* n'est autre que l'équivalent américain du style Empire, marqué par la symétrie et la géométrie. Éléments grecs, romains et égyptiens s'y mêlent allègrement.
De nombreuses demeures historiques sont ouvertes à la visite. Inutile toutefois de rêver déambuler de pièce en pièce, on ne peut y pénétrer qu'au gré de visites guidées, généralement très encadrées, parfois vivantes, parfois mortellement ennuyeuses, tout dépend du guide. Les photos sont partout interdites, de même que les téléphones portables et... les chewing-gums ! Sauf exception, les horaires de fermeture que nous indiquons sont ceux du départ de la dernière visite.

🏛 ***Wright Square*** *(plan A1-2) :* le monument a été érigé en mémoire d'un ponte des chemins de fer, mais ce n'est pas là l'intéressant. Sur le côté se trouve la tombe de *Tomochichi,* le chef des Indiens yamacraw, qui permit à Oglethorpe et à ses colons de s'installer en paix sur ses terres et fonder la ville. Tomochichi fit le voyage en Angleterre en 1734 (il avait alors plus de 80 ans) et fut reçu par l'archevêque de Canterbury ! Exceptionnelle exception, il fut même enterré avec les honneurs militaires...

🏛🏛 ***Juliette Gordon Low Birthplace*** *(plan A2,* ***74****) :* *10 E Oglethorpe Ave. ☎ 912-233-4501. • juliettegordonlowbirthplace.org • Lun-sam 10h-16h ; dim 11h-16h (dernière visite). Fermé mer nov-fév. Entrée : 8 $; réduc. Forfait incluant aussi les maisons* Isaiah Davenport *et* Andrew Low *: 18 $.* Construite entre 1818 et 1821 pour le maire de l'époque, cette demeure de style Régence, richement meublée, a appartenu à la fondatrice des *girl scouts* aux États-Unis. Une dame de caractère, surnommée Daisy, qui lisait les mémoires de Napoléon et les aventures de Sherlock Holmes, habita en Angleterre et repeignit le portrait de son père pour en faire son bisaïeul... histoire d'avoir, elle aussi, une belle galerie d'ancêtres, comme ces satanés *British* ! Elle a été enterrée dans son costume de *girl scout*. Probablement l'une des plus belles maisons anciennes à visiter dans Savannah, donnant une bonne idée du style de vie au XIXe s. Sachez toutefois que les portes en acajou et moulures au plafond ne se voient que dans les salles de réception. Rien de tel dans les chambres !

Owens Thomas House *(plan B2, **72**)* **:** *124 Abercorn St, contre Oglethorpe Sq.* ☎ *912-233-9743.* • *telfair.org* • *Tlj 10h (12h lun, 13h dim)-17h. Visite guidée (ttes les 30 mn) : 20 $, incluant l'entrée au musée* Telfair ; *réduc.* Cette maison, dessinée par un architecte anglais de 24 ans et achevée en 1819, est le plus bel exemple du style Régence *(Greek revival)* du pays. Sa façade patricienne se déploie autour d'un portique aux fines colonnes ioniques. La visite débute dans une petite pièce au plafond peint en bleu : une couleur qui, pour les esclaves qui logeaient ici, protégeait des mauvais esprits. Quelques panneaux abordent le sujet sensible de l'esclavage, mais on a vite fait de comprendre l'affligeante réalité : les esclaves ont construit ces somptueuses demeures de leurs mains mais faisaient tout naturellement partie de l'inventaire lors d'une estimation ou d'une vente. Le mobilier n'est pas parmi les plus beaux, mais les détails architecturaux sont superbes : ainsi de ces portes courbées de la grande salle à manger, des motifs en grecques et des colonnes corinthiennes aux chapiteaux dorés encadrant l'escalier. L'architecte intégra de nombreuses nouveautés pour l'époque, dont des cheminées à charbon et un système complexe de plomberie. La grande citerne, elle, servait à conserver la glace apportée du nord du pays ! À signaler que Lafayette séjourna dans la maison en 1825, lors d'une tournée célébrant la guerre d'Indépendance américaine. Il en profita, lors d'un discours, pour déclarer que les États-Unis ne seraient pas le grand pays qu'ils aspiraient à être tant que l'esclavage perdurerait.

Columbia Square *(plan B2)* **:** jolie fontaine au centre, en provenance de la plantation *Wormsloe*, la plus ancienne de la colonie (en périphérie). Ce square constituait la limite est de la ville lorsqu'elle était entourée de remparts (en terre).

Isaiah Davenport House *(plan B2, **79**)* **:** *324 E State St.* ☎ *912-236-8097.* • *davenporthousemuseum.org* • *Tlj 10h (13h dim)-16h. Fermé 3e sem de janv. Entrée : 8 $; réduc. Forfait incluant aussi les maisons* Juliette Gordon Low Birthplace *et* Andrew Low : *18 $.* Donnant sur Columbia Square, la maison, tout en brique, offre un parfait exemple d'architecture fédérale (1820), dont l'austérité est atténuée par un élégant escalier. Celui de l'intérieur, très beau, a été réalisé par le premier proprio, menuisier de son état. Mobilier d'époque.

Colonial Park Cemetery *(plan B2)* **:** *tlj 8h-20h.* En usage des années 1750 à 1850, il abrite les tombes de quelques fameux personnages liés à l'histoire de la ville et à la guerre d'Indépendance. Les troupes de l'Union ont campé dans le cimetière en 1865, bousculant pas mal les pierres tombales. Beaucoup d'entre elles sont flanquées d'un panneau explicatif détaillant la vie de leur locataire. Près du cimetière, à l'angle d'Abercorn et Oglethorpe, vous remarquerez sans doute une grosse cloche... jadis utilisée pour annoncer les incendies. Elle sonnait autant de fois que nécessaire pour désigner le quartier du drame (la ville était découpée en 24 secteurs).

Chippewa Square *(plan A2)* **:** en son centre, la statue en bronze de James Oglethorpe, premier gouverneur de Géorgie, se tourna au sud, comme pour faire rempart aux Espagnols installés en Floride. C'est ici que fut tournée la scène d'ouverture de *Forrest Gump*. Le banc sur lequel était assis Tom Hanks avec sa boîte de chocolats a été placé dans le Musée historique pour éviter qu'il ne soit débité en morceaux par des fans.

Harper Fowlkes House *(plan A2,* ***80****)* **:** *230 Barnard St. ☎ 912-234-2180. • harperfowlkeshouse.com • Visites mer-ven 10h-15h, ttes les 45 mn, sf j. fériés. Entrée : 10 $.* Sur Orleans Square, altière demeure de style *Greek revival* (1842) au monumental portique de colonnes corinthiennes inspiré du temple des Vents à Athènes. Belle grille de fer forgé. Aux plafonds, pendent des chandeliers à gaz remodelés.

Pulaski Square *(plan A2)* **:** notre préféré, superbe avec ses grands chênes dégoulinant de mousses espagnoles qui forment comme une voûte végétale au-dessus de l'esplanade. Quelques bancs pour s'oublier un moment.

Madison Square *(plan A2)* **:** bordé, entre autres, par la *Saint John Episcopal Church.* Concerts de carillon à 12h.

Green Meldrim House *(plan A2,* ***81****)* **:** *14 W Macon St. ☎ 912-233-3845. Mar, jeu et ven 10h-16h ; sam 10h-13h.* Tournée en partie vers Madison Square, cette somptueuse villa, de style *Gothic revival* (1853), s'orne d'un bow-window et d'un toit crénelé. Elle a été commanditée par le grand-père de Julien Green et dessinée par l'architecte new-yorkais John Norris. Ce fut le Q.G. de Sherman après la prise de la ville en 1865.

Sorrel Weed House *(plan A2,* ***82****)* **:** *6 W Harris St, sur Madison Sq. ☎ 912-236-8888. • sorrelweedhouse.com • Tlj 10h-16h30. Entrée : 10 $.* Cette belle demeure rose, tapissée d'une profusion de plantes poussant dans une certaine anarchie, a été bâtie en 1840 dans un style *Greek revival* mâtiné d'influences méditerranéennes. Son premier proprio, un certain Francis Sorrel, d'origine française, fut sauvé de la Révolution haïtienne dans son enfance par un esclave resté fidèle. Un geste bien mal récompensé... L'un de ses descendants fut un proche de Lee, nommé général à l'âge de 26 ans.

Sur **Bull Street,** au sud de Madison Square, une pittoresque bâtisse en brique, avec ses tourelles pointues et son imposante porte flanquée de canons, abrite le département de *Graphic Design* du *Savannah College of Art and Design.* Juste en face se dresse le **Scottish Rite Masonic Temple** *(plan A2,* ***83****),* très haut et imposant édifice à frises dorées et bleues, colonnes à chapiteaux corinthiens, que l'on peut apercevoir pendant le générique d'ouverture du film *Forrest Gump.* **Jones Street,** la rue suivante en descendant vers le sud, est considérée comme la plus belle des États-Unis. Et c'est mérité !

La Fayette Square *(plan A2)* **:** dominé par la cathédrale catholique Saint-Jean-Baptiste, fondée par des émigrés français ayant fui les révolutions française et haïtienne. Le bâtiment actuel, de 1900, n'a cependant guère d'intérêt. La *Hamilton Turner Mansion* sur le côté est serait hantée par les enfants Hamilton qui font rouler des boules de billard dans les escaliers !

Andrew Low House *(plan A2,* ***84****)* **:** *329 Abercorn St (entrée sur Macon ou Charlton St). ☎ 912-233-6854. • andrewlowhouse.com • Tlj 10h (12h dim)-16h. Visites ttes les 30 mn. Fermé jeu nov-fév et principaux j. fériés. Entrée : 8 $; réduc. Forfait incluant aussi les maisons Juliette Gordon Low Birthplace et Isaiah Davenport : 18 $.* La maison (1849), de style *Greek revival,* porte le nom d'un riche négociant écossais, époux de Juliette Gordon Low, la fondatrice du scoutisme féminin aux États-Unis (qui est morte ici). Elle possède un jardin raffiné donnant sur Lafayette Square. Porcelaine française, argenterie, cristal de Bohême, poignées de portes plaquées argent... de toute évidence, Mister Law n'avait pas de soucis financiers ! Grossiste en coton, il a fait fortune en exportant vers son Écosse natale pour nourrir les filatures de la révolution industrielle. Les intérieurs sont intéressants, mais la visite est très barbante.

Calhoun Square *(plan A2-3)* **:** c'est le seul à avoir conservé toutes ses maisons d'origine. Ne manquez pas de faire un tour à « *The Book* » *Gift Shop (127 E Gordon St)*, la boutique « officielle » consacrée au livre de Berendt, *Midnight in the Garden of Good and Evil*. À un angle, *Massie School*, première école élémentaire de Géorgie (1856).

Bnai Brith Jacob Synagogue (plan A2, **85**) **:** *Abercorn St.* ☎ *912-354-7721. Lun-ven 10h-13h, 14h-16h. Entrée : 5 $.* Une église ? Non, une synagogue. L'histoire remonte à 1733. La colonie de Savannah à peine fondée, un navire se présente, avec à son bord 41 réfugiés juifs. Cinq mois plus tôt, Oglethorpe a défini des statuts interdisant le territoire aux non-protestants. Mais la bourgade souffre d'une épidémie de fièvre jaune et le médecin du bord semble un envoyé divin... Les colons soignés, Oglethorpe autorise le groupe à s'installer. Une congrégation est formée : c'est aujourd'hui la troisième plus ancienne des États-Unis. Le bâtiment actuel date de 1878. À l'étage, un petit musée conserve des objets liturgiques, dont une vénérable Torah sépharade en rouleau sur peau de daim. Elle remonte probablement au XVe s et serait la plus ancienne conservée en Amérique ! Mais au fait, pourquoi cette apparence d'église néogothique à trois nefs ? En raison de la mode de l'époque, tout simplement.

Monterey Square *(plan A2)* **:** en son centre se dresse un obélisque édifié à la gloire du comte Casimir Pulaski, un Polonais qui se distingua pendant la guerre d'Indépendance. Une autre place et un fort à l'extérieur de la ville portent son nom. Les maisons de ce square valaient autrefois 30 000 dollars, elles se négocient aujourd'hui à plusieurs millions. Plusieurs arborent des balcons en fer forgé remarquables.

Mercer House (plan A2, **77**) **:** *429 Bull St, sur Monterey Sq.* ☎ *912-236-6352.* • *mercerhouse.com* • *Entrée par le 430 Whitaker St. Visites tlj 10h30 (12h30 dim)-16h. Entrée : 12,50 $; réduc.* Cette demeure de style mi-*Greek revival* (à l'avant), mi-italianisant (à l'arrière) fut la propriété du compositeur Johnny Mercer. Bâtie en 1860, elle était encore inachevée lorsque se déclencha la guerre de Sécession. Elle est devenue célèbre par les excentricités de son ancien locataire, l'antiquaire Jim Williams, dont les fêtes légendaires attiraient la belle société de Savannah. Sa devise ? *« If you like it, buy it ! »* C'est ainsi qu'il a entassé sous son toit une quantité incroyable d'objets de bon et de mauvais goût : porcelaine chinoise récupérée sur une épave (paraît que ce qu'on y mangeait avait un goût de sel !), antiquités, peintures, gravures, art africain et, dans le seul bureau, pendule Boulle provenant de Versailles, cheminée en marbre de Carrare et portrait de femme de la main de Hudson. C'est ici que s'est tramé LE crime : celui perpétré par Jim Williams sur son amant, fait divers autour duquel le best-seller *Midnight in the Garden of Good and Evil* de John Berendt et le film éponyme de Clint Eastwood ont été conçus. Jim Williams est mort d'une crise cardiaque quelques mois après avoir été acquitté, au terme d'un quatrième procès ! Superbe escalier en acajou.

Armstrong House (plan A2, **86**) **:** *441 Bull St, sur Monterey Sq.* Véritable petit palais italianisant avec porche à colonnes. Un superbe balcon en fer forgé court tout autour.

Forsyth Park *(plan A3)* **:** grand parc à l'anglaise. À l'ombre des sycomores, magnolias et buissons d'azalées, sa fraîcheur est bienvenue lorsque la ville est écrasée de chaleur. En son centre, les eaux jaillissent d'une fontaine un peu kitsch où viennent se désaltérer les palombes et les écureuils. Les jeunes mariés viennent s'y faire photographier.

En périphérie

Bonaventure Cemetery (hors plan par B2-3) : *330 Bonaventure Rd, à Thunderbolt, à 4 miles au sud-est. Du centre-ville, prendre Liberty qui devient Wheaton, puis continuer 1 bon mile ; tourner à droite dans Skidaway Rd, la suivre sur env 2 miles, puis à gauche dans Bonaventure Rd, à la hauteur du* McDo. *Tlj 8h-17h.* Évoqué dans le célèbre roman *Minuit dans le jardin du Bien et du Mal,* ce cimetière est la dernière demeure d'habitants célèbres de Savannah, comme Conrad Aiken et le compositeur Johnny Mercer. Les nombreux chênes aux mousses espagnoles et les azalées en pagaille lui confèrent une atmosphère envoûtante. C'est là, au milieu des tombes flanquées de statues de pleureuses, que se trouvait la sculpture dite de la *Bird Girl,* rendue célèbre après avoir figuré sur la couverture du roman... tellement célèbre qu'elle fut transférée au musée *Telfair.*

Wormsloe Historic Park : *7601 Skidaway Rd, à 8 miles de Savannah. ☎ 912-353-3023. • gastateparks.org/wormsloe • Suivre les indications pour le* Bonaventure Cemetery *jusqu'au* McDo, *puis encore 4 miles tt droit. Mar-dim 9h-17h. Entrée : 8 $.* C'est ici, en 1740, que fut fondée la première plantation de Savannah. Il n'en reste rien, si ce n'est quelques bases de murs en *tabby* (mélange de chaux et coquilles d'huître) et une splendide allée de chênes. Les descendants de Noble Jones, son fondateur, habitent encore sur place, dans une belle demeure de plantation bâtie en 1828.

Festivals

– ***Saint Patrick's Day :*** *autour du 17 mars, pdt 3-5 j. • savannahsaintpatricksday.com •* Sa célébration revêt un caractère tout particulier à Savannah... qui accueille alors plus de 400 000 visiteurs. C'est donc la deuxième parade la plus importante du genre aux États-Unis ! Certains servent des bières teintées en vert, d'autres des omelettes vertes, les fontaines jaillissent en vert. On voit la vie en vert !
– ***Tour of Homes and Gardens :*** *3 j. fin mars. Les tickets se réservent bien à l'avance sur • savannahtourofhomes.org •* Une sorte de journée portes ouvertes de la ville : l'occasion rêvée de pénétrer dans les plus belles demeures privées.
– ***Savannah Jazz Festival :*** *sur 1 sem, en principe 2de quinzaine de sept. • savannahjazzfestival.org •* Un festival attirant les artistes de jazz parmi les plus talentueux.

DANS LES ENVIRONS DE SAVANNAH

Mighty Eighth Air Force Museum : *175 Bourne Ave, à* **Pooler,** *sortie 102 sur l'I 95, à 12 miles au nord-ouest de Savannah. ☎ 912-748-8888. • mightyeighth.org • Tlj 9h-17h. Entrée : 10 $; réduc.* Un de ces musées patriotiques dont les Américains raffolent. Celui-ci raconte l'histoire de la 8e armée aérienne, qui forma à partir de la Géorgie la plus grande armada d'avions de l'histoire, et évoque à travers elle toute la Seconde Guerre mondiale. La 8e compta jusqu'à 350 000 hommes et femmes dans ses rangs. Constituée essentiellement de bombardiers *B-17 (Flying Fortress),* elle mena de 1942 à 1945 quelque 740 000 missions sur l'Europe occupée par les nazis. Muséographie très bien faite avec un rappel historique de la bataille d'Angleterre, puis l'entrée en guerre des Américains et le déploiement des escadrilles sur les bases anglaises dans des conditions de confort plutôt précaires. Au passage : ce certificat de membre du *Lucky Bastard Club* pour ceux qui ont survécu à 25 missions... Bilan : 47 000 morts, blessés ou prisonniers dans les rangs de la 8e et 800 000 t de bombes larguées. On ne fait pas trop cas des populations civiles grillées sous le feu des tapis de bombes incendiaires, mais comme les Allemands avaient fait de même pendant le « blitz »... « c'était la guerre » !... Intéressante section, à la fin, sur les femmes pilotes. Victimes de discrimination, elles n'étaient pas considérées comme militaires, mais comme civiles, et devaient donc payer elles-mêmes leurs frais de déplacement jusqu'au centre d'entraînement ! Un B-17 est en cours de restauration sur place. À l'extérieur, un *Mig 17* russe, un *F-4 Phantom* de la guerre du Vietnam et un bombardier *B-47* de la guerre froide.

Fort Pulaski : *à env 15 miles à l'est de Savannah, sur la route de Tybee Island. ☎ 912-786-5787. • nps.gov/fopu • Tlj 9h-17h (18h30 de fin mai à mi-août). Entrée : 5 $; réduc.* Le général Lee y occupa son premier poste après avoir été diplômé de West Point. Une grande coquille vide. Démonstrations de tir d'artillerie trois fois par jour et tir du canon le samedi !

Tybee Island : prononcer « thaïbi ». À travers un paysage marécageux plus surprenant que beau, un ruban d'asphalte de 20 miles relie Savannah à Tybee Island. Cette station balnéaire peut être un but agréable de balade, même si la ville est dépourvue de charme, hôtels et restaurants en tout genre se succédant platement. On y vient surtout pour la grande plage. Paysages de dunes et océan à perte de vue.
Le *phare* a fière allure avec ses couleurs anthracite et blanc. Fondé en 1773, c'est le plus ancien de Géorgie et le troisième des États-Unis, témoin de l'activité maritime de la région. Le bâtiment actuel, cela dit, est postérieur d'un siècle. Petit musée.

Adresse utile

Tybee Island Visitor Information Center : *802 1st St. ☎ 912-786-5444 ou 1-800-868-2322. • tybeevisit.com •*

Où dormir ? Où manger dans le coin ?

On ne vous conseille pas vraiment le *River's End Campground & RV Park* : les tentes y sont reléguées près de l'entrée ou le long d'une route latérale. Quelques motels sur la rue principale (Butler Avenue), comme le *Sandcastle Inn* (au nº 1402). Tarif autour de 70 $ la semaine, 100 à 120 $ le week-end.

Tybee Island Inn : *24 Van Horn Ave, Tybee Island. ☎ 912-786-9255. • tybeeislandinn.com • Doubles 100-250 $ selon taille et saison, petit déj et afternoon snack compris.* Jolie maison de 1902 en bois, jaune et grise, à 5 mn de la plage. Les 7 chambres, avec lit *king* ou *queens*, ont toutes leur propre salle de bains. Chacune décline un thème spécifique ; dans le genre kitsch, on aime bien la *Mermaid* (sirène). Très sympa : le petit jardin avec son très gros chêne pleurant des mousses espagnoles. Transats à dispo. Bon accueil.

The Crab Shack at Chimney Creek : *40 Estill Hammond Rd. ☎ 912-786-9857. Sur la droite de l'I 80 avt d'arriver dans l'agglomération (fléché). Tlj 11h30-22h (23h ven-dim). Env 15-30 $ selon son choix. Mer, All-U-can-eat oyster roast 10 $ (eh oui, les huîtres sont grillées !).* Pontons et cabanes entre les arbres, style *Pirates des Caraïbes,* décorées de guirlandes de loupiotes face à la lagune. C'est ici le royaume des fruits de mer, crevettes et crabes bleus, à accompagner d'une bonne grosse *baked potato.* À déguster sans avoir peur de se salir les doigts : la poubelle à déchets se trouve sous la table percée en son centre ! Petit parc à alligators. Tenez-vous en de préférence aux *specials,* sinon la note a vite fait de grimper.

LA CAROLINE DU SUD

Avec une population de 4,5 millions d'habitants, la Caroline du Sud (capitale Columbia) s'étend sur près de 83 000 km². C'est le plus petit des États du Sud. Son territoire recèle une considérable variété de paysages : plages sablonneuses et îles subtropicales dans la zone côtière, immenses forêts de pins, champs de coton et de tabac, impressionnants sommets bleutés des Appalaches.
La Caroline du Sud est aussi riche en histoire et elle a conservé de nombreuses traces de son héritage culturel et architectural, principalement des XVIIIe et XIXe s, quand l'oligarchie des planteurs incarnait ce *South style way of life* insouciant et fastueux que procuraient la culture du riz, du coton et la main-d'œuvre gratuite des esclaves noirs.
Charleston, sur la côte atlantique, en est l'incontestable joyau avec ses rues pavées, ses bâtiments historiques, ses belles demeures et sa douceur de vivre. Entre Savannah et Charleston, nous avons fait une étape par la petite cité de Beaufort qui synthétise parfaitement le charme de ces petites cités un peu assoupies des *lowlands* entre lagune et océan, et où se préserve une culture spécifique, venue d'Afrique via les Caraïbes, celle du peuple gullah.

UN PEU D'HISTOIRE

À l'arrivée des premiers Européens, la région est peuplée par les Cusabos, les Catawbas, les Yamasees et les Cherokees. Le conquistador espagnol Ponce de León, venu de Floride, s'y aventure en premier en 1512. Les Espagnols établissent un camp près de l'actuelle Georgetown en 1526. En 1562, des huguenots français tentent en vain de fonder une colonie sur l'île Parris en y construisant un fort du nom de *La Caroline* en l'honneur de Charles IX. La région est ensuite explorée par Sir Walter Raleigh, entre 1584 et 1587. À l'expiration de la concession, en 1663, Charles II octroie le territoire de Caroline à huit propriétaires, qui fondent des établissements privés. *Charlestown,* la première colonie anglaise permanente, est créée en 1670. En 1728, la Caroline devient propriété de la Couronne et en 1730, elle est scindée entre Nord et Sud. Les deux États prennent une part active à la guerre d'Indépendance, repoussant les Anglais à *Fort Moultrie* en 1776 mais perdant Charleston en 1780. La Caroline du Sud devient le huitième des 13 États fondateurs de l'Union, en 1788. La capitale est transférée de Charleston à Columbia. L'État défend le système esclavagiste et s'oppose à l'ingérence du pouvoir fédéral : c'est le premier des futurs confédérés à faire sécession en 1860. L'attaque de *Fort Sumter,* face à Charleston, le 12 avril 1861, déclenche l'ouverture des hostilités. L'armée de Sherman envahit la Caroline du Sud en 1865, incendiant Columbia et laissant derrière elle un État dévasté. La période de reconstruction est difficile et marquée par la corruption. La Caroline du Sud, comme le Mississippi et la Géorgie, résiste fortement au mouvement des droits civiques. En 1955, le congrès de Columbia promulgue même encore une série de mesures discriminatoires ! La Caroline du Sud reste encore aujourd'hui un état hyper conservateur et un fief fidèle du parti républicain (58 % des chambres locales). La peine de mort y est toujours appliquée. C'est peut-être en Caroline du Sud que s'est le plus maintenue la mentalité sudiste.

BEAUFORT

11 700 hab.

Voici une étape idéale, entre Savannah (à 45 miles) et Charleston (à 70 miles), pour se rendre compte de l'opulence des riches planteurs du XVIIIe s, enrichis par la culture de l'indigo et du riz. Le centre historique se parcourt aisément à pied. Ses atouts : une rue commerçante animée, un petit port de plaisance, de magnifiques maisons *ante bellum* (d'avant 1860) et une nonchalance bien sudiste avec beaucoup de gentillesse dans l'accueil, ce qui n'empêche pas un conservatisme bien ancré. Pour qu'on ne la confonde pas avec sa sœur homonyme de Caroline du Nord, il convient de prononcer « byou-fert » et non « bowfort ».

Beaufort est la patrie de l'écrivain Pat Conroy qui y a situé le cadre de son best-seller *Le Prince des marées.* Les cinéastes aussi ne sont pas restés insensibles au cadre. *The Great Santini, The Big Chill* et *Rules of Engagement* ont été tournés ici. La région a même servi de décor aux scènes censées se dérouler au Vietnam dans *Forrest Gump* ! Tout autour s'étend une nature luxuriante.

PARLEZ-VOUS GULLAH ?

Les Gullah sont des Afro-Américains vivant dans les plaines côtières, où ont été amenés leurs ancêtres esclaves au XVIIIe s. Venus d'Angola ou via les Caraïbes pour travailler dans les champs de riz, ils résistaient mieux à la malaria que les Européens. L'isolement relatif des Gullah leur a permis de conserver de nombreux traits culturels africains, en matière de cuisine, musique, religion, habitat et médecine traditionnelle. Ils parlent un créole mâtiné d'anglais et d'emprunts aux langues africaines. Dans Forrest Gump, la mère de Bubba Gump, le pêcheur de crevettes, est une Gullah authentique.

Adresse utile

Beaufort Visitor Center : *713 Craven St, dans l'ancien arsenal. ☎ 843-525-8500 ou 1-800-638-3525. • beaufortsc.org • beaufortchamber.org • Tlj 9h-17h (12h-17h dim).* Plein d'infos, de brochures et accueil adorable.

Où dormir ?

Best Western Sea Island Inn : *1015 Bay St. ☎ 843-522-2090 ou 1-800-780-1234. • sea-island-inn.com • Doubles 100-160 $, petit déj complet inclus. Parking gratuit.* À une portée d'arbalète de la rue principale et calme néanmoins. Aménagement style motel : chambres classiques de bon confort (frigo, micro-ondes, baignoire, TV écran plat dans la plupart), dans un bâtiment tout en brique et ferronnerie. Piscine. Accueil affable.

Old Point Inn : *212 New St. ☎ 843-524-3177. • oldpointinn.com • Doubles 125-175 $ avec petit déj et rafraîchissements le soir.* Cette vieille demeure coloniale blanche de 1898, fort élégante, se trouve dans le charmant quartier résidentiel d'Old Point, coincé entre la rivière et le centre (à 2 mn). Le *B & B* abrite tout juste 5 chambres avec salle de bains, AC et TV, dont 3 à thème : chambre du sultan, vieille Europe (mobilier polonais) et safari. Paul est originaire d'Afrique du Sud et le couple a longtemps vécu sur le continent noir.

B & B Beaulieu House at Cat Island : *3 Sheffield Court. ☎ 843-770-0303 ou 575-0303. Résas : ☎ 1-866-814-7833. • beaulieuhouse.com • À 10 mn en voiture du centre.*

Passer le pont par la Hwy 21, puis prendre à droite la 802 sur 1,5 mile, et à gauche dans Islands Causeway Rd ; c'est au bout, juste après l'entrée du golf. Doubles 125-225 $, petit déj inclus. On ne peut pas louper la façade colorée en rose et vert de ce cottage faisant face à la lagune de Chowan Creek. Chambres *comfy* avec ou sans vue dans le bâtiment principal (belles salles de bains, moquette épaisse, grand écran TV) et *carriage house* en annexe avec cuisine. Toutes ont l'AC. Tenu par Diann, qui voyage beaucoup et collectionne toutes sortes de choses (jouets, poupées, etc.). Superbe petit déj dans la véranda, face à l'eau. Situation idéale pour observer la nature : oiseaux marins, daims et même dauphins. Isolé, mais on peut manger (bien) au country club du golf voisin.

The Rhett House Inn B & B : *1009 Craven St. ☎ 843-524-9030 ou 1-888-480-9530. • rhetthouseinn.com • Doubles 175-300 $ selon saison, jour et confort ; petit déj inclus.* Une petite folie pour le portefeuille, d'accord, mais pour une occasion spéciale, pourquoi pas ? Posée en plein quartier historique, cette maison de planteur *ante bellum* (1820) contribue à alimenter les fantasmes de la vie dans le Sud. Larges fauteuils d'osier dans des vérandas bercées par les alizés qui font se balancer les mousses espagnoles, boiseries précieuses, parquets cirés, escaliers monumentaux, orchidées... comme dans un rêve. Barbara Streisand y a séjourné durant le tournage du *Prince des marées.* Vélos à dispo, *afternoon tea* et cookies, *evening hors-d'œuvres* ou desserts. On vous prêtera même serviettes et chaises pliantes pour la plage... Laissez-vous tenter.

Où manger ?

Nippy's Fish : *310 West St. ☎ 843-379-8555. Mer-sam 11h-15h. Parking 50 cents !* Le cadre n'a rien de remarquable : quelques tables en bois et chaises en plastique donnant sur un parking. Cela dit, pour un lunch rapide, vous trouverez ici un assortiment de produits de la mer frais à prix plutôt abordables. Attention, les tacos (poisson ou crevettes) sont assez relevés ! Burgers et hot dogs aussi. Bon accueil.

Plum's : *904 Bay St, sur Waterfront Park. ☎ 843-525-1946. Lunch tlj 11h-17h, dîner mar-sam 17h-21h. Midi, plat moins de 10 $; soir 16-23 $.* Adresse très populaire le midi, face à la baie, pour ses copieux sandwichs et burgers, ses *wraps* et salades abordables. Profitez-en pour goûter aux huîtres locales. Le soir, on choisit parmi une carte très *world cuisine,* où se côtoient influences asiatiques, méditerranéennes et sudistes. Les poissons et huîtres sont bien présents. Vaste choix de vins au verre, bières brassées localement et pressions. Quelques tables en véranda. Évitez de vous retrouver installé dans le couloir : bruyant et pas très agréable.

Breakwater : *203 Carteret St. ☎ 843-379-0052. Mar-sam 17h-21h30, bar ouv plus tard. Tapas 6,50-14 $, plats 16,50-33 $.* À son ouverture, les commentaires étaient unanimes : enfin un resto gastronomique à Beaufort ! Gastro et écolo, s'il vous plaît : les produits sont locaux et s'inscrivent dans le cadre du développement durable. On vous donnera même le nom de l'éleveur de votre bœuf (en carpaccio) ou du conchyliculteur de vos huîtres ! Bon (sans révolution) et jolie présentation. Ambiance animée les vendredi et samedi soir autour du bar.

À voir

À moins d'être un fan de constructions militaires et d'avoir envie de se taper le tour des forts qui jalonnent la côte (il y en a huit !), on vous conseille surtout de vous balader dans les rues et d'admirer les anciennes ***maisons coloniales.*** Cela peut prendre une bonne heure pour en faire le tour. Une seule, au 801 Bay Street, est ouverte à la visite : la *John Verdier House (lun-sam 10h-15h30 ; entrée 5 $, réduc),* de 1805. Lafayette y a dormi, puis ce fut un Q.G. de l'armée de l'Union, mais elle est malheureusement vide de mobilier et sa

visite se révèle sans grand intérêt. Sur Craven Street (nº 1113), la *Maxcy-Rhett House (Secession House),* de 1813, est splendide avec son bel escalier tournant en marbre et sa double véranda à colonnade ionique. De la rue, on peut distinguer des graffitis de soldats nordistes sur la base des murs ! Traînez aussi du côté de North Point, où se trouve la plus ancienne maison de Beaufort : la *Thomas Hepworth House,* de 1717. Le quartier croule sous une superbe végétation.
Sur Craven Street, une curieuse muraille crénelée annonce la présence de l'***arsenal,*** ancien dépôt d'artillerie en style néogothique, réaménagé en *Visitor Center.*

Festivals

– ***Festival of Houses & Gardens :*** *autour du 3e w-e de mars et du 3e w-e d'oct. ☎ 843-379-3331. Résa obligatoire.* Deux occasions de visiter certaines des maisons historiques et jardins privés de la ville, pendant 3 jours.
– ***Gullah Festival :*** *fin mai (w-e précédant Memorial Day).* Musique, danses traditionnelles et africaines, expos, élection de Miss Gullah, etc.

DANS LES ENVIRONS DE BEAUFORT

York W. Bailey Museum (Penn Center) : *16 Penn Center Circle W, à **Saint Helena Island,** à 8 miles à l'est par la Hwy 21. ☎ 843-838-2432. • penncenter.com • Lun-sam 11h-16h. Entrée : 5 $; réduc.* Le centre, créé dans la première école pour Noirs fondée en Caroline du Sud en 1861 (par des nordistes), se consacre à la préservation de la culture gullah. Il retrace, une fois n'est pas coutume, la vie des anciens esclaves et de leurs descendants après l'abolition de l'esclavage. Apprendre à lire et à écrire, oui, mais point trop n'en fallait : les garçons se voyaient enseigner des métiers manuels et les filles comment devenir de bonnes maîtresses de maison ! Vidéo (30 mn) racontant l'historie du centre et petite expo d'objets africains récents.

Gullah Grub Restaurant : *877 Sea Highland Hwy (21), à l'intersection de la rue menant au Penn Center, à **Saint Helena Island.** ☎ 843-838-3841. Mar-ven 12h-17h ; dim 11h30-16h30 (brunch slt).* Le *grub,* c'est la tambouille ! Une bouffe gullah marquée par quelques vieilles recettes afro-américaines mâtinées de traditions sudistes : bisque de poisson, riz rouge, tarte à la patate douce, incontournables *shrimps & grits* (crevettes et gruau) et peut-être un *peach cobbler* en dessert.

Hunting Island State Park : *à 18 miles à l'est de Beaufort. ☎ 843-838-2011. • southcarolinaparks.com • huntingisland.com • Tlj 6h-18h (21h en été). Entrée : 5 $/pers ; réduc.* L'île n'a été habitée qu'à partir de 1930 et garde un caractère sauvage. Sur la grande plage isolée, on pourrait facilement se mettre dans la peau d'un conquistador débarquant au Nouveau Monde, si ce n'est que le sommet d'un phare émerge bizarrement de la forêt littorale de palmiers et de chênes décharnés par les tempêtes. Pour les amateurs de solitude, un camping s'est installé dans la partie nord.

Hunting Island Park Campground : *résas au ☎ 843-866-345-7275 ou 843-838-2011 (pour le lendemain). • huntingisland.com/camping.htm • Emplacements avec connexion électrique 30-35 $, tentes 20-25 $ selon saison.* Cadre très agréable : pins, *palmettos* et la plage juste devant... On s'endort au son du ressac. Pas mal de monde à la belle saison, même en semaine. Les sanitaires sont un peu fatigués mais encore acceptables. Petite épicerie (tous les jours de 8h à 18h, 8h à 21h en haute saison).

Blufton : *à env 30 miles au sud de Beaufort, en direction de Savannah (21 miles).* Typique du Low Country, ces terres basses et chaudes qui bordent la côte atlantique de Caroline du Sud, le village semble assoupi sous les grands arbres. Le quartier « historique », aux petites maisons de bois, se résume à une unique rue commerçante, le long de laquelle s'alignent plusieurs antiquaires et un adorable salon de thé. En passant...

The Cottage : *38 Calhoun St. ☎ 843-757-0508. Tlj 8h-18h.* On s'installe sous la véranda de la maisonnette en bois blanche. Quelle sérénité pour un petit déj, un en-cas de salade, *crab cakes* ou *shrimp & grits,* ou un thé dans l'après-midi ! Le *tea menu* est impressionnant et tous les thés sont excellents, surtout accompagnés d'un *scone* aux myrtilles. Chaque théière est calfeutrée sous une chaufferette en tissu coloré !

Hilton Head Island : *à env 20 miles à l'est de Blufton.* Quel contraste ! D'un seul coup, une quatre-voies fend la forêt et trace sa route jusqu'à un rivage tapissé d'une très large et belle plage. Les promoteurs ne sont pas idiots et l'île a vu champignonner les condos, hôtels et centres commerciaux. Sa vraie religion, cependant, c'est le golf. On n'en trouve pas moins de 24 répartis sur les 109 km^2 de terres de l'île !

Tanger Outlet Center : *1414 Fording Island Rd (Hwy 278). ☎ 843-837-5410. Quelques miles avt d'arriver à Hilton Head. Lun-sam 10h-21h ; dim 11h-18h.* Une cinquantaine de magasins d'usine affichant des tarifs sacrifiés.

CHARLESTON

97 000 hab. (avec l'agglomération)

Les mauvaises langues l'appellent la « parfaite carte postale ». Demeures coloniales arrogantes érigées le long de Battery Park, fiers clochers d'églises, jardins secrets dégoulinant de magnolias et d'hibiscus, plantations campagnardes, voilà l'image du Sud éternel. La cité portuaire revendique bien haut ses 300 ans d'histoire, sa fortune passée faite grâce au coton et à l'esclavage, et assume sans honte le tir du premier coup de feu de la guerre de Sécession. Le passé est révolu mais il n'est pas oublié.

Charleston connaît depuis quelques années un nouveau boom touristique grâce à son cadre parfait et inchangé, ses restaurants de cuisine locale, ses boutiques d'antiquités et son festival annuel d'art novateur, le *Spoleto.* Les New-Yorkais l'ont redécouverte après les attentats du 11 Septembre, débarquant en masse pour des week-ends gastronomiques et des promenades digestives en calèche le long des berges, sous les chênes drapés de mousses espagnoles. Nostalgie des jours anciens, lorsque tout était plus simple (en apparence)... Ils ont racheté à prix d'or les plus belles maisons bi- et même tricentenaires pour s'en faire des pied-à-terre au soleil. Charleston sait se tenir mais jubile de cette dignité retrouvée... elle qui avait subi l'opprobre et le mépris des Yankees de l'Union, qui assimilaient son joli nom à une « danse de sauvages ».

UN PEU D'HISTOIRE

Un groupe de colons anglais et de planteurs de la Barbade débarque sur la côte de Caroline en 1670 entre les embouchures de rivières jumelles, la Ashley et la Cooper Rivers. Charles II d'Angleterre récompense ceux qui l'ont aidé à renverser Cromwell en leur attribuant des terres dans ce territoire que son père avait baptisé de son nom. Ce premier campement reçoit le nom de *Charles Town.* Au siècle suivant, le comptoir, déjà important, commerce avec les proches Bermudes et les grandes Antilles. Sucre, molasses et rhum contre peaux de daims, bois et vivres. La ville s'abrite derrières de solides remparts et, malgré les convoitises des Espagnols et des Français, prospère comme plaque tournante de la traite des Noirs pour tout le Sud. À partir de la fin du XVIIIe s, riz, indigo et coton poussent à profusion dans un arrière-pays fertile défriché, drainé et labouré par des milliers d'esclaves. Le port voit transiter quelque 300 navires par an.

En 1776, la cité prend sa part de gloire dans la guerre d'Indépendance en célébrant la première grande victoire des insurgés contre les *Red Coats* à la bataille de Fort Moultrie.

La première moitié du XIXe s est l'âge d'or de Charleston. Le coton a supplanté définitivement l'indigo et le riz. Sa culture, qui nécessite une main-d'œuvre abondante, provoque un accroissement spectaculaire du nombre d'esclaves : la cité est alors une plaque tournante de leur commerce. C'est donc tout naturellement que la cité se coupe du gouvernement fédéral en avril 1861. Le général confédéré Pierre Gustave Toutant de Beauregard (un Louisianais) fait bombarder Fort Sumter aux mains de l'Union, déclenchant la guerre de Sécession. À son tour, Charleston est assiégée. La riante cité se mue en ville fantôme. Des troupes campent dans Battery Park et les belles demeures servent de cible aux pièces de marine nordistes embusquées au large. Affamée, Charleston capitule en avril 1865. Les esclaves ont déserté les plantations, le commerce est au point mort, le Sud est exsangue. Pour ponctuer en apothéose du malheur cette période de vaches maigres, un tremblement de terre de magnitude 7,7 détruit 2 000 maisons en 1886.

Les années 1920 voient un peu de prospérité revenir avec l'arrivée de nombreux immigrants, et la ville entame la restauration de son magnifique patrimoine. Cinquante ans plus tard, 1 400 maisons ont été réhabilitées. La guerre 1941-1945 utilise largement les ressources du port pour convoyer hommes et matériels vers le théâtre d'opérations européen.

L'ouragan Hugo frappe durement Charleston en 1989 et les chantiers navals ferment, venant encore faire douter les habitants de leur destin. Mais la nombreuse jeunesse qui fréquente le *Charleston's College* est le vrai gage de son avenir. Chaque printemps (fin mai, début juin), pour se soutenir le moral, sous la houlette de Gian Carlo Melotti, elle se lance avec ferveur dans l'organisation du Festival des spectacles Spoleto. En combinant investissements vers les nouvelles technologies, tourisme et culture, la vieille dame prouve qu'elle a toujours de beaux atouts à faire valoir. Son passé colonial qui, un temps, a fait sa honte, en fait à présent sa fierté. Ainsi va le cours de l'histoire...

LET'S DANCE THE CHARLESTON !

Le charleston, c'est cette musique endiablée qui a fait danser les Années folles. Les filles avaient alors les cheveux courts et les jupes itou. C'est un pianiste de jazz afro-américain, James Johnson, qui, en 1923, écrit un titre intitulé Charleston *pour une comédie musicale jouée au théâtre à Harlem. En 1925, il arrive à Paris où il fait un triomphe. À l'heure où la Ville Lumière découvre le jazz, le charleston anime les bars. Joséphine Baker se pare d'une ceinture de bananes pour le danser et Mistinguett le popularise. Pendant quelques années encore, le monde se trémousse au son de ces cadences syncopées.*

CHARLESTON (PLAN GÉNÉRAL)

Adresses utiles

- Charleston Visitor Center
- @ Charleston Public Library

Où dormir ?

- 10 Charleston's Not So Hostel
- 14 James Island County Park

Où manger ?

- 21 Hominy Grill
- 24 Fish
- 29 Lana's
- 30 Five Loaves Café
- 33 Basil

Où boire un verre ? Où danser ?

- 50 AC's Bar & Grill
- 51 Closed for Business
- 53 Club Pantheon

À voir

- 69 Charleston Museum
- 70 Joseph Manigault House
- 72 King Street
- 75 Patriots Point Naval & Maritime Museum

Quand y aller ?

Avec son climat semi-tropical, la cité navigue entre grosse chaleur (et pluies) estivale et fraîcheur hivernale. Le printemps est, sans doute, le moment idéal pour planifier sa visite. Le thermomètre est encore supportable et la floraison abondante. À cette époque, les senteurs d'azalée et de jasmin envahissent l'air et les cornouillers se parent de mille couleurs.

Arriver – Quitter

✈ ***Charleston International Airport*** *(hors plan général par A2)* **:** *à 12 miles au nord-ouest de Charleston. ☎ 843-767-7009. • chs-airport.com • Compter 12 $/pers pour rejoindre Peninsula Charleston en navette* (shuttle)*, ttes les 12-15 mn, et 27 $ max en taxi. En voiture : prendre l'I 26, sortie 221 B, puis Meeting St en direction du centre.*

Greyhound Bus *(hors plan général par B1)* **:** *3610 Dorchester Rd. ☎ 843-744-4247. Tlj 7h30-22h10. Par l'I 26 au nord.* 1 bus/j. pour Savannah, Jacksonville et Miami (vers 15h45), 3/j. pour Atlanta (6h30-8h trajet), 3 également pour New York.

Amtrak *(hors plan général par B1)* **:** *4565 Gaynor Ave, 8 miles au nord de la ville. ☎ 843-744-8263 ou 1-800-872-7245. • amtrak.com • Tlj 4h-22h30.* Comme pour le bus, quartier peu sûr. 1 train/j. pour Miami (à 5h), 2/j. pour Washington et New York (à 10h et 21h45). Pas de train pour Atlanta.

➢ ***En voiture de Savannah*** *(100 miles)* **:** moins de 2h. Arrivée par la Hwy 17 N, franchir la Ashley River puis sortir par Lockwood Dr pour gagner le centre.

Comment se déplacer en ville ?

➢ ***À pied :*** le Charleston historique *(Peninsula Charleston au sud de Calhoun St)* est assez restreint. C'est donc le meilleur moyen d'en apprécier le charme.

➢ ***À vélo :*** terrain plat idéal pour pédaler. Consulter la météo sur *Weather Channel* avt de partir...

■ ***Location de vélos*** *(zoom C2,* **3***)* **:** ***Bicycle Shoppe,*** *280 Meeting St. ☎ 843-772-8168. Lun-ven 9h-18h30 ; sam 9h-18h ; dim 13h-17h.*

➢ ***En bus :*** ***Carta*** *est le nom du réseau local. Les routes 210, 211, 212 et 213 mènent au centre. Rens : ☎ 843-724-7420. Tickets à l'unité : 1,75-3 $ (monnaie exacte).* Passes *combinant bus et trolley : 6 $/j. ; 12 $/3 j. ; 10 trajets 14 $. • ridecarta.com •*

P ***Parkings :*** *nombreux dans la partie sud de Meeting St.*

➢ ***Taxis :*** ***Green Taxi,*** *334 E Bay St, ☎ 843-819-0846. • charlestongreentaxi.com •* Véhicules hybrides.

Adresses utiles

i ***Charleston Visitor Center*** *(plan général, C2)* **:** *375 Meeting St. ☎ 843-853-8000 ou 1-800-774-0006. • explorecharleston.com • Tlj 8h30-17h30 (17h nov-fév), sf 1er janv, Thanksgiving et Noël.* Dans la vieille gare, bureau d'accueil et de tourisme. Doc abondante et personnel affable. Film sur Charleston (38 mn, 2 $).

✉ ***Poste*** *(zoom, C3)* **:** *83 Broad St. Lun-ven 10h-16h.* Une poste historique, avec de belles boiseries et une grille d'escalier en fer forgé !

@ ***Internet*** *(plan général, C2)* **:** ***Charleston Public Library,*** *68 Calhoun St. Lun-jeu 9h-20h ; ven-sam 9h-18h, dim 14h-17h.* Internet (ordis) et wifi ; on peut même imprimer.

■ ***Police :*** *☎ 843-577-7434.*

■ ***Medical University Hospital*** *(plan général, A2)* **:** *169 Ashley Ave. ☎ 843-792-2300.*

Où dormir ?

Hébergement très onéreux dans le centre historique, on s'en doutait. La haute saison, où les prix sont majorés, se situe fin mai lors du Festival de Spoleto et de septembre à novembre. La mode est au *B & B* de charme. Si vous

CHARLESTON (ZOOM)

Adresse utile

3 Bicycle Shoppe (location de vélos)

Où dormir ?

11 The Meeting Street Inn
12 1837 Bed & Breakfast
13 Andrew Pinckney Inn
15 Middleton Bed & Breakfast
16 Indigo Inn
17 The Mills House Hotel
18 The Jasmine House Inn

Où manger ?

20 Gaulart & Maliclet Café
22 Poogan's Porch
23 Pearlz Oyster Bar
26 O'Hara & Flynn
27 Jestine's Kitchen
28 Snob
31 Cru Cafe
32 Market Street Bakery

Où manger une pâtisserie ?

35 Kaminsky's

Où boire un verre ? Où écouter de la musique ?

54 South End Brewery
55 Vendue Inn
56 The Griffon
57 The Blind Tiger Pub

À voir. À faire

5 Charleston Walks
67 Old Slave Mart Museum
68 Confederate Museum et Old City Market
78 Gothic Revival Huguenot Church
79 Saint Philip's Episcopal Church

en avez les moyens, voici un central de réservation qui peut rendre des services : ● *historiccharlestonbedandbreakfast.com* ●

Dans le cas contraire, vous trouverez des motels nettement plus abordables sur la Highway 17 South *(hors plan par A1)*, direction Savannah. Un des meilleurs rapports qualité-prix : le ***Sleep Inn,*** *1524 Savannah Hwy.* ☎ *843-556-6959.* ● *sleepinn.com* ● *Compter 65-100 $, avec petit déj.* Grande et jolie piscine entourée de palmiers, partagée avec le *Best Western* voisin. Autre option, un peu plus chère : **Comfort Suites,** *2080 Savannah Hwy.* ☎ *843-769-9850.* ● *comfortsuites.com* ● *Prévoir 90-180 $, jusqu'à 6 pers, petit déj inclus.* Très grandes chambres, impeccables, sur des notes modernes, lits très confortables.

Camping

James Island County Park *(hors plan général par A3,* ***14****) : 871 Riverland Dr.* ☎ *843-795-4386 (cottages).* ● *ccprc.com* ● *Tente 25 $, camping-cars 35-45 $, tarifs valides pour 6 pers.* Shuttle service *pour le centre 10 $.* Enfin un joli camping, spacieux et verdoyant, à moins de 10 mn du centre ! Étendu sur 260 ha, le parc déroule bois, prairies et un vaste réseau de sentiers pour randonneurs et cyclistes. On y trouve un *splash park,* idéal pour rafraîchir la marmaille, et un lac avec location de kayaks et embarcations à pédales. Les campeurs en tente sont exilés assez loin des sanitaires (corrects au demeurant) mais tout près du mur d'escalade ! Également une dizaine de bungalows agréables pour 8 personnes max, avec 3 chambres, bains et cuisine (minimum 2 nuits en basse saison et 1 semaine de Memorial Day à Labor Day). Épicerie, machines à laver.

Bon marché

Charleston's Not So Hostel *(plan général, A2,* ***10****) : 156 Spring St.* ☎ *843-722-8383.* ● *notsohostel.com* ● *Lit en dortoir 24 $, double 60 $, draps et petit déj inclus. Check-in 17h-22h. Parking.* Le seul dans sa catégorie à Charleston. 3 maisons en bois adjointes avec véranda en façade, hamacs et rocking-chairs. Chacune dispose de sa propre cuisine. L'AJ est assez excentrée (comptez bien 2-3 km pour le quartier historique) mais le quartier est calme, avec pas mal d'étudiants dans les parages (*because* université de Charleston). Dortoirs raisonnablement bien tenus. Lave-linge et séchoir. Très bonne ambiance routarde. Location de vélos *(15 $/j.).*

De chic à plus chic

1837 Bed & Breakfast *(zoom C3,* ***12****) : 126 Wentworth St.* ☎ *843-723-7166 ou 1837.* ● *1837bb.com* ● *Doubles 100-110 $ selon taille et saison, petit déj inclus.* Un peu à l'écart de l'animation du centre, dans un coin agréable, une demeure en bois du début du XIXe s avec une annexe *(carriage house)* en brique. Marrant : les planchers sont inclinés pour permettre d'évacuer la pluie ! 9 chambres, toutes avec lit à baldaquin en dentelles, et véranda aérée où est servi le petit déj. Cookies maison avec le thé l'après-midi (de 15h à 17h). Prix raisonnable pour l'environnement. De temps en temps, pendant les vacances des proprios, des étudiants prennent la gérance et le service peut laisser à désirer.

Indigo Inn *(zoom C3,* ***16****) : 1 Maiden Lane.* ☎ *843-577-5900 ou 1-800-845-7639.* ● *indigoinn.com* ● *Doubles 120-250 $ selon saison et taille, petit déj et* wine & cheese *inclus. Parking 10 $/j.* Grand entrepôt de couleur bleue (indigo !). Réception à la déco chinoise. Chambres indéniablement de caractère, hyper confortables, avec des copies de mobilier ancien. Le jardin est un havre de tranquillité au cœur de la ville pour siroter une limonade dans la moiteur de l'après-midi, ou son verre de vin. Adresse totalement non-fumeurs.

The Meeting Street Inn *(zoom C3,* ***11****) : 173 Meeting St.* ☎ *843-723-1882 ou 1-800-842-8022.* ● *meetingstreetinn.com* ● *Doubles 150-180 $, petit déj et* wine & cheese *compris.*

Parking 12 $. Proche du City Market, cette auberge étirée en longueur s'adosse à une cour étroite où glougloute une fontaine et se languit une minipiscine. Les 56 chambres, pas trop grandes, donnent toutes dessus ; certaines, comme les *King,* possèdent leur propre véranda. Mobilier XIXe s un peu *old-fashioned* avec dessus-de-lit en dentelle.

Andrew Pinckney Inn *(zoom D3,* ***13****) : 40 Pinckney St, au coin de Church. ☎ 843-937-8800 ou 1-800-505-8983. • andrewpinckneyinn.com • Prix très volatiles : 90-340 $ selon saison (éviter les w-e), petit déj et cookies pour le thé inclus. 2 nuits min le w-e.* 2 bâtiments se font face : l'une des façades, couleur miel, évoque l'Italie ; l'autre a été volontairement non rénovée. Les chambres standard, tout en étant agréables, ne sont pas de grande taille. Les plus spacieuses (suites) ont une kitchenette. Mieux vaut en demander une qui soit à l'abri de la rumeur du marché. Petit déj servi sur la terrasse du toit. Adresse non-fumeurs.

The Mills House Hotel *(zoom C3,* ***17****) : 115 Meeting St, angle Queen. ☎ 843-577-2400 ou 1-800-874-9600. • millshouse.com • Doubles 160-230 $.* Si vous ne trouvez pas de place en raison de l'affluence, essayez cet hôtel. Avec ses 200 chambres et sa quinzaine de suites, ce serait malheureux que l'on ne vous trouve pas un lit. La situation de cette pièce montée historique toute rose est idéale. En plus, vous marcherez sur les traces du général Lee et du président Roosevelt ! Lorsqu'il fut inauguré en 1853, les gazettes affirmaient qu'il était « le plus bel hôtel au sud de New York ». Magnifiques ferronneries du grand balcon. Toutes les chambres ont été rénovées et proposent un excellent niveau de confort. Piscine sur le toit, centre de remise en forme et restaurant.

De plus chic à très chic

Middleton Bed & Breakfast *(zoom D3,* ***15****) : 86 Church St. ☎ 843-722-7546. • charlestonbandb.net • Chambre double 200 $ et suite familiale 300 $, ttes 2 avec cuisine ; petit déj inclus (en libre-service dans le frigo). Parking privé.* La petite maison de marchand typique du XVIIIe s, posée au cœur du quartier historique, dissimule une cour d'un charme indescriptible, une vraie oasis fleurie. On loge dans les 2 annexes, anciennes cuisines et ancien quartier des esclaves transformés en petits appartements (1 ou 2 chambres). Mobilier ancien, parquet... beaucoup de charme, même si la patine est visible. Comme une incursion dans une machine à remonter le temps. Accueil adorable de Judy, qui aime beaucoup la France.

The Jasmine House Inn *(zoom C2-3,* ***18****) : 64 Hasell St. ☎ 843-577-5900 ou 1-800-845-7639. • jasminehouse.com • Doubles 170-340 $, petit déj et wine & cheese inclus. Parking 10 $.* Majestueuse façade à colonnades en style *Greek revival.* Les 11 chambres sont à l'avenant et affichent une déco franchement néogothique ou néo-Renaissance, et portent des noms comme *Chrysanthème* ou *Mandarine.* Notre préférée : la *Bancroft,* avec salle de bains en marbre, grande douche vitrée, lit à baldaquin... Préférez celles de la maison principale, car elles sont plus petites et plus sombres dans la *carriage house. Piazza* (véranda) avec rocking-chairs et agréable jardin ombragé à l'arrière.

Où manger ?

La vie touristique se concentre autour de *Old City Market.* À signaler qu'au sud de Broad Street, c'est le désert. La gastronomie est une affaire sérieuse à Charleston. Les nombreux New-Yorkais qui la fréquentent ont importé leurs exigences en matière de bien-manger. Des chefs de renommée y ont installé leurs fourneaux et rivalisent, parfois à l'excès, dans le genre snob et chichiteux. Heureusement, on trouve aussi quelques adresses de qualité qui ne fusillent pas le client, même si certaines sont un peu excentrées. Et aussi toute une panoplie de restos grosse bouffe dont les touristes américains raffolent.

Spécial petit déjeuner

Gaulart & Maliclet Café *(zoom C3, **20**) : 98 Broad St. ☎ 843-577-9797. Lun 8h-16h ; mar-jeu 8h-22h ; ven-sam 8h-22h30.* Un coq et un sanglier tricolores comme enseigne, difficile de faire plus franchouillard ! Les habitués, nombreux, le surnomment *Fast & French,* autrement plus facile à prononcer... Pour les nostalgiques, un vrai petit déj à la française avec du vrai café, de vrais croissants, mais aussi fruits frais, yaourt et granola, à prendre le long d'un comptoir central. Pour suivre : sandwichs baguette et salades et, le soir, selon les jours, couscous, paella, fondue, bouillabaisse ou yassa. Invitez vos amis américains pour une assiette d'escargots de Bourgogne, histoire de voir les grimaces qu'ils feront... ou commandez des escargots végétariens : en fait, des champignons !

Et aussi **Hominy Grill** *(plan général B2, **21**)* et **Poogan's Porch** *(zoom C3, **22**)* pour son brunch dominical : voir ci-après.

De bon marché à prix moyens

Market Street Bakery *(zoom C-D3, **32**) : 188 Meeting St, no 11. ☎ 843-853-3098. Dans le marché. Tlj 9h-17h (17h30 sam) ; ferme 30 mn plus tard en été. Sandwich, chips et boisson env 10 $.* Rien d'extraordinaire, juste des sandwichs triangle (pain de mie), des cookies, des chaussons aux pommes et aux cerises, histoire de caler un creux durant la visite du quartier historique. Petite salle au sol en damier noir et blanc plutôt agréable.

Five Loaves Café *(plan général B2, **30**) : 43 Cannon St. ☎ 843-937-4303. Lun-sam 11h-21h30 (22h ven-sam). Env 10-15 $.* Notre meilleure adresse dans cette catégorie. L'ambiance accueillante de ce *neighbourhood cafe* et ses bons petits plats très abordables justifient aisément le détour pour venir jusqu'ici. Les étudiants du *College of Charleston* ne s'y trompent pas et fréquentent assidûment les lieux pour son service sympa, son fond de musique jazzy, ses salades, ses bons sandwichs (6 sortes de pain, dispos en 2 tailles), ses énormes portions de pâtes fraîches et ses recettes légères saupoudrées de touches *fusion.* Les plats du jour sont affichés au tableau. Bon choix de vins au verre.

Jestine's Kitchen *(zoom C2, **27**) : 251 Meeting St. ☎ 843-722-7224. Mar-jeu 11h-21h30 (22h ven-sam, 21h dim). Pas de résas. Sandwichs 5-10 $, plats 10-20 $.* Cuisine typique du Sud, sur des notes rétro, *« as mum used to make »* : *po-boy,* huîtres frites, *gumbo* à l'*okra,* poulet à la noix de pécan, beignets de tomates vertes et *grits,* à déguster sur des tables de bois. Bons concombres marinés façon pickles, servis en guise d'apéro, c'est même sans doute le meilleur ! Toujours un monde fou. À 50 m, le *Jestine's Sweet Shop (54 1/2 Wentworth St ; lun-sam 11h-17h)* intéressera les amateurs de douceurs.

Hominy Grill *(plan général B2, **21**) : 207 Rutledge Ave. ☎ 843-937-0930. Lun-ven 7h30-21h ; sam 9h-21h ; brunch dim 9h-15h. Pas de résas. Plats 10-15 $.* Salle toute simple en bois blanc, plafond à moulures, chaises western, parquet bien ciré : une atmosphère gentiment rustique. On vient de loin pour un petit déj américain copieux (délicieuses omelettes). Salades variées et sandwichs pour le lunch et plats un peu plus élaborés le soir, 95 % *Southern cuisine,* 5 % inventivité. Un exemple ? Le poisson-chat à l'*okra* en croûte de sésame. Certains les trouveront peut-être un poil épicés. Desserts et pains à tomber de bonheur. Petite cour avec parasols. Le brunch dominical est très couru. Peinture murale sur le côté vantant les mérites d'une marque de *grits.*

Poogan's Porch *(zoom C3, **22**) : 72 Queen St. ☎ 843-577-2337. Lun-ven 11h30-14h30 ; brunch w-e 9h-15h ; dîner tlj 17h-21h30. Plats 10-15 $ le midi, 15-25 $ le soir.* Le cadre est franchement sympa : une jolie maison en bois précédée d'un jardinet, en plein centre historique. On s'installe en priorité au balcon de l'un ou l'autre étage, s'il y a de la place. Dans l'assiette, rien de spectaculaire, juste une cuisine du Sud classique encore abordable. Ici, les biscuits remplacent le pain. L'occasion de goûter à l'alligator frit, avec sa sauce au miel, et au *jalapeño* (piment)... C'est peut-être d'ailleurs la limite de l'exercice, cette tendance à tout frire ou enrober de mayo. Crevettes fraîches. Bon service et bon brunch.

De prix moyens à chic

Cru Cafe *(zoom D3, **31**) : 18 Pinckney St. ☎ 843-534-2434. Mar-sam 11h-15h, 17h-22h (23h ven-sam). Fermé dim et lun. Midi, plats 10-15 $; soir, 10-25 $.* Encore un cadre romantique à souhait : une maison en bois du XVIIIe s, simple mais jolie, avec une véranda accueillante mais ô combien sollicitée ! La cuisine n'est pas en reste et fait honneur aux produits locaux (beaucoup proviennent de John's Island). Grand choix de sandwichs et bonnes salades fraîches le midi, plats typiques de la cuisine *fusion,* très réussis. Bonne sélection de vins au verre.

Fish *(plan général C2, **24**) : 442 King St. ☎ 843-722-3474. Lun-ven 11h-14h30 ; lun-sam 17h30-22h (bar jusqu'à 2h ven-sam). Le midi,* fish lunch *10 $ (coche les cases !) ; le soir plats 15-25 $. Jazz et soul jeu (19h-22h),* sweet sounds *ven (22h-2h), DJ sam (22h-2h).* Maison victorienne rénovée avec véranda sur le côté et déco contemporaine réussie, attirant une clientèle assez *trendy.* Cuisine de marché inventive, axée sur le poisson, très légère et goûteuse, avec quelques touches asiatiques et françaises. Bonne nouvelle : les produits, très frais, sont locaux et prélevés dans le cadre du développement durable. Excellents desserts, originaux. Belle carte des vins.

Pearlz Oyster Bar (zoom D3, **23**) : *153 E Bay St. ☎ 843-577-5755. Tlj 16h (14h w-e)-2h. Plats simples 10-15 $, addition plus élevée pour un repas de fruits de mer.* Long bar tapissé de clients dès 18h, plancher de bois, banquettes et fenêtres ouvertes sur la rue pour se percher sur de hauts tabourets. Une grande ardoise au mur donne les suggestions du jour. *Pearlz* est un de ces endroits sympathiques pour se partager un plateau d'huîtres entre copains en levant le coude, goûter au poisson du jour ou grignoter un en-cas à toute heure du jour ou de la nuit. Classiques type burgers, *fish and chips* et autres *tuna tacos.*

Lana's *(plan général B2, **29**) : 210 Rutledge Ave. ☎ 843-720-8899. Lun-ven 11h-14h30 et à partir de 18h, dîner sam également. Le midi, plats 10-15 $; le soir, 15-25 $. Quartier assez excentré.* Petite adresse discrète dédiée à une cuisine italienne plutôt raffinée. On goûte, dans une ambiance tamisée, à d'excellentes pâtes al dente, proposées en portions de tailles différentes, aux gnocchis, au poulet basque, au canard... Pas mal de choix, mais pas de pizzas. Possibilité de se planter au bar pour grignoter des tapas et faire la conversation avec les voisins. Carte des vins super soignée (plein de choix au verre).

Basil *(plan général C2, **33**) : 460 King St. ☎ 843-724-3490. Lun-ven 11h30-14h30 ; lun-jeu 17h-22h30 (23h ven-sam, 22h dim). Pas de résas. Plats 15-25 $ le soir.* Impossible de louper le vélo qui clignote en rose, sur le toit. À première vue, ce « Basilic » paraît plus *trendy* que thaï, et pourtant... le chef vient bien du pays des mille sourires et sa cuisine, concoctée sous vos yeux, est assez réussie. Tous les grands classiques sont déclinés avec des saveurs fraîches et épicées plaisantes. Très copieux. Essayez d'attraper une table sur le trottoir, car le bruit est infernal à l'intérieur, surtout en fin de semaine lorsque les groupes de potes sortent pour une *boys* ou *girls night out.*

De chic à très chic

O'Hara & Flynn (zoom C3, **26**) : *225 Meeting St. ☎ 843-534-1916. Addition env 20-35 $ selon ce qu'on prend.* Envie de sérénité autour d'un bon verre de vin ? Voici l'adresse qu'il vous faut. Cinq tables en bois, pas une de plus, s'entourent de présentoirs à bouteilles. Petits plats, fromages et charcuteries (importés d'Europe pour la plupart) sont avant tout destinés à mettre en valeur les vins. Proprios accueillants et cultivés mais pas snobs pour autant.

🍽 ***Snob*** *(zoom D3,* ***28****) : 192 E Bay St. ☎ 843-723-3424. Lun-ven 11h30-15h, tlj 17h30-22h (23h ven-sam). Résa conseillée. Le midi, plats 10-15 $ et formule* express lunch *env 10 $; facilement 30-40 $ le soir. Soirée ribs env 25 $ mar.* L'acronyme ne qualifie pas le type de clientèle ! Il s'agit de l'abréviation de *Slightly North of Broad.* Salle à la déco hybride assez réussie : brique nue, fausses colonnes de marbre, ferronneries, banquettes et fauteuils en tapisserie, lustres de fer forgé. La cuisine, *fusion,* est à son image. L'essentiel est dans la qualité des produits et la maîtrise des cuissons. Portions réduites proposées pour les appétits limités. Service un peu débordé en plein coup de feu.

Où manger une pâtisserie ?

🍽 ***Kaminsky's*** *(zoom D3,* ***35****) : 78 N Market St. ☎ 843-853-8270. Lun-jeu 16h-2h ; ven-dim à partir de 12h.* Comptoir pour choisir des douceurs sur la droite en entrant et tables pour déguster une portion d'un alléchant gâteau à la noix de pécan ou un succulent *cobbler* aux fruits rouges. Milk-shakes carrément costauds et une incroyable déclinaison de cafés en tout genre : chauds, froids, glacés, à la noisette, au caramel, irlandais, au Grand Marnier... Les amateurs de martinis y trouveront aussi chaussure à leur pied ; il faut dire que le soir, l'ambiance se fait plus bar que salon de thé. Service malheureusement très lent.

Où boire un verre ? Où écouter de la musique ? Où danser ?

Tous les bars et boîtes de nuit ferment à 2h du mat'. Pour sortir, ID *(identity card)* indispensable ou tout autre document mentionnant l'âge. Les 10 700 étudiants que compte la ville assurent l'ambiance en soirée.

🍸 ♪ ***The Griffon*** *(zoom D3,* ***56****) : 18 Vendue Range. ☎ 843-723-1700.* Bar tout de brique vêtu, style pub à l'anglaise avec des dollars qui tapissent le plafond et la date de passage des généreux donateurs. Clientèle qui ne se prend pas la tête. On y mange pas mal. Musique live les jeudi et samedi.

🍸 ♪ ***Vendue Inn*** *(zoom D3,* ***55****) : 19 Vendue Range. ☎ 843-577-7970. Tlj 11h30-minuit.* C'est un hôtel et un resto plutôt chic, mais on peut prendre de la hauteur au bar de la terrasse. La vue n'est pas extraordinaire, mais le sol en bois fait penser au pont d'un bateau. Les places sont chères au coucher du soleil. Chaufferettes en hiver et brises légères en été.

🍸 ***The Blind Tiger Pub*** *(zoom D3,* ***57****) : 38 Broad St. ☎ 843-277-0088.* Pub à l'anglaise, aux boiseries sombres et plafond à caissons, où les employés de bureau viennent boire une bière après le boulot pour décompresser. De plus en plus d'étudiants au fur et à mesure que l'heure tourne. 2 courettes en enfilade avec des recoins pour se planquer.

🍸 ***AC's Bar & Grill*** *(plan général B-C2,* ***50****) : 467 King St et Radccliffe. ☎ 843-577-6742. Tlj 11h-2h.* Un *dive bar* limite grunge, où l'on ne se met pas en scène pour un sou autour des tables de billard. Foule jeune en semaine, de tous âges le week-end. Burgers et frites jusqu'à 1h30 du mat'.

🍸 ***Closed for Business*** *(plan général C2,* ***51****) : 453 King St, entre Radcliffe et Warren. ☎ 843-853-8466. 21 ans requis après 20h.* Le nom est un peu idiot, on vous l'accorde, mais l'endroit est plaisant. Déco assez *ski lodge,* avec intérieur en bois, fausse cheminée et trophées de chasse aux murs. On y mange bien (huîtres, sandwichs), mais les trentenaires y viennent surtout pour la super sélection de bières de qualité. Les assoiffés commanderont une *mug* d'1 l ! Bonne ambiance.

🍸 ♪ ***South End Brewery*** *(zoom D3,* ***54****) : 161 E Bay St et Queen St. ☎ 843-853-4677. Cover 5 $. Ts les jeu, soirée salsa après 22h (21 ans min), musique live ven-sam vers 21h30, tendance bluegrass.* Brasserie haute de plafond, qui fabrique sa propre mousse. Clientèle de tous âges. La meilleure place est au bar. Billard et fléchettes à l'étage.

🍸 ♫ **Club Pantheon** *(plan général C2,* ***53****)* **:** *28 Ann St, entre Meeting et King. ☎ 843-577-2582. • myspace.com/clubpantheon • Ven-dim 22h-2h. Cover charge 5-10 $.* Boîte de nuit gay à clientèle mixte. Grande salle façon hangar. *Gogodancers* sur le bar. Musique disco ou techno. *Drag queen show* les vendredi et dimanche à minuit.

À voir. À faire dans le centre historique

Tours guidés

Une ribambelle de guides sont prêts à vous raconter par le menu tous les aspects les plus insolites et les moins sérieux de cette ville à l'histoire foisonnante. Histoire politique, demeures historiques, architecture, guerre de Sécession, guerre d'Indépendance, esclavage et liberté, pirates et boucaniers, fantômes et légendes... il y en a vraiment pour tous les goûts. L'office de tourisme vous aidera à choisir et trouver quelqu'un parlant votre langue.

■ **Charleston Walks** *(zoom D3,* ***5****)* **:** *45 S Market St. ☎ 843-408-0010 ou 1-800-729-3420. • charlestonwalks.com • Compter 15-25 $/pers selon durée et sujet.* Promenades guidées avec Dennis, un guide francophone adorable et plein d'humour, qui connaît tous les dessous de Charleston.

Comme à Savannah, la plupart des maisons historiques ouvertes au public imposent les mêmes règles : visite guidée obligatoire, photos, chewing-gums et portables interdits. Les heures indiquées sont celles de la première et de la dernière visite.
La plupart des demeures appartenaient à de grands planteurs qui ne les habitaient qu'épisodiquement : en été, en particulier, lorsque les éclosions de moustiques dans les rizières de l'intérieur menaçaient de répandre la malaria. Toute la famille débarquait alors, avec armes, bagages et esclaves. Les hommes y résidaient aussi le temps de conduire leurs affaires en ville. Les plus belles maisons possèdent des *piazzas* (vérandas) semi-circulaires sur deux étages, franchement superbes. Les jardins n'existaient pas à cette époque : cachés au regard, ils abritaient quartier des esclaves, écuries, vaches, poules, cochons, etc. Pragmatiques, les proprios installaient généralement leurs esclaves au-dessus des cuisines : chaud en hiver mais dangereux...

★★★ ***Le quartier Battery*** *(zoom C-D4)* **:** c'est depuis les jardins de White Point Garden, à l'extrémité de la péninsule de Charleston, protégée d'une haute digue, que se mesure l'amplitude du destin de la ville. Les yeux se portent d'emblée sur la baie miroitant au soleil et sur le goulet qui permet d'y accéder, plein est. Un passage obligé pour les navires négriers chargés de leur triste cargaison et les vaisseaux bourrés jusqu'au pont de balles de coton, qu'allaient carder et filer les petites mains des ouvrières de Manchester ou de Glasgow. Du grand large inquiétant pouvait à tout moment surgir un raid de pirates. Barbe-Noire fut de ceux-là : en 1718, il bloqua le port durant 1 semaine en prenant des notables en otages... afin d'obtenir les remèdes qui lui faisaient défaut pour soigner sa syphilis ! Le large, c'est aussi de là que surgirent les canonnières des Yankees. Durant un interminable siège de 3 ans, elles pilonnèrent les arrogantes résidences de l'aristocratie sudiste. Cette baie vit d'ailleurs l'expérimentation de nouvelles techniques de combat naval. Pour mieux réduire la farouche résistance des défenseurs en 1861, les nordistes intervinrent avec les *Ironclads,* des cuirassés de poche si bas sur l'eau que les meilleurs artilleurs ne pouvaient que faire rebondir les boulets sur leurs superstructures aplaties. Les sudistes trouvèrent la parade en utilisant des mortiers pansus dont le projectile effectuait une jolie trajectoire en hyperbole avant de venir percuter à la verticale sa cible flottante. Ces mortiers s'alignent encore en bordure du parc.

Autre souvenir guerrier, au débouché de Meeting Street un petit monument-fontaine rend hommage aux soldats des premiers torpilleurs sudistes – et du sous-marin *Hunley* qui, en 1864, réussit à faire sauter un navire nordiste participant au blocus du port en le harponnant à l'aide d'une charge explosive fixée au bout d'une longue perche... Succès certes, mais les huit marins du *Hunley* y laissèrent leur peau aussi ! Le bâtiment, retrouvé en 1995, a été renfloué et est conservé au *Warren Lasch Conservation Center* *(sam 10h-17h ; dim 12h-17h).* On peut aussi en voir une copie à l'entrée du musée de Charleston.
Face à la digue qui les protège, les opulentes demeures des barons du coton offrent un bel alignement de colonnades, de varangues et de balcons parfois bordés de dentelles de fer. Leur disposition est calculée pour offrir aux brises océanes l'angle idéal qui permet d'en assurer une ventilation efficace.

➢ Sur *East Battery,* succession de maisons superbes. Au nº 21 la plus emblématique d'entre elles :

*** Edmonston Alston House** *(zoom D4) : 21 E Battery. ☎ 843-722-7171. • edmonstonalston.com • Dim-lun 13h-16h30 ; mar-sam 10h-16h30. Entrée : 12 $. Billet combiné avec la plantation Middleton Place : 31 $.* Bâtie en 1825 en style *federal* pour un riche marchand de coton, la maison fut revendue après la chute des cours au planteur de riz Alston, qui la remodela dans un élégant style *Greek revival.* Dans les années 1860, pas moins de 16 esclaves étaient dévolus à son entretien. Squattée par un général nordiste durant la guerre de Sécession, la maison ne put être récupérée par le proprio qu'après une intervention auprès du président Jackson ! Elle a été partiellement transformée en *B & B* et abrite un mobilier abondant accumulé par ses occupants successifs. Dans la salle à manger, miroir convexe destiné à multiplier par sept la luminosité des bougies ! Belle biblio de 2 000 volumes et vue superbe sur la baie depuis le grand salon et la *piazza* (véranda). Au loin, le Fort Sumter.

➢ Revenir vers le parc et prendre *Meeting Street,* qui sert de colonne vertébrale à la péninsule. Au nº 2, la magnifique maison de style Queen Anne (1892) possède des vitraux Tiffany. C'est une auberge depuis 70 ans. On ose à peine vous dire que les tarifs commencent à 225 $ en basse saison...

**** Calhoun Mansion** *(zoom D4) : 16 Meeting St. ☎ 843-722-8205. Tlj 11h-17h. Visite guidée ttes les 30 mn. Entrée : 15 $.*
Ce manoir, le plus grand de Charleston, appartenait à George Walton Williams, un armateur venu du nord. Celui-ci s'est considérablement enrichi en faisant commerce malgré le blocus de la guerre civile et en revendant tout sept à huit fois son prix ! Rusé, il se faisait payer en livres sterling au lieu d'un dollar confédéré rapidement dévalué... Pour signifier sa richesse, il fit sienne une coutume chinoise : sculpter une corde autour de la porte d'entrée. Mais lui ne s'en tint pas là, et sculpta des cordes autour de la plupart des portes de la maison !
La bâtisse n'est pas forcément la plus belle qui soit vue de l'extérieur, mais l'intérieur, victorien, est sans égal. Depuis son rachat par un antiquaire, il croule littéralement sous les œuvres d'art. Elles s'empilent sur les murs, sur les meubles et dessous aussi... On dirait que la place manque malgré les 35 pièces ! Inventaire délirant : Tiffany à gogo, nombreuses pièces asiatiques, gigantesque chandelier Swarovski illuminant l'escalier tapissé de massacres... tout, tout, tout jusqu'aux poufs en pieds d'éléphants ! Ne manquez pas, au 1er étage, la tapisserie du XVIIe s dépeignant une carte de La Nouvelle-Amsterdam (New York). Le salon de musique est coiffé d'une magnifique verrière. Étrange jardin, mêlant buis taillés à la française et éléments japonisants. Un Mercure aux pieds ailés, le dieu du Commerce, y rappelle le destin en or de Williams. Au fait, avez-vous vu la splendide demeure à double balcon de l'autre côté de la rue ? Une autre des propriétés de Williams, qui l'offrit à son fils pour son mariage...

Nathaniel Russel House *(zoom C4)* **:** *51 Meeting St. ☎ 843-724-8481. Visite lun-sam 10h-17h ; dim 14h-17h. Entrée : 10 $, réducs. Ticket combiné avec la Aiken Rhett Mansion : 16 $.* Autre fleuron du style *federal* (datant de 1808), la maison est entourée d'un jardin luxuriant, très agréable pour une pause, même si vous n'envisagez pas d'acheter votre billet ensuite... Elle fut construite par un riche marchand du Rhode Island, exportateur d'indigo, pour sa famille et ses esclaves. Moulures raffinées, papiers peints et peintures les plus coûteuses, portes peintes aux motifs d'acajou, argenterie et porcelaine anglaise, Mister Russell avait visiblement les moyens de ses goûts. On adore la salle à manger ovale du rez-de-chaussée et son jumeau à l'étage, un superbe salon, ovale lui aussi, aux grandes baies vitrées coulissantes. Imposant escalier central en spirale.

➢ À droite, la ***First (Scots) Presbyterian Church,*** construite en 1731 dans un style néoclassique par des immigrants écossais qui refusaient de suivre le culte dans une église anglicane. À présent, il leur arrive de le suivre en kilt, au son des cornemuses. Prendre ensuite à droite dans Tradd.

Heyward Washington House *(zoom D3)* **:** *87 Church St. ☎ 843-722-0354. Lun-sam 10h-17h ; dim 13h-17h. Entrée : 10 $; réduc.* C'est la maison, presque modeste, de Thomas Heyward Jr (érigée en 1772), l'un des signataires de la Déclaration d'indépendance. Planteur de riz, il possédait pourtant quelque 900 esclaves... George Washington logea ici pendant 9 jours lors de son voyage dans le Sud en 1791. On y découvre un très bel ensemble de mobilier local (en acajou antillais) du XVIIIe s et du début du XIXe s. À cette époque, Charleston comptait pas moins de 250 ébénistes. Au gré de la visite, aussi, une peinture d'un certain Samuel Morse... l'inventeur du code et du télégraphe électrique, peintre dans sa première vie !

Four Corners of Law *(zoom C3)* **:** le carrefour entre Broad et Meeting a une forte valeur symbolique car à chaque coin se trouve un édifice représentatif d'un pouvoir : l'église Saint Michael's pour la loi divine, l'hôtel de ville *(City Hall)* pour la loi municipale, le palais de justice et le bureau de poste, pour la loi fédérale, le tribunal du comté de Charleston pour la loi de l'État.

➢ Puisque vous êtes là, allez jeter un coup d'œil à l'intérieur de l'*église Saint Michael's* *(lun-ven 9h-17h ; sam 9h-12h)* : George Washington y a fait ses dévotions, et des vitraux Tiffany ornent ses côtés.

➢ Avec *Broad,* on quitte une limite invisible : le sud de Broad est complètement exempt de commerces ; au nord, la vie économique a droit de cité. Descendez Broad vers l'est.

Old Exchange Building & Provost Dungeon *(zoom D3)* **:** *au bout de Broad, au 122 E Bay St. ☎ 843-727-2165 ou 1-888-763-0448. • oldexchange.org • Tlj 9h-17h (visites du dungeon ttes les 30 mn, la dernière à 17h). Entrée : 8 $; réduc.* Ce bâtiment palladien fut édifié par les Anglais en 1771, à l'emplacement d'une ancienne prison, pour accueillir un bureau des douanes. C'est maintenant un musée historique fréquenté avec assiduité par les groupes d'écoliers. Des guides en costume d'époque les entraînent dans les sous-sols, où des mannequins de cire parlants évoquent quelques personnages des premiers temps de Charleston. Parmi eux, Stede Bonnet, aristo dévoyé devenu lieutenant de Barbe-Noire. Il croupit quelque temps dans ces geôles avant d'être jugé et pendu avec ses hommes, en 1718, aux White Point Gardens. En 1780, durant la guerre d'Indépendance, les insurgés, prêts de perdre la ville, murèrent dans les sous-sol de l'Exchange toutes leurs réserves de poudre et de munitions. Durant 2 ans, les Anglais occupèrent le bâtiment sans se rendre compte de leur présence ! À l'étage, la grande salle de bal où Washington fut reçu par les autorités de l'État en 1791. Ici et là, quelques vitrines assez désordonnées sur différents pans de l'histoire locale.

➢ Descendre sur quelques dizaines de mètres *East Bay* pour admirer, entre Tradd et Elliott (nos 79 à 107), ***Rainbow Row,*** une rangée d'une douzaine de maisons de marchands aux couleurs de l'arc-en-ciel, typiques de l'architecture géorgienne. La plupart datent des années 1720-1790. Des boutiques occupaient autrefois le rez-de-chaussée.

➢ Revenir sur Broad, tourner à gauche et prendre State, la première à droite. Juste après, à gauche, on croise Chalmers.

SINGLE HOUSE ET DOUBLE HOUSE

Autrefois, Charleston percevait ses taxes d'habitation en fonction de la largeur de la maison en front de rue. Résultat : un grand nombre d'entre elles ont été construites en profondeur sur un terrain étroit. La double house, réservée à ceux qui avaient plus de moyens, reprend le même plan mais en adossant deux maisons dans le sens de la profondeur.

Old Slave Mart Museum *(zoom D3, **67**) : 6 Chalmers St. ☎ 843-958-6467. ● oldslavemart.org ● Lun-sam 9h-17h. Entrée : 7 $; réduc.* Ce petit musée associatif rappelle que l'endroit fut autrefois un marché aux esclaves très actif, le *Ryan's Mart.* Il fonctionna de 1856 à 1863. On en comptait alors pas moins d'une quarantaine sur Chalmers, State et Queen Streets... Pas grand-chose à voir (à part des chaînes), mais beaucoup à apprendre sur les réalités pratiques de ce sidérant commerce d'êtres humains. À l'étage, historique de la lutte pour l'émancipation.

➢ Le pavement de ***Chalmers Street*** est encore d'origine et, presque en face du musée, la petite maison rose est considérée comme une des plus anciennes de la ville (début XVIIIe s). Ce fut un bistrot de marins ; c'est aujourd'hui une galerie. Au nº 38, au-dessus de la porte latérale, on peut voir une grille en forme de herse, destinée à empêcher l'accès aux esclaves échappés lors des révoltes dans les plantations. De là, on peut apercevoir une tour en bois dotée d'une cloche qui servait de guet pour la prévention des incendies. En face, un bien agréable parc avec des bancs pour se reposer les jambes.

➢ Revenir sur *Church Street* et prendre à gauche.

La ***Gothic Revival Huguenot Church*** *(zoom D3, **78**),* fondée en 1681 (le bâtiment actuel date de 1845), est l'une des premières églises protestantes françaises du pays. Noms de familles français gravés sur les bancs de prière et les pierres tombales. En face, le ***Dock Street Theater,*** un ancien hôtel où se retrouvaient les planteurs descendus en ville pour leurs affaires.

Saint Philip's Episcopal Church *(zoom D3, **79**)* est dotée d'un clocher haut de 60 m. Pendant le siège, elle a été la cible préférée des artilleurs de l'Union. À côté et en face, le cimetière, si paisible. Parmi les tombes, celle de DuBose Heyward, l'auteur de *Porgy & Bess,* repris plus tard par Gershwin. On y croise aussi Edward Rutledge, qui parapha la Déclaration d'indépendance, et Charles Pinckney, signataire de la Constitution américaine.

➢ Prendre à gauche dans *Cumberland* pour rejoindre *Meeting.* À votre gauche :

Gibbes Museum of Arts *(zoom C3) : 135 Meeting St. ☎ 843-722-2706. ● gibbesmuseum.org ● Mar-sam 10h-17h ; dim 13h-17h. Entrée : 9 $; réduc.* En dehors des expos temporaires, ce musée met surtout l'accent sur la production des artistes du Sud et images de la ville, de la période coloniale à nos jours. On remarque un beau marbre d'un sculpteur italien peu connu, intitulé *Veiled Lady,* et dans la salle du fond, un portrait de femme espagnole *(The Green Fan)* de Robert Henri. À côté trône *April (The Green Gown),* une belle composition de Childe Hassan, avec une femme allongée sur un banc, habillée d'une longue robe verte sur fond de paravent japonais. Cela mis à part, pas grand-chose à voir. Si, quelques toiles de Samuel Morse, l'inventeur du télégraphe. L'essentiel du 2e étage est consacré aux expositions temporaires. Peut-être que l'une d'elles vous attirera.

➢ Remonter Meeting dans le sens opposé, jusqu'à l'entrée du *French Quarter (Market St).*

Confederate Museum *(zoom C3,* ***68****) : 188 Meeting St. ☎ 843-723-1541. Mar-sam 11h-15h30, jeu-sam slt janv-fév. Entrée : 5 $; réduc.* Depuis 1898, les *Daughters of the Confederacy* veillent sur la mémoire des héros sudistes pur jus... Installé dans la grandiloquente réplique d'un temple grec, le musée empile un fatras d'objets personnels et officiels retraçant l'époque : vieilles bannières frappées de la croix étoilés, armes, uniformes, bibles, billets de banque confédérés, bonnets d'enfants et même des boutons faits en graines de kaki durant la guerre... On manquait de tout, alors ! Ici, on ne parle pas de « guerre de Sécession », mais de « guerre entre les États », entendez entre les États-Unis d'Amérique et les États confédérés d'Amérique, deux nations à part entière...

Old City Market *(zoom C3,* ***68****) :* sous le musée confédéré s'étire le *Market Hall,* une enfilade jusqu'au port de halles couvertes construites en 1840. C'est l'endroit idéal pour trouver les petits souvenirs à offrir aux amis à votre retour. Vous trouverez des paniers tressés par les *mammas* noires en *sweet grass,* une herbe des dunes de la côte, héritage d'un artisanat africain importé avec l'esclavage. Prix plutôt élevés, on vous prévient, qui s'explique par la longueur du travail pour les confectionner. Ici s'arrête notre promenade guidée.

À voir encore

King Street *(plan général C2,* ***72****) :* entre Beaufain et Spring Street, au-dessus des vitrines de magasins et des devantures de bar, vous aurez le plaisir de découvrir des éléments décoratifs (et même des maisons entières) de styles très variés, depuis les demeures géorgiennes, néoclassiques, *federal* et victoriennes jusqu'à l'Art déco de la plus belle facture.

Charleston Museum *(plan général C2,* ***69****) : 360 Meeting St. ☎ 843-722-2996. • charlestonmuseum.org • Lun-sam 9h-17h ; dim 13h-17h. Entrée : 10 $. Ticket combiné : 16 $ (pour 2 sites) et 22 $ (3 sites), donnant droit à l'entrée de la Heyward-Washington House et/ou la Joseph Manigault House ; réduc.* Dans un bâtiment sans allure, le plus ancien musée des États-Unis (1733) fait découvrir l'histoire de Charleston et de sa région. Devant l'entrée, la silhouette de cigare métallique est une copie du sous-marin *Hunley* dont on parle plus haut au début de « À voir. À faire. Balade dans le centre historique ». On suit un ordre vaguement chronologique, passant en revue les civilisations amérindiennes avant l'arrivée des Européens, la fondation de Charleston et la culture du riz, qui fut la première source de richesse des planteurs. De l'esclavage, on retient ces plaques d'identité métalliques que portaient les esclaves « loués » par leur propriétaire, sans nom, juste une fonction et un numéro de registre. Pour une fois, on n'élude pas le sujet ! Des intérieurs de riches planteurs ont été reconstitués. L'épisode de la guerre d'Indépendance est suivi par le développement des transports (bateaux à vapeur, chemin de fer) et le sort fait aux Indiens avec l'épisode tragique de l'exil forcé des Cherokees vers l'Oklahoma, qui provoqua la mort de 4 000 d'entre eux. Viennent ensuite les affres de la guerre de Sécession et le terrible siège de la ville par les soldats de l'Union : billets de banque confédérés, obus de canons du siège, main artificielle du maire de Charleston blessé durant le conflit... Le reste s'apparente à un cabinet de curiosités comme aux origines du musée avec, pêle-mêle, quelques antiquités sans grand intérêt (momies) et un squelette de crocodile primitif de 6 m de long. Ne pas manquer la collection d'argenterie de Charleston.

Joseph Manigault House *(plan général C2,* ***70****) : 350 Meeting St, en face de l'entrée du musée de Charleston. Lun-sam 10h-17h ; dim 13h-17h. Entrée : 10 $. Ticket combiné : 16 $ (pour 2 sites) et 22 $ (3 sites), donnant droit à l'entrée de la Heyward-Washington House et/ou du Charleston Museum ; réduc. Entrée principale sur Ashmead Pl.* Cette maison, la première bâtie hors les murs de Charleston, en 1803, a été dessinée par Gabriel Manigault (le frère de Joseph), architecte amateur. Le résultat, bel exemple d'architecture *federal* à trois étages, est plutôt réussi. Rotondes, jolies courbes, sols en pin, moulures d'origine et... le premier *powder room* (toilettes) de la ville ! Les Manigault, riches planteurs de riz, descendaient de huguenots français arrivés à la fin du XVIIe s. Le mobilier, datant pour l'essentiel du XVIIIe s, est à la fois français et anglais. Dans le salon, un cabinet aux alcools porte gravé, au fond d'un tiroir, la drôle de formule suivante : « *Those that steel this are drunken rascals* » (« Ceux qui volent ceci sont des scélérats bourrés »)...

Aiken Rhett House *(plan général C1)* **:** *48 Elisabeth St. ☎ 843-723-1159. • historiccharleston.org • Lun-sam 10h-17h ; dim 14h-17h. Entrée : 10 $, audioguide inclus. Ticket combiné avec la Nathaniel Russell House : 16 $. Demandez les infos en français (à rendre après la visite).* Voici une visite un peu différente. Cette maison d'armateur, bâtie en 1818 et agrandie au milieu du XIXe s dans un style *Greek revival,* n'a pas été restaurée. Un choix délibéré. Les papiers peints d'origine et les meubles sont en mauvais état, les pièces sont assez vides, les quartiers des esclaves et la *carriage house,* donnant sur une cour pavée à l'arrière, sont restés dans leur jus. Une manière, au bout du compte, de retrouver une certaine authenticité.

South Carolina Aquarium *(plan général D2)* **:** *aquarium Wharf. ☎ 843-577-3474 ou 1-800-722-6455. • scaquarium.org • Tlj 9h-18h (17h sept-fév) ; dernière entrée 1h avt. Entrée : 25 $; réduc. Les enfants paient à partir de 4 ans ! Supplément pour visiter l'hôpital des tortues (lun, mer, ven-dim à 11h30 et 13h) : 10 $.* Sur le port à côté de l'embarcadère qui mène à Fort Sumter. Ouvert en 2000, il reconstitue les biotopes typiques de la région : depuis les monts Appalaches jusqu'à l'océan, en passant par le piémont, les plaines côtières et les marécages littoraux. L'occasion de croiser loutres, serpents, alligators (dont un albinos, rarissime !), aigles chauves et autres tortues. Des pingouins également. Spectaculaire bassin d'eau de mer avec plus de 300 espèces.

Fort Sumter National Monument *(hors plan général par D2)* **:** *la visite se fait slt par bateau, embarquement à Liberty Sq, 340 Concord St. ☎ 843-883-3123 (parc) ou 1-800-789-3678 (bateaux). Mars-fin nov, 3 départs/j. à 9h30, 12h et 14h30. En hiver, à 11h et 14h30. Traversée commentée en 30 mn et 1h sur place, avec visite guidée par un ranger. • nps.gov/fosu/ • spiritlinecruises.com • Entrée : 17 $; réduc. Le site peut aussi être rejoint au départ de Patriots Point (plus facile de s'y garer en camping-car).*

Fort Sumter est connu des Américains pour avoir été le théâtre des premiers combats de la guerre de Sécession. C'est dire l'importance qu'il revêt à leurs yeux. Conçu pour renforcer les défenses de la côte sud-est après la seconde guerre contre les Anglais en 1812, sa construction débuta en 1827. Elle fut titanesque : pour consolider le banc de sable stratégiquement placé à l'entrée du port, il a fallu acheminer 70 000 t de granit ! Des centaines d'esclaves ont été appelés pour ériger des murs en brique d'une soixantaine de mètres de long sur 1,5 m de large et 15 de haut. Aménagé pour abriter 650 soldats et 135 canons, Fort Sumter n'était pas encore achevé en 1860 quand la guerre de Sécession éclata.

Six jours après la sécession de la Caroline du Sud, en décembre 1860, les troupes fédérales stationnées au Fort Moultrie font mouvement pour trouver refuge à Fort Sumter. Le gouvernement de Caroline du Sud et le général sudiste de Beauregard exigent en vain leur retrait. Finalement, pour empêcher le ravitaillement du fort par les nordistes, les confédérés donnent l'assaut dans la nuit du 11 au 12 avril 1861. Fort Sumter est bombardé pendant 36h, jusqu'à la capitulation des assiégés.

Deux ans plus tard, les soldats de l'Union tentent de reprendre le port de Charleston. Le 7 avril, Fort Sumter est pilonné par les canons de neuf cuirassés, mais ils doivent se retirer sous le feu sudiste. Une seconde tentative a lieu au début de l'automne, sans plus de succès. Le fort est pilonné tout au long des mois suivants. Mais il faut l'arrivée des troupes de Sherman, le 17 février 1865, pour

que les sudistes acceptent enfin de se retirer. Deux années de bombardements et d'assauts répétés ont eu finalement raison des confédérés, qui ne comptent au final que 52 morts et 267 blessés pour 7 millions d'obus d'artillerie tirés !
Devenu phare (1876-1897), Fort Sumter est reconstruit au moment de la guerre contre les Espagnols, et sera réutilisé et remanié durant la Seconde Guerre mondiale avec l'implantation de deux canons, ce qui l'a largement défiguré. Tous les détails de cette histoire guerrière sont visibles dans l'expo de la batterie Huger avec armes, objets et panneaux explicatifs. Pour le reste, une belle balade en bateau si le soleil est de la partie.

Fort Moultrie National Monument *(hors plan général par B1) : accès par la Hwy 17 N et la route 703 à l'est. ☎ 843-883-3123. • nps.gov/fosu/ • Entrée : 3 $; réduc.* Sur l'île Sullivan, qui offre une vue magnifique sur la ville et le port. Le fort a permis aux Américains de repousser les Anglais en 1776, retardant de 4 ans la prise de Charleston. Cela dit, pas grand-chose à voir à part des remparts et quelques gros canons.

LA PALME DE L'INVENTIVITÉ

Le palmetto, un palmier nain, est considéré ici comme un héros : en juin 1776, pour protéger le Fort Moultrie (dans l'île Sullivan) d'une attaque britannique, les insurgés ont érigé des remparts à l'aide de troncs de ce palmier, abondant sur l'île. Heureuse initiative : son bois, souple (c'est une plante !) et résistant à la fois, a eu la propriété inattendue de faire rebondir les boulets anglais ! Grâce lui a été rendue... sur le drapeau de l'État, où il figure, sur fond d'azur.

Patriots Point Naval & Maritime Museum *(hors plan général par C1,* ***75****) : 40 Patriots Point Rd. ☎ 843-884-2727 ou 1-866-831-1720. • patriotspoint.org • Accès par la Hwy 17 N, sortie « Mt Pleasant ». Tlj 9h-18h30. Entrée : 18 $; réduc.* Un des plus grands musées maritimes du monde. Un porte-avions de l'US Navy, le *USS Yorktown,* lancé en 1943, est converti en musée dans le port. Pour ceux qui n'ont jamais mis les pieds sur un porte-avions, c'est l'occasion ! Celui-ci n'est plus très jeune puisqu'il était déjà en activité à la bataille de Midway en 1942 contre les Japonais. À ce titre, il est devenu une vedette au cinéma en servant de décor au film *Tora ! Tora ! Tora !* Surnommé *Fighting Lady,* il a encore servi au large du Vietnam et a eu l'honneur de récupérer les astronautes d'*Appolo 8* qui étaient allés faire un tour à proximité de la Lune. On démarre par l'immense hangar intérieur où sont entreposés quelques avions mythiques qui ont servi à son bord. Longs parcours (six tours différents fléchés) dans les coursives, les salles d'opérations aériennes jusqu'à la timonerie pour s'asseoir dans le fauteuil de commandement du pacha. N'oubliez pas d'aller faire quelques pas sur le pont pour vous rendre compte des dimensions de ce genre de vaisseau – tout en les trouvant bien réduites pour faire « atterrir » un avion. Au mouillage, à côté de ce géant, un sous-marin, le *Clamagore,* bien rongé par la rouille et le destroyer *Laffey* (inaccessible pour rénovation). De quoi y passer l'après-midi !

À voir dans les environs

En amont de la Ashley River, plusieurs plantations évoquent l'époque glorieuse du Sud esclavagiste. Il y en avait jadis 14, mais la plupart ont été détruites durant la guerre de Sécession. Seules trois demeures ont plus ou moins échappé au feu. Leurs proprios, malins, s'étaient déclarés en épidémie de variole et aucun soldat nordiste ne prit le risque de les approcher !

Drayton Hall *(hors plan général par A3) : 3380 Ashley River Rd, à 9 miles au nord-ouest de la ville. ☎ 843-769-2600. • draytonhall.org • Mars-oct, visites 8h30-16h30, dernière sortie à 18h ; nov-fév, 9h30-15h30. Visite guidée 45 mn-1h,* *ttes les heures (texte en français disponible). Entrée : 18 $; réduc.* C'est à la fois la seule maison de plantation d'Ashley River Road à avoir intégralement survécu à la guerre de Sécession et la plus ancienne ouverte au public en Amérique ! Construite entre 1738 et 1742, *Drayton Hall* est une splendide demeure de style géorgien-palladien, restée dans la famille Drayton jusque dans les années 1970. Curiosité : elle n'a jamais été reliée au réseau électrique. Préservée, mais jamais restaurée et vide de meubles, elle est surtout belle à voir de l'extérieur. La visite, longue, est plutôt (voire très) ennuyeuse. Jolie promenade à faire dans le parc, le long des buissons d'azalées, jusqu'à la rivière Ashley. Trois fois par jour, à la belle saison, des rencontres sont organisées avec des descendants d'esclaves.

Magnolia Plantation and Gardens *(hors plan général par A3) : 3550 Ashley River Rd, à 10 miles au nord-ouest de la ville (juste après* Drayton Hall*). ☎ 843-571-1266 ou 1-800-367-3517. • magnoliaplantation.com • Mars-oct, tlj 8h-17h30 ; 9h-16h30 en hiver. Plusieurs options à choisir à l'arrivée. Visite de base : 15 $, plus 8 $ pour chaque programme ; pass complet 43 $; réduc.*
Plus ancienne plantation de la région, fondée en 1680, *Magnolia* a appartenu aux Drayton durant plus de 300 ans. La demeure familiale a été détruite durant la guerre et rebâtie en 1865, avant d'être à nouveau modifiée et modernisée par son proprio actuel. Pas incontournable, donc, même si on y voit quelques jolies pièces de mobilier, un joli ensemble de patchworks et des gravures d'Audubon.
Le véritable intérêt de Magnolia, c'est son immense jardin botanique, considéré par un ancêtre du *Routard*, le *Baedecker,* comme « le plus beau du monde ». Sur 200 ha sont plantées 900 espèces de camélias et 250 d'azalées. Très touristique, cela dit, avec des balades en bateau sur la Ashley River et des petits trains qui font le tour du domaine en véhiculant une population qui n'a plus beaucoup l'habitude de marcher...
D'autres attractions s'ajoutent : une excursion guidée (45 mn) vers les anciennes cases des esclaves, miraculeusement préservées, et une balade en libre-service dans l'*Audubon Swamp Garden* (45 mn à 1h), un marécage où nichent au printemps aigrettes neigeuses et hérons bleus. Magnifique. On peut aussi y croiser des tortues et des alligators. Une fois le ticket pris, on vous donnera le code d'accès pour ouvrir la porte ! Près des toilettes, coup d'œil rapide à la minuscule école pour enfants d'esclaves : le révérend Drayton l'ouvrit vers 1840 en défiant les lois de Caroline du Sud, qui interdisaient d'éduquer les esclaves. Essayez donc de venir tôt, avant l'arrivée des cars.
Snack abordable à l'entrée. Sinon, on peut apporter son pique-nique et s'installer sur les tables en bois de la très agréable *picnic area,* sous les grands chênes pleurant leurs mousses espagnoles.

Middleton Place *(hors plan général par A3) : 4300 Ashley River Rd, 4,5 miles après* Magnolia Gardens. *☎ 843-556-6020 ou 1-800-782-3608. • middletonplace.org • Tlj 9h-17h. Balades en carriole 10h-15h30. Entrée : 25 $, réducs. Ticket combiné avec Edmondston-Alston House à Charleston : 44 $.*
Les Middleton possédaient plusieurs plantations de riz, mais c'est ici qu'ils résidaient la plupart du temps. Des trois bâtiments, construits sur une colline dominant majestueusement un coude de l'Ashley River, un seul a survécu à la guerre de Sécession : l'aile autrefois réservée aux invités. Très restaurée, elle abrite mobilier et portraits de famille baignant dans la pénombre, des fois que les rayons du soleil abîmeraient de telles préciosités... Visite pas inoubliable.
Une centaine d'esclaves ont travaillé de 1741 à 1751 à la création des jardins anglais du domaine. Leurs pelouses qui descendent en terrasses vers la rivière sont la seule raison, à nos yeux, de débourser un tel droit d'entrée, et encore ! C'est au printemps qu'il faut venir pour en apprécier toute la majesté.

Boone Hall Plantation *(hors plan général par B2) : 1235 Long Point Rd, à 8 miles au nord-est de Charleston. ☎ 843-884-4371. • boonehallplantation.com • Avr-août, lun-sam 8h30-18h30, dim 12h-17h ; le reste de l'année, lun-sam 9h-17h,* *dim 12h-17h. Entrée : 19,50 $; réduc.* Le domaine, fondé en 1681 par un planteur venu de la Barbade, s'étendit au maximum sur 485 ha d'indigo et de coton. Son titre de gloire : une majestueuse allée de chênes plantée en 1743, étirée sur 800 m. Si belle qu'elle a servi de décor à certaines scènes d'*Autant en emporte le vent* (pas en vrai mais peinte en fond sur des plaques de verre !)... Sur la gauche s'alignent encore les cases des esclaves qualifiés, avec leurs intérieurs recréés et des vidéos intéressantes explorant leur vie quotidienne et leur émancipation. Les esclaves des champs, eux, habitaient des masures encore moins accueillantes... La maison de plantation ne date que des années 1930 : c'est un drôle de Canadien, ambassadeur en France durant la Seconde Guerre mondiale, qui la fit construire. Il inventa l'énergie marémotrice pour l'alimenter en électricité !

Manifestations

– ***House & Garden Tours :*** *fin mars ou début avr. • thegardenclubofcharleston.org • Ticket : env 40 $ ou 70 $ les 2 j.* L'occasion de pénétrer le temps d'un ou deux après-midi dans des demeures privées et de pousser la grille des plus beaux jardins. Mais ce n'est pas donné...
– ***Spoleto Festival USA :*** *fin mai-début juin. ☎ 843-722-2764 (lun-sam 10h-18h). • spoletousa.org • Billets 10-150 $ selon spectacles.* L'alter ego du festival de Spoleto italien. Des artistes du monde entier s'y retrouvent, dans le domaine de la musique (classique, opéra, chorales, moderne, ethnique...), de la danse, du théâtre et des arts de la scène. En parallèle, le Piccolo Spoleto se concentre sur des artistes du Sud-Est américain.
– ***Sweetgrass Cultural Arts Festival :*** *début juin. • sweetgrassfestival.org •* L'occasion de célébrer la culture gullah à travers démonstrations d'artisanat et cuisine.
– ***Annual Falltours of Homes & Gardens :*** *fin sept-fin oct. • preservation society.org •* Le pendant du *House & Garden Tours,* en version automnale.

LE TENNESSEE

Voici un de ces États qu'on a bien du mal à situer sur la carte sans se tromper. En gros, c'est le sud-est des États-Unis... Évidemment, si l'on dit Memphis ou Nashville, c'est le déclic et des noms surgissent : le blues, Elvis, Martin Luther King, la soul, Johnny Cash, le combat des Noirs, le Mississippi, le coton, la guerre de Sécession, le Ku Klux Klan, le whisky... À défaut d'être d'une beauté spectaculaire, cet État, et notamment ces deux villes, concentrent une bonne partie de l'histoire, des luttes et des contradictions de la société américaine.
Tout le long du XVIIIe s vit le territoire du Tennessee régulièrement écartelé par les États voisins, avant de finalement rejoindre l'Union en 1796. État esclavagiste, les combats durant la guerre de Sécession furent d'une rare violence. Et ceux pour l'égalité des droits civiques entre Blancs et Noirs semés d'embûches : le Ku Klux Klan ne naquit-il pas dans le Tennessee ? Memphis ne vit-elle pas l'assassinat de Martin Luther King sur son sol ? Mais c'est ici, dans les champs de coton, que les premières voix s'élevèrent pour dire l'humain, le partage, le labeur et la douleur... en musique.
Ainsi le blues, noir par excellence, né à Memphis, donnera au monde les voix les plus chaudes, issues d'une terre fertile et humble. Il fit plusieurs enfants à l'Amérique, dont le rock mais aussi la country, qui éclôt des gorges blanches de Nashville sans jamais se plaindre de ses profondes racines noires.

Luttes raciales et syncrétisme musical. Une halte dans ces deux villes permet de démêler, au rythme du Mississippi, l'écheveau de la complexité américaine sans cesser de battre la mesure.

NASHVILLE

570 000 hab. (1,5 million avec les banlieues)

▸ Pour le plan de Nashville, se reporter au cahier couleur.

Nashville est située sur les berges de la Cumberland River, en plein milieu de l'État du Tennessee. Tout compte fait, c'est une cité moyenne qui se la joue plutôt grande ville mais qui a de bonnes raisons pour se distinguer de ses voisines : amateurs de *country music,* découvrez-vous !
Vous êtes dans un lieu mythique, d'où sont issus les grands noms de la musique américaine que sont Elvis Presley, Jerry Lee Lewis, Hank Williams et Johnny Cash. Certes, la ville n'en est plus à l'âge d'or, mais certaines légendes y vivent encore, comme Little Richard (que l'on peut parfois apercevoir au *Hilton* de Downtown), et on y trouve encore et toujours des wagons d'excellents musiciens. D'ailleurs, ce n'est pas un hasard si bon nombre de nos chanteurs français continuent d'y enregistrer leurs disques, pour s'approcher du fameux « son » Nashville. D'ailleurs M. Eddy Schmoll ne chantait-il pas : « Où sont mes racines, Nashville ou Belleville ? »
Nashville est à la country ce que Memphis est au blues et La Nouvelle-Orléans au jazz. C'est l'une des destinations favorites des Américains, car c'est le siège du *Grand Ole Opry,* véritable temple de la country. Nous, on lui préfère quand même ses bars mythiques, ses vieux troquets d'anthologie où les chanteurs officient dès le matin ! Tradition oblige, ils coiffent le *Stetson* (chapeau de cow-boy) et chaussent leurs bottes à bouts pointus... Mais Nashville, c'est aussi le célébrissime *RCA Studio B,* où Elvis a enregistré 20 de ses 40 plus grands succès.
Depuis quelques années, la municipalité investit des sommes colossales pour dynamiser *The Music City,* en commençant par lui donner un point culminant, le *Batman Building,* immeuble original qui domine la cité de ses deux petites oreilles. Puis un nouveau *Convention Center* a vu le jour, chargé d'organiser des manifestations musicales (dans tous les styles de musique, en passant par le jazz, le gospel, le rock et même le rap...) pour faire découvrir de nouveaux talents à des acheteurs du monde entier. Enfin, elle a entrepris la construction d'un énorme *Music City Center* attenant au génial *Country Music Hall of Fame* et inauguré aussi un musée dédié à Johnny Cash. Bref, c'est une ville où il fait bon passer 2 ou 3 jours, dans un circuit entre la côte Est et le *Deep South.*
– *Note :* ici, comme dans beaucoup d'autres États, ***l'interdiction d'entrer dans les bars pour les moins de 21 ans*** peut être assez frustrante pour ceux qui veulent écouter de la musique et qui voyagent avec des enfants. Autant le savoir. Heureusement, la plupart des bars musicaux historiques de Broadway, ***les fameux* honky tonks, *sont ouverts en journée aux mineurs*** voyageant avec leurs parents.

LA COUNTRY

On vient d'abord à Nashville parce qu'on aime la country ou parce qu'on veut la découvrir. Ceux qui ne sont pas sensibles à ce genre musical risquent de s'y emm... nuyer ferme ! Pour les autres, quel pied !

La country trouve ses origines dans le chant des premiers colons irlandais et écossais qui investirent les Appalaches sauvages, peuplées alors d'Indiens. Ensuite, elle n'a fait que s'approprier les autres genres musicaux en passant du gospel et du blues (eh oui, tout cela est lié !) au swing, du jazz à la musique cajun... On distingue ainsi l'*Old time* des Appalaches, le *Western swing,* la *Cowboy music,* le *Honky tonk* (venu du fond des rades miteux), le *bluegrass,* le *Nashville sound,* le *Cajun country,* les *songwriters* (très nombreux dans la ville), le *Country boogie* qui annonçait le célèbre *rockabilly* (on ne compte plus les rockers qui ont enregistré à Nashville !)... Mais la country est, avant tout, une musique appréciée par le plus grand nombre des Américains, donc tout le contraire d'un symbole de révolte. Bref, Nashville sera une bonne occasion d'ouvrir devant vous le large éventail de l'Amérique profonde.

UNE MUSIQUE DE TOUS LES JOURS

Longtemps considérée comme la musique des ploucs (hillbilly music) *et des culs-terreux (les* rednecks*), la country est une musique du terroir. Elle est ancrée au plus profond des racines américaines. Elle ne s'oppose nullement à la musique noire, elle est issue des mêmes entrailles. Elle chante le dur travail, les champs, la famille qui se disloque, les éternelles histoires d'amour, les voitures rutilantes, les interminables highways, la mauvaise récolte, le truck tombé en panne... C'est à Nashville et nulle part ailleurs qu'on réalise les liens musicaux entre la terre et les hommes.*

Arriver – Quitter

En avion

✈ **Aéroport** *(hors plan couleur par D2)* **:** *à 10 miles à l'est de Downtown (15 mn à peine en voiture). Infos :* ☎ *615-275-1675.* • *flynashville.com* •

■ ***Airport Welcome Center :*** *tlj 6h30-23h.* Pour tt type d'infos.

Pour aller dans le centre

Plusieurs solutions pour rejoindre le centre-ville :

➢ ***MTA bus :*** 1 bus/h (la ligne n° 18), tlj 7h-20h min. Env 2,25 $. Trajet en 20 mn avec la ligne express. Arrêt principal : sur Deaderick, entre 4th et 5th Ave. ☎ *615-862-5950.* • *nashvillemta.org* •

➢ ***Gray Line Airport Express :*** départ ttes les 15 mn 6h-23h. Minibus desservant les hôtels de Downtown et West End. Plus pratique que le bus mais plus cher, évidemment (compter 14 $/pers). ☎ *615-275-1180.* • *graylinetn.com* •

➢ ***Taxis :*** moins cher que l'*Airport Express* à partir de 2 pers.

En bus

🚌 **Greyhound** *(plan couleur C1)* **:** *1022 Charlotte Ave (angle 11th Ave N).* ☎ *615-255-3556.* Liaisons vers Memphis, Atlanta, Chicago, Détroit et Cincinnati.

Topographie

L'axe routier principal du centre est Broadway. Il coupe Downtown en deux, qui s'organise sur plusieurs blocs entre 1st et 6th Avenue, Union et Demonbreun Street. Le *Grand Ole Opry,* la grande scène country de Nashville, se trouve, lui, dans la *Music Valley,* à une dizaine de miles au nord-est de Downtown.

Pour bien vous déplacer dans Memphis, vous ne pourrez pas faire l'économie de l'achat d'une bonne carte. On en trouve dans toutes les stations-service.

Comment se déplacer en ville ?

– ***Quasi indispensable d'avoir une voiture.*** L'option GPS n'est pas superflue, car la ville est très étendue (avec les banlieues) et finalement pas si simple. Pas de problème de parking, bien que, comme souvent aux States, ils soient payants : environ 8-10 $ par jour dans Downtown.

– Sinon, la ville a mis en place un ***réseau de bus gratuits*** *(Music City Circuit),* circulant dans le centre tlj sf dim (ttes les 15-30 mn, 6h30-23h sem, dès 11h w-e). Demander le plan au *Visitor Center* de Broadway. La ligne verte dessert *The Gulch,* petit quartier branché situé à quelques blocs au sud-est de Downtown. On vous y indique quelques adresses. *Rens :* ☎ *615-862-590.* • *nashvillemta.org* •

– ***Taxis : Music City Taxi :*** ☎ *615-865-4100 (24h/24).* ***Allied Taxi :*** ☎ *615-883-2323.*

Adresses et infos utiles

Informations touristiques et culturelles, services

ℹ ***Nashville Visitor Center*** *(plan couleur D1) : 501 Broadway.* ☎ *615-259-4747.* • *visitmusiccity.com* • *Tlj 8h-17h30 (10h-17h dim).* Dans le hall du *Bridgestone Arena,* où se trouve aussi le *Tennesse Sport Hall of Fame Museum* (pour les fans). Brochures et surtout un très bon plan de la ville. Accueil sympa. Internet gratuit.

– Pour s'informer des ***spectacles et manifestations en cours,*** se procurer *The Rage* ou le *Nashville Scene* (journaux hebdos gratuits), ou encore le *Nashville Vacation Guide* ou le *Key* (tous deux mensuels). On les trouve dans la rue, les bars, certains hôtels ou au *Visitor Center.*

✉ ***Post Office*** *(plan couleur C2) : 10th Ave S, à l'angle avec Broadway (sur le flanc droit du* Frist Center of the Visual Arts*). Lun-ven 6h-17h.* ***Autre poste*** *plus centrale, dans la galerie* Arcade*, entre 4th et 5th Ave, Church St et Union St (plan couleur D1). Lun-ven 8h30-17h30.*

Transports

■ ***MTA*** *(Metropolitan Transit Authority) :* c'est la société des transports en commun de Nashville. Évidemment beaucoup moins pratique que la voiture, même s'il existe un plan très bien fait avec toutes les lignes (disponible au *Visitor Center*), certaines étant même gratuites. Mais pas très commode en vérité.

Santé, urgences

■ ***Vanderbilt University Medical Center*** *(hors plan couleur par B2) : à quelques blocs au sud de Music Row, pas loin du Downtown. 1211 S 22nd Ave.* ☎ *615-322-5000.* Urgences 24h/24.

■ ***Metropolitan Nashville General Hospital*** *(hors plan couleur par B1) : 1818 Albion St.* ☎ *615-341-4000.* À quelques miles au nord-ouest du centre.

■ ***Pharmacie*** *(plan couleur D1,* ***1****) :* ***Walgreens,*** *226 5th Ave N, à l'entrée de la galerie* Arcade*, entre Church et Union St.* ☎ *615-256-4609. Lun-ven 7h-19h ; sam 9h-17h.*

Où dormir ?

CAMPINGS

Ça tombe bien pour ceux qui viennent à Nashville pour assister à un concert, les campings sont tous (c'est-à-dire trois, dont un qui n'accepte pas les tentes) dans l'Opryland (la *Music Valley*), tout près du *Grand Ole Opry House,* à une dizaine de miles au nord-est de Downtown. Pour y aller depuis le centre, prendre l'Interstate 40 East, puis la sortie 215 B (« Briely Parkway »), puis l'*exit* 12 (« Music Valley Drive »). Les campings sont sur le côté gauche... vu qu'à droite, c'est l'autoroute.

⛺ ***Yogi Bear's Jellystone Park :*** *2572 Music Valley Dr.* ☎ *615-889-4225 ou 1-800-558-2954.* • *nashvillejellystone.com* • *En été, emplacement env 34 $; mobile homes env 55 $ (2 adultes, 2 enfants). Cabin 6 pers env 160 $ (avec douche et toilettes, mais sans draps ni serviettes ; résa longtemps à l'avance). Moins cher hors saison.* Notre préféré. Certes, l'autoroute est proche, mais on plante sa tente un peu à l'écart, dans un petit bois ou au bord d'un pré avec des meules de foin ! Bien arboré et belles pelouses tondues à l'anglaise. Piscine (avec projection de films le soir !), laverie, boutique, minigolf, musique le week-end. Excellent accueil.

⛺ ***Nashville KOA Kampground :*** *2626 Music Valley Dr. ☎ 615-889-0286 ou 1-800-562-7789. • nashvillekoa.com • Tente 2 pers env 40 $ (sans électricité ni point d'eau). Mobile home pour 2 pers 55 $. Chalets tt simples en bois (sanitaires communs avec le camping) de 1-2 chambres (2-6 pers) env 75 $.* Attention, les emplacements de tentes sans électricité sont le long de l'*interstate* (bruyant et pas sympathique). Ceux avec *hook-up* sont mieux situés. Confortable mais moins calme que l'autre, notamment pour les tentes. Piscine, minigolf et *music show* tous les soirs (country, cela va sans dire).

AUBERGE DE JEUNESSE

Nashville Downtown Hostel *(plan couleur D1,* ***9****) : 117 1st Ave N. ☎ 615-692-1277 ou 615-497-1208. • nashvilledowntownhostel.com • Nuitée en dortoir (4-8 lits) 25-28 $/pers, doubles et triples 85 $.* Cette toute nouvelle AJ, située à deux pas de Printer's Alley (la ruelle historique des vieux clubs de blues et de jazz), s'est installée dans un ancien immeuble de Downtown complètement rénové. C'est donc un excellent point de chute, avec en prime une vue sur la Cumberland River depuis certaines chambres. L'auberge a été aménagée par l'équipe éminemment sympathique du *Music City Hostel* (voir ci-dessous). Dortoirs mixtes ou non, et chambres privées pour 1 à 4 personnes. Bons plans et moments de convivialité en perspective !

Music City Hostel *(plan couleur B2,* ***11****) : 1809 Patterson St. ☎ 615-692-1277. • nashvillehostel.com • À l'est de Downtown. Lit en dortoir env 25 $/pers, draps et petit déj (à cuisiner soi-même) inclus ; double 70 $. Parking possible sur l'arrière (gratuit).* 💻 📶 Dans un quartier calme, 2 petits édifices de brique rouge, sympas comme tout, aux portes et aux murs peinturlurés. Plein de jeunes musicos qui viennent tenter leur chance en ville et prennent parfois leur guitare le soir autour du petit barbecue. Une cinquantaine de lits répartis dans des dortoirs de 4, très spacieux, avec salle de bains attenante et même cuisine. Côté parties communes, encore une grande cuisine équipée, un petit salon TV et un jardin avec tables et barbecue pour la convivialité. Location de vélos, machines à laver. Patron adorable et de bon conseil.

MOTELS

Outre les hôtels plutôt chic et pas donnés de Downtown (voir plus loin), il y a des motels moins chers un peu partout dans la périphérie : dans l'ancien quartier des studios d'enregistrement (*Music Row,* pas très loin du centre), du côté de l'aéroport (normal !), dans l'Opryland (voir plus haut « Campings » pour la direction), à cause du *Grand Ole Opry,* ainsi qu'au nord de Downtown, plus précisément sur Brick Church Pike et West Trinity Lane. Des différents secteurs, c'est ce dernier qui offre les meilleurs prix ; par contre, c'est très bruyant avec l'autoroute toute proche. Pour y aller : prendre l'Interstate 65 North *(plan couleur B1),* puis l'*exit* 87 (« Trinity Lane »).
Sinon, vous pouvez aussi glaner des coupons de réduc au *Visitor Center* et téléphoner aux adresses qui vous intéressent pour connaître les possibilités. Le week-end est souvent un peu plus cher (de 10 à 20 %) que la semaine, et en période de *special events* (le *Country Music Festival,* par exemple), où tout est encore beaucoup plus cher, trouver une chambre peut relever du parcours du combattant !

Près du centre

Prix moyens

Guesthouse Inns and Suites *(plan couleur B2,* ***14****) : 1909 Hayes St. ☎ 615-329-1000 ou 1-800-777-4904. • nashvilleguesthouseinn.com • Doubles 110-130 $ pour 2-4 pers ; suites 130-190 $. Petit déj inclus. Parking gratuit.* 💻 📶 Une centaine de chambres impeccablement tenues et qui changent de l'ordinaire pour cet hôtel bien rénové. Mur rouge en guise de tête de lit avec photos noir et blanc de Nashville, salles de bains couleur terracotta. Toutes les chambres ont un coin kitchenette séparé, avec cafetière, frigo, micro-ondes et évier. Un cran au-dessus, les suites avec salon séparé et convertible, pratiques en famille. Le tout relativement calme. Bon accueil et petit plus, le distributeur de boissons gratos.

Ramada Limited at the Stadium *(hors plan couleur par D1,* ***15****) : 303 Interstate Dr. ☎ 615-244-6690 ou 1-800-251-1856. De l'autre côté de la Cumberland River, derrière le stade (prendre à droite après le pont et juste après le stade en venant de Downtown). En sem 90-100 $, w-e 110-120 $, pour 2-4 pers. Petit déj continental compris. Parking gratuit.* Réception agréable et soignée, tout comme l'ensemble de l'hôtel d'ailleurs, qui propose de bonnes chambres sur le point de subir un bon lifting (éviter toutefois celles à l'arrière, côté autoroute). C'est sûrement aussi le seul de la ville à posséder une piscine intérieure en forme de guitare (mais l'autoroute est juste derrière la cloison et ça fait bizarre) !

Comfort Inn *(plan couleur C2,* ***13****) : 1501 Demonbreun St. ☎ 615-255-9977. • choicehotels.com • Doubles env 100-150 $ sem, à partir de 150 $ le w-e, petit déj buffet compris. Parking gratuit.* Pour une fois, un motel qui ne fait pas trop chaîne, avec son murs de photos de musiciens locaux dédicacées. Presque un petit cachet. Et non loin du Downtown, ce qui est pratique. Les chambres sont simples mais impeccables, et c'est bien là l'essentiel (micro-ondes, frigo...). En choisir une à l'écart des bruits de fond de l'*interstate* voisine. Piscine (mais mal située).

Best Western Music Row *(plan couleur C2,* ***12****) : 1407 Division St. ☎ 615-242-1631. • bestwestern.com • En plein quartier des anciens studios et proche du centre. Doubles 100-150 $ sem, dès 150 $ w-e, petit déj buffet compris. Parking gratuit.* Chambres confortables, avec frigo, micro-ondes et salle de bains impeccable, mais déco un peu kitsch rococo (dessus-de-lit mordorés, par exemple). Un petit coup de jeune ne lui ferait pas de mal ! Piscine.

Chic

Hampton Inn *(plan couleur B2,* ***16****) : 1919 W End Ave. ☎ 615-329-1144. • nashvillevanderbilt.hamptoninn.com • Doubles 180-230 $, avec petit déj (buffet très complet). Parking gratuit.* Assez central et rénové tout récemment, dans un style presque design arty, en tout cas chic et contemporain. Lobby avec canapés dans les tons et matières d'aujourd'hui, toiles et photos noir et blanc aux murs. Chambres de deux tons différents, soit dans les vert d'eau, très *rainforest,* soit rouge foncé, dans les deux cas avec de jolies salles de bains. Machines à laver à pièces.

Holiday Inn Express *(plan couleur C1-2,* ***17****) : 920 Broadway. ☎ 615-244-0150 ou 1-877-443-7829. • hiexndt.com • Compter 140-185 $ pour 2. Petit déj-buffet inclus. Parking env 20 $.* Un bel hôtel de chaîne hyper central, au vaste *lobby* plutôt chic et classieux, à l'image des chambres (jolies photos en noir et blanc en guise de tête de lit) qui savent aussi rester fonctionnelles (cafetière, micro-ondes et frigo). De certaines, jolie vue sur la silhouette de Union Station en face. Piscine mais, dommage, le cadre est moche. Belle salle de fitness, en revanche.

Sur West Trinity Lane / Brick Church Pike (hors plan couleur par B1)

Bon marché

Econo Lodge : *1412 Brick Church Pike. ☎ 615-226-3230 ou 1-800-544-6385. Doubles 45-70 $, petit déj inclus. Parking gratuit.* Chambres classiques et de bon confort (frigo et micro-ondes sur demande). Piscine au calme et même entourée d'un peu de verdure, ce qui est rare.

Rodeway Inn : *311 W Trinity Lane. ☎ 615-227-9696. Doubles env 40-50 $ (suite pour 4 à 60 $), avec jacuzzi env 80 $. Petit déj léger compris. Parking gratuit.* Chambres pas bien grandes, avec dessus-de-lit à grosses fleurs, mais néanmoins tout à fait convenables pour le prix (frigo, micro-ondes et cafetière). Un peu plus chères mais d'un bon rapport qualité-prix : les *jacuzzi suites* avec leur salon séparé pouvant accueillir 4 personnes. Et pour une fois, la piscine est au cœur du bâtiment, donc en dehors du champ de vision de l'autoroute !

Americas Best Value Inn : *2403 Brick Church Pike. ☎ 615-226-9805 ou 1-800-315-2378. • bestvalueinnnashville.com • Doubles dès 50 $ en sem et 70 $ le w-e. Petit déj minimaliste compris (café et donuts). Parking gratuit.* Pas mal non plus pour le tarif : chambres confortables, équipées de mobilier neuf, frigo, micro-ondes... Pas de piscine, en revanche.

Prix moyens

Comfort Inn : *2407 Brick Church Pike. ☎ 615-226-3300. • comfortinn.com/hotel-nashville-tennessee-TN389 • Dès 65 $ pour 2-4 pers, 100 $ max si* special event ; *petit déj-buffet inclus. Parking gratuit.* Dans un grand bâtiment légèrement en retrait de la route. Chambres très correctes avec l'attirail habituel (frigo, micro-ondes) et un mur rouge qui réchauffe l'atmosphère. Salle de petit déj pas désagréable, attenante au lobby. Fitness et piscine accolée à l'autoroute, comme d'hab.

Quality Inn & Suites : *2401 Brick Church Pike. ☎ 615-226-4600 ou 1-800-4CHOICE. • choicehotels.com • Env 65-70 $ et jusqu'à 100 $ max ; petit déj continental inclus. Parking gratuit.* Motel soigné et accueillant. Chambres sans défaut : frigo, micro-ondes, cafetière... Ensemble rassurant, cosy et chic, et salle de petit déj chaleureuse pour une fois. Par contre, piscine le long de l'autoroute, *again and again.* Machine à laver à pièces.

À proximité de l'Opryland
(hors plan couleur par D2)

Prix moyens

Days Inn : *2460 Music Valley Dr. ☎ 615-889-0090 ou 1-800-DAYS-INN. • daysinn.com • Doubles 75-80 $, max 100 $. Petit déj correct inclus. Parking gratuit.* Chambres fraîches et bien équipées, avec frigo, micro-ondes et même une touche de couleur qui change tout (fauteuil bleu Klein, par exemple). Petite piscine extérieure, donnant sur l'autoroute, *as usual* (bonjour l'intimité... mais dans la touffeur de l'été, ça rafraîchit !).

Comfort Inn : *2516 Music Valley Dr. ☎ 615-889-0086. • comfortinnopryland.com • Compter 80-85 $ pour 2 pers, jusqu'à 100 $. Petit déj continental inclus.* Chambres impeccables et bien insonorisées. Piscine au milieu du parking et devant l'*interstate,* ce qui est toujours bien pratique pour garder un œil sur la Cadillac et partir faire un tour en maillot ! Choisir de préférence une chambre vers le fond, à l'écart de l'autoroute.

Chic

Holiday Inn Express : *2461 McGavock Pike. ☎ 615-829-7777 ou 1-800-465-4329. • holiday-inn.com • Doubles 100-160 $, petit déj-buffet compris. Parking gratuit.* Un des plus récents du coin. Gros avantages par rapport à ses confrères : sa situation, légèrement en retrait de l'autoroute, et sa belle piscine couverte environnée de verdure. Quant aux chambres, elles sont plutôt gaies avec leurs murs rouges et jaunes.

HÔTELS D'EXCEPTION

Union Station *(plan couleur C2,* **19***) :* *1001 Broadway. ☎ 615-726-1001. • unionstationhotelnashville.com • Doubles dès 280 $. Parking 22 $.* Lire le descriptif complet dans « À voir ».

The Hermitage *(plan couleur C1,* **18***) :* *231 6th Ave N. ☎ 615-244-3121 ou 1-888-888-9414. • thehermitagehotel.com • Doubles dès 250 $. Parking 26 $.* L'alter ego de *Union Station,* encore plus central, dans un building historique des années 1900, de style *Beaux-Arts.* Une centaine de chambres d'un luxe très classique, desservies par des ascenseurs des *fifties.* Dans les salles de bains, les miroirs sont chauffés pour éviter la buée ! Même si vous n'y dormez pas, faites-y au moins un tour pour voir le hall richement travaillé et surtout les célèbres toilettes pour hommes du sous-sol, à droite après l'entrée du resto (accès libre). Ni plus ni moins les plus belles d'Amérique, avec leur décor Art déco pur jus ! Lire le descriptif complet de l'*Hermitage* plus loin dans « À voir ».

Hutton Hotel *(plan couleur B2, **10**) : 1808 W End Ave. ☎ 615-340-9333. • huttonhotel.com • Doubles dès 220 $. Parking 25 $.* À proximité du centre de Nashville (voiture préférable, mais navette gratuite pour les environs), un boutique hôtel design arty tendance écolo-chic, assez unique à Nashville. Dans le lobby, immense sculpture de cheval en acier prérouillé sur fond de mélange de matériaux très tendance : bois, cuir, briquettes claires, petites mosaïques anthracite. Les chambres sont à l'avenant, contemporaines et feng shui, dotées de salle de bains épurées avec lavabos transparents. Bref, un vrai look pour une clientèle *trendy* mais pas fauchée. Petit détail de goût, *Nespresso* à dispo gratuitement à tous les étages.

Gaylord Opryland *(hors plan par D2) : 2800 Opryland Dr. ☎ 615-889-1000. • gaylordhotels.com • Doubles 200-250 $. Self parking 18 $ (mais valet parking 26 $...).* Rien à voir avec les établissements précédents, point de charme ici et encore moins d'histoire, mais un giga parc d'attractions qui fait aussi hôtel, assez délirant reconnaissons-le, avec son décor de jungle tropicale. Pas moins de 3 piscines, une dizaine de restos et de bars... Le plan remis à l'entrée n'est pas superflu ! À fuir en amoureux mais en famille, pourquoi pas. Voir descriptif de l'Opryland plus loin dans « À voir ».

Où manger ?

À Nashville, la plupart des meilleures adresses se trouvent loin du centre, dans les petits quartiers branchés et alternatifs éparpillés un peu partout dans les environs, comme *Hillsboro Village* au sud. Pas évident car voiture indispensable et peu de centres d'intérêt autour pour les touristes de passage. Nous avons malgré tout essayé de vous dégoter quelques bons points de chute en plein centre et à proximité.

Dans le centre

Bon marché

Puckett's *(plan couleur D1, **20**) : 500 Church St. ☎ 615-770-2772. Tlj 7h-22h (23h ven-sam, 16h dim). Plats 8-15 $.* Cette reconstitution récente d'une *grocery* (épicerie) des années 1950 est rapidement devenue l'adresse la plus populaire de Downtown, du breakfast au *dinner.* Il faut dire que l'atmosphère y est parfaitement rendue et l'esprit *general store* bien vivant. En prime, la cuisine du Sud est savoureuse et à prix raisonnables. Parmi les spécialités : le *Southern fried chicken,* croustillant et moelleux sans être gras, les originaux *fried green beans* et l'*apple pie.* Délicieux légumes d'accompagnement. Et tous les soirs ou presque, *live music* sans *cover.* Bref, un excellent rapport qualité-ambiance-prix et sans conteste notre adresse préférée dans le centre de Nashville.

Jack's Bar-B-Que *(plan couleur D1, **21**) : 416 Broadway Ave. ☎ 615-254-5715. Lun-jeu 10h30-21h ; ven-sam 10h30-22h ; dim 12h-18h ; horaires restreints en hiver. Repas 5-10 $.* Une incontournable institution du BBQ au cœur de Nashville. Évidemment, ne pas s'attendre à du grand raffinement, mais c'est ainsi que les gens du coin l'apprécient. On y mange *pork ribs, Texas beef brisket, smoked turkey* et *chicken,* servis comme à la cafétéria, dans des assiettes en polystyrène compartimentées... Plusieurs tailles pour les viandes : *regular, jumbo* et *plate* (avec la grande assiette, 2 accompagnements compris mais style cantoche). Déco country et hétéroclite, composée de trophées de chasse, animaux empaillés et d'objets à la gloire du Tennessee... Une expérience en soi.

The National Underground *(plan couleur D1, **23**) : 105 Broadway. ☎ 615-255-5522. Tlj 11h-2h30. Chee-*

seburger env 11 $. Plus un bar qu'un vrai resto car la carte est très courte : cheeseburger, *grilled chicken salad,* hot dog et *beer.* Cela dit c'est bien réalisé, le cadre est sympa, tout de briques et de bois, avec même un bout de terrasse donnant sur Broadway, et puis l'avantage, c'est qu'on peut manger en écoutant un bon *live band (tlj dès 17h-18h, dès 12h le w-e).* Groupes éclectiques, atmosphère *trendy* mais cool. Une intéressante nouveauté sur la scène musicale de Nashville.

Chic

Merchants *(plan couleur D1,* ***25****) : 401 Broadway, à l'angle de 4th Ave. ☎ 615-254-1892. Lun-jeu 11h-23h ; ven-sam 11h-minuit ; dim 14h-21h. Plats 15-20 $ en bas (10-15 $ burgers et sandwichs) ; en haut (le soir slt), compter plutôt 30-35 $ le plat, avec quelques options moins chères.* Une des bonnes tables de Nashville, dans un immeuble historique du centre-ville (1892), un ancien hôtel. Les légendes de la country y séjournèrent : Hank Williams, Dolly Parton, Patsy Cline... Deux ambiances différentes, mettant en valeur le cachet des lieux, et deux menus séparés aussi. Au rez-de-chaussée, la brasserie plus *casual* avec murs de briques, carrelages et remarquable comptoir en forme de fer à cheval, en cuivre et bois. Les prix y sont encore raisonnables pour la qualité de la cuisine, signée par un vrai chef. À l'étage, ouvert le soir seulement, atmosphère club, parquet, murs bleu nuit, cheminées d'origine. Le grand jeu, mais mieux vaut avoir le porte-monnaie bien rempli, surtout pour les viandes.

Au nord du centre, à Germantown

De prix moyens à chic

Germantown Café *(hors plan couleur par C1,* ***26****) : 1200 5th Ave N. ☎ 615-242-3226. Tlj 11h-14h, 17h-22h (21h dim-lun). Brunch sam-dim 10h30-14h. Plats 12-22 $ (10-12 $ le midi).* Pour ceux qui veulent dîner face à la *skyline* de Downtown, c'est l'adresse idéale ! Pour les autres, ce sera simplement un excellent resto, à la déco sobre mais de bon goût, dans les tons aubergine très tendance. Dans l'assiette, que du bon, que ce soit le *plum pork* (la spécialité de la maison), le *coconut curry salmon* ou les *New Orleans shrimps.* Tous les plats sont précédés d'une petite salade ou d'une excellente soupe et accompagnés de pain chaud. Service prévenant et efficace. On appelle ça un sans-faute !

Monell's *(hors plan couleur par C1,* ***26****) : 1235 6th Ave N. ☎ 615-248-4747. Tte la semaine sf lun soir 10h30-14h, 17h-20h30 ; sam 8h30-15h ; dim 8h30-16h. Repas complet 13-19 $ selon jour de la sem (boisson comprise). Moitié prix pour les enfants et gratuit pour les tout-petits !* Une institution de la *Southern food,* dans une maison victorienne datant de 1905, où l'on se sent vraiment *at home.* D'ailleurs, les plats sont servis comme à la maison, à la bonne franquette, sur de grandes tablées conviviales que l'on partage avec ses voisins. Et tout est à volonté. Le *fried chicken* est tous les jours au menu, accompagné d'un autre plat bien roboratif qui change quotidiennement et, selon la bonne vieille tradition du Sud, de plusieurs *sides : mashed potatoes, green beans...* sans oublier le *cornbread* (pain au maïs). Gardez un peu de place pour les desserts. Le week-end, on y sert un country breakfast qui vous tiendra au corps jusqu'au soir.

Du côté d'Elliston Place

Un coin vivant et *trendy,* à l'est de Downtown, où l'on trouve des restos, boutiques et quelques bars ou clubs de rock.

De bon marché à prix moyens

Rotier's *(plan couleur A2,* ***27****) : 2413 Elliston Pl. ☎ 615-327-9892. Lun-ven 10h30-22h (21h30 lun-mar) ; sam 9h-22h. Burgers, sandwichs, salades et plats du jour moins de 8 $. Le soir, plats 9-17 $ env.* Un *diner* un peu sombre, typiquement ricain, ouvert depuis 1945. Banquettes de moleskine verte et incroyable décorum sur les murs : récompenses et articles à la gloire des burgers de la maison (surtout le cheeseburger), photos, enseignes lumineuses, vieilles pubs... Viser un peu celle pour *Budweiser,* avec la carriole tirée par 8 chevaux dans une vitrine ! Sinon, chaque jour de la semaine a aussi ses plats, comme le *pork BBQ,* le *roast-beef,* le *chicken teriyaki* ou le *fried chicken breast,* toujours servis avec 2 légumes au choix. Brunch le samedi.

Elliston Place Soda Shop *(plan couleur B2,* ***28****) : 2111 Elliston Pl. ☎ 615-327-1090. Tlj sf dim 7h-19h (sam 7h-17h). Moins de 8 $ pour une viande avec 2-3 accompagnements au choix.* L'enseigne lumineuse authentiquement vintage est à l'image du décor, qui n'a pas bougé d'un poil depuis l'ouverture, en 1939 ; c'est d'ailleurs devenu le plus ancien resto en fonction à Nashville. Un des favoris des gens qui travaillent dans le quartier, qui aiment à se poser sur les banquettes de *diner* dès l'heure du breakfast. Pas de la grande cuisine, mais le service est rapide et les prix sont doux. Ici encore, les plats changent selon le jour et les accompagnements sont bien du Sud : *fresh turnips, black-eyed peas, candied yams...* Pour une pause sucrée, bons *shakes*, *malts* (shakes maltés), *banana split* et *sundays.* Authentique juke-box *Wurlitzer* au fond de la salle.

Chic

Bound'ry *(plan couleur B2,* ***30****) : 911 20th Ave S. ☎ 615-321-3043. Tlj 16h-23h30 (0h30 ven-sam). Plats 20-35 $ (pizzas env 15 $).* Resto branché très fréquenté (comme ses voisins, d'ailleurs), où l'on viendra plus pour savourer une cuisine fine et inventive, type fusion ou *new American* comme on dit maintenant, que pour se remplir la panse. Les steaks sont particulièrement réputés, mais pour limiter la casse, on peut aussi opter pour une délicieuse pizza au feu de bois (avec du vrai bois d'arbre, ce qui est rare aux States !). On mange au choix dans une salle aux murs patinés à l'italienne, ou bien dans une partie ouverte donnant sur la rue. Service amical et rapide, très bon pain servi avec du beurre de miel (pour patienter) et près de 150 sortes de bières à la carte, dont quelques *Yazoo,* la bonne binouze locale, blonde et trouble !

Où manger dans les environs ?

The Loveless Café : *8400 Hwy 100 (à env 16 miles de Downtown). ☎ 615-646-9700. Prendre Broadway qui devient W End, puis continuer, sur la Hwy 100, jusqu'au* Loveless Café, *que vous verrez finalement sur la droite, juste avt une station* Shell. *Tlj 7h-21h. Petit déj servi tte la journée. Plats 7-17 $.* Une adresse coup de cœur que cette maisonnette *country style,* ouverte depuis 1951, dans un joli coin de campagne. Le Tout-Nashville s'y donne rendez-vous pour les petits déj et les déjeuners de fin de semaine. On y sert une cuisine *comfy* et familiale, réalisée avec beaucoup de soin. Viandes fumées sur place, *country ham* bien épais, saucisse parfumée, délicieux *Southern fried catfish,* le tout accompagné des fameux *hot biscuits* (recette secrète !) servis à volonté avec d'exquises confitures maison. Sans oublier les salades, bien fraîches et arrosées de vinaigrette à la pêche. Bonne nouvelle, la plupart des bons produits de la maison sont en vente à la *general store* attenante. Bref, on ne regrette pas la longue route.

Où boire un verre ? Où écouter du bluegrass, du jazz, de la country ?

Amis lecteur, puisque musique rime avec alcoolique, sachez que Nashville, en plus de distiller sa propre musique, brasse sa propre bière, la *Yazoo* et la *Market Street.* À noter que la plus forte concentration de bars au mètre carré se situe dans la partie basse de **Broadway,** dans Downtown (l'équivalent de Beale Street à Nashville). C'est ici, entre 4th et 5th Avenue, que se trouvent les bars historiques de la ville, les fameux ***honky tonks*** qui distillent de la country du matin au soir. La plupart n'ont pas de *cover charge.* On peut donc circuler de l'un à l'autre sans étrangler le porte-monnaie. En revanche, n'oubliez pas le chapeau pour les artistes ! C'est la seule rémunération des musiciens, et les Américains ne sont jamais radins là-dessus. Pour ceux qui voyagent en famille, la plupart des *honky tonks* sont ouverts aux enfants accompagnés en journée, plus ou moins tard selon les endroits, mais pas le soir, réservé aux plus de 21 ans. À quelques blocs de Broadway, toujours en plein centre, la petite et très ancienne ***Printer's Alley*** est plutôt dédiée au jazz et au blues. Si vous avez une voiture (ce que nous conseillons à Nashville), n'hésitez pas à élargir votre zone de découverte sonore au-delà de ce secteur. Bonnes surprises garanties.

Sur Broadway et à proximité

🍸 ♩ ***Tootsies Orchid Lounge*** *(plan couleur D1,* ***41****) : 422 Broadway. ☎ 615-726-0463. • tootsies.net • Tlj 10h-2h30.* Notre *honky tonk* préféré et un point de passage obligé pour ceux qui aiment la country. Il a toujours tenu le coup, ce vieux troquet. Y jouaient tous ceux qui ne passaient pas au *Grand Ole Opry* voisin. Deux salles, deux groupes et deux ambiances ! En bas, murs tapissés de photos de chanteurs encadrées et protégées par un plexiglas comme dans un musée. Les musiciens s'y succèdent dès la matinée, mais, bien sûr, c'est en soirée que vous trouverez les meilleures vibrations. Au fond, un escalier mène à une salle plus grunge et entièrement graffitée, avec une petite terrasse derrière la scène pour fumer sa clope. Entrée gratuite, mais ne pas oublier de remplir la cagnotte des musiciens après avoir vidé sa bière.

🍸 ♩ ***Bourbon Street Blues and Boogie Bar*** *(plan couleur D1,* ***40****) : 220 Printer's Alley (petite allée entre 3rd et 4th Ave, au niveau de Church St). ☎ 615-242-5837. • bourbonstreetblues.com • Tlj 11h-3h. Groupes à partir de 21h. Cover charge 5 $ en sem et 10 $ ven-sam.* Effectivement, un petit air de Bourbon Street dans le décor, avec le balcon en fer forgé surplombant la scène. Le meilleur endroit où écouter du blues et, croyez-nous, on n'est pas les seuls à le penser, vu l'ambiance qui règne entre les murs... Les formations sont importantes (4 à 8 musiciens) et la bière coule à flots. Une super adresse là aussi.

🍸 ♩ ***Legends Corner*** *(plan couleur D1,* ***41****) : 428 Broadway Ave (à l'angle de 5th Ave). ☎ 615-248-6334. Tlj 11h-3h. • legendscorner.com •* À côté du *Tootsies,* un autre rade sympathique dédié à la country. Ici, les murs sont couverts de pochettes de disques de toutes les stars du rock et de la country. Pas de *cover* et, comme au *Tootsies,* la musique ne s'arrête jamais. Elle est incrustée dans l'air comme les 45 tours dans le comptoir. Étonnante collection de guitares courant sur les murs et quelques juke box d'anthologie. Un lieu qu'on aime bien.

🍸 ♩ ***Robert's Western World*** *(plan couleur D1,* ***21****) : 416 Broadway. ☎ 615-244-9552. • robertswesternworld.com • Tlj 11h-2h30 (dim fermeture en fonction du monde).* À deux pas des 2 précédents. Peut-être celui des 3 où l'on joue (dès le matin) le hillbilly le plus traditionnel. Visez d'ailleurs la panoplie de bottes western qui garnissent le mur ! Elles sont un hommage à la boutique western qui se tenait là avant.

🍸 ♩ 🍴 ***The National Underground*** *(plan couleur D1,* ***23****) : voir plus haut dans « Où manger ? ». Live music tlj dès 17-18h, dès 12h le w-e.*

🍸 ♩ Citons encore, entre 4th et 5th Ave, ***The Second Fiddle*** (au n° 420), bien chaud tous les soirs, et à côté, le ***Blue Grass Inn,*** spécialisé dans le bluegrass, la country et surtout le hillbilly (décor moins typique, mais bons *bands*). Et encore ***The Stage*** (n° 412).

Dans les autres quartiers

♩ ***Station Inn*** *(plan couleur C2,* ***42****) : 402 12th Ave S. ☎ 615-255-3307. • stationinn.com • Ici, on ne joue que* *du bluegrass pur et dur, ts les soirs (sf lun, où c'est de la country classique) à partir de 19h, 20h ou 21h. Prix de l'entrée en fonction du groupe (8-15 $).* Open jam *dim à 20h (gratuit ce soir-là) où des grappes de musiciens se retrouvent pour des bœufs d'enfer.* Dans *The Gulch,* petite enclave branchée au sud-est de Downtown. Atmosphère chaude et enjouée, un peu à l'image de certains pubs irlandais, car la spécificité du bluegrass, c'est qu'il n'y a que des instruments à cordes. Ambiance familiale vraiment agréable. Bref, une adresse géniale à ne pas manquer.

🍷 ♩ ***Douglas Corner Café*** *(hors plan couleur par D2)* **:** *2106 8th Ave S (angle S Douglas Ave).* ☎ *615-298-1688.* • *douglascorner.com* • *À env 2 miles de Downtown. Lun-sam 18h-minuit.* Cover charge *env 5-10 $ (2 concerts/ soir).* Formations variées mais restant dans le giron rock, country, bluegrass et country-blues. Tous les mardis à 20h, *open mike* (micro ouvert). Pas de droit d'entrée ce soir-là. Musiciens souvent excellents. Façade assez sombre, salle tout en longueur avec des briques aux murs, où une clientèle dans la fleur de l'âge vient communier sur l'autel de la musique. Un classique du circuit nocturne. Attention, quartier un peu éloigné et pas vraiment sûr (taxi ou voiture indispensable).

🍷 ♩ ***Bluebird Café*** *(hors plan couleur par B2)* **:** *4104 Hillsboro Pike Rd.* ☎ *615-383-1461.* • *bluebirdcafe.com* • *À env 5 miles du centre. Tlj 18h-minuit. Entrée : env 10 $; conso min 7 $ imposée (normal, l'endroit est petit).* Serré comme la poche arrière d'un jean, chaud comme un four, le *Bluebird* est vite devenu le réceptacle d'un renouveau musical nashvillien. Il attire les *songwriters* de tout le pays, qu'une clientèle assez chicos vient écouter religieusement. Ici, pas de débordement ni de beuveries... Avec une simple guitare ou en petite formation, les auteurs viennent jouer leurs compositions. Le dimanche, c'est *amateur night* (en général, de 18h à 21h) : joue qui veut, en s'inscrivant à l'avance. Pour certains, c'est la débâcle ; pour d'autres, le début d'une carrière. Car dans la salle, les producteurs veillent parfois. Enquérez-vous du programme avant d'y aller car c'est tout de même à 5 miles de Downtown.

🍷 ♩ ***Exit/In*** *(plan couleur A2,* ***44****)* **:** *2208 Elliston Pl.* ☎ *615-321-3340.* • *exitin.com* • *Ouv slt quand il y a un groupe.* Cover charge *5-20 $ selon groupe. En général,* bands *5 fois/sem, vers 20h ou 21h.* Plusieurs groupes se produisent à la suite. Grande salle genre ancien entrepôt mais à taille humaine. Les murs sont noirs et l'atmosphère extra. La programmation est très éclectique et, hormis la country, on pourra aussi bien y écouter de la musique irlandaise que du rock alternatif. La liste des groupes qui jouèrent ici est assez éloquente : depuis 1971, B.B. King, les Ramones, les B52's, Johnny Cash... firent trembler les murs d'émotion.

🍷 ♩ ***The Rutledge*** *(plan couleur D2,* ***45****)* **:** *410 4th Ave S.* ☎ *615-782-6858.* • *therutledgelmv.com* • Cover charge *5-10 $. Quasi ts les soirs, à partir de 21h.* Toutes les musiques s'y côtoient : heavy metal, reggae, *songwriters,* rock ou blues. C'est ça, l'éclectisme de Nashville. Toujours de belles prestations et de *good vibes* dans cette salle au son impeccable.

🍷 ♩ ***Mercy Lounge*** *(hors plan couleur par D2)* **:** *1 Cannery Row (angle 8th Ave).* ☎ *615-251-3020.* • *mercylounge.com* • *Musique tlj (parfois fermé dim), en général à 21h. Entrée : 10-20 $.* La salle a de la gueule (à l'étage d'une ancienne conserverie), tout comme les concerts qu'elle abrite, rock à 90 %. Jetez un coup d'œil au comptoir rouge qui ondule gentiment, incrusté de pin-up bien balancées. Une autre salle à côté, la ***Cannery Ballroom,*** plus grande que le *Mercy Lounge.* Parfois, des concerts dans les 2 salles le même soir.

🍷 ♩ ***The Family Wash*** *(hors plan couleur par D1)* **:** *2038 Greenwood Ave (angle Portland Rd).* ☎ *615-226-6070.* • *familywash.com* • *Mar-sam 18h-minuit. Musique à partir de 21h-21h30. Pas de* cover charge, *le chapeau circule.* Ancienne laverie (on s'en doutait), où on lessive de manière alternative toutes sortes de musiques : des *songwriters* les plus anonymes aux musiciens de blues réputés en ville. Country traditionnelle également. Le mardi, soirée *short sets* où des artistes en devenir (c'est ce qu'on dit quand personne ne les connaît !) présentent 5 chansons de leur cru. Ambiance différente, familiale et margeo à la fois, déglinguée et sympathique. Et puis on y mange très bien, notamment leur spécialité, le *traditional sheperd's pie* (ou la *chicken pot pie*), roboratif et tout simplement excellent (sorte de hachis Parmentier aux légumes et viande). Super sélection de bières. Une adresse typique de l'East Nashville.

Les grands lieux de la country

Quand on vient à Nashville, c'est presque un crime que de ne pas aller écouter Willie Nelson, Dolly Parton ou Emmylou Harris. Tous ces grands noms et bien d'autres se produisent encore régulièrement dans le temple de la *country music*, le *Grand Ole Opry.*

♩ ***Grand Ole Opry*** *(hors plan couleur par D2,* ***50****) : dans l'Opryland (lire plus loin à la fin de la rubrique « À voir » pour la direction). ☎ 615-871-OPRY ou 1-800-SEE-OPRY. • opry.com • Concerts ven (19h), sam (19h et 21h30) et mar (19h) de fin mars à mi-déc. Achat des tickets sur place ou au* Ryman Auditorium *(35-50 $ env). Le* backstage pass tour *donne accès aux coulisses. Durée : 2h (2h30 pour le concert du sam 18h30).* Une des plus grandes scènes de music-hall des États-Unis (4 400 places). Entre 10 et 15 artistes se succèdent pour 1, 2 ou 3 chansons. Se renseigner sur la programmation et les places disponibles en appelant ou en consultant le site internet (4 $ de plus si vous achetez les places par le Net). Certains concerts passent en direct sur la radio locale *WSM (AM 650).* Un animateur vient régulièrement lire des spots de pub, tandis que le produit vanté apparaît en grand écran derrière les artistes... Comme aux premières heures du *Grand Ole Opry.* Assez drôle.

♩ ***Texas Troubadour Theater :*** *2416 Music Valley Dr. • ernesttubb.com • Pas évident à trouver : situé au fond du parking du centre commercial, auquel on accède entre les hôtels* Guesthouse Inn and Suites *et* Fiddler's Inn. Plusieurs types de concerts dans cette salle. Si vous êtes à Nashville un samedi sur les coups de minuit, c'est là qu'il faut aller. Des musiciens country jouent en direct pour une émission de radio qui passe sur *WSM 650-AM* de minuit à 1h. Ne loupez pas cette *midnight jam session* bien sympa. Autre spectacle bien rodé et de qualité, même si éminemment touristique : un show intitulé *Tribute to the King,* en hommage à Elvis bien sûr, les lundi et jeudi de mars à octobre à 19h *(infos et résas : ☎ 615-758-0098 ; 25 $; durée : 2h).* Il y a même une cérémonie religieuse country le dimanche matin à 10h !

Achats

Hatch Show Print *(plan couleur D1,* ***72****) : 316 Broadway. ☎ 615-256-2805. • hatchshowprint.org • Tlj sf dim 9h (10h sam)-17h.* Une imprimerie mythique à Nashville, ouverte depuis 1879 et qui continue d'imprimer les affiches cartonnées sur des machines d'époque, couleur après couleur. Elle appartient désormais au *Country Music Hall of Fame.* On y trouve les affiches de concerts d'Elvis, Johnny Cash, B.B. King... Le souvenir de Nashville le plus original et pas très cher en prime (compter environ 15 $).

Gruhn Guitars *(plan couleur, D1,* ***41****) : 400 Broadway. ☎ 615-256-2033. • gruhn.com • Ouv lun-ven 9h30-17h30 (14h30 sam).* Le plus fameux magasin de guitares à Nashville (et un des plus célèbres du monde), presque un musée puisqu'il s'est spécialisé dans les pièces de collection vintage et les rééditions. Eric Clapton, Neil Young et Elvis Costello sont clients si ça peut vous donner une idée. Depuis la basse jusqu'à la mandoline, en passant par la guitare électrique, la folk ou le banjo, tout ce que vous cherchez avec des cordes à pincer, vous le trouverez ici !

Ernest Tubb Record Shop *(plan couleur D1,* ***70****) : 417 Broadway.*

☎ 615-255-7503. Tlj 9h-22h (minuit ven-sam, 18h tlj en hiver). Tout ce que vous avez toujours voulu écouter sur la country et le bluegrass. Que du neuf, vinyles ou CD. Vendeurs sympas et de bons conseils. Autre boutique à *Opryland,* au 2416 Music Valley Drive.

Lawrence Records Souvenirs *(plan couleur D1,* ***70****) :* *409 Broadway (entre 4th et 5th Ave).* ☎ *615-256-9240.* • *lawrencerecordshop.com* • *Mar-sam 10h-18h.* Là encore, très longue salle pleine de vinyles 45 et 33 tours, tous neufs. Incroyable ! Quelques CD aussi. Pour les acharnés.

Grimey's *(hors plan couleur par D2,* ***74****) :* *1604 8th Ave S.* ☎ *615-254-5801.* • *grimeys.com* • Au sud de Downtown, pas très loin de The Gulch, un des choix musicaux les plus pointus et éclectiques de Nashville. CD's et vinyles neufs et d'occase, et tous styles de musique, notamment beaucoup de pop et d'underground.

The Great Escape *(hors plan couleur par A2,* ***71****) :* *5400 Charlotte Ave.* ☎ *615-385-2116. Lun-sam 10h-21h ; dim 11h-19h.* Pas mal excentrée mais une des meilleures adresses à notre avis, qui ne vend que de l'occasion depuis 1977. Les CD sont classés par genre et les prix sont imbattables. Tous les styles : country, blues, rock, pop, jazz... Beaucoup de vinyles également, une collection de *comics,* ainsi que des bouquins de photos sur les artistes. Les fans, en fouillant bien, pourront y trouver quelques raretés. Vérifiez bien l'état des CD avant d'acheter.

Two Old Hippies *(plan couleur C2,* ***73****) :* *401 12th Ave S.* ☎ *615-254-7999. Lun-sam 10h-21h ; dim 12h-18h.* Comme son nom l'indique, superbe boutique *revival 70's,* très représentative de l'esprit bobo-branché du quartier de The Gulch. À la fois magasin de guitares (*Bedell* et *Breedlove*), de vêtements et accessoires originaux pour hommes, femmes et enfants (santiags sublimes mais hors de prix), de bijoux ethniques, gadgets *peace & love,* tee-shirts graphiques... Petit rayon de soldes au fond. Mais le clou du décor, c'est le minibus Volkswagen de 1966, entièrement rénové et customisé, avec son canard en plastique géant sur le toit ! *Live music* presque tous les jours et même un *open mic special kids* le dimanche après-midi.

À voir

– Pour ceux qui veulent se faire au moins quatre attractions au choix, dont le *Country Music Hall of Fame,* il peut être intéressant d'acheter le *Total Access Pass,* pour 50 $, au *Visitor Center.* À vos calculettes !

Country Music Hall of Fame and Museum *(plan couleur D1-2) :* *222 5th Ave S.* ☎ *615-416-2001.* • *countrymusichalloffame.com* • *Tlj 9h-17h. Entrée : 20 $; réduc. Billet combiné musée, audioguide et* Historic RCA Studio B *: 33 $; réduc.*

Ce musée mythique et indispensable, installé au cœur de Downtown, est dédié à la country, depuis ses origines, au début du XXe s, jusqu'aux années 1960. Même l'architecture du building a été pensée pour évoquer ce courant musical et ses racines rurales : ouvertures en façade rappelant les touches d'un piano, rotonde du *Hall of Fame* symbolisant les silos agricoles mais aussi les vinyles et CD's... Et vu du dessus, le musée ressemble même à une clé de fa !...

Muséographie vraiment bien faite : ludique, interactive et, bien sûr, musicale. Partout au cours de la visite, des petites alcôves ou des écrans géants diffusent des morceaux emblématiques en rapport avec le thème traité. Un projet d'extension est en cours, qui devrait doubler la surface d'exposition du musée d'ici 2014.

La visite commence dans la galerie du 3e étage, qui retrace d'abord l'histoire de la country au travers de photos, documents, affiches, instruments et costumes. En face, la section privée des archives. Voir par exemple la guitare *National* tout en métal, la curieuse *Gibson* fabriquée spécialement pour Ray Whitley et bien d'autres merveilles. Au fil de la visite sont évoqués des thèmes spécifiques comme le développement de la country dans les années 1920, la mode des duos (comme les *Delmore Brothers*), la naissance des westerns musicaux, le hillbilly évidemment (musique considérée comme plouc, voire plouquissime), les plus belles heures du *Grand Ole Opry*, la naissance du rock, etc. Des tenues de scènes extra, des instruments vraiment originaux... On apprend aussi que c'est à Nashville que Bob Dylan enregistra *John Wesley Harding*. Parmi les pièces spectaculaires, admirer la délirante Pontiac *Bonneville* de Webb Pierce, une vedette du honky tonk, garnie de flingues et chevaux chromés et de sièges en cuir façonnés à la main comme une selle de cheval et incrustés de dollars d'argent. La calandre est rehaussée d'une grosse paire de cornes de vache. Sans oublier la Cadillac *Solid Gold* d'Elvis (1960), un de ses joujoux préférés, avec intérieur en or, tourne-disques, TV, distributeurs de glaçons et cire-chaussures ! La peinture de la voiture (40 couches, s'il vous plaît) est à base de diamants moulus et d'écailles de poisson. *It's good to be a king !* De même, vous pourrez y voir son piano recouvert d'or de 24 carats, cadeau de Priscilla pour leur premier anniversaire de mariage ! Après le Petit auditorium, diffusant des émissions datant du début de la télévision, qui faisait la part belle aux artistes country, reconstitution d'un vrai studio d'enregistrement avec notamment la console sur laquelle furent enregistrés au Studio B de nombreux hits. Au 2e étage, costumes de scène pour le moins délirants, avec force broderies et strass, expo temporaire annuelle dédiée à un artiste en particulier (Ray Charles, Hank Williams...) et fin de la section permanente du musée. Des panneaux passent en revue l'historique des stars des *seventies* à la longévité extraordinaire (toujours bien présents pour certains) : Johnny Cash (disparu il y a quelques années), Willie Nelson et la bombe Dolly Parton, pour ne citer qu'eux. Écrans interactifs pour « dialoguer » avec certaines stars. En face du musée, le nouveau ***Walk of Fame Park,*** avec ses étoiles comme à Hollywood.

LE *NASHVILLE SOUND*

Le honky tonk, dont le nom vient des bars dans lequels il était joué dans les années 1940, est le style de country qui a le plus influencé la musique actuelle. Bruyant, festif, il s'oppose au bluegrass, très acoustique, avec des tempos de mandoline. Mais au début des années 1960, l'arrivée du rock'n roll siphonne la country. On essaie alors de trouver de nouvelles sonorités pour la dynamiser. On vire les violons un peu ringards, on ajoute des chœurs. C'est le fameux Nashville Sound, dont le Studio B de la RCA est un des grands promoteurs, et qui va devenir une référence internationale.

♪ ***Live music*** tous les week-ends, le midi et l'après-midi (sans supplément).

– Les mordus de cette époque pourront également visiter le ***Historic RCA Studio B*** (situé sur *Music Row*), où Elvis a enregistré le gros de son répertoire. Pas énormément à voir en fait, hormis le studio lui-même dans lequel se trouve toujours le piano favori d'Elvis, un *Steinway* de 1942 que l'on peut entendre sur de nombreuses chansons, notamment *It's Now or Never.* Mais la visite, en anglais, révèle quelques anecdotes sympas. Billet combiné avec le *Country Music Hall of Fame (transport jusqu'au studio compris). Visites tlj ttes les 30 mn, 10h30-14h30 slt. Env 1h en tout.*

Ryman Auditorium *(plan couleur D1) : entrée sur 4th Ave, entre Broadway et Commerce St. ☎ 615-889-3060. • ryman.com • Tlj 9h-16h pour la visite (13 $). Achats de tickets pour les concerts 9h-16h, ainsi que le soir des spectacles 17h-21h. Concerts : 20-100 $.*

Cette salle historique peut se visiter, mais franchement, payer aussi cher pour voir une salle... où seules quelques vitrines distillent de maigres souvenirs... Mieux vaut venir pour un spectacle, car certains soirs, vers 20h, on peut y écouter du bluegrass, de la country ou du music-hall. Une autre visite un peu plus chère prévoit un petit tour *backstage*.

Le bâtiment, un bel édifice à la façade triangulaire, date de 1892. C'est un capitaine de bateau à vapeur (et homme d'affaires) de Nashville qui le fit construire, pour offrir un lieu de prière à un révérend qu'il considérait comme son père spirituel. Ce n'est qu'à partir de 1943 qu'il accueillit le *Grand Ole Opry,* où défilèrent tant de vedettes comme Hank Williams, Roy Acuff et même Caruso et Charlie Chaplin. En 1974, le *Grand Ole* s'installa dans la *Music Valley,* et il fallut attendre 20 ans pour que le Ryman soit restauré et abrite à nouveau des spectacles musicaux. L'hiver, la plupart des grands concerts se déroulent ici, quand le *Grand Ole Opry* de l'*Opryland* est en hibernation. Belle salle aux bancs en bois, à l'acoustique exceptionnelle. Au temps où les artistes se produisent dans des stades de foot, on se met à regretter ces music-halls intimes où le micro était accessoire. Possibilité de se faire prendre en photo sur la scène.

CHANTEUR DÉCORATEUR

Elvis a enregistré ses plus grands succès, et en tout plus de 200 chansons, au fameux Studio B de la RCA à Nashville (contre seulement 5 titres au tout aussi mythique Sun Studio de Memphis). Il enregistrait toujours très tard le soir voire la nuit et avait la manie de décorer le studio en fonction de la chanson qu'il allait mettre en boîte, n'hésitant pas à planter un sapin de Noël en plein été pour une Christmas Song !

Johnny Cash Museum *(plan couleur, D1)* **:** *119 3rd Ave S. (et Broadway). Entrée : env 13 $, réduc.* Un tout nouveau musée consacré à la vie et à la carrière de « l'homme en noir », cette icône de la country au style décalé. Le musée, fondé par un collectionneur millionnaire passionné par le personnage, reprend une partie des collections de la *House of Cash* d'Hendersonville, aujourd'hui fermée. À quelques pas du *Country Music Hall of Fame* et du *Ryman Auditorium*, il achève de faire de Nashville la capitale de la country music.

Musicians Hall of Fame *(plan couleur, D1)* **:** *417 4th Ave N. ☎ 615-244-3263 ou 615-862-6390 • musicianshalloffame.com • Récemment relocalisé au premier étage du Nashville Municipal Auditorium.* Une copie du célèbre Country Music Hall of Fame ? Pas du tout. Ici, ce ne sont pas seulement les stars qui sont à l'honneur, mais aussi ceux qui gravitent autour et sans qui, justement, les stars n'en seraient pas : *songwriters*, musiciens, producteurs-découvreurs... De plus, le musée a l'ambition de rendre hommage aux groupes, connus ou non, qui continuent de réinventer la musique américaine aujourd'hui. C'est donc un bon plan pour ceux qui veulent découvrir des perles encore inconnues du grand public. Évidemment, ce seront surtout les spécialistes qui y trouveront leur pâture, car les musiciens présentés sont souvent des hommes de l'ombre. Présentation des mouvements musicaux, d'instruments fétiches ou originaux, de vidéos et d'entretiens diffusés en boucle. Amusant de découvrir Jimmy Hendrix en guitariste accompagnateur, déjà quelque peu turbulent. Dans l'espace consacré à Nashville, voir la *stell guitar* de Bobby Garett et l'étonnante guitare Dobro métallique sur socle de bois de George Harrison. Évocation de l'industrie musicale de Detroit, avec la célèbre Motown, de l'Alabama avec ses fameux Studios Muscle Shoals où Mike Jagger vint enregistrer (photo rare), ainsi que Sonny and Cher. Hollywood, puis Memphis (voir la curieuse guitare de Reggie Young, 6 cordes plus 12 – ça commence à faire beaucoup !). Rayon anecdote, ne pas louper le tricot réalisé par Luther Perkins, musicien de Johnny Cash qui jouait des aiguilles quand il s'ennuyait en tournée. Et puis un graveur de disques ayant appartenu à Sam Phillips, sans doute un des premiers du genre ! Et encore l'étrange *talk box* mise au point par Peter Frampton.

Tennessee State Museum *(plan couleur C1)* **:** *505 Deaderick St, dans le Polk Center, au sous-sol. ☎ 615-741-2692. • tnmuseum.org • Mar-sam 10h-17h ; dim 13h-17h. Gratuit.* Sur trois niveaux de sous-sol. Pour tout savoir sur l'histoire du Tennessee. Le 1er sous-sol s'attache à l'épopée humaine depuis le paléolithique, l'arrivée des premiers Indiens (riche section !), jusqu'aux années 1820 : découverte du Mississippi par De Soto en 1541, reconstitutions de cabanes utilisées par les premiers colons, d'un vieux moulin à eau, d'ateliers du XIXe s... Le niveau - 2 couvre la période *ante bellum :* présentation d'intérieurs bourgeois, galerie de portraits. Le niveau - 3 traite jusqu'aux années 1920 : fin de la section *ante bellum,* puis, en bonne place, la guerre de Sécession (armes, étendards...), la place des Noirs au retour de la guerre, le développement économique et industriel de la ville (New South), évocation de la fièvre jaune de 1878, l'exposition pour le centenaire de Nashville... Nombreux documents d'époque. Même si l'ensemble est un rien vieillot dans la présentation, le musée est assez complet. Expos temporaires.

*** The Hermitage Hotel** *(plan couleur C1,* ***18****)* ***:*** *231 6th Ave N.* ☎ *615-244-3121.* • *thehermitagehotel.com* • L'hôtel historique de la ville, inauguré en 1910 dans un magnifique building de style *Beaux-Arts,* aujourd'hui classé 5 étoiles. On vous souhaite de pouvoir y descendre un jour... En attendant, allez au moins y faire un tour pour admirer le hall avec ses plafonds voûtés colorés, ses colonnes, balcons et verrière. Posez-vous même discrètement dans un des profonds canapés pour détailler ce décor exceptionnel, restauré dans les règles de l'art. Mais le clou de l'*Hermitage,* ce sont les célèbres toilettes pour hommes du sous-sol, élues carrément les plus belles d'Amérique ! Une visite s'impose, d'autant que l'accès est libre, même pour mesdames (prendre l'escalier à droite de l'entrée qui descend au resto *Capitol Grille,* puis filer dans le couloir à droite). Un pur chef-d'œuvre Art déco de 1936. Murs en panneaux de verre noir et vert Empire, sol en *terrazzo* italien assorti, lavabos, urinoirs, tout est d'époque. Dans un angle, la porte ouvrait sur un bain turc et surtout sur un tunnel menant directement au bureau fédéral. Pendant la Prohibition, les huiles pouvaient donc se rendre en toute discrétion au *speakeasy* qui se trouvait dans l'hôtel. Jeter aussi un œil à l'*Oak Bar* attenant (panneaux de chêne et plafond d'origine), connu pour son impressionnante sélection de whiskies *Jack Daniels.*

*** Union Station** *(plan couleur C2,* ***19****)* ***:*** *1001 Broadway.* ☎ *615-726-1001.* • *unionstationhotelnashville.com* • Difficile à rater, c'est l'énorme bâtiment à la silhouette tarabiscotée à mi-chemin entre Big Ben et le collège d'Harry Potter. En fait, une ancienne gare de style néo-gothic-roman, réalisée en 1900 par l'architecte Henry Hobson Richardson, aujourd'hui reconvertie en un exceptionnel hôtel de luxe. Derrière le *front desk,* le panneau d'affichage des trains rappelle le passé des lieux. Comme pour le *Hermitage* ci-avant, visite intéressante (et gratuite) pour découvrir une autre facette de Nashville. Hall majestueux, délicates coursives, bas-reliefs et plafond voûté composé d'une centaine de petits vitraux Tiffany. En prenant l'escalier, vous pourrez apercevoir les plus belles chambres de l'hôtel, aménagées sur le balcon, dans les bureaux des anciens *executives* de la gare. Pas loin de 6 m de hauteur sous plafond ; viser un peu les 2 niveaux de rideaux ! Ne manquez pas non plus les splendides vitraux dans la salle de restaurant.

*** Frist Center for the Visual Arts** *(plan couleur C1-2)* ***:*** *919 Broadway.* ☎ *615-244-3340.* • *fristcenter.org* • *Lun-mer et sam 10h-17h30 ; jeu-ven 10h-21h ; dim 13h-17h30. Entrée : 10 $; réduc ; gratuit moins de 18 ans.* Dans l'ancienne poste centrale, splendide édifice Art déco de 1934. Pas un musée à proprement parler, car il n'y a pas de collection permanente, mais un passionnant centre d'art où se tiennent toujours des expos temporaires de grande envergure. Au programme : les arts visuels, mais pas seulement. Se renseigner sur les expos en cours en cliquant sur le site.

** Batman Building** *(plan couleur D1)* ***:*** *333 Commerce St.* Un des symboles de Nashville. On ne peut pas le manquer, il domine la ville avec son sommet qui rappelle les oreilles du masque de Batman ! C'est l'immeuble de *AT & T,* une société de communications. Ne se visite pas.

PLANS ET CARTES EN COULEURS

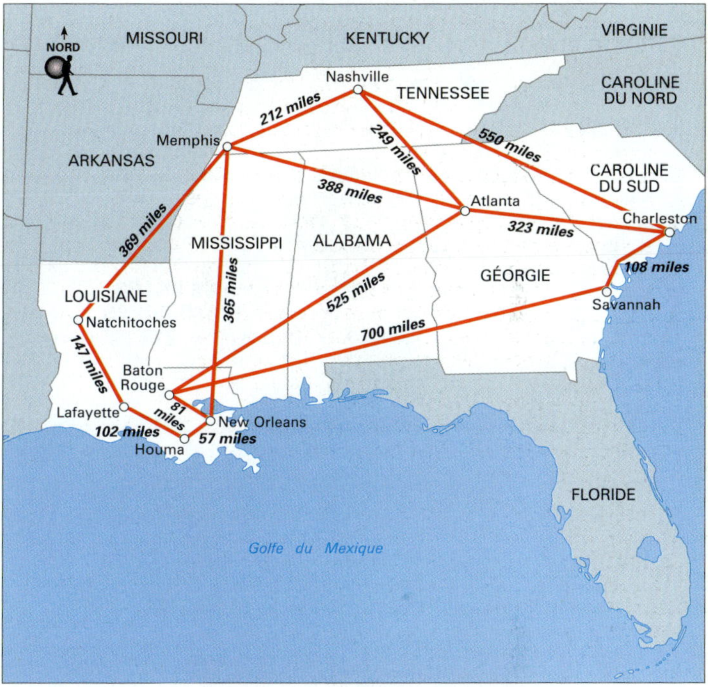

CARTE DES DISTANCES

CARTE DES DISTANCES

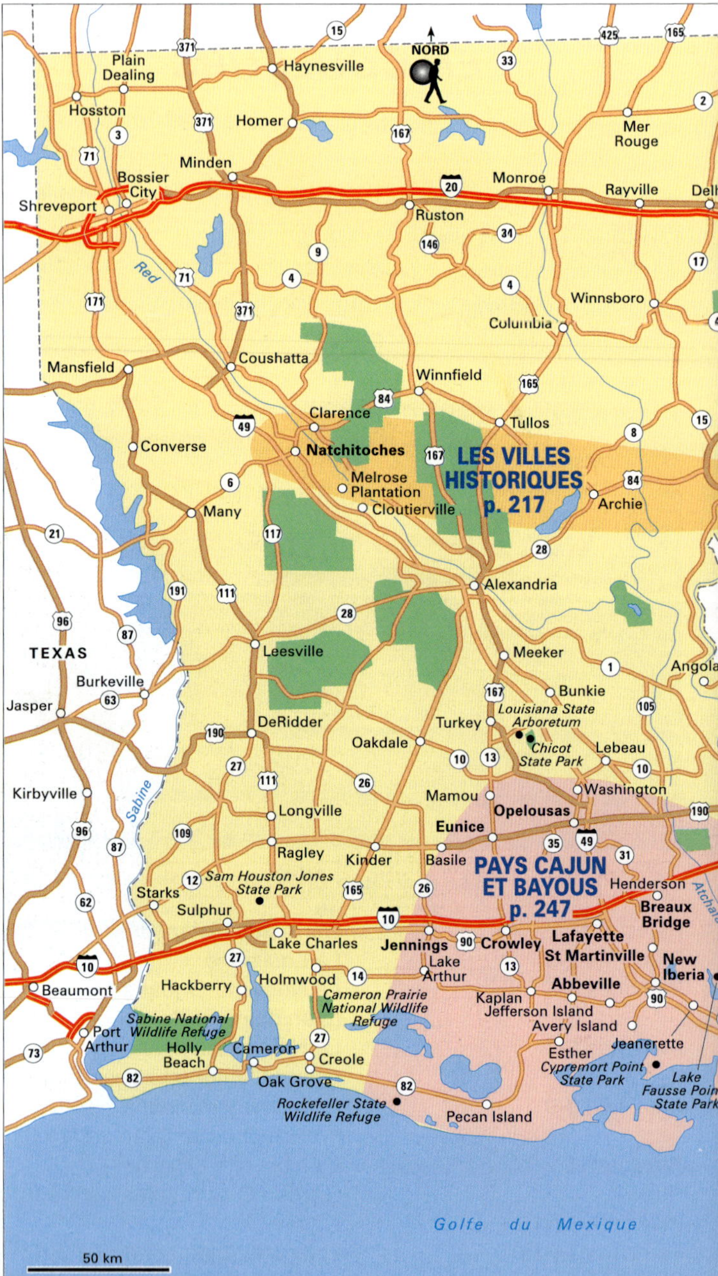
NORD
LES VILLES HISTORIQUES p. 217
PAYS CAJUN ET BAYOUS p. 247
TEXAS
Golfe du Mexique
50 km
Plain Dealing
Haynesville
Hosston
Homer
Minden
Bossier City
Shreveport
Monroe
Mer Rouge
Rayville
Ruston
Winnsboro
Columbia
Mansfield
Coushatta
Winnfield
Clarence
Natchitoches
Tullos
Converse
Melrose Plantation
Cloutierville
Archie
Many
Alexandria
Leesville
Meeker
Bunkie
Angola
Burkeville
Jasper
DeRidder
Turkey
Louisiana State Arboretum
Chicot State Park
Oakdale
Lebeau
Kirbyville
Mamou
Washington
Opelousas
Eunice
Longville
Ragley
Kinder
Basile
Sam Houston Jones State Park
Henderson
Breaux Bridge
Starks
Sulphur
Lake Charles
Jennings
Crowley
Lafayette
St Martinville
New Iberia
Lake Arthur
Abbeville
Beaumont
Hackberry
Holmwood
Cameron Prairie National Wildlife Refuge
Kaplan
Jefferson Island
Avery Island
Sabine National Wildlife Refuge
Port Arthur
Holly Beach
Cameron
Creole
Esther
Jeanerette
Cypremort Point State Park
Lake Fausse Point State Park
Oak Grove
Rockefeller State Wildlife Refuge
Pecan Island
Red
Sabine
Atchafalaya

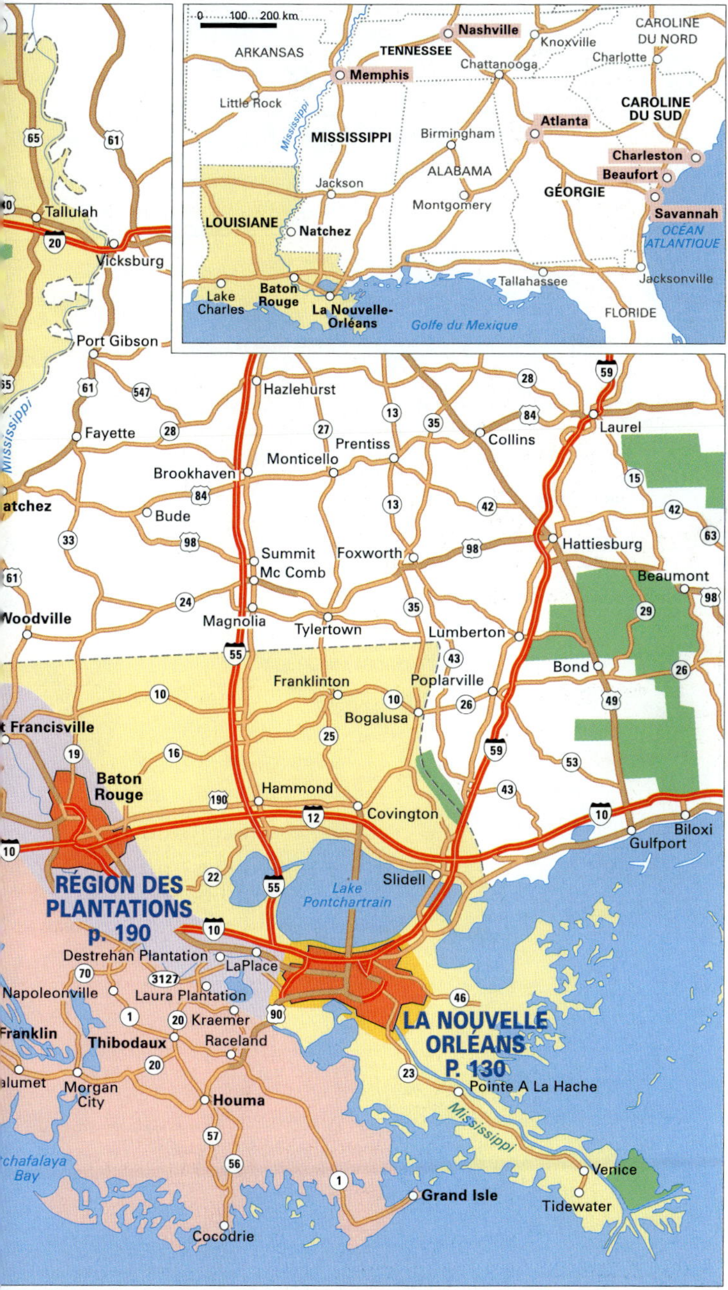

0 100 200 km
ARKANSAS
TENNESSEE
Nashville
Knoxville
CAROLINE DU NORD
Charlotte
Chattanooga
Memphis
Little Rock
Mississippi
MISSISSIPPI
Birmingham
CAROLINE DU SUD
Atlanta
Charleston
Beaufort
ALABAMA
Jackson
GÉORGIE
Montgomery
Savannah
LOUISIANE
Natchez
OCÉAN ATLANTIQUE
Tallahassee
Jacksonville
Lake Charles
Baton Rouge
La Nouvelle-Orléans
Golfe du Mexique
FLORIDE
Tallulah
Vicksburg
Port Gibson
Hazlehurst
Fayette
Prentiss
Collins
Laurel
Brookhaven
Monticello
atchez
Bude
Hattiesburg
Summit
Foxworth
Mc Comb
Beaumont
Woodville
Magnolia
Tylertown
Lumberton
Bond
Franklinton
Poplarville
Bogalusa
t Francisville
Baton Rouge
Hammond
Covington
Biloxi
Gulfport
Slidell
Lake Pontchartrain
RÉGION DES PLANTATIONS p. 190
Destrehan Plantation
LaPlace
Napoleonville
Laura Plantation
Kraemer
Franklin
Thibodaux
Raceland
LA NOUVELLE ORLÉANS P. 130
alumet
Morgan City
Houma
Pointe A La Hache
Mississippi
chafalaya Bay
Venice
Grand Isle
Tidewater
Cocodrie

LA NOUVELLE-ORLÉANS (PLAN D'ENSEMBLE)

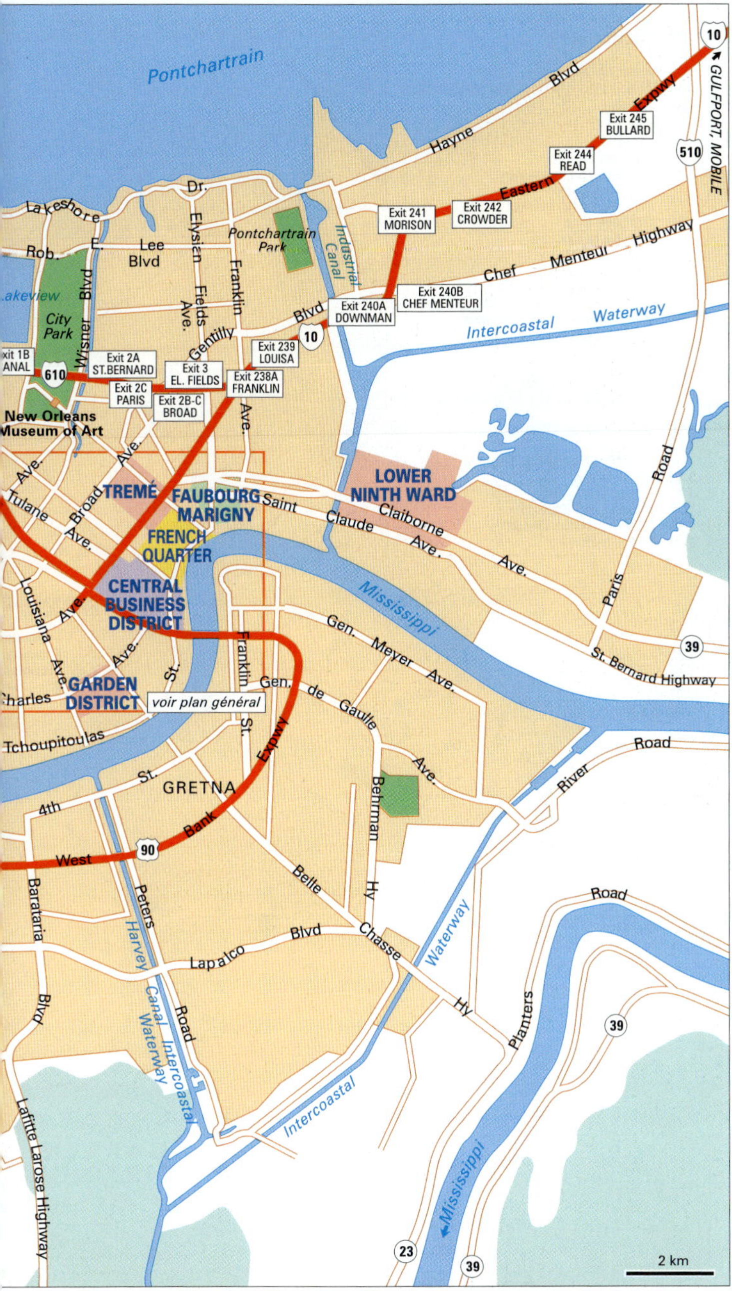

LA NOUVELLE-ORLÉANS (PLAN D'ENSEMBLE)

Où dormir ?

33 India House
34 The Burgundy Bed and Breakfast

Où manger ?

71 La Boulangerie
74 Elizabeth's Restaurant
76 Satsuma Cafe
78 Whole Foods Market
82 Camelia Grill
83 Rue de la Course
87 Feelings Cafe
93 Dick & Jenny's
94 Zotz et Jacques Imo's
98 Surrey's Cafe & Juice Bar
102 Willie Mae's Scotch House
103 Dooky Chase's
104 Cochon

Où boire un verre ? Où écouter de la musique ?

116 Hi-Ho Bar et Siberia
117 Kajun et All Ways Lounge & Theatre
127 Michaul's
132 Tipitina's
133 Maple Leaf Bar
134 Le Bon Temps Roulé
135 Rock-n-Bowl

C
GULFPORT, MOBILE
D
Degas House
TREMÉ
Esplanade
Galvez
Claiborne
Orleans
Louis Armstrong Park
Saint-Louis Cemetery n°2
n°1
FRENCH QUARTER
Jackson Square
FAUBOURG MARIGNY
voir plan centre I
NORD
116
117
34
Elysian Fields Ave.
Mc Shane Pl.
Franklin
Claude
Burgundy
Dauphine
Royal
Chartres
Decatur
N. Peter
Rampart
Canal
Basin
Common
Poydras St.
Tchoupitoulas
Convention Center Blvd
Streetcar
Riverfront
Aquarium
Ferry
Harrah's Casino
CENTRAL BUSINESS DISTRICT
Loyola
Julia
St Charles
Camp
Magazine
Howard
127
Contemporary Arts Center
Ogden Museum of Southern Art
UNIVERSITY DISTRICT
Louisiana Children's Museum
104
National WW2 Museum
Confederate Memorial Hall
Morial Convention Center
Expressway
Crescent City Connection
BR 90
HOUMA
Mississippi
Melpomene
Prytania
Coliseum Park
98
Euterpe
Annunciation
Henderson St.
S. Front St.
Felicity
Saint Andrew
Jackson
S. Peters
Patterson Rd
Morgan
Bounty
Verret
Opelousas Ave.
ALGIERS
Newton St.
Hermosa
Franklin
Hancock
Burmaster
Dr
Virgil
500 m
tramway
1
2
3
76
74, 87

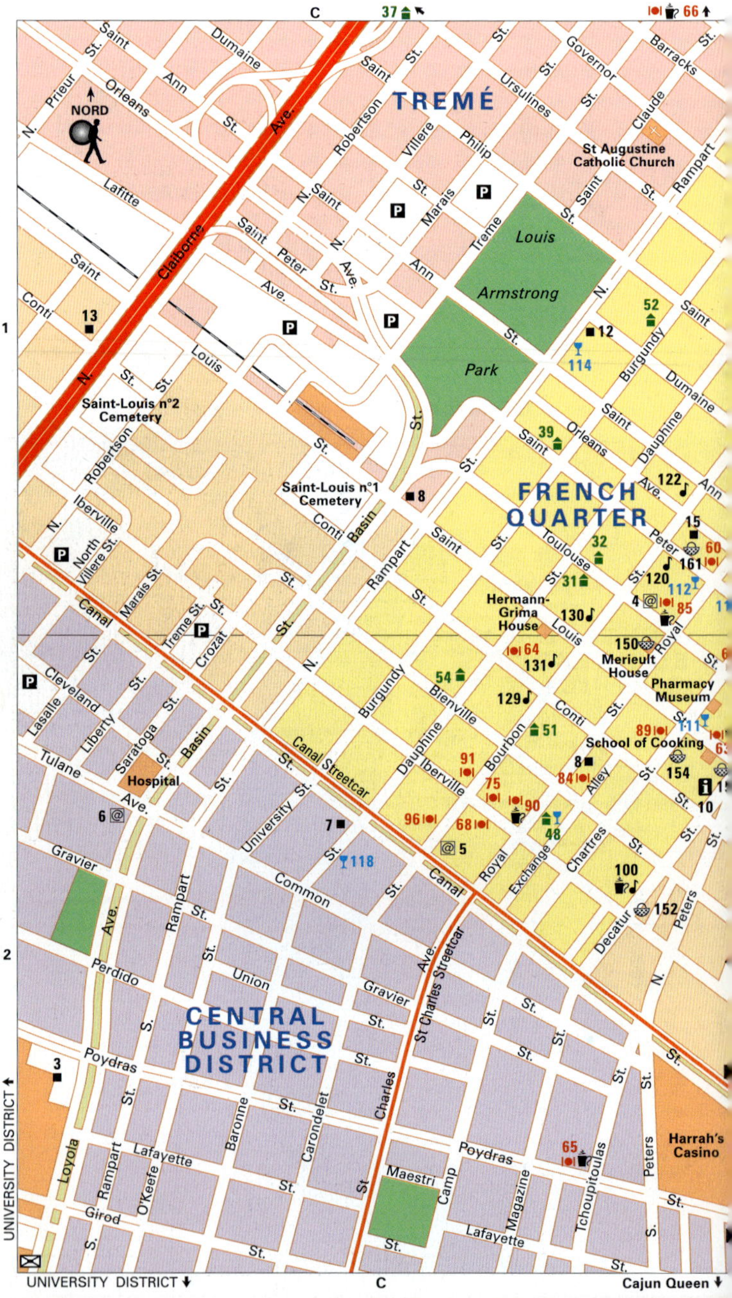
C
37
66
NORD
TREMÉ
FRENCH QUARTER
CENTRAL BUSINESS DISTRICT
St Augustine Catholic Church
Louis Armstrong Park
Saint-Louis n°2 Cemetery
Saint-Louis n°1 Cemetery
Hermann-Grima House
Merieult House
Pharmacy Museum
School of Cooking
Hospital
Harrah's Casino
Claiborne Ave.
N. Prieur
Saint Ann St.
Dumaine St.
Orleans
Lafitte
Saint Louis St.
Conti
N. Robertson St.
Iberville
North Villere St.
Marais St.
Treme St.
Crozat
Canal St.
Cleveland
Lasalle
Liberty
Saratoga St.
Basin St.
Tulane Ave.
Gravier
Loyola Ave.
Perdido
S. Rampart St.
Union
Common
University St.
Poydras St.
Lafayette St.
Girod St.
O'Keefe
Baronne St.
Carondelet St.
St. Charles St.
St Charles Streetcar
Canal Streetcar
Maestri
Camp
Magazine
Tchoupitoulas
S. Peters St.
Robertson
Villere
Philip
Ursulines
Governor
Barracks St.
Claude
Rampart
N. Saint
Saint Peter St.
Marais
Treme
Ann
Burgundy
Dauphine Ave.
Toulouse
Royal
Bourbon
Bienville
Chartres
Exchange
Decatur
N. Peters
Alley
1
2
University District
Cajun Queen

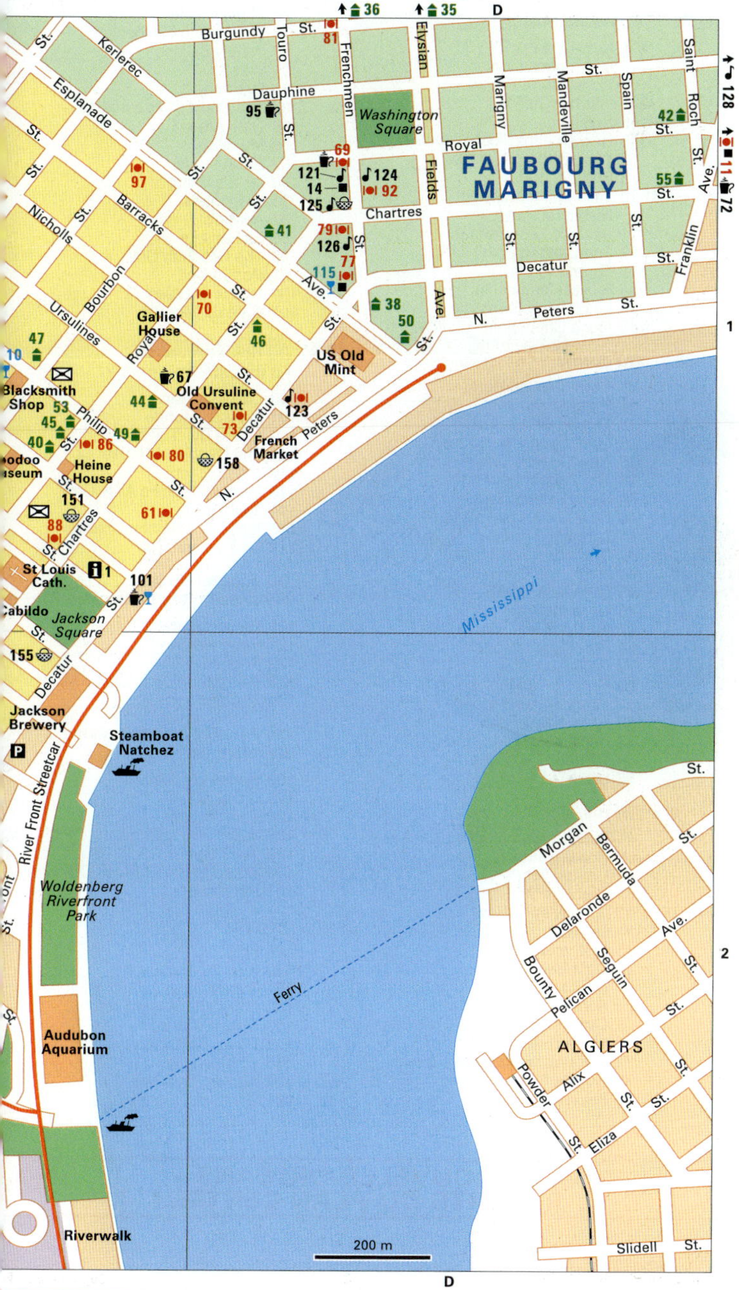

LA NOUVELLE-ORLÉANS – FRENCH QUARTER (PLAN CENTRE I)

Adresses utiles

1 New Orleans CVB Information Center
3 Consulat de France
@ 4 Internet Café
@ 5 Krystal
@ 6 New Orleans Public Library
7 Walgreens Pharmacy
8 Police
10 Jean Lafitte National Historical Park
11 Schiro's Laundromat
12 The Clothes Spin
13 Fourrière
14 Bicycle Michael's
15 La Librairie d'Arcadie
115 Igor's Checkpoint Charlie

Où dormir ?

31 Olivier House Hotel
32 Hotel St Marie
35 Elysian Guest House
36 Marigny Manor House
37 New Orleans Guest House
38 The Frenchmen Hotel
39 Saint Peter House
40 Nine-O-Five Royal Hotel
41 Lamothe House
42 Balcony Guesthouse
44 Hotel Villa Convento
45 Cornstalk Hotel
46 Le Richelieu
47 Lafitte Guest House
48 Hotel Monteleone
49 Chateau Hotel
50 Hotel de la Monnaie
51 Royal Sonesta Hotel
52 Hotel Saint-Pierre
53 Andrew Jackson Hotel
54 Chateau Lemoyne
55 Lions Inn B and B

Où manger ?

11 Schiro's Community Café & Bar
60 Rouses Market
61 Central Grocery
62 Camellia Grill
63 Johnny's Po-Boy
64 Deja Vu
65 Mother's
66 Café Degas
67 Croissant d'Or
68 Acme
69 Café Rose Nicaud
70 Mona Lisa
72 Flora Coffee-Shop & Gallery
73 Coop's Place
75 Felix's
77 Mona's Café
79 The Praline Connection
80 Irene's Cuisine
81 Wasabi
84 Green Goddess
85 The Court of Two Sisters
86 Cafe Amelie
88 Muriel's
89 K Paul Cajun
90 Mr B's Bistro
91 Galatoire's
92 Adolfo's
95 La Peniche
96 The Red Fish Grill
97 Port of Call
100 House of Blues
101 Café du Monde

Où boire un verre ou un café-beignets ?

48 Carousel Bar
101 Café du Monde
110 Lafitte Blacksmith Shop
111 The Napoleon House
112 Pat O' Briens
113 Seville's Pirate's Alley Café
114 Tonique
115 Igor's Checkpoint Charlie
118 The Sazerac Bar

Où écouter du jazz dans les boîtes mythiques ?

120 Preservation Hall
121 Snug Harbor
122 Fritzel's
123 Palm Court Jazz Café
124 The Spotted Cat

Où écouter d'autres styles de musique ?

100 House of Blues
125 d.b.a.
126 Three Muses
128 Vaughan's Lounge
129 The Famous Door
130 Bourbon Street Blues Company
131 Razzoo Bar

Achats

125 FB
150 Fleur de Paris
151 Trashy Diva
152 Louisiana Music Factory
153 Bubba Gump
154 Hove' Parfumeur
155 Oh Susannah
158 Santas' Quarters
161 Zombie's Voodoo Shop

LA NOUVELLE-ORLÉANS – REPORTS DU PLAN CENTRE I

LA NOUVELLE-ORLÉANS – GARDEN DISTRICT (PLAN CENTRE II)

■ **Adresses utiles**

- 2 New Orleans CVB et New Orleans Multicultural Tourism Network
- 9 Alliance française

Où dormir ?

- 30 Marquette House New Orleans International Hostel
- 43 The Columns Hotel
- 56 Saint Charles Guesthouse

Où manger ?

- 99 The Delachaise

Où boire un verre ?

- 43 The Columns
- 119 The Bulldog

Achats

- 156 Funky Monkey
- 157 Funrock'n
- 159 Storyville

■ **Adresses utiles**

- Nashville Visitor Center
- 1 Pharmacie Walgreens

Où dormir ?

- 9 Nashville Downtown Hostel
- 10 Hutton Hotel
- 11 Music City Hostel
- 12 Best Western Music Row
- 13 Comfort Inn
- 14 Guesthouse Inns and Suites
- 15 Ramada Limited at the Stadium
- 16 Hampton Inn
- 17 Holiday Inn Express
- 18 The Hermitage
- 19 Union Station

Où manger ?

- 20 Puckett's
- 21 Jack's Bar-B-Que
- 23 The National Underground
- 25 Merchants
- 26 Germantown Café et Monell's
- 27 Rotier's
- 28 Elliston Place Soda Shop
- 30 Bound'ry

NASHVILLE

Où boire un verre ? Où écouter du *bluegrass*, du jazz, de la country ?	**Achats**

Où boire un verre ? Où écouter du *bluegrass*, du jazz, de la country ?

- 21 Robert's Western World
- 23 The National Underground
- 40 Bourbon Street Blues and Boogie Bar
- 41 Tootsie's Orchid Lounge et Legends Corner
- 42 Station Inn
- 44 Exit/In
- 45 The Rutledge

Grand lieu de la country

- 50 Grand Ole Opry

Achats

- 41 Gruhn Guitars
- 70 Ernest Tubb Record Shop et Lawrence Records Souvenirs
- 71 The Great Escape
- 72 Hatch Show Print
- 73 Two Old Hippies
- 74 Grimey's

À voir

- 18 The Hermitage Hotel
- 19 Union Station

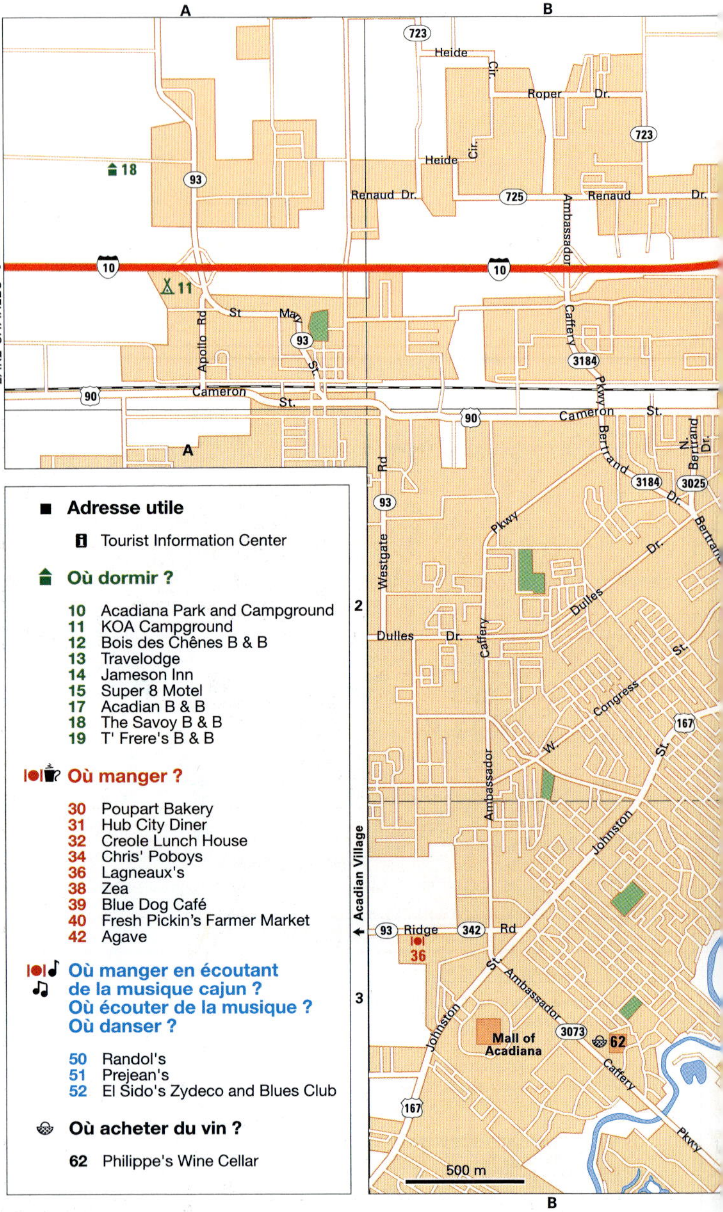

■ **Adresse utile**

Tourist Information Center

Où dormir ?

10 Acadiana Park and Campground
11 KOA Campground
12 Bois des Chênes B & B
13 Travelodge
14 Jameson Inn
15 Super 8 Motel
17 Acadian B & B
18 The Savoy B & B
19 T' Frere's B & B

Où manger ?

30 Poupart Bakery
31 Hub City Diner
32 Creole Lunch House
34 Chris' Poboys
36 Lagneaux's
38 Zea
39 Blue Dog Café
40 Fresh Pickin's Farmer Market
42 Agave

Où manger en écoutant de la musique cajun ? Où écouter de la musique ? Où danser ?

50 Randol's
51 Prejean's
52 El Sido's Zydeco and Blues Club

Où acheter du vin ?

62 Philippe's Wine Cellar

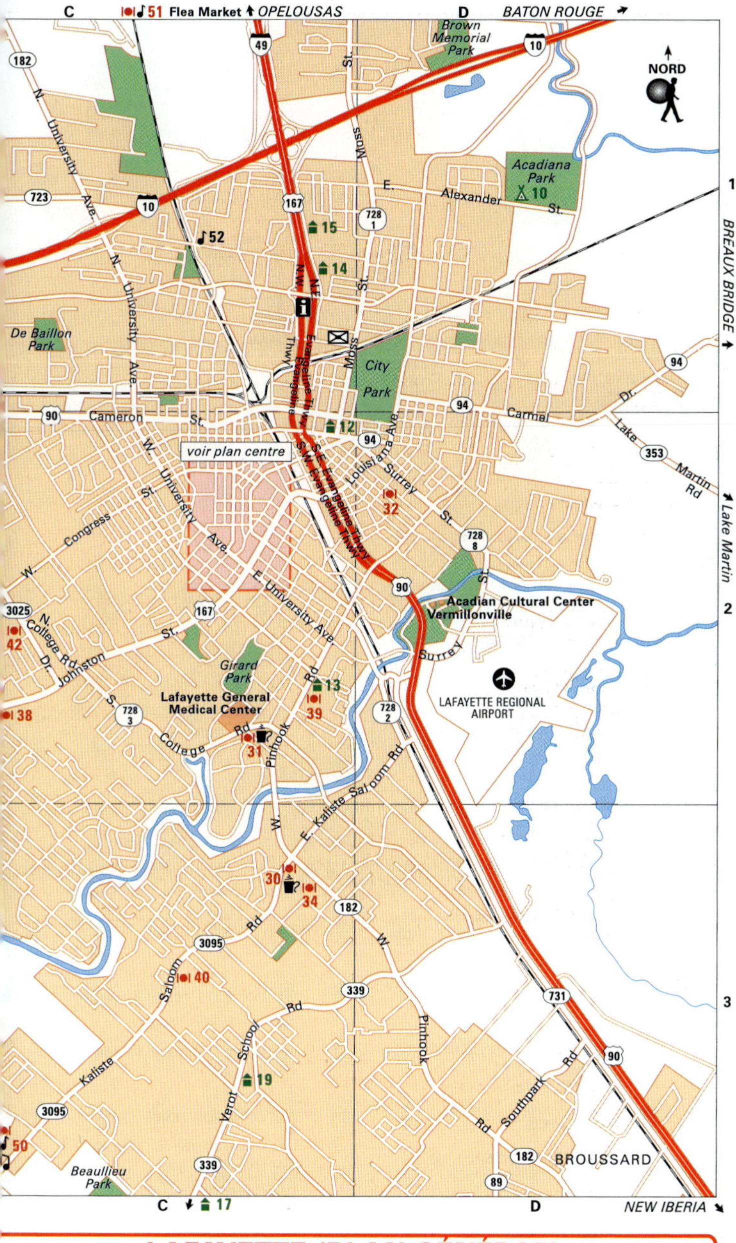

LAFAYETTE (PLAN GÉNÉRAL)

LAFAYETTE (PLAN CENTRE)

■ **Adresses utiles**

- @ Public Library
- 1 Gare routière Greyhound
- 2 Lafayette Transit System

Où dormir ?

- 20 Blue Moon Guest House

Où manger ?

- 33 Dwyer's Café
- 35 The French Press
- 37 Agave
- 41 Tsunami

Où boire un verre en journée ?

- 63 The Filling Station

Où boire un verre le soir ? Où sortir ?

- 41 Tsunami
- 60 Jefferson Street

Où écouter de la musique ? Où danser ?

- 20 Blue Moon Guest House
- 61 Grant Street Dancehall
- 64 Art-Mosphere

Achats

- 6 Sans Souci

Carl Van Vechten Gallery *(plan couleur A1) : Fisk University, 1000 17th Ave N. ☎ 615-329-8720. • fisk.edu • Sur le campus de l'université. Mar-sam 10h-17h ; de mai à mi-août lun-ven 10h-17h. Gratuit.* Petite collection privée présentant surtout des artistes américains du XXe s comme Georgia O'Keefe, des dessins de Grosz et de Toulouse-Lautrec. En photo, superbes clichés de Stieglitz.

Parthenon at Centennial Park *(plan couleur A2) : entrée sur W End, près de 25th Ave S. ☎ 615-862-8431. Mar-sam 9h-16h30 ; dim (juin-août slt) 12h30-16h30. Entrée : 6 $; réduc.* Grand parc dans lequel on a édifié en 1897, pour le centenaire de la ville, une copie conforme du Parthénon d'Athènes. Mais celui-ci est en ciment et pas en marbre ! Les portes de bronze ont plutôt l'air romaines et seraient les plus hautes du monde (ils sont fous ces Rom... euh, ces Ricains !). À l'intérieur, comble de la contrefaçon, on a installé en 1990, à l'étage, une Athéna haute de 13 m, réplique présumée de la vraie... en fibre de verre, et maquillée comme une voiture volée. Rappelons simplement que l'original était recouvert d'ivoire et d'or. Même si cela surprend nos yeux d'Européens habitués aux ruines grecques, ça a le mérite de nous donner une idée de ce que devait être l'original. Rien de convaincant donc. Seul intérêt réel, une petite collection permanente de peinture américaine du XIXe s, et début XXe s, très influencée par les impressionnistes français (quelques belles œuvres comme *Rose of Shiraz* de Pushman ou *Nights on the Banks* de G. E. Browne). Petites expos temporaires aussi.

Opryland *(hors plan couleur par D2) : à une dizaine de miles au nord-est de Nashville. Du centre, prendre l'I 40 E, puis la sortie 215 B (« Briely Parkway »), puis l'exit « Opry Mills ».*
L'*Opryland* est un espace de plusieurs hectares où l'on trouve un centre commercial géant, un hôtel de luxe et bien sûr le *Grand Ole Opry,* le fameux « temple » de la country, où tous les grands de ce genre musical se produisent. Cette belle salle à l'acoustique impeccable (et d'où l'on voit bien de partout) abrite les prestations des plus grands artistes de country et bluegrass du pays. Évidemment, les nostalgiques préféreront aller assister à un concert au vieux *Ryman Auditorium,* l'original *Grand Ole Opry,* dans Downtown. Pour l'achat des places, voir plus haut la rubrique « Les grands lieux de la country ».
Face à l'*Opryland,* on trouve l'*Opry Mills,* gigantesque *mall* d'environ 200 boutiques, restos à thème, qui se caractérise par sa débauche de vulgarité. La notion du consumérisme poussée à l'extrême. Plus loin mais toujours dans l'*Opryland,* aller voir le délirant *Gaylord Opryland Hotel.* On n'y vient pas exprès, mais si vous êtes là, ça vaut le coup ! Construction folle issue d'un imbroglio de béton, de verre... et de jungle tropicale. Il y a même une rivière qu'on peut descendre en barque ! L'hôtel forme un vaste triangle, dont certaines chambres donnent sur une forêt intérieure où l'on découvre un petit lac, une cascade, des ponts, des bouquets de bambous, des bananiers... Une gageure architecturale et un sacré casse-tête pour les jardiniers, sans compter le boulot des laveurs de vitres ! Et en projet pour 2014, un vaste parc d'attractions avec une partie aquatique d'un côté et une autre plus surprenante car dédiée aux sports d'hiver, avec des pistes de ski et tout et tout.
Enfin, sur McGavock Pike, à l'extérieur de l'*Opryland,* on trouve le *Willie Nelson and Friends Showcase Museum (☎ 615-885-1515 ; tlj 9h-17h). Entrée : 5 $. Juste à côté du* Nashville Palace. Pour tout savoir sur ce chanteur de country toujours gaillard, qui a fait pas mal d'apparitions au ciné.

Pour ceux qui ont du temps

Belmont Mansion *(hors plan couleur par B2) : 1900 Belmont Blvd (près de Wedgewood Ave). ☎ 615-460-5459. • belmontmansion.com • Lun-sam 10h-16h ; dim 13h-16h. Entrée : 10 $; réduc.* Pour ceux qui n'ont pas de voiture et qui veulent visiter une demeure de maître, celle-ci est proche du centre-ville. Elle date de 1853 et était à l'époque entourée de champs et de forêts. Architecture *Greek revival* classique. C'était la maison d'été d'une famille de planteurs de coton louisianais qui fuyait la canicule des bayous en venant à Nashville (où il ne faisait que 40 °C !). Sa propriétaire, une certaine Alicia Hayes, voyagea beaucoup, notamment en Europe où elle passa plus de 1 an. Elle acheta nombre d'œuvres d'art et fit de sa maison une véritable galerie de l'art européen. La visite guidée (guides un peu ennuyeux, dommage) dévoile les charmes des salons cossus et rococo, des riches pièces à vivre, des deux salles à manger, du bureau digne d'un ministre... Dans un boudoir, noter le chauffe-pieds dans lequel on plaçait des charbons de bois. Dans l'une des chambres à l'étage, voir l'exceptionnel « nécessaire de voyage » (en français dans le texte).

Belle Meade Plantation : *5025 Harding Rd. ☎ 615-356-0501 ou 1-800-270-3991. • bellemeadeplantation.com • À 7 miles au sud-ouest de Downtown. Prendre Broadway, poursuivre sur W End qui devient Harding Rd, et emprunter sur la gauche la petite Leake Ave, juste après le panneau indiquant le site ; c'est à 200 m (sur la gauche). Tlj 9h (11h dim)-17h. Visite guidée ttes les heures (dernière à 16h). Entrée : 16 $; réduc. Prendre le petit plan à l'accueil.*
Vaste plantation, avec des écuries du début du XIXᵉ s et agrandie plus tard, où furent élevés les plus beaux chevaux de la région. Si vous allez en Louisiane, visite peu indispensable. Si ce n'est pas le cas, allez-y car la visite guidée est intéressante.
On découvre avec un guide la *mansion*, riche demeure où tout est d'époque. Nombreux salons : fumoirs pour que les hommes fument, boudoir pour que les femmes boudent (amies lectrices, pas de lettres d'insultes, ce n'est qu'un mauvais jeu de mots !), grande salle à manger... À l'étage, chambres richement meublées, on s'en doute. Partout des tableaux de chevaux : normal, les proprios étaient avant tout des éleveurs, esclavagistes de surcroît, et qui arrondissaient leur bas... de coton en en cultivant. Bref, tout pour réussir dans le business ! Il faut d'ailleurs savoir qu'à l'époque, les jockeys étaient noirs et devinrent de vraies vedettes. Mais quand les lois ségrégationnistes (après l'abolition donc) furent mises en place, les jockeys se retrouvèrent sans monture et galopèrent en Europe pour gagner leur croûte. Revenons à la visite : à l'étage, jetez un coup d'œil à la douche, véritable ancêtre de la balnéothérapie. Assez impressionnante.
Dans la grange à côté de la demeure, la *carriage house,* belle collection de *carriages* (de calèches, quoi !). Intéressantes explications sur la condition des esclaves à Belle Meade dans la petite maison aux esclaves. On peut aussi voir la *Harding Cabin,* une des plus vieilles maisons du Tennessee (1790), tout en rondins, ancienne demeure de la famille qui fit ensuite fortune. Dans le domaine, d'autres petits édifices à visiter.

Cheekwood Museum of Art and Botanical Garden : *1200 Forest Park Dr. ☎ 615-356-8000 ou 1-877-356-8150. • cheekwood.org • À 2 petits miles après Belle Meade (en venant de Nashville), toujours par Harding Rd (accès fléché). Mar-sam 9h30-16h30 (20h certains jours) ; dim 11h-16h30. Entrée : 12 $; réduc ; Chihuly : 15 $; réduc, jeu-ven en mai-août 16h30-22h et sept-oct 16h30-21h.* Sur trois niveaux d'une grosse bâtisse géorgienne, des collections de toiles impressionnistes américaines, de vaisselle, d'art décoratif et de photos. La visite vaut plus pour le jardin en fait, magnifique au printemps. De mai à octobre se tient le Chihuly, une manifestation mettant en avant des artistes dont les œuvres jouent avec l'environnement, sans le dénaturer.

The Hermitage, Home of President Andrew Jackson : *4580 Rachel's Lane. ☎ 615-889-2941. • thehermitage.com • À 13 miles du centre vers le nord-est. Prendre l'I 40 E, puis la sortie 221 A (« Old Hickory Blvd ») ; ensuite, c'est indiqué. Tlj : d'avr à mi-oct, 8h30-17h ; de mi-oct à mars, 9h-16h30. Entrée : 19 $; réduc.*
Bâtisse du milieu du XIXᵉ s, où vécut pendant 8 ans Andrew Jackson, septième président des États-Unis, au milieu d'un vaste parc très country. Des guides en costumes mènent la visite qui nous conduit pièce par pièce à travers l'histoire. Jackson vécut là ses dernières années. D'origine irlandaise, il fit beaucoup pen-

dant la révolution américaine. Cette maison fut reconstruite au milieu du XIXe s après avoir brûlé, dans un style *Greek revival* assez ennuyeux. Quelques beaux meubles dans les chambres. Pas vraiment grand-chose à voir, c'est plutôt une ambiance. Dans le jardin, sa tombe et celle de sa femme. Complétant la visite, à 1 mile à l'autre bout du parc, la maison de son neveu, *Tulip Grove.*

Quelques événements musicaux...

... ou folkloriques, à Nashville et dans tout le Tennessee. Les dates et les lieux sont toujours susceptibles d'évoluer. À vérifier, bien sûr.

– ***Jour de la Mule*** *(Mule Day) : début avr, à **Columbia** (41 miles au sud de Nashville). Infos : ☎ 615-381-9557. • muleday.com •* Foire très colorée où tout tourne autour de la mule. Courses, ventes aux enchères, concours de banjo, *square dance*...

– ***Country Music Festival :*** *2e sem de juin, au Coliseum (LP Field), le stade en bordure de la Cumberland River. Infos : ☎ 1-800-745-3000 ou 615-263-3691. • cmafest.com •* 40h de show, concours de violon et *square dance* avec toutes les grandes vedettes. Ça rappelle le film *Nashville* d'Altman. Attention : à cette période, il faut vraiment se lever tôt pour trouver une chambre !

– ***Longhorn World Championship Rodeo :*** *début nov. À **Murfreesboro,** ville à 30 miles au sud-est de Nashville.* Des dizaines de cow-boys et cow-girls parmi les meilleurs, pour un championnat du monde très disputé.

DANS LES ENVIRONS DE NASHVILLE

Franklin : *à 20 miles au sud de Nashville par l'I65.* Adorable petite bourgade historique, coquette et léchée comme les Américains aiment. Franklin est connu pour une *bataille sanglante* de la guerre de Sécession, au cours de laquelle périrent 6 000 Confédérés et 2 000 soldats de l'Union. La rue principale (Main Street, logique) est bordée de petits immeubles de la fin du XIXe s, joliment rénovés et abritant restos, galeries d'art, boutiques de déco et *antiques*. Peu à peu, ils laissent place à de superbes *mansions* avec porche, typiques du Sud que l'on retrouve aussi le long de 3rd Avenue.

Adresse utile

➢ ***Visitor Center :*** *209 E Main St. ☎ 615-591-8514. • visitfranklin.com • Lun-sam 9h-17h, dim 12h-16h.* Propose entre autres un tour guidé à pied pour iPad.

Où manger ? Où boire un verre ? Où écouter de la musique ?

Puckett's : *120 4th Ave South. ☎ 615-794-5527. Resto ouv 7h-21h (15h lun), mais les portes ferment plus tard ven-sam. Plats 8-15 $. Live music mar-sam (cover 10 $ le w-e).* Ceux qui connaissent le *Puckett's* de Nashville retrouveront avec plaisir leurs spécialités du Sud, servies dans un décor d'épicerie à l'ancienne. Si les assiettes sont copieuses, les produits sont de qualité et les fritures légères (si, si). *Southern fried chicken*, légumes d'accompagnement, desserts, tout est savoureux.

Kimbros : *214 S Margin St. ☎ 615-599-2946. • kimbroscafe.com • Lun-sam 16h-1h. Live music dès 19h (cover max 5 $). Plats moins de 10 $.* Ce bar-café-resto, qui occupe les coins et recoins d'une vieille maison, est l'adresse alternative de Franklin. Totalement décalée ici ! Parquet, cheminées, mobilier dépareillé, murs placardés d'affiches, photos et objets hétéroclites, terrasse avec BBQ éclairée par des feux tricolores, on adore. Les grosses pointures locales s'y produisent.

Jack Daniel's Distillery : *à* **Lynchburg,** *à 75 miles au sud de Nashville. ☎ 931-759-6357. • jackdaniels.com • Prendre l'I 65 vers Birmingham, puis l'I 64 vers Chattanooga et enfin l'I 50 jusqu'à Lynchburg (bon fléchage). Visite guidée gratuite tlj 9h-16h30 (sans option dégustation, dommage...).*

Si vous aimez le whisky, voilà une visite à ne pas manquer. C'est dans le petit village de Lynchburg, qui regroupe 360 âmes (enfin, c'est ce que dit la pub car, en réalité, il y en aurait près de 6 000), que siège depuis 1866 la distillerie du célèbre Jack Daniel. La méthode de fabrication est toujours la même et, 5 jours par semaine, pas moins de 1 200 barils de 53 gallons se remplissent de ce whisky à la couleur ambrée et au goût inimitable.

D'une famille de 10 enfants, le petit Jack perdit sa mère très jeune et fut confié à un pasteur. Celui-ci fabriquait du whisky... Comme ce n'était pas bon pour son image de marque et, voyant que Jack s'intéressait à la chose, il lui vendit tout son matériel de distillation et celui-ci ouvrit un petit commerce à l'âge de 12 ans (selon la légende) ! Concernant sa mort, l'histoire n'est pas moins originale... On dit qu'un jour, voulant ouvrir son coffre-fort, il oublia la combinaison. De rage, il lui donna tellement de coups de pied qu'il se broya les orteils et, négligeant de se faire soigner, mourut de la gangrène quelques mois plus tard, à l'âge de 61 ans. Ses quatre fils vendirent l'affaire dans les années 1960, obligeant l'acheteur à garder la recette de fabrication et à rester à Lynchburg.

Passons maintenant à la fabrication du *Jack Daniel's.* Il faut d'abord du moût, mélange de trois céréales (maïs, seigle et orge) baignant dans l'eau de Cave Spring, source naturelle qui jaillit toute l'année du cœur des collines de Lynchburg. Sans teneur minérale, elle coule à une température constante de 13 °C. Elle explique l'installation de la distillerie sur ce site. Après cuisson, ce moût fermente, puis est distillé dans d'immenses alambics de cuivre de 30 m de haut. Le whisky fait alors 70° ! Il est ensuite filtré sur du charbon de bois (érable à sucre, très présent dans le coin et réputé comme un bois très dur) fabriqué sur place. Il termine sa maturation en tonneau pendant plusieurs années, le bois lui donnant sa couleur ambrée. Puis il est enfin mis en bouteilles. Ce sont toutes ces étapes que vous découvrirez durant la visite, ainsi que le bureau où Jack Daniel fit ses débuts. Rappelons que son whisky a été élu meilleur au monde à l'Exposition universelle de Saint Louis en 1904 ! Mais le plus drôle, c'est que la vente d'alcool était interdite à Lynchburg jusqu'en 1995... À la vôtre !

MEMPHIS

650 000 hab. (1,1 million avec les banlieues)

Avec un nom d'inspiration égyptienne, Memphis s'est développée au bord d'un fleuve qui s'est pris pour le Nil, le Mississippi, à la fois couloir de communication entre le nord et le sud, et frontière qui sépare l'est de l'ouest. Sur l'autre rive, on est en Arkansas. Pour les autochtones, c'est quelque part dans les environs de Memphis que se rejoignent trois composantes de l'univers américain : le Deep South, le Middwest et le Far West. *Memphis Tennessee* de Chuck Berry, bien sûr, mais aussi W. C. Handy, qui composa le fameux *Saint Louis Blues,* et, pour finir, Elvis Presley, rendirent célèbre le nom de Memphis.

Memphis est une étape indispensable pour ceux qui partent à la recherche des racines du blues. Et là, il y a de quoi faire. Sinon, on découvre une grosse ville de province assez étendue, qui s'articule autour d'un petit Downtown en bonne partie restauré, traversé par un vieux tram. La municipalité a réhabilité certaines « dents creuses » du centre pour créer de nouvelles zones de chalandises (galerie commerciale autour du *Peabody Hotel*) ou de rencontres

sociales et sportives (comme l'*Autozone Park* et le *FedEx Forum,* en plein cœur de la ville). Pourtant, curieusement, Memphis, à certains moments de la journée, semble morte. Elle paraît vivre au rythme du Mississippi, qui coule doucement. Mais ne vous fiez pas à cette première impression, car, les soirs de week-end, elle peut prendre un autre visage. Alors que tout semble désert, l'animation se concentre sur une rue, une seule : *Beale Street.* L'âme du blues se réveille alors, tel un vieux fantôme, et hante la rue jusqu'à épuisement, jusqu'au petit jour. C'est dans cette rue légendaire qu'a été plantée et qu'a éclos cette petite graine qui s'appelle le blues (qui a engendré son fils prodigue, le rock'n roll). La plupart des clubs sont là. Elle a été presque entièrement reconstruite et est en grande partie piétonne le soir et en fin de semaine. Dans la semaine, les habitants vont jouer dans les casinos de *Tunica,* et les cow-boys s'encanaillent dans des lupanars dont on ne délivrera pas les adresses qui s'étalent sur des panneaux de pub géants. Memphis est une ville qui distille sa puissance, son énergie à petite dose. Sa beauté n'est pas visible à l'œil nu. Ici, pas de vue époustouflante comme à San Francisco, pas de quartier historique comme à Boston. On ferme les yeux mais on ouvre ses oreilles. On se laisse porter par la musique, et le cœur bat plus fort. Memphis émeut. Elle possède un on-ne-sait-quoi de décadent et de fragile qui ne laisse pas indifférent. Ce n'est pas un hasard si Elvis, le premier Blanc à avoir chanté la musique des Noirs, vivait à Memphis et si Martin Luther King y fut assassiné. Musées dédiés à la musique, aux Droits de l'homme, maison d'Elvis... il y a plein de choses à voir... et surtout à écouter.

MA NUIT CHEZ LE KING

En 1949, Vernon et Gladys Presley quittent Tupelo (Mississippi) pour emménager à Memphis avec leur fils Elvis, alors ado. Leurs modestes revenus leur donnent droit à un 3-pièces dans un des premiers HLM des États-Unis, créé en 1938 par Roosevelt. Pendant 5 ans, ils occupent l'appartement 328 au 185 Winchester, à quelques blocs de Downtown *et non loin du* Sun Studio. *C'est au sous-sol de l'immeuble et sur la pelouse de la résidence qu'Elvis improvisera ses tout premiers concerts. Sauvé in extremis de la démolition, l'appart a été rénové dans le style 50's et les fans peuvent même y dormir !*

LA GRANDE HISTOIRE DU BLUES À MEMPHIS

Les souvenirs des temps prospères restent profondément ancrés dans certains entrepôts désaffectés, certaines vieilles enseignes qui se dégradent. Les bords du Mississippi sont calmes, presque tristes, mais semblent encore résonner des sirènes des steamers, des râles des malheureux porteurs de balles de coton et de ce chant magnifique qui montait le soir des quais assoupis : le blues... encore le blues... il est intimement lié aux rapports entre Noirs et Blancs, cette révolte qui vient du fond de la gorge et qui imprègne encore aujourd'hui de manière indélébile les murs de Memphis. Grand port du coton, brassant beaucoup d'argent, Memphis devint vite un carrefour important et était facilement atteint par bateau de n'importe quel point du fleuve. Dans les années 1920, le quartier compris entre Beale Street (les « Champs-Élysées » de Memphis) et 4th Street est voué aux jeux, à la prostitution, aux bars et, bien entendu... à la musique. La ville est le lieu de plaisir de tous les fermiers, commerçants et habitants des rives du Mississippi. Des orchestres noirs sillonnent sans cesse les rues, jouant surtout, au contraire de La Nouvelle-Orléans, avec des instruments à cordes et une sorte de trompette rudimentaire, le *jug,* qui n'est autre qu'une bouteille vide dont on tire des sons bizarres en soufflant dedans. Les cabarets de Beale Street vont ainsi distiller pendant des années les accents déchirants du blues, au milieu de la fureur des bagarres, des soûleries et

du jeu. La boîte la plus célèbre de Beale Street, *Pee Wee's,* affichait à l'entrée : « Nous ne fermons pas avant le premier meurtre. »
Memphis voit naître ou séjourner nombre de « grands » : Furry Lewis, qui, entre deux blues, vend des médicaments de sa fabrication ; Frank Stokes ; le guitariste Jim Jackson qui crée *Kansas City Blues* ; le Memphis Jug Band ; Gus Cannon ; Memphis Minnie, la grande vedette féminine de Beale Street, en robe à carreaux et chapeau de paille et qui compose le *big* classique *Bumble Bee* ; Memphis Slim, qui ne quitte la ville pour Chicago qu'en 1939 ; et puis encore Ma Rainey, qui apprend à chanter à Bessie Smith. Avec l'attraction d'autres villes, l'introduction du blues électrifié, le déclin commercial de Memphis, Beale Street meurt peu à peu. Et puis le blues noir ne perce pas dans le grand public... jusqu'à Elvis. Mais ça, c'est l'histoire qui suit !
Un grand merci à Gérard Herzhaft qui, grâce à son *Encyclopédie du blues* (éd. Fédérop), a permis l'élaboration de ce chapitre.

ELVIS STORY...

Quand on s'appelle le King, on mérite bien son paragraphe !
Le 8 janvier 1935, à Tupelo (Mississippi), Gladys Presley met au monde des jumeaux. L'un d'eux meurt à la naissance... Elle appelle l'autre Elvis. Rapidement, la famille part habiter Memphis. Durant l'été 1953, Elvis enregistre pour 4 $ une chanson pour sa môman.
En 1954, c'est l'ère Eisenhower, le puritanisme, la guerre froide, la haine de la différence, et surtout la ségrégation des Noirs. Ces Noirs qui n'ont pas beaucoup de droits, si ce n'est celui de se taire. Ou bien de chanter. Et encore, pas trop fort, et seulement entre eux. C'est dans cette ambiance bien-pensante du Sud qu'Elvis pousse la porte du *Sun Studio,* où l'on enregistre pour 4 $ ce qu'on veut sur vinyle. Entre deux prises, Elvis prend sa guitare et entonne un vieux standard du rythm'n'blues : *That's all right, Mama.* À cette époque, la musique noire est dans une impasse. Elle est cantonnée aux radios « ghetto ». Pour vendre de la musique noire aux Blancs, il faut qu'un Blanc la chante. En écoutant Elvis, Sam Philipps, le proprio du studio, a le déclic. C'est l'homme qu'il cherchait : un Blanc avec une voix, une sonorité, une sensualité exceptionnelles, proches de celles des chanteurs noirs. Le créneau est libre, Elvis s'y engouffre. Sa chance est d'arriver au bon moment. Il enregistre cinq titres chez *Sun Studio* (dont *Mystery Train*).

VOIX NOIRE - PEAU BLANCHE

C'est le racisme de ses contemporains qui empêche une reconnaissance décisive du blues chez les Blancs. Un ingénieur du son doté du sens des affaires, Sam Philipps, l'a bien compris. Avec une intuition géniale, il se met alors à la recherche de Blancs qui chanteraient dans le style frénétique des Noirs. Un matin, Dame Fortune sonne à sa porte : un certain Elvis Presley, blanc de peau, noir de voix, veut enregistrer une chanson pour sa maman. Il chantera pour le monde entier.

Avec sa voix extraordinaire, son sourire d'adolescent, sa douce timidité et son déhanchement provocateur, Elvis embrase le public. Au début, pour plaire aux jeunes de sa génération, il s'affuble de la tenue de cuir du rebelle ; en fait, il est plutôt rebelle malgré lui. D'ailleurs, il enregistre dans tous les styles : country, gospel, rythm'n'blues, rock, pop, bel canto, cantiques de Noël à la Bing Crosby, mélopées sucrées pour grosses dames permanentées de Las Vegas... Le « colonel » Parker, pas plus colonel que vous et moi, rachète son contrat et devient son manager dès 1955. Il règle les grandes lignes aussi bien que les détails de la vie du chanteur. Il en fait un produit marketing complet et cohérent. Opportun, quand on considère les multiples facettes du King. Tantôt ado gauche, zazou, rebelle provocateur et sensuel, *movie star* au bronzage nickel, milliardaire excentrique, ceinture noire de taekwondo, ou homme solitaire aux cols de chemise « pelle à tarte »...

De 1956 à 1958, ascension fulgurante. Ses premières apparitions télévisées font scandale. Mouvement de hanches, mèche rebelle, jambes écartées, micro au garde-à-vous, moue de bébé... grande inspiration... Un cri surgit : « *You ain't nothing but a hound dog...* » Des filles s'écroulent, certaines se griffent le visage, d'autres pleurent, sautent, sursautent, électriques, hystériques... Pour les familles, il a mauvais genre et ce qui les inquiète, c'est que ça plaît à leurs enfants, surtout à leurs filles. Un grand quotidien commente : « À voir monsieur Presley, on se rend compte que sa spécialité n'est pas le chant mais tout autre chose. C'est un virtuose du déhanchement. » On interdit de le filmer en dessous de la ceinture.

De 1958 à 1960, au faîte de sa célébrité, comme ses petits camarades, il part à l'armée. Mais en chemin (en Allemagne), il rencontre Priscilla Beaulieu, qu'il épouse en 1967. À son retour, le « Malin-Colonel » suscite artificiellement dans le public un sentiment de frustration intense. Elvis demeure célèbre par son absence. Ce sera l'idole invisible. Les seuls shows TV où il passe sont les plus grands, les plus chers, les plus prisés. Un peu comme les spéculateurs aiment à créer une pénurie de sucre dans les supermarchés. Il distille son image au compte-gouttes. Succès énorme. Elvis enregistre beaucoup mais est invisible sur scène pendant près de 10 ans. Tournage de 31 films dont beaucoup de navets, taillés sur mesure, par le gros légume-Parker. On retiendra surtout *King Créole* et *Jailhouse Rock*.

Janvier 1968 : naissance de Lisa-Marie (qui sera par la suite brièvement l'épouse de Michael Jackson). Le King revient en piste en 1969, à Las Vegas. Le public, qui l'a attendu pendant près d'une décennie, est là, intact. Elvis vit alors à Bel-Air et passe son temps à prendre du poids, comme d'autres à en perdre.

1972, c'est la séparation d'avec Priscilla, et commence la boulimie de concerts, de gâteaux... et de médicaments (quelque 30 000 pilules parmi lesquelles narcotiques, sédatifs, amphétamines). « Dis Elvis, y a un truc qui cloche dans ta vie ? » 1973 : première alerte et divorce. 1974-1975 : plus de 150 concerts ; plusieurs alertes. Le 26 juin 1977, il donne son dernier concert dans l'arène de *Market Square* à Indianapolis... 2 mois plus tard, le 16 août, après 111 albums et 500 millions de disques vendus, Elvis Aaron Presley meurt d'une crise cardiaque à l'âge de 42 ans. Il pèse alors 110 kg (voire 158 d'après certaines sources, notamment un documentaire de la *BBC*). Trop de sandwichs au beurre de cacahuètes, trop de médicaments ? On ne saura jamais vraiment. Comme dit *Libé* : « Le rock vient de perdre le gros de sa troupe. » Le roi est mort, la légende continue. Comme la soupe *Campbell* ou la bouteille de *Coca*, Elvis est devenu une icône de l'Amérique.

Il est le premier à avoir mixé blues, gospel et country avec autant de génie. Il a fait éclater le racisme musical en imprimant profondément sa marque dans la musique des années 1950. Il reste une bête de scène incomparable, féroce et tendre à la fois. Adulé par les foules, de temps à autre les journaux clament son retour ou croient en sa réincarnation et/ou son exil dans un coin du Sud profond.

Graceland, la maison qu'il avait offerte à sa mère, est devenue un lieu de pèlerinage de tous les fans du chanteur aux costards blancs incrustés de pierres précieuses. Elvis n'a qu'exceptionnellement chanté à l'étranger (en Allemagne et au Canada) et il a toujours chanté en anglais. C'est ce qui a permis à de nombreux artistes français (Johnny, Dick, Eddy...) d'adapter son style et ses chansons.

JOHNNY CASH LE BIEN NOMMÉ

Le son particulier de la guitare de Johnny Cash sur son morceau Walk the Line *est très particulier. Pour obtenir cet effet, Mister Cash eut l'idée de glisser un billet d'un dollar entre les cordes et le manche de sa guitare, lui donnant ainsi un son unique, légèrement feuilleté, un peu traînant, s'accordant merveilleusement à sa voix grave et mélancolique, où le blues des paroles rejoint le rythme, éminemment country.*

A
B
0 200 400 m
NORD
The Pyramid
MUD ISLAND
1
2
3
ARKANSAS
HERNANDO DESOTO BRIDGE
40
Mud Island River Park
Wolf River
Mississippi River
Mississippi River Museum
Amphitheater
Memphis River Boats
N Riverside Drive
Promenade
Front St.
Main St.
2nd St.
3rd St.
4th St.
North
Overton Ave.
Jackson Ave.
Commerce Ave.
Market Ave.
Exchange Ave.
Poplar Ave.
Washington Ave.
City Hall
Fire Museum
Adams
Jefferson Ave.
Court Ave.
Thomas Jefferson Square
Court Square
Center Lane
Madison Ave.
Monroe Ave.
Union Ave.
DOWNTOWN
Cotton Museum
AutoZone Park
Belz Museum
Gayoso Ave.
Peabody Pl.
Beale St.
Orpheum Theater
Handy Park
BEALE STREET
FedEx Forum
Lt. George W. Lee Ave.
Gibson Guitar Factory
Rock'n Soul Museum
Robert Church Park
Linden Ave.
Pontotoc Ave.
Vance Ave.
Wagner Pl.
Talbot Ave.
Huling Ave.
Nettleton Ave.
Tennesse
Mulberry
Hernando
Arkansas-Riverside Dr.
Tom Lee Park
National Civil Rights Museum
SOUTH MAIN HISTORIC DISTRICT
Butler Ave.
Patterson
Missi. Blvd
Danny Thomas Blvd
1 4 24 14 23 30 31 35 81 17 37 33 11 50 64 36 25 61 63 60 65 34 44 51 45 62 32

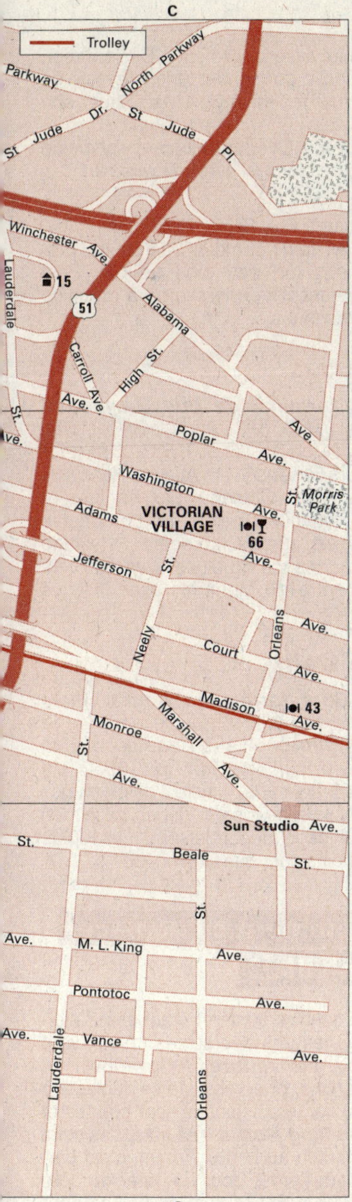

Adresses utiles

- 1 Tennessee State Welcome Center
- 4 Supermarché City Market

Où dormir ?

- 11 AAE Vista Inn & Motel
- 14 Sleep Inn at Court Square
- 15 Elvis Suite at Lauderdale Courts
- 17 Holiday Inn
- 23 Madison Hotel
- 24 Comfort Inn Downtown
- 25 Hampton Inn & Suites Beale Street
- 33 Talbot Heirs
- 81 The Peabody

Où manger ?

- 30 Little Tea Shop
- 31 Huey's
- 32 Arcade
- 33 Flying Fish
- 34 Lunchbox Eats
- 35 Rendez-vous
- 36 Blues City Café
- 37 Cockadoos et Automatic Slim's Tonga Club
- 43 Trolley Stop Market
- 44 Alcenia's
- 45 Double J Smokehouse & Saloon
- 62 Earnestine & Hazel's

Où prendre un café, une pâtisserie ou un petit déj ?

- 50 Center for Southern Folklore
- 51 Bluff City Coffee

Où boire un verre ? Où écouter du blues ?

- 60 B. B. King's Blues Club
- 61 Rum Boogie Café et Blues Hall et King's Palace Café
- 62 Earnestine & Hazel's
- 63 New Daisy Theatre et Coyote Ugly
- 64 Flying Saucer
- 65 People's on Beale Street
- 66 Molly Fontaine Lounge

À voir

- 81 The Peabody Hotel

MEMPHIS – plan I

TOPOGRAPHIE

Memphis est étendue, mais l'animation se limite essentiellement à Beale Street, le soir. Les soirs de fin de semaine, la rue est noire de monde. Sinon, le reste de Downtown est assez mort et, malgré la tentative de redonner vie à Main Street, son activité ne saute pas aux yeux.
Autres secteurs animés les vendredi et samedi soir, Overton Square et l'angle de Cooper Street et Young Street, à une vingtaine de blocs à l'est de Downtown.

Arriver – Quitter

En avion

✈ ***L'aéroport*** *(plan II, F6)* est à environ 10 miles au sud de la ville. Pas de kiosque d'info dans le hall.

Pour aller dans le centre

➢ ***En bus :*** cherchez le panneau « MATA City Bus » à l'extérieur de l'aéroport. C'est le bus n° 2, qui vous conduit jusqu'au nord de Downtown (Poplar Ave) en 45 mn. Départ tlj, env ttes les heures 7h30-23h15 en sem, 7h45-21h15 sam, 8h15-17h15 dim. Compter 1h de trajet. Attention, service réduit sam-dim. Bref, pas nécessairement très pratique, même si c'est de loin la solution la moins chère (1,75 $; avoir l'appoint).
– ***Shuttle gratuit des hôtels :*** certains hôtels chic du centre possèdent leur propre *shuttle* qui vient chercher leurs clients à l'arrivée. Se renseigner auprès d'eux et demander s'ils ont un *« free shuttle from the airport »*. Sinon, dans le hall d'arrivée, un tableau avec la liste des hôtels et des téléphones (appels gratuits) est à la disposition des clients.
➢ ***En shuttle :*** avec la compagnie *TennCo Express Airport Shuttle,* à la sortie de l'aéroport, au *ground level* (3e allée devant vous). Service de minibus vous conduisant directement à votre hôtel s'il est dans ou proche de Downtown. ☎ *901-522-0001.* • *tenncoexpress.com* • Compter 20 $/pers (30 $ l'AR). Plus pratique et plus rapide que le bus mais 10 fois plus cher ! À partir de 2, mieux vaut prendre un taxi. Départs tlj 7h30-21h30, ttes les 30 mn. Pour retourner à l'aéroport, appelez-les la veille, ils passeront vous prendre à votre hôtel. Départ tlj 6h-18h, ttes les heures.
➢ ***En taxi :*** compter 30 $ pour 2 personnes (un peu plus pour 3). Plus intéressant que le *shuttle* à partir de 3 personnes.

En bus

🚌 ***Terminal de bus Greyhound*** *(plan II, E6)* **:** *3033 Airways Blvd (tt près de l'aéroport).* ☎ *901-523-9253.* Plusieurs liaisons/j vers Atlanta, Nashville, New York, Chicago, Los Angeles et La Nouvelle-Orléans. La compagnie dessert aussi Clarksdale, le village de naissance du blues. Transfert vers le centre de Memphis avec les bus *MATA.*

En train

🚂 ***Gare ferroviaire Amtrak*** *(hors plan I par A3)* **:** *à l'angle de Main St et Patterson Ave (un peu au sud de Downtown).* ☎ *901-526-0052 ou 1-800-USA-RAIL.* Juste 2 destinations : La Nouvelle-Orléans (départ tôt le mat) et Chicago (départ le soir). Plus rapide et moins cher que *Greyhound.*

Comment se déplacer en ville ?

Les centres d'intérêt étant assez éloignés les uns des autres, mieux vaut avoir une ***voiture.*** À Downtown en revanche, préférable de se déplacer à pied car les distances sont courtes et le ***parking jamais très aisé.*** Les soirs de match au FedEx Forum, c'est carrément l'enfer pour se garer du côté de Beale St. Toutes les places sont prises d'assaut et la seule possibilité reste alors les petits parkings privés improvisés un peu partout (compter 10-15 $).

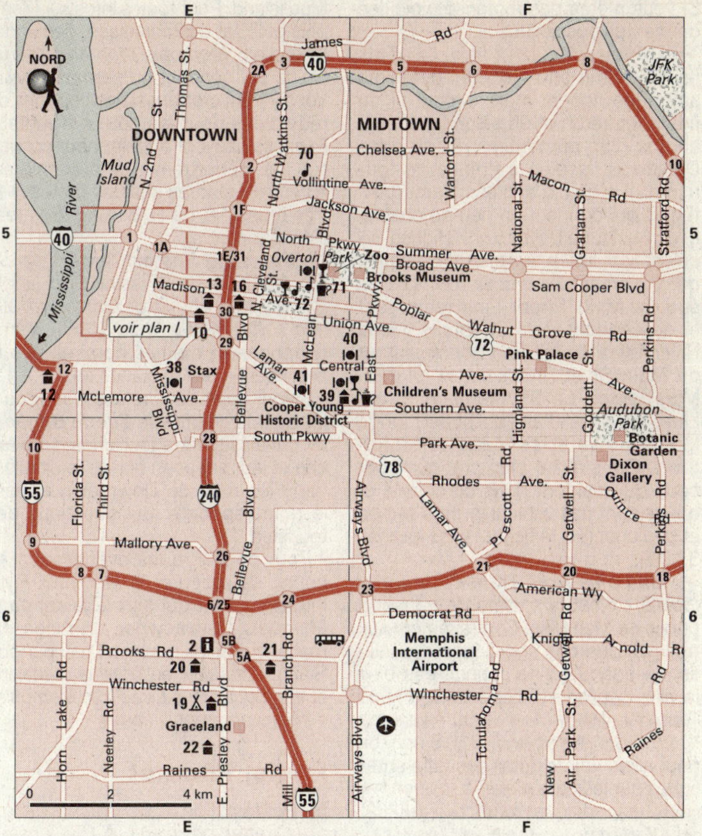

MEMPHIS – plan II

Adresse utile

@ **2** Graceland Visitor Center

Où dormir ?

10 Motel 6
12 Super Motel 8 Downtown
13 Quality Inn
16 Holiday Inn Express
19 Memphis Graceland RV Park & Parkground et Elvis Presley's Heartbreak Hotel
20 Super 7 Inn
21 Motel 6 et Airport Inn
22 Days Inn
39 Pilgrim House Hostel

Où manger ?

38 The Four Way Grill
39 Young Avenue Deli, Café Olé, Beauty Shop et Tsunami
40 Central BBQ
41 Payne's

Où prendre un café, une pâtisserie ou un petit déjeuner ?

39 Java Cabana

Où boire un verre ? Où écouter du blues ?

70 Wild Bill's
71 Hi-Tone
72 P & H Café

Si vous n'êtes pas motorisé, voici les différentes possibilités :

➢ ***Trolley :*** ☎ *901-274-6282.* Ttes les 10-15 mn env. Horaires différents selon les lignes, mais circule tlj du matin (entre 6h et 9h selon ligne et j.) au soir (23h ou minuit ; 18h slt dim). Demander le plan à l'office de tourisme. Il s'agit d'anciens trams portugais qui donnent un peu de chaleur et de couleur à Downtown. 3 lignes circulent *(voir tracé sur plan 1)* : 2 lignes qui traversent Downtown du nord au sud, la Main Street Line remontant et descendant Main St, tandis que la Riverside Line fait une boucle autour de Main St et Riverside, le long du Mississippi. La 3e, Madison Street Line, traverse d'est en ouest, longe Madison Ave et se dirige vers Midtown. Elle s'avère bien pratique pour ceux qui résident dans ce coin-là et qui ne sont pas véhiculés. Très sympa et peu cher (1 $ le ticket ; *pass* journée 3,50 $).

➢ ***Memphis Area Transit Authority*** *(MATA)* **:** c'est la société de transport public de Memphis. Contrairement aux trolleys, bus pas super faciles d'utilisation quand on ne connaît pas bien la ville. Dépliants à dispo au North End Terminal, *444 N Main St (au niveau de A. W. Willis Ave ; plan I, B1).* Sinon, on peut aussi voir le détail des différentes lignes sur leur site • *matatransit.com* • *Rens téléphoniques* ☎ *901-274-6282.*

➢ ***Yellow Cab*** *(taxis)* **:** ☎ *901-577-7700.*

Adresses et infos utiles

Informations touristiques et culturelles

Site internet sur Memphis en français : • *memphis-mississippi.fr* •

🅸 ***Tennessee State Welcome Center*** *(plan I, A-B1,* ***1****)* **:** *119 N Riverside Dr.* ☎ *901-543-5333.* • *memphistravel.com* • *Tlj 9h-18h (17h oct-mars), mais les portes restent ouvertes 7h-23h pour retirer des brochures.* Facilement repérable à son toit vert en forme de clocher sous la passerelle qui mène à Mud Island. Pour toutes infos sur Memphis et l'État du Tennessee, demander l'excellent *Memphis Map and Tourist Guide* qui contient un plan de la ville. Vous y trouverez aussi des coupons de réductions pour les hôtels et motels. Enfin, ils peuvent appeler pour connaître les hébergements disponibles. À l'entrée, statues géantes d'Elvis (pas très réussi) et de B. B. King (très réaliste, par contre).

🅸 ***Graceland Visitor Center*** *(plan II, E6,* ***2****)* **:** *3205 Elvis Presley Blvd (angle Brooks Rd). À 1 mile de Graceland, pile à la sortie 5B de la 55 South.* Même téléphone et mêmes horaires que le précédent (c'est une annexe).

– Sinon, vous pouvez aussi interroger les agents de la ***Blue Suede Brigade,*** reconnaissables à leur chemise blanche et leur chapeau blanc. Ils circulent dans les rues de Downtown et sont là pour répondre aux questions des touristes.

– Pour connaître les événements en cours, se procurer le *Memphis Flyer* (hebdo gratuit qui sort le jeudi) ou le *Memphis Downtowner,* un magazine mensuel. On les trouve un peu partout. Sinon, consulter en ligne le magazine culturel et d'actus *Live From Memphis* : • *livefrommemphis.com* •

Poste, Internet

✉ ***Postes :*** *555 3rd St, près de l'angle avec Patterson (plan I, A-B3). Aussi à l'angle de S Main St et Peabody Pl (plan I, B2).*

@ ***Internet :*** la plupart des hôtels disposent désormais de connexions wifi gratuites ou possèdent 1 ou 2 ordinateurs mis à la disposition des clients (souvent gratuit, parfois payant).

Supermarché, santé, urgences

Supermarché : **City Market,** *66 S Main St (plan I, B2,* ***4****).* ☎ *901-729-6152.* En plein Downtown, assez bien achalandé.

■ ***Pharmacie :*** **Walgreens,** *2 N Main St (angle avec Madison ; plan I, B2).* ☎ *901-527-0052. Lun-ven 7h-20h ; sam 8h-19h ; dim 10h-18h.*

■ ***Methodist University Hospital :*** *1265 Union Ave (entre S Bellevue Blvd et S Cleveland St). ☎ 901-516-7000.* Le plus proche de Downtown.

■ ***Regional Medical Center :*** *877 Jefferson Ave. ☎ 901-545-7100.*

Visites guidées, excursions

■ ***American Dream Safari :*** *☎ 901-527-8870. • americandreamsafari.com • Env 40 $/pers ; 15 $ le tour à pied. Calendrier des tours sur le site internet.* Un coup de cœur pour les visites guidées hors des sentiers battus de Tad Pierson à bord de sa Cadillac rose de 1955 ! Le tour *Greatest Hits* est un concentré de 3h, rythmé par les anecdotes distillées par votre chauffeur (une encyclopédie vivante du blues et du rock), de Beale Street au Mississippi en passant par le *Lorraine Motel,* où Martin Luther King a été assassiné, et les meilleurs *BBQ joints* de la ville ! Mais il y a aussi un tour spécial photographes, à la recherche des plus belles peintures murales, des vieilles enseignes décaties, un tour architectural avec les *mansions* et jardins, une journée spéciale Elvis, et puis une balade à pied dans le Downtown. Et les vendredi et samedi soir, Tad propose même une tournée des clubs de blues : les historiques de Beale Street mais aussi les petits nouveaux de la scène musicale d'aujourd'hui.

Où dormir ?

Comme à Nashville, ***le prix des hôtels varie un peu*** (pas trop, comparé au reste des États-Unis) selon le jour de la semaine (le week-end est souvent un peu plus cher), la saison (décembre est le mois le plus creux, et à contrario, la période d'avril à août considérée comme la haute saison), le taux de remplissage le soir venu et, bien sûr, les festivités qui peuvent avoir lieu. Les fourchettes données à titre indicatif tiennent compte de cet écart de prix, mais si vous n'avez pas déjà réservé, mieux vaut téléphoner avant de vous déplacer. Dans l'ensemble, peu d'adresses de charme, malheureusement.

Beaucoup de motels près de Graceland. On dort tout près du King (qui, rappelons-le, est enterré là) mais loin du centre. Si vous êtes à Memphis mi-août (date anniversaire de sa mort) pendant la fameuse ***Elvis Week***, réservez bien, bien à l'avance. Un bon moyen d'obtenir les meilleurs prix est d'aller à l'office de tourisme pour prendre des coupons de réductions de motels, et de leur demander d'appeler les établissements qui ont retenu votre attention (cela fait partie des services proposés) pour connaître les disponibilités.

MEMPHIS

Dans Downtown (ou pas trop loin)

De bon marché à prix moyens

🏠 ***AAE Vista Inn & Motel*** *(plan I, B2, **11**) : 265 Union Ave. ☎ 901-527-4305. • vistainnmemphis.com • Doubles dès 75 $ et jusqu'à 100 $ en hte saison, petit déj inclus. Également un dortoir de 4 pers (25 $/pers) à réserver via • hostelworld.com •* 📶 Le gros avantage de ce motel modeste mais rénové récemment, c'est sa situation au cœur de Downtown, unique dans cette catégorie de prix. Certes, l'environnement de parkings n'est pas des plus glamour, mais Beale Street n'est vraiment pas loin. Chambres simples et impeccables, avec frigo et micro-ondes et, pour les plus fauchés, un dortoir de 4 lits (pas terrible mais pas cher). Petite piscine (sur le parking !).

🏠 ***Motel 6*** *(plan II, E5, **10**) : 210 S Pauline St (une rue qui coupe Union St, à env 2 miles à l'est de Downtown, presque au niveau de l'I 240). ☎ 901-528-0650. • motel6.com • Doubles 50-65 $ (quelques dollars en plus pour 4). Petit déj (minimaliste) inclus.* 📶 Chambres de *Motel 6* égales à elles-mêmes, donc d'un rapport qualité-prix très convenable. Situé non loin de la ligne du trolley (qui passe sur Madison). Une solution envisageable donc pour les non-motorisés.

Super Motel 8 Downtown *(plan II, E5, **12**) : 340 W Illinois Ave, au sud de Downtown. ☎ 901-948-9005. • super8.com • Doubles 55-65 $ pour 2 pers et 10 $ de plus pour 4. Petit déj continental inclus.* À noter qu'on est au pied du pont de l'*interstate* qui traverse le Mississippi. Motel classique, à l'environnement pas folichon mais aux chambres nickel et rénovées dernièrement (en choisir une sur l'arrière, plus calme). Petite piscine.

Quality Inn *(plan II, E5, **13**) : 42 S Camilla St (entre Union et Madison). ☎ 901-526-1050. Dès 75 $ pour 2. Petit déj inclus.* Ici aussi, environnement pas génial, mais pas pire qu'ailleurs en fait, et relative proximité du centre (la ligne de trolley de Madison Avenue passe à côté). Chambres avec frigo et micro-ondes, rénovées depuis peu (comme toujours, choisir celles sur l'arrière à cause du bruit). Petite piscine.

De prix moyens à un peu plus chic

Sleep Inn at Court Square *(plan I, B2, **14**) : 40 N Front St. ☎ 901-522-9700. • sleepinn.com • Doubles pour 2-4 pers 110-200 $. Petit déj américain inclus. Parking env 12 $.* Situation au calme quoique très centrale (au cœur de Main Street) pour cet hôtel fort bien tenu et qui possède presque un petit charme. En tout cas, déco fraîche, lumineuse et personnalisée, une bonne surprise dans un hôtel de chaîne. L'esprit japonisant du lobby, dans les tons vert d'eau, se retrouve aussi côté chambres, très zen avec leurs tons doux et leurs dessus-de-lit blancs. Petite salle de fitness. Une excellente adresse d'un très bon rapport qualité-prix.

Comfort Inn Downtown *(plan I, B2, **24**) : 100 N Front St. ☎ 901-526-0583. • comfortinn.com/hotel-memphis-tennessee-TN235 • Doubles 110-150 $, American breakfast compris. Parking 8 $.* Encore un rapport qualité-situation-prix au poil pour ce *Comfort Inn* surplombant le Mississippi, dont le principal atout est la piscine avec solarium sur le toit. Avec des enfants ou ados, c'est le point de chute idéal.

Holiday Inn Express *(plan II, E5, **16**) : 1180 Union Ave, non loin de l'I 240. ☎ 901-276-1175. • hiexpress.com • À une dizaine de blocs de Downtown (3 mn en voiture). Chambres 1-4 pers 100-125 $ en moyenne, petit déj-buffet correct inclus. Parking gratuit.* Avec cette chaîne de motels, on est rarement déçu. Ensemble plutôt classe, dans le style standardisé bien sûr, proposant des chambres très confortables et sentant bon le frais ; certaines avec frigo et micro-ondes. Pop corn, cookies, thé et café à volonté. Piscine (sur parking...), fitness.

Chic

Talbot Heirs *(plan I, B2, **33**) : 99 S 2nd St. ☎ 901-527-9772 ou 1-800-955-3956. • talbotheirs.com • Réception au 2e étage (sonner à l'interphone, pas d'enseigne visible). Doubles 130-275 $ selon taille, nombre de nuits et période ; ingrédients petit déj à dispo.* En plein centre-ville, pile en face du *Peabody Hotel*, une *guesthouse* de charme qui change agréablement des chaînes standardisées. Une atmosphère cosy comme à la maison, entretenue par un proprio très sympa qui sait mettre ses hôtes à l'aise. Les 7 chambres, toutes personnalisées et colorées (mobilier dépareillé, tapis, toiles *folk art*), sont réparties le long d'un couloir décoré de peintures d'artistes locaux. Toutes sont très spacieuses, avec cuisine équipée, coin salle à manger et balcon en bois, et les plus grandes ont même une chambre séparée. Possibilité d'ajouter des lits supplémentaires pour les enfants. Une belle adresse.

Hampton Inn & Suites Beale Street *(plan I, B2, **25**) : 175 Peabody Pl. ☎ 901-260-4000. • hamptoninn3.hilton.com • Doubles env 200 $, petit déj-buffet inclus. Parking 17 $.* Situation au poil pour les noctambules, au plus près de l'animation musicale de Beale Street (bouchons d'oreille à dispo au *front desk* pour ceux qui voudraient roupiller tranquille) et des autres musts de la ville : Rock n' Soul Museum, National Civil Rights Museum... Chambres contemporaines et tout confort, certaines avec balcon et chouette vue. Également des suites plus chères avec cuisine. Noter l'effort de déco presque design dans les parties communes. Fitness et piscine intérieure. Un des fleurons de la chaîne *Hampton Inn* dans le monde, sachez-le !

Holiday Inn *(plan I, B2,* ***17****) : 160 Union Ave. ☎ 901-525-5491. • hisdowntownmemphis.com • Chambres 1-4 pers 130-220 $.* Idéalement situé en plein Downtown. Élégant *lobby*, et environ 200 chambres très confortables et chicos, dans les tons bordeaux. Certaines ont un accès direct à la terrasse-solarium de la grande piscine, sur le toit, au 4e étage. Là encore, c'est sa situation, centrale, qui est son principal avantage.

Très chic

Elvis Suite at Lauderdale Courts – Uptown Square *(plan I, C1,* ***15****) : réception au 252 N Lauderdale. ☎ 901-523-8662. • lauderdalecourts.com • Appart pour 4 (2 chambres avec lit double), 250 $ (2 nuits min, 6 max). Résa à l'avance conseillée.* Incroyable mais vrai : on peut dormir chez Elvis ! Et pour un prix pas insensé, en plus. L'appartement 328 du 185 Winchester, où la famille Presley habita de 1949 à 1953, a en effet été rénové assez simplement dans le style de l'époque et accueille aujourd'hui les fans du King, soit pour un tour guidé payant (10 $), soit pour y passer quelques nuits. Si la visite n'a pas un intérêt majeur (ce n'est pas un musée), y dormir relève du pèlerinage ! Certes, on est loin du luxe de *Graceland*, et pour cause, le logement en question faisait partie à l'origine d'un ensemble de HLM en brique rouge, cela dit aujourd'hui reconverti en résidence de standing (avec piscine et fitness de l'autre côté de la route). Mais on est ici à quelques blocs seulement de Downtown, dans le 3-pièces où Elvis a passé son adolescence. Mythique ! Même s'il n'y a malheureusement plus de souvenirs de sa vie ici, l'esprit est là, et entre le mobilier, les objets de déco et les photos, il faut juste un peu d'imagination pour s'y croire ! Dans la cuisine, où Gladys Presley tartinait les fameux sandwichs à la banane et au beurre de cacahuètes dont raffolait son fiston, noter l'authentique *Frigidaire* de 1951 qui fonctionne toujours. Des 2 chambres, la plus grande est celle d'Elvis, avec son mur de graffitis et baisers laissés par les groupies. Jeune homme, il s'installait à la fenêtre avec sa guitare et donnait là ses tout premiers shows. Et dire qu'on a dormi là...

Madison Hotel *(plan I, B2,* ***23****) : 79 Madison Ave. ☎ 901-333-1215. • madisonhotelmemphis.com • Doubles env 250-300 $, petit déj inclus. Parking 23 $.* Le premier hôtel design de Memphis, dans une ancienne banque de style Beaux-Arts à un bloc de Main St. Une adresse pour nos lecteurs fortunés et *hype*. Superbe lobby à l'esprit glamour jazzy, clins d'œil à la musique dans les chambres, toutes différentes dans leur configuration mais très vastes et décorées dans le même style sophistiqué : mélange d'imprimés, de tissus, de couleurs sombres très tendance, violet foncé, rouge sang, noir et beige. Très luxe, évidemment. Mais la cerise sur le gâteau, c'est le *rooftop* sur le Mississippi où des *parties* sont données tous les jeudis soir et même accessibles aux *non-guests*. Piscine intérieure, tout en longueur, façon couloir de nage. Et même si le sport n'est pas votre truc, allez quand même jeter un œil au fitness aménagé dans la chambre forte de l'ancienne *Tennessee Trust* !

The Peabody *(plan I, B2,* ***81****) : 149 Union Ave. ☎ 901-529-4000. • peabodymemphis.com • Doubles dès 200-250 $.* C'est l'hôtel historique de la ville, connu surtout pour sa cérémonie des canards qu'on vous laisse découvrir plus loin, dans la rubrique « À voir encore dans le centre ». Luxe classique, majestueux lobby, pléthore de boutiques déclinant les fameux canards de la maison, et surtout, une belle piscine couverte.

Dans le quartier de Cooper-Young

Bon marché

Pilgrim House Hostel (plan II, E-F5, **39**) : 1000 S Cooper St (angle Young St). ☎ 901-273-8341. • pilgrimhouse.org • Ouv tte l'année. Pas de couvre-feu (digicode). Réception à l'arrière, au 2e étage. Résa par mail conseillée. Compter 15 $ le lit, 45 $ la double. Draps et serviettes fournis. Petit déj inclus (à préparer soi-même). Séjour max 7 nuits. Parking gratuit sur l'arrière. Grande bâtisse claire et sympathique, au cœur du petit carrefour animé et branché de Cooper-Young. Atmosphère cool et tranquille, et bon esprit écolo et communautaire. Abrite plusieurs dortoirs (7 à 14 lits) et quelques chambres doubles, basiques mais claires et fraîches. Casiers avec cadenas à code à disposition (gratuit). Sanitaires dans le couloir, impeccables. Deux salons, dont un avec bibliothèque et jeux, et une vaste cuisine-salle à manger conviviale et super bien équipée pour faire la popote. Pas de laverie, en revanche. Le meilleur deal en ville pour les voyageurs solitaires, dans le petit coin le plus sympa de Memphis (même si c'est un peu éloigné du centre). Jardin avec terrasse en bois en hauteur pour le BBQ, location de vélos dans le même building et, à l'entresol, une boutique d'artisanat de commerce équitable *(fair trade)*.

Du côté de Graceland

C'est ici qu'on trouve le plus de motels, en raison de la proximité de la maison d'Elvis, bien sûr, mais aussi de l'aéroport. Presque tous proposent un service de navettes de/vers l'aéroport et *Graceland*. Mais n'y dorment malgré tout que ceux qui sont motorisés, car c'est à 6-7 miles du centre. Les motels se concentrent sur Elvis Presley Boulevard et Brooks Road, une grande artère perpendiculaire qui mène à l'aéroport. On se doit quand même de vous dire que le coin n'a guère de charme. Les rues ont rarement moins de six voies et le trafic est important.

Camping

Memphis Graceland RV Park & Parkground (plan II, E6, **19**) : 3691 Elvis Presley Blvd. ☎ 901-396-7125 ou 1-866-571-9236. • memphisgracelandrvpark.com • Tente 2 pers (avec ts les branchements) 40 $; cabine pour 4 pers 42 $. À côté de l'hôtel *Heartbreak* et à 2 mn à pied de la résidence éternelle d'Elvis, ce qui constitue la principale qualité de ce lieu. Très vaste et sans âme. Ce n'est certainement pas là que s'est cachée celle du King ! Les allées portent pourtant toutes des noms de chansons de qui vous savez. Piscine juin-septembre. Laverie, boutique et cuisine extérieure pour les campeurs.

De bon marché à prix moyens

Motel 6 (plan II, E6, **21**) : 1581 E Brooks Rd. ☎ 901-345-3344. • motel6.com • Doubles env 50 $, à peine plus pour 4 ; café à dispo le matin. Le meilleur rapport qualité-prix du coin. Chambres fraîches et pimpantes, avec frigo et micro-ondes. Petite piscine. On le recommande.

Super 7 Inn (plan II, E6, **20**) : 1117 E Brooks Rd. ☎ 901-346-0992. À env 1 mile de Graceland. Double env 50 $; jacuzzi suite 80 $. Café gratuit le mat. Il s'agit en fait d'un *Motel 6*, même si l'enseigne est différente. Chambres fonctionnelles, avec frigo et micro-ondes ; en choisir une sur l'arrière, plus calme. Également une suite avec jacuzzi rouge en forme de cœur ! Petite piscine devant la route.

Airport Inn (plan II, E6, **21**) : 1441 E Brooks Rd. ☎ 901-398-9211. • airportinnmemphis.net • Doubles 50-60 $, 65-70 $ pour 4. Petit déj simple compris. et appels locaux gratuits. Le *lobby*, avec ses couleurs marronnasses et ses pots de fleurs artificielles, n'a rien d'engageant, mais finalement, les chambres ne sont pas si nulles pour le prix. Frigo et micro-ondes dans toutes. Petite piscine intérieure (bof, bof...). En dépannage quand même.

Chic

🏠 ***Elvis Presley's Heartbreak Hotel*** *(plan II, E6,* ***19****) : 3677 Elvis Presley Blvd. ☎ 901-332-1000 ou 1-877-777-0606. • elvis.com • Résa conseillée. Chambres 2 pers 115-150 $ selon sem ou w-e, et 10 $/pers supplémentaire. Suites thématiques dès... 550 $! Petit déj continental compris. Navette gratuite* (free shuttle) *pour l'aéroport tte la journée et payante (5 $ l'aller) pour Downtown (Beale St) en soirée.* À côté de Graceland, dont il fait d'ailleurs partie, ce très bel hôtel entièrement dédié à la gloire du King n'est guère plus cher que ceux de certaines chaînes réputées plus *cheap.* Célèbre pour sa piscine en forme de cœur, il est vivement recommandé à tous les Elvismaniaques en quête d'immersion totale ! Dès l'entrée, le *lobby* en jette avec ses fauteuils flashy et zébrés, et son meuble télé des *50's* diffusant des images du King. Plus classiques, les chambres (une grosse centaine) sont tout au moins spacieuses et confortables, dans les tons blanc, crème et bleu gris, avec photos noir et blanc d'Elvis au-dessus du lit et mobilier en bois clair style *50's.* Pratique, le coin kitchenette avec évier, micro-ondes et frigo. Si vous êtes en fond, optez pour une des 4 suites thématiques, assez délirantes dans le style mais hors de prix (pour 4 personnes, cela dit).

🏠 ***Days Inn*** *(plan II, E6,* ***22****) : 3839 Elvis Presley Blvd. ☎ 901-346-5500 ou 1-800-DAYS-INN. • daysinn.com • Un peu après Graceland, sur la droite en venant du centre. Compter 100 $ la double, petit déj compris.* Un des plus chouettes *Days Inn* qu'on ait vus. Ici encore, réception décorée à la gloire du King (même s'il y a à redire sur sa statue !), avec murs de disques d'or (des copies ?) et des photos de notre héros. Piscine en forme de guitare cette fois, pour une fois pas trop déprimante avec ses transats et parasols colorés et son *mural* représentant Vegas. Les chambres sont impeccables, avec frigo, micro-ondes, petite table pour grignoter, sans oublier l'incontournable portrait d'Elvis au-dessus du plumard. Et comme au *Heartbreak Hotel,* on y diffuse sur 3 chaînes, 24h/24, les films de qui vous savez.

Où camper un peu en dehors de Memphis ?

⛺ ***T.O. Fuller State Park*** *(hors plan I par A-B3) : à 10 miles du centre. ☎ 901-543-7581. Pour y aller : suivre 3rd St vers le sud sur 5-6 miles, puis prendre à droite Mitchell Rd ; continuer jusqu'au Fuller State Park ; dès l'entrée, suivre les flèches pour le camping. Sur la droite, s'arrêter au* Visitor Center *pour vous enregistrer (lun-ven 8h-16h30). Si l'accueil est fermé, installez-vous directement sur le site, situé à env 1,5 mile de l'accueil (suivre les flèches), et un ranger passera vous voir. Compter 18 $ pour 2-4 pers, eau et électricité comprises (un peu plus pour les mobile homes).* Pour ceux qui sont motorisés, un vrai chouette endroit pour dormir. Pas d'heure d'ouverture ni de fermeture, et on peut s'installer comme on veut. On dort sous les arbres d'une belle forêt (prévoir un bon répulsif antimoustiques). Calme et sûr. Beaux emplacements avec barbecue. Sanitaires propres. Sur place, en supplément, dans le *State Park,* on trouve une piscine et un golf 18 trous.

Où manger ?

Les effluves de feu de bois, de viandes fumées et grillées que l'on fleure un peu partout en ville ne vous tromperont pas. ***La spécialité de Memphis, c'est le barbecue*** (*BBQ* ou *Bar-B-Que* pour les intimes), c'est-à-dire du porc, le plus souvent des ***ribs (travers de porc)*** servis *wet-cooked*, nappés de sauce *hot* (épicée) ou *mild* (douce), ou bien *dry-cooked*, avec des épices en poudre saupoudrées sur la viande et la sauce éventuellement à part. La demi-portion *(half rack)* est généralement suffisante pour un appétit normal mais les locaux, eux, ne lésinent pas devant le *full rack* ! Le barbecue est traditionnellement accompagné de *baked beans*

et de *coleslaw*. Mais le plus populaire à Memphis, c'est le ***pulled pork sandwich***, un gros sandwich garni de viande (de l'épaule) effilochée, moelleuse et savoureuse. C'est pas cher du tout, ultra-typique, et ça a le mérite de vous caler pendant un moment.
On vous a dégoté quelques bonnes adresses pour vous en mettre plein les doigts ! Mais sachez-le, les meilleurs endroits pour savourer un vrai *BBQ Memphis style* sont souvent les plus pourris question décor !

Dans le centre et à proximité

Spécial petit déj et brunch

☕ ***Cockadoos*** *(plan I, B2,* ***37****) : 85 S 2*nd *St. ☎ 901-590-0610. Lun-ven 7h-15h ; sam-dim 12h-15h. Plats petit déj 5-10 $.* L'endroit idéal pour démarrer sa journée en douceur : une atmosphère *friendly,* un cadre cool et cosy, un fond musical bien dosé et de bons *breakfast specials* servis toute la journée ! Beaux volumes, parquets, cheminée, toile cirée fleurie sur les tables. Parmi les spécialités, *The Shag* (*French Toast* à la banane et au beurre de cacahuètes, nappé de crème fouettée et myrtilles), le très sudiste *catfish & grits* et le *breakfast casserole* du jour, le tout à accompagner de biscuits tout chauds. Également au menu, sandwichs, salades et soupes.
☕ Et aussi : **Trolley Stop Market** *(petit déj lun-sam),* **Arcade** *(petit déj tlj),* **Alcenia's** *(brunch le samedi slt),* **Automatic Slim's Tonga Club** *(brunch dim).*

Bon marché

🍽 ***Little Tea Shop*** *(plan I, B2,* ***30****) : 69 Monroe Ave. ☎ 901-525-6000. Lun-ven 11h-14h. Env 8-10 $ le plat.* Un des restos les plus populaires du quartier, ouvert depuis 1918 ! C'est la cantine des gens qui travaillent dans le coin... Il faut dire que chaque jour a ses spécialités, et les prix sont alléchants. Le menu est sur la table, un crayon fraîchement taillé à côté. Il suffit de cocher les cases pour passer commande. Clientèle de tous les âges et de toutes les couleurs. Même la couleur des cols est variée : des blancs et des bleus se mêlent pour communier ensemble devant cette véritable cuisine du Sud, *deep soul food,* où l'on trouve, avec le foie grillé, le *pot roast* ou le *corned-beef,* des *turnip greens,* sorte d'épinards locaux au goût fort, le *fried okra* ou encore les célèbres *black eyed peas.* On peut même se contenter d'une *vegetable plate* (3 ou 4 au choix).
🍽 ***Lunchbox Eats*** *(plan I, B3,* ***34****) : 288 S 4*th *St. ☎ 901-526-0820. Lun-ven 10h-15h ; sam 12h-19h. Sandwichs 8-11 $.* Une mignonne adresse hors des sentiers battus, dans une rue paisible à quelques blocs seulement du FedEx Forum et du Rock'n'Soul Museum, et pourtant on a déjà plus l'impression d'être en ville... On aime particulièrement la petite terrasse verdoyante, avec sa poignée de tables à l'ombre des parasols et de l'auvent, très Sud. À l'intérieur, rien à voir, c'est très sombre et *grunge-arty.* Spécialité de copieux sandwichs revisités, servis dans des assiettes-plateaux comme à la cantine, à accompagner d'une *lemonade* maison. Si vous êtes deux, partagez donc un sandwich et une salade.
🍽 ***Trolley Stop Market*** *(plan I, C2,* ***43****) : 704 Madison Ave. ☎ 901-526-1361. Tlj sf dim 8h-21h. Plats 8-9 $.* Sorte de grand marché couvert spécialisé dans la *local food,* le nouveau dada des bobos américains. Au milieu, la partie resto avec ses tables couvertes de toile cirée bariolée, et sur les côtés, des vitrines réfrigérées pleines de produits fermiers des environs, de l'artisanat équitable, quelques créateurs et un peu de récup-vintage. Dans l'assiette, tout est sain, frais et goûteux (et pas cher) : *farm burgers, hoagies* (sandwichs) avec pain maison, délicieux légumes pour accompagner les plats du jour, *pies* aux fruits. Bondé le midi, mais le niveau sonore ne gâche en rien la dégustation. Pas vraiment en plein centre, mais le trolley s'arrête juste en face (d'où le nom). Et puis, c'est aussi tout près de *Sun Studio. Live music* le vendredi soir.
🍽 ☕ ***Alcenia's*** *(plan I, B1,* ***44****) : 317 N Main St. ☎ 901-523-0200. Mar-ven*

11h-17h ; sam 9h-13h. Plats moins de 10 $. Brunch sam 11 $. Cette petite adresse chaleureuse et colorée, bien connue des habitants de Memphis pour sa *soul food* préparée dans les règles de l'art, tient surtout à la personnalité de son attachante propriétaire (*B.J.* de son petit nom), qui claque la bise à chacun de ses clients. Ce resto, ouvert après un tragique drame familial, est sa raison de vivre. Tout est préparé à la demande, selon les recettes de sa grand-mère, la fameuse Alcenia. Mieux vaut donc ne pas être trop pressé. Mais ses croquettes de saumon et ses beignets de tomates vertes valent le détour, sans parler de ses desserts notamment son *bread pudding*... Quant au *fried chicken,* même Eva Longoria en est fan !

|●| ♩ ***Huey's*** *(plan I, B2, **31**) : 77 S 2nd St. ☎ 901-527-2700. Tlj 11h-3h. Plats 6-10 $.* Une petite chaîne locale de burgers, à l'ambiance jeune et relax, qui fait du bon boulot pour le prix. Une adresse réputée aussi pour ses concerts de blues (particulièrement le dimanche soir) ; d'ailleurs, le fondateur des lieux est le batteur des Box Tops, souvenez-vous du tube *The Letter* en 1967. Les nappes à carreaux rouges et blancs, les murs et banquettes couverts de graffitis lui donnent un certain caractère. En dehors des burgers qui font l'unanimité chez les locaux (frites comprises), excellent *tuna steak sandwich* et la panoplie habituelle des soupes, salades.

|●| ☕ ***Arcade*** *(plan I, A3, **32**) : 540 S Main St, à l'angle avec G. E. Patterson (terminus sud du trolley). ☎ 901-526-5757. Tlj 7h-15h. Plats env 8-10 $.* Vieux carrelage au sol, banquettes bicolores crème et turquoise. On y mange pizzas, salades, sandwichs, sans oublier les petits déj *US style.* Rien de gastronomique (le raffinement est largement remplacé par la quantité), mais on l'indique surtout parce que c'est le plus vieux café de Memphis (1919), classé aux Monuments historiques, fréquenté par le King (sa place était au fond à gauche) et par les stars de son époque... Pour limiter les dégâts pondéraux, on peut opter pour la *veggie plate.* C'est dans ce quartier que furent tournés *Mystery Train* de Jim Jarmush et *Walk the Line,* narrant l'histoire de Johnny Cash.

|●| ***Flying Fish*** *(plan I, B2, **33**) : 105 S 2nd St. ☎ 901-522-8228. Tlj 11h-22h. Baskets ou plates 6-15 $.* Une 1re salle en terrasse couverte et une autre intérieure, plus confortable, l'ensemble à cheval entre le fast-food et le vrai resto. Aux murs, portraits de pêcheurs anonymes narrant leur historique de pêche. Vous commandez au comptoir, vous attendez qu'on vous appelle et vous allez chercher sa commande de *catfish, rainbow trout, salmon fillet* ou *grouper,* grillés ou frits, servie avec riz et légumes. Les porte-monnaie moins garnis pourront se contenter des formules *baskets* (avec frites), pas mal non plus et finalement suffisantes. Excellent service et un résultat de qualité compte tenu des prix modérés. Écrevisses en saison.

|●| ***Earnestine & Hazel's*** *(plan I, A3, **62**) : 531 S Main St. ☎ 901-523-9754. Tlj 11h-2h (3h sam). Soul burger 6 $.* Un vieux bouge historique hors des sentiers battus, connu pour son unique spécialité : le *soul burger,* en fait un burger assez basique mais quasi emblématique pour les habitués. Au fond du bar, un miniresto ***(Five Spot)*** avec patio, chic et charmant, propose une vraie bonne cuisine d'inspiration cajun mais plus chère, bien sûr (plats 15-20 $), et puis il ne faut pas oublier d'apporter sa bouteille de vin. Voir descriptif complet plus loin dans « Où boire un verre ? ».

Prix moyens

|●| ***Rendez-vous*** *(plan I, B2, **35**) : situé dans une petite allée reliant Union et Monroe Ave, entre 1st et 2nd St. ☎ 901-523-2746. Mar-jeu 16h30-22h30 ; ven-sam 11h (11h30 sam)-23h. Résa conseillée. Plats 10-20 $.* Cet énorme resto en sous-sol, vénérable institution du BBQ à Memphis, a un décor époustouflant. Un dédale de salles patinées à souhait et surchargées de vieilles gravures, cadres, bibelots anciens, vitraux, vitrines de fusils et même un traîneau suspendu au plafond... Bref, une ambiance de bric à brac bien chaleureuse. Entre nous, les *ribs,* la

spécialité de la maison, sont un peu chers, mais, bon, on paie forcément le cadre et la situation, en plein centre. On peut se contenter du *half rack of ribs,* largement suffisant et moins cher. On vient également ici pour l'atmosphère (assez démente les soirs de week-end), rehaussée par des serveurs typés qui s'adressent à vous dans un accent du Sud bien trempé ! Certains sont là depuis les années 1960-70. Ce qui est sûr, c'est que l'endroit attire toujours autant de monde, alors pensez à réserver ou arrivez avant 19h...

Double J Smokehouse & Saloon *(plan I, A3,* ***45****) : 124 G. E. Patterson. ☎ 901-347-2648. Tlj 11h (10h sam-dim)-3h (minuit dim). Plats 10-20 $.* Le BBQ nouvelle génération celui-là, dans ce petit coin branché de Memphis qu'on aime bien, le *South Main Street Historic District,* à deux pas du *National Civil Rights Museum.* Décor de grange-saloon, 2 terrasses en bois et alléchants effluves de bois fumé qui diffusent jusque dans la rue ! Ici, la viande ne baigne pas dans la sauce et pourtant, la chair reste tendre et moelleuse, délicatement parfumée. Vous y trouverez les *ribs* traditionnels, mais on vous conseille aussi l'excellent *pork steak* et les grillades de bœuf. Même les accompagnements sont fameux. *Live music* presque tous les soirs et un *cigar-lounge* pour les amateurs.

Blues City Café *(plan I, B3,* ***36****) : 138 Beale St, à l'angle de 2nd St. ☎ 901-526-3637. Ouv jusqu'à 3h en sem et 5h le w-e. Le bar ferme 2h plus tard. Plats 8-20 $.* Half rack of ribs *15 $,* full rack *21 $.* À l'entrée de Beale St, au cœur des bars et de l'animation nocturne, encore un endroit dédié aux *ribs,* éminemment touristique du fait de sa situation. La viande est fameuse, nappée de sauce barbecue au sirop d'érable, et se détache toute seule de l'os. Les frites sont servies d'office avec, ce qui n'est pas le cas partout, mais côté décor, il n'y a pas photo, on préfère carrément *Rendez-Vous* (voir plus haut). Grande salle un peu usine, genre *diner* à l'éclairage meurtrier, mais qui a l'avantage de servir tard. Dommage, pas de musique live, contrairement au reste de la rue.

Chic

Automatic Slim's Tonga Club *(plan I, B2,* ***37****) : 83 S 2nd St. ☎ 901-525-7948. Tlj. Sert tard le soir. Brunch dim. Plats 20-30 $. Le midi, 8-12 $.* Resto chic et *trendy,* avec un décor à la fois classe et arty, sophistiqué et épuré à la fois. Beaux volumes, parquet, suspensions et appliques très originales, bois brut, éclairages tamisés. Beaucoup d'allure. Outre le cadre, on vient aussi pour son excellente cuisine aux accents des Caraïbes et d'Asie. Une très bonne adresse.

Dans le quartier de Cooper-Young et aux environs

De bon marché à prix moyens

Young Avenue Deli *(plan II, E-F5,* ***39****) : 2119 Young Ave. ☎ 901-278-0034. Tlj 11h-3h. Tt à 8 $ max.* Un *deli* version industrielle, dans un énorme hangar aux murs de brique égayés par des pubs en métal. Atmosphère bourdonnante, musique à tue-tête, billards et baby-foot au fond. Ceux qui veulent discuter tranquille opteront pour la terrasse sur la rue, plus calme. Carte simple mais appétissante et variée : les classiques des *delis (pastrami sandwich, reuben...)* côtoient la *muffuletta* et le *shrimp po-boy* de Louisiane. En tout cas, ne manquez pas les frites, primées par le *USA Today* qui les place carrément dans le *top ten* aux US ! Portions énormes et impressionnante sélection de bières, dont une trentaine de pressions. C'est aussi une intéressante nouvelle scène musicale avec un super son : concerts de blues, garage, rock, hip hop..., presque tous les soirs *(cover 5-15 $).*

Café Olé *(plan II, E-F5,* ***39****) : 995 S Cooper St (angle avec Young St). ☎ 901-274-1504. Tlj 11h-22h (23h sam). Lunch special 7 $ (lun-ven 11h-15h). Le soir, 10-13 $ le plat très complet. Brunch le w-e.* Café-resto flirtant avec la filière culinaire mexicaine. Intérieur coloré sans sombrer dans le folklore facile. Mais la cerise sur le gâteau, c'est la superbe terrasse en retrait de la rue, sous les arbres, entre deux murs de briques patinées. Dans les assiettes : *quesadillas*, *burritos* et tacos. Rien de raffiné, mais du solide dans un cadre festif.

🍴 ***Central BBQ*** *(plan II, E-F5,* ***40****) :* *2249 Central Ave.* ☎ *901-272-9377. Tlj 11h-21h. Plats env 10 $ (sandwichs au porc 5-7 $) ;* ribs *15-23 $ selon taille.* Un temple du barbecue, joyeusement bondé le week-end. Beaucoup de jeunes et de familles. Le vendredi et le samedi soir, on fait la queue pour passer sa commande au comptoir et dégoter une place sur la grande terrasse en bois. Pas mal de choix dans les différents morceaux : *pulled pork, ribs, beef brisket, combo plate.* Si vous voulez passer pour un spécialiste, demandez « *with extra bark* », c'est-à-dire avec plus de « croûte » grillée sur la viande. Les chips sont maison.

🍴 ***Payne's*** *(plan II, E5,* ***41****) :* *1762 Lamar Ave.* ☎ *901-272-1523. Tlj sf lun 11h-18h.* Pork sandwich *4 $,* half ribs *12 $. CB refusées.* Encore une institution du BBQ que cette baraque posée au bord de la route (un ancien garage), mais surtout, n'attendez rien du décor, ici, tout est dans son jus (la viande et les murs). Les locaux vous diront que ce qui compte c'est la qualité de la viande. Et de ce point de vue-là, vous serez servi. Ici, on ne propose que des *pulled pork sandwichs (best in town)* et des *ribs*, servis dans une boîte en polystyrène avec du *coleslaw* et 2 tranches de pain de mie, sans couverts, comme il se doit. 3 sauces au choix, la *medium* est épicée juste ce qu'il faut. On commande au comptoir avant de dévorer son frichti dans cette grande salle décatie, presque glauque. Peu de touristes par ici, que des habitués. Mais l'expérience vaut le coup.

Chic

🍴 🍷 ***Beauty Shop*** *(plan II, E-F5,* ***39****) :* *966 S Cooper St.* ☎ *901-272-7111. Tlj 11h (10h dim)-14h (15h dim), 17h-22h (23h ven-sam). Plats 20-25 $.* Resto de nouvelle cuisine américaine, mettant en scène des produits cultivés localement. Pas donné, mais en étudiant bien la carte, on peut aussi piocher parmi les salades, pas chères et exquises. Le décor « arty-rétro-chic » vaut autant le détour que l'assiette. Dans la partie bar à l'entrée, longue tablée commune surmontée de suspensions en verre soufflé coloré, ouvrant sur une 2e salle vraiment originale avec box en bois et petites alcôves en brique de verre, chaises dépareillées. Noter les fauteuils de salon d'institut de beauté, qui font référence au passé des lieux ! Le brunch du dimanche passe pour le meilleur de Memphis.

🍴 ***Tsunami*** *(plan II, E-F5,* ***39****) :* *928 S Cooper St.* ☎ *901-274-2556. Lun-sam 17h30-22h. Plats 20-30 $, repas complet 35 $ au moins.* Un autre resto gastronomique (mais sans chichis) du quartier branché de Cooper-Young. Adresse prisée des résidents locaux pour sa cuisine Pacific Rim *(fusion)* et sa petite terrasse en bordure d'une avenue calme. Nappes blanches et bougies dans un décor plutôt brut de ciment et de brique. Les artistes du coin se sont chargé de décorer les murs, les cuisiniers de garnir les assiettes : du poisson essentiellement, préparé avec une franche pointe d'exotisme asiatique (tendance thaïe), aux subtiles saveurs. Cependant, la taille des portions décevra les gros mangeurs. Prix assez élevés, mais originalité et qualité garanties. On vous conseille le vin au verre car le choix est large et les tarifs sont acceptables (contrairement aux bouteilles).

Au sud de Downtown, non loin de Stax

Bon marché

🍴 ***The Four Way Grill*** *(plan II, E5,* ***38****) :* *998 Mississippi Blvd.* ☎ *901-507-1519. Tlj sf lun 11h-19h (17h dim). Plat 7-8 $.* Un rendez-vous simple et populaire de la *soul food* depuis 1946, où l'on sert chaque jour son lot de petits plats différents (*deep fried catfish, roasted turkey, barbecue ribs* avec leurs légumes...), tous empreints de l'esprit du Sud, simples et copieux. Côté desserts, faites votre choix entre le *banana pudding* et le *sweet potato fries*. Très fréquenté par les gens du quartier, mais aussi en son temps par M.L. King, Jesse Jackson et quelques basketteurs de la NBA, comme en témoignent les photos souvenirs sur les murs. Une bonne escale avant ou après la visite de Stax.

Où prendre un café, une pâtisserie ou un petit déjeuner ?

Dans Downtown

Center for Southern Folklore *(plan I, A2,* ***50****) : 123 S Main St. ☎ 901-525-3655. Lun-sam 11h-17h (18h sam) ; ferme plus tard selon événement. Petits concerts de blues ven-sam soir et parfois aussi en journée (entrée env 5 $). Programme sur • southernfolklore.com •* Un lieu voué à la préservation et à la diffusion de la culture du Sud. C'est à la fois une boutique d'artisanat (livres, affiches, objets divers, CD...) et un *coffee shop*, sympa pour descendre un café l'après-midi. Aussi des petits plats du Sud pas chers du tout.

Bluff City Coffee *(plan I, A3,* ***51****) : 505 S Main St. ☎ 901-405-4399. Tlj 6h30 (8h dim)-19h.* Le café des locaux qui wifisent sur leurs *laptops*. Recommandé pour une pause après la visite du *National Civil Rights Museum* (pas loin). On peut aussi y venir le matin, pour un thé ou un café (beau choix) accompagné d'une modeste sélection de pâtisseries (*bagels*, cookies et muffins). Le midi, c'est sandwichs. Déco design cool, avec d'énormes photos noir et blanc de Memphis, et petite terrasse au soleil.

Dans le quartier de Cooper-Young

Java Cabana *(plan II, E-F5,* ***39****) : 2170 Young Ave, près de l'angle avec Cooper St. ☎ 901-272-7210. Mar-jeu 9h-22h ; ven-sam 10h-23h ; dim 12h-21h.* Dans le quartier branché de Cooper-Young. Sans doute le plus bohème des *coffee shops* de la ville, à l'atmosphère vraiment particulière, à laquelle on est bien sensibles : vieux canapés, tables et chaises de cuisine en formica, jeu d'échecs, bouquins, fringues vintage à vendre, sans oublier les boules de Noël qui pendent du plafond... Un petit côté *freaks* californien. Parfait pour siroter un thé, un café ou l'une de leur *specialty drinks* (qu'on vous laisse découvrir). Expos d'artistes et musique presque tous les soirs, qui commence entre 18h et 20h. Style éclectique tendance blues folk ; *open mike* (micro ouvert, joue qui veut) le jeudi. Petite restauration sur le pouce, et petit déj possible.

Où boire un verre ? Où écouter du blues ?

Dans Downtown

L'essentiel de l'animation musicale, en tout cas la plus touristique, se passe essentiellement sur ***Beale Street*** *(plan I, B3)*, qui est à Memphis ce que Bourbon Street est à La Nouvelle-Orléans. Le soir, la rue est fermée à la circulation et gardée par la police. ***Ne pas oublier son ID (passeport),*** qui vous sera réclamé soit à l'entrée du périmètre barricadé, soit dans les bars. À Beale Street, le jeu consiste à faire du *bar-hopping*, c'est-à-dire de passer d'un bar à l'autre, au gré de la musique. On peut même se contenter de déambuler et écouter les petites formations qui se produisent gratuitement en pleine rue et dans les passages entre les immeubles. Calendrier des concerts disponible sur *• bealestreet.com •* ou dans le *Memphis Flyer*. Les lundi et mardi sont les jours les plus calmes, mais l'animation reprend dès ***le mercredi avec la bike night*** (spectaculaire rassemblement de *bikers* d'avril à septembre) pour battre son plein le vendredi et le samedi.

Tous les clubs de la ville ont le droit de vendre de l'alcool (et donc de fonctionner) jusqu'à 5h du mat' (chose rare aux States !). Ce qui n'empêche pas l'heure de fermeture de varier selon l'affluence. Certains soirs, minuit ; d'autres, 4h. Idem pour le prix d'entrée *(cover)*, en principe proportionnel à la popularité du groupe (mais jamais très cher). Compter 3-5 $; 10 $ pour les plus grosses pointures. Parfois, on y danse et dans la plupart, on peut aussi y manger un bout en profitant de la musique, mais ne vous attendez pas à de la grande cuisine. On vous rappelle qu'il faut avoir 21 ans pour entrer, sauf au *New Daisy Theater* (qui est une vraie salle de concerts).

♩ Dans le ***W. C. Handy Park,*** *juste au bas de Beale St (plan I, B3),* presque tous les soirs à la belle saison, groupe de blues en plein air. Gratuit et sympa.

🍸 ♩ ***Rum Boogie Café et Blues Hall*** *(plan I, B3,* ***61****) : 182 Beale St (angle 3rd St).* ☎ *901-528-0150.* ● *rumboogie.com* ● *Tlj 11h-2h. Entrée : env 5 $.* Le *Rum Boogie et le Blues Hall* sont 2 salles aux entrées indépendantes mais communicantes à l'intérieur. Dans la 1re se produit un groupe local tous les soirs, et dans celle du fond (après le 1er bar) des formations plus intimes, généralement du blues ou du rhythm'n'blues. Niveau toujours excellent dans les deux. Fréquentation surtout « quadras et plus ». N'hésitez pas à pousser la porte qui sépare les 2 salles car pour un droit d'entrée unique, on écoute 2 *bands.* Super ambiance, plus ou moins bruyante selon la salle, et décor super avec une impressionnante collection de guitares accrochées un peu partout, certaines signées de grands noms (Carl Perkins and Co).

🍸 ♩ ***B. B. King's Blues Club*** *(plan I, B3,* ***60****) : 143 Beale St (angle 2nd St).* ☎ *901-524-5464.* ● *bbkingclubs.com* ● *Entrée 5-10 $. Ts les soirs, du blues, du blues, du blues... et de la soul 17h30-minuit et jusqu'à 2h le w-e. Le w-e, musique à partir de 12h30.* Pourquoi du blues ? Tout simplement parce que l'endroit appartient vraiment à B. B. King, le roi du blues. C'est aussi un resto servant des plats du Vieux Sud, mais sans surprise : *ribs, catfish, beef chili...* Large salle avec mezzanine, où l'ambiance (assez touristique quand même) s'échauffe rapidement, menée par des musiciens extraordinaires.

🍸 ♩ ***King's Palace Café*** *(plan I, B3,* ***61****) : 162 Beale St, à côté du* Rum Boogie Café. ☎ *901-521-1851.* ● *kingspalacecafe.com* ● *Musique à partir de la fin d'ap-m et jusqu'à minuit en sem, 2h le w-e. Pas de droit d'entrée.* Un resto plus qu'un club, mais qui accueille chaque soir un groupe de blues ou de jazz (ou encore des musiciens genre *folk singer*). À la carte : salades, sandwichs, viandes grillées, pâtes et quelques spécialités cajuns... Tout ça reste un peu cher, aussi de nombreux clients se contentent-ils d'y boire un verre.

♩ ***New Daisy Theatre*** *(plan I, B3,* ***63****) : 330 Beale St.* ☎ *901-525-8979 ou 8981.* ● *newdaisy.com* ● *Ouv slt les soirs où un musicien se produit.* Beau cinéma rococo transformé en salle de concerts. Un des meilleurs lieux de musique de la ville, assez grand pour accueillir les très grandes pointures mais pas trop quand même, histoire de conserver un contact direct avec l'artiste. Blues, jazz, rhythm'n'blues, mais aussi rock progressif. Beaucoup de jeunes. On y danse également. Téléphoner (ou consulter le site) pour connaître les programmes.

🍸 ***Earnestine & Hazel's*** *(plan I, A3,* ***62****) : 531 S Main St.* ☎ *901-523-9754. Tlj 11h-2h (3h sam).* Live music *le w-e (jazz), sans* cover. Une institution du vieux Memphis, dans le *South Main Street Historic District,* à quelques blocs au sud de Beale St. Vieux rade déglingué, usé jusqu'à la trame, dans un immeuble pourri complètement de guingois, datant de 1850. Tout est décati, crado, les murs sont décrépits, les peintures écaillées. Au rez-de-chaussée, bar tout sombre, dans son jus, avec billard et surtout le meilleur juke box de la ville. On y sert un *soul burger* pas cher, bien connu des habitués. Tout au fond, un couloir mène à une charmante petite salle de resto, chic pour le coup (carte différente). Mais le pompon, c'est le 1er étage, où un couloir aux murs explosés distribue un dédale de petites salles toutes plus défoncées les unes que les autres. Ray Charles y avait ses habitudes. Dans les toilettes, les baignoires à sabots rappellent le passé interlope des lieux (un ancien bordel). Bref, un endroit hors du commun, chargé d'histoire, où les *hips-*

ters se retrouvent surtout le week-end pour le *live jazz band*.

Mollie Fontaine Lounge (*plan I, C2, **66***) : *679 Adams Ave. ☎ 901-524-1886. Mer-sam dès 17h.* Live music *dès 21h, sans* cover. Dans une superbe maison datant de 1886, faisant partie de l'étonnant Victorian Village, un quartier d'incroyables demeures victoriennes à quelques blocs seulement du Downtown. À l'intérieur, décor classe et design sur plusieurs niveaux, éclairages sophistiqués, clientèle chic et branchée picorant des *small plates* raffinés en sirotant des cocktails colorés. Une atmosphère unique à Memphis, bien loin des bars de Beale Street.

Coyote Ugly (*plan I, B3, **63***) : *326 Beale St. ☎ 901-888-UGLY. Lun-jeu 16h-1h ; ven 16h-3h ; sam 14-3h ; dim 17h-1h. Petit droit d'entrée ven-sam (5 $), pour les mecs slt en général.* On est pourtant sur Beale St mais : ici, ce n'est pas la musique qui est à l'honneur. On vient pour voir des filles, en fait des clientes, se hisser et danser sur le bar au rythme du juke-box (alimenté par les clients) ! Clientèle échauffée. Une plongée presque sociologique au cœur d'une Amérique pleine de contradictions, souvent pudibonde, mais qui, le week-end, dessert son corset puritain et s'étonne elle-même de son audace.

People's on Beale Street (*plan I, B3, **65***) : *323 Beale St (presque en face du* New Daisy Theater*). ☎ 901-523-7627. Tlj 16h-1h (3h ven-sam).* Pas un bar à musique, mais un bar à billards pour les amateurs. Une dizaine de tables qu'on loue à l'heure. Une halte sympa entre 2 clubs de musique.

Flying Saucer (*plan I, B2, **64***) : *130 Peabody Pl. ☎ 901-523-8536. Lun-mer 11h-1h (2h jeu-sam) ; dim 12h-minuit. Musique live mer-sam.* 2 vastes salles, dont une climatisée, aux murs et plafonds couverts d'assiettes, de dominos et de pièces d'échecs au-dessus du bar. Amusant. On vous l'indique surtout pour sa grande, non, son énorme sélection de bières, de cidres, de mélanges cidre-bière, sans oublier les suggestions (de bières encore) du jour au tableau noir... Musique un peu lourde, mais on vient surtout pour l'ambiance.

Ailleurs en ville

Wild Bill's (*plan II, E5, **70***) : *1580 Vollintine Ave. ☎ 901-726-5473. Au nord-est de Downtown.* Live music *mer, ven et sam soir, pas avt 23h-23h30. Mieux vaut passer un coup de fil avt de se déplacer.* Cover *10 $ (un peu cher pour les locaux...).* Un vieux rade bien roots, au décor franchement pourri mais à l'ambiance du tonnerre avec des musiciens du feu de Dieu. Le vieux Bill n'est plus de ce monde, mais ses fidèles habitués se retrouvent autour des longues tablées couvertes de toile cirée pour écouter du vrai blues qui déménage en descendant de la Bud servie au litre (rien d'autre à boire). Forcément, la salle s'échauffe rapidement et tout le monde se met à danser, d'autant plus volontiers que les chaises sont assez inconfortables ! Une plongée au cœur des racines du blues et une expérience en soi.

Hi Tone (*plan II, E5, **71***) : *1913 Poplar Ave. ☎ 901-278-8663. • hitonememphis.com •* Live music *presque ts les soirs (voir calendrier sur Internet).* Cover *5-15 $, parfois 20-25 $ pour des grands noms.* Une des scènes musicales les plus hype de Memphis où de grosses pointures s'y produisent aussi (Elvis Costello par exemple). On peut aussi y manger un bout le soir tout en écoutant de la musique et même y bruncher le dimanche. Le lundi, c'est la *Wing Night* (à volonté) avec les bières à 1 $!

P and H Café (*plan II, E5, **72***) : *1532 Madison Ave. ☎ 901-726-0906. À 15 blocs de Downtown. Lun-sam 15h (17h sam)-3h.* *P and H*, ça veut dire *Poor and Hungry*, pauvre et affamé... Un lieu alternatif comme on les aime. De l'extérieur, ça ne paie vraiment pas de mine, mais ne vous y fiez pas, l'intérieur ne manque pas de personnalité, lui. Déco chargée du sol au plafond, murs graffittés, tables peintes, fresque courant un peu partout sur les murs... Bonnes bières qu'on peut prendre au *pitch* (idéal si on est plusieurs). Clientèle d'habitués, qui viennent écouter *songwriters* inconnus et petits groupes un brin underground. Le lundi, c'est l'*open mic comedy* ; le mardi, des groupes d'amis se réunissent pour la soirée quiz (3 $ par joueur) ; le vendredi, karaoké ; et les mercredi, jeudi et samedi, *live band* (mais pas avant 22 ou 23h). Billards et *darts* attirent aussi les jeunes du coin. Si vous avez un p'tit creux, burgers et sandwichs (pas formidable, mais ça cale).

Achats

Mais qu'est-ce qu'on peut bien acheter à Memphis ? De la musique, pardi !

Shangri-La *(hors plan I par C2) : 1916 Madison Ave (à l'angle avec Tucker).* ☎ *901-274-1916. Lun-ven 12h-19h ; sam 11h-18h, dim 13h-17h.* Petite boutique aux rayons classés par styles. Toutes sortes de musique, du *old blues* au New Age en passant par le jazz, la country, la pop, le tout en version vinyl ou CD, neufs et d'occase. Souvenirs sympa : des vinyls des labels mythiques, à prix très raisonnables parfois.

River Records *(plan II, F5) : 822 S Highland St.* ☎ *901-324-1757. Lun-sam 9h-17h30 ; dim 10h-16h.* Assez loin du centre, mais les vrais amateurs de vieux disques s'arrangeront pour y passer car il y a ici plus de vinyles que dans tous les autres magasins de Memphis rassemblés ! Mais quel bordel ! On n'a jamais vu ça. Jazz, *old blues,* soul, pop rock, années 1970 et 1980, en tout quelque 150 000 albums et des tonnes de 45 tours. Il faut prendre le temps de fouiller, de retourner les piles, d'errer sans raison mais avec détermination dans les allées pour dégoter quelques merveilles.

Et puis, bien sûr, les ***boutiques du Sun Studio et de Stax*** (se reporter aux adresses de ces musées, plus loin). Plein de classiques du rock, du blues et de la country.

À voir

Les incontournables de Memphis, dans le centre et à proximité

– Les fans de musique qui prévoient de visiter le ***Rock'n'Soul Museum, Sun Studio, Stax*** et ***Graceland*** opteront pour le ***Backstage Pass*** qui inclut ces 4 visites pour 55 $. Noter aussi qu'un minibus gratuit fait la navette entre Sun Studio, Rock 'n'Soul Museum, Graceland et le *Heartbreak Hotel* juste à côté. Fonctionne tlj ttes les heures.

Rock'n' Soul Museum *(plan I, B3) : 3rd St, à l'angle de Lt. George W. Lee Ave.* ☎ *901-205-2533.* • *memphisrocknsoul.org* • *Tlj 10h-19h. Entrée : 11 $; réduc ; audioguide compris très bien fait (en anglais slt), diffusant, en prime, des grands classiques musicaux. Sinon, demander le classeur en français reprenant la traduction de l'audioguide. Boutique pas exceptionnelle.*

Affilié à la prestigieuse *Smithsonian* de Washington, ce beau musée interactif retrace de façon magistrale l'histoire de la musique à Memphis de 1940 jusqu'à la fin des années 1970, en montrant notamment comment est né, ici, le fameux rock'n roll. Le musée est organisé par grands thèmes, par styles, puis certaines vitrines sont consacrées à des artistes emblématiques. Une vraie mine d'or donc pour qui se passionne pour la musique américaine. On peut aisément y passer 2 ou 3h, surtout si on passe du temps à écouter les morceaux de l'audioguide et les juke-box disposés au gré des salles.

Le circuit commence par les champs de coton et le blues inventé par les Noirs qui peuplaient la région. Évocation des instruments primitifs, le *washboard,* les cuillères... puis c'est l'émergence d'une certaine modernité après 1918, avec l'arrivée de l'électricité et la percée des premières radios. Au fin fond des campagnes, on se réunissait en famille pour écouter les programmes du *Grand Ole Opry* depuis Nashville et, dans les bars, on découvrait les premiers juke-box. L'émigration des Noirs vers les grandes villes du Nord apporte le blues dans les clubs. À Memphis,

les troquets de Beale Street distillent une musique de Noirs, pour les Noirs exclusivement, avant que n'arrive la *WDIA,* la première station de radio qui émet pour eux, et que d'autres radios ne popularisent le rhythm'n'blues. Des labels naissent : *Sun* de Sam Philips, qui lance Carl Perkins avec *Blue Suede Shoes,* puis B. B. King (abréviation de Beale Street Blues Boy et qui fut l'un des premiers DJs de radio).
On parcourt ensuite les vitrines dédiées aux nombreux « grands » qui ont fait la musique d'aujourd'hui : Robert Johnson, Willie Dixon, Barbara Pittman, la seule artiste à avoir battu Elvis dans le top en 1957, Jackie Brenston et son premier disque, *Rocket 88,* considéré comme le tout premier rock'n roll. D'autres belles vitrines sur le *Sun Studio* et ses artistes blancs : Jerry Lee Lewis, Johnny Cash, le country-rocker Charlie Rich et, bien sûr, Elvis *(That's all right, Mama).* Naissance alors de cette sous-culture rock des teenagers, dont le pouvoir d'achat croissant intéresse de plus en plus les producteurs. Viennent ensuite les années 1960, avec Willie Mitchell mais aussi les labels blacks : *Satellite Records* (qui faisait jouer des Blancs, comme les Mar-Keys). Hommage aux Studios Stax, avec Otis Redding, Sam & Dave et l'inévitable Isaac Hayes *(Shaft).* Estella Axton, la marraine du label, était favorable à l'intégration raciale : elle lança Carla Thomas et son père Rufus (qu'on voit souvent jouer en short). Voir encore le piano d'Ike (et Tina) Turner.
À partir de 1968, la musique produite à Memphis s'inscrit en parallèle avec le mouvement pour les droits civiques, et la *soul culture* se fond dans la *black culture.* Le concert *Wattstax* à Los Angeles en 1972 réunit 100 000 personnes à la suite des émeutes raciales du quartier de Watts. Le *Woodstock* noir marquera les esprits, aussi bien musicalement que politiquement.

LA PREMIÈRE RADIO NOIRE

WDIA *fut la première station de radio noire. Elle diffusait du blues, du jazz, du rythm'n blues et du gospel. Jusque-là, aucun Black n'avait le droit de s'exprimer à l'antenne... Mais si les animateurs étaient bien noirs, la radio appartenait en fait à des actionnaires exclusivement blancs. Des musiciens de légende firent leurs débuts chez* WDIA, *notamment B. B. King. La station joua aussi un rôle crucial dans la création du National Civil Rights Museum.*

Sun Studio *(plan I, C3) : 706 Union Ave. ☎ 1-800-441-6249. • sunstudio.com • Tlj 10h-18h. Visite guidée obligatoire, à la demie de chaque heure (dernier tour à 17h30) ; plutôt moins de monde l'après-midi. Durée : 1h env. Entrée : 12 $; gratuit pour les 5-11 ans. Achat des tickets au* Sun Café, *juste à côté, décoré de photos du King.*
Visite guidée du studio où Elvis, à 18 ans, a enregistré ses premiers hits en 1954. Il est découvert en 1953 par Sam Phillips, un ingénieur du son de 27 ans, toujours à la recherche de sons nouveaux (impressions de rues, mariages, enterrements, bruits de toutes sortes...). Un an plus tard, en juillet 1954, il met en boîte *That's all right, Mama* qui remporte un succès immédiat : 15 diffusions sur les ondes en à peine 3h le 1er jour de lancement ! Les cachets d'Elvis permettent à Sam Phillips de lancer d'autres artistes comme Carl Perkins et Johnny Cash. Presley reste 1 an et demi chez *Sun* avant de signer chez *RCA* quand Sam revend son contrat pour 35 000 $. En 2 ans, c'est une

CELLE QUI DÉCOUVRIT ELVIS

Les puristes aiment les précisions historiques : ce n'est pas Sam Phillips lui-même qui découvrit Elvis. C'est sa secrétaire, Marion Keisker, qui accueille le jeune Presley la première fois (Sam est absent ce jour-là) et lui fait enregistrer My happyness *pour sa maman en juillet 1953. Elle reconnaît d'emblée le caractère exceptionnel de la voix du jeune homme et en parle immédiatement à Sam qui n'est pas conquis de suite. Il lui faudra un an pour changer d'avis.* Rock'n roll is on the road.

idole. Grâce à sa musique qui mixe blues, gospel et country, il enflamme les foules américaines. Si vous ne maîtrisez pas l'anglais, la visite peut être un peu difficile à apprécier, même si le vieux matériel d'enregistrement et l'atmosphère du lieu parlent d'eux-mêmes. Pour les autres, et surtout pour les fans, c'est un pèlerinage quasi obligatoire : mettre les pieds là où tout a commencé !

D'abord, on est conduit dans un petit musée à l'étage, où l'on reste un quart d'heure à écouter un guide nous racontant les premiers pas du blues et du rock (avec Jackie Brenston, *Rocket 88,* considéré comme le premier morceau de rock'n roll) par le biais d'extraits de bandes enregistrées et d'anecdotes étonnantes. Puis on descend au rez-de-chaussée, d'abord dans le bureau de Marion, puis dans la mythique petite salle d'enregistrement. La forme particulière du plafond (voulue par Marion) est restée en l'état. Là, vous découvrirez, entre autres, la photo légendaire réunissant en décembre 1956 le fameux Million Dollar Quartet, c'est à dire Elvis, Carl Perkins *(Blue Suede Shoes),* Johnny Cash *(Walk the Line)* et Jerry Lee Lewis *(Great Balls of Fire)...* et bien sûr le micro d'Elvis, devant lequel vous pourrez, si ça vous chante, vous faire photographier. Entre 1960 et 1987, le *Sun Studio* a dû fermer, avant d'être protégé en devenant Monument national.

Une visite émouvante et passionnante pour tous les amoureux de musique. Même ceux qui ne maîtrisent pas bien l'anglais apprécieront car les commentaires sont courts, vivants, anecdotiques et entrecoupés de morceaux. Les amateurs achèteront l'incroyable CD, *Class of 55,* un véritable monument historique (même si le son n'est pas extraordinaire), qui permet d'écouter en même temps Jerry Lee Lewis, Johnny Cash, Roy Orbison et Carl Perkins. Sachez enfin que la maison est toujours un studio d'enregistrement.

Stax Museum of American Soul Music *(plan II, E5)* **:** *926 E McLemore Ave. ☎ 901-946-2535. ● staxmuseum.com ● Lun-sam 10h-17h ; dim 13h-17h (nov-mars, fermé lun) ; dernière admission à 16h. Entrée : 12 $; réduc.*

Situé à l'emplacement de l'ancien studio d'enregistrement du label *Stax,* reconstruit pour les besoins de la visite, ce musée propose un voyage à travers l'histoire de la *soul music* américaine. À côté, les actuels studios d'enregistrement et une académie musicale pour les jeunes du secteur.

On débute la visite par un film de 15 mn présentant les principaux chanteurs de soul, puis on entame un parcours composé de panneaux pédagogiques, vitrines d'objets et costumes, photos, vidéos, interviews... On y rappelle les origines de ce genre musical dans le gospel chanté le dimanche dans les églises dans les années 1930 (reconstitution d'une église en bois), et son lent développement en parallèle au mouvement pour les droits civiques dans les années 1960. Le lien entre le gospel, la soul, la country et même le jazz est évoqué en tant que continuité, sans jamais les opposer.

Stax a été fondé par Jimmy Stewart et sa sœur Estelle Axton (dont les deux premières lettres de leur patronyme formèrent le nom de leur label), des Blancs qui ont promu la musique noire, ce qui constitue quelque chose d'unique dans son genre. Fait exceptionnel à Memphis, *Stax* employait un personnel multiracial et les Noirs avaient beaucoup de respect pour leurs patrons. L'assassinat de Martin Luther King radicalisa malheureusement l'attitude des Noirs, et le catalogue *Stax* fut vendu à *Atlantic* en 1974. Les artistes du label s'appelaient Rufus et Carla Thomas, Booker T. & the MG's, Sam & Dave, Isaac Hayes, mais, en plus de ces noms, c'est toute la musique noire qui est évoquée tout au long des vitrines de l'expo, au travers de documents, de costumes, d'enregistrements et d'objets parmi les plus étonnants. Naissance de la soul avec Ray Charles, Sam Cooke, Otis Redding. Incroyable matériel d'enregistrement dont on mesure en les voyant les progrès réalisés en quelques décennies. Après la reconstitution du célèbre *Studio A,* un mur de pochettes de 33 et 45 tours (tous de la maison, évidemment) et quelques objets de choix à ne pas manquer : la Cadillac *Superfly* à la calandre et enjoliveurs chromés or et à la moquette en moumoute d'Isaac Hayes, ou le saxo de Phalon Jones des Bar-Kays, récupéré après le crash de son avion dans lequel périt aussi

Otis Redding, à l'âge de 26 ans. Évocation du grand concert de Wattstax à Los Angeles en août 1972 avec la célèbre déclaration poing levé de Jesse Jackson *I'm Somebody.* Parcours souvenir et éducatif donc, passionnant pour ceux qui ont vécu ces années fastes mais aussi pour les autres où Aretha Franklin, Ray Charles, B. B. King, Wilson Picket, The Temptations, Gladys Knight, Diana Ross, The Supremes, Salomon Burke, Sidney Robinson, etc. écrivaient parmi les plus belles pages de la musique populaire américaine.
À côté, sur College Street, la ***petite maison de Memphis Slim*** attend impatiemment sa rénovation.

Graceland *(plan II, E6) : 3734 Elvis Presley Blvd. ☎ 901-332-3322 ou 1-800-238-2000. • elvis.com • Mars-oct, lun-sam 9h-17h, dim 10h-16h (à partir de 9h dim juin-août) ; nov-fév, tlj 10h-16h. Pas de* Mansion Tour *mar déc-fév. Flashs et matériels vidéo interdits. 3 packages au choix : le* Graceland Mansion Tour *(32 $) concentré sur la visite de la maison d'Elvis ; le* Graceland Platinum Tour *(36 $) qui inclut la maison, Elvis Custom Jets, Automobile Museum et les petites expos temporaires ; et enfin le* Graceland Elvis Entourage VIP Tour *(70 $), qui propose le même programme, mais avec l'option VIP (pour les vrais fans, donc...). Pour ts ces tours (sf le VIP), grosse réduc 7-12 ans, petite réduc étudiants et seniors (plus de 62 ans) ; gratuit moins de 6 ans. Attention : parking payant (10 $), en plus du tarif d'entrée.*

LE ROCK POUR LES NULS

Un bon nombre de jeunes pionniers du rock n'avaient aucune notion de solfège et ne savaient pas lire les partitions. Elvis aurait un jour déclaré : « Je ne connais absolument rien à la musique. Pour ce que je fais, je n'en ai pas besoin ! » Pour lui (et les autres), on imagina des tablatures. Au lieu de lire les notes, on dessinait les cordes de la guitare et des chiffres indiquaient la position des doigts. Oh yeah!

Graceland, c'est une sorte de « Presley World », que n'aurait pas renié Oncle Picsou. À la sortie de chaque musée, on passe obligatoirement par une boutique plus ou moins thématique où rien n'a été oublié : blousons genre *Teddy,* répliques de ses costumes mythiques (compter 2 000 à 3 000 $ quand même !), vitraux comme ceux de son salon, Monopoly Elvis... et bien sûr, tous ses CD et autres 45 tours repressés. Si vous n'achetez rien, c'est que vous êtes vraiment solide !
Un conseil, ***venez plutôt l'après-midi,*** car il y a moins de cars de touristes. Et évitez absolument les 8 janvier et 16 août, jours anniversaires de la naissance et de la mort d'Elvis, et les jours qui précèdent, car Graceland subit une hausse d'affluence. Les fans viennent de partout... C'est le lieu le plus visité après la Maison-Blanche, avec plus de 600 000 visiteurs par an !
– ***Mansion Tour :*** environ 1h-1h30, en plus de l'attente parfois longuette pour la navette qui vous conduit jusque-là. Les nuls en anglais seront heureux d'apprendre que les audiophones ont une version en français. Très bien fait d'ailleurs : commentaires concis et simples. Autre avantage, une fois dans la maison, on visite à son rythme, et surtout, le flux de touristes est bien régulé, donc on n'est pas les uns sur les autres. Après ce tour, vous saurez tout d'Elvis. Bien sûr, c'est une vision édulcorée, on vous présentera un Elvis insouciant évidemment, mais surtout donateur généreux et fils aimant. On ne mentionnera ni l'alcool ni la drogue, et on oubliera les kilos qu'il prit à la fin de sa vie, conséquence d'excès dans tous les domaines. De toute façon, quoi qu'on puisse en penser, il restera l'un des plus grands chanteurs du XXe s...
À présent, place à la visite. *Graceland,* c'est le nom de la maison qu'Elvis acheta à une certaine Mme Grace, à l'âge de 22 ans. Ce n'est donc pas « le pays de la Grâce ». Avec la navette, on franchit un portail de fer forgé pour arriver au bout d'une grande allée où trône la maison... Honnêtement, connaissant le mauvais goût d'Elvis, on s'attendait à un intérieur plus kitsch et plus délirant encore. Il est

vrai que l'on ne visite pas l'étage de la maison où était sa chambre, mais bon, on voit quand même tout le reste... à commencer par le salon avec ses vitraux représentant deux paons, prolongé par une salle de musique, puis la salle à manger et, au sous-sol, la salle de jeux et surtout, le fameux salon de TV jaune et bleu avec trois téléviseurs côte à côte qui permettaient à Elvis de voir plusieurs émissions en même temps. C'était son passe-temps préféré... Pas moins de 14 postes dans toute la maison ! Puis on remonte, pour voir l'inénarrable *Jungle Room,* moquettée du sol au plafond (on vous laisse apprécier). Vous remarquerez le nounours dans le fauteuil de Lisa-Marie.

Dans le bureau d'Elvis, on a une idée de ses goûts en matière de lecture : spiritualité, New Age, mais aussi hobbies, sports et documents sur la guerre 1940-1945. On voit aussi son intérêt pour les armes à feu (stand de tir) et les arts martiaux (il était ceinture noire de taekwondo). Attendez, ce n'est pas fini, il y a encore le *Trophy Museum :* des disques d'or et de platine par dizaines. Les spécialistes noteront que le graphisme de la pochette d'un de ses premiers 45 tours fut reprise quelques décennies plus tard par les Clash avec *London Calling.* Affiches de films, objets appartenant au King, section concernant ses 31 films tournés, costumes avec ou sans strass, avec ou sans clous, absolument déments, que seuls Elvis et Luis Mariano pouvaient porter dignement. Les pantalons « pattes de mammouth » des années 1970 sont vraiment fous. Il est amusant de voir à quel point Elvis affectionnait les *jumpsuit,* combinaisons à l'élégance somme toute discutable, et aussi les capes. Documents, photos relatant ses actions de charité... collection redoutable de portraits du King. Délirante thèse d'un prof de fac apparentant le physique du King à la statuaire grecque classique d'Apollon ou Hermès.

Très intéressant, même si, on le redit, c'est une vision idyllique du chanteur, le véritable Elvis étant plus complexe. Si Elvis a vendu près de 1 milliard de disques, il est piquant de noter qu'il n'a écrit aucune de ses chansons, tout en ayant toujours été son propre producteur à l'instinct infaillible. Dernière partie du tour dans le *Racquet Ball Building :* les murs de cette salle de sport ont été recouverts de disques d'or et de ses incroyables costumes. Diffusion de concerts du King de sa dernière période.

– À la sortie, le ***Meditation Garden*** où repose toute la famille Presley. Vous verrez sur la droite une toute petite plaque commémorative : c'est celle de son frère jumeau, Jessie Garon, décédé à la naissance. À noter que c'est la grand-mère, Minnie Mae Presley, décédée à 90 ans en 1980, qui a enterré toute la famille.

– ***Automobile Museum :*** à ne pas manquer si vous aimez les p'tites autos. Une bonne dizaine de bagnoles, certaines ayant été conçues spécialement pour le King. La célèbre Cadillac *Fleetwood* rose bonbon, la Cadillac *Eldorado* violette de 1956, la *Dino Ferrari,* quelques Harley Davidson, une Jeep rose, et même deux de ses Rolls Royce. Enfin, la série de véhicules de jardin montre combien ce grand gaillard aimait les joujoux. Dans un faux drive-in, on vous passe un montage d'extraits de films où Elvis est au volant (assez hilarant).

– ***Elvis Custom Jets :*** après avoir traversé une aérogare reconstituée des années 1970, on accède à un petit tarmac où l'on peut visiter deux avions qu'Elvis s'acheta en 1975 : le *Hound Dog II* (un petit jet aux sièges jaune citron et vert pomme) et, surtout, le *Lisa Marie* (un Convair 880 de 1958), qu'il paya 250 000 $ et aménagea en véritable petit palace volant pour 800 000 $ de plus ! Notez la salle de réunion avec sièges en cuir et ceintures de sécurité avec boucles en or, la salle de jeux de cartes, la chambre avec lavabos (toujours en or)... Incroyable : un soir de février 1976, Elvis s'est même payé le luxe de faire un aller-retour Memphis-Denver avec cet avion (et toute sa bande de potes) pour aller chercher une commande de sandwichs !

– ***Expos temporaires :*** ils sont malins à Graceland ! Ils n'ont pas tout laissé dans la maison, histoire de pouvoir montrer d'autres objets, généralement de la partie plus privée de la vie du King (costumes essentiellement). Les expos changent régulièrement, renseignez-vous pour savoir ce qu'on y voit quand vous y serez.

Voilà, la visite est terminée... Maintenant, si vous n'êtes pas capable de chanter tout le répertoire d'Elvis en verlan, c'est que vous ne l'aimez pas assez !

I●I Plusieurs ***fast-foods*** sur place, mais rien de folichon. Comme point de chute, on conseille plutôt le ***Rock-N-Roll Café,*** à l'entrée de Graceland. Décor de cafèt' sans grand charme, mais c'est moins standardisé. *Plats 8-15 $.* Au menu : breakfast, burgers, BBQ sandwichs et bien sûr le plat préféré d'Elvis, le *fried peanut butter and banana sandwich,* à essayer en dessert plutôt.

National Civil Rights Museum *(plan I, A3) : 450 Mulberry St. ☎ 901-521-9699. ● civilrightsmuseum.org ● Tlj 9h (13h dim)-17h (18h juin-août). Entrée : 13 $; réduc ; gratuit lun après 15h. Audioguide (en anglais) pour 2 $ de plus.* ***Attention,*** *gros travaux de rénovation entraînant une fermeture partielle du musée. Renseignez-vous bien avant d'y aller pour savoir ce qui est réellement visible. Réouverture complète en 2013-14.*

Le 4 avril 1968, Martin Luther King était assassiné au balcon de sa chambre du *Lorraine Motel,* à Memphis. C'était un des rares établissements de Downtown à accepter les gens de couleur avant les lois de 1954. Quelques décennies plus tard, en 1991, ledit motel est transformé en un musée sur l'histoire du combat des Noirs pour leurs droits. Une visite particulièrement émouvante, souvent poignante. En tout cas indispensable.

L'expo, dont la muséographie va donc être entièrement modernisée, remonte d'abord aux premiers temps de l'esclavage, en 1619, pour mieux faire sentir la ségrégation et la discrimination qui régnaient encore il y a peu aux États-Unis. Dans le *Deep South,* photos de pancartes pour Noirs et pancartes pour Blancs à l'entrée des lieux publics. Émergence du hideux Ku Klux Klan et de ses lynchages organisés. Le mot viendrait du grec *Keklos,* qui veut dire « cercle ». Ses membres n'étaient pas seulement racistes anti-Noirs, mais aussi adversaires des catholiques, des juifs, des communistes et de tout étranger. Voir ce slogan, degré zéro de la pensée : *Race mixing is communism.* Au gré de la visite, on apprend qu'en 1940-1945, si les Noirs étaient enrôlés dans l'infanterie (chair à canon bon marché), ils n'étaient pas admis dans la Navy et l'Air Force, et que l'Army refusait les dons de sang venant des *colored people*... De même, un vrai bus reconstitué nous fait ressentir la discrimination. Assis sur des sièges à l'avant, on entend le chauffeur qui sommait les Noirs de filer s'asseoir à l'arrière. Évocations des protestations, manifs, sit-in, boycotts... tels furent les moyens employés dans le combat pour l'égalité. Témoignages sur l'importance du mouvement de boycott, notamment celui de Montgomery. Allusion au refus de Rosa Parks de changer de place dans le bus (en 1955) et qui donnera naissance à un large mouvement de solidarité à travers plusieurs États (lire la main courante de la police relatant les faits). On y trouve aussi la célèbre cafétéria *Woolworth* de Greensboro, où les employés avaient interdiction de servir les Noirs. Pourtant, en janvier 1960, quatre étudiants décidèrent de s'installer. Ils revinrent plusieurs jours de suite sans être jamais servis. Le film montrant la réaction policière et populaire fait froid dans le dos. On découvre peu à peu l'effet boule de neige de la lutte contre la discrimination : Caroline du Sud, Floride (scènes d'arrestations, de molestations...)... Suivent plusieurs discours de Martin Luther King, dont celui, célèbre, concluant la marche sur Washington en août 1963, « *I have a dream* », dont l'action était très proche de la non-violence prônée par Gandhi. Reconstitution de la petite cellule du révérend lors de son arrestation en 1963...

Pendant toute la durée des travaux de rénovation du musée, la chambre reconstituée de Martin Luther King, la nº 306, devrait rester visible pour les visiteurs. Ces derniers auront même la possibilité d'accéder au tristement célèbre balcon où le coup de feu du tueur atteignit le révérend King et brisa le rêve. Une couronne y est toujours accrochée.

– ***Le bâtiment en face (Legacy Building) :*** la visite se poursuit en traversant la rue. On entre là dans la section qui traite de l'après M. L. King et des hypothèses concernant son assassinat (ouverte pendant toute la durée des travaux). Un long couloir montre les images des funérailles du pasteur noir, suivi par 150 000 personnes. Son cercueil était tiré par deux mules, l'animal symbolisant les convois de la *Poor People Campaign.* Dans le cortège, Jackie Kennedy, qui, quelques semaines après, suivra le cercueil de son beau-frère, Bob... Interview du pasteur évoquant les raisons de sa venue à Memphis pour soutenir la grève des éboueurs qui travaillaient dans des conditions d'hygiène lamentables. À l'étage, reconstitution de la salle de bains à l'endroit exact d'où l'assassin a tiré.

Voir aussi le 2e étage, qui détaille l'enquête qui aboutit à l'arrestation, en Angleterre, d'un certain James Earl Ray, personnage au passé nébuleux... et qui purgea une peine de prison à vie sans avoir rien révélé de ses motivations... ni sur ses éventuels commanditaires. Condamné à 99 ans de prison après des aveux rétractés, il a finalement toujours clamé son innocence, se disant le lampiste d'une opération montée par le crime organisé et des agents du gouvernement. Il est mort en 1998. De grands panneaux pédagogiques explorent d'ailleurs les différentes pistes de l'enquête, dont celles de la CIA, de l'implication de la mafia...

Enfin, panorama, au 1er étage, de ce que devint le Mouvement pour les droits civiques après 1968, et appel à la responsabilité de chacun pour un monde plus juste et plus pacifique. Difficile de sortir de là sans être un tant soit peu secoué !

UN CRIMINEL PAS BIEN MALIN

Deux mois après l'assassinat de Martin Luther King, la fuite de son assassin James Earl Ray (évadé un an plus tôt du Missouri State Penitentiary) fut stoppée net à l'aéroport de Londres... à cause d'un revolver. En le fouillant, on découvrit un deuxième passeport canadien... portant un nom différent. De plus, son accent américain typique des États du Sud le trahit. On découvrit vite que c'était un ancien repris de justice. Il écopa de 99 ans de prison.

À voir encore dans le centre

Beale Street *(plan I, B2-3)* **:** on en a déjà parlé plus haut dans la rubrique « Où boire un verre ? Où écouter du blues ? ». À l'angle avec S 3rd St, le *W. C. Handy Park,* avec la statue du plus célèbre musicien de la ville avant Presley. Il donna au blues ses lettres de noblesse avec son immortel *Saint Louis Blues,* mais aussi avec *Memphis Blues* et *Yellow Dog Blues.* Au 352 Beale St (angle S 4th St), sa modeste maison de bois a été démontée et reconstruite : ***W. C. Handy Home.*** ☎ *901-522-1556. Mar-sam 10h-17h (11h-16h en hiver). Entrée : 4 $.*

Beale Street a été en grande partie reconstruite dans le style du début du XXe s. Avant de devenir un haut lieu de la vie nocturne, c'était le centre commercial et culturel de la société afro-américaine de Memphis. Il y avait là les banques, les cabinets d'avocats, les médecins mais aussi les barbiers, le cinéma, etc. C'était le lieu de vie des Noirs, en pleine ségrégation.

Dès le milieu de la semaine, et particulièrement les vendredi et samedi soir, les clubs de Beale St tournent à plein régime. C'est alors qu'on en saisit les vibrations les plus puissantes. Dans la journée et le soir en début de semaine, c'est nettement plus calme. Le mercredi soir, ne manquez pas le rendez-vous des motards : toute la rue est alors envahie de *bikers* venus montrer leurs engins rutilants, tous plus extravagants les uns que les autres. ***Schwab*** ***(plan I, B3) :*** *163 Beale St. Tlj sf dim 9h-17h (parfois plus tard sam).* Un magasin assez extraordinaire, qui fut dirigé de 1876 à 2012 par la même famille, d'origine alsacienne. Une sorte de *Tati* du début du XXe s, en plus vieillot. Chez *Schwab,* on trouvait de tout dans un joyeux désordre même si tout était loin d'être de première qualité. Mais que va devenir ce monument historique de Beale Street ? Les nouveaux proprios parlent de relooking tout en conservant l'esprit et le charme des lieux. Espérons...

Cotton Museum *(plan I, A-B2)* **:** *65 Union Ave. ☎ 901-531-7826. • memphiscottonmuseum.com • Lun-sam 10h-17h ; dim 12h-17h. Entrée : 10 $; réduc.* Intéressant petit musée installé dans l'ancienne bourse du coton de la ville, où l'on peut encore voir le tableau original des cotations et les cabines téléphoniques où s'isolaient les traders, dans lesquels sont aujourd'hui diffusés des documents sur la période. Le musée retrace l'histoire de la culture du coton dans le *Deep South* et, plus spécifiquement, son importance dans l'évolution de la société du Sud. Par exemple, on apprend qu'en 1860, le sud des États-Unis, qui comptait 4 millions d'esclaves, assurait les trois quarts de la production mondiale de coton. Plus loin, vitrines avec les objets qui contiennent des produits dérivés du coton, des billets de banque aux écrans LCD des appareils électroniques. Enfin, une section est consacrée au blues qui, comme chacun sait, n'aurait sans doute jamais vu le jour sans le coton.

Gibson Guitar Factory *(plan I, B3)* **:** *145 Lt. George Lee Ave, à l'angle de la 3rd St. ☎ 901-543-0800. • gibson.com • Visites ttes les heures lun-sam 11h-16h, dim 12h-16h. Entrée : 10 $. Compter 35 mn à 1h de visite.* Pour les amateurs de belles guitares électriques, visite de l'une des trois usines qui produisent les fameuses *Gibson made in Memphis.* Mieux vaut venir la semaine, aux visites de 12h, 13h ou 14h, car après, les ouvriers décrochent. Visite en anglais seulement. Attention, quand les ouvriers travaillent, il y a beaucoup de bruit et il peut être difficile de suivre la visite si votre anglais est moyen. En sortant, vous saurez tout sur les étapes de fabrication de ces merveilleux instruments : préparation, découpage des plaques de bois, formage, collage de la structure, préparation du manche, assemblage, polissage, peinturlurage, laquage... En tout, 3 semaines de travail pour accoucher d'un son parfait. La boutique comblera les fans.

Orpheum Theater *(plan I, A2)* **:** *Main St, à l'angle de Beale St. ☎ 901-525-3000. • orpheum-memphis.com •* Vieux théâtre (1928) qui accueille toutes sortes de spectacles : cinéma, concerts, comédies musicales. Superbe décoration baroque. Juste en face du théâtre, immanquable statue du King Elvis.

AutoZone Park *(plan I, B2)* **:** *en plein centre (angle Union et 3rd St). Programme au ☎ 901-721-6000 ou à l'office de tourisme. Places 6-20 $.* C'est l'occasion de découvrir le base-ball (hein !) et d'encourager l'équipe de la ville, les *Redbirds,* d'autant que le prix des places n'est pas élevé. Il faut dire que c'est assez génial de voir un tel stade en plein centre-ville, alors qu'en général, on les édifie à l'écart. Visite guidée si cela vous tente. À quelques rues de là, le ***FedEx Forum*** *(plan I, B3),* un autre espace sportif ultramoderne, qui anime le centre-ville de ses soirées basket, tennis et autres concerts...

The Peabody Hotel *(plan I, B2,* ***81****)* **:** *149 Union Ave.* Datant du début du XXe s, c'est l'hôtel historique de Memphis. On peut y boire un verre si on est en fonds. Superbe *lobby* avec le bar au milieu, très cossu. Un pianiste y joue régulièrement, et même lorsqu'il n'est pas là, le piano joue tout seul ! Dans la fontaine centrale, cinq canards. À 11h, ils descendent, se dandinant sur l'air de la *King Cotton March,* et, à 17h pétantes, ils remontent dans leurs appartements, sur la terrasse. On leur déroule alors le tapis rouge et ils prennent l'ascenseur, sous les crépitements des flashes, avant de se retirer dans leur *home sweet home.* Tout un

LA DANSE DES CANARDS

La tradition des canards de l'hôtel Peabody trouve son origine en 1932, quand Frank Schutt, le gérant de l'établissement, rentra bourré avec un ami d'une partie de chasse. Ils eurent alors l'idée de mettre les canards qui leur servaient de leurres à la chasse dans la fontaine. La direction adopta l'idée et en fit une tradition. Les seuls canards au monde à vivre une vie de pacha, doublée d'une reconnaissance de star !

cérémonial à l'américaine pour un défilé qui dure à peine 2 mn tout compris ! Mais que la SPA se rassure, leur contrat avec l'hôtel est limité à 3 mois, ils retrouvent ensuite la vie sauvage ! Ça attire les touristes, les enfants, mais surtout leurs parents qui se bousculent presque pour les prendre en photo ou les filmer. Allez jeter un coup d'œil sur la terrasse (vue étonnante) où furent tournées quelques scènes du *Fugitif,* avec Harrison Ford. On vous laisse monter sans problème. À la belle saison, on y donne tous les jeudis soirs des *rooftop parties* qui attirent le Tout-Memphis.

Belz Museum of Asian & Judaic Art *(plan I, A-B2) :* *119 S Main St. ☎ 901-523-2787. • belzmuseum.org • Mar-ven 10h-17h30 ; w-e 12h-17h. Entrée : 6 $; réduc.* Niché au sous-sol de la galerie marchande du *Peabody,* ce musée discret (propriété de la famille Belz, qui possède aussi le *Peabody Hotel* et la moitié du centre-ville), pas bien grand, présente pourtant une superbe collection de pièces chinoises de la dynastie Qing (1644-1911) et une section d'art juif tout à fait remarquable. Dans la section chinoise, tigres, dragons, chevaux en jade, défenses d'éléphants et de mammouths (du XVIIIe s) incroyablement sculptées, arbres en agate, stalagmites en cristal, superbe jonque ciselée à double proue, une collection d'étonnants minéraux... bref, un vrai ravissement pour les yeux ! Dans la section juive, on relèvera surtout les boîtes laquées, les peintures de Reuven Rubin et Ofra Friedland, les photos noir et blanc de Frederic Brenner (photographe juif vivant en France) et, surtout, l'exceptionnelle collection de plaques de bronze illustrant des passages de la Bible signées Dani Kafri. En un mot, un musée intéressant, même si vous n'êtes pas particulièrement amateur d'art chinois.

MEMPHIS

La section piétonne de Main Street *(plan I, B2) :* cette rue pittoresque et léchée, qui constitue l'artère principale de Downtown, fut en partie reconstruite pour tenter de réinsuffler de la vie dans Downtown. Elle est bordée de beaux immeubles à l'architecture industrielle début XXe, aux façades assez travaillées pour certains. Admirer notamment le ***Kress Building*** avec ses mosaïques colorées (entre Park Lane et Monroe), le *Court Square Center* et le *Blowenstein* (à l'angle de Jefferson). De vieux trams portugais y circulent. Pourtant, la sauce a du mal à prendre et, même dans la journée, ce n'est pas la grande foule. Pour un peu on se croirait dans un décor de cinéma tellement c'est désert. Le tram passe toutes les 10 mn et dessert Beale Street et le *National Civil Rights Museum.* Du côté de ce dernier, au niveau de G. E. Patterson, se développe un nouveau secteur, le ***South Main Street Historic District.*** Concentration de restos, bars et boutiques *trendy.*

Fire Museum of Memphis *(plan I, B1) : 118 Adams Ave. ☎ 901-320-5650. • firemuseum.com • Lun-sam 9h-17h. Entrée : 6 $; petite réduc enfants ; le mar, un billet acheté le 2e offert.* Un musée qui se veut avant tout éducatif, et que tous les élèves de la ville connaissent. Le bâtiment principal est installé dans l'ancienne caserne de pompiers, construite en 1910. Dans la partie plus récente, expo de deux superbes camions de pompiers, dont le célèbre *water tower truck,* avec sa tour qui permettait de dominer l'incendie. Petite expo d'équipements de pompiers et belles vitrines de petits camions anciens. Dans l'autre partie, une des premières voitures de pompiers, tirée par des chevaux et équipée d'une machine à vapeur pour activer la pression, assez étonnante. Puis il y a l'étage, avec des écrans pour apprendre aux petits (et grands ?) les précautions pour prévenir les incendies. Si la leçon n'a pas été assez convaincante, la *Fire Room* achèvera de les persuader : vous êtes enfermé dans une salle dans laquelle va se dérouler un incendie vraiment convaincant. Écran géant, son stéréo, fumée dont vous serez protégé par une vitre, sans oublier la chaleur qui monte... Brrr ! Salle sur l'histoire du *fire department* de la ville, mettant en relief les plus grands incendies. Enfin, les enfants pourront découvrir l'intérieur d'un camion actuel et d'une ambulance, avec tout son équipement hospitalier.

À l'est de Downtown

Cooper-Young Historic District *(plan II, E5)* **:** ce simple carrefour de deux rues, Cooper et Young Street, dans un quartier résidentiel verdoyant avec de belles maisons traditionnelles du Sud, tout en bois peint, avec vérandas et balcons sculptés, est un de nos coups de cœur à Memphis. Il y règne une atmosphère bohème, gentiment branchée. Concentration de bons restos avec terrasses, très prisées à l'heure de l'apéro (voir nos adresses plus haut). Par contre, peu de Noirs par ici, on sent que c'est une autre population qui y vit. Puisque vous êtes dans le coin, jetez donc un œil aux splendides maisons sur S. Cooper, entre East Parkway et Lamar Avenue, de vraies *mansions* comme en Louisiane.

Pink Palace Museum & Planetarium *(plan II, F5)* **:** *3050 Central Ave. ☎ 901-636-2362. • memphismuseums.org • Lun-sam 9h-17h ; dim 12h-17h. Entrée : 10 $; cinéma IMAX : 8,25 $; planétarium (slt sam) : 4,50 $; billet combiné pour tt : env 20 $. Musée gratuit mar 13h-17h.*
Une sorte de palais de la Découverte sur la géologie, l'histoire et la culture de Memphis et du Sud. Un musée un peu fourre-tout, mais c'est surtout la section « Memphis 1800-1900 » au 1er étage qui retiendra l'attention, avec tous les métiers et les costumes de l'époque, les nombreuses reconstitutions d'intérieurs bourgeois, de boutiques, avec notamment la première épicerie en libre-service (noter les tourniquets d'entrée et de sortie en bois), de cabinets de médecins et de dentistes. Section sur la guerre de Sécession : la scène d'amputation sur un champ de bataille fait vraiment froid dans le dos ! Le musée est plein de vieux objets insolites qu'on prend plaisir à observer. À ne pas manquer, à la fin du parcours, une très belle maquette géante du *Clyde Parke Circus* réalisée par un certain M. Parke dans les années 1930 (notez la ségrégation raciale qui sévissait en ces temps-là !). Au même niveau, une autre petite section évoque le « Memphis 1900-1960 ». Évolution du rôle de la femme dans le foyer, tristement résumé par les progrès en matière d'électroménager et de maintien de sa silhouette (voir l'incroyable machine à muscler le fessier et le non moins étonnant appareil à friser !).
Par ailleurs, le musée possède des sections naturaliste, géologique et minéralogique au rez-de-chaussée.
Visite du planétarium pour les amateurs et films sur écran géant IMAX (téléphoner pour les horaires). Très sympa si vous avez un après-midi à tuer.

Memphis Brooks Museum of Art *(plan II, F5)* **:** *dans Overton Park (accès par le 1934 Poplar Ave). ☎ 901-544-6200. • brooksmuseum.org • Mer-ven 10h-16h (20h jeu) ; sam 10h-17h ; dim 11h-17h. Entrée : 7 $; réduc ; donation libre mer. Audioguide compris (en anglais).* Beau musée d'art à taille humaine mais à large spectre, sis dans un grand bâtiment blanc et lumineux. Vaste atrium entouré d'agréables salles. Collections changeant régulièrement. Seulement 3 % des œuvres sont présentées à la fois. Entre autres choses, on verra des peintures de l'école italienne des XIVe, XVe et XVIe s (Luca Giordano, Canaletto), des toiles flamandes du XVIe s, comme celles d'Adrien Ysembrant et de Jan Gossaert. Pas mal de sculptures et d'arts décoratifs de toutes les époques depuis l'Antiquité, dont une section précolombienne intéressante ainsi qu'une autre dédiée à l'art africain, de très bonne qualité. L'art contemporain américain est lui aussi présenté en exposition tournante : dans ce domaine, toujours quelques œuvres audacieuses. Côté français, notons Corot et quelques impressionnistes, dont Sisley, Pissarro et Renoir *(L'Ingénue)*, Boudin et Bourgereau. Si aucune pièce maîtresse n'est présente, l'ensemble du musée, fort bien agencé, ne manque pas d'intérêt.
Fameux resto ***The Brushmark***, chic mais encore abordable pour la qualité, *ouvert pour le déjeuner (mais fermé le lundi),* donnant sur une belle terrasse dominant la verdure du parc.

Memphis Zoo (plan II, E5) : *2000 Prentiss Pl (Overton Park). ☎ 901-276-9453. • memphiszoo.org • Tlj 9h-17h (16h nov-fév). Entrée : 15 $; 10 $ enfants. Parking 5 $.* Ouvert en 1906, ce zoo regroupe aujourd'hui 3 500 animaux pour environ 400 espèces différentes... Parmi les plus remarquables, notons les varans de Komodo, les tigres blancs, le célèbre aigle américain et surtout un couple de pandas géants (Ya Ya et Le Le) en provenance de Chine, installés dans un joli pavillon chinois construit exclusivement pour eux. Également une section dédiée à l'écosystème du parc national de Yellowstone et une nouvelle zone accueillant hippopotames et flamants roses.

Dixon Gallery and Gardens (plan II, F6) : *4339 Park Ave. ☎ 901-761-5250. • dixon.org • Tlj sf lun 10h-16h (17h sam et 13h-17h dim). Entrée : 7 $; réduc (donation libre mar, sam gratuit 10h-16h).* Les Dixon, gros marchands de coton des années fastes, ont consacré une partie de leur fortune à acheter des tableaux et à faire pousser des fleurs. Dans la maison, on trouve quelques toiles de maîtres impressionnistes réunies dans de jolies salles intimistes : Chagall, Braque, Cézanne, Renoir, Sisley, Morisot, Dufy... L'agréable petit jardin attenant est ouvert au public. Dans les galeries, on peut voir de la porcelaine européenne du XVIIIe s, et surtout de belles expos temporaires. L'ensemble n'a rien d'exceptionnel mais reste agréable.

Memphis Botanic Garden (plan II, F6) : *750 Cherry Rd, dans le Audubon Park. ☎ 901-576-4100. • memphisbotanicgarden.com • Lun-sam 9h-18h (16h30 en hiver) ; dim 11h-18h. Entrée : 8 $; réduc ; gratuit mar ap-m.* Quelques essences rares, un jardin japonais, une aire de pique-nique, et le tour est joué. Pas passionnant... mais si vous êtes à la Dixon Gallery, c'est en face.

Children's Museum (plan II, F5) : *2525 Central Ave (à l'angle avec Hollywood). ☎ 901-458-2678. • cmom.com • Tlj 9h-17h. Entrée : 12 $.* Si vous avez des mômes, il faut les y emmener. Sinon, la visite n'est pas nécessaire. Ce petit musée ludique met nos petits chérubins au contact du monde des adultes par le biais d'objets qui leur sont habituellement hors de portée. Ainsi, on y trouve une vraie voiture que les enfants tripotent à merci ; ils peuvent retirer de l'argent dans une fausse banque et faire des courses au supermarché (avec les faux billets retirés au distributeur), comme les parents ; ils explorent un vrai véhicule de pompiers ; ils peuvent se déguiser... sans oublier les ordinateurs et l'aéronautique, avec le cockpit d'un 727. Pour ce genre de choses, les Américains ont toujours une bonne longueur d'avance.

Les bords du Mississippi

Les bords du fleuve (plan I, A2) : une partie des rives du fleuve a été nettoyée et aménagée en promenade, entre Beale Street au sud et jusqu'aux alentours de Jefferson Avenue au nord. *La **Memphis River Boats** (45 Riverside Dr, au bout de Monroe Ave ; ☎ 901-527-2628) organise mars-oct des tours de 1h30 env sur le fleuve. 1 départ tlj à 14h30 et un 2e sam et dim mai-août. Tarif : 20 $; réduc.* Balade agréable, sans plus. Il faut beaucoup fantasmer pour retrouver l'atmosphère d'antan.
Plus au nord se trouve l'***American Pyramid,*** une salle multifonctions tout en verre, bâtie en 1991 pour apparenter Memphis à la capitale de l'ancienne Égypte. Raté, la salle a fait faillite.

Mud Island

C'est une île tout en longueur située sur le Mississippi, en face de Downtown, où il fait bon passer un moment par beau temps. *Elle n'est ouverte que d'avril à fin octobre et fermée le lundi.* On y trouve le très intéressant *Mississippi River Museum* pour tout savoir sur l'histoire et l'activité de ce fleuve mythique, le *River Walk,* sorte de maquette géante (elle traverse l'île !) du bas Mississipi, avec tous ses méandres et les villes qui le bordent, et l'*amphithéâtre,* avec ses gradins extérieurs qui peuvent accueillir 5 000 personnes. Sur l'île, location de vélos, de kayaks, de canoës, et tours en pédalo. Parking gratuit accessible de 10h à 18h.

Comment y aller ?

➢ ***En monorail :*** la station se situe au 125 N Front St *(plan I, B2, **4**).* ☎ *901-576-7241 ou 1-800-507-6507.* • *mudisland.com* • Fonctionne avr-oct 10h-17h (18h mai-sept). Coût : 4 $, ou 10 $ avec l'entrée au *Mississipi River Museum* (ce qui rend le monorail gratuit si vous comptez voir le musée).
➢ On peut aussi y aller ***à pied,*** par la passerelle empruntée par le monorail.
➢ Si vous y allez ***en voiture,*** l'accès se fait par Auction Ave *(plan C1).* On traverse un petit pont, puis à gauche au rond-point.

Mississippi River Museum *(plan I, A2)* **:** ☎ *901-576-7241. Mêmes horaires que le monorail. Fermé lun. Entrée : 10 $; réduc. Audioguide (en anglais) compris. Prévoir une bonne heure de visite.*
Histoire des *first people* avant l'arrivée des premiers explorateurs européens. C'est encore à De Soto que l'on attribue la découverte du Mississippi (1539). Les premiers colons français n'arrivèrent qu'un siècle plus tard. Constitution de la colonie française de la Louisiane, vendue aux Américains par Napoléon. Évocation du mode de vie.
Après cette brève page d'histoire, le musée retrace surtout l'histoire des bateaux qui voguèrent sur le grand fleuve, faisant halte dans les différents forts (espagnols, anglais et français) installés sur ses rives. D'abord les *lografts,* constitués de plusieurs radeaux attachés, puis les *flatboats,* qui transportaient des familles, puis les *snagboats* (qui permettaient de récupérer astucieusement les gros troncs d'arbres flottants pour éviter qu'ils ne fracassent la coque).
Après encore d'autres étapes, les premiers *steamboats* (dès 1811), dont les célèbres *showboats* (bateaux-théâtres). Scènes reconstituées de cet univers composé de strass et paillettes. On monte ensuite sur le pont de la *Belle of the Bluffs,* où flotte une musique d'ambiance, avant de passer à la salle des machines.
Puis, un peu en vrac, un petit film documentaire, *Disasters of the Mississippi,* évoquant tous les désastres liés à la vie du fleuve : crues mortelles, accidents de bateaux, explosions de chaudière, inondations et épidémies qu'il a propagées. On poursuit avec la guerre de Sécession sur le Mississippi, où les *steamboats* se transforment en *gunboats* : plusieurs maquettes et impressionnante salle des canons reconstituée ! La construction de *levees* (digues) et de ponts, la percée du chemin de fer, qui concurrence durement le transport fluvial, et l'apparition du diesel, qui cause la disparition des *steamboats.* On termine par plusieurs salles où sont évoqués le blues chanté dans les *honky tonky* (les bordels) ou les *juke joint* (les bastringues), le jazz, la soul et le rock, bref, toutes les grandes musiques qui ont vu le jour non loin des berges du Mississippi.

L'ORIGINE DU POKER

Déjà sous Louis XI, on jouait au poque. Les colons français débarquèrent au XVIIe s en Louisiane avec ce jeu. Les adeptes (les poqueurs), pratiquaient le bluff et misaient de grosses sommes. La Nouvelle-Orléans interdit vite les jeux d'argent. On joua alors à bord des bateaux à vapeur sur le Mississipi. C'est ainsi qu'il se répandit sur tout le territoire américain.

Où écouter une messe gospel ?

■ ***Full Gospel Tabernacle*** *(hors plan II par E6)* **:** *787 Hale Rd.* ☎ *901-396-9192. Service dim 11h30. Au sud de Memphis (après Graceland), à env 10 miles du centre, par l'I55 et la US51.* Une église pas comme les autres puisque le révérend n'est autre que... Al Green, oui, le chanteur de soul des *70's* ! Converti au christianisme après un drame personnel en 1974, il achète cette église et s'y fait ordonner pasteur. Il y prêche toujours aujourd'hui. Évidemment, tenue correcte de rigueur et puis, par simple correction, il est apprécié que les visiteurs restent jusqu'à la fin (compter 2h30) et participent au service avec tout leur cœur ! Pas vraiment difficile vu l'énergie qui se dégage de ce « show », même quand Al Green n'est pas là, d'ailleurs.

■ ***Mississippi Boulevard Christian Church*** *(hors plan I par C2)* **:** *70 N Bellevue St. À env 2 miles à l'est de Downtown, sur la gauche en venant par Madison Ave. Difficile de la louper. Un service à 10h ts les dim mat.* Sermon diffusé sur écran géant, rythmé par des chants tonifiants et chargés d'émotion ! Orgues, piano, batterie, guitare électrique... et un chœur de 60 voix. Une expérience vraiment unique là encore. Même pas besoin de croire à quoi que ce soit pour être touché au cœur.

Manifestations et festivals

Procurez-vous le *Downtowner* (mensuel), le *Memphis Flyer* (hebdo) ou encore le *Key Magazine* (mensuel), pleins d'infos, qu'on trouve un peu partout.

– ***7-9 janvier :*** commémoration de la naissance du King. Retransmission de concerts d'Elvis ; un bout de gâteau d'anniversaire est même offert aux visiteurs de Graceland !

– ***Memphis in May :*** c'est le *Beale Street Music Festival,* le plus important festival musical de Memphis. ● *memphisinmay.org* ● Festivités pendant tout le mois de mai, mais la 1re semaine (notamment le 1er week-end) est la plus animée. Les grandes pointures du blues et du jazz descendent dans la ville. Le 3e week-end a lieu ***le plus grand concours de barbecue du monde.*** Entre la fête à Neu-Neu et la foire à la saucisse ! Au bord du Mississippi, dans le Tom Lee Park, 2 miles de barbecue où grillent les *ribs.* Très animé le soir. Bon enfant.

– ***2-6 juin :*** carnaval du coton de Memphis.

– De nombreux autres ***festivals de musique*** l'été. Tout se passe sur Beale Street et dans les rues environnantes. Pour quelques dollars, on vous fournit un bracelet qui donne accès à tous les clubs la nuit du festival. Demandez les dates précises à l'office de tourisme, car elles varient.

– ***4 juillet :*** pour l'*Independence Day,* grand feu d'artifice au-dessus du Mississippi.

– ***Elvis Week :*** la semaine de l'anniversaire de la mort d'Elvis (16 août), Graceland devient folle. Veillée nocturne sur la tombe du King, avec bougies et larmes. Soirée ciné sur le parking de Graceland, avec projection de ses films. Rien n'est trop beau pour honorer la mémoire du King !

– ***Cooper-Young Festival :*** *mi-sept.* Festival de rue dans le quartier bobo-branché de Cooper-Young. Plus de 300 stands réunissant artistes, brocanteurs, musiciens et *street food.*

DANS LES ENVIRONS DE MEMPHIS

Jackson : *à env 90 miles de Memphis par la I40 en direction de Nashville, sortie 80A.* À mi-parcours entre Memphis et Nashville, un pélerinage indispensable pour les fans de rockabilly et de Carl Perkins, l'enfant du pays. À voir : *International*

Rock-A-Billy Hall of Fame Museum : 105 N Church St. ☎ 731-427-6262. • rockabillyhall.org • Tlj sf dim 10h-17h (14h ven-sam). Visite guidée : 10 $. Et à quelques kilomètres de là, tout près de la sortie d'autoroute, un musée du chemin de fer (*Casey Jones Home Railroad Museum*), sympa pour les amateurs du genre et les enfants. Juste en face, le *Casey Jones Village* est un énorme *General Store* ultra-touristique mais assez amusant dans le style typiquement « ricain » (voir la rare *soda fountain* datant des années 1880 derrière le comptoir à glaces).

***Tunica** : à 25 miles au sud de Memphis, dans le Mississippi.*
C'est ici que se retrouve une partie des habitants de la ville, du plus jeune au plus vieux, du plus riche au plus déshérité... chacun avec le secret espoir de faire fortune... Il faut le voir pour le croire ! Sachez que les jeux d'argent sont interdits dans l'État du Tennessee. Pour contourner cette loi, quelques gros bonnets ont décidé d'ouvrir une dizaine de casinos dans l'État du Mississippi tout proche, là où les jeux sont autorisés. Voilà pourquoi Memphis semble désertée le soir !
Tunica est une petite bourgade typique du Sud, à forte majorité noire. Tout autour, c'est la campagne... aujourd'hui illuminée des néons multicolores de gigantesques casinos qui donnent à la zone des airs de Las Vegas (comparaison un peu osée, d'accord). Ils sont regroupés par deux ou trois et s'égrènent le long de Tunica Avenue... Vous pourrez ainsi choisir entre le *Fitzgeralds*, le *Hollywood*, le *Sam's Town*, le *Resort*... Notre préférence (s'il en est...) va au *Casino Center* qui réunit le *Gold Strike*, le *Sheraton* et le *Horseshoe*, devant lequel siège une Cadillac *Fleetwood* rouge de huit portes... Bien sûr, on peut y dormir et se restaurer dans d'immenses cafétérias avec buffet à volonté. À découvrir si vous n'avez pas l'occasion d'aller à Vegas et souhaitez lever un coin du voile de l'*American Dream*...
Pour plus d'infos, adressez-vous au ***Tunica Visitor Center** : 13625 US Hwy 61 N. ☎ 662-488-6422. • tunicamiss.com • Pile au bord de la route avt d'arriver dans la zone des casinos.*

OXFORD

Située à 60 miles au sud-est de Memphis, dans le Mississippi (prendre la Highway 55, sortie « Oxford »), une mignonne petite ville universitaire de 10 000 âmes, typique du Sud, avec un centre-ville organisé autour du La Fayette County Courthouse de 1872.

Adresse utile

*Infos au **Convention & Visitors Bureau** du City Hall, sur le square (ou, le w-e, dans la petite maison jaune à côté). ☎ 662-232-2477 ou 1-800-758-9177.*

Où manger ? Où boire un café tant qu'on est là ?

***Ajax Diner** : 118 Courthouse Sq. ☎ 662-232-8880. Lun-sam 11h30-22h. Plat du jour env 10 $ un peu plus cher pour les grillades le soir.* Resto accueillant, avec des nappes à carreaux sur les tables. On vous conseille vivement de profiter de l'excellent plat du jour : une viande ou un *Southern catfish* accompagné de 2 légumes bien préparés, vous nous en direz des nouvelles !

***Bottletree Bakery** : 923 Van Buren Ave. ☎ 662-236-5000. Mar-ven 7h-16h ; sam 9h-16h ; dim 9h-14h.* Si vous passez par ici un matin, une halte s'impose dans cette exquise boulangerie-table d'hôtes ! Très bons toasts et énorme cappuccino, mais il y a aussi de la brioche, des croissants, des *rolls* et plein d'autres pâtisseries délicieuses.

Square Books Café : *160 Courthouse Sq. ☎ 662-236-2262.* Il s'agit d'une librairie mais qui possède, à l'étage, un balcon extérieur garni de tables pour siroter un café et grignoter un cookie.

À voir. À faire

La maison de William Faulkner Rowan Oak : *☎ 662-234-3284. En arrivant à Oxford par la Hwy 6, prendre S Lamar Blvd vers le centre, puis, à gauche, Old Tailor Rd ; c'est 300 m plus loin sur la droite, dans un tournant (pas vraiment bien indiqué). Visite mar-dim 10h (13h dim)-16h. Entrée : 5 $; gratuit mer et pour les étudiants.*
La demeure de l'un des plus féconds génies de la littérature américaine du XXe s peut se visiter. Dans un beau parc boisé, cette grande maison blanche de 1848 (antérieure à la guerre de Sécession), tout en bois, fut achetée en 1930 par Faulkner pour 6 000 $. Il la baptisa *Rowan Oak* (« chêne-sorbier »), un arbre légendaire, qui n'existe pas dans la réalité. Après l'avoir restaurée, il y vécut jusqu'à sa mort en 1963.
Au rez-de-chaussée, on voit encore sa bibliothèque, son bureau... et un lit, car, suite à une chute de cheval, il avait parfois du mal à regagner sa chambre. Rien n'a changé. La vieille machine à écrire *Underwood,* sur laquelle il écrivit la plupart de ses chefs-d'œuvre, est posée sur une table face à la fenêtre. Sur les murs, il a noté à la main le plan du roman *Une fable,* qui lui valut le prix Pulitzer en 1955 : curieux hiéroglyphes d'un génie paradoxal déchiré entre le conservatisme de son milieu social et le non-conformisme tourmenté de son œuvre.
Même riche et mondialement connu, Faulkner attendait toujours la reconnaissance des habitants d'Oxford (*Yoknapatawpha* dans ses livres) qui, choqués par la violence de son univers romanesque, persistaient à voir en lui un artiste sulfureux et complexe, ou, au pire, un clochard marginal et alcoolique. Il obtint en 1949 le prix Nobel de littérature, devint le plus gros propriétaire terrien d'Oxford, mais continua malgré cela à attendre en vain cette reconnaissance villageoise à laquelle il aspirait. Ironie du destin !

La tombe de Faulkner : *au cimetière d'Oxford. Du square, prendre N Lamar jusqu'à la station* Chevron, *puis tourner à droite dans Jefferson Ave ; c'est à 3 blocs, sur la gauche.* Un cimetière très champêtre. Pas une seule croix sur les tombes. Celle de Faulkner, facile à trouver car indiquée, est d'une simplicité déconcertante.

Les archives du blues : *se rendre à la bibliothèque principale, sur le campus de l'université. Lun-ven 8h-17h. Gratuit.* Une mine d'or pour les fanas du genre. Outre la collection de disques personnelle de B. B. King, on peut y consulter plus de 50 000 enregistrements allant du blues classique aux big band jazz, en plus d'archives photos et films, de blues magazines et du matériel de promotion commerciale. Demander le conservateur Greg Johnson. Dans la salle d'à côté, vitrines intéressantes sur Faulkner et affiches de films tirées de son œuvre.

À voir dans les environs

Tupelo : *à une cinquantaine de miles à l'est d'Oxford, toujours dans le Mississippi.* À Tupelo, une minuscule maison en bois attire chaque année des contingents de jeunes et de vieux venus du monde entier ! C'est ici même que le 8 janvier 1935, Gladys et Vernon Presley, jeune couple fauché, donnent naissance à des jumeaux, Jesse Garon et Elvis Aaron. Le premier meurt pendant l'accouchement,

le second poussera très vite la chansonnette, jusqu'à révolutionner le monde musical... Évidemment, la visite de la petite maison n'a d'intérêt que symbolique (le King n'y passa que 3 ans) et le mobilier est très simple. Quant au petit musée, il présente quelques photos, souvenirs et objets personnels du King. *For real fans only...*
Adresse : 306 Elvis Presley Dr (qui l'eut cru ?). ☎ 662-841-1245. Lun-sam 9h-17h30 (mai-sept), jusqu'à 17h oct-avr ; dim 13h-17h tte l'année. Entrée : 4 $ maison seule, 8 $ maison et petit musée.

les ROUTARDS sur la FRANCE 2013-2014

(dates de parution sur • *routard.com* •)

DÉCOUPAGE de la FRANCE par le *ROUTARD*

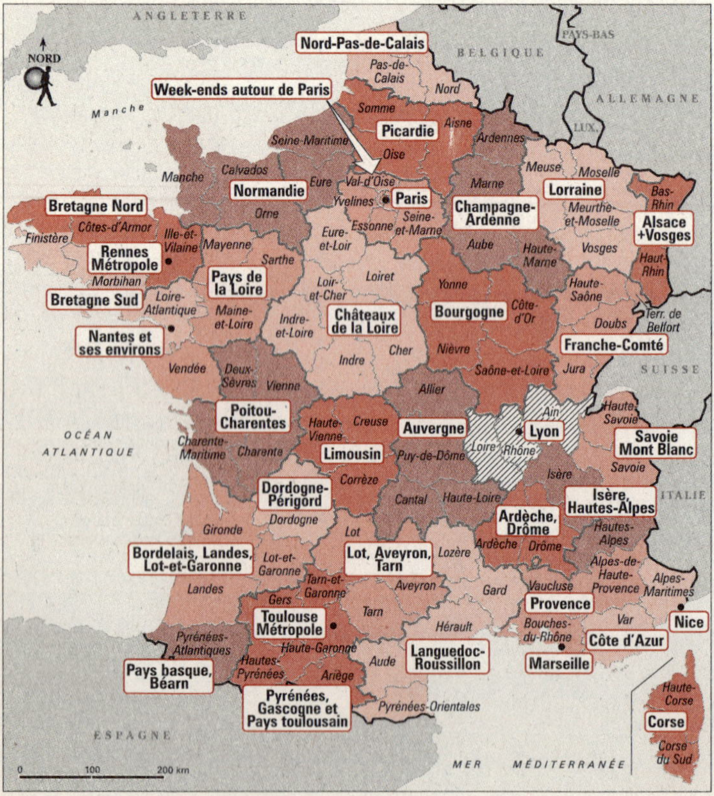

Autres guides nationaux

- Les grands chefs du routard
- Nos meilleures chambres d'hôtes en France
- Nos meilleurs campings en France
- Nos meilleurs hôtels et restos en France
- **Nos meilleurs sites pour observer les oiseaux en France (octobre 2012)**
- Tourisme responsable

Autres guides sur Paris

- Paris
- Paris à vélo
- Paris balades
- Restos et bistrots de Paris
- Le Routard des amoureux à Paris
- Week-ends autour de Paris

les ROUTARDS sur l'ÉTRANGER 2013-2014

(dates de parution sur • **routard.com** •)

Europe

Pays européens

- Allemagne
- Andalousie
- Angleterre, Pays de Galles
- Autriche
- Baléares
- Belgique
- Budapest, Hongrie
- Catalogne (+ Valence et Andorre)
- Crète
- Croatie
- Danemark, Suède
- Écosse
- Espagne du Nord-Ouest (Galice, Asturies, Cantabrie)
- Finlande
- Grèce continentale
- Îles grecques et Athènes
- Irlande
- Islande
- Italie du Nord
- Italie du Sud
- Lacs italiens
- Madrid, Castille (Aragon et Estrémadure)
- Malte
- Norvège
- Pologne
- Portugal
- République tchèque, Slovaquie
- Roumanie, Bulgarie
- Sardaigne
- Sicile
- Suisse
- Toscane, Ombrie

Villes européennes

- Amsterdam et ses environs
- Barcelone
- Berlin
- Bruxelles
- **Copenhague (mai 2013)**
- **Dublin (novembre 2012)**
- Florence
- Lisbonne
- Londres
- **Milan (décembre 2012)**
- **Moscou (avril 2013)**
- Prague
- Rome
- **Saint-Pétersbourg (avril 2013)**
- **Stockholm (mai 2013)**
- Venise
- **Vienne (mars 2013)**

Amériques

- Argentine
- Brésil
- Californie
- Canada Ouest
- Chili et île de Pâques
- Équateur et les îles Galápagos
- États-Unis Nord-Est
- Floride
- Guatemala, Yucatán et Chiapas
- Louisiane et les villes du Sud
- Mexique
- **Miami (octobre 2012)**
- **Montréal (mars 2013)**
- New York
- Parcs nationaux de l'Ouest américain et Las Vegas
- Pérou, Bolivie
- Québec, Ontario et Provinces maritimes

Asie

- Bali, Lombok
- **Bangkok (octobre 2012)**
- Birmanie (Myanmar)
- Cambodge, Laos
- Chine
- Inde du Nord
- Inde du Sud
- Israël, Palestine
- Istanbul
- Jordanie
- Malaisie, Singapour
- Népal, Tibet
- **Shanghai (avril 2013)**
- Sri Lanka (Ceylan)
- Thaïlande
- Tokyo, Kyoto et environs
- Turquie
- Vietnam

Afrique

- Afrique de l'Ouest
- Afrique du Sud
- Égypte
- Kenya, Tanzanie et Zanzibar
- Maroc
- Marrakech
- Sénégal, Gambie
- Tunisie

Îles Caraïbes et océan Indien

- Cuba
- Guadeloupe, Saint-Martin, Saint-Barth
- Île Maurice, Rodrigues
- Madagascar
- Martinique
- République dominicaine (Saint-Domingue)
- Réunion

Guides de conversation

- Allemand
- Anglais
- Arabe du Maghreb
- Arabe du Proche-Orient
- Chinois
- Croate
- Espagnol
- Grec
- Italien
- Japonais
- Portugais
- Russe
- G'palémo (conversation par l'image)

+ de 600 adresses !
Les grands chefs
du routard
2012
Le guide du
routard
Les grands chefs du routard
Le guide du
routard
2012
routard.com
hachette

ASSOCIATION CONTRE LA PROSTITUTION DES ENFANTS
Abusez d'un enfant au soleil et vous passerez 10 ans à l'ombre
La Loi d'extraterritorialité votée en 1994, révisée en 1998, permet de juger un résident et/ou un ressortissant français ayant commis des abus sexuels en France ou à l'étranger. Les peines pour un abus commis sur un enfant sont sévères : jusqu'à 10 ans d'emprisonnement et 150 000 € d'amende.
www.acpe-asso.org
A C P E - 14, rue Mondétour - 75001 Paris
Tél. : 01 40 26 91 51 - acpe@acpe-asso.org
a c p e
ASSOCIATION CONTRE LA PROSTITUTION DES ENFANTS
okó - Espace offert par le Guide du Routard

Espace offert par l'annonceur – Avec le soutien de l'agence ★ EURO RSCG C&O
RÉPARER LES VIES
HANDICAP
INTERNATIONAL

Adresses utiles

1 Office [redacted]

[redacted]

44 Restaura[redacted]
45 [redacted]
46 [redacted]
47 [redacted]
48 [redacted]
49 [redacted]
50 [redacted]
51 [redacted]
52 [redacted]
53 [redacted]
54 [redacted]
55 [redacted]
56 [redacted]
57 [redacted]

Où dormir ?

11 Pension [redacted]
12 [redacted]
24 [redacted]
25 [redacted]

Où manger ?

30 Restaurante [redacted]
31 [redacted]
32 [redacted]
33 [redacted]
34 [redacted]
35 [redacted]
37 [redacted]
38 [redacted]
39 [redacted]
40 [redacted]
41 [redacted]
42 [redacted]

Où boire un verre ?

61 [redacted]
62 Bar [redacted]
63 [redacted]
64 [redacted]
65 [redacted]
66 [redacted]
67 [redacted]
68 [redacted]
69 [redacted]
70 [redacted]
71 [redacted]
72 [redacted]
73 Ti [redacted]
74 [redacted]
75 [redacted]
76 [redacted]

Où sortir?

83 [redacted]
84 [redacted]
85 [redacted]
86 [redacted]
87 [redacted]
88 [redacted]

À voir

90 Palacio do [redacted]
91 [redacted]
92 [redacted]
93 [redacted]
94 [redacted]

INDEX GÉNÉRAL

A

B

C

D-E

F

G

H-I-J-K

L

M

N-O

P-R

S-T

U-V-W-Y

OÙ TROUVER LES CARTES ET LES PLANS ?

NOUVEAU ET IMPORTANT : DERNIÈRE MINUTE

Sauf exception, le *Routard* bénéficie d'une parution annuelle à date fixe. Entre deux dates, des événements fortuits (formalités, taux de change, catastrophes naturelles, conditions d'accès aux sites, fermetures inopinées...) peuvent modifier vos projets de voyage. Pour éviter les déconvenues, nous vous recommandons de consulter la rubrique « Guide » par pays de notre site • ***routard.com*** • et plus particulièrement les dernières ***Actus voyageurs.***

Les **Routards** *parlent aux* **Routards**

Faites-nous part de vos expériences, de vos découvertes, de vos tuyaux. Indiquez-nous les renseignements périmés. Aidez-nous à remettre l'ouvrage à jour. Faites profiter les autres de vos adresses nouvelles, combines géniales... On adresse un exemplaire gratuit de la prochaine édition à ceux qui nous envoient les lettres les meilleures, pour la qualité et la pertinence des informations. Quelques conseils cependant :

- Envoyez-nous votre courrier le plus tôt possible afin que l'on puisse insérer vos tuyaux sur la prochaine édition.
- N'oubliez pas de préciser l'ouvrage que vous désirez recevoir.
- Vérifiez que vos remarques concernent l'édition en cours et notez les pages du guide concernées par vos observations.
- Quand vous indiquez des hôtels ou des restaurants, pensez à signaler leur adresse précise et, pour les grandes villes, les moyens de transport pour y aller. Si vous le pouvez, joignez la carte de visite de l'hôtel ou du resto décrit.
- N'écrivez si possible que d'un côté de la lettre (et non recto verso).
- Bien sûr, on s'arrache moins les yeux sur les lettres dactylographiées ou correctement écrites !

En tout état de cause, merci pour vos nombreuses lettres.

Les Routards parlent aux Routards :
122, rue du Moulin-des-Prés, 75013 Paris

e-mail : • ***guide@routard.com*** •
Internet : • ***routard.com*** •

Le Trophée du voyage humanitaire ROUTARD.COM s'associe à VOYAGES-SNCF.COM

Ils ont aidé à la création d'un poste de santé autonome au Sénégal, à la reconstruction d'un orphelinat à Madagascar... Et vous ?
Envie de soutenir un projet qui favorise la solidarité entre les hommes ? Le Trophée du Voyage Humanitaire Routard.com est là pour vous ! Que votre projet concerne le domaine culturel, artisanal, écologique, pédagogique, en France ou à l'étranger, le *Routard* et Voyages-sncf.com soutiennent vos initiatives et vous aident à les réaliser ! Si vous aussi vous voulez faire avancer le monde, inscrivez-vous sur • *routard.com/trophee* • ou sur • *tropheesdutourismeresponsable.com* •

Routard Assurance *2013*

Routard Assurance et Routard Assurance Famille, c'est l'Assurance Voyage Intégrale. Dépenses de santé et frais d'hôpital pris en charge directement sans franchise jusqu'à 300 000 € + caution + défense pénale + responsabilité civile + tous risques bagages et photos. Assurance personnelle accidents : 75 000 €. Très complet ! Tarif à la semaine pour plus de souplesse. Tableau des garanties et bulletin d'inscription à la fin de chaque *Routard* étranger. Pour les départs en famille (4 à 7 personnes), demandez le bulletin d'inscription famille. Pour les longs séjours, contrat Plan Marco Polo « spécial famille » à partir de 4 personnes. Pour un voyage éclair de 3 à 8 jours dans une ville de l'Union européenne, bulletin d'inscription adapté dans les guides villes avec des garanties allégées et un tarif « light ». Également un nouveau contrat Seniors pour les courts et longs séjours. Si votre départ est très proche, vous pouvez vous assurer via Internet • *avi-international.com* • ou par fax : 01-42-80-41-57, en indiquant le numéro de votre carte de paiement. Pour en savoir plus : ☎ 01-44-63-51-00.

Édité par Hachette Livre (43, quai de Grenelle, 75905 Paris Cedex 15, France)
Photocomposé par Jouve (45770 Saran, France)
Imprimé par Rotolito Lombarda (via Sondrio, 3, 20096 Seggiano di Pioltello, Italie)
Achevé d'imprimer le 5 novembre 2012
Collection n° 13 - Édition n° 01
24/5581/4
I.S.B.N. 978-2-01-245581-8
Dépôt légal : novembre 2012